7·9급 공무원 시험대비 **개정판**

박문각 공무원

기출문제

김재준 행정학

김재준 편저

동영상 강의 www.pmg.co.kr

기출로 합격까지

기출문제집

단원별/시행처별 기출문제 완벽 정리
간결하고 명쾌한 해설 제시

이 책의 머리말
PREFACE

수험생분들에게 보내는 편지

안녕하세요. 김재준 강사입니다.

2025 김재준 행정학 기출문제집은 PART 01(공무원 9급 진도별 기출문제)과 PART 02(시행처별 기출문제)로 구성되어 있습니다.

PART 01(공무원 9급 진도별 기출문제) 구성 및 활용방법

2016년도부터 2024년도까지 출제되었던 국가직·지방직·서울시 등 9급 기출문제 600 문항을 기본서의 테마에 맞추어 진도별로 정리하였습니다. 기출문제 중에서도 가장 우선시되어야 할 필수 문제들로, 정확한 이해와 암기가 필요합니다.

처음부터 정답을 안 보고 풀기에는 다소 어려움이 있을 수 있습니다. 그렇다고 몇 문제 풀다가 막히면 바로 기본서를 확인하는 방법으로 학습하면 지지부진하게 됩니다. 기본서에 대한 학습은 파트(총론, 정책 등) 단위로 진도별 기출문제 학습 전후에 진행하는 것이 효율적입니다. 예컨대 기본서 총론 파트를 빠르게 복습 후 진도별 기출문제 총론 파트를 전체 학습하는 것입니다. 기본서 복습이 부담스럽다면 150 페이지 분량의 '키워드 요약집'으로 빠르게 정리하는 것도 좋은 방법입니다.

PART 02(시행처별 기출문제) 구성 및 활용방법

Chapter 01(공무원 7급 기출문제): 최근 8개년 국가직·지방직·서울시 7급 기출문제 475문항

Chapter 02(경찰간부 기출문제): 최근 10개년 경찰간부 기출문제 400문항

으로 구성되어 있습니다.

공무원 9급 진도별 기출문제를 충분히 학습한 이후에, 다양한 시행처에서 출제한 기출문제 원본을 실전 연습문제용으로 학습하시면 됩니다. 기출문제는 출제위원들이 숙고해서 만들기 때문에 기출문제에 집중해야 하는 것은 당연합니다.

수험 행정학의 목표는 결국은 기출문제를 충분히 풀 수 있는 수준에 도달하는 것입니다.

그렇다면 수많은 기출문제를 효과적으로 학습하는 방법은 무엇일까요?

제가 생각하는 핵심 키워드는 빠른 반복을 위한 '선택과 집중'입니다.
단기간에 많은 양을 효율적으로 학습할 수 있도록, 한 페이지에 2～6개 정도의 문제와 해설을 담고, 옳은 선지에 대한 해설은 생략하고 틀린 선지에 대한 해설에 집중하였습니다. 다만, 기본서 내용이 충분히 숙지가 되지 않은 수험생에게는 적합하지 않을 수 있습니다.

수험공부를 하다 보면 나의 습관이나 고정관념이 수험생활을 힘들게 하는 경우가 많습니다. 문제풀이를 하다가 막히면 기본서로 돌아간다거나, 정답을 같이 확인하면서 문제를 푼다거나, 모든 문제를 다 가져가야 한다는 강박관념에 빠지지 않도록 주의해야 합니다. 저 역시도 수험생 시절을 돌아보면, 막연히 전공서적 10회독을 해야 한다는 고정관념에 사로잡혀 정작 더 중요한 2차 시험 답안작성 연습을 소홀히 하는 시행착오를 겪었던 경험이 있습니다.

〈2025 김재준 행정학 기출문제집〉은 저의 시행착오 경험과 행정학을 공부하는 수험생들의 어려움을 반영하여 만들어진 교재입니다. 막연한 수험 행정학 학습에 조금이나마 도움이 되기를 바랍니다.

여러분의 꿈을 항상 응원합니다.

2024년 10월

김재준

이 책의 차례
CONTENTS

Part 01 공무원 9급 진도별 기출문제

Part 02 시행처별 기출문제

Chapter 1 공무원 7급 기출문제

김재준 행정학

기출문제집

공무원 9급 단원별 기출문제

총론

THEME 01 사바스의 공공서비스 유형

01

16. 지방교행 9

다음의 분류에 해당하는 재화에 대한 정부의 역할로 적절하지 않은 것은?

구분	배재성	비배재성
경합성	(가)	(나)
비경합성	(다)	(라)

① (가) 재화는 시장에 맡겨 두고 정부가 간섭을 하지 않아야 한다.
② (나) 재화에 대해 정부는 무분별한 사용을 막는 규칙을 설정한다.
③ (다) 재화의 상당 부분을 정부가 공급하는 이유는 자연독점에 의한 시장실패에 대응해야 하기 때문이다.
④ (라) 재화는 무임승차 문제를 야기하기 때문에 원칙적으로 정부가 직접 공급해야 한다.

THEME 02 규제

02

22. 국가 9

윌슨(Wilson)의 규제정치 유형 중 다음 설명에 해당하는 것은?

> 정부규제로 발생하게 될 비용은 상대적으로 작고 이질적인 불특정 다수에게 부담된다. 그러나 편익은 크고 동질적인 소수에 귀속된다. 이런 상황에서 상당한 이익을 얻을 수 있는 소수집단은 정치조직화하여 편익이 자신들에게 제도적으로 보장될 수 있도록 정치적 압력을 행사한다.

① 대중정치　② 고객정치
③ 기업가정치　④ 이익집단정치

03

18. 지방 9

윌슨(Wilson)의 규제정치 유형과 예시를 연결한 것으로 옳지 않은 것은?

① 고객정치 – 농산물에 대한 최저가격 규제
② 이익집단정치 – 신문 · 방송 · 출판물의 윤리규제
③ 대중정치 – 낙태에 대한 규제
④ 기업가정치 – 식품에 대한 위생규제

정답 및 해설

01 ①
- (가)는 시장재(사적재)로, 원칙적으로 시장에 맡겨 두고 정부가 간섭하지 않아야 하지만, 기본적인 수요조차 충족하기 어려운 저소득층이나 사회적 약자를 위해 부분적인 정부의 개입이 필요하다.
- (나) 공유재, (다) 요금재(유료재), (라) 공공재(집합재)이다.

02 ②
보기는 비용이 분산되고, 편익은 집중되는 고객정치 유형이다.

구분		편익	
		분산	집중
감지된 비용	분산	대중정치	고객정치
	집중	기업가정치	이익집단정치

03 ②
신문 · 방송 · 출판물의 윤리규제는 대중정치 예시에 해당하고, 이익집단정치 예시에는 의약분업 등이 있다.

04

19. 국가 9

정부규제에 대한 설명으로 옳은 것만을 모두 고르면?

> ㉠ 포지티브(positive) 규제가 네거티브(negative) 규제보다 자율성을 더 보장해준다.
> ㉡ 환경규제와 산업재해규제는 사회규제의 성격이 강하다.
> ㉢ 공동규제는 정부로부터 위임을 받은 민간집단에 의해 이뤄지는 규제를 의미한다.
> ㉣ 수단규제는 정부의 목표를 달성하기 위해 필요한 기술이나 행위에 대해 사전적으로 규제하는 것을 의미한다.

① ㉠, ㉡　　② ㉢, ㉣
③ ㉠, ㉡, ㉢　　④ ㉡, ㉢, ㉣

05

18. 지방 9

규제의 유형에 대한 설명으로 옳지 않은 것은?

① 리플리와 프랭클린(Ripley & Franklin)은 보호적 규제와 경쟁적 규제로 구분하고 있다.
② 경제규제는 주로 시장의 가격 기능에 개입하고 특정 기업의 시장 진입을 배제하거나 억압하는 방식으로 작동된다.
③ 포지티브 규제는 네거티브 규제보다 피규제자의 자율성을 더 보장한다.
④ 자율규제는 피규제자가 스스로 합의된 규범을 만들고 이를 구성원들에게 적용하는 형태의 규제방식이다.

06

17. 지방 9

정부규제를 사회적 규제와 경제적 규제로 나눌 경우 경제적 규제의 성격이 가장 강한 것은?

① 진입규제　　② 환경규제
③ 산업재해규제　　④ 소비자안전규제

07

16. 지방 9

다음 설명에 해당하는 정책현상은?

> 어떤 하나의 규제가 시행된 결과, 원래 규제설계 당시에는 미리 예기하지 못한 또 다른 문제점이 나타나게 되면 규제기관은 그 문제의 해결을 위해 또 다른 규제를 하게 됨으로써 결국 규제가 규제를 낳는 결과를 초래한다.

① 타르 베이비 효과(Tar-Baby effect)
② 집단행동의 딜레마
③ 규제의 역설(regulatory paradox)
④ 지대추구행위

08

24. 국가 9

규제유형에 대한 설명으로 옳지 않은 것은?

① 오염배출부과금제도, 이산화탄소 배출권거래제도는 시장유인적 규제유형에 속한다.
② 포지티브 규제방식은 네거티브 규제방식에 비해 피규제자의 자율성을 더 보장한다.
③ 명령지시적 규제는 시장유인적 규제에 비해 일반 국민이 이해하기 쉽고 직관적 설득력이 높다는 장점이 있다.
④ 사회규제는 주로 사회적 영향을 야기하는 기업행동에 대한 규제를 말하며 작업장 안전 규제, 소비자 보호 규제 등이 있다.

정답 및 해설

04 ④
㉠ 네거티브 규제가 포지티브 규제보다 자율성을 더 보장한다.

05 ③
네거티브 규제는 포지티브 규제보다 피규제자의 자율성을 더 보장한다.

06 ①
- 경제적 규제: 시장의 가격 기능에 개입하고 기업의 시장진입을 배제하거나 억압하는 방식으로, 인·허가 등록과 같은 진입규제·퇴거규제가 대표적이다.
- 사회적 규제: 시민의 안전 등을 위해 요구되는 규제로 소비자안전규제, 산업재해규제, 환경규제 등이 있다.

07 ①
- ① 문제에서 설명하는 내용은 타르 베이비 효과(규제의 피라미드)에 대한 설명이다.
- ② 집단행동의 딜레마: 일부 구성원의 무임승차 문제로 공통의 이해관계가 걸린 문제를 집단 스스로 해결하지 못하는 현상이다.
- ③ 규제의 역설(regulatory paradox): 공익달성을 위해 규제를 도입하였지만 결과적으로 규제로 인해 공익을 저해하는 현상을 말한다.
- ④ 지대추구행위: 정부의 결정에 의해 형성된 독점 또는 배타적 이익을 경제학적 용어로 지대(rent)라고 하며, 규제나 개발계획과 같은 정부의 시장개입이 큰 부분에 대해서 지대추구 행태가 증가한다.

08 ②
네거티브 규제방식은 포지티브 규제방식에 비해 피규제자의 자율성을 더 보장한다.

09

17. 지방 9 (하반기)

규제영향분석에 대한 설명으로 옳지 않은 것은?

① 규제의 경제사회적 영향을 과학적으로 분석해 타당성을 평가한다.
② 정치적 이해관계의 조정과 수렴의 기회를 제공한다.
③ 규제가 초래할 사회적 부담에 대해 책임성을 가지도록 유도한다.
④ 규제의 비용보다 규제의 편익에 주안점을 둔다.

10

17. 지방교행 9

규제개혁의 방향과 방식에 관한 설명으로 옳지 않은 것은?

① 유사한 중복규제의 축소를 통한 규제 효율화
② 행정규제에 관한 국제협력으로 세계화에 대응
③ 사전적 규제방식의 확대를 통한 규제 방식 다양화
④ 시민감시체제의 도입을 통한 규제 과정 민주화

THEME 03 행정지도

11

17. 지방 9 (하반기)

행정지도의 폐단에 해당하지 않는 것은?

① 책임소재가 불분명할 수 있다.
② 공무원의 재량이 많이 작용하기 때문에 형평성이 보장되기 어렵다.
③ 입법과정의 복잡한 절차가 필요하다.
④ 행정의 과도한 경계확장을 유도한다.

THEME 04 민원행정(민원 처리에 관한 법률)

12

16. 사복 9

민원에 대한 설명으로 옳지 않은 것은?

① 복합민원은 5세대 이상의 공동이해와 관련하여 5명 이상이 연명으로 제출하는 민원이다.
② 고충민원은 행정기관 등의 위법·부당하거나 소극적인 처분 및 불합리한 행정제도로 인하여 국민의 권리를 침해하거나 국민에게 불편 또는 부담을 주는 사항에 관한 민원이다.
③ 질의민원은 법령·제도·절차 등 행정업무에 관하여 행정 기관의 설명이나 해석을 요구하는 민원이다.
④ 건의민원은 행정제도 및 운영의 개선을 요구하는 민원이다.

13

20. 지방 9

민원행정의 성격에 대한 설명으로 옳은 것만을 모두 고르면?

> ㉠ 규정에 따라 서비스를 제공하는 전달적 행정이다.
> ㉡ 행정기관도 민원을 제기하는 주체가 될 수 있다.
> ㉢ 행정구제수단으로 볼 수 없다.

① ㉠　　② ㉢
③ ㉠, ㉡　　④ ㉡, ㉢

정답 및 해설

09 ④
규제영향분석은 규제의 경제·사회적 영향을 과학적으로 분석하여 그 타당성을 평가하는 것으로, 규제의 비용과 편익 모두에 주안점을 둔다.

10 ③
규제개혁은 사전적 규제보다는 사후적 규제를 강조하는 방향으로 나아가고 있다.

11 ③
행정지도는 행정수요의 변화에 비해 입법조치가 탄력적이지 못하거나 행정수요가 임시적·잠정적이어서 법적 대응이 곤란할 때 활용되는 것으로 입법과정의 복잡한 절차가 필요없다.

12 ①
다수인관련민원에 대한 설명이다. 복합민원은 하나의 민원 목적을 실현하기 위하여 관계법령 등에 따라 여러 관계 기관 또는 관계 부서의 인가·허가·승인·추천·협의 또는 확인 등을 거쳐 처리되는 법정민원을 말한다.

13 ③
㉢ 행정기관 등의 위법·부당하거나 소극적인 처분 및 불합리한 행정제도로 인하여 국민의 권리를 침해하거나 국민에게 불편 또는 부담을 주는 사항에 관한 민원(고충민원) 등은 행정구제수단으로 볼 수 있다.

THEME 05 공공기관의 정보공개에 관한 법률

14

16. 사복 9

공공기관의 정보공개에 관한 법률의 내용으로 옳은 것은?

① 지방자치단체는 그 소관 사무에 관하여 법령의 범위에서 정보공개에 관한 조례를 정할 수 있다.

② 모든 국민은 정보의 공개를 청구할 권리를 가지며, 외국인의 정보공개 청구에 관하여는 법률로 정한다.

③ 공공기관은 예산집행의 내용과 사업평가 결과 등 행정 감시에 필요한 정보가 다른 법률에서 비밀이나 비공개사항으로 규정되었더라도 이를 공개하여야 한다.

④ 공공기관은 정보공개의 청구를 받으면 부득이한 사유가 있더라도 그 청구를 받은 날부터 연장 없이 10일 이내에 공개 여부를 결정하여야 한다.

THEME 06 시장실패

15

24. 국가 9

시장실패에 대한 설명으로 옳지 않은 것은?

① 민영화를 강조하는 작은 정부론은 시장실패에 대한 대응으로 제기되었다.

② 시장기구를 통해 자원을 효율적으로 배분할 수 없는 상태를 말한다.

③ 정부는 시장개입 및 규제를 통해 시장실패를 교정한다.

④ 공공재의 존재는 시장실패를 야기하는 요인이다.

16

21. 국가 9

정부개입의 근거가 되는 시장실패의 원인으로 옳지 않은 것은?

① 외부효과 발생

② 시장의 독점 상태

③ X-비효율성 발생

④ 시장이 담당하기 어려운 공공재의 존재

17

16. 서울 9

시장실패 원인에 대응하는 정부의 방식에 대한 설명으로 가장 옳지 않은 것은?

① 외부효과 발생에 대해서는 보조금 혹은 정부규제로 대응할 수 있다.

② 자연독점에 대해서는 공적공급 혹은 정부규제로 대응할 수 있다.

③ 정보의 비대칭성에 대해서는 보조금으로 대응할 수 있다.

④ 불완전경쟁에 대해서는 보조금 혹은 공적공급으로 대응할 수 있다.

정답 및 해설

14 ①

- 공공기관의 정보공개에 관한 법률
  - 제5조(정보공개 청구권자) 제1항 : 모든 국민은 정보의 공개를 청구할 권리를 가진다. 제2항 : 외국인의 정보공개 청구에 관하여는 대통령령으로 정한다.
  - 제9조(비공개 대상 정보) 제1항 : 공공기관이 보유·관리하는 정보는 공개 대상이 된다. 다만, 다음 각 호의 어느 하나에 해당하는 정보는 공개하지 아니할 수 있다.
    1. 다른 법률 또는 법률에서 위임한 명령에 따라 비밀이나 비공개 사항으로 규정된 정보
  - 제11조(정보공개 여부의 결정) 제1항 : 공공기관은 제10조에 따라 정보공개의 청구를 받으면 그 청구를 받은 날부터 10일 이내에 공개 여부를 결정하여야 한다. 제2항 : 공공기관은 부득이한 사유로 제1항에 따른 기간 이내에 공개 여부를 결정할 수 없을 때에는 그 기간이 끝나는 날의 다음 날부터 기산(起算)하여 10일의 범위에서 공개 여부 결정기간을 연장할 수 있다.

15 ①

작은 정부론은 정부실패에 대한 대응으로 제기되었다.

16 ③

- ③ 정부실패의 원인에 해당한다.
- ①, ②, ④ 시장실패의 원인에 해당한다.

17 ④

불완전경쟁에 대해서 정부규제로 대응할 수 있다.

+ 시장실패 원인별 대응

원인 \ 정부대응	공적공급 (행정조직)	공적유도 (보조금)	정부규제 (권위)
공공재의 존재	○		
외부효과의 발생		○	○
자연독점	○		○
불완전경쟁			○
정보의 비대칭		○	○

THEME 07 정부실패

18

17. 국가 9

정부의 규모와 역할에 대한 행정이론의 설명으로 옳지 않은 것은?

① X-비효율성은 과열된 경쟁에서 나타나는 정부의 과다한 비용발생을 의미한다.
② 지대추구이론은 규제나 개발계획과 같은 정부의 시장개입이 클수록 지대추구행태가 증가하고 그에 따른 사회적 손실도 증가한다고 주장한다.
③ 거래비용이론에서는 당사자 간의 협상 및 커뮤니케이션 비용과 계약의 준수를 감시하는 비용도 거래비용으로 포함한다.
④ 대리인이론은 주인-대리인 사이에 정보 비대칭성이 있고 대리인이 기회주의적으로 행동하는 경우 역선택(adverse selection) 문제가 발생할 수 있다고 주장한다.

19

18. 지방교행 9

다음 설명에 해당하는 개념으로 적합한 것은?

> 정부의 재화나 서비스 제공 자체가 독점적인 특성이 있어서 경쟁체제로 형성된 가격까지 낮추려는 경쟁압박을 받지 않기 때문에 나타난다. 또한, 정부가 추진하는 정책이 성공하거나 실패할 때 직접적인 평가(상벌)에 대한 기대가 크지 않아서 투입된 자원이 기대할 수 있는 최적의 생산량에 미치지 못하기 때문에 나타나는 현상이다.

① X-비효율성(X-inefficiency)
② 외부불경제(External Diseconomy)
③ 주인-대리인 모형(Principal-Agent Model)
④ 정보의 비대칭성(Information Asymmetry)

20

16. 지방 9

시장실패와 정부실패에 대한 설명으로 적절하지 않은 것은?

① 시장실패는 시장기구를 통해 자원배분의 효율성을 달성할 수 없는 경우를 의미한다.
② 비배제성과 비경합성을 가진 공공재의 존재는 시장실패의 주요 원인 중 하나이다.
③ X-비효율성으로 인해 시장실패가 야기되어 정부의 시장개입 정당성이 약화된다.
④ 정부실패는 시장실패에 대응하는 개념으로 행정서비스의 비효율성을 야기한다.

21

16. 국가 9

시장실패 및 정부실패에 대한 설명으로 옳지 않은 것은?

① 시장실패를 초래하는 요인은 공공재의 존재, 외부효과의 발생, 불완전한 경쟁, 정보의 비대칭성 등이다.
② 시장실패를 교정하기 위한 정부 역할은 공적 공급, 공적 유도, 정부 규제 등이다.
③ 정부개입에 의해 초래된 의도하지 않은 결과 때문에 자원배분 상태가 정부개입이 있기 전보다 오히려 더 악화될 수 있다.
④ 정부실패는 관료나 정치인들의 개인적 요인 때문에 발생하며, 정부라는 공공조직에 내재하는 구조적 요인 때문에 발생하는 것은 아니다.

정답 및 해설

18 ①
X-비효율성은 독점적 성격에서 나타나는 정부의 과다한 비용발생을 의미한다.

19 ①
- ② 외부불경제는 제3자에게 의도하지 않은 손해를 주는 현상으로, 공장의 오염물질 배출이 대표적인 예이다.
- ③, ④ 주인-대리인 모형은 주인과 대리인 사이의 정보의 비대칭 상황에서, '역선택'과 '도덕적 해이'라는 대리손실이 발생하는 상황을 설명하는 이론이다.

20 ③
X-비효율성으로 인해 정부실패가 야기되어 정부의 시장개입 정당성이 약화된다.

구분	내용
정부실패의 원인	사적목표의 설정(내부성), X-비효율성, 파생적 외부효과, 권력의 편재
시장실패의 원인	공공재의 존재, 외부효과의 발생, 자연독점, 불완전경쟁, 정보의 비대칭

21 ④
정부실패는 공공조직에 내재하는 독점적 구조에 의해서도 발생한다(X-비효율성, 권력의 편재).

THEME 08 정부의 규모

22

23. 지방 9

정부 예산팽창이론에 대한 설명으로 옳지 않은 것은?

① 바그너(Wagner)는 경제 발전에 따라 국민의 욕구 부응을 위한 공공재 증가로 인해 정부 예산이 증가한다고 주장한다.

② 피코크(Peacock)와 와이즈맨(Wiseman)은 전쟁과 같은 사회적 변동이 끝난 후에도 공공지출이 그 이전 수준으로 되돌아가지 않는 데에서 예산팽창의 원인을 찾고 있다.

③ 보몰(Baumol)은 정부 부문과 민간 부문 간의 생산성 격차를 통해 정부 예산의 팽창 원인을 설명하고 있다.

④ 파킨슨(Parkinson)은 관료들이 자신들의 권력 극대화를 위해 필요 이상으로 자기 부서의 예산을 추구함에 따라 정부 예산이 지속적으로 증가한다고 주장한다.

THEME 09 민영화(민간화) 방식

23

18. 국가 9

지방정부의 행정서비스 공급체계 및 방식에 대한 설명으로 옳지 않은 것은?

① 정부의 직접적 공급이 아닌 대안적 서비스 공급체계(ASD : Alternative Service Delivery)는 생활쓰레기 수거, 사회복지사업 운영, 시설 관리 등의 분야에 적용되고 있다.

② 과잉생산과 독점 등이 야기한 공공부문 비효율의 해결책으로 계약방식을 통한 서비스 공급이 도입되고 있다.

③ 사용자부담 방식의 활용은 재정부담의 공평성 제고에 기여한다.

④ 사바스(E. Savas)가 제시한 공공서비스 공급유형론에 따르면, 자원봉사(voluntary service)방식은 민간이 결정하고 정부가 공급하는 유형에 속한다.

THEME 10 민간투자 유치

24

20. 지방 9

민간투자사업자가 사회기반시설 준공과 동시에 해당 시설 소유권을 정부로 이전하는 대신 시설관리운영권을 획득하고, 정부는 해당 시설을 임차 사용하여 약정기간 임대료를 민간에게 지급하는 방식은?

① BTO(Build-Transfer-Operate)

② BTL(Build-Transfer-Lease)

③ BOT(Build-Own-Transfer)

④ BOO(Build-Own-Operate)

정답 및 해설

22 ④

니스카넨의 예산극대화이론에 대한 설명이다. 파킨슨은 공무원의 수가 해야 할 업무의 경중이나 그 유무에 관계없이 일정비율로 증가한다고 주장하였다.

23 ④

자원봉사는 민간이 결정(배열)하고 민간이 생산하는 방식이다.

구분		배열자(arrgangers)	
		정부(government)	민간(private sector)
생산자(producers)	정부	• 정부서비스(Government service) • 정부 간 협약(Intergovernmental agreement)	정부 응찰(판매)(Government vending)
	민간	• 계약(Contract-out) • 프랜차이즈(Franchise) • 보조금(Grant)	• 시장(Market) • 자원봉사(Voluntary) • 셀프서비스(Self-service) • 바우처(Voucher)

24 ②

각 단어의 '주어'는 민간이라는 점을 기억하자! 민간이 건설(Build)하고, 준공 후 민간이 소유권을 정부에 이전해 주고(Trasnsfer), 민간이 임대해 주고(Lease) 임대료를 정부로부터 받는다. = BTL

25

19. 서울 9 (2월)

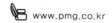

공공서비스 전달방식에 대한 설명으로 가장 옳은 것은?

① 프랜차이즈 방식은 정부가 개인들에게 특정 상품 및 서비스 구입이 가능한 쿠폰을 제공하는 방식이다.
② 공공-민간협력방식(PPP)은 정부가 민간부문에 출자하고 이를 경영하되 위험은 정부가 모두 부담하는 방식이다.
③ 수익형 민자사업(BTO) 방식은 민간이 시설을 건설하고 직접 소유하면서 운영하는 방식이다.
④ 임대형 민자사업(BTL) 방식은 민간이 시설을 건설하고 정부가 소유하며 민간은 정부로부터 임대료 수익을 보장받는 방식이다.

26

17. 국가 9 (하반기)

사회기반시설에 대한 민간투자사업에 있어서 사업시행자가 시설을 건설한 후 해당 시설의 소유권 및 운영권을 사업시행자가 가지는 방식은?

① BTL(Build-Transfer-Lease)
② BTO(Build-Transfer-Operate)
③ BLT(Build-Lease-Transfer)
④ BOO(Build-Own-Operate)

THEME 11 행정서비스 관련 기타 논의

27

20. 서울 9

〈보기〉에서 설명하고 있는 개념으로 가장 옳은 것은?

보기

행정기관이 제공하는 행정서비스의 기준과 내용, 이를 제공받을 수 있는 절차와 방법, 잘못된 서비스에 대한 시정 및 보상조치 등을 구체적으로 정하여 공표하고 이의 실현을 국민에게 약속하는 것

① 고객만족도 ② 행정서비스헌장
③ 민원서비스 ④ 행정의 투명성 강화

28

16. 지방교행 9

행정서비스와 관련된 설명이다. 〈보기〉에서 옳은 것을 모두 고른 것은?

보기

㉠ 행정서비스 중 민원 행정은 전달적 행정이며 정치적 관심의 영역이다.
㉡ 행정서비스는 시민들의 일상생활에 직결되는 민원 중심의 서비스 특징을 지니고 있다.
㉢ 행정서비스는 중앙행정기관뿐만 아니라, 지역에 설치된 특별지방행정기관과 지방자치단체에 의해 제공된다.
㉣ 행정서비스 품질에 대한 시민평가제는 고객지향적 행정서비스 구현을 위한 개혁 사업의 일환으로 도입되었다.

① ㉠, ㉢ ② ㉡, ㉣
③ ㉡, ㉢, ㉣ ④ ㉠, ㉡, ㉢, ㉣

정답 및 해설

25 ④

- ① 바우처 방식에 대한 설명이다. 면허(프랜차이즈) 방식은 민간조직에 일정한 구역 내에서 공공서비스를 제공하는 권리를 인정하는 방식이다.
- ② 공공−민간협력방식(Public Private Partnership)은 인프라 확충을 위하여 정부와 민간기업이 함께 출자하여, 민간은 운영 · 수익을 얻고 정부는 세금감면이나 재정지원을 하는 방식이다.
- ③ BOO(Build−Own−Operate)에 대한 설명이다.
  BTO(Build−Transfer−Operate)는 민간의 투자금으로 사회간접자본을 건설하고, 소유권을 정부에 이전 후 민간이 운영수익을 통해 투자금을 회수하는 방식이다.

26 ④

민간투자 방식별 비교

구분	BTO	BTL	BOT	BLT	BOO
실제운영주체	민간	정부	민간	정부	민간
운영시 소유권	정부	정부	민간	민간	민간
투자비 회수방법	사용료	임대료	사용료	임대료	사용료
소유권 이전시기	준공 후	준공 후	운영 종료 후	임대 종료 후	–

27 ②

- ① 고객만족도 : 행정서비스에 대한 고객의 만족 정도를 말한다.
- ③ 민원서비스 : 민원인의 처분 등 특정한 요구에 따라 행정서비스를 제공하는 것을 말한다.
- ④ 행정의 투명성 강화 : 투명성이란 정부의 의사결정과 집행과정 등을 외부에 드러내는 것으로, 행정의 투명성 강화는 공무원의 부패방지에 기여한다.

28 ④

㉠, ㉡, ㉢, ㉣ 모두 옳은 내용이다.

THEME 12 정부와 시민사회

29

16. 사복 9

정부와 시민사회 간의 관계에 대한 설명으로 옳지 않은 것은?

① 좋은 거버넌스에서는 시민단체의 역할을 강조한다.
② 우리나라에서는 시민단체의 자율성을 위하여 정부가 재정지원을 하지 않는다.
③ 정부와 시민단체의 지나친 유착은 시민단체의 정체성 문제를 야기한다.
④ 정부와 시민단체 간의 균형을 위해서는 정보의 공유가 필요하다.

30

18. 지방 9

던리비(Dunleavy)의 관청형성모형에 대한 설명으로 가장 옳은 것은?

① 고위 관료의 선호에 맞지 않는 기능을 민영화나 위탁계약을 통해 지방정부나 준정부기관으로 넘긴다.
② 합리적인 고위직 관료들은 소속기관의 예산극대화를 추구한다.
③ 중하위직 관료는 주로 관청예산의 증대로 이득을 얻는다.
④ 관료들이 정책결정을 할 때 사적 이익보다는 공적 이익을 우선시한다.

31

17. 국가 9 (하반기)

사회자본이론(social capital theory)에 대한 설명으로 옳지 않은 것은?

① 사회자본은 참여자들이 협력하도록 함으로써 공유한 목적을 보다 효과적으로 성취하게 만드는 신뢰, 규범, 네트워크와 같은 사회조직의 특징으로 정의할 수 있다.
② 푸트남(R. D. Putnam) 등은 이탈리아에서 사회자본(시민공동체 의식)이 지방정부의 제도적 성과 차이를 잘 설명한다고 주장했다.
③ 정밀한 사회적 연결망은 신뢰를 강화하고, 거래비용을 낮추며, 혁신을 가속화함으로써 경제 발전을 촉진할 수 있다.
④ 신뢰와 네트워크를 통한 과도한 대외적 개방성에 대하여 많은 비판을 받고 있다.

32

24. 국가 9

「비영리민간단체 지원법」상 정부의 비영리민간단체 지원에 대한 설명으로 옳지 않은 것은?

① 비영리민간단체는 영리가 아닌 공익활동을 수행하는 것을 주된 목적으로 하는 민간단체이어야 한다.
② 등록비영리민간단체는 공익사업의 소요경비를 지원받을 수 있으며 소요경비의 범위는 사업비를 원칙으로 한다.
③ 등록비영리민간단체가 공익사업 추진의 보조금을 교부받고자 할 때에는 사업의 목적과 내용, 소요경비, 기타 필요한 사항을 기재한 사업계획서를 제출해야 한다.
④ 등록비영리민간단체는 보조금을 받아 수행한 공익사업을 완료한 때에는 사업보고서를 대통령에게 제출해야 하며 사업평가, 사업보고서 및 평가결과의 공개 등에 필요한 사항은 대통령령으로 정한다.

정답 및 해설

29 ②
비영리민간단체 지원법 제5조(비영리민간단체에 대한 지원 등) 제2항 : 행정안전부장관 또는 시 · 도지사는 공익활동에 참여하는 비영리민간단체에 대하여 필요한 행정지원 및 이 법이 정하는 재정지원을 할 수 있다.

30 ①
- ② 관료들의 효용은 전체 예산액 중 일부분에만 관련되어 있다.
- ③ 던리비는 고위직 관료들의 관청형성동기에 초점을 맞추었다.
- ④ 관료들은 공적 이익보다 사적 이익을 우선한다고 가정한다.

31 ④
사회적 자본의 집단 동조성과 제한된 결속력은 외부인을 암묵적으로 배제할 수 있고, 구성원의 사적 자유를 제한할 수 있다는 비판을 받는다.

32 ④
비영리민간단체 지원법 제9조(사업보고서 제출 등)
- 제1항 : 등록비영리민간단체는 사업을 완료한 때에는 다음 회계연도 1월 31일까지 사업보고서를 작성하여 행정안전부장관, 시 · 도지사나 특례시의 장에게 제출하여야 한다.
- 제3항 : 사업 평가, 사업보고서 및 평가결과의 공개 등에 필요한 사항은 행정안전부령으로 정한다.

THEME 13 행정의 가치

33

18. 지방 9

행정이론의 패러다임과 추구하는 가치를 바르게 연결한 것은?

① 행정관리론 – 절약과 능률성
② 신행정론 – 형평성과 탈규제
③ 신공공관리론 – 경쟁과 민주성
④ 뉴거버넌스론 – 대응성과 효율성

THEME 13-1 행정의 본질적 가치

34

16. 사복 9

행정가치 중 본질적 가치와 가장 거리가 먼 것은?

① 정치적 자유 ② 가치의 평등한 배분
③ 민주적 의사결정 ④ 사회적 형평

35

22. 지방 9

공익에 대한 설명으로 옳은 것만을 모두 고르면?

> ㉠ 실체설에 의하면 공익은 사익을 초월한 것이다.
> ㉡ 과정설에 의하면 공익은 사익 간 갈등을 조정·타협하는 과정에서 산출되는 것이다.
> ㉢ 실체설은 다원적 민주주의에 도움을 준다.
> ㉣ 플라톤(Plato)과 루소(Rousseau) 모두 공익 실체설을 주장하였다.

① ㉠, ㉡ ② ㉡, ㉢
③ ㉠, ㉡, ㉣ ④ ㉠, ㉢, ㉣

36

19. 국가 9

공익에 대한 설명으로 옳은 것은?

① 「국가공무원법」은 제1조에서 공무원은 국민 전체의 봉사자로서 공익을 추구해야 함을 명시하고 있다.
② 「공무원 헌장」은 공무원이 실천해야 하는 가치로 공익을 명시하고 있다.
③ 신공공서비스론에서는 공익을 행정의 목적이 아닌 부산물로 보아야 한다는 점을 강조한다.
④ 공익에 대한 실체설에서는 공익을 사익 간 타협 또는 집단 간 상호작용의 산물로 본다.

37

17. 국가 9

공익(public interest) 개념의 실체설과 과정설에 대한 설명으로 옳은 것은?

① 실체설은 집단 간 상호작용의 산물이 공익이라고 본다.
② 과정설의 대표적인 학자에는 플라톤(Plato)과 루소(Rousseau)가 있다.
③ 실체설은 공익이라는 미명하에 개인의 이익이 침해될 수 있는 위험요소를 내포하고 있다.
④ 과정설은 공익과 사익이 명확히 구분된다는 입장이다.

정답 및 해설

33 ①
- ② 신행정론은 형평성을 추구하였지만, 탈규제는 신공공관리론과 관련된 내용이다.
- ③ 신공공관리론은 경쟁과 생산성(=능률성+효과성)을 추구하였지만, 민주성을 저해할 수 있다.
- ④ 뉴거버넌스론은 신뢰성을 추구하였고, 뉴거버넌스론을 신공공관리론과 비교했을 때 대응성은 뉴거버넌스론과, 효율성(능률성, efficiency)은 신공공관리론과 관련된 내용이다.

34 ③
수단적 가치에 해당한다. 수단적 가치에는 능률성, 효과성, 합리성, 합법성, 민주성, 책임성 등이 있고, 본질적 가치에는 자유, 평등, 형평성, 공익, 정의 등이 있다.

35 ③
㉢ <u>과정설</u>은 다원적 민주주의에 도움을 준다.

36 ②
- ② 공무원 헌장: 공익을 우선시하며 투명하고 공정하게 …
- ① 국가공무원법 제1조: 국민 전체의 봉사자로서 행정의 민주적이며 능률적인 운영을 기하게 하는 것을 목적으로 한다.
- ③ 신공공서비스론에서는 공익을 행정의 목적으로 강조한다.
- ④ 공익에 대한 과정설의 입장이다.

37 ③
- ① 과정설에 대한 설명이다.
- ② 플라톤과 루소는 실체설을 대표하는 학자이다.
- ④ 실체설에 대한 설명이다.

38

19. 서울 9

공익에 대한 설명으로 가장 옳지 않은 것은?

① 과정설은 개인의 사익을 초월한 공동체 전체의 공익이 따로 있다고 보는 견해이다.
② 실체설은 사회 전 구성원의 총효용을 극대화함으로써 공익에 도달할 수 있다고 보는 견해이다.
③ 과정설은 공익이 사익의 총합이거나 사익 간의 타협·조정 과정을 통해 얻어지는 것으로 보는 견해이다.
④ 실체설은 사회공동체 내지 국가의 모든 가치를 포괄하는 절대적인 선의 가치가 있다고 보는 견해이다.

39

18. 서울 9

공익에 대한 설명으로 가장 옳지 않은 것은?

① 과정설은 공익을 서로 충돌하는 이익을 가진 집단들 사이에 상호조정과정을 거쳐 균형상태의 결론에 도달했을 때 실현되는 것이라고 본다.
② 실체설에서도 전체효용의 극대화를 강조하는 입장에서는 사회구성원의 효용을 계산한 다음에 전 구성원의 총효용을 극대화함으로써 공익에 도달할 수 있다고 본다.
③ 실체설에서 도덕적 절대가치를 공익의 실체로 보는 관점에서는 사회공동체나 국가의 모든 가치를 포괄하는 절대적인 선의 가치가 있다고 가정한다.
④ 실체설에서는 적법절차의 준수를 강조하며 국민주권원리에 의한 행정의 중심적 역할을 강조한다.

40

20. 국가 9

공리주의적 관점에서 공익을 설명한 것으로 옳은 것만을 모두 고르면?

㉠ 사회 전체의 효용이 증가하면 공익이 향상된다.
㉡ 목적론적 윤리론을 따르고 있다.
㉢ 효율성(efficiency)보다는 합법성(legitimacy)이 윤리적 행정의 판단기준이다.

① ㉠ ② ㉢
③ ㉠, ㉡ ④ ㉡, ㉢

41

18. 지방교행 9

공직윤리 이론에 관한 설명으로 옳은 것을 〈보기〉에서 모두 고른 것은?

보기

㉠ 공직자의 윤리기준은 행위의 이유에 따라 판단하는 목적론적 접근방법과 그 행위의 결과나 성과에 따라 판단하는 의무론적 접근방법으로 구분된다.
㉡ 공직자의 통제 방식은 입법적·사법적 통제에 초점을 둔 외적 통제와 직업가치 및 윤리 기준에 의한 내적 통제로 구분된다.
㉢ 공직자의 책임은 외부의 기대에 부응해야 하는 객관적 책임과 자신의 양심 및 가치에 따라 결정하는 주관적 책임으로 구분된다.
㉣ 공직자의 역할 책임론은 전문 직업가 역할과 민주주의 담론의 촉진자 역할로 구분된다.

① ㉠, ㉢ ② ㉡, ㉣
③ ㉠, ㉡, ㉢ ④ ㉡, ㉢, ㉣

정답 및 해설

38 ①
실체설의 입장이다. 실체설은 공익은 사익을 초월하여 선험적·규범적인 것으로 존재한다고 보고, 과정설은 사익을 초월한 별도의 공익이란 존재할 수 없다고 본다.

39 ④
과정설은 절차적 합리성을 강조하여 적법절차의 준수에 의해 공익이 보장된다고 본다.

40 ③
㉢ 공리주의 관점에서의 공익은 사회 전체의 효용이 증가하면 공익이 향상된다는 관점으로, 목적론적 윤리론을 따르고 있다. 효율성이 윤리적 행정의 판단기준이 된다.
※ 목적론적 윤리론 : 행위의 결과에 따라 옳고 그름을 판단, 즉 최대의 결과를 가져오면 옳은 행위로서 공리주의적 관점이다.
※ 의무론적 윤리론 : 도덕규칙 위배 여부로 옳고 그름을 판단한다.

41 ④
㉠ 공직자의 윤리기준은 행위의 이유에 따라 판단하는 의무론적 접근방법과 그 행위의 결과나 성과에 따라 판단하는 목적론적 접근방법으로 구분된다.

42

20. 지방 9

행정 가치에 대한 설명으로 옳지 않은 것은?

① 공익 과정설에 따르면 사익을 초월한 별도의 공익이란 존재할 수 없다.
② 롤스(Rawls)는 사회정의의 제1원리와 제2원리가 충돌할 경우 제1원리가 우선이라고 주장한다.
③ 파레토 최적 상태는 형평성 가치를 뒷받침하는 기준이다.
④ 근대 이후 합리성은 목표를 달성하는 수단과 관련된 개념이다.

43

18. 국가 9

롤스(J. Rawls)의 정의론에 대한 설명으로 옳지 않은 것은?

① 원초적 자연상태(state of nature) 하에서 구성원들의 이성적 판단에 따른 사회형태는 극히 합리적일 것이라고 가정하는 사회계약론적 전통에 따른다.
② 현저한 불평등 위에서는 사회의 총체적 효용 극대화를 추구하는 공리주의가 정당화될 수 없다고 본다.
③ 사회의 모든 가치는 평등하게 배분되어야 하며, 불평등한 배분은 그것이 사회의 최소수혜자에게도 유리한 경우에 정당하다고 본다.
④ 자유와 평등의 조화를 추구하는 중도적 입장보다는 자유방임주의에 의거한 전통적 자유주의 입장을 취하고 있다.

44

24. 지방 9

사회적 형평성(social equity)에 대한 설명으로 옳지 않은 것은?

① 1968년 개최된 미노부룩 회의(Minnowbrook Conference)에서 태동한 신행정론에서 강조하였다.
② 롤스(Rawls)의 『정의론』은 사회적 형평성 논의에 영향을 주었다.
③ 수직적 형평성(vertical equity)은 '동등한 여건에 있지 않은 사람을 동등하게 취급'함을 의미하며, 누진세가 그 예이다.
④ 수평적 형평성(horizontal equity)은 '동등한 여건에 있는 사람을 동등하게 취급'함을 의미하며, 동일노동 동일임금이 그 예이다.

45

18. 지방교행 9

사회적 형평성에 대한 설명으로 옳은 것을 〈보기〉에서 고른 것은?

보기

㉠ 정당한 불평등의 개념을 포함하고 있다.
㉡ 투입 대비 산출의 비율로 표현되는 경제적 개념이다.
㉢ 동일한 것은 동일하게 취급하는 것을 수직적 형평성이라고 한다.
㉣ 신행정론의 등장과 함께 강조되기 시작하였다.

① ㉠, ㉡　② ㉠, ㉣
③ ㉡, ㉢　④ ㉢, ㉣

정답 및 해설

42 ③
파레토 최적 상태는 어느 한 사람에게도 손실을 끼치지 않고는 다른 사람들을 더 좋게 만들 수 없는 상황으로, 능률성을 뒷받침하는 기준이다.

43 ④
롤즈는 자유와 평등의 조화를 추구한다.

44 ③
수직적 형평성(vertical equity)은 '동등한 여건에 있지 않은 사람을 다르게 취급'함을 의미한다.

45 ②
- ㉡ 투입 대 산출 비율(산출/투입)로 표현되는 경제적 개념은 능률성 또는 효율성(efficiency)이다.
- ㉢ 동일한 것을 동일하게 취급하는 것을 수평적 형평성이라고 하고, 다른 것을 다르게 취급하는 것을 수직적 형평성이라고 한다.

THEME 13-2 행정의 수단적 가치

46
23. 지방 9

행정가치에 대한 설명으로 옳지 않은 것은?

① 합리성은 어떤 행위가 궁극적 목표 달성의 최적 수단이 되느냐의 여부를 가리는 개념이다.
② 효율성은 목표의 달성도를 나타내고, 효과성은 투입 대비 산출의 비율을 의미한다.
③ 자율적 책임성은 공무원이 직업윤리와 책임감에 기초해 전문가로서 자발적인 재량을 발휘할 때 확보된다.
④ 행정의 민주성은 국민과의 관계뿐만 아니라 관료조직의 내부 의사결정 과정의 측면에서도 고려된다.

47
17. 서울 9

행정가치 중 수단적 가치에 대한 설명으로 가장 옳지 않은 것은?

① 대외적 민주성을 확보하기 위해 행정통제가 필요하다.
② 수단적 가치는 본질적 가치의 실현을 가능하게 하는 가치들이다.
③ 전통적으로 책임성은 제도적 책임성(accountability)과 자율적 책임성(responsibility)으로 구분되어 논의되었다.
④ 사회적 효율성(social efficiency)은 과학적 관리론의 등장과 함께 강조되었다.

48
17. 사복 9

행정의 가치에 대한 설명 중 가장 옳은 것은?

① 합목적성을 의미하는 경제성(economy)은 그 자체로 목표가 되는 본질적 가치다.
② 적극적 의미의 합법성(legality)은 상황에 따라 신축성을 부여하는 법의 적합성보다 예외 없이 적용하는 법의 안정성을 강조한다.
③ 가외성(redundancy)은 과정의 공정성(fairness) 확보를 위한 수단적 가치다.
④ 능률성(efficiency)은 떨어지더라도 효과성(effectiveness)은 높을 수 있다.

49
19. 지방 9

행정이 추구하는 가치에 대한 설명으로 옳지 않은 것은?

① 합리성은 어떤 행위가 궁극적인 목표달성을 위한 최적의 수단이 되느냐를 가리키는 개념이다.
② 효과성은 투입 대비 산출의 비율을, 능률성은 목표의 달성도를 나타내는 개념이다.
③ 행정의 민주성은 대외적으로 국민 의사의 존중·수렴과 대내적으로 행정조직의 민주적 운영이라는 두 가지 측면이 있다.
④ 수평적 형평성이란 동등한 것을 동등하게 취급하는 것, 수직적 형평성이란 동등하지 않은 것을 서로 다르게 취급하는 것을 의미한다.

정답 및 해설

46 ②
효율성은 투입 대비 산출의 비율, 효과성은 목표의 달성도를 나타낸다.

47 ④
디목이 제창한 사회적 효율성은 인간관계론의 등장과 더불어 강조된 개념으로, 과학적 관리론에 입각한 기계적 효율관을 비판하면서 등장하였다.

48 ④
• ① 경제성은 본질적 가치가 아니다. 본질적 가치에는 공익, 정의, 자유, 평등, 형평성 등이 있다.
• ② 소극적 의미의 합법성에 대한 설명이다.
• ③ 가외성은 중첩성, 반복성 등이 특징으로 과정의 공정성 확보와는 거리가 멀다.

49 ②
능률성은 투입 대비 산출의 비율을, 효과성은 목표의 달성도를 나타낸다.

50

19. 서울 9 (2월)

행정가치에 대한 설명으로 가장 옳은 것은?

① 과정설에서는 공익은 사익을 초월한 실체 · 규범 · 도덕 개념으로 파악한다.
② 사회적 형평성은 1930년대 중반 이후 인간관계론의 등장과 더불어 강조된 개념이다.
③ 사회적 효율성은 동등한 것을 동등한 자에게 처방하는 것이 정당하다고 본다.
④ 효과성은 목표달성의 정도로 1960년대 발전행정론에서 중요시한 개념이다.

51

19. 서울 9 (2월)

주요 행정이념에 대한 설명으로 가장 옳지 않은 것은?

① 합법성은 정부 관료의 자의적인 행정활동을 막아주는 데 기여한다.
② 사회적 효율성은 구성원의 인간적 가치 실현 등을 내용으로 하여 민주성의 개념으로 이해되기도 한다.
③ 환경의 불확실성이 커질수록 가외성은 행정의 안정성과 신뢰성 확보 측면에서 그 필요성이 높아진다.
④ 효과성은 투입에 대한 산출의 비율을 의미하는 것으로 산출에 대한 비용의 관계라는 조직 내의 조건으로 이해된다.

52

18. 서울 9

행정이념에 대한 설명으로 가장 옳지 않은 것은?

① 디목(Dimock)은 기술적 능률성을 대체하는 개념으로 사회적 능률성을 제시하고 있는데, 이는 행정이 그 목적가치인 인간과 사회를 위해서 산출을 극대화하고 그 산출이 인간과 사회의 만족에 기여하는 것을 의미한다.
② 1930년대를 분수령으로 하여 정치행정이원론의 지양과 정치행정일원론으로 전환과 때를 같이해서 행정에서 민주성의 이념이 대두되었다.
③ 효과성은 수단적 · 과정적 측면에 중점을 두는 반면에 능률성은 목표의 달성도를 중시한다.
④ 합법성은 법률적합성, 법에 의한 행정, 법에 근거한 행정, 즉 법치행정을 의미한다. 합법성을 지나치게 강조하는 경우 수단가치인 법의 준수가 강조되어 목표의 전환(displacement of goal), 형식주의를 가져올 수 있다.

53

19. 서울 9

합리성의 제약요인으로 가장 옳지 않은 것은?

① 다수 간의 조화된 가치선호
② 감정적 요소
③ 비용의 과다
④ 지식 및 정보의 불완전성

정답 및 해설

50 ④
- ① 실체설에서는 공익은 사익을 초월한 실체 · 규범 · 도덕 개념으로 파악한다.
- ② 사회적 형평성은 1960년대 신행정학의 등장과 더불어 강조된 개념이다. 1930년대 중반 이후 인간관계론의 등장과 더불어 강조된 개념은 디목이 강조한 사회적 효율성이다.
- ③ 사회적 형평성에 대한 설명이다. 사회적 효율성은 행정이 그 목적가치인 인간과 사회를 위하여 산출을 극대화하고 그 산출이 인간과 사회의 만족에 기여하는 것을 의미한다. 또한, 다원적인 이익들 간의 조정과 행정조직 구성원들의 인간적 가치 실현 등을 포함하므로 민주성으로 이해되기도 한다.

51 ④
능률성 또는 효율성(efficiency)에 대한 설명이다. 효과성(effectiveness)은 목표 달성도를 의미한다.

52 ③
능률성은 수단적 · 과정적 측면에 초점을 둔 반면, 효과성은 목표의 달성도를 중시한다.

53 ①
합리성은 목표를 달성하는 수단과 관련된 개념이다. 다수 간의 조화된 가치선호는 목표를 달성하기 위한 모두가 만족할 만한 수단을 선택 가능하게 하므로 합리성을 높인다.

54

20. 서울 9

가외성(redundancy)에 대한 설명으로 가장 옳지 않은 것은?

① 동등잠재성(equipotentiality)은 동일한 기능을 여러 기관들이 독자적 상태에서 수행하는 것을 의미한다.
② 란다우(Martin Landau)는 권력분립, 계선과 참모, 양원제와 위원회제도를 가외성 현상이 반영된 제도로 본다.
③ 창조성 제고, 적응성 증진 등에 효용이 있다.
④ 한계로는 비용상의 문제와 조직 내 갈등 유발 등이 지적된다.

55

16. 국가 9

다음 설명에 해당하는 것은?

> 이것은 불확실한 상황에서의 오류 발생 가능성을 최소화하고 체제의 신뢰성을 높이기 위해 강조되는 행정가치이며, 여러 기관에 한 가지 기능이 혼합되는 중첩성(overlapping)과 동일 기능이 여러 기관에서 독립적으로 수행되는 중복성(duplication) 등을 포괄하는 개념이다.

① 가외성(redundancy) ② 합리성(rationality)
③ 효율성(efficiency) ④ 책무성(accountability)

THEME 14 행정의 관점

56

22. 국가 9

정부관의 변천에 대한 설명으로 옳지 않은 것은?

① 19세기 근대 자유주의 국가는 '야경국가'를 지향하였다.
② 대공황 이후 케인스주의, 루스벨트 대통령의 뉴딜정책은 큰 정부관을 강조하였다.
③ 영국의 대처리즘, 미국의 레이거노믹스는 작은 정부를 지향하였다.
④ 하이에크(Hayek)는 『노예의 길』에서 시장실패를 비판하고 큰 정부를 강조하였다.

57

21. 지방 9

정치 · 행정일원론에 대한 설명으로 옳은 것은?

① 행정국가의 등장과 연관성이 깊다.
② 윌슨(Wilson)의 「행정연구」가 공헌하였다.
③ 정치는 의사결정의 영역이고, 행정은 결정된 내용을 집행한다고 보았다.
④ 행정은 경영과 비슷해야 하며, 행정이 지향하는 가치로 절약과 능률을 강조하였다.

정답 및 해설

54 ①

가외성

> • 중첩성(overlapping) : 여러 기관에 한 가지 기능이 혼합
> • 반복성(duplication) : 동일 기능을 여러 기관에서 독립적으로 수행
> • 동등잠재성(equipotentiality) : 주기관이 제대로 작동하지 않을 때 보조기관이 그 기능을 인수하여 수행

55 ①

• ① 가외성 : 불확실한 상황에서의 오류 발생 가능성을 최소화하고 체제의 신뢰성을 높이기 위해 강조되는 가치로써, 1960년대 정보과학, 컴퓨터 기술, 사이버네틱스 이론 발달과 함께 논의되었고 란다우(Martin Landau)가 행정학에 도입하였다.
• ② 합리성 : 목표를 달성하는 수단과 관련된 개념으로, 사이먼은 실질적 합리성과 절차적 합리성으로 구분하였다.
• ③ 효율성(능률성) : 투입 대비 산출의 비율을 말한다.
• ④ 책무성(책임성) : 도덕적 · 법률적 규범에 따라 행동해야 하는 의무를 말한다.

56 ④

하이에크(저서 : 노예로의 길)는 케인즈의 주장을 반박하여, 정부의 시장개입은 단기적 경기 부양에는 효과적일 수 있어도 <u>장기적으로는 시장의 효율성을 심각하게 훼손한다고 주장한다</u>.

57 ①

• ① 행정국가로 이행하면서 행정의 전문화로 행정에서 결정하는 경우가 늘어났다(= 정치 · 행정일원론).
• ②, ③, ④ 정치 · 행정이원론과 관련이 있다.

58

19. 서울 9

정치-행정일원론에 대한 설명으로 가장 옳지 않은 것은?

① 공공조직의 관리자들은 정책결정자를 위한 지원, 정보제공의 역할만을 수행한다.
② 공공조직의 관리자들은 정책을 구체화하면서 정책결정 기능을 수행한다.
③ 공공조직의 관리자들이 수집, 분석, 제시하는 정보가 가치판단적인 요소를 내포한다.
④ 행정의 파급효과는 정치적인 요소를 내포한다.

59

20. 국가 9

정치·행정이원론에 대한 설명으로 옳은 것은?

① 정당정치의 개입으로부터 자유로운 행정 영역을 강조하였다.
② 1930년대 뉴딜정책은 정치·행정이원론이 등장하게 된 중요 배경이다.
③ 과학적 관리론과 행정개혁운동은 정치·행정이원론의 한계를 지적하였다.
④ 정치·행정이원론을 대표하는 애플비(Appleby)는 정치와 행정이 단절적이라고 보았다.

60

17. 지방교행 9

정부관에 대한 일반적인 설명으로 옳은 것은?

① 보수주의자는 기본적으로 자유시장을 불신하지만 정부를 신뢰한다.
② 진보주의자는 조세제도를 통한 정부의 소득재분배정책을 선호한다.
③ 신자유주의가 등장하면서 작은 정부에서 큰 정부로의 전환이 이루어졌다.
④ 1930년대 대공황을 겪으면서 최소의 정부가 최선의 정부라는 신념이 중요시되었다.

61

17. 서울 9

복지국가의 공공서비스 공급 접근방식에 대한 설명으로 가장 옳은 것은?

① 민간부문을 조정·관리·통제하는 공공서비스 기능이 강조된다.
② 서비스의 배분 준거는 재정효율화이다.
③ 공공서비스의 형태는 선호에 따라 차별적으로 상품화된 서비스이다.
④ 성과관리는 수요자 중심의 맞춤형 관점에서 이루어진다.

정답 및 해설

58 ①

정치-행정이원론에 대한 설명이다.

구분	정치행정일원론	정치행정이원론
행정의 역할	정책형성, 정책결정 등을 포함	정책집행
관련 용어	• 민주성, 형평성 • 1930년대 뉴딜정책	• 능률성, 생산성, 전문성 • 과학적 관리, 행정개혁운동 • 행정은 독자적 학문 • 공사행정일원론의 성립에 기여 • 정당정치개입으로부터 자유로운 행정영역
가치	가치판단	가치중립

59 ①

- ② 뉴딜정책은 정치·행정일원론의 등장 배경이다.
- ③ 과학적 관리론과 행정개혁운동은 정치·행정일원론의 한계를 지적하였다.
- ④ 정치·행정일원론을 대표하는 애플비(Appleby)는 정치와 행정을 정합·연속·순환적 관계로 보았다.

60 ②

- ① 보수주의자는 기본적으로 자유시장을 신뢰하고, 정부를 불신한다.
- ③ 신자유주의가 등장하면서 큰 정부에서 작은 정부로의 전환이 이루어졌다.
- ④ 1930년대 대공황 등 경제위기 속에서 시장에 대한 정부의 적극적 개입(큰 정부)을 통해 극복해야 한다는 신념이 중요시되었다.

61 ①

②, ③, ④는 신공공관리론에서 공공서비스 공급 접근방식이다.

구분	복지국가	신공공관리론
공공서비스의 기능	민간부문을 조정·관리·통제	경쟁력 지원
공공서비스 배분 준거	형평적 배분 (복지 시혜적)	효율적 배분 (재정효율화)
공공서비스의 형태	국가최저수준의 표준화된 공공서비스	시민사회의 다양한 선호 부응과 차별적으로 상품화된 서비스
성과관리 방식	시설·기관 중심의 공급자 관점	수요자 중심의 맞춤형 서비스 공급

62

20. 지방 9

작은 정부를 적극적으로 옹호하는 것은?

① 행정권 우월화를 인정하는 정치·행정일원론
② 경제공황 극복을 위한 뉴딜정책
③ 사회복지 프로그램의 확대
④ 신공공관리론

THEME 15 행정학의 발달(~1970년대)

63

19. 서울 9 (2월)

행정사상가와 주장하는 내용을 가장 옳게 짝지은 것은?

① 해밀턴(A. Hamilton) – 분권주의를 강조하며 대중에 뿌리를 둔 풀뿌리민주주의를 강조하였다.
② 매디슨(J. Madison) – 이익집단을 중요시하였으며 정치활동의 원천으로 인식하였다.
③ 제퍼슨(T. Jefferson) – 연방정부에 힘이 집중되어 있는 중앙집권주의를 주장하였다.
④ 윌슨(W. Wilson) – 정치와 행정이 분리될 수 없는 정치·행정일원론을 주장하였다.

64

16. 서울 9

다음 중 귤릭(L. H. Gulick)이 제시하는 POSDCoRB에 대한 설명으로 가장 옳지 않은 것은?

① P는 기획(Planning)을 의미한다.
② O는 조직화(Organizing)를 의미한다.
③ Co는 협동(Cooperation)을 의미한다.
④ B는 예산(Budgeting)을 의미한다.

65

22. 국가 9

(가)~(라)의 행정이론이 등장한 시기를 순서대로 바르게 나열한 것은?

(가) 정부와 공공부문에 참여하는 다양한 참여자들의 네트워크를 중시하고, 정부는 전체 네트워크를 관리하는 조정자의 입장에 있다고 하였다.
(나) 미국 행정학의 '지적 위기'를 지적하면서 인간을 이기적·합리적 존재로 전제하고, 공공재의 공급이 서비스 기관 간 경쟁과 고객의 선택에 의해 이루어지는 시스템을 제안하였다.
(다) 정치는 국가의 의지를 표명하고 정책을 구현하는 것이며, 행정은 이를 실천하는 관리활동으로서 정치와 행정의 차이를 분명히 하였다.
(라) 왈도(Waldo)를 중심으로 가치와 형평성을 중시하면서 사회의 문제해결에 대한 현실 적합성을 갖는 새로운 행정학의 정립을 시도하였다.

① (다) → (라) → (가) → (나)
② (다) → (라) → (나) → (가)
③ (라) → (다) → (가) → (나)
④ (라) → (다) → (나) → (가)

66

16. 서울 9

행정학 이론의 발달에 대한 설명으로 가장 옳지 않은 것은?

① 행정관리론은 행정학의 기본가치로서 능률성을 강조하였다.
② 행태주의는 과학적 설명보다는 실질적인 처방을 강조하였다.
③ 호손실험에서는 비공식집단의 역할에 주목하였다.
④ 윌슨(W. Wilson)은 정치행정이원론을 주장하였다.

정답 및 해설

62 ④
①, ②, ③ 큰 정부와 관련된 내용이다.

63 ②
- ① 해밀턴주의(연방주의)는 국가이익의 증진을 위해 강한 행정부의 적극적 역할과 행정의 유효성을 지향하였다.
- ③ 제퍼슨주의(자유주의)는 소박하고 단순한 정부와 분권적 참여과정을 중시하였다.
- ④ 윌슨은 행정의 전문성을 강조하면서 정치와 행정의 분리와 함께 행정의 영역을 비즈니스의 영역으로 규정하고 효율적인 정부 운영에 관심을 가졌다.

64 ③
귤릭(Gulick)은 최고관리자의 능률적인 관리활동을 POSDCoRB로 집약하였다. ① P는 계획(planning), ② O는 조직(organizing), ③ S는 인사배치(staffing), ④ D는 지휘(directing), ⑤ Co는 조정(coordinating), ⑥ R은 보고(reporting), ⑦ B는 예산(budgeting)을 의미한다.

65 ②
- (가) 뉴거버넌스론(1980년대)에 대한 설명이다.
- (나) 오스트롬의 공공선택론(1970년대)에 대한 설명이다.
- (다) 굿노의 '정치와 행정'(1900)에 대한 설명이다.
- (라) 신행정학(1960년대)에 대한 설명이다.

66 ②
행태주의는 실질적인 처방보다 행정연구에 과학주의를 도입하여 이론과 법칙을 정립하는 데 초점을 두었다.

67

19. 지방 9

미국에서 등장한 행정이론인 신행정학(New Public Administration)에 대한 설명으로 옳지 않은 것은?

① 신행정학은 미국의 사회문제 해결을 촉구한 반면 발전행정은 제3세계의 근대화 지원에 주력하였다.
② 신행정학은 정치행정이원론에 입각하여 독자적인 행정이론의 발전을 이루고자 하였다.
③ 신행정학은 가치에 대한 새로운 인식을 기초로 규범적이며 처방적인 연구를 강조하였다.
④ 신행정학은 왈도(Waldo)가 주도한 1968년 미노브룩(Minnowbrook) 회의를 계기로 태동하였다.

68

17. 국가 9

신행정학(New Public Administration)의 핵심 내용으로 옳은 것만을 모두 고른 것은?

㉠ 효율성 강조	㉡ 실증주의적 연구 지향
㉢ 적실성 있는 행정학 연구	㉣ 고객 중심의 행정
㉤ 기업식 정부 운영	

① ㉠, ㉡ ② ㉡, ㉢ ③ ㉢, ㉣ ④ ㉣, ㉤

69

19. 서울 9 (2월)

〈보기〉의 내용이 설명하고 있는 행정이론에 해당하는 것은?

보기

- 1960년대 미국 사회의 사회혼란을 해결하지 못하는 학문적 무력함에 대한 반성으로 나타났다.
- 적실성, 참여, 변화, 가치, 사회적 형평성 등에 기초한 행정학의 독자적 주체성을 강조했다.
- 행정학의 실천적 성격과 적실성을 회복하기 위해 정책지향적인 행정학을 요구했다.

① 신행정학 ② 비교행정론
③ 행정생태론 ④ 공공선택론

70

23. 국가 9

행정이론에 대한 설명으로 옳은 것은?

① 과학적관리론은 최고관리자의 운영원리로 POSDCoRB를 제시하였다.
② 행정행태론은 가치와 사실을 구분하고 가치에 기반한 행정의 과학화를 시도하였다.
③ 신행정론은 실증주의적 방법론을 비판하고 사회적 형평성과 적실성을 강조하였다.
④ 신공공관리론은 민간과 공공 부문의 파트너십을 강조하고 기업가 정신보다 시민권을 중요시하였다.

71

23. 지방 9

행정이론의 발달을 오래된 순서대로 바르게 나열한 것은?

(가) 과학적 관리론 – 테일러(Taylor)
(나) 신공공관리론 – 오스본과 게블러(Osborne & Gaebler)
(다) 신행정론 – 왈도(Waldo)
(라) 행정행태론 – 사이먼(Simon)

① (가) – (다) – (라) – (나)
② (가) – (라) – (다) – (나)
③ (라) – (가) – (나) – (다)
④ (라) – (다) – (나) – (가)

정답 및 해설

67 ②
신행정학은 정치행정일원론에 입각하여 독자적인 행정이론을 이루고자 하였다.

68 ③
- ㉠ 효율성 강조(×) → 형평성 강조(○)
- ㉡ 실증주의적 연구 지향(×) → 처방적 연구 강조(○)
- ㉤ 기업식 정부 운영은 신공공관리론의 내용에 해당한다.

69 ①
신행정학은 1960년대 인종갈등 심화 및 월남전을 둘러싼 정치적·사회적 뒤틀림 등 미국 사회의 혼란을 해결하지 못하는 학문적 무력함에 대한 반성으로 나타났다. 가치문제, 문제지향성, 처방적 연구, 행정의 적실성, 사회적 형평성 등을 강조하였다.

70 ③
- ① 귤릭의 조직관리론에 대한 설명이다. 테일러의 과학적 관리론은 '시간과 동작에 관한 연구'이다.
- ② 행정행태론은 '사실'에 기반한 행정의 과학화를 시도하였다.
- ④ 민간과 공공 부문의 파트너십을 강조한 것은 뉴거버넌스론에 대한 설명이다.

71 ②
- (가) 과학적 관리론: 1900년 전후
- (나) 신공공관리론: 1980년대
- (다) 신행정론: 1960년대
- (라) 행정행태론: 1940년대

THEME 16 행정학의 발달(1980년대~)

72

17. 서울 9

오스본(D. Osborne)과 게블러(T. Gaebler)의 정부재창조론에서 제시된 기업가적 정부 운영의 원리에 관한 내용으로 가장 옳지 않은 것은?

① 시민에 대한 봉사 지향적 정부
② 지역사회가 주도하는 정부
③ 분권적 정부
④ 촉진적 정부

73

21. 지방 9

신공공관리론에서 지향하는 '기업가적 정부'의 특성에 해당하지 않는 것은?

① 경쟁적 정부
② 노젓기 정부
③ 성과 지향적 정부
④ 미래 대비형 정부

74

24. 국가 9

신공공관리론에 입각한 정부개혁의 내용으로 옳지 않은 것은?

① 효율성 대신 형평성에 초점을 맞춘 고객지향적 정부 강조
② 수익자 부담 원칙의 강화
③ 정부 부문 내의 경쟁 원리 도입
④ 결과 혹은 성과 중심주의의 강조

75

16. 사복 9

행정이론에 대한 설명으로 옳지 않은 것은?

① 신행정론(신행정학)은 실증주의와 행태주의를 비판하면서 행정학의 실천성과 적실성, 가치문제를 강조하였다.
② 공공선택론은 공공부문의 비시장적 의사결정을 경제학적으로 연구하며, 전통적인 관료제를 비판하였다.
③ 신공공서비스론은 시장주의와 신관리주의를 결합한 이론으로 행정의 효과성과 능률성을 극대화하고자 하였다.
④ 뉴거버넌스론은 정부, 시장, 시민사회 간 신뢰와 협동을 강조한다.

정답 및 해설

72 ①
시민에 대한 봉사 지향적 정부는 신공공서비스론과 관련이 있다.

기업가적 정부운영의 10대 원리(오스본과 개블러, 정부재창조론)

촉진적 정부(방향잡기), 지역사회가 주도하는 정부, 경쟁적 정부, 사명 지향적 정부, 성과 지향적 정부, 고객 지향적 정부, 기업가적 정신을 가진 정부, 미래에 대비하는 정부, 분권적 정부, 시장 지향적 정부

73 ②
정부의 역할로 노젓기는 전통적 관료제에 해당한다. 신공공관리론에서의 정부의 역할은 방향잡기이다.

전통적 관료제와 신공공관리론의 비교

구분	전통적 관료제	신공공관리론
정부의 역할	노젓기(rowing)	촉진적 정부, 방향잡기(steering)
정부의 행정관리 방식	투입중심예산	성과연계예산
	사후대처, 명령, 통제	예측, 예방, 임무중심
서비스 공급	독점적	경쟁(시장 메커니즘을 정부에 도입)
	직접공급	권한부여
	시민	고객지향

74 ①
신공공관리론은 효율성에 초점을 맞춘다.

75 ③
신공공관리론(NPM)에 대한 설명이다. 신공공서비스론은 시민적 담론과 공익에 기반을 두고 시민에게 봉사하는 정부의 역할을 강조한다.

76

18. 국가 9

신공공관리론(NPM)에 대한 비판적 논의에 해당하지 않는 것은?

① 공공부문은 민간부문과 다르기 때문에 민간부문의 관리 기법을 공공부문에 그대로 적용하는 데에는 한계가 있다.
② 민주적 책임성과 기업가적 재량권 간의 갈등으로 인하여 정부관료제의 효율성을 제고하기 어렵다.
③ 고객 중심 논리는 국민을 관료 주도의 행정서비스 제공에 의존하는 수동적 존재로 전락시킬 우려가 있다.
④ 정치적 논리를 우선하여 내부관리적 효율성을 경시하는 경향이 있다.

77

17. 지방교행 9

행정학 이론에 관한 설명으로 옳은 것만을 〈보기〉에서 있는 대로 고른 것은?

보기

㉠ 정치·행정일원론에서는 행정 책임과 행정에 대한 민주적 통제를 강조하였다.
㉡ 행태주의 행정학에서는 철저한 논리실증주의적 방법에 따라 가치문제를 연구 대상에서 제외하였다.
㉢ 신행정학에서는 '행정은 정책을 가치중립적으로 집행한다'라는 주장이 근본적으로 잘못되었다고 비판하였다.
㉣ 신공공관리론에서는 정부부문에 민간기업의 관리 기법과 시장의 경쟁원리의 도입을 주장하였다.

① ㉠, ㉡ ② ㉠, ㉡, ㉣
③ ㉡, ㉢, ㉣ ④ ㉠, ㉡, ㉢, ㉣

78

18. 서울 9

현대 행정학의 주요 이론에 대한 설명으로 가장 옳지 않은 것은?

① 신공공관리론은 공공선택이론의 주장과 같이 정부의 역할을 대폭 시장에 맡겨야 한다는 입장은 아니며, 기존의 계층제적 통제를 경쟁원리에 기초한 시장체제로 대체함으로써 관료제의 효율성과 성과를 높이려 한다.
② 탈신공공관리(post-NPM)는 신공공관리의 역기능적 측면을 교정하고 통치역량을 강화하며, 구조적 통합을 통한 분절화의 확대, 재집권화와 재규제의 축소, 중앙의 정치·행정적 역량의 강화를 강조한다.
③ 피터스(B. Guy Peters)는 뉴거버넌스에 기초한 정부개혁 모형으로 시장모형, 참여정부 모형, 유연조직 모형, 저통제정부 모형을 제시한다.
④ 신공공관리론이 시장, 결과, 방향잡기, 공공기업가, 경쟁, 고객지향을 강조한다면 뉴거버넌스는 연계망, 신뢰, 방향잡기, 조정자, 협력체제, 임무중심을 강조한다.

79

17. 사복 9

행정이론에 대한 설명으로 가장 옳지 않은 것은?

① 신공공관리론에서는 국민을 납세자나 일방적인 서비스 수혜자가 아닌 정부의 고객으로 인식한다.
② 탈신공공관리론은 신공공관리론의 결과로 나타난 재집권화와 재규제를 경계한다.
③ 뉴거버넌스론의 하나인 유연조직모형에서는 관리의 개혁 방안으로 가변적 인사관리를 제시한다.
④ 신공공서비스론에서는 공익을 공유된 가치에 대한 담론의 결과물로 인식한다.

정답 및 해설

76 ④
신공공관리론(NPM)은 내부관리적 효율성을 우선하여 정치적 논리를 경시하는 경향이 있다.

77 ④
㉠, ㉡, ㉢, ㉣ 모두 옳은 내용이다.

78 ②
탈신공공관리론(post-NPM)의 특징

1. 구조적 통합을 통한 분절화의 축소
2. 재집권화(분권화와 집권화의 조화) 및 재규제 강조
3. 통정부적 접근 또는 연계형 정부
4. 역할 모호성의 제거 및 명확한 관계
5. 민간·공공부문의 파트너십 강조
6. 집권화, 역량 및 조정의 증대
7. 중앙의 정치·행정적 역량의 강화
8. 환경적·역사적 문화적 요소에의 유의

79 ②
탈신공공관리론(post-NPM)은 재집권화와 재규제를 강조한다.

80

16. 지방교행 9

행정학의 이론에 대한 설명으로 옳지 않은 것은?

① 신행정론은 적실성, 참여, 변화, 가치, 사회적 형평성 등에 기초한 행정의 독자적 주체성을 강조한다.
② 뉴거버넌스론은 계층제를 제외하고 시장과 네트워크를 조합한 방식을 활용하여 공공문제를 해결한다.
③ 신공공관리론은 공공서비스 제공에 대한 민간부문의 적극적인 역할 분담 및 정부와 민간부문의 협력적 활동을 강조한다.
④ 신공공서비스론은 신공공관리론의 오류에 대한 반작용으로 대두되었으며, 주로 민주적 시민이론, 조직인본주의와 담론이론 등에 기초하고 있다.

81

21. 국가 9

신공공관리와 뉴거버넌스에 대한 설명으로 옳은 것은?

① 뉴거버넌스가 상정하는 정부의 역할은 방향잡기(steering)이다.
② 신공공관리의 인식론적 기초는 공동체주의이다.
③ 신공공관리가 중시하는 관리 가치는 신뢰(trust)이다.
④ 뉴거버넌스의 관리 기구는 시장(market)이다.

82

22. 지방 9

행정학의 주요 접근법, 학자, 특성을 바르게 연결한 것은?

① 행정생태론 – 오스본(Osborne)과 게블러(Gaebler) – 환경 요인 중시
② 후기행태주의 – 이스턴(Easton) – 가치중립적 · 과학적 연구 강조
③ 신공공관리론 – 리그스(Riggs) – 시장원리인 경쟁의 도입
④ 뉴거버넌스론 – 로즈(Rhodes) – 정부 · 시장 · 시민사회 간 네트워크

83

24. 지방 9

피터스(Peters)가 『미래의 국정관리(The Future of Governing)』에서 제시한 정부개혁 모형에 해당하지 않는 것은?

① 시장 모형 ② 자유민주주의 모형
③ 참여 모형 ④ 탈규제 모형

정답 및 해설

80 ②
뉴거버너스론은 정부 · 시장 · 시민사회 간의 신뢰 · 협력을 바탕으로 네트워크를 형성하여 공적인 문제를 해결하고자 하는 것으로, 계층제(정부)도 포함한다.

81 ①
- ② 신공공관리의 인식론적 기초는 신자유주의이다.
- ③ 신공공관리가 중시하는 관리 가치는 결과이다.
- ④ 뉴거버넌스의 관리 기구는 네트워크이다.

신공공관리론 vs 뉴거버넌스론

구분		신공공관리론	뉴거버넌스론
공통점	행정관리	산출에 대한 통제 강조	
	이념적 토대	정부실패에 대한 대응책	
	정부의 역할	방향잡기(steering)	
차이점	인식론적 기초	신자유주의	공동체주의
	관료의 역할	공공기업가	조정자
	관리가치	결과	신뢰
	대상	고객지향	시민
	작동원리	경쟁	협력
	관리기구	시장	네트워크

82 ④
- ① 행정생태론 – 리그스(Riggs) – 환경 요인 중시
- ② 후기행태주의 – 이스턴(Easton) – 가치평가적 정책연구 지향
- ③ 신공공관리론 – 오스본(Osborne)과 게블러(Gaebler) – 시장원리인 경쟁의 도입

83 ②
피터스는 시장적 정부모형, 참여적 정부모형, 신축적 정부모형, 탈규제적 정부모형을 제시하였다.

84

17. 국가 9 (하반기)

피터스(B. Guy Peters)가 제시한 정부개혁모형에 대한 설명으로 옳은 것은?

① 시장모형(market model)에서는 조직의 통합을 통한 집권화를 처방한다.
② 참여정부모형(participatory model)에서는 조직 하층부 구성원이나 고객들의 의사결정 참여기회가 확대될수록 조직이 효과적으로 기능한다고 본다.
③ 신축적 정부모형(flexible government)에서는 정규직 공무원의 확대를 통하여 비용을 절감하고 공익을 증진시킬 수 있다고 본다.
④ 탈규제적 정부모형(deregulated government)에서는 경제적 규제 완화를 통한 시장 활성화를 추구하기 위하여 정부의 권한을 축소해야 한다고 본다.

85

16. 서울 9

피터스(B. Guy Peters)의 뉴거버넌스 정부개혁 모형에 대한 설명으로 가장 옳지 않은 것은?

① 시장모형은 구조 개혁 방안으로 평면조직을 상정한다.
② 참여정부모형의 관리 개혁 방안은 총품질관리팀제이다.
③ 유연조직모형의 정책결정 개혁 방안은 실험이다.
④ 저통제정부모형의 공익 기준은 창의성과 활동주의이다.

86

24. 지방 9

신공공서비스론에 대한 설명으로 옳지 않은 것은?

① 신공공관리론을 극복하기 위해 등장하였으며, 비판이론과 포스트모더니즘을 활용한다.
② 공익은 시민의 공유된 가치에 대한 담론의 결과이다.
③ 정부는 '노젓기'보다 '방향잡기'에 집중하면서 시민에게 더 많은 권력을 부여해야 한다.
④ 정부관료는 헌법과 법률, 정치 규범, 시민에 대한 대응성을 중요시해야 한다.

87

21. 국가 9

신공공서비스론의 특성에 대한 설명으로 옳지 않은 것은?

① 정부의 역할은 시민에 대한 봉사여야 한다.
② 공익은 개인적 이익의 집합체이기 때문에 시민들과 신뢰와 협력의 관계를 확립해야 한다.
③ 책임성이란 단순하지 않기 때문에 관료들은 헌법, 법률, 정치적 규범, 공동체의 가치 등 다양한 측면에 관심을 기울여야 한다.
④ 생산성보다는 사람에게 가치를 부여하기 때문에 공공조직은 공유된 리더십과 협력의 과정을 통해 작동되어야 한다.

정답 및 해설

84 ②

피터스(B. Guy. Peters)의 정부개혁모형

구분	전통적 정부	피터스의 정부개혁모형			
		시장적 정부모형	참여적 정부모형	신축적 정부모형	탈규제적 정부모형
문제 진단 기준	전근대적인 권위	독점적 공급	계층제	영속성	내부 규제
구조 개혁 방안	계층제	<u>분권화</u>	평면 조직	가상 조직	–
관리 개혁 방안	직업 공무원제, 절차적 통제	성과금, 민간 부분의 기법도입	총품질 관리 및 팀제도입	<u>가변적 인사 관리</u>	<u>관리 재량권 확대</u>

85 ①

시장모형은 구조 개혁 방안으로 분권화를 상정한다. 구조 개혁 방안으로 평면조직을 상정하는 것은 참여정부모형이다.

86 ③

신공공서비스론에서 정부의 역할은 시민에게 '봉사'이다.

87 ②

신공공서비스론에서 공익은 공동의 가치에 대한 담론의 결과이다.

88

17. 지방 9 (하반기)

신공공서비스론의 주장으로 보기 어려운 것은?

① 관료가 반응해야 하는 대상은 고객이 아닌 시민이다.
② 정부의 역할은 방향제시(steering)가 아닌 노젓기(rowing)이다.
③ 관료의 동기부여 원천은 보수나 기업가 정신이 아닌 공공서비스제고이다.
④ 공익은 개인이익의 단순한 합산이 아닌 공유하고 있는 가치에 대해 대화와 담론을 통해 얻은 결과물이다.

89

16. 서울 9

다음 중 신공공서비스론(New Public Service, NPS)에서 강조하는 공무원의 동기 유발 요인은?

① 기업가 정신 ② 보수의 상승
③ 신분 보호 ④ 사회봉사

90

20. 서울 9

〈보기〉에 해당하는 행정이론을 옳게 짝지은 것은?

보기

㉠ 집단 동조성과 제한된 결속력은 외부인을 암묵적으로 배제할 수 있고, 구성원의 사적 자유를 제한하게 한다.
㉡ 공익이나 시민 간의 담론을 통합하는 기능에 관료의 역할이 맞추어져야 함을 강조한다.

	㉠	㉡
①	사회자본론	신공공서비스론
②	사회자본론	신공공관리론
③	뉴거버넌스론	신공공서비스론
④	뉴거버넌스론	신공공관리론

91

23. 지방 9

블랙스버그 선언(Blacksburg Manifesto)과 행정재정립운동(refounding movement)에 대한 설명으로 옳지 않은 것은?

① 블랙스버그 선언은 행정의 정당성을 침해하는 정치·사회적 상황을 비판했다.
② 행정재정립운동은 직업공무원제를 옹호했다.
③ 행정재정립운동은 정부를 재창조하기보다는 재발견해야 한다고 주장했다.
④ 블랙스버그 선언은 신행정학의 태동을 가져왔다.

정답 및 해설

88 ②
신공공서비스론에서 정부의 역할은 노젓기나 방향잡기가 아니라 봉사이다.

덴하트와 덴하트가 제시한 신공공서비스론의 일곱 가지 원칙

1. 고객이 아닌 시민에게 봉사
2. 목표로서 공익
3. 기업가 정신보다 시민의식과 공공서비스 중시
4. 전략적 사고와 민주적 행동
5. 책임의 다원성(법, 공동체, 정치규범, 전문성, 시민이익 등 다면적 책임성)
6. 정부의 역할은 방향잡기보다는 봉사
7. 인간존중(공공조직은 공유된 리더십과 협력의 과정을 통해 작동)

89 ④
신공공서비스론에서는 시민적 담론과 공익에 기반을 두고 시민에게 봉사하는 정부의 역할을 강조하였다.

90 ①
- 신공공관리론은 시장주의와 신관리주의가 결합하여 전통적 관료제 패러다임의 한계를 극복하기 위하여 등장하였다.
- 뉴거버넌스론은 정부·시장·시민사회 간의 신뢰·협력을 바탕으로 네트워크를 형성하여 공적인 문제를 해결한다는 관점이다.

91 ④
블랙스버그 선언은 1980년대 일어난 것으로, 1960년대 일어난 신행정학의 태동과 관련이 없다. 미노부르크 회의(Minnowbrook Conference)가 신행정학의 태동을 가져왔다.

92

23. 지방 9

무어(Moore)의 공공가치창출론(creating public value)적 시각에 대한 설명으로 옳지 않은 것은?

① 행정의 정당성 위기를 극복하기 위한 대안적 접근이다.
② 전략적 삼각형 개념을 제시한다.
③ 신공공관리론을 계승하여 행정의 수단성을 강조한다.
④ 정부의 관리자들은 공공가치 실현에 힘써야 한다고 주장한다.

93

24. 지방 9

공공가치론에 대한 설명으로 옳은 것만을 모두 고르면?

> ㄱ. 무어(Moore)는 공공가치 실패를 진단하는 도구로 '공공가치 지도그리기(mapping)'을 제안한다.
> ㄴ. 보즈만(Bozeman)은 공공기관에 의해 생산된 순(純) 공공가치를 추정하는 '공공가치 회계'를 제시했다.
> ㄷ. '전략적 삼각형' 모델은 정당성과 지지, 운영 역량, 공공가치로 구성된다.
> ㄹ. 시장과 공공부문이 공공가치 실현에 필수적으로 요구되는 재화와 서비스를 제공하지 못할 때 '공공가치 실패'가 일어난다.

① ㄱ, ㄴ
② ㄱ, ㄹ
③ ㄴ, ㄷ
④ ㄷ, ㄹ

THEME 17 행정학의 접근방법

94

17. 지방 9 (하반기)

행정학의 발달에서 〈보기 1〉의 인물과 〈보기 2〉의 주장한 내용을 바르게 연결한 것은?

> 보기1
> ㉠ 리그스(F. Riggs) ㉡ 가우스(J. Gaus)
> ㉢ 화이트(L. White) ㉣ 사이먼(H. Simon)

> 보기2
> A. 행정이론은 동시에 정치이론을 의미한다.
> B. 조직의 최고관리층은 기획, 조직, 인사, 지휘, 조정, 보고, 예산 기능을 담당한다.
> C. 정치와 행정의 관계는 연속적이기 때문에 양자를 구별하는 것은 적절하지 않다.
> D. 원리주의의 원리들은 과학적인 실험을 거치지 않은 격언(proverb)에 불과하다.

① ㉠ − A ② ㉡ − B
③ ㉢ − C ④ ㉣ − D

95

20. 서울 9

행정이론에 대한 설명으로 가장 옳지 않은 것은?

① 과학적 관리론은 19세기 말부터 20세기 초 경제 상황의 산물로 절약과 능률을 행정의 가장 중요한 가치로 삼는다.
② 행태주의는 객관성을 유지하기 위해 연구에서 가치와 사실을 명백히 구분하고, 가치중립성을 지킨다.
③ 체제이론은 체제의 부분적인 특성이나 구체적인 행태측면에 관심을 갖는 미시적 접근방법을 사용한다.
④ 신행정론은 규범성, 문제지향성, 처방성을 강조한다.

정답 및 해설

92 ③
행정의 수단성을 강조하는 신공공관리론이 야기한 공공성 약화를 극복하기 위하여 공공가치창출론이 등장하였다.

93 ④
ㄱ. 보오즈만에 대한 설명이다.
ㄴ. 무어에 대한 설명이다.

94 ④
가우스 − A, 귤릭 − B, 애플비 − C

95 ③
체제이론은 행정현상을 분석하기 위해 다양한 관련 변수 중에서 환경을 포함해 거시적으로 접근한다.

96

21. 지방 9

신제도주의에 대한 설명으로 옳지 않은 것은?

① 제도는 법률, 규범, 관습 등을 포함한다.
② 역사적 제도주의는 제도가 경로의존성을 따른다고 본다.
③ 사회학적 제도주의는 적절성의 논리보다 결과성의 논리를 중시한다.
④ 합리적 선택 제도주의는 제도가 합리적 행위자의 이기적 행태를 제약한다고 본다.

97

18. 지방교행 9

신제도주의에 대한 설명으로 옳은 것은?

① 역사적 신제도주의는 제도의 지속성을 중시한다.
② 신제도주의는 제도를 공식적인 체제나 구조에 한정하여 규정한다.
③ 사회학적 신제도주의는 제도를 개인의 효용을 극대화하기 위한 수단으로 본다.
④ 합리적 선택 신제도주의는 제도가 유사한 형태로 수렴하는 제도적 동형화에 주목한다.

98

17. 사복 9

신제도주의에 대한 설명 중 가장 옳은 것은?

① 합리적 선택 제도주의는 방법론적 전체주의 입장에서 제도를 개인으로 환원시키지 않고 제도 그 자체를 전체로서 이해함을 강조한다.
② 역사적 제도주의는 선진 제도 학습에 따른 제도의 동형화를 강조한다.
③ 사회학적 제도주의는 기존 경로를 유지하려는 제도의 속성을 강조한다.
④ 사회학적 제도주의는 조직구성원이 제도를 넘어선 효용 극대화의 합리성에 따라 행동하기보다 주어진 제도 안에서 적합한 방식을 찾아 행동할 가능성이 높음을 강조한다.

99

20. 국가 9

행정학의 접근방법에 대한 설명으로 옳은 것은?

① 법적·제도적 접근방법은 개인이나 집단의 속성과 행태를 행정 현상의 설명변수로 규정한다.
② 신제도주의 접근방법에서는 제도를 공식적인 구조나 조직 등에 한정하지 않고, 비공식적인 규범 등도 포함한다.
③ 후기 행태주의 접근방법은 행정을 자연·문화적 환경과 관련하여 이해하면서 행정체제의 개방성을 강조한다.
④ 툴민(Toulmin)의 논변적 접근방법은 환경을 포함하여 거시적인 관점에서 행정 현상을 분석하고, 확실성을 지닌 법칙 발견을 강조한다.

정답 및 해설

96 ③
사회학적 제도주의는 효율성을 추구하는 결과성의 논리보다, 사회적으로 정당하다고 인정받는 적절성의 논리를 중시한다.

97 ①
- ② 전통적 제도주의에 대한 설명이다. 신제도주의는 제도를 공식적인 체제나 구조에 한정하지 않고, 비공식적인 문화 등도 포함한다.
- ③ 합리적 선택 신제도주의에 대한 설명이다. 사회학적 신제도주의는 경제적 효율성이 아니라 사회적 정당성 때문에 새로운 제도적 관행이 채택된다고 본다.
- ④ 사회학적 신제도주의에 대한 설명이다.

98 ④
- ① 합리적 선택 제도주의는 합리적 선택이론을 제도연구에 확장한 것으로 방법론적 개체주의에 기초한다.
- ② 제도의 동형화를 강조하는 것은 사회학적 제도주의이다.
- ③ 역사적 제도주의에 대한 설명이다. 역사적 제도주의는 장기간의 역사적 과정, 안정성, 경로의존성을 중시한다.

99 ②
- ① 법적·제도적 접근방법은 공식적 구조에만 관심을 가진다.
- ③ 후기 행태주의 접근방법은 행정의 '현실 적합성의 신조(credo of relevance)' 및 '실천(action)'을 강조한다.
- ④ 논변적 접근방법은 각자 자신들의 주장에 대한 논리성을 점검하고 상호 타협과 합의를 도출하는 민주적 절차이다.

100

20. 서울 9

행정학의 접근방법에 대한 설명으로 가장 옳지 않은 것은?

① 행태론적 접근방법은 과학적 방법의 적용을 강조한다.
② 체제론적 접근방법은 환경의 영향을 중시한다.
③ 사회학적 제도주의는 신제도주의에서 제도의 개념을 가장 좁게 해석한다.
④ 논변적 접근방법은 결정에 대한 주장을 정당화할 수 있도록 논거를 전개할 수 있는 모형을 제공한다.

101

17. 지방 9

조직의 배태성(embeddedness)과 제도적 동형화(isomorphism)에 대한 설명으로 옳지 않은 것은?

① 조직 배태성의 특징은 조직구성원들이 정당성보다 경제적 이익을 추구하는 행위를 하려는 것이다.
② 조직의 제도적 동형화는 특정 조직이 환경에 있는 다른 조직을 닮는 것을 말한다.
③ 제도적 동형화에는 강압적 동형화, 모방적 동형화, 규범적 동형화 등이 있다.
④ 제도적으로 조직이 동형화될 경우 조직이 교란되는 것을 막을 수 있다.

THEME 18 합리적 선택이론

102

22. 지방 9

티부(Tiebout) 모형의 전제조건으로 옳지 않은 것은?

① 시민의 이동성
② 외부효과의 배제
③ 고정적 생산요소의 부존재
④ 지방정부 재정패키지에 대한 완전한 정보

103

16. 국가 9

티부(Tiebout) 모형의 가정(assumptions)으로 옳지 않은 것은?

① 충분히 많은 수의 지방정부가 존재한다.
② 공급되는 공공서비스는 지방정부 간에 파급효과 및 외부효과를 발생시킨다.
③ 주민들은 언제나 자유롭게 이동할 수 있다.
④ 주민들은 지방정부들의 세입과 지출 패턴에 관하여 완전히 알고 있다.

정답 및 해설

100 ③
사회학적 제도주의는 제도의 개념을 가장 넓게 해석한다.

101 ①
조직 배태성의 특징으로 조직구성원들이 경제적 이익보다 정당성을 추구하는 행위를 하려고 한다.

102 ③
티부모형의 전제조건

1. 주민들은 언제나 자유롭게 다른 지역으로 이동할 수 있다.
2. 주민들은 지방정부의 세입과 지출 패턴에 관하여 완전한 정보를 알고 있다.
3. 주민들이 선택해서 거주할 수 있는 충분히 많은 이질적인 지방정부가 존재한다.
4. 지방공공서비스는 권역 내에서만 영향을 미친다. 즉, 지방공공서비스는 외부효과가 존재하지 않는다.
5. 주민은 배당수입을 통해 생활한다.
6. 지방정부의 재원은 국가의 지원 없이 주민들의 재산세로 충당한다.
7. 규모의 경제는 존재하지 않는다.
8. 각 지방정부별 인구의 최적규모를 추구한다.
9. 각 지방정부별 고정적 생산요소가 존재한다.

103 ②
공급되는 공공서비스는 지방정부 간에 파급효과 및 외부효과를 발생시키지 않는다고 가정한다.

104

19. 서울 9 (2월)

티부(C. M. Tiebout) 모형에서 제시한 '발로 하는 투표(vote by feet)'의 전제조건에 해당하지 않는 것은?

① 정보의 불완전성
② 다수의 지방정부
③ 고정적 생산요소의 존재
④ 배당수입에 의한 소득

105

16. 사복 9

애로우(K. J. Arrow)가 제시한 바람직한 집합적 의사결정방법의 기본조건이 아닌 것은?

① 집단의 선택과정은 합리적이어야 한다.
② 개개인의 선택의 자유가 제한되어서는 안 된다.
③ 어느 누구도 집합적인 선택의 과정에 대해서 결정적인 영향력을 행사해서는 안 된다.
④ 두 대안에 대한 개개인의 선호 순위는 두 대안뿐 아니라 다른 제3의 대안도 고려하여 결정되어야 한다.

106

24. 지방 9

공공선택이론에 대한 설명으로 옳지 않은 것은?

① 인간을 이기적이고 합리적인 경제인으로 본다.
② 비시장적 의사결정을 경제학적 관점에서 연구한다.
③ 뷰캐넌(Buchanan), 털럭(Tullock), 오스트롬(Ostrom) 등이 대표적인 학자이다.
④ 경제주체의 집단적 선택행위를 중시하는 방법론적 집단주의 입장이다.

107

18. 지방 9

공공선택이론에 대한 설명으로 옳지 않은 것은?

① 사회의 비시장적인 영역들에 대해서 경제학적 방식으로 연구한다.
② 시민들의 요구와 선호에 민감하게 부응하는 제도 마련으로 민주행정의 구현에도 의의가 있다.
③ 전통적 관료제를 비판하고 그것을 대체할 공공재 공급방식의 도입을 강조한다.
④ 효용극대화를 추구한다는 합리적 개인에 대한 가정은 현실 적합성이 높다고 평가받는다.

108

16. 지방 9

공공선택론에 대한 설명으로 옳지 않은 것은?

① 공공선택론은 역사적으로 누적 및 형성된 개인의 기득권을 타파하기 위한 접근이다.
② 공공선택론은 공공재의 공급에서 경제학적인 분석도구를 적용한다.
③ 공공선택론에서는 공공서비스를 독점 공급하는 전통적인 정부관료제가 시민의 요구에 민감하게 대응할 수 없는 장치라고 본다.
④ 공공선택론은 공공서비스의 효율적 공급을 위해서 분권화된 조직 장치가 필요하다는 입장이다.

정답 및 해설

104 ①
티부(Tiebout) 모형은 정보의 완전성을 가정한다.

105 ④
무관한 제3의 대안으로부터 두 대안에 대한 개개인의 선호 순위가 영향을 받지 않아야 한다(독립성).

+ 애로우(K. J. Arrow)가 제시한 바람직한 집합적 의사결정의 기본조건

합리성	1. 각 개인은 의사결정 대안들에 대해 이행적 선호를 가진다(이행성). 2. 개인적 선호의 합과 사회적 선택은 동일하다(파레토의 원리). 3. 무관한 제3의 대안으로부터 두 대안에 대한 개개인의 선호 순위가 영향을 받지 않는다(독립성).
민주성	1. 특정한 선호를 강요할 수 있는 독재적 권력은 존재하지 않는다(비독재성). 2. 개인은 어떠한 선호체계도 가질 수 있다(선호의 비제한성).

106 ④
개인적 선택행위를 중시하는 방법론적 개인주의 입장이다.

107 ④
효용극대화를 추구한다는 합리적 개인에 대한 가정은 현실 적합성이 떨어진다는 비판이 있다.

108 ①
공공선택론은 역사적으로 누적 및 형성된 개인의 기득권을 계속 유지하려는 보수적인 접근이라는 비판이 있다.

THEME 19 기타 행정학 접근방법

109
18. 서울 9

포스트모더니즘에 기초한 행정이론의 특징으로 가장 옳지 않은 것은?

① 맥락 의존적인 진리를 거부한다.
② 타자에 대한 대상화를 거부한다.
③ 고유한 이론의 영역을 거부한다.
④ 지배를 야기하는 권력을 거부한다.

THEME 20 정보화 사회

110
17. 국가 9 (하반기)

정보격차에 대한 설명으로 옳지 않은 것은?

① 경제협력개발기구(OECD)는 정보격차를 '개인, 가정, 기업 및 지역들 간에 상이한 사회·경제적 여건에서 비롯된 정보통신기술에 대한 접근 기회와 다양한 활동을 위한 인터넷 이용에서의 차이'로 정의했다.
② '정보화마을'은 우리나라에서 도농 간 정보격차 해소를 위해 시행한 지역정보화정책의 사례이다.
③ 국가정보화 기본법은 국가기관과 지방자치단체뿐 아니라 민간기업에 대해서도 정보격차 해소 시책을 마련할 의무를 규정하고 있다.
④ 장애인차별금지 및 권리구제 등에 관한 법률은 정보통신·의사소통 등에서의 정당한 편의제공의무에 관한 규정을 두고 있다.

THEME 21 전자정부

111
20. 서울 9

「전자정부법」상 전자정부에 대한 설명으로 가장 옳지 않은 것은?

① 행정기관 등은 전자정부의 구현을 위해 중복투자의 방지 및 상호운용성 증진 등을 우선적으로 고려하여야 한다.
② 행정기관 등의 장은 5년마다 해당 기관의 전자정부의 구현·운영 및 발전을 위한 기본계획을 수립하여 중앙사무관장기관의 장에게 제출하여야 한다.
③ 행정기관 등의 장은 해당 기관의 전자정부서비스에 대한 이용실태 등을 주기적으로 조사하여야 한다.
④ 행정기관 등의 장이 행정안전부장관에게 데이터 활용을 신청한 경우 행정안전부장관은 비공개대상정보라도 반드시 제공하여야 한다.

112
23. 국가 9

우리나라의 전자정부에 대한 설명으로 옳지 않은 것은?

① 정부는 '지능정보사회 종합계획'을 3년 단위로 수립하여야 한다.
② 과학기술정보통신부장관은 5년마다 행정기관등의 기관별 계획을 종합하여 '전자정부기본계획'을 수립하여야 한다.
③ 「전자정부법」상 '전자화문서'는 종이문서와 그 밖에 전자적 형태로 작성되지 아니한 문서를 정보시스템이 처리할 수 있는 형태로 변환한 문서를 말한다.
④ 중앙행정기관의 장과 지방자치단체의 장은 해당기관의 지능정보사회 시책의 효율적 수립·시행과 대통령령이 정하는 업무를 총괄하는 '지능정보화책임관'을 임명하여야 한다.

정답 및 해설

109 ①
포스트모더니즘은 상상, 해체, 영역해체, 타자성을 특징으로 하며, 지식은 맥락 의존적으로 보고 있다.

110 ③
민간기업은 해당되지 않는다.
※ 지능정보화 기본법 제45조(정보격차 해소 시책의 마련): 국가기관과 지방자치단체는 모든 국민이 지능정보서비스에 원활하게 접근하고 이를 유익하게 활용할 기본적 권리를 누구나 격차 없이 실질적으로 누릴 수 있도록 필요한 시책을 마련하여야 한다.

111 ④
전자정부법 제39조(행정정보 공동이용의 신청·승인) 제2항: 행정안전부장관은 … 다만, 각 호의 경우 승인하여서는 아니된다.
1. 다른 법률 등에서 비밀 또는 비공개 사항으로 규정된 경우

112 ②
'전자정부기본계획'은 중앙사무관장기관의 장이 수립한다. "중앙사무관장기관"이란 국회 소속 기관에 대하여는 국회사무처, 법원 소속 기관에 대하여는 법원행정처, 헌법재판소 소속 기관에 대하여는 헌법재판소사무처, 중앙선거관리위원회 소속 기관에 대하여는 중앙선거관리위원회 사무처, 중앙행정기관 및 그 소속 기관과 지방자치단체에 대하여는 행정안전부를 말한다.

113

17. 서울 9

온라인 시민참여유형과 관련 제도가 바르게 연결된 것은?

① 정책결정형 – 행정절차법
② 협의형 – 국민의 입법 제안
③ 협의형 – 옴부즈만 제도
④ 정책결정형 – 정보공개법

114

22. 국가 9

「전자정부법」에서 정의하고 있는 다음의 개념은?

> 일정한 기준과 절차에 따라 업무, 응용, 데이터, 기술, 보안 등 조직 전체의 구성요소들을 통합적으로 분석한 뒤 이들 간의 관계를 구조적으로 정리한 체제 및 이를 바탕으로 정보화 등을 통하여 구성요소들을 최적화하기 위한 방법

① 전자문서 ② 정보기술아키텍처
③ 정보시스템 ④ 정보자원

THEME 22 정보화 관련 기타 주제

115

24. 국가 9

다음은 4차 산업혁명 시대의 주요 정보기술을 설명하고 있다. 이에 해당하는 것은?

> 거래정보의 기록을 중앙집중화된 서버나 관리 기능에 의존하지 않고, 분산원장(distributed ledger)을 기반으로 모든 참여자에게 분산된 형태로 배분함으로써, 데이터 관리의 탈집중화된 환경을 제공하는 기술이다.

① 인공지능(AI) ② 블록체인(block chain)
③ 빅데이터(big data) ④ 사물인터넷(IoT)

116

21. 지방 9

4차 산업혁명에 관한 설명으로 옳지 않은 것은?

① 초연결성, 초지능성 등의 특징이 있다.
② 대량 생산 및 규모의 경제 확산이 핵심이다.
③ 사물인터넷은 스마트 도시 구현에 도움이 된다.
④ 빅데이터를 활용한 맞춤형 공공 서비스 제공이 가능하다.

117

17. 지방 9

기존 데이터와 비교할 때 빅데이터의 주요 특징이 아닌 것은?

① 속도(velocity) ② 다양성(variety)
③ 크기(volume) ④ 수동성(passivity)

정답 및 해설

113 ③
온라인 시민참여 유형에는 정보제공형(정보공개법 등), 협의형(행정절차법, 옴부즈만 제도 등), 정책결정형(국민의 입법 제안 등)이 있다.

114 ②
전자정부법 제2조(정의)
7. "전자문서"란 컴퓨터 등 정보처리능력을 지닌 장치에 의하여 전자적인 형태로 작성되어 송수신되거나 저장되는 표준화된 정보를 말한다.
11. "정보자원"이란 행정기관 등이 보유하고 있는 행정정보, 전자적 수단에 의하여 행정정보의 수집·가공·검색을 하기 쉽게 구축한 정보시스템, 정보시스템의 구축에 적용되는 정보기술, 정보화예산 및 정보화인력 등을 말한다.
12. "정보기술아키텍처"란 일정한 기준과 절차에 따라 업무, 응용, 데이터, 기술, 보안 등 조직 전체의 구성요소들을 통합적으로 분석한 뒤 이들 간의 관계를 구조적으로 정리한 체제 및 이를 바탕으로 정보화 등을 통하여 구성요소들을 최적화하기 위한 방법을 말한다.
13. "정보시스템"이란 정보의 수집·가공·저장·검색·송신·수신 및 그 활용과 관련되는 기기와 소프트웨어의 조직화된 체계를 말한다.

115 ②
- ① 인공지능(AI) : 인간의 지능이 가지는 학습, 추론, 지각, 자연언어 이해 등의 기능을 전자적 방법으로 구현하는 소프트웨어나 컴퓨터시스템, 그 밖의 장치를 말한다.
- ③ 빅데이터(big data) : 디지털환경에서 생성되는 정형 또는 비정형의 수치, 문자, 영상 등의 대량 데이터의 집합 및 이로부터 가치를 추출하고 결과를 분석하는 기술을 말한다.
- ④ 사물인터넷(IoT) : 인터넷을 기반으로 모든 사물을 연결하여 사람과 사물, 사물과 사물 간의 정보를 상호 소통하는 지능형 기술 및 서비스를 말한다.

116 ②
대량 생산 및 규모의 경제 확산은 1, 2차 산업혁명에 대한 설명이다.

117 ④
빅데이터의 3대 특징(3V)은 크기(Volume), 속도(Velocity), 다양성(Variety)이다.

118

16. 국가 9

정보화와 전자정부 등에 대한 설명으로 옳지 않은 것은?

① e-거버넌스는 모범적인 거버넌스를 실현하기 위하여 다양한 차원의 정부와 공공부문에서 정보통신기술의 잠재력을 활용하기 위한 과정과 구조의 실현을 추구한다.
② 웹 접근성이란 장애인 등 정보 소외계층이 웹사이트에 있는 정보에 접근할 수 있도록 편의를 제공하는 것을 말한다.
③ 빅데이터(big data)의 3대 특징은 크기, 정형성, 임시성이다.
④ 지역정보화 정책의 기본 목표는 지역경제의 활성화, 주민의 삶의 질 향상, 행정의 효율성 강화이다.

119

20. 지방 9

유비쿼터스 전자정부에 대한 설명으로 옳은 것만을 모두 고르면?

> ㉠ 기술적으로 브로드밴드와 무선, 모바일 네트워크, 센싱, 칩 등을 기반으로 한다.
> ㉡ 서비스 전달 측면에서 지능적인 업무수행과 개개인의 수요에 맞는 맞춤형 서비스를 제공한다.
> ㉢ Any-time, Any-where, Any-device, Any-network, Any-service 환경에서 실현되는 정부를 지향한다.

① ㉠, ㉡　　② ㉠, ㉢
③ ㉡, ㉢　　④ ㉠, ㉡, ㉢

120

17. 사복 9

2009년 서울의 한 고등학생이 개발한 서울버스 앱은 공공데이터의 무료 개방에 따른 부가서비스 개발의 대표적 사례로 알려져 있다. 서울버스 앱의 기반이 되는 웹 기술은?

① 하이퍼링크 중심의 Web 1.0 기술
② 플랫폼 기반의 Web 2.0 기술
③ 시맨틱웹(Semantic Web) 기반의 Web 3.0 기술
④ 사물인터넷 기반의 Web 3.0 기술

121

16. 서울 9

우리나라 정부 3.0에 대한 설명으로 가장 옳지 않은 것은?

① 정부 3.0은 공공정보를 적극 개방하고 공유하여 부처 간 소통과 협력을 중시한다.
② 정부 3.0은 원스톱 서비스 제공을 위해 직접방문과 인터넷을 중심기반으로 설계되었다.
③ 정부 3.0에서의 행정서비스는 양방향·맞춤형 제공을 지향한다.
④ 정부 3.0은 민원 24 서비스를 확대하여 개인별 생활민원정보를 하나의 창구에서 통합안내한다.

정답 및 해설

118 ③
빅데이터의 3대 특징(3V)은 크기(Volume), 속도(Velocity), 다양성(Variety)이다.

119 ④
㉠, ㉡, ㉢ 모두 옳은 내용이다.

120 ②
- ② Web 2.0은 개방, 참여, 공유의 정신을 바탕으로 사용자가 직접 정보를 생산하여 쌍방향으로 소통하는 웹 기술을 말한다. 사용자가 직접 콘텐츠를 생산하여 쌍방향으로 소통할 수 있다. 게시판, 댓글, 블로그, UCC, 지식백과 등이 있다.
- ① Web 1.0은 자료가 체계적으로 분류되어 있고 사용자들은 해당 카테고리를 통해 자료를 검색하게 된다. 인터넷을 통한 일방적인 정보 제공이 특징이다.
- ③, ④ Web 3.0은 컴퓨터가 시맨틱웹 기술을 이용하여 웹페이지에 담긴 내용을 이해하고 개인 맞춤형 정보를 제공할 수 있는 지능형 웹 기술을 말한다. 지능화, 개인화된 맞춤형 웹이다.
  ※ 시맨틱웹: 기계가 읽고 처리할 수 있는 웹으로, 컴퓨터가 자체적으로 웹상의 정보를 탐색 및 수집하여 논리적으로 추론하도록 하는 정보처리기능을 시맨틱웹 기술이라 한다.
  ※ 사물인터넷: 사물들이 서로 연결된 인터넷을 의미한다.

121 ②
정부 3.0은 원스톱 서비스 제공을 위해 (직접방문 ×) 인터넷을 중심기반으로 설계되었다.

THEME 23 행정책임

122

16. 지방 9

행정윤리에 대한 설명으로 옳지 않은 것은?

① 제도적 책임성이란 공무원이 전문가로서의 직업윤리와 책임감에 기초해서 자발적인 재량을 발휘해 확보되는 행정책임을 의미한다.
② 행정윤리는 사익보다는 공익과 밀접한 관계가 있다.
③ 결과주의에 근거한 윤리평가는 사후적인 것이며 문제의 해결보다는 행위 혹은 그 결과에 대한 처벌에 중점을 둔다.
④ 공무원 부패의 원인을 사회문화적 접근으로 보는 관점에서는 특정한 지배적 관습이나 경험적 습성이 부패를 조장한다는 입장이다.

123

21. 지방 9

행정통제와 행정책임에 대한 설명으로 옳은 것만을 모두 고르면?

> ㉠ 파이너(Finer)는 법적·제도적 외부통제를 강조한다.
> ㉡ 감사원의 직무감찰과 회계감사는 외부통제에 해당한다.
> ㉢ 프리드리히(Friedrich)는 내재적 통제보다 객관적·외재적 책임을 강조한다.

① ㉠　　② ㉡
③ ㉠, ㉢　　④ ㉡, ㉢

124

23. 국가 9

롬젝(Romzeck)의 행정책임 유형에 대한 설명으로 옳지 않은 것은?

① 계층적 책임 – 조직 내 상명하복의 원칙에 따라 통제된다.
② 법적 책임 – 표준운영절차(SOP)나 내부 규칙(규정)에 따라 통제된다.
③ 전문가적 책임 – 전문직업적 규범과 전문가집단의 관행을 중시한다.
④ 정치적 책임 – 민간 고객, 이익집단 등 외부 이해관계자의 기대에 부응하는가를 중시한다.

THEME 24 행정통제

125

21. 국가 9

행정부에 대한 외부통제에 해당하는 것만을 모두 고르면?

> ㉠ 행정안전부의 각 중앙행정기관 조직과 정원 통제
> ㉡ 국회의 국정조사
> ㉢ 기획재정부의 각 부처 예산안 검토 및 조정
> ㉣ 국민들의 조세부과 처분에 대한 취소소송
> ㉤ 국무총리의 중앙행정기관에 대한 기관평가
> ㉥ 환경운동연합의 정부정책에 대한 반대
> ㉦ 중앙행정기관장의 당해 기관에 대한 자체평가
> ㉧ 언론의 공무원 부패 보도

① ㉠, ㉢, ㉤, ㉦　　② ㉡, ㉢, ㉣, ㉤
③ ㉡, ㉣, ㉤, ㉧　　④ ㉡, ㉣, ㉥, ㉧

정답 및 해설

122 ①
자율적 책임성에 대한 설명이다. 제도적 책임성이란 고객 만족을 위하여 성과보다는 절차에 대한 책임을 강조하고, 판단기준과 절차의 객관화, 절차의 중시 등이 특징이다.

123 ①
- ㉡ 감사원의 직무감찰과 회계감사는 내부통제에 해당한다.
- ㉢ 프리드리히는 객관적·외재적 책임보다는 내재적 통제를 강조한다.

124 ②
법적 책임(의회에 의한 통제)은 통제의 원천이 외부에 있다.

구분		통제의 원천: 내부	통제의 원천: 외부
통제의 강도	높음	계층적 책임	법적 책임
	낮음	전문가적 책임	정치적 책임

125 ④
- ㉠, ㉢, ㉤, ㉦ 공식적 내부통제
- ㉡, ㉣ 공식적 외부통제
- ㉥, ㉧ 비공식적 외부통제

126

19. 서울 9

행정통제의 유형 중 공식적 내부통제 유형에 포함되는 방식으로 가장 옳은 것은?

① 정당에 의한 통제
② 감사원에 의한 통제
③ 사법부에 의한 통제
④ 동료집단의 평판에 의한 통제

127

18. 서울 9

정부통제를 내부통제와 외부통제로 구분할 때, 내부통제가 아닌 것은?

① 감찰통제 ② 예산통제
③ 인력의 정원통제 ④ 정당에 의한 통제

128

20. 지방 9

행정통제의 유형 중 외부통제가 아닌 것은?

① 감사원의 직무감찰
② 의회의 국정감사
③ 법원의 행정명령 위법 여부 심사
④ 헌법재판소의 권한쟁의심판

129

17. 지방 9

행정통제에 대한 설명으로 옳지 않은 것은?

① 독립통제기관(separate monitoring agency)은 일반행정기관과 대통령 그리고 외부적 통제중추들의 중간 정도에 위치하며, 상당한 수준의 독자성과 자율성을 누린다.
② 헌법재판제도는 헌법을 수호하고 부당한 국가권력으로부터 국민의 권리와 자유를 보호하는 과정에서 행정에 대한 통제기능을 수행한다.
③ 교차기능조직(criss-cross organizations)은 행정체제 전반에 걸쳐 관리작용을 분담하여 수행하는 참모적 조직단위들로서 내부적 통제체제로부터 완전히 독립되어 있다.
④ 국무총리 소속 국민권익위원회는 옴부즈만적 성격을 가지며, 국민권익위원회의 위원장과 부위원장은 국무총리의 제청으로 대통령이 임명한다.

정답 및 해설

126 ②

길버트의 행정통제 유형

구분	외부	내부
공식	• 입법부 • 사법부	• 청와대 • 감사원 • 정부업무평가 • 국민권익위원회 • 중앙행정부처에 의한 통제 • 계층제 및 인사관리제도 • 명령체계 • 교차 기능조직
비공식	• 시민단체 • 정당 • 이익집단 및 언론에 의한 통제	• 직업윤리에 의한 통제 • 동료집단의 평판

127 ④

정당에 의한 통제는 외부통제에 해당한다.

구분	외부	내부
공식	• 입법부 • 사법부	• 감사원의 직무감찰 • 교차 기능조직(기획재정부의 예산통제, 행정안전부의 인력의 정원통제)
비공식	• 시민단체 • 정당에 의한 통제 • 이익집단 및 언론에 의한 통제	• 직업윤리에 의한 통제 • 동료집단의 평판

128 ①

감사원의 직무감찰은 공식적 내부통제에 해당한다.

구분	외부	내부
공식	• 의회의 국정감사 • 법원의 행정명령 위법 여부 심사 • 헌법재판소의 권한쟁의 심판	• 청와대 • 감사원의 직무감찰 • 정부업무평가 • 국민권익위원회 • 중앙행정부처에 의한 통제 • 계층제 및 인사관리제도 • 명령체계 • 교차 기능조직
비공식	• 시민단체 • 정당 • 이익집단 및 언론에 의한 통제	• 직업윤리에 의한 통제 • 동료집단의 평판

129 ③

교차기능조직(criss-cross organizations)은 행정체제 전반에 걸쳐 관리작용을 분담하는 내부 통제체제이다.

예 기획재정부(예산통제), 행정안전부(기구 및 정원통제) 등

130

19. 서울 9

행정통제에 대한 설명으로 가장 옳지 않은 것은?

① 행정 권한의 강화 및 행정재량권의 확대가 두드러지면서 행정책임 확보의 수단으로서 행정통제의 중요성이 커지고 있다.
② 의회는 국가의 예산을 심의하고 승인하거나 혹은 지출을 금지하거나 제한하는 등의 조치를 통하여 행정부를 통제한다.
③ 행정이 전문성과 복잡성을 띠게 된 현대 행정국가 시대에는 내부 통제보다 외부 통제가 점차 강조되고 있다.
④ 일반 국민은 선거권이나 국민투표권의 행사를 통하여 행정을 간접적으로 통제한다.

131

17. 지방 9 (하반기)

행정통제에 대한 설명으로 옳지 않은 것은?

① 감사원에 의한 통제는 회계검사, 직무감찰, 성과감사 등이 있다.
② 사법통제는 행정이 이미 이루어진 후의 소극적 사후조치라는 한계가 있다.
③ 입법통제는 행정명령 · 처분 · 규칙의 위법 여부를 심사하는 외부통제 방법이다.
④ 언론은 행정부의 과오를 감시하고 비판하며 공개하는 역할을 수행함으로써 행정에 영향을 미친다.

THEME 25 옴부즈만(ombudsman) 제도

132

19. 지방 9

옴부즈만(Ombudsman) 제도에 대한 설명으로 옳지 않은 것은?

① 행정에 대한 통제 기능을 수행한다.
② 스웨덴에서는 19세기에 채택되었다.
③ 옴부즈만을 임명하는 주체는 입법기관, 행정수반 등 국가별로 상이하다.
④ 우리나라의 국민권익위원회는 헌법상 독립성을 보장하기 위해 대통령 소속으로 설치되었다.

133

16. 지방 9

옴부즈만(Ombudsman) 제도에 대한 설명으로 옳은 것만을 모두 고른 것은?

> ㉠ 옴부즈만 제도는 설치 주체에 따라 크게 의회 소속형과 행정기관 소속형으로 구분된다.
> ㉡ 옴부즈만 제도는 정부 행정활동의 비약적인 증대에 따른 시민의 권리침해 가능성에 대해 충분한 구제제도를 두기 위하여 핀란드에서 최초로 도입되었다.
> ㉢ 옴부즈만은 행정행위의 합법성뿐만 아니라 합목적성 여부도 다룰 수 있다.
> ㉣ 우리나라의 경우 대통령 직속의 국민권익위원회가 옴부즈만에 해당한다.

① ㉠, ㉡ ② ㉠, ㉢
③ ㉢, ㉣ ④ ㉡, ㉣

THEME 26 행정개혁

134

16. 지방교행 9

역대 정부의 행정개혁에 대한 기술로 옳지 않은 것은?

① 노무현 행정부는 예산효율화를 위해 사업별 예산제도를 도입하였다.
② 김영삼 행정부는 지방분권화를 위해 내무부의 지방통제 기능을 축소하였다.
③ 이명박 행정부는 공기업 선진화를 위해 민영화, 통폐합 등의 조치를 단행하였다.
④ 김대중 행정부는 공무원의 전문성과 역량 강화를 위해 고위공무원단제도를 도입하였다.

정답 및 해설

130 ③
입법국가 시절에는 외부통제에 중점을 두었으나, 행정국가로 이행되면서 행정의 전문화로 외부통제보다 내부통제가 더 중시되고 있다.

131 ③
사법통제에 대한 설명이다.

132 ④
국민권익위원회는 국무총리 소속이다.

133 ②
• ㉡ 옴부즈만 제도는 1809년 스웨덴에서 처음으로 채택되었다.
• ㉣ 국민권익위원회는 국무총리 소속의 중앙행정기관이다.

134 ④
우리나라 고위공무원단제도는 노무현 정부시기인 2006년 7월에 시행되었다.

02 정책

THEME 01 정책 개요

01

24. 지방 9

정책학의 발달에 대한 설명으로 옳지 않은 것은?

① 1951년 「정책지향(Policy Orientation)」이라는 논문은 정책학의 정체성 확립에 기여하였다.
② 라스웰(Lasswell)은 1971년 『정책학 소개(A Pre-View of Policy Sciences)』에서 맥락지향성, 이론지향성, 연합학문지향성을 제시하였다.
③ 1980년대 정책학의 연구는 정책형성, 집행, 평가, 변동 등 다양한 분야로 확대되었다.
④ 드로(Dror)는 정책결정 단계를 상위정책결정(meta-policy-making), 정책결정(policymaking), 정책결정 이후(post-policymaking)로 나누는 최적모형을 제시하였다.

02

16. 사복 9

정책수단(policy tools)에 대한 설명으로 옳지 않은 것은?

① 공기업은 정부의 소유 또는 통제하에 재화와 서비스를 제공한다.
② 샐러몬(L. M. Salamon)은 형평성에 대한 고려가 특히 중요한 경우에는 간접적 수단이 직접적 수단보다 적절하다고 주장한다.
③ 행정지도에 대하여는 책임소재가 불분명하고 법치주의를 침해한다는 비판이 있다.
④ 규제는 정책적 이데올로기 차원에서 논란의 대상이 되기도 한다.

03

22. 지방 9

살라몬(Salamon)의 정책도구 분류에서 강제성이 가장 높은 것은?

① 경제적 규제
② 바우처
③ 조세지출
④ 직접 대출

정답 및 해설

01 ②
라스웰(Lasswell)은 1971년 『정책학 소개(A Pre-View of Policy Sciences)』에서 맥락지향성, 문제지향성, 연합학문지향성을 제시하였다.

02 ②
샐러몬(L. M. Salamon)은 형평성에 대한 고려가 특히 중요한 경우에는 직접적 수단이 간접적 수단보다 적절하다고 주장한다.

03 ①
살라몬의 정책도구 분류(강제성 정도)

강제성 정도	종류
낮음	손해책임법 정보 제공 조세지출
중간	바우처 보험 보조금 공기업 대출보증 직접 대출 계약 벌금
높음	경제적 규제 사회적 규제

04

18. 국가 9

살라몬(L. M. Salamon)이 제시한 정책수단의 유형에서 직접적 수단으로만 묶은 것은?

ㄱ 조세지출(tax expenditure)
ㄴ 경제적 규제(economic regulation)
ㄷ 정부소비(direct government)
ㄹ 사회적 규제(social regulation)
ㅁ 공기업(government corporation)
ㅂ 보조금(grant)

① ㄱ, ㄴ, ㄷ ② ㄱ, ㄹ, ㅂ
③ ㄴ, ㄷ, ㅁ ④ ㄹ, ㅁ, ㅂ

05

17. 국가 9 (하반기)

바우처(voucher) 제도에 대한 설명으로 옳지 않은 것은?

① 저소득층 및 특수계층을 대상으로 하는 복지 분야에서 많이 활용되고 있다.
② 수혜자에게 현금을 지원하는 대신 특정 재화나 서비스를 구매할 수 있는 쿠폰이나 포인트를 제공하는 제도이다.
③ 전자바우처의 도입을 통해 행정비용을 절감할 수 있다.
④ 살라몬(L. M. Salamon)의 행정수단 유형분류에 있어서 민간위탁과 같이 직접성이 매우 높은 행정수단이다.

06

18. 지방교행 9

정부의 정책수단(policy tool)에 대한 설명으로 옳은 것을 〈보기〉에서 고른 것은?

보기

ㄱ 경제적 규제는 정부의 직접수단에 해당한다.
ㄴ 조세지출은 재정적 인센티브를 부여하는 수단에 해당한다.
ㄷ 바우처는 역사가 길고 가장 광범위하게 사용되는 수단이다.
ㄹ 전통적 삼분법에 근거하여 정책수단을 규제, 인센티브, 권위로 분류할 수 있다.

① ㄱ, ㄴ ② ㄱ, ㄹ
③ ㄴ, ㄷ ④ ㄷ, ㄹ

07

24. 국가 9

정책참여자에 대한 설명으로 옳지 않은 것은?

① 시민단체(NGO)는 비공식적 참여자로서 시민 여론을 동원해 정책의제설정, 정책대안제시, 정부의 집행활동 감시 등 정책과정 전반에 영향을 미친다.
② 정당은 공식적 참여자로서 대중의 여론을 형성하고 일반 국민에게 정책 관련 주요 정보를 전달하는 역할을 통해 정책과정에 영향을 미친다.
③ 사법부는 공식적 참여자로서 정책과 관련된 법적 쟁송이 발생한 경우 그 정책의 타당성에 대한 판결을 통해 정책에 영향을 미친다.
④ 이익집단은 비공식적 참여자로서 특정 이해관계를 공유하는 사람들의 모임이며, 구성원들의 이익을 실현하기 위해 정부에 압력을 가함으로써 정책에 영향을 미친다.

정답 및 해설

04 ③

살라몬의 정책도구 분류(직접성 정도)

직접성 정도	종류
낮음	손해책임법 보조금 대출보증 정부출자기업 바우처
중간	조세지출 계약 사회적 규제 벌금
높음	보험 직접 대출 경제적 규제 정보 제공 공기업 정부 소비

05 ④

바우처는 직접성 정도가 낮은 수단이다.

06 ①

- ㄷ 바우처는 역사가 길지 않고, 가장 광범위하게 사용되는 수단도 아니다. 전통적 행정서비스 공급은 '수요자-공급자'의 수직구조이고, 바우처 제도는 '수요자-제공기관'의 수평구조로 저소득층 및 특수계층을 대상으로 하는 복지 분야에 많이 활용된다.
- ㄹ 전통적 삼분법에 근거하여 정책수단을 규제(강압적 수단), 인센티브(공리적 수단), 설득(규범적 수단)으로 분류할 수 있다.

07 ②

정당은 비공식적 참여자이다. 또한 대중의 여론을 형성하고 일반 국민에게 정책 관련 주요 정보를 전달하는 역할을 통해 정책과정에 영향을 미치는 것은 언론이다.

08

17. 지방 9

우리나라 행정환경의 주요 행위자들 간의 관계에 대한 설명으로 옳지 않은 것은?

① 국회는 국민의 대표기관으로서 민주주의 원칙에 합당하게 행정이 이루어지고 있는지를 감시하고 통제하는 권한을 가진다.
② 정부는 국회에 법률안을 제출할 수 있고, 대통령은 법률에서 구체적으로 범위를 정하여 위임받은 사항과 법률을 집행하기 위하여 필요한 사항에 관하여 대통령령을 발할 수 있다.
③ 헌법재판소의 위헌 결정은 행정부의 활동에 지대한 영향을 미칠 수 있다.
④ 대통령은 국회가 확정한 본예산에 대하여 재의를 요구할 수 있다.

09

17. 지방 9

우리나라의 정책과정 참여자에 대한 설명으로 옳지 않은 것은?

① 대통령은 국회와 사법부에 대한 헌법상의 권한을 통하여 영향력을 행사하며, 행정부 주요 공직자에 대한 임면권을 통하여 정책과정에서 주도적 역할을 수행한다.
② 행정기관은 법률 제정과 사법적 판단을 통하여 정책집행과정에서 실질적인 영향력을 행사한다.
③ 국회는 국정조사나 예산 심의 등을 통하여 행정부를 견제하고, 국정감사나 대정부질의 등을 통하여 정책집행과정을 평가한다.
④ 사법부는 정책집행으로 인한 사회적 갈등상황이 야기되었을 때 판결을 통하여 정책의 합법성이나 정당성을 판단한다.

THEME 02 정책유형의 분류

10

16. 지방교행 9

정책유형에 관한 설명으로 〈보기〉에서 옳은 것을 모두 고른 것은?

보기

㉠ 신공항 건설은 재분배정책이다.
㉡ 공공건물 금연은 규제정책이다.
㉢ 탄소배출권거래제는 분배정책이다.
㉣ 공무원연금제의 개정은 구성정책이다.

① ㉠, ㉢ ② ㉡, ㉣
③ ㉡, ㉢, ㉣ ④ ㉠, ㉡, ㉣

11

22. 국가 9

정책의 유형 중에서 정책목표에 의해 일반 국민에게 인적·물적 자원을 부담시키는 정책은?

① 추출정책 ② 구성정책
③ 분배정책 ④ 상징정책

12

24. 국가 9

로위(Lowi)의 정책 유형에 대한 설명으로 옳지 않은 것은?

① 정부 혹은 정치체제의 정통성과 정당성을 확보하고, 국민의 단결력이나 자부심을 높여 줌으로써 정부의 정책활동을 원활하게 하기 위한 정책은 구성정책에 해당한다.
② 기초생활보장 대상자에 대한 생활 보조금 지급 등과 같이 소득이전과 관련된 정책은 재분배정책에 해당한다.
③ 도로 건설, 하천·항만 사업과 같이 국민에게 공공서비스나 혜택을 제공하기 위한 정책은 분배정책에 해당한다.
④ 사회구성원이나 집단의 활동을 통제해 다른 사람이나 집단을 보호하려는 목적을 가진 정책은 규제정책에 해당한다.

정답 및 해설

08 ④
대통령은 국회가 확정한 본예산에 대하여 재의를 요구할 수 없다.

09 ②
법률 제정은 입법부의 역할이고, 사법적 판단은 사법부의 역할이다.

10 ②
• ㉠ 신공항 건설은 분배 정책이다.
• ㉢ 탄소배출권거래제는 규제 정책이다.

11 ①
알몬드와 파웰(Almond & Powell)은 정책을 분배정책, 규제정책, 추출정책, 상징정책으로 구분하였다. 그중에서 조세, 부담금, 징병 등 일반 국민에게 인적·물적 자원을 부담시키는 정책은 추출정책에 해당한다.

12 ①
알몬드와 파웰(Almond & Powell)의 상징정책에 대한 설명이다. 구성정책은 정부기구의 구성 및 조정과 관련된 정책을 의미한다.

13

21. 국가 9

로위(Lowi)의 정책유형과 그에 대한 설명으로 옳은 것만을 모두 고르면?

> ㉠ 규제정책은 특정 개인이나 집단에 대한 선택의 자유를 제한하는 유형의 정책으로 강제력이 특징이다.
> ㉡ 분배정책의 사례에는 FTA협정에 따른 농민피해 지원, 중소기업을 위한 정책자금지원, 사회보장 및 의료보장정책 등이 있다.
> ㉢ 재분배정책은 고소득층으로부터 저소득층으로 소득이전을 목적으로 하기 때문에 계급대립적 성격을 지닌다.
> ㉣ 재분배정책의 사례로는 저소득층을 위한 근로장려금 제도, 영세민을 위한 임대주택 건설, 대덕 연구개발 특구 지원 등이 있다.
> ㉤ 구성정책은 정부기관의 신설과 선거구 조정 등과 같이 정부기구의 구성 및 조정과 관련된 정책이다.

① ㉠, ㉡, ㉢　② ㉠, ㉢, ㉤
③ ㉡, ㉣, ㉤　④ ㉢, ㉣, ㉤

14

19. 서울 9

로위(Lowi)의 정책유형 중 선거구의 조정 등 헌법상 운영규칙과 관련된 정책으로 가장 옳은 것은?

① 구성정책　② 배분정책
③ 규제정책　④ 재분배정책

15

19. 지방 9

로위(Lowi)가 제시한 구성정책의 사례로 옳지 않은 것은?

① 공직자 보수에 관한 정책
② 선거구 조정 정책
③ 정부기관이나 기구 신설에 관한 정책
④ 국유지 불하 정책

16

18. 서울 9

정책유형에 대한 설명으로 가장 옳지 않은 것은?

① 로위(Lowi)는 정책의 유형에 따라 정책의 결정 및 집행과정이 달라진다고 보았으며, 정책유형에 따라 정치적 관계가 달라질 것으로 가정하고 있다.
② 로위(Lowi)는 정책유형을 배분정책, 구성정책, 규제정책, 재분배정책으로 구분하였으며, 구분의 기준이 되는 것은 강제력의 행사방법(간접적, 직접적)과 비용의 부담주체(소수에 집중 아니면 다수에 분산)이다.
③ 로위(Lowi)의 분류 중 재분배정책의 예는 연방은행의 신용통제, 누진소득세, 사회보장제도이고, 구성정책의 예는 선거구 조정, 기관신설 등이다.
④ 리플리 & 프랭클린(Ripley & Franklin)은 보호적 규제정책을 제시하는데, 이는 소수자나 사회적 약자, 그리고 일반대중을 보호하기 위해서 개인이나 집단의 권리 행사나 행동의 자유를 제한하는 정책이다.

정답 및 해설

13 ②
- ㉡ 사회보장 및 의료보장정책 등은 재분배정책에 해당한다.
- ㉣ 대덕 연구개발 특구 지원은 분배정책에 해당한다.

14 ①
- ① 로위의 정책유형 중 구성정책은 헌정수행에 필요한 운영규칙과 관련된 정책으로 그 예로는 선거구 조정, 정부의 새로운 조직이나 기구의 설립(여가부 신설 등), 공직자의 보수, 공무원·군인연금 등이 있다.
- ② 분배(배분)정책의 예: 사회간접시설(신공항, 도로, 다리 등), 지방자치단체에 지원되는 국고보조금, 국·공립학교를 통한 교육서비스의 제공, 수출특혜금융, 주택자금의 대출, 택지분양, 연구개발 특구 지원 등
- ③ 규제정책의 예: 부실기업 구조조정, 최저임금제도, 독과점 규제, 공해배출업소 단속, 공공건물 금연, 탄소배출권거래제 등
- ④ 재분배정책의 예: 저소득층을 위한 근로장려금, 누진세, 사회보장제도, 임대주택건설, 연방은행의 신용통제, 실업수당 등

15 ④
불하는 국가나 공공단체에서 행정 목적으로 사용이 끝났거나 불필요하게 되어 국민에게 토지나 건물 등의 재산을 팔아넘기는 것으로, 배분정책에 해당한다.

16 ②
로위(T. J. Lowi)는 정책을 강제력의 행사방법과 강제력의 적용대상에 따라 분배(배분)정책, 구성정책, 규제정책, 재분배정책으로 구분하였다.

강제력의 행사방법 \ 강제력의 적용대상	개별적 행위	행위의 환경
간접적	분배정책	구성정책
직접적	규제정책	재분배정책

17
18. 지방 9

표준운영절차(SOP)에 대한 설명으로 옳은 것은?

① 업무 담당자가 바뀌게 되면 표준운영절차로 인해 업무처리의 연속성을 유지하는 것이 어렵게 된다.
② 표준운영절차는 업무처리의 공평성을 확보하는 데 기여한다.
③ 표준운영절차에 따른 업무처리는 정책집행 현장의 특수성을 반영하기에 용이하다.
④ 정책결정모형 중 앨리슨(Allison) 모형의 Model I 은 표준운영절차에 따른 의사결정을 가정한다.

18
20. 서울 9

리플리(Ripley)와 프랭클린(Franklin)의 정책유형 중 〈보기〉의 사례에 해당하는 것은?

> 보기
>
> 식품의약품안전처는 다이어트, 디톡스 효과 등을 내세우며 거짓·과장 광고를 한 유튜버 등 인플루언서(SNS에서 소비자들에게 큰 영향을 미치는 사람) 15명과 이들에게 법률에서 금지하고 있는 체험형 광고 등을 의뢰한 유통전문판매업체 8곳을 적발했다고 9일 밝혔다.

① 윤리정책　② 경쟁적 규제정책
③ 보호적 규제정책　④ 사회적 규제정책

19
23. 지방 9

로위(Lowi)의 정책 유형과 리플리와 프랭클린(Ripley & Franklin)의 정책 유형에는 없지만, 앨먼드와 파월(Almond & Powell)의 정책 유형에는 있는 것은?

① 상징정책　② 재분배정책
③ 규제정책　④ 분배정책

20
19. 서울 9 (2월)

리플리(Ripley)와 프랭클린(Franklin)에 의해 제시된 정책분류 유형에 해당하지 않는 것은?

① 상징정책　② 경쟁적 규제정책
③ 재분배정책　④ 보호적 규제정책

THEME 03 정책참여자들 간의 관계

21
23. 지방 9

엘리트이론과 다원주의이론에 대한 설명으로 옳지 않은 것은?

① 고전적 엘리트이론에서 엘리트들은 다른 계층에 대해 책임을 지지 않는다.
② 밀즈(Mills)는 명성접근법을 사용하여 엘리트들을 분석한다.
③ 달(Dahl)은 권력이 분산되어 있음을 전제로 다원주의론을 전개한다.
④ 바흐라흐와 바라츠(Bachrach & Baratz)는 무의사결정이 의제설정과정뿐만 아니라 정책결정과정에서도 발생할 수 있다고 주장한다.

정답 및 해설

17 ②
- ① 업무처리의 연속성을 유지하는 것이 용이하다.
- ③ 특수성을 반영하기 어렵다.
- ④ 앨리슨 모형의 Model Ⅱ가 표준운영절차에 따른 의사결정을 가정한다.

18 ③
리플리와 프랭클린은 정책을 분배정책, 재분배정책, 경쟁적 규제정책, 보호적 규제정책으로 분류하였다. 보호적 규제정책은 소수자나 사회적 약자, 그리고 일반대중을 보호하기 위하여 개인이나 집단의 권리행사나 행동의 자유를 제한하는 정책이다.

19 ①
- 로위의 정책분류: 분배정책, 구성정책, 규제정책, 재분배정책
- 리플리와 프랭클린의 정책분류: 분배정책, 재분배정책, 경쟁적 규제정책, 보호적 규제정책
- 앨먼드와 파웰: 상징정책, 추출정책, 분배정책, 규제정책

20 ①
리플리와 프랭클린은 분배정책, 재분배정책, 경쟁적 규제정책, 보호적 규제정책으로 정책유형을 분류하였고, 알몬드와 파웰은 상징정책, 추출정책, 분배정책, 규제정책으로 정책유형을 분류하였다.

21 ②
명성접근법은 헌터(Hunter)에 대한 설명이다. 밀즈(Mills)는 지위접근법을 사용하여 현대 미국사회의 권력은 기업체, 군, 정치 세 영역에서의 주요 지위에 있다고 보고 있다.

22

23. 국가 9

바흐라흐(Bachrach)와 바라츠(Baratz)의 무의사결정론에 대한 설명으로 옳지 않은 것은?

① 무의사결정의 행태는 정책과정 중 정책문제 채택단계 이외에서도 일어난다.
② 기존 정치체제 내의 규범이나 절차를 동원하여 변화 요구를 봉쇄한다.
③ 정책문제화를 막기 위해 폭력과 같은 강제력을 사용하기도 한다.
④ 엘리트의 두 얼굴 중 권력행사의 어두운 측면을 고려하지 못한다고 비판했기 때문에 신다원주의로 불린다.

23

20. 국가 9

무의사결정론에 대한 설명으로 옳지 않은 것은?

① 정치체제 내의 지배적 규범이나 절차가 강조되어 변화를 위한 주장은 통제된다고 본다.
② 엘리트들에게 안전한 이슈만이 논의되고 불리한 이슈는 거론조차 못하게 봉쇄된다고 한다.
③ 위협과 같은 폭력적 방법을 통해 특정한 이슈의 등장이 방해받기도 한다고 주장한다.
④ 조직의 주의집중력과 가용자원은 한계가 있어 일부 사회문제만이 정책의제로 선택된다고 주장한다.

24

17. 국가 9

무의사결정(non-decision making)에 대한 설명으로 옳은 것은?

① 지배적인 엘리트집단은 자신들의 이해관계와 부합하지 않는 이슈라도 정책의제설정단계에서 논의하려고 한다.
② 무의사결정은 중립적인 행동으로 다원주의이론의 관점을 반영한다.
③ 집행과정에서는 무의사결정이 일어나지 않는다.
④ 정책문제 채택과정에서 기존 세력에 도전하는 요구는 정책 문제화하지 않고 억압한다.

25

18. 서울 9

정책과정에서 행위자 사이의 권력관계 이론에 대한 설명으로 가장 옳지 않은 것은?

① 헌터(Hunter)는 지역사회 연구를 통해 응집력과 동료의식이 강하고 협력적인 정치 엘리트들이 지역사회를 지배한다는 엘리트론을 주장한다.
② 무의사결정(nondecision-making)론은 권력을 가진 집단은 자신들에게 불리하거나 바람직하지 않다고 생각되는 특정 이슈들이 정부 내에서 논의되지 못하도록 봉쇄한다고 설명한다.
③ 다원론을 전개한 다알(Dahl)은 New Haven시를 대상으로 한 연구에서 정책결정을 담당하는 엘리트가 분야별로 다른 형태를 보인다고 설명한다.
④ 신다원론에서는 집단 간 경쟁의 중요성은 여전히 인정하면서 집단 간 대체적 동등성의 개념을 수정하여 특정 집단이 다른 집단보다 더욱 강력할 수 있다는 점을 인정하였다.

26

16. 국가 9

다음 이론에 대한 설명 중 옳은 것만을 모두 고르면?

> ㉠ 이익집단론은 정치체제가 잠재이익집단과 중복회원 때문에 특수이익에 치우치지 않는다고 주장한다.
> ㉡ 신다원주의론은 자본주의 국가에서는 기업가 집단의 특권적 지위가 현실의 정책과정에서 나타난다고 본다.
> ㉢ 하위정부론은 정책분야별로 이익집단, 정당, 해당 관료조직으로 구성된 실질적 정책결정권을 공유하는 네트워크가 존재한다고 주장한다.

① ㉠　　② ㉠, ㉡
③ ㉡, ㉢　　④ ㉠, ㉡, ㉢

정답 및 해설

22 ④
무의사결정론은 신엘리트론으로 불린다.

23 ④
사이먼의 의사결정론에 대한 설명이다. 무의사결정론은 대중에 대한 억압과 통제를 통해 엘리트들에게 유리한 이슈만 정책의제로 설정된다.

24 ④
- ① 지배적인 엘리트집단은 자신들의 이해관계와 부합하지 않는 이슈는 논의되지 못하도록 봉쇄한다.
- ② 무의사결정이론은 고전적 다원주의를 비판하며 등장하였다.
- ③ 무의사결정은 정책과정 전반에 걸쳐 나타난다.

25 ①
헌터(Hunter)의 명성접근법은 전국적 차원이 아니라 지역사회의 권력구조를 실증적으로 연구한 것으로, 지역사회에 명성이 있는 소수의 기업엘리트가 결정한 정책을 일반대중이 수용한다는 입장이다.

26 ②
㉢ 하위정부론은 선출직 의원(의회의 위원회), 정부관료(소관부처), 이익집단으로 구성된 실질적 정책결정권을 공유하는 네트워크가 존재한다고 주장한다.

27

19. 서울 9

다원주의(Pluralism)에 대한 설명으로 가장 옳지 않은 것은?

① 권력은 다양한 세력들에게 분산되어 있다.
② 정책영역별로 영향력을 행사하는 엘리트들이 각기 다르다.
③ 이익집단들 간의 영향력 차이는 주로 정부의 정책과정에 대한 상이한 접근기회에 기인한다.
④ 이익집단들 간의 영향력 차이는 있지만 전체적으로 균형을 유지하고 있다.

28

17. 지방 9 (하반기)

정책과정을 설명하는 이론의 내용으로 옳은 것은?

① 현대 엘리트이론은 국가가 소수의 지배자와 다수의 피지배자로 구분되기 어렵다고 본다.
② 공공선택론은 사적 이익보다는 집단 이익을 위한 합리적 선택에 초점을 둔다.
③ 다원주의이론은 정부정책을 다양한 행위자들 간의 협상과 경쟁의 결과로 본다.
④ 조합주의이론은 정책과정에서 국가의 역할이 소극적 · 제한적이라고 본다.

29

20. 서울 9

정책결정의 장(또는 정책하위시스템)에 대한 이론과 주장하는 내용을 짝지은 것으로 가장 옳지 않은 것은?

① 다원주의 – 정부는 조정자 역할에 머물거나 게임의 법칙을 진행하는 심판자 역할을 할 것으로 기대한다.
② 조합주의 – 정부는 이익집단 간 이익의 중재에 머물지 않고 국가이익이나 사회의 공공선을 달성하기 위한 주도적인 역할을 할 것으로 기대한다.
③ 엘리트주의 – 엘리트들은 사회의 다원화된 이익을 대변하는 것이 아니라 자신들의 이익을 추구한다.
④ 철의 삼각 – 입법부, 사법부 그리고 행정부 3자가 강철과 같은 장기적이고 안정적이며 우호적인 삼각관계의 역할을 형성하면서 정책결정을 지배하는 것으로 본다.

30

24. 국가 9

정책과정에서 철의 삼각(iron triangle)에 해당하지 않는 것은?

① 의회 상임위원회
② 행정부 관료
③ 이익집단
④ 법원

정답 및 해설

27 ③
다원주의이론에서 각종 이익집단은 정책과정에서 동등한 정도의 접근기회를 가지나, 영향력(구성원의 수, 재정력, 리더십, 응집력 등)의 차이는 있다고 본다.

28 ③
- ① 현대 엘리트이론은 국가가 소수의 지배자와 다수의 피지배자로 구분된다고 본다.
- ② 공공선택론은 효용극대화를 추구하는 합리적 개인을 가정하고, 집단 이익보다는 사적 이익을 위한 합리적 선택에 초점을 둔다.
- ④ 조합주의는 정책과정에서 정부의 적극적, 지도적, 개입적 역할을 강조한다.

29 ④
철의 삼각은 선출직 의원(의회의 위원회), 정부관료(소관부처), 이익집단이 특정정책의 결정을 지배한다고 본다.

30 ④
철의 삼각은 선출직 의원(의회의 위원회), 정부관료(소관부처), 이익집단이 특정정책의 결정을 지배한다는 모형이다.

31

19. 국가 9

정책네트워크에 대한 설명으로 옳지 않은 것은?

① 정책네트워크의 참여자는 정부뿐만 아니라 민간부문까지 포함한다.
② 정책공동체(policy community)에 비해서 이슈네트워크(issue network)는 제한된 행위자들이 정책과정에 참여하며 경계의 개방성이 낮은 특성이 있다.
③ 헤클로(Heclo)는 하위정부모형을 비판적으로 검토하면서 정책이슈를 중심으로 유동적이며 개방적인 참여자들 간의 상호작용 현상을 묘사하기 위한 대안적 모형을 제안하였다.
④ 하위정부(sub-government)는 선출직 의원, 정부관료, 그리고 이익집단의 역할에 초점을 맞춘다.

32

17. 사복 9

오늘날 정책결정 과정에서 정책네트워크(policy network)의 역할이 증대되고 있다. 다음 중 정책네트워크의 유형으로 가장 거리가 먼 것은?

① 하위정부(subgovernment)
② 정책공동체(policy community)
③ 이음매 없는 조직(seamless organization)
④ 정책문제망(issue network)

33

17. 지방 9 (하반기)

정책네트워크에 대한 설명으로 옳은 것은?

① 정책공동체(policy community)의 참여자는 하위정부(sub government)에 비해 제한적이다.
② 정책공동체(policy community)는 일시적이고 느슨한 형태의 집합체다.
③ 이슈네트워크(issue network)에서는 비교적 소수의 엘리트들이 협력하여 특정한 영역의 정책결정을 지배한다.
④ 하위정부(subgovernment)의 주된 참여자는 정부관료, 선출직 의원, 이익집단이다.

34

17. 지방교행 9

정책 관련 모형에 관한 설명으로 옳지 않은 것은?

① 이슈네트워크모형에서는 참여자들의 관계를 고정적이고 안정적인 협력 관계로 가정한다.
② 하위정부모형에서는 정책결정이 참여자들 사이의 협상과 합의에 의해 이루어진다고 본다.
③ 정책지지연합모형에서는 정책변화를 이해하기 위한 분석단위로 정책하위체제에 중점을 두고 있다.
④ 정책공동체모형에서는 공동체의 구성원들이 정책문제의 해결방안을 둘러싸고 갈등을 일으킬 수도 있다고 본다.

정답 및 해설

31 ②
이슈네트워크에 비해서 정책공동체는 제한된 행위자들이 정책과정에 참여하며 경계의 개방성이 낮은 특성이 있다.

32 ③
정책네트워크의 유형에는 하위정부(철의 삼각), 정책공동체, 이슈네트워크(정책문제망)가 있다. 이음매 없는 조직은 린덴(Linden)이 제안한 산업화시대의 공급자 중심의 관료제 구조에 대한 조직개편 처방으로, 탈관료제 모형 중 하나이다.

33 ④
- ① 정책공동체의 참여자는 하위정부모형의 참여자(정부관료, 선출직 의원, 이익집단) 외에 전문가집단이 포함된다.
- ② 정책공동체는 비교적 폐쇄적이고 안정적이며 지속적인 네트워크이다.
- ③ 이슈네트워크에서는 다양한 관련행위자들이 특정 이슈에 대해 공식적, 비공식적 채널을 통해 영향을 미친다.

34 ①
이슈네트워크모형에서 참여자는 매우 유동적이고 불안정하며, 이슈의 성격에 따라 주요 참여자가 수시로 변한다. 또한 어느 정도의 합의는 있으나 항상 갈등이 있다고 본다.

35

16. 국가 9

정책커뮤니티와 이슈네트워크를 비교한 것으로 옳지 않은 것은?

① 네트워크 내 자원배분과 관련하여 정책커뮤니티는 근본적인 관계가 교환관계이고 모든 참여자가 자원을 보유하고 있으나, 이슈네트워크는 근본적인 관계가 제한적 합의이고 어떤 참여자는 자원보유가 한정적이다.
② 참여자 수와 관련하여 정책커뮤니티는 극히 제한적이며 의식적으로 일부 집단의 참여를 배제하기도 하나, 이슈네트워크는 개방적이며 다양한 행위자들이 참여한다.
③ 이익의 종류와 관련하여 정책커뮤니티는 경제적 또는 전문직업적 이익이 지배적이나, 이슈네트워크는 관련된 모든 이익이 망라된다.
④ 합의와 관련하여 정책커뮤니티는 어느 정도의 합의는 있으나 항상 갈등이 있고, 이슈네트워크는 모든 참여자가 기본적인 가치관을 공유하며 성과의 정통성을 수용한다.

36

18. 지방교행 9

다음 정책환경의 상황에 적용할 수 있는 모형으로 옳은 것은?

- 참여자들 간의 제로섬 게임의 형태가 나타나고 있다.
- 참여자들 간의 자원과 접근의 불균형이 발생하며 권력에서도 불평등을 초래하고 있다.
- 참여자들의 진입 및 퇴장이 비교적 자유롭게 이루어지며 참여자 수가 매우 광범위하게 늘어나고 있다.

① 조합주의　　② 정책공동체
③ 하위정부모형　　④ 이슈네트워크

THEME 04 정책의제설정

37

22. 지방 9

흘릿(Howlett)과 라메쉬(Ramesh)의 모형에 따라 정책의제설정 유형을 분류할 때, (가) ~ (라)에 대한 설명으로 옳지 않은 것은?

의제설정 주도자 \ 공중의 지지	높음	낮음
사회 행위자(societal actors)	(가)	(나)
국가(state)	(다)	(라)

① (가) – 시민사회단체 등이 이슈를 제기하여 정책의제에 이른다.
② (나) – 특별히 의사결정자들에게 접근할 수 있는 영향력 있는 집단이 정책을 주도한다.
③ (다) – 이미 공중의 지지가 높기 때문에 정책이 결정된 후 집행이 용이하다.
④ (라) – 정책결정자가 이슈를 제기하면 자동적으로 정책의 제화되기 때문에 성공적인 집행을 위한 공중의 지지는 필요없다.

38

23. 지방 9

킹던(Kingdon)이 제시한 정책흐름모형에 대한 설명으로 옳은 것만을 모두 고르면?

㉠ 경쟁하는 연합의 자원과 신념 체계(belief system)를 강조한다.
㉡ 쓰레기통모형을 발전시킨 것이다.
㉢ 정책 과정의 세 흐름은 문제흐름, 정책흐름, 정치흐름이 있다.

① ㉠　　② ㉢
③ ㉠, ㉡　　④ ㉡, ㉢

정답 및 해설

35 ④
합의와 관련하여 이슈네트워크는 어느 정도의 합의는 있으나 항상 갈등이 있고, 정책커뮤니티는 모든 참여자가 기본적인 가치관을 공유하며 성과의 정통성을 수용한다.

36 ④
이슈네트워크와 정책공동체 비교

구분	이슈네트워크	정책공동체
참여자의 범위	광범위, 개방적	제한적, 폐쇄적
참여자의 권한·자원	일부만 자원·권한을 소유한 배타적 관계	모든 사람이 자원·권한을 가진 교환적 관계
행위자 간 관계	경쟁적·갈등적·영합게임 (negative-sum game)	의존적·협력적·정합게임 (positive-sum game)
정책산출	정책산출 예측 곤란	의도한 정책산출 예측 가능

37 ④
- (라)는 동원형에 해당하고, 정책의제화 후 성공적인 집행을 위한 공중의 지지를 위하여 정부는 PR 활동을 펼친다.
- (가)는 외부주도형, (나)는 내부주도형, (다)는 공고화형에 해당한다.

38 ④
㉠ 사바티어의 정책지지연합모형에 대한 설명이다.

39

18. 국가 9

킹던(J. Kingdon)의 '정책의 창(policy windows) 이론'에 대한 설명으로 옳지 않은 것은?

① 마치(J. G. March)와 올슨(J. P. Olsen)이 제시한 쓰레기통 모형을 발전시킨 것이다.

② 문제 흐름(problem stream), 이슈 흐름(issue stream), 정치 흐름(political stream)이 만날 때 '정책의 창'이 열린다고 본다.

③ '정책의 창'은 국회의 예산주기, 정기회기 개회 등의 규칙적인 경우뿐 아니라, 때로는 우연한 사건에 의해 열리기도 한다.

④ 문제에 대한 대안이 존재하지 않을 경우 '정책의 창'이 닫힐 수 있다.

THEME 05 정책분석(PA : Policy Analysis)

40

17. 지방 9

정책분석에 있어서 문제구조화에 대한 설명으로 옳지 않은 것은?

① 던(Dunn)은 정책문제를 구조화가 잘된 문제(well-structured problem), 어느 정도 구조화된 문제(moderately structured problem), 구조화가 잘 안된 문제(ill-structured problem)로 분류한다.

② 구조화가 잘된 문제의 해결을 위해서 분석가는 전통적인(conventional) 방법을 사용하기도 한다.

③ 문제구조화는 상호 관련된 4가지 단계인 문제의 감지, 문제의 정의, 문제의 추상화, 문제의 탐색으로 구성되어 있다.

④ 문제구조화의 방법으로는 경계분석, 분류분석, 가정분석 등이 있다.

41

24. 지방 9

정책문제의 구조화기법에 대한 설명으로 옳은 것만을 모두 고르면?

> ㉠ 가정분석: 문제상황의 가능성 있는 원인, 개연성(plausible) 있는 원인, 행동가능한 원인을 식별하기 위한 기법
> ㉡ 계층분석: 정책문제에 관해 서로 대립되는 가정의 창조적 종합을 목표로 하는 기법
> ㉢ 시네틱스(유추분석): 문제들 사이에 유사한 관계를 인지하는 것이 분석가의 문제해결 능력을 크게 증가시킬 것이라는 가정에 기초한 기법
> ㉣ 분류분석: 문제상황을 정의하고 분류하기 위해 사용되는 개념을 명확하게 하기 위한 기법

① ㉠, ㉡　　② ㉠, ㉣

③ ㉡, ㉢　　④ ㉢, ㉣

42

19. 지방 9

조직의 의사결정에 대한 설명으로 옳지 않은 것은?

① 전통적 델파이기법은 전문가들의 다양성을 고려해 의견일치를 유도하지 않는다.

② 현실의 세계에서는 완벽한 합리성이 아닌 제한된 합리성의 상황에서 의사결정이 이루어진다.

③ 브레인스토밍 과정에서는 타인의 아이디어를 비판하거나 평가하지 말아야 한다.

④ 고도로 집권화된 구조나 기능을 중심으로 편제된 조직의 의사결정은 최고관리자 개인이 주도하는 경우가 많다.

정답 및 해설

39 ②
문제의 흐름, 정책의 흐름, 정치의 흐름이 독자적으로 움직이다가 의사결정의 기회에 의해 만날 때 정책의 창이 열린다.

40 ③
정책문제구조화는 문제의 감지 → 문제의 탐색 → 문제의 정의 → 문제의 구체화 과정을 거친다.

41 ④
- ㉠ 계층분석에 대한 설명이다.
- ㉡ 가정분석에 대한 설명이다.

42 ①
델파이기법은 전문가들을 대상으로 구조화된 설문을 반복하여 특정 주제에 대한 합의를 도출하는 접근 방식이다.

43

16. 지방 9

정책분석에서 사용되는 주요 미래예측 기법 중 미국 랜드(RAND)연구소에서 개발된 것으로, 전문가들을 대상으로 설문을 반복하여 특정 주제에 대한 합의를 도출하는 접근 방식은?

① 델파이 분석
② 회귀분석
③ 브레인스토밍
④ 추세연장기법

44

17. 서울 9

집단의 의사결정 기법 중 미래 예측을 위해 전문가 집단의 반복적인 설문조사 과정을 통하여 의견 일치를 유도하는 방법은?

① 델파이기법(Delphi method)
② 브레인스토밍(Brainstorming)
③ 지명반론자기법(Devil's advocate method)
④ 명목집단기법(Normal group technique)

45

17. 국가 9 (하반기)

미래 예측을 위한 일반적 델파이기법에 대한 설명으로 옳지 않은 것은?

① 전문가들의 의견을 종합하여 보다 합리적인 아이디어를 만들려는 시도이며, 정책대안의 결과 예측뿐 아니라 정책대안의 개발·창출에도 사용된다.
② 전문가집단의 의사소통은 구조화된 설문지를 통해 반복적으로 이루어진다.
③ 불확실한 먼 미래보다는 가까운 미래를 예측하기 위하여 통계 분석을 활용하는 객관적 미래예측방법이다.
④ 전문가집단은 익명성이 보장된 상태에서 답변하며 자신의 답변을 수정할 수 있다.

46

16. 사복 9

집단적 의사결정기법에 대한 설명으로 옳지 않은 것은?

① 델파이기법(Delphi method)은 미래 예측을 위해 전문가집단을 활용하는 의사결정방법이다.
② 브레인스토밍(brainstorming)을 통하여 새로운 아이디어를 만들기 위해서는 초기 단계에서 타인의 아이디어를 비판하거나 평가하지 말아야 한다.
③ 지명반론자기법(devil's advocate method)이 성공하려면 반론자들이 고의적으로 본래 대안의 단점과 약점을 적극적으로 지적하여야 한다.
④ 명목집단기법(normal group technique)은 집단구성원 간 의사소통을 원활하게 진행할 수 있다는 장점이 있다.

정답 및 해설

43 ①

- ② 회귀분석: 독립변수에 관한 정보를 알고 있을 때 종속변수를 예측하기 위해서 사용하는 기법이다.
- ③ 브레인스토밍(Brainstorming): 형식이 정해지지 않은 집단토론 상황에서 구성원들이 아이디어와 문제 해결 대안들을 자유롭게 토론하는 방법이다.
- ④ 추세연장기법: 과거와 현재의 자료를 토대로 미래의 변화를 투사하는 기법을 말한다.

44 ①

- ② 브레인스토밍(Brainstorming): 형식이 정해지지 않은 집단토론 상황에서 구성원들이 아이디어와 문제 해결 대안들을 자유롭게 토론하는 방법이다.
- ③ 지명반론자기법(Devil's advocate method): 작위적으로 특정 조직원들 또는 집단을 반론을 제기하는 집단으로 지정해 반론자 역할을 부여하고, 이들이 제기하는 반론과 이에 대한 제안자의 옹호 과정을 통해 의사결정을 유도하는 방법이다.
- ④ 명목집단기법(Nominal group technique): 문제 해결에 참여하는 개인들이 개별적으로 해결방안을 구상하고 그에 대해 제한된 집단토론만 한 다음, 표결로 의사를 결정하는 방법이다.

45 ③

델파이기법(Delphi method)은 정책대안의 탐색과 미래 예측을 위해 전문가들을 대상으로 구조화된 설문을 반복하여 특정 주제에 대한 합의를 도출하는 접근 방식으로 주관적·질적 예측기법이다.

46 ④

명목집단기법(nominal group technique)은 문제 해결에 참여하는 개인들이 개별적으로 해결방안을 구상하고 그에 대해 제한된 집단토론만 한 다음 표결로 의사를 결정하는 방법으로, 집단구성원 간 의사소통을 원활하게 진행할 수 없다.

47

19. 지방 9

정책 환경의 불확실성을 극복하는 대처방안 중 소극적인 방법에 해당하는 것은?

① 상황에 대한 정보의 획득
② 정책실험의 수행
③ 협상이나 타협
④ 지연이나 회피

48

17. 지방교행 9

정책과정에서 정책결정자가 불확실한 것을 확실하게 하려는 '불확실성의 적극적 극복방안'에 해당하는 것만을 〈보기〉에서 있는 대로 고른 것은?

보기

㉠ 민감도 분석　　㉡ 이론 개발
㉢ 정책델파이　　㉣ 정보의 충분한 획득

① ㉠, ㉢　　② ㉠, ㉡, ㉣
③ ㉡, ㉢, ㉣　　④ ㉠, ㉡, ㉢, ㉣

49

24. 지방 9

다음 설명에 해당하는 정책분석기법은?

관련 사건이 일어났느냐 일어나지 않았느냐에 기초하여 미래에 어떤 사건이 일어날 확률에 대해서 식견 있는 판단(informed judgments)을 끌어내는 방법이다.

① 브레인스토밍　　② 교차영향분석
③ 델파이 기법　　④ 선형경향추정

50

21. 국가 9

공공사업의 경제성분석에 대한 설명으로 옳은 것만을 모두 고르면?

㉠ 할인율이 높을 때는 편익이 장기간에 실현되는 장기투자사업보다 단기간에 실현되는 단기투자사업이 유리하다.
㉡ 직접적이고 유형적인 비용과 편익은 반영하고, 간접적이고 무형적인 비용과 편익은 포함하지 않는다.
㉢ 순현재가치(NPV)는 비용의 총현재가치에서 편익의 총현재가치를 뺀 것이며 0보다 클 경우 사업의 타당성을 인정할 수 있다.
㉣ 내부수익률은 할인율을 알지 못해도 사업평가가 가능하도록 하는 분석기법이다.

① ㉠, ㉡　　② ㉠, ㉣
③ ㉡, ㉢　　④ ㉠, ㉢, ㉣

51

20. 지방 9

비용 · 편익분석에 대한 설명으로 옳지 않은 것은?

① 분야가 다른 정책이나 프로그램은 비교할 수 없다.
② 정책대안의 비용과 편익을 모두 가시적인 화폐 가치로 바꾸어 측정한다.
③ 미래의 비용과 편익의 가치를 현재가치로 환산하는 데 할인율(discount rate)을 적용한다.
④ 편익의 현재가치가 비용의 현재가치를 초과하면 순현재가치(NPV)는 0보다 크다.

정답 및 해설

47 ④
- 적극적인 방법: 불확실한 상황의 해소에 초점
- 소극적인 방법: 불확실한 상황의 지연이나 회피에 초점

48 ③
- ㉡, ㉢, ㉣ 이론이나 모형의 개발, 정보의 충분한 획득, 정책델파이, 집단토의 등은 불확실한 것을 확실하게 하려는 불확실성의 적극적 극복방안에 해당한다.
- ㉠ 불확실한 것을 주어진 것으로 보고 불확실한 상태에서 정책대안의 결과예측이나 정책결정을 하는 소극적 극복방안에는 보수적인 접근, 가외성의 확보, 민감도 분석(정책대안의 결과들이 여러 가지 파라미터 혹은 내외적인 상황의 변화에 얼마나 민감한지 파악), 악조건가중분석 등이 있다.

49 ②
① 브레인스토밍: 형식이 정해지지 않은 집단토론 상황에서 구성원들이 아이디어와 문제해결 대안들을 자유롭게 토론하는 방법이다.
③ 델파이 기법: 전문가들을 대상으로 구조화된 설문을 반복하여 특정 주제에 대한 합의를 도출하는 접근 방식이다.
④ 선형경향추정: 시계열자료 등을 토대로 미래를 예측하는 기법이다.

50 ②
- ㉡ 비용편익분석에서 정책대안이 가져오는 모든 비용과 편익을 현재가치로 산정한 화폐단위로 환산하여 비교 · 평가하는 기법으로, 화폐적 비용이나 편익으로 쉽게 측정할 수 없는 무형적인 것도 포함한다.
- ㉢ 순현재가치(NPV)는 편익의 총현재가치에서 비용의 총현재가치를 뺀 것이며 0보다 클 경우 사업의 타당성을 인정할 수 있다.

51 ①
미래의 비용과 편익을 화폐적 가치로 환산하기 때문에 분야가 다른 정책이나 프로그램도 비교할 수 있다.

52
16. 지방 9

비용편익분석과 비용효과분석에 대한 설명으로 옳지 않은 것은?

① 순현재가치(NPV)는 할인율의 크기에 따라 그 값이 달라지지만, 편익 · 비용 비(B/C ratio)는 할인율의 크기에 영향을 받지 않는다.
② 내부수익률은 공공프로젝트를 평가하는 데 적절한 할인율이 알려져 있지 않을 경우 유용하게 사용할 수 있다.
③ 비용효과분석은 비용과 효과가 서로 다른 단위로 측정되기 때문에 총효과가 총비용을 초과하는지의 여부에 대한 직접적 증거는 제시하지 못한다.
④ 비용효과분석은 산출물을 금전적 가치로 환산하기 어렵거나, 산출물이 동일한 사업의 평가에 주로 이용되고 있다.

53
20. 서울 9

〈보기〉가 설명하는 분석 방법은?

보기
- 대안 간의 쌍대 비교를 한다.
- 사티(Saaty)가 제시한 원리에 따라 상대적 중요도를 설정한다.
- 우선순위를 판단하는 데 도움이 된다.

① 브레인스토밍
② 델파이
③ 회귀분석
④ 분석적 계층화 과정(AHP)

THEME 06 정책결정 : 개인적 차원의 정책결정모형

54
20. 국가 9

다음 설명에 해당하는 정책결정모형은?

> 지난 30년간 자료를 중심으로 전국의 자연재난 발생현황을 개략적으로 파악한 다음, 홍수와 지진 등 두 가지 이상의 재난이 한 해에 동시에 발생한 지역을 중심으로 다시 면밀하게 관찰하며 정책을 결정한다.

① 만족모형 ② 점증모형
③ 최적모형 ④ 혼합탐사모형

55
19. 지방 9

정책결정모형에 대한 설명으로 옳지 않은 것은?

① 린드블롬(Lindblom)같은 점증주의자들은 합리모형이 불가능한 일을 정책결정자에게 강요함으로써 바람직한 정책결정에 도움을 주지 못한다고 주장한다.
② 사이먼(Simon)의 만족모형은 합리모형에 대한 심각한 도전이자, 인간의 인지능력이라는 기본적인 요소에서 출발했기에 이론적 영향이 컸다.
③ 에치오니(Etzioni)는 합리모형과 점증모형의 단점을 극복하기 위하여 최적모형을 주장하였다.
④ 스타인부르너(Steinbruner)는 시스템 공학의 사이버네틱스 개념을 응용하여 관료제에서 이루어지는 정책결정을 단순하게 묘사하고자 노력하였다.

정답 및 해설

52 ①
편익(B)과 비용(C) 역시 현재가치로 환산해야 하므로 할인율의 크기에 영향을 받는다.

53 ④
- ④ 보기의 설명은 분석적 계층화 과정(AHP, analytical hierarchy process)에 대한 설명이다.
- ① 브레인스토밍(Brainstorming) : 형식이 정해지지 않은 집단토론 상황에서 구성원들이 아이디어와 문제 해결 대안들을 자유롭게 토론하는 방법이다.
- ② 델파이기법 : 전문가들을 대상으로 구조화된 설문을 반복하여 특정 주제에 대한 합의를 도출하는 접근 방식이다.
- ③ 회귀분석 : 독립변수에 관한 정보를 알고 있을 때 종속변수를 예측하기 위해서 사용하는 기법이다.

54 ④
혼합탐사모형은 거시적이고 장기적인 안목에서 대안의 방향성을 탐색(지난 30년간 자료를 중심으로 전국의 자연재난 발생현황을 개략적으로 파악)하는 한편, 그 방향성 안에서 심층적이고 대안적인 변화를 시도(홍수와 지진 등 두 가지 이상의 재난이 한 해에 동시에 발생한 지역을 중심으로 다시 면밀하게 관찰)한다.

55 ③
에치오니의 혼합탐사모형에 대한 설명이다. 최적모형은 드로어가 주장하였다.

56

17. 사복 9

정책결정모형에 대한 설명 중 가장 옳지 않은 것은?

① 쓰레기통모형은 불확실한 상황에서의 의사결정을 설명한다.
② 최적모형은 정책결정자의 직관적 판단을 배제하고 있다.
③ 점증모형은 정책결정의 상황적 특성에 초점을 맞추고 있다.
④ 합리모형은 정책결정자가 확실성을 갖고 행위 결과를 예측할 수 있다고 전제한다.

57

17. 국가 9

정책결정모형에 대한 설명으로 옳지 않은 것은?

① 점증모형 – 기존의 정책을 수정 보완해 약간 개선된 상태의 정책 대안이 선택된다.
② 최적모형 – 정책결정자의 직관적 판단은 정책결정의 중요한 요인으로 인정되지 않는다.
③ 혼합주사모형 – 거시적 맥락의 근본적 결정에 해당하는 부분에서는 합리모형의 의사결정방식을 따른다.
④ 쓰레기통모형 – 조직화된 무질서 상태에서 어떠한 계기로 인해 우연히 정책이 결정된다.

THEME 07 정책결정 : 집단적 차원의 정책결정모형

58

21. 지방 9

앨리슨(Allison)모형 중 다음 내용에 초점을 두고 정책결정을 설명하는 것은?

> 1960년대 쿠바 미사일 사태에서 미국은 해안봉쇄로 위기를 극복하였다. 정부의 각 부처를 대표하는 사람들은 위기 상황에서 각자가 선호하는 대안을 제시하였다. 대표자들은 여러 대안에 대하여 갈등과 타협의 과정을 거쳤고, 결국 해안봉쇄 결정이 내려졌다. 이는 대통령이 사태 초기에 선호했던 국지적 공습과는 다른 결정이었다. 물론 해안봉쇄가 위기를 해소하는 최선의 대안이라는 보장은 없었고, 부처에 따라서는 불만을 가진 대표자도 있었다.

① 합리적 행위자모형 ② 쓰레기통모형
③ 조직과정모형 ④ 관료정치모형

59

19. 국가 9

앨리슨(Allison)모형에 대한 설명으로 옳은 것은?

① 합리적 행위자모형에서는 국가 전체의 이익과 국가목표 추구를 위해서 개인의 이익을 고려하지 않는 것을 경계하며 국가가 단일적인 결정자임을 부정한다.
② 조직과정모형에서 조직은 불확실성을 회피하기 위하여 정책결정을 할 때 표준운영절차(SOP)나 프로그램 목록(program repertory)에 의존하지 않는다.
③ 관료정치모형은 여러 다양한 문제에 관심을 갖는 다수의 행위자를 상정하며 이들의 목표는 일관되지 않는다.
④ 외교안보문제 분석에 있어서 설명력을 높이기 위한 대안적 모형으로 조직과정모형을 고려하지는 않는다.

정답 및 해설

56 ②
최적모형은 <u>정책결정자의 직관 · 판단 · 창의 등(초합리성)도 정책결정의 중요한 요인</u>으로 본다.

57 ②
최적모형에서는 직관적 판단 등 초합리성의 중요성도 인정한다.

58 ④
실제 정책결정에서 앨리슨의 세 가지 모형(합리적 행위자모형, 조직과정모형, 관료정치모형)이 모두 적용될 수 있다. 보기의 내용은 상이한 목표를 가진 부처의 대표자들과 대통령이 갈등과 타협을 거쳐 정책을 결정한다. 이는 관료정치모형에 해당한다.

59 ③
- ① 합리적 행위자모형은 정책이 최고지도자와 같은 단일행위자의 합리적 선택이라고 간주한다.
- ② 조직과정모형은 정책 산출물은 주로 관행과 표준운영절차에 따라 만들어진다고 본다.
- ④ 실제 정책결정에서 앨리슨의 세 가지 모형(합리적 행위자모형, 조직과정모형, 관료정치모형)이 모두 적용될 수 있다. 조직과정모형 관점에서 안보정치문제와 관련하여 외교부, 국방부 등 서로 다른 목표를 지닌 느슨하게 연결된 하부조직들이 참여하여 결정한다.

60

19. 서울 9 (2월)

앨리슨(G. Allison)모형에 대한 설명으로 가장 옳지 않은 것은?

① 쿠바 미사일 사건에 대한 세 가지 상이한 이론모형을 제시한다.
② 합리적 행위자모형은 정책이 최고지도자와 같은 단일행위자의 합리적 선택이라고 간주한다.
③ 조직과정모형은 정책결정 결과가 참여자들 간 타협, 협상 등에 의해 좌우된다고 본다.
④ 관료정치모형은 조직 내 권력이 독립적 개인 행위자들의 정치적 자원에 의존한다고 본다.

61

23. 지방 9

정책결정모형에 대한 설명으로 옳은 것은?

① 혼합주사모형(mixed scanning approach)은 1960년대 미국의 쿠바 미사일 위기사건을 설명하기 위해 연구된 모형이다.
② 사이버네틱스모형을 설명하는 예시로 자동온도조절장치를 들 수 있다.
③ 쓰레기통모형은 갈등의 준해결, 문제 중심의 탐색, 불확실성 회피, 표준운영절차의 활용을 설명하는 모형이다.
④ 합리모형은 만족할 만한 수준에서 의사결정이 이루어진다고 설명하는 모형이다.

62

20. 지방 9

정책결정모형에 대한 설명으로 옳은 것만을 모두 고르면?

> ㉠ 만족모형에서는 정책결정을 근본적 결정과 세부적 결정으로 구분한다.
> ㉡ 점증주의모형은 현상유지를 옹호하므로 보수적이라는 비판을 받고 있다.
> ㉢ 쓰레기통모형에서 의사결정의 4가지 요소는 문제, 해결책, 선택기회, 참여자이다.
> ㉣ 갈등의 준해결과 표준운영절차(SOP)의 활용은 최적모형의 특징이다.

① ㉠, ㉡　　② ㉠, ㉣
③ ㉡, ㉢　　④ ㉢, ㉣

63

18. 국가 9

사이버네틱스(cybernetics) 의사결정모형에 대한 설명으로 옳지 않은 것은?

① 주요 변수가 시스템에 의하여 일정한 상태로 유지되는 적응적 의사결정을 강조한다.
② 문제를 해결하고 목표를 달성하기 위해 정보와 대안의 광범위한 탐색을 강조한다.
③ 자동온도조절장치와 같이 사전에 프로그램된 메커니즘에 따라 의사결정이 이루어진다.
④ 한정된 범위의 변수에만 관심을 집중함으로써 불확실성을 통제하려는 모형이다.

정답 및 해설

60 ③
관료정치모형에 대한 설명이다. 조직과정모형은 정책결정은 주로 관행과 표준운영절차에 따라 이루어진다고 본다.

61 ②
- ① 앨리슨모형에 대한 설명이다. 에치오니(Etzioni)의 혼합주사모형에 따르면 정책결정을 근본적인 결정과 세부적인 결정의 지속적인 상호작용으로 보았다.
- ③ 회사모형에 대한 설명이다. 쓰레기통모형은 조직화된 무정부 상태에서 조직이 어떠한 의사결정 행태를 나타내는가를 설명하는 모형이다.
- ④ 만족모형에 대한 설명이다. 합리모형은 절대적 합리성을 가지고 있는 정책결정자에 의해서 목표의 달성을 극대화할 수 있는 최선의 대안이 결정된다는 관점이다.

62 ③
- ㉠ 혼합탐사모형에 대한 설명이다. 사이먼은 만족모형에서 의사결정자는 합리성을 제약(제한된 합리성)받는 행정인으로, 만족할 만한 대안의 선택에 그친다고 본다.
- ㉣ 회사모형에 대한 설명이다.

63 ②
합리모형에 대한 설명이다.

64

16. 지방교행 9

정책결정모형에 관한 설명으로 〈보기〉에서 옳은 것을 모두 고른 것은?

보기

㉠ 점증모형은 집단의 합의 과정이 반영되는 장점이 있다.
㉡ 만족모형은 대안 선택의 객관적 기준을 제시하기가 어렵다.
㉢ 회사모형은 조직이 단일한 목표를 지닌 구성원들의 연합체라고 가정한다.
㉣ 합리모형은 정치적 합리성에 기반하기 때문에 현실에 대한 설명력이 높다.

① ㉠, ㉡ ② ㉠, ㉣
③ ㉡, ㉢ ④ ㉢, ㉣

65

17. 서울 9

정책결정모형에 대한 설명 중 가장 옳지 않은 것은?

① 만족모형은 제한된 합리성을 반영하고 있다.
② 점증모형은 기존 정책을 중요시한다.
③ 회사모형은 의사결정자에 의해 조직의 의사결정이 통제된다고 본다.
④ 앨리슨(G. T. Allison)은 관료정치모형의 중요성을 언급하였다.

66

22. 국가 9

의사결정모형에 대한 설명으로 옳지 않은 것은?

① '최적모형'은 정책결정자의 합리성뿐 아니라 직관·판단·통찰 등과 같은 초합리성을 아울러 고려한다.
② '쓰레기통모형'은 대학조직과 같이 조직구성원 사이의 응집력이 아주 약한 상태, 즉 조직화된 무정부상태(organized anarchy)에서 의사결정이 이루어지는 과정을 설명하려고 시도한다.
③ '점증모형'은 실제 정책의 결정이 점증적인 방식으로 이루어질 뿐 아니라 정책을 점증적으로 결정하는 것이 바람직하다는 입장을 견지한다.
④ '회사모형'은 조직의 불확실한 환경을 회피하고 조직 내 갈등을 극복하기 위하여 장기적인 전략과 기획의 중요성을 강조한다.

67

17. 지방 9 (하반기)

딜레마이론에 대한 설명으로 옳은 것은?

① 부정확한 정보와 의사결정자의 결정 능력 한계로 인해 발생하는 딜레마 상황에 주목한다.
② 대안을 선택하지 않는 비결정도 딜레마에 대한 하나의 대응형태로 볼 수 있다.
③ 두 대안이 추구하는 가치 간 충돌이 있는 경우 결국 절충안을 선택하게 된다.
④ 딜레마의 구성 요건으로서 단절성(discreteness)이란 시간의 제약이 존재하므로 어떤 식의 결정이든 해야 함을 의미한다.

정답 및 해설

64 ①

- ㉢ 회사모형은 조직이 서로 다른 목표를 지닌 하위조직들이(또는 구성원들이) 느슨하게 연결되어 있는 연합체라고 가정한다. 조직이 단일한 목표를 지닌 구성원들의 연합체라고 가정하는 것은 앨리슨모형 중 합리모형의 특징이다.
- ㉣ 점증모형에 대한 설명이다. 합리모형은 정책결정자가 합리적인 정책결정을 하는 경우 따라야 하는 논리나 절차를 밝히는 규범적·이상적 모형으로, 정치적 접근방법보다는 합리적인 정책분석 방법으로 현실의 문제를 근본적으로 해결하고자 한다.

65 ③

회사모형에서 조직은 서로 다른 목표를 지닌 하위조직들이(또는 구성원들이) 느슨하게 연결되어 있는 연합체이다. 정책결정(의사결정)시에는 관련 집단들이 서로 나쁘지 않을 정도로의 수준에서 타협점을 찾는 경향이 있다. 즉 갈등의 완전한 해결이 아닌, 준해결 상태에서 의사결정이 이루어진다. 의사결정자에 의해 조직의 의사결정이 통제된다고 보는 것은 합리모형에 대한 설명이다.

66 ④

회사모형에서 조직은 환경에 <u>단기적으로 대응하거나</u>, 불확실한 환경을 회피한다. 예컨대 경쟁기업과 카르텔 등을 형성하여 경쟁상황의 불확실성을 관리 가능하게 한다.

67 ②

- ① 딜레마 상황은 분절성(단절성, 대안 간 절충 불가), 상충성(하나의 대안만 선택), 균등성(결과가치가 균등), 선택불가피성(대안을 반드시 선택)으로 발생한다.
- ③ 딜레마 상황의 분절성으로 인해 절충안을 선택할 수 없다.
- ④ 단절성이 아니라, 선택불가피성에 대한 설명이다.

68

23. 국가 9

재니스(Janis)의 집단사고(groupthink)의 특성에 해당하지 않는 것은?

① 토론을 바탕으로 한 집단지성의 활용
② 침묵을 합의로 간주하는 만장일치의 환상
③ 집단적 합의에 대한 이의 제기에 대한 자기 검열
④ 집단에 대한 과대평가로 집단이 실패할 리 없다는 환상

69

16. 국가 9

재니스(Janis)가 주장한 집단사고(groupthink) 예방 전략에 대한 설명으로 옳지 않은 것은?

① 조직에서 결정하는 사안이나 정책에 대해서 외부 인사들이 재평가할 수 있는 체계를 구축해야 한다.
② 최고 의사결정자는 대안 탐색 단계마다 참여자 중 한 명에게 악역을 맡겨 다수의견에 반대되는 의견을 강제로 개진하게 한다.
③ 집단적 의사결정에서 의사결정 단위를 2개 이상으로 나눈다.
④ 최종 대안을 도출한 후에는 각 참여자들에게 반대의견을 제시할 수 있는 기회를 부여하지 않는다.

70

18. 지방교행 9

재니스(I. L. Janis)가 말하는 집단사고(groupthink)의 내용에 속하지 않는 것은?

① 응집성이 강한 집단에서 일어나는 경향이 있다.
② 동조에 대한 압력이 강해 비판적인 대안이 무시되는 경향이 있다.
③ 위험을 회피하고 어떠한 혁신이나 도전도 하지 않으려는 경향이 있다.
④ 집단구성원들은 침묵도 동의로 간주하는 만장일치의 환상을 갖는 경향이 있다.

THEME 08 정책집행

71

20. 지방 9

정책집행의 하향식 접근(top-down approach)에 대한 설명으로 옳은 것만을 모두 고르면?

> ㉠ 집행이 일어나는 현장에 초점을 맞춘다.
> ㉡ 일선공무원의 전문지식과 문제해결능력을 중시한다.
> ㉢ 하위직보다는 고위직이 주도한다.
> ㉣ 정책결정자는 정책집행에 영향을 미치는 정치적·조직적·기술적 과정을 충분히 통제할 수 있다.

① ㉠, ㉡　　② ㉠, ㉢
③ ㉡, ㉣　　④ ㉢, ㉣

정답 및 해설

68 ①
집단사고는 집단응집성과 합의에 대한 압력 등으로 인해 비판적인 사고가 억제되고 대안에 대한 찬성과 반대가 충분히 검토되지 못한 채 잘못된 의사결정에 도달하게 되는 현상이다.

69 ④
집단사고 즉, 다양한 의견이 나오지 못하는 상황에 대한 예방책이 되기 위해서는 최종 대안을 도출한 후에도 각 참여자들에게 반대의견을 제시할 수 있는 기회를 부여해야 한다.

70 ③
- ③ 위험을 회피하고 어떠한 혁신이나 도전도 하지 않으려는 경향은 점증주의와 관련이 있다.
- ①, ②, ④ 집단사고(groupthink)는 제니스(Janis)에 의해 제안된 개념으로 집단응집성과 합의에 대한 압력으로 인해 비판적인 사고가 억제된 상황에서 의사결정에 대한 모형이다. 만장일치에 대한 환상, 반대 의견자에 대한 압력 등을 특징으로 한다.

71 ④
㉠, ㉡ 상향식 접근에 대한 설명이다.

72

18. 지방교행 9

정책집행에 있어 하향적 접근방법의 장점에 대한 설명으로 옳은 것을 〈보기〉에서 고른 것은?

보기

㉠ 정책목표와 그 달성을 중시하는 접근방법으로 객관적인 정책평가가 가능하다.
㉡ 문제해결능력 측면에서 정부프로그램의 상대적 중요도를 평가할 수 있다.
㉢ 실제적인 정책집행과정을 상세히 기술하여 정책집행과정의 인과관계를 보다 잘 설명할 수 있다.
㉣ 하향적 집행론자들이 제시한 변수들은 체크리스트로서 집행과정을 점검하는 데 사용할 수 있다.

① ㉠, ㉡
② ㉠, ㉣
③ ㉡, ㉢
④ ㉢, ㉣

73

16. 지방교행 9

하향적 정책집행에 대한 설명으로 적절하지 않은 것은?

① 정책집행의 객관적인 평가가 가능하다.
② 집행과정에서 현장을 강조하고 재량권을 부여한다.
③ 정책 목표와 수단 간의 타당한 인과관계를 전제로 한다.
④ 다원화된 사회에서는 하향적 접근이 불가능한 경우가 많다.

74

16. 사복 9

정책집행연구의 하향식 접근에서 효과적인 정책집행의 조건이 아닌 것은?

① 정책목표와 정책수단 사이에 타당한 인과관계가 있어야 한다.
② 일선공무원의 재량과 자율을 확대하여야 한다.
③ 정책과 관련된 이익집단, 주요 입법가, 행정부의 장 등으로부터 지속적인 지지를 받아야 한다.
④ 정책이 집행되는 동안 정책목표의 우선순위가 변하지 않아야 한다.

75

24. 지방 9

밑줄 친 연구에 해당하는 것은?

이 연구에서는 정책과 성과를 연결하는 모형에 정책 기준과 목표, 집행에 필요한 자원, 조직 간 의사소통과 집행 활동(enforcement activities), 집행기관의 특성, 경제 · 사회 · 정치적 조건, 정책집행자의 성향(disposition)이라는 변수를 제시하였다.

① 립스키(Lipsky)의 일선관료제 연구
② 오스트롬(Ostrom)의 제도분석 연구
③ 사바티어와 마즈마니언(Sabatier & Mazmanian)의 집행과정 연구
④ 반 미터와 반 혼(Van Meter & Van Horn)의 정책 집행과정 연구

76

17. 서울 9

정책집행에 대한 설명으로 가장 옳지 않은 것은?

① 나카무라(R. T. Nakamura)와 스몰우드(F. Smallwood)는 정책결정자와 집행자 간의 관계에 따라 정책집행을 유형화하였다.
② 사바티어(P. Sabatier)는 정책지지연합모형을 제시하였다.
③ 버만(P. Berman)은 집행 현장을 강조하는 입장을 취하였다.
④ 엘모어(R. F. Elmore)는 일선현장에 종사하는 공무원이 정책집행에 가장 큰 영향을 미치는 행위자라고 하면서, 이를 전방접근법(forward mapping)이라고 했다.

정답 및 해설

72 ②
㉡, ㉢ 상향적 접근방법의 장점에 해당한다.

73 ②
상향적 정책집행에 대한 설명이다.

74 ②
정책집행연구의 하향식 접근에서는 명확한 정책지침을 가지고 집행에 참여하는 사람들에게 수행해야 할 업무의 내용과 지침을 상세히 제시하여야 한다. 일선공무원의 재량과 자율을 확대하여야 하는 것은 정책집행연구의 상향식 접근에 대한 설명이다.

75 ④
하향식 정책집행을 대표하는 반 미터와 반 혼(Van Meter & Van Horn)의 정책 집행과정 연구에 대한 설명이다.

76 ④
엘모어(Elmore)는 일선현장에 종사하는 공무원이 정책집행에 가장 큰 영향을 미치는 행위자로 보는 후방향적 접근(backward mapping)을 강조하였다.

77

22. 지방 9

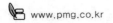

정책집행연구 중 상향적 접근방법(bottom-up approach)으로 옳은 것만을 모두 고르면?

㉠ 엘모어(Elmore)의 후방향적 집행연구 ㉡ 사바티어(Sabatier)와 매즈매니언(Mazmanian)의 집행과정 모형 ㉢ 립스키(Lipsky)의 일선관료제 ㉣ 반 미터(Van Meter)와 반 호른(Van Horn)의 집행연구

① ㉠, ㉢　　② ㉠, ㉣
③ ㉡, ㉢　　④ ㉡, ㉣

78

17. 국가 9

정책집행의 상향적 접근방법에 대한 설명으로 옳은 것은?

① 대표적인 모형은 사바티어(Sabatier)의 정책지지 연합모형(Advocacy Coalition Framework)이다.
② 정책결정과 정책집행은 뚜렷하게 구분된다고 본다.
③ 집행현장에서 일선관료의 재량과 자율을 강조한다.
④ 안정되고 구조화된 정책상황을 전제로 한다.

79

19. 서울 9 (2월)

현대적 · 상향적 집행(bottom-up) 방식에 대한 설명으로 가장 옳은 것은?

① 정책목표의 설정과 정책목표 간 우선순위는 명확하다.
② 엘모어(Elmore)는 전향적 집행이라고 하였다.
③ 버먼(Berman)은 정형적 집행이라고 하였다.
④ 일선관료는 정책집행과정에서 가장 큰 영향력을 행사한다.

80

18. 지방 9

버먼(Berman)의 '적응적 집행'에 대한 설명으로 옳은 것은?

① 미시집행 국면에서 발생하는 정책과 집행조직 사이의 상호적응이 이루어질 때 성공적으로 집행된다.
② 거시적 집행구조는 동원, 전달자의 집행, 제도화의 세 단계로 구분된다.
③ '행정'은 행정을 통해 구체화된 정부프로그램이 집행을 담당하는 지방정부의 사업으로 받아들여지는 것을 의미한다.
④ '채택'은 지방정부가 채택한 사업을 실행사업으로 변화시키는 것을 의미한다.

81

22. 국가 9

립스키(Lipsky)의 '일선관료제'에서 일선관료들이 처하는 업무환경의 특징으로 옳지 않은 것은?

① 자원의 부족
② 일선관료 권위에 대한 도전
③ 모호하고 대립되는 기대
④ 단순하고 정형화된 정책대상집단

정답 및 해설

77 ①
㉡ 사바티어(Sabatier)와 매즈매니언(Mazmanian), ㉣ 반 미터(Van Meter)와 반 호른(Van Horn)은 정책집행의 하향적 접근방법(Top-down approach)을 대표하는 학자이다.

78 ③
• ① 사바티어의 정책지지연합모형은 통합모형이다.
• ②, ④ 하향적 접근방법에 대한 설명이다.

79 ④
• ① 하향식(Top－down) 접근방법에 대한 설명이다. 상향식(bottom-up) 접근방법은 분명하고 일관된 정책목표의 존재가능성을 부인하고, 집행문제의 해결에 초점을 맞춘다.
• ② 상향적 집행 방식은 엘모어(Elmore)의 후방향적 접근(backward mapping)과 유사하다.
• ③ 버먼(P. Berman)은 상향적 집행 방식을 적응적 집행이라고 하였다.

80 ①
• ② 미시적 집행구조에 대한 설명이다. 거시적 집행구조는 행정, 채택, 미시적 집행, 기술적 타당성으로 구성된다.
• ③ 채택에 대한 설명이다. 행정은 정책결정을 구체적인 정부프로그램으로 전환하는 것을 의미한다.
• ④ 미시적 집행에 대한 설명이다.

81 ④
일선관료가 처하는 문제성 있는 업무환경의 특징

1. 불충분한 자원: 시간과 정보의 부족, 기술적인 지원이 부족하다. 2. 권위에 대한 위협과 도전: 육체적, 정신적 위협이 큰 작업환경(경찰 등)에 처한 일선관료일수록 자신들의 권위를 과시하려는 경향이 강하다. 3. 모호하고 대립되는 기대: 시민들을 불편부당하게(fairly and impartially) 대해야 한다는 이상과 집행현장에서 개개인에 대한 특별한 고려가 필요하다는 현실적인 요구와의 괴리가 있다.

82

18. 국가 9

립스키(M. Lipsky)의 일선관료제(Street-Level Bureaucracy) 이론에 대한 설명으로 옳은 것은?

① 일선관료는 고객에 대한 고정관념(stereotype)을 타파함으로써 복잡한 문제와 불확실한 상황에 대처한다.

② 일선관료가 업무를 수행하는 기관에 대한 고객들의 목표기대는 서로 일치하고 명확하다.

③ 일선관료는 집행에 필요한 자원이 부족할 경우 대체로 부분적이고 간헐적으로 정책을 집행한다.

④ 일선관료는 계층제의 하위에 위치하기 때문에, 직무의 자율성이 거의 없고 의사결정에 있어서 재량권의 범위가 좁다.

83

16. 사복 9

립스키(M. Lipsky)의 일선관료제론에서 일선관료들이 처하게 되는 문제성 있는 업무환경이 아닌 것은?

① 불충분한 자원

② 권위에 대한 위협과 도전

③ 집행 업무의 단순성과 정형화

④ 모호하고 대립되는 기대

84

21. 지방 9

정책옹호연합모형(advocacy coalition framework)에 대한 설명으로 옳지 않은 것은?

① 외적인 환경변수를 정책 과정과 연계함으로써 정책변동을 설명한다.

② 정책학습을 통해 행위자들의 기저 핵심 신념(deep core beliefs)을 쉽게 변화시킬 수 있다.

③ 옹호연합 사이에서 정치적 갈등 발생 시 정책중개자가 이를 조정할 수 있다.

④ 옹호연합은 그들의 신념 체계가 정부 정책에 관철되도록 여론, 정보, 인적자원 등을 동원한다.

85

24. 지방 9

옹호연합모형(Advocacy Coalition Framework)에 대한 설명으로 옳은 것만을 모두 고르면?

> ㉠ 정책하위체제에 초점을 두어 정책변화를 이해한다.
> ㉡ 정책지향학습은 옹호연합 내부만 아니라 옹호연합 사이에서도 발생한다.
> ㉢ 행정규칙, 예산배분, 규정의 해석에 대한 결정은 정책 핵심 신념과 관련된다.
> ㉣ 신념 체계 구조에서 규범적 핵심 신념은 관심 있는 특정 정책 규범에 적용되며, 이차적 측면(secondary aspects)보다 변화 가능성이 작다.

① ㉠, ㉡ ② ㉠, ㉣

③ ㉡, ㉢ ④ ㉢, ㉣

정답 및 해설

82 ③

- ① 일선관료는 고객에 대한 고정관념으로 인하여 복잡한 문제와 불확실한 상황에 제대로 대처하지 못한다.
- ② 고객들의 목표기대는 서로 다르고 불명확하다.
- ④ 일선관료는 의사결정에 있어 재량의 범위가 넓다.

83 ③

립스키의 일선관료제론에서는 일선관료들이 처하게 되는 문제성 있는 업무환경을 불충분한 자원, 권위에 대한 위협과 도전, 모호하게 대립되는 기대로 보았다.

84 ②

정책학습은 신념체계를 변화시킬 수는 있지만, 신념체계 중 규범적 핵심이나 정책핵심은 쉽게 변화시키기 어려우므로, 변화는 부차적 측면에 집중되어 있다.

85 ①

- ㉢ 행정규칙, 예산배분, 규정의 해석에 대한 결정은 이(부)차적 측면과 관련과 관련된다.
- ㉣ 신념 체계 구조에서 정책 핵심 신념은 관심 있는 특정 정책 규범에 적용된다.

86

19. 국가 9

나카무라(Nakamura)와 스몰우드(Smallwood)의 정책결정자와 정책집행자의 관계 유형 중 다음 설명에 해당하는 것은?

> • 정책집행자는 공식적 정책결정자로 하여금 자신이 결정한 정책목표를 받아들이도록 설득 또는 강제할 수 있다.
> • 정책집행자는 목표를 달성하기 위한 수단을 획득하기 위해 정책결정자와 협상한다.
> • 미국 FBI의 국장직을 수행했던 후버(Hoover) 국장이 대표적인 예이다.

① 지시적 위임형 ② 협상형
③ 재량적 실험가형 ④ 관료적 기업가형

87

22. 국가 9

나카무라(Nakamura)와 스몰우드(Smallwood)의 정책결정자와 정책집행자의 관계에 따른 정책집행의 유형에 대한 설명으로 옳지 않은 것은?

① '고전적 기술자형'은 정책결정자가 구체적인 목표를 설정하면, 정책집행자는 그 목표를 지지하고 목표달성을 위한 기술적인 수단을 강구하는 역할을 담당한다고 본다.
② '재량적 실험형'은 정책결정자가 추상적인 목표를 설정하면, 정책집행자는 정책결정자를 위해 목표와 수단을 명확하게 하는 역할을 담당한다고 본다.
③ '관료적 기업가형'은 정책집행자가 목표와 수단을 강구한 다음 정책결정자를 설득하고, 정책결정자는 정책집행자가 수립한 목표와 수단을 기술하는 역할을 담당한다고 본다.
④ '지시적 위임형'은 정책결정자가 구체적인 목표와 수단을 설정하면, 정책집행자는 정책결정자의 지시와 위임을 받아 정책대상집단과 협상하는 역할을 담당한다고 본다.

88

17. 지방 9

정책집행의 성공 가능성에 대한 설명으로 옳지 않은 것은?

① 정책집행연구의 하향론자들은 복잡한 조직구조가 정책의 성공적 집행을 도와준다고 주장한다.
② 정책목표와 정책수단이 구체적일수록 정책집행이 성공할 가능성이 커진다는 주장이 있다.
③ 불특정다수인이 혜택을 보는 경우보다 특정한 집단이 배타적으로 혜택을 보는 경우에 강력한 지지를 얻을 수도 있다.
④ 배분정책은 규제정책이나 재분배정책에 비하여 표준운영절차(SOP)에 따라 원만한 집행이 이루어질 가능성이 더 크다.

THEME 09 정책평가

89

17. 사복 9

일반적인 정책평가의 절차를 순서대로 연결한 것은?

> ㉠ 인과모형의 설정
> ㉡ 자료 수집 및 분석
> ㉢ 정책목표의 확인
> ㉣ 정책평가 대상 및 기준의 확정
> ㉤ 평가 결과의 환류

① ㉠ → ㉡ → ㉢ → ㉣ → ㉤
② ㉡ → ㉢ → ㉠ → ㉣ → ㉤
③ ㉢ → ㉣ → ㉠ → ㉡ → ㉤
④ ㉣ → ㉠ → ㉡ → ㉢ → ㉤

정답 및 해설

86 ④
'정책목표 + 목표달성을 위한 수단'까지 보유하고 있는 정책집행자 유형은 관료적 기업가형이다.

정책결정자의 역할

> 고전적 기술자형(구체적 목표, 구체적 수단) → 지시적 위임형(구체적 목표, 대체적 방침) → 협상형(목표 및 정책수단에 대한 협상) → 재량적 실험형(추상적 목표) → 관료적 기업가형(형식상 결정권 보유)

87 ④
'지시적 위임형'은 정책결정자가 구체적인 목표를 설정하고, 수단에 대해서는 대체적 방침만을 설정한다.

88 ①
하향론자들은 조직구조가 단순하고 정책목표는 명확하여야 하며, 정책목표의 집행과정에서 우선순위가 명확하고 안정적이어야 한다고 주장한다.

89 ③
정책평가는 정책목표 확인 → 정책평가 대상 및 기준의 확정 → 인과모형의 설정 → 자료 수집 및 분석 → 평가 결과의 환류 순으로 이루어진다.

90

18. 서울 9

정책평가에 대한 설명으로 가장 옳지 않은 것은?

① 총괄평가(summative evaluation)는 정책이 종료된 후에 그 정책이 당초 의도했던 효과를 가져왔는지의 여부를 판단하는 활동이다.
② 메타평가(meta evaluation)는 평가 자체를 대상으로 하며, 평가활동과 평가체제를 평가해 정책평가의 질을 높이고 결과활용을 증진하기 위한 목적으로 활용된다.
③ 평가성 사정(evaluability assessment)은 영향평가 또는 총괄평가를 실시한 후에 평가의 유용성, 평가의 성과증진 효과 등을 평가하는 활동이다.
④ 형성평가(formative evaluation)란 프로그램이 집행과정에 있으며 여전히 유동적일 때 프로그램의 개선을 위해서 실시하는 평가이다.

91

20. 지방 9

정책평가의 논리에서 수단과 목표 간의 인과관계에 대한 설명으로 옳은 것만을 모두 고르면?

> ㉠ 정책목표의 달성이 정책수단의 실현에 선행해서 존재해야 한다.
> ㉡ 특정 정책수단 실현과 정책목표 달성 간 관계를 설명하는 다른 요인이 배제되어야 한다.
> ㉢ 정책수단의 변화 정도에 따라 정책목표의 달성 정도도 변해야 한다.

① ㉠　　② ㉢
③ ㉠, ㉡　　④ ㉡, ㉢

92

20. 국가 9

정책변수에 대한 설명으로 옳은 것만을 모두 고르면?

> ㉠ 매개변수 – 독립변수의 원인인 동시에 종속변수의 원인이 되는 제3의 변수
> ㉡ 조절변수 – 독립변수와 종속변수 간에 상호작용 효과를 나타나게 하는 제3의 변수
> ㉢ 억제변수 – 독립변수와 종속변수 간에 상관관계가 없는데도 있는 것으로 나타나게 하는 제3의 변수
> ㉣ 허위변수 – 독립변수와 종속변수 모두에게 영향을 미치며 이들 사이의 공동변화를 설명하는 제3의 변수

① ㉠, ㉢　　② ㉠, ㉣
③ ㉡, ㉢　　④ ㉡, ㉣

93

16. 지방 9

다음 제시문의 ㉠, ㉡에 들어갈 용어가 바르게 연결된 것은?

> (㉠)는 독립변수인 정책수단과 함께 종속변수인 정책효과를 가져오는 요인으로 정책수단과 정책효과 사이의 인과관계를 과대 또는 과소평가하며, (㉡)는 독립변수인 정책수단의 효과가 전혀 없을 때, 숨어서 정책효과를 가져오는 변수로 정책수단과 정책효과 사이의 인과관계를 완전히 왜곡하는 요인이다.

① ㉠ – 허위변수(spurious variable)
　㉡ – 매개변수(mediating variable)
② ㉠ – 혼란변수(confounding variable)
　㉡ – 허위변수(spurious variable)
③ ㉠ – 혼란변수(confounding variable)
　㉡ – 매개변수(mediating variable)
④ ㉠ – 허위변수(spurious variable)
　㉡ – 혼란변수(confounding variable)

정답 및 해설

90 ③
평가성 사정(evaluability assessment)은 본격적인 평가가능 여부와 평가 결과의 프로그램 개선가능성 등을 진단하는 일종의 예비적 평가로, 영향평가 또는 총괄평가를 실시하기 전에 하는 평가이다.

91 ④
■ 정책수단과 정책목표의 인과관계 성립요건

> 1. 시간적 선행관계 : 정책수단의 실현이 정책목표의 달성에 선행해서 존재해야 한다.
> 2. 공동변화 : 정책수단의 변화 정도에 따라 정책목표의 달성 정도도 변해야 한다.
> 3. 경쟁가설 배제 : 특정 정책수단 실현과 정책목표 달성 간 관계를 설명하는 다른 요인(제3의 변수)이 배제되어야 한다.

92 ④
- ㉠ 매개변수는 독립변수의 결과인 동시에 종속변수의 원인이 되는 제3의 변수이다.
- ㉢ 억제변수는 독립변수와 종속변수 간에 상관관계가 있는데도 없는 것으로 나타나게 하는 제3의 변수를 의미한다.

93 ②
- 혼란변수는 독립변수와 종속변수 간에 상관관계가 있는 상태에서 두 변수 모두에 영향을 미치는 제3의 변수로, 인과관계를 과대 또는 과소평가한다.
- 허위변수는 독립변수와 종속변수 간에 실제로는 전혀 상관관계가 없는데도 상관관계가 있는 것처럼 나타내는 변수이다.
- 매개변수는 독립변수와 종속변수의 사이에서 독립변수의 결과인 동시에 종속변수의 원인이 되는 변수이다.

94

24. 국가 9

정책평가의 논리모형에 대한 설명으로 옳지 않은 것은?

① 정책프로그램의 요소들과 해결하려는 문제들 사이의 논리적 인과관계를 투입(input) – 활동(activity) – 산출(output) – 결과(outcome)로 도식화한다.

② 산출은 정책집행이 종료된 직후의 직접적인 결과물을 의미하며, 결과는 산출로 인해 나타나는 변화를 의미한다.

③ 과정평가이기 때문에 정책프로그램의 목표달성 여부를 보여 주지는 못한다는 한계가 있다.

④ 정책프로그램과 관련된 다양한 이해관계자의 이해도를 높일 수 있다.

95

17. 국가 9 (하반기)

정책평가의 방법을 논리모형(논리 매트릭스)과 목표모형으로 구분할 경우, 논리모형에 대한 설명으로 옳지 않은 것은?

① 정책 프로그램이 특정 성과를 산출하기 위해 어떤 논리적 인과구조를 가지고 있는지를 명시적으로 보여 준다.

② 프로그램이 해결하려는 정책문제 및 정책의 결과물이 무엇인지를 명확히 해주기 때문에 정책형성과정의 인과관계에 대한 가정의 오류와 정책집행의 실패를 구분할 수 있도록 한다.

③ 정책이 달성하려는 장기목표와 중단기목표들을 잘 달성했는지에 초점을 맞춘 평가모형이다.

④ 프로그램 논리의 분석 및 정리과정이 이해관계자의 정책 프로그램에 대한 이해를 높인다.

96

21. 국가 9

정책평가와 관련하여 실험결과의 외적 타당성을 저해하는 요인으로 옳지 않은 것은?

① 연구자의 측정기준이나 측정도구가 변화되는 경우

② 표본으로 선택된 집단의 대표성이 약할 경우

③ 실험집단 구성원 자신이 실험대상임을 인지하고 평소와 다른 특별한 반응을 보일 경우

④ 실험의 효과가 크게 나타날 것으로 예상되는 집단만을 의도적으로 실험집단에 배정하는 경우

97

17. 국가 9 (하반기)

정책평가에 있어서 조건이 양호한 집단을 대상으로 정책수단을 실시한 후 그 결과가 좋게 나타난 정책수단을 다른 상황에 적용하려고 하는 경우에 나타나는 외적 타당성의 문제는?

① 크리밍효과(creaming effect)

② 성숙효과(maturation effect)

③ 허위상관(spurious correlation)

④ 호손효과(Hawthorne effect)

정답 및 해설

94 ③

논리모형은 산출이나 결과를 통해서 목표달성 여부를 확인할 수 있다.

95 ③

목표모형에 대한 설명이다.

96 ①

- ① 측정수단 요인: 내적 타당성 저해요인
- ② 표본의 대표성 문제: 외적 타당성 저해요인
- ③ 호손효과: 외적 타당성 저해요인
- ④ 크리밍효과: 외적 타당성 저해요인

97 ①

- ① 크리밍효과는 정책효과가 나타날 가능성이 높은 집단을 의도적으로 실험집단으로 선정함으로써 정책의 영향력이 실제보다 과대평가되는 경우로 외적 타당성 저해요인에 해당한다.
- ② 성숙효과는 순전히 시간의 경과 때문에 조사대상 집단의 특성변화가 나타나는 경우로 내적 타당성 저해요인에 해당한다.
- ③ 정책수단과 정책효과가 실제로는 인과관계가 없는데도 불구하고 제3변수로 인하여 인과관계가 있는 것처럼 보이는 것을 허위상관이라고 하며 내적 타당성 저해요인에 해당한다.
- ④ 호손효과는 실험대상자들이 실험의 대상으로 자신들이 관찰되고 있다는 사실을 알게 되어 평소와는 다른 행동을 함으로써 발생하는 효과로 외적 타당성 저해요인에 해당한다.

98

21. 지방 9

정책실험에서 내적 타당성을 위협하는 요인 중 다음 설명에 해당하는 것은?

> 사전측정을 경험한 실험 대상자들이 측정 내용에 대해 친숙해지거나 학습 효과를 얻음으로써 사후측정 때 실험집단의 측정값에 영향을 주는 효과이며, '눈에 띄지 않는 관찰' 방법 등으로 통제할 수 있다.

① 검사요인 ② 선발요인
③ 상실요인 ④ 역사요인

99

16. 국가 9

다음 내용에서 정책평가의 내적 타당성을 위협하는 요인은?

> 정부는 혼잡통행료 제도의 효과를 측정하기 위해 혼잡통행료 실시 이전과 실시 후의 도심의 교통 흐름도를 측정, 비교하였다. 그런데 두 측정시점 사이에 유류가격이 급등하는 상황이 발생하였다.

① 상실요인(mortality)
② 회귀요인(regression)
③ 역사요인(history)
④ 검사요인(testing)

100

20. 국가 9

정책평가를 위한 측정도구의 타당성과 신뢰성에 대한 설명으로 옳지 않은 것은?

① 타당성은 없지만 신뢰성이 높은 측정도구가 있을 수 있다.
② 신뢰성이 없지만 타당성이 높은 측정도구는 있을 수 없다.
③ 신뢰성은 측정도구의 타당성을 담보할 수 있는 충분조건이다.
④ 타당성이 없는 측정도구는 제1종 오류를 범하는 원인이 될 수 있다.

THEME 10 정책실험(사회실험)

101

19. 지방 9

정책평가에서 내적 타당성에 대한 설명으로 옳지 않은 것은?

① 준실험설계보다 진실험설계를 사용할 때 내적 타당성의 저해요인이 다양하게 나타난다.
② 정책의 집행과 효과 사이에 존재하는 인과관계의 추론이 가능한 평가가 내적 타당성이 있는 평가이다.
③ 허위변수나 혼란변수를 배제할 수 있다면 내적 타당성을 높일 수 있다.
④ 선발요인이나 상실요인을 통제하기 위해서는 무작위배정이나 사전측정이 필요하다.

정답 및 해설

98 ①
- ② 선발요인: 실험집단과 통제집단을 구성할 때 두 집단에 서로 다른 개인들이 할당되면서 발생하는 요인
- ③ 상실요인: 정책집행 기간에 대상자 일부가 이탈하여 사전 및 사후 측정값이 달라지는 현상
- ④ 역사요인: 외부환경에서 발생하여 사전 및 사후 측정값이 달라지게 만드는 어떤 사건

99 ③
- ③ 역사(history)요인: 외부환경에서 발생하여 사전 및 사후 측정값이 달라지게 만드는 어떤 사건(유류가격 급등)이다.
- ① 상실(mortality)요인: 정책집행 기간에 대상자 일부가 이탈하여 사전 및 사후 측정값이 달라지는 현상이다.
- ② 회귀(regression)요인: 극단적인 점수를 얻은 실험대상들이 시간이 흐름에 따라 보다 덜 극단적인 상태로 표류하게 되는 경향이다.
- ④ 검사(testing)요인: 정책 및 프로그램의 실시 전후 유사한 검사를 반복하는 경우에 시험에 친숙도가 높아져 측정값에 영향을 미치는 경우를 말한다.

100 ③
신뢰성은 측정도구의 타당성을 담보할 수 있는 필요조건이다.

101 ①
진실험설계는 외적 타당성이 낮지만, 내적 타당성이 높다.

102

23. 국가 9

정책평가를 위한 사회실험에 대한 설명으로 옳지 않은 것은?

① 통제집단 사전·사후 설계는 검사효과를 통제할 수 있다.
② 준실험은 진실험에 비해 실행 가능성이 높다는 장점이 있다.
③ 회귀불연속 설계는 구분점(구간)에서 회귀직선의 불연속적인 단절을 이용한다.
④ 솔로몬 4집단 설계는 통제집단 사전·사후 설계와 통제집단 사후 설계의 장점을 갖는다.

103

17. 지방교행 9

정책평가방법과 관련된 설명으로 옳은 것은?

① 정책평가의 신뢰성이 높으면 그 평가의 타당성이 높을 수밖에 없다.
② 맥락평가, 투입평가, 과정평가, 산출평가로 구성된 CIPP 모형은 정책의 사전 형성평가와 사후 총괄평가에 적용할 수 없다.
③ 진실험설계에 의한 정책영향평가과정에서 연구대상의 무작위 배정은 실험 집단과 통제 집단의 동질성을 확보함으로써 내적 타당성을 높일 수 있다.
④ 외적 타당성이 높은 정책평가는 허위·교란변수를 통제함으로써 어떤 정책과 효과 간에 실제로 높은 수준의 인과관계가 존재함을 입증한 평가를 의미한다.

THEME 11 정부업무평가 기본법

104

22. 국가 9

「정부업무평가 기본법」상 우리나라 정부업무평가제도에 대한 설명으로 옳지 않은 것은?

① 특정평가는 국무총리가 중앙행정기관과 공공기관을 대상으로 국정을 통합적으로 관리하기 위한 목적을 갖는다.
② 국무총리 소속하에 심의·의결기구로서 정부업무평가위원회를 둔다.
③ 지방자치단체의 자체평가에 있어서 행정안전부장관은 평가 관련 사항에 대하여 지방자치단체를 지원할 수 있다.
④ 자체평가는 중앙행정기관 또는 지방자치단체가 소관 정책 등을 스스로 평가하는 것을 말한다.

105

19. 국가 9

「정부업무평가 기본법」상 정책평가제도에 대한 설명으로 옳지 않은 것은?

① 지방자치단체의 장은 정부업무평가시행계획에 기초하여 자체평가계획을 매년 수립하여야 한다.
② 국무총리는 2 이상의 중앙행정기관 관련 시책, 주요 현안시책, 혁신관리 및 대통령령이 정하는 대상부문에 대하여 특정평가를 실시하고, 그 결과를 공개하여야 한다.
③ 중앙행정기관 또는 지방자치단체의 소속기관이 행하는 정책은 정부업무평가의 대상에 포함된다.
④ 정부업무평가위원회는 위원장 1인과 14인 이내의 위원으로 구성한다.

정답 및 해설

102 ①
통제집단 사전·사후 설계는 사전측정으로 인하여 검사효과가 내적 타당성 저해요인으로 작용한다.

103 ③
- ① 신뢰성은 타당성을 확보하기 위한 필요조건이다. 따라서 신뢰성이 높다고 해서 반드시 타당성이 높다고 할 수 없다.
- ② 스터플빔(Stufflebeam)의 CIPP모형은 의사결정지원 평가모형으로 맥락(Context)평가, 투입(Input)평가, 과정(Process)평가, 산출(Product)평가로 구성되어 있으며, 정책의 사전 형성평가와 사후 총괄평가에 모두 적용할 수 있다.
- ④ 인과관계는 내적 타당성이 높은 정책평가에 해당한다.

104 ①
정부업무평가 기본법 제2조(정의) 제4항: "특정평가"라 함은 국무총리가 중앙행정기관(공공기관 ×)을 대상으로 국정을 통합적으로 관리하기 위하여 필요한 정책등을 평가하는 것을 말한다.

105 ④
위원회는 위원장 2인(국무총리, 대통령이 지명하는 자)을 포함한 15인 이내의 위원으로 구성한다.

106

17. 지방 9

정부업무평가 기본법상 정부업무평가의 종류가 아닌 것은?

① 중앙행정기관의 자체평가
② 공공기관에 대한 평가
③ 환경영향평가
④ 지방자치단체의 자체평가

107

17. 지방 9 (하반기)

정부업무평가 기본법상 정부업무평가제도에 대한 설명으로 옳은 것은?

① 정부업무평가의 평가대상기관에 지방자치단체의 소속기관은 포함되지 않는다.
② 자체평가는 국무총리가 중앙행정기관을 대상으로 국정을 통합적으로 관리하기 위하여 필요한 정책 등을 평가하는 것이다.
③ 정부업무평가의 실시와 평가기반의 구축을 체계적・효율적으로 추진하기 위하여 국무총리 소속하에 정부업무평가위원회를 둔다.
④ 특정평가는 중앙행정기관 또는 지방자치단체가 소관 정책 등을 스스로 평가하는 것이다.

108

16. 서울 9

정부업무평가제도에 대한 설명으로 가장 옳지 않은 것은?

① 「정부업무평가 기본법」에 의한 정부업무평가 대상은 중앙행정기관과 지방자치단체를 포함하며, 공공기관은 제외된다.
② 지방자치단체 합동평가위원회는 행정자치부 소속 위원회로 「정부업무평가 기본법」에 설치근거를 둔다.
③ 정부업무평가 중 특정평가는 국무총리가 중앙행정기관을 대상으로 정책을 평가하는 것을 의미한다.
④ 중앙행정기관의 장은 그 소속기관의 정책 등을 포함하여 자체평가를 실시하여야 한다.

109

17. 사복 9

「정부업무평가 기본법」에 따른 정부업무평가의 종류가 아닌 것은?

① 중앙행정기관의 자체평가
② 지방자치단체의 자체평가
③ 중앙행정기관에 대한 합동평가
④ 공공기관에 대한 평가

110

17. 국가 9

정부업무평가 기본법에 의한 정부업무평가제도에 대한 설명으로 옳지 않은 것은?

① 김포시와 도로교통공단은 평가대상에 포함된다.
② 관세청장은 자체평가위원회를 운영한다.
③ 행정자치부장관은 지방자치단체합동평가위원회의 당연직 위원장이다.
④ 기획재정부장관은 정부업무평가위원회의 위원이다.

정답 및 해설

106 ③
환경영향평가는 환경영향평가법에 의한 평가로 환경에 영향을 미치는 실시계획・시행계획 등의 허가・인가・승인・면허 또는 결정 등을 할 때에 해당 사업이 환경에 미치는 영향을 미리 조사・예측・평가하는 것이다.

107 ③
- ① 지방자치단체의 장은 그 소속기관의 정책 등을 포함하여 자체평가를 실시하여야 한다.
- ② 특정평가에 대한 설명이다.
- ④ 자체평가에 대한 설명이다.

108 ①
정부업무평가 기본법에 의한 정부업무평가 대상은 중앙행정기관, 지방자치단체, 중앙행정기관 또는 지방자치단체의 소속기관 및 공공기관이다.
※ 행정자치부는 행정안전부로 조직개편되었다.

109 ③
중앙행정기관에 대한 평가가 아니라, 지방자치단체 또는 그 장이 위임받아 처리하는 국가위임사무 등에 대하여 국정의 효율적인 수행을 위하여 행정안전부장관이 관계중앙행정기관의 장과 합동평가를 실시할 수 있다.

110 ③
지방자치단체합동평가위원회의 위원장은 민간인 중에서 행정안전부장관이 지명한다.

111

18. 지방 9

정부에서 실시하고 있는 분석 및 평가제도에 대한 설명으로 옳은 것만을 모두 고르면?

> ㉠ 규제영향분석 – 행정규제기본법상 규제를 신설·강화할 때, 규제를 받는 집단과 국민이 부담해야 할 비용과 편익도 비교·분석해야 한다.
> ㉡ 지방공기업평가 – 지방공기업법에 근거를 두고 있으며, 원칙적으로 지방자치단체장이 실시하되 필요시 행정안전부장관이 실시할 수 있다.
> ㉢ 정부업무평가 – 정부업무평가 기본법상 국무총리는 중앙행정기관의 자체평가 결과에 대해 필요시 정부업무평가위원회의 심의·의결을 거쳐 재평가를 할 수 있다.
> ㉣ 환경영향평가 – 2003년 환경영향평가법에 처음으로 근거가 명시된 후 발전해 온 평가제도이다.

① ㉠, ㉢ ② ㉠, ㉣
③ ㉡, ㉢ ④ ㉡, ㉣

THEME 12 정책변동

112

22. 지방 9

호그우드(Hogwood)와 피터스(Peters)가 제시한 정책변동의 유형에 대한 설명으로 옳지 않은 것은?

① 정책혁신은 기존의 조직이나 예산을 기반으로 새로운 형태의 개입을 결정하는 것이다.
② 정책승계는 정책의 기본 목표는 유지하되, 정책을 대체 혹은 수정하거나 일부 종결하는 것이다.
③ 정책유지는 기존 정책의 기본 골격을 유지하면서 정책수단의 부분적인 변화만 이루어지는 것이다.
④ 정책종결은 다른 정책으로의 대체 없이 기존 정책을 완전히 중단하는 것이다.

113

20. 국가 9

정책변동에 대한 설명으로 옳지 않은 것은?

① 킹던(Kingdon)의 정책흐름이론에 따르면 정책변동은 정책문제의 흐름, 정치의 흐름, 정책대안의 흐름이 결합하여 이루어진다.
② 무치아로니(Mucciaroni)의 이익집단 위상변동모형에서 이슈맥락은 환경적 요인과 같이 정책의 유지 혹은 변동에 영향을 미치는 정책요인을 말한다.
③ 실질적인 정책내용이 변하더라도 정책목표가 변하지 않는다면 이를 정책유지라 한다.
④ 정책목표를 달성하기 위한 전반적인 정책수단을 소멸시키고 이를 대체할 다른 정책을 마련하지 않는 것을 정책종결이라 한다.

정답 및 해설

111 ①
- ㉡ 지방공기업에 대한 평가는 원칙적으로 행정안전부장관이 실시하되 필요시 지방자치단체장이 실시할 수 있다.
- ㉣ 환경영향평가는 '환경·교통·재해 등에 관한 영향평가법'에 의하여 2001년부터 시행되었다.

112 ①
정책혁신은 담당하는 조직이나 예산도 없는 상태에서 새로운 형태의 개입을 결정하는 것이다.

113 ③
- 정책유지: 현재의 정책을 기본적으로 유지하면서 정책수단의 부분적인 변화만 이루어진다.
- 정책승계: 정책목표는 유지하면서 정책수단을 새로운 수단으로 대체하는 것이다.

114

19. 지방 9

다음 특징을 가진 정책변동모형은?

- 분석단위로서 정책하위체제(policy sub-system)에 초점을 두고 정책변화를 이해한다.
- 신념체계, 정책학습 등의 요인은 정책변동에 영향을 준다.
- 정책변동 과정에서 정책중재자(policy mediator)가 중요한 역할을 한다.

① 정책흐름(Policy Stream) 모형
② 단절적 균형(Punctuated Equilibrium) 모형
③ 정책지지연합(Advocacy Coalition Framework) 모형
④ 정책패러다임 변동(Paradigm Shift) 모형

115

16. 지방 9

홀(Hall)에 의해 제시된 정책변동모형으로 정책목표, 정책수단, 정책환경의 세 가지 변수 중 정책목표와 정책수단에 급격한 변화가 발생하는 정책변동모형은?

① 쓰레기통모형
② 단절균형모형(Punctuated Equilibrium)
③ 정책지지연합모형(Advocacy Coalition Framework)
④ 정책패러다임 변동모형

116

16. 국가 9

정책변동모형 중에서 정책 과정 참여자의 신념체계(belief system)를 가장 강조하는 모형은?

① 단절균형(punctuated equilibrium) 모형
② 정책패러다임 변동(paradigm shift) 모형
③ 정책지지연합(advocacy coalition) 모형
④ 제도의 협착(lock-in) 모형

정답 및 해설

114 ③

- ③ 보기의 설명은 정책지지연합 모형에 대한 설명이다. 정책지지연합 모형은 정책 과정 참여자의 신념체계(belief system)를 강조하고, 정책하위체제라는 분석단위에 초점을 두고 정책변화를 이해하며, 정책변화과정을 이해하기 위해서는 10년 이상이라는 장기간이 필요하다.
- ① 정책흐름(Policy Stream) 모형 : 킹던에 따르면 정책변동은 정책문제의 흐름, 정치의 흐름, 정책대안의 흐름이 결합하여 이루어진다.
- ② 단절적 균형(Punctuated Equilibrium) 모형 : 제도가 유지되다가 어떠한 계기로 급격하게 변동된 후 변동상태로 유지된다.
- ④ 정책패러다임 변동(Paradigm Shift) 모형 : 홀(Hall)에 의해 제시된 모형으로 정책목표, 정책수단, 정책환경의 세 가지 변수 중 정책목표와 정책수단에 급격한 변화가 발생하는 정책변동모형이다.

115 ④

- ① 쓰레기통모형은 조직화된 무정부상태에서 우연한 기회에 정책변동이 발생한다.
- ② 단절균형모형은 특정 사건에 의해 급격한 변화를 겪은 후 다시 균형을 찾아간다고 본다.
- ③ 정책지지연합모형은 정책하위체제라는 분석단위에 초점을 두고 정책변화를 이해하며, 정책변화과정을 이해하기 위해서는 10년 이상이라는 장기간이 필요하다.

116 ③

- ③ 신념체계를 강조한 것은 정책지지연합 모형에 대한 설명이다. 정책지지연합 모형은 정책 과정 참여자의 신념체계(belief system)를 강조하고, 정책하위체제라는 분석단위에 초점을 두고 정책변화를 이해하며, 정책변화과정을 이해하기 위해서는 10년 이상이라는 장기간이 필요하다.
- ① 단절적 균형(Punctuated Equilibrium) 모형 : 제도가 유지되다가 어떠한 계기로 급격하게 변동된 후 변동상태로 유지된다.
- ② 정책패러다임 변동(Paradigm Shift) 모형 : 홀(Hall)에 의해 제시된 모형으로 정책목표, 정책수단, 정책환경의 세 가지 변수 중 정책목표와 정책수단에 급격한 변화가 발생하는 정책변동모형이다.
- ④ 제도의 협착(lock-in) 모형 : 한번 형성된 제도가 이해관계자들 때문에 정체되는 현상을 설명하는 모형이다.

03 조직

THEME 01 조직이론의 발달과 인간관

01

18. 서울 9

조직이론의 유형들을 발달 순으로 옳게 나열한 것은?

보기	
㉠ 체제이론	㉡ 과학적 관리론
㉢ 인간관계론	㉣ 신제도이론

① ㉠ → ㉡ → ㉣ → ㉢
② ㉡ → ㉢ → ㉠ → ㉣
③ ㉡ → ㉠ → ㉢ → ㉣
④ ㉢ → ㉡ → ㉣ → ㉠

02

21. 국가 9

테일러(Taylor)의 과학적 관리론에 대한 설명으로 옳지 않은 것은?

① 관리자는 생산증진을 통해서 노・사 모두를 이롭게 해야 한다.
② 조직 내의 인간은 사회적 욕구에 의해 동기가 유발된다고 전제한다.
③ 업무와 인력의 적정한 결합은 노동자가 아닌 관리자에 의해 결정되어야 한다.
④ 업무수행에 관한 유일 최선의 방법을 찾기 위해 동작연구와 시간연구를 사용한다.

03

19. 국가 9

다음 설명에 해당하는 조직의 인간관은?

- 인간을 자신의 이익을 극대화하기 위해 행동하는 존재로 본다.
- 인간은 조직에 의해 통제・동기화되는 수동적 존재이며, 조직은 인간의 감정과 같은 주관적 요소를 통제할 수 있도록 설계돼야 한다.

① 합리적・경제적 인간관
② 사회적 인간관
③ 자아실현적 인간관
④ 복잡한 인간관

04

24. 국가 9

신고전적 조직이론인 인간관계론이 강조한 내용으로 옳은 것은?

① 기계적 능률성
② 공식적 조직구조
③ 합리적・경제적 인간관
④ 인간의 사회・심리적 요인

정답 및 해설

01 ②
과학적 관리론 → 인간관계론 → 체제이론 → 신제도이론

02 ②
과학적 관리론에서는 경제적 유인에 의해 동기가 유발된다. 사회적 욕구는 인간관계론과 관련된 설명이다.

03 ①
- ① 보기는 고전적 조직이론과 관련된 합리적・경제적 인간관에 대한 설명이다.
- ② 사회적 인간관은 인간의 사회적 욕구와 사회적 동기유발 요인에 초점을 둔다.
- ③ 자아실현적 인간관은 자아실현에 대한 인간의 욕구를 강조하였다.
- ④ 복잡한 인간관은 인간의 욕구체계는 매우 복잡하고 때와 장소, 조직생활의 경험, 직무 등 여러 가지 상황에 따라서 달라진다고 보았다.

04 ④
①, ②, ③ 고전적 조직이론에 대한 설명이다.

05

21. 지방 9

조직이론에 대한 설명으로 옳은 것은?

① 인간관계론은 동기 유발 기제로 사회심리적 측면을 강조한다.
② 귤릭(Gulick)은 시간-동작 연구를 통해 과학적 관리론을 주장하였다.
③ 고전적 조직이론은 조직 내 사회적 능률을 강조하고, 조직 속의 인간을 자아실현인으로 간주한다.
④ 상황이론(contingency theory)은 모든 상황에서 적용되는 유일·최선의 조직구조를 찾는다.

06

23. 국가 9

조직이론과 그 내용에 대한 설명으로 옳지 않은 것은?

① 구조적 상황이론 – 불안정한 환경 속에 있는 조직은 유기적인 조직구조를 선택하는 것이 효과적이다.
② 전략적 선택이론 – 동일한 환경에 처한 조직도 환경에 대한 관리자의 지각 차이로 상이한 선택을 할 수 있다.
③ 거래비용이론 – 시장에서의 거래비용이 조직의 내부 거래비용보다 클 경우 내부 조직화를 선택한다.
④ 조직군 생태학이론 – 조직군의 변화를 이끄는 변이는 우연적 변화(돌연변이)로 한정되며, 계획적이고 의도적인 변화는 배제된다.

07

18. 지방 9

조직이론에 대한 설명으로 옳지 않은 것은?

① 구조적 상황이론-상황과 조직특성 간의 적합 여부가 조직의 효과성을 결정한다.
② 전략적 선택이론 – 상황이 구조를 결정하기보다는 관리자의 상황 판단과 전략이 구조를 결정한다.
③ 자원의존이론-조직의 안정과 생존을 위해서 조직의 주도적·능동적 행동을 중시한다.
④ 대리인이론 – 주인·대리인의 정보 비대칭 문제를 해결하기 위해 대리인에게 대폭 권한을 위임한다.

08

17. 국가 9 (하반기)

조직이론에 대한 설명으로 옳지 않은 것은?

① 자원의존이론에 따르면, 조직은 환경으로부터 필요한 자원을 획득하기 위하여 환경에 피동적으로 순응하여야 한다.
② 주인-대리인이론에 따르면, 주인과 대리인 간에는 정보의 비대칭으로 인해 대리인의 도덕적 해이와 주인의 역선택이 발생할 수 있다.
③ 거래비용이론에 따르면, 시장의 자발적인 교환행위에서 발생하는 거래비용이 관료제의 조정비용보다 클 경우 거래를 내부화하는 것이 효율적이다.
④ 상황론적 조직이론에 따르면, 모든 상황에 적용되는 유일·최선의 조직구조나 관리방법은 없다.

정답 및 해설

05 ①

- ② 테일러는 시간-동작 연구를 통해 과학적 관리론을 주장하였다.
- ③ 신고전적 조직이론은 조직 내 사회적 능률을 강조하고, 조직 속의 인간을 자아실현인으로 간주한다.
- ④ 상황이론은 모든 상황에서 적용되는 유일·최선의 조직구조나 관리방법은 없다고 보았다.

06 ④

- 조직군 생태학이론은 조직군을 분석단위로 하며, 개별 조직은 외부환경의 선택에 좌우되는 수동적인 존재로 보는 환경결정론적 관점이다. 즉, 어떤 범주의 조직들이 어떤 유리한 환경적 적소를 만나면 보존되는가를 분석한다.
- 조직군의 변화는 변이(우연적 변화와 계획적이고 의도적인 변화) → 선택(환경에 의해 선택되는 단계) → 보존(환경에 적합한 조직이 유지·보존되는 단계)으로 진행되는 종단적 분석에 의해서만 검증 가능하다고 전제한다.

07 ④

정보 비대칭 문제는 권한위임이 아니라, 유인기제나 통제강화 등을 통해서 해소해야 한다.

08 ①

자원의존이론은 조직이 주도적·능동적으로 환경에 대처하며 그 환경을 조직에 유리하도록 관리한다고 본다.

09
18. 국가 9

상황적응적 접근방법(contingency approach)에 대한 설명으로 옳지 않은 것은?

① 체제이론의 거시적 관점에 따라 모든 상황에 적합한 유일 최선의 관리방법을 모색한다.
② 체제이론에서와 같이 조직은 일정한 경계를 가지고 환경과 구분되는 체제의 하나로 본다.
③ 조직을 구성하고 운영하는 방법의 효율성은 그것이 처한 상황에 의존한다고 가정한다.
④ 연구대상이 될 변수를 한정하고 복잡한 상황적 조건들을 유형화함으로써 거대이론보다 분석의 틀을 단순화한다.

10
16. 서울 9

다음 중 거시적 조직 이론에 대한 설명으로 가장 옳지 않은 것은?

① 전략적 선택이론은 임의론이다.
② 조직군생태론은 자연선택론을 취한다.
③ 조직군생태론은 결정론적이다.
④ 전략적 선택이론의 분석 단위는 조직군이다.

THEME 02 동기부여이론 : 내용이론

11
16. 사복 9

동기이론에 대한 설명으로 옳지 않은 것은?

① 매슬로우(A. H. Maslow)의 욕구계층론에 대하여는 각 욕구 단계가 명확히 구분되지 않는다는 비판이 있다.
② 앨더퍼(C. P. Alderfer)는 ERG이론에서 두 가지 이상의 욕구가 동시에 작용되기도 한다고 주장한다.
③ 허즈버그(F. Herzberg)의 욕구충족요인이원론에 대하여는 개인의 욕구 차이에 대한 충분한 고려가 없다는 비판이 있다.
④ 맥클리랜드(D. McClelland)의 성취동기이론은 개인의 욕구를 성취욕구, 친교욕구, 권력욕구로 분류하고, 권력욕구가 높을수록 생산성이 높아진다고 주장한다.

12
19. 서울 9 (2월)

동기이론 중 내용이론에 해당하지 않는 것은?

① 앨더퍼(C. Alderfer)의 ERG이론
② 허즈버그(F. Herzberg)의 욕구충족요인이원론
③ 맥클리랜드(D. McClelland)의 성취동기이론
④ 브룸(V. H. Vroom)의 기대이론

정답 및 해설

09 ①
모든 상황에 적용되는 유일·최선의 조직구조나 방법은 없고, 상황에 적합한 조직의 기술이나 전략 등을 처방한다.

10 ④
전략적 선택이론의 분석 단위는 개별조직이다. 조직군생태론의 분석 단위가 조직군이다.

11 ④
맥클리랜드는 성취동기이론에서 성취욕구가 높을수록 생산성이 높아진다고 주장하였다.

12 ④
브룸(Vroom)의 기대이론은 인간은 기대되는 결과에 대해 어떤 선호를 가지고 있다고 가정하는 것으로 과정이론에 해당한다.

13

17. 지방교행 9

다음 내용을 설명할 수 있는 이론으로 가장 적합한 것은?

> A교육청의 교육감은 직원들의 근무 의욕이 낮아지고 있는 문제를 인식하였다. 이를 해결하기 위해 그는 상관의 감독 방식, 작업 조건 등의 업무 환경 요인을 개선하였다. 그러나 직원들에 대한 다양한 조사 결과 직무수행과 관련된 성취감, 책임감, 자기 존중감이 낮아 근무 의욕이 여전히 개선되지 않은 것으로 나타났다.

① 사이먼(H. Simon)의 만족모형
② 브룸(V. Vroom)의 기대이론
③ 애덤스(J. Adams)의 형평이론
④ 허즈버그(F. Herzberg)의 욕구충족요인이원론

14

22. 지방 9

허즈버그(Herzberg)의 욕구충족요인이원론에서 위생요인에 해당하지 않는 것은?

① 감독
② 대인관계
③ 보수
④ 성취감

15

17. 국가 9

허즈버그(Herzberg)의 욕구충족요인이원론에 대한 설명으로 옳지 않은 것은?

① 욕구의 계층화를 시도한 점에서 매슬로(Maslow)의 욕구단계 이론과 유사하다.
② 불만을 주는 요인과 만족을 주는 요인은 서로 다르다고 주장한다.
③ 무엇이 동기를 유발하는가에 초점을 두는 내용이론으로 분류된다.
④ 작업조건에 대한 불만을 해소한다고 하더라도 근무태도에 장기적인 영향을 미치지는 않는다고 본다.

16

16. 지방 9

동기이론에 대한 설명으로 옳지 않은 것은?

① 매슬로우(Maslow)는 상위 차원의 욕구가 충족되지 못하거나 좌절될 경우, 하위 욕구를 더욱 더 충족시키고자 한다고 주장하였다.
② 앨더퍼(Alderfer)는 ERG이론에서 매슬로우의 욕구 5단계를 줄여서 생존욕구, 대인관계 욕구, 성장욕구의 세 단계를 제시하였다.
③ 허츠버그(Herzberg)는 욕구충족요인이원론에서 불만족요인(위생요인)을 제거한다고 해서 만족을 보장하는 것은 아니라고 주장하였다.
④ 애덤스(Adams)는 형평성이론에서 자신의 노력과 그 결과로 얻어지는 보상과의 관계를 다른 사람의 것과 비교해 상대적으로 느끼는 공평한 정도가 행동동기에 영향을 준다고 본다.

정답 및 해설

13 ④
허즈버그(F. Herzberg)의 욕구충족요인이원론은 조직구성원에게 만족을 주는 요인(동기요인)과 불만족을 주는 요인(위생요인)을 구분하고, 동기요인이 충족되어야 동기부여가 된다고 보았다. 사례에서 상관의 감독 방식, 작업 조건 등은 위생요인에 해당하므로 개선한다고 하여도 불만족이 없는 상태가 된다.

14 ④
성취감, 승진, 책임감 등은 동기요인에 해당한다.

15 ①
허즈버그는 욕구계층을 강조한 것이 아니라, 불만을 주는 요인(위생요인)과 만족을 주는 요인(동기요인)이 구분됨을 강조하였다.

16 ①
앨더퍼의 ERG이론에 대한 설명이다.

17

18. 지방교행 9

직원 A의 동기 특성은 직원 B의 동기 특성과 구분된다. 직원 A의 동기 특성을 고려한 인사관리방식으로 옳은 것을 〈보기〉에서 모두 고른 것은? (단, 두 가지 동기는 상충관계로 전제함)

> 직원 A: 이번에 인사평가 결과를 잘 받아서 기분이 좋아. 인사평가 항목에 잘 맞춰야 평가를 잘 받을 수 있으니까 참고해.
> 직원 B: 평가결과가 좋다니 축하해. 그런데 나는 인사평가 결과보다는 일할 때 스스로 발전한다는 느낌이 드는 것이 좋아.

보기

> ㉠ 성과급제도의 전면 실시
> ㉡ 직무태만, 규정위반에 대한 처벌강화
> ㉢ 평가실적과 승진제도의 연계성 확대
> ㉣ 흥미도를 반영한 직무충실화

① ㉠, ㉢ ② ㉡, ㉣
③ ㉠, ㉡, ㉢ ④ ㉡, ㉢, ㉣

18

21. 국가 9

공공봉사동기이론(public service motivation)에 대한 설명으로 옳지 않은 것은?

① 공사부문 간 업무성격이 다르듯이, 공공부문의 조직원들은 동기구조 자체도 다르다는 입장에 있다.
② 정책에 대한 호감, 공공에 대한 봉사, 동정심(compassion) 등의 개념으로 구성되어 있다.
③ 공공봉사동기가 높은 사람을 공직에 충원해야 한다는 주장의 근거가 될 수 있다.
④ 페리와 와이스(Perry & Wise)는 제도적 차원, 금전적 차원, 감성적 차원을 제시하였다.

THEME 03 동기부여이론 : 과정이론

19

22. 국가 9

동기유발의 과정을 설명하는 '과정이론'에 해당하는 것만을 모두 고르면?

> ㉠ 브룸(Vroom)의 기대이론
> ㉡ 애덤스(Adams)의 공정성이론
> ㉢ 로크(Locke)의 목표설정이론
> ㉣ 앨더퍼(Alderfer)의 ERG이론
> ㉤ 맥그리거(McGregor)의 X이론·Y이론

① ㉠, ㉡, ㉢ ② ㉠, ㉡, ㉣
③ ㉡, ㉢, ㉤ ④ ㉢, ㉣, ㉤

20

23. 지방 9

동기부여 이론에 대한 설명으로 옳은 것은?

① 로크(Locke)의 목표설정이론에서는 목표의 도전성(난이도)과 명확성(구체성)을 강조했다.
② 매슬로우(Maslow)의 욕구 5단계설에서는 욕구의 좌절과 퇴행을 강조했다.
③ 해크만과 올드햄(Hackman & Oldham)의 직무특성이론에서는 유의성, 수단성, 기대감을 동기부여의 핵심으로 보았다.
④ 앨더퍼(Alderfer)의 ERG이론에서는 위생요인이 충족되었다고 하더라도 동기부여가 되는 것은 아니라고 주장했다.

정답 및 해설

17 ③
- ㉠, ㉡, ㉢ 맥그리거의 X,Y이론의 X이론은 대부분의 사람들은 본질적으로 일을 싫어한다고 보고 정확한 업무지시와 감독의 강화, 결과에 따른 엄격한 상벌의 원칙(경제적 보상) 등을 조직관리전략으로 강조한다. 직원 A는 X이론에 가깝다.
- ㉣ 맥그리거의 X,Y이론의 Y이론은 사람들에게 일이란 작업조건만 제대로 정비되면 놀이를 하거나 쉬는 것과 같이 극히 자연스러운 것이라고 보고 의사결정 시 부하직원을 참여시키고 권한을 확대해서 자율적으로 업무를 수행할 수 있도록 하는 조직관리전략을 제시한다. 직원 B가 여기에 해당한다.

18 ④
공공서비스동기이론은 동기유발요인으로 금전적·물질적 보상보다 지역공동체나 국가, 인류를 위해 봉사하려는 이타심에 주목한다. 페리와 와이스는 합리적, 규범적, 정서적 차원을 제시하였다.

19 ①
㉣, ㉤ 내용이론에 해당한다.

20 ①
- ② 욕구의 좌절과 퇴행을 강조한 것은 앨더퍼이다.
- ③ 유의성, 수단성, 기대감을 동기의 핵심으로 본 것은 브룸의 기대이론이다. 해크만과 올드햄(Hackman & Oldham)의 직무특성이론에서는 기술다양성(skill variety), 직무정체성(task identity), 직무중요성(task significance), 자율성(autonomy), 환류(feedback)를 직무특성을 결정하는 변수로 보았다.
- ④ 허츠버그의 욕구충족요인이원론에 대한 설명이다.

21

16. 서울 9

다음 중 동기부여이론에 대한 설명으로 가장 옳지 않은 것은?

① 브룸(V. Vroom)의 기대이론 – 성취욕구, 권력욕구, 자율욕구가 구성될 때 동기부여가 기대될 수 있다고 본다.
② 앨더퍼(C. Alderfer)의 ERG이론 – 매슬로우의 욕구이론을 수정하여 개인의 기본욕구를 존재욕구, 관계욕구, 성장욕구의 3단계로 구분하였다.
③ 매슬로우(A. H. Maslow)의 욕구이론 – 5단계의 욕구 체계 중 가장 하위의 욕구는 생리적 욕구이다.
④ 포터(L. Porter)와 로울러(E. Lawler)의 기대이론 – 성과의 수준이 업무만족의 원인이 된다고 본다.

22

19. 국가 9

동기이론에 대한 설명으로 옳지 않은 것은?

① 매슬로우(Maslow)는 충족된 욕구는 동기부여의 역할이 약화되고 그 다음 단계의 욕구가 새로운 동기 요인이 된다고 하였다.
② 앨더퍼(Alderfer)는 매슬로우의 5단계 욕구이론을 수정해서 인간의 욕구를 3단계로 나누었다.
③ 허즈버그(Herzberg)는 불만요인(위생요인)을 없앤다고 해서 적극적으로 만족감을 느끼는 것은 아니라고 했다.
④ 브룸(Vroom)의 기대이론에서 수단성(instrumentality)은 특정한 결과에 대한 선호의 강도를 의미한다.

23

17. 지방 9

브룸(Vroom)의 기대이론에 따를 경우 조직구성원의 직무수행 동기를 유발하기 위한 조건이 아닌 것은?

① 내가 노력하면 높은 등급의 실적평가를 받을 수 있다는 기대치(expectancy)가 충족되어야 한다.
② 내가 높은 등급의 실적평가를 받으면 많은 보상을 받을 수 있다는 수단치(instrumentality)가 충족되어야 한다.
③ 내가 받을 보상은 나에게 가치있는 것이라는 유인가(valence)가 충족되어야 한다.
④ 내가 투입한 노력과 그로 인하여 받은 보상의 비율이, 다른 사람과 비교하여 공평해야 한다는 균형성(balance)이 충족되어야 한다.

24

21. 국가 9

동기요인 이론에 대한 설명으로 옳지 않은 것은?

① 아담스(Adams)의 공정성이론에 따르면 공정하다고 인식할 때 동기가 유발된다.
② 매클리랜드(McClelland)의 성취동기이론에 따르면 개인들의 욕구가 학습을 통해 개발될 수 있다.
③ 브룸(Vroom)의 기대이론에서 기대감은 특정 결과는 특정한 노력으로 인해 나타날 수 있다는 가능성에 대한 개인의 신념으로 통상 주관적 확률로 표시된다.
④ 앨더퍼(Alderfer)의 ERG이론에 따르면 상위욕구 충족이 좌절되면 하위욕구를 충족시키고자 할 수 있다.

정답 및 해설

21 ①
브룸의 기대이론은 동기유발 욕구에 대한 개인의 기대감, 수단성, 유인가를 제시하였다. 성취욕구, 권력욕구, 친교욕구로 분류하는 것은 맥클리랜드의 성취동기이론이다.

22 ④
- 기대감 : 일정한 노력을 기울이면 근무 성과를 가져올 수 있으리라는 가능성에 대한 인간의 주관적인 확률과 관련된 믿음을 의미한다.
- 수단성 : 성과를 달성하면 바람직한 보상을 가져다 줄 것이라고 주관적으로 믿는 정도를 의미한다.
- 유인가 : 보상에 대한 주관적인 선호도(매력성)를 의미한다.

23 ④
애덤스의 형평성이론에 대한 설명이다.

24 ①
개인이 자신의 직무에 대한 공헌도(투입)와 보상(산출)을 준거인물과 비교하여 불공정성을 느끼는 경우(과대 또는 과소 보상되는 경우 둘 다) 이를 해소하는 방향으로 동기가 유발된다.

25

24. 지방 9

애덤스(Adams)의 공정성이론에 대한 설명으로 옳지 않은 것은?

① 투입과 산출의 비율을 준거인과 비교하여 공정성을 지각한다.
② 불공정성을 느낄 때 자신의 지각을 의도적으로 왜곡하기도 한다.
③ 노력과 기술은 투입에 해당하며, 보수와 인정은 산출에 해당한다.
④ 준거인과 비교하여 과소보상자는 불공정하다고 생각하고, 과대보상자는 공정하다고 생각한다.

26

19. 서울 9

조직 내에서 구성원 A는 구성원 B와 동일한 정도로 일을 하였음에도 구성원 B에 비하여 보상을 적게 받았다고 느낄 때 애덤스(J. Stacy Adams)의 공정성이론에 의거하여 취할 수 있는 구성원 A의 행동 전략으로 가장 옳지 않은 것은?

① 자신의 투입을 변화시킨다.
② 구성원 B의 투입과 산출에 대해 의도적으로 자신의 지각을 변경한다.
③ 이직을 한다.
④ 구성원 B의 투입과 산출의 실제량을 자신의 것과 객관적으로 비교하여 보상의 재산정을 요구한다.

THEME 04 조직문화

27

18. 서울 9

조직문화의 일반적 기능에 관한 설명으로 가장 옳지 않은 것은?

① 조직문화는 조직구성원들에게 소속 조직원으로서의 정체성을 제공한다.
② 조직문화는 조직구성원들의 행동을 형성시킨다.
③ 조직이 처음 형성되면 조직문화는 조직을 묶어 주는 접착제 역할을 한다.
④ 조직이 성숙 및 쇠퇴 단계에 이르면 조직문화는 조직혁신을 촉진하는 요인이 된다.

28

17. 지방교행 9

우리나라의 관료문화에 관한 설명으로 옳은 것을 〈보기〉에서 고른 것은?

보기

㉠ 권위주의는 집권주의적 조직 운영을 강화하고, 의사결정을 폐쇄화·밀실화한다.
㉡ 집단주의는 집단 내 구성원들 간의 소속감과 심리적 안정 욕구를 충족하여 할거주의적 태도를 감소시킨다.
㉢ 온정주의는 따뜻한 공동체적 조직 분위기를 조성하여 행정의 공평성과 합리성을 증진시킨다.
㉣ 형식주의는 행정의 목표나 실적보다 형식과 절차를 더 중요시하는 목표대치를 조장한다.

① ㉠, ㉡
② ㉠, ㉣
③ ㉡, ㉢
④ ㉢, ㉣

정답 및 해설

25 ④
준거인과 비교하여 과소보상자와 과대보상자 모두 불공정하다고 생각한다.

26 ④
• 아담스의 공정성이론에서 A의 대응은 여섯 가지로 분류할 수 있다.
 – 일에 대한 투입변동(일을 열심히 하지 않음)
 – 보상의 변동을 요구(보수인상 요구 등)
 – 현장이탈(=사직)
 – 준거인물을 변경
 – 심리적 왜곡(준거인물이 자신보다 훨씬 더 많은 일을 했을 것이라고 생각을 바꿈)
 – 준거인물의 투입 또는 산출에 대한 변동 요구
• 보상의 재산정 요구는 행동 전략에 해당하지만 투입과 산출량에 대한 객관적 비교가 아닌 A가 지각하는 비율로, 형평성에 대한 신념은 A의 주관적 판단에 달려 있다.

27 ④
조직이 성숙 및 쇠퇴 단계에 이르면 조직문화는 조직혁신을 저해하는 요인이 될 수 있다.

28 ②
• ㉡ 집단주의는 할거주의적 행태를 조장한다.
• ㉢ 온정주의는 다른 사람들로부터의 사회적 압력에 민감하게 반응하여 공평성과 합리성을 저해한다.

THEME 05 조직 내 의사전달

29
16. 지방 9

조직의 의사전달에 대한 설명으로 옳지 않은 것은?

① 공식적 의사전달은 의사소통이 객관적이고 책임소재가 명확하다는 장점이 있다.
② 비공식적 의사전달은 의사소통 과정에서의 긴장과 소외감을 극복하고 개인적 욕구를 충족시킨다는 장점이 있다.
③ 공식적 의사전달은 조정과 통제가 곤란하다는 단점이 있다.
④ 참여인원이 적고 접근가능성이 낮은 경우 의사전달체제의 제한성은 높다.

30
17. 지방교행 9

다음 설명에 해당하는 의사전달 네트워크(communication network)의 유형으로 가장 적합한 것은?

> 이 유형은 조직 내 각 구성원이 다른 모든 구성원들과 직접적인 의사전달을 하는 형태로서, 구성원들 모두가 서로 정보를 교환하기 때문에 문제해결에 시간이 많이 걸리나 상황판단의 정확성이 높은 장점을 가지고 있다. 그리고 이 유형에는 중심적 위치(구심성: centrality)를 차지하는 단일의 리더는 없다.

① 원(circle)형 ② 연쇄(chain)형
③ 바퀴(wheel)형 ④ 개방(all channel)형

THEME 06 갈등

31
17. 서울 9

다음 중 의사결정자가 각 대안의 결과를 알고는 있으나 대안 간 비교 결과 어떤 것이 최선의 결과인지를 알 수 없어 발생하는 개인적 갈등의 원인은?

① 비수락성(unacceptability)
② 불확실성(uncertainty)
③ 비비교성(incomparability)
④ 창의성(creativity)

32
20. 국가 9

조직 내 갈등에 대한 설명으로 옳지 않은 것은?

① 과업의 상호의존성이 높은 경우 잠재적 갈등이 야기될 수 있다.
② 고전적 관점에서 갈등은 조직 효과성에 부정적인 영향을 끼친다고 가정한다.
③ 의사소통 과정에서 충분한 양의 정보도 갈등을 유발하는 경우가 있다.
④ 진행단계별로 분류할 때 지각된 갈등은 갈등이 야기될 수 있는 상황 또는 조건을 의미한다.

정답 및 해설

29 ③
비공식적 의사전달은 조정과 통제가 곤란하다는 단점이 있다.

▣ 공식적 vs 비공식적 의사전달

공식적 의사전달	비공식적 의사전달
• 책임소재가 명확 • 상관의 권위 유지 • 정책결정에 활용이 용이 • 의사소통이 객관적 • 조정과 통제 용이 • 문서 명령과 예규의 제정 등은 상의하달에 의한 의사전달 방식	• 관리자에 대한 조언 기능 • 수직적 계층제에서 상관의 권위를 손상시킬 수 있음. • 신속한 전달 • 배후사정을 소상히 전달 • 긴장과 소외감을 극복하고 개인적 욕구를 충족 • 조정과 통제가 어려움. • 공식적 의사전달을 보완하지만 혼란을 줄 수 있음.

30 ④
• ① 원(circle)형은 구성원의 양옆의 두 사람과만 연결된 의사전달 네트워크이다.
• ② 연쇄(chain)형은 단순한 계서적 의사전달망이다.
• ③ 바퀴(wheel)형은 가운데 리더가 있으며 모든 의사전달은 리더를 통해서 이루어지는 형태이다.

31 ③
▣ 개인적 갈등의 원인

> 1. 비수락성(unacceptability): 각 대안의 예상결과를 알지만 대안들이 모두 만족 기준을 충족시키지 못해 선택에 곤란을 겪게 되는 경우를 의미한다.
> 2. 불확실성(uncertainty): 각 대안이 초래할 결과를 알 수 없는 경우를 의미한다.
> 3. 비비교성(incomparability): 대안의 결과를 알지만 최선의 대안이 어느 것인지 비교하기 곤란한 경우를 의미한다.

32 ④
잠재적 갈등은 갈등이 야기될 수 있는 상황 또는 조건을 의미한다.

▣ Louis Pondy의 갈등 진행단계

> 잠재적 갈등 → 지각된 갈등 → 감정적으로 느끼는 갈등 → 표면화된 갈등 → 갈등의 결과

33

16. 서울 9

다음 중 조직에서 갈등이 발생할 수 있는 소지가 가장 적은 경우는?

① 자원의 희소성이 강할 때
② 업무의 일방향 집중형 상호의존성이 강할 때
③ 개인 사이의 가치관 격차가 클 때
④ 분업구조의 성격이 강할 때

34

18. 지방교행 9

조직 내 협상의 유형은 배분적 협상과 통합적 협상으로 구분된다. 각각의 특징으로 옳지 않은 것은?

	협상의 특징	배분적 협상	통합적 협상
①	이용가능 자원	고정적인 양	유동적인 양
②	주요 동기	승－승 게임	승－패 게임
③	이해관계	서로 상반	조화, 상호수렴
④	관계의 지속성	단기간	장기간

35

24. 국가 9

갈등관리 유형에 대한 설명으로 옳지 않은 것은?

① 회피(avoiding)는 갈등이 존재함을 알면서도 표면상으로는 그것을 무시하거나 인정하지 않음으로써 갈등 상황에 소극적으로 대응한다.
② 수용(accommodating)은 자신의 이익을 양보하고 상대방의 이익을 배려해 협조한다.
③ 타협(compromising)은 갈등 당사자 간 서로 존중하고 자신과 상대방 모두의 이익을 극대화하려는 유형으로 'win－win' 전략을 취한다.
④ 경쟁(competing)은 갈등 당사자가 자기 이익은 극대화하고 상대방의 이익은 최소화한다.

36

16. 지방교행 9

조직의 갈등관리에 대한 설명으로 옳지 않은 것은?

① 통합형 협상은 자원이 제한되어 있어 제로섬 방식을 기본 전제로 하는 협상이다.
② 수평적 갈등은 목표의 분업 구조, 과업의 상호 의존성, 제한된 자원으로 인해 발생한다.
③ 집단 간 목표의 차이로 인해 발생한 갈등은 상위 목표를 제시하거나 계층제 또는 권위를 이용하여 해결한다.
④ 조직의 불확실성을 높이거나 위기감을 불러일으키는 것과 같이 조직의 갈등을 인위적으로 조성하는 전략은 조직의 생존·발전에 필요한 전략 중 하나이다.

정답 및 해설

33 ②
일방향 집중형 상호의존성은 상호의존성 정도가 낮아 갈등이 발생할 소지가 적다.

34 ②
조직 내 협상(배분적 협상 vs 통합적 협상)

협상의 특징	배분적 협상	통합적 협상
이용가능 자원	고정적인 양	유동적인 양
주요 동기	승－패 게임	승－승 게임
이해관계	서로 상반	조화, 상호수렴
관계의 지속성	단기간	장기간

35 ③
협동에 대한 설명이다. 타협은 자신과 상대방의 이익을 중간 정도 만족시키는 방안이다.

토마스(Thomas)의 갈등해소 방안

회피	자신의 이익이나 상대방의 이익 모두에 무관심한 방안
경쟁	상대방의 이익을 희생해 자신의 이익을 추구하는 방안
순응	자신의 이익을 희생하면서 상대방의 이익을 만족시키는 방안
협동	자신과 상대방의 이익을 모두 만족시키는 방안
타협	자신과 상대방의 이익을 중간 정도 만족시키는 방안

36 ①
배분적 협상에 대한 설명이다.

THEME 07 권력

37

20. 국가 9

프렌치와 레이븐(French & Raven)이 주장하는 권력의 원천에 대한 설명으로 옳지 않은 것은?

① 합법적 권력은 권한과 유사하며 상사가 보유한 직위에 기반한다.
② 강압적 권력은 카리스마 개념과 유사하며 인간의 공포에 기반한다.
③ 전문적 권력은 조직 내 공식적 직위와 항상 일치하는 것은 아니다.
④ 준거적 권력은 자신보다 뛰어나다고 생각하는 사람을 닮고자 할 때 발생한다.

38

18. 국가 9

프렌치(J. R. P. French, Jr.)와 레이븐(B. H. Raven)의 권력유형 분류에서 권력의 원천이 아닌 것은?

① 준거(reference)
② 전문성(expertness)
③ 강제력(coercion)
④ 상징(symbol)

THEME 08 리더십

39

20. 서울 9

리더십이론에 대한 설명 중 가장 옳지 않은 것은?

① 피들러(Fiedler)는 상황 요소로 리더의 자질, 과업 구조, 부하의 특성을 들었다.
② 블레이크(Blake)와 머튼(Mouton)의 리더십 격자모형은 리더의 행태를 사람과 과업(생산)의 두 차원으로 나눈다.
③ 허쉬(Hersey)와 블랜차드(Blanchard)는 리더십의 효과에 영향을 미치는 상황 요소로 부하의 성숙도를 들었다.
④ 아이오와(Iowa) 주립대학의 리더십 연구에서는 리더의 행태를 민주형, 권위형, 방임형으로 분류하였다.

40

19. 서울 9 (2월)

피들러(F. Fiedler)의 상황적합적 리더십이론에서 제시된 상황변수가 아닌 것은?

① 리더와 부하의 관계(leader-member relations)
② 부하의 성숙도(maturity)
③ 직위 권력(position power)
④ 과업구조(task structure)

정답 및 해설

37 ②
카리스마적 리더십은 리더의 특출난 성격과 능력으로 추종자들의 강한 헌신과 리더의 일체화를 이끌어내는 리더십이다.

38 ④
프렌치와 레이븐의 권력의 원천은 합법적 권력, 전문적 권력, 강압적 권력, 보상적 권력, 준거적 권력이다.

39 ①
상황적합적 리더십이론[피들러(F. Fiedler)]은 상황변수로 리더와 부하의 관계, 직위 권력, 과업구조를 들었다.

40 ②
피들러의 상황적합적 리더십이론에서 상황변수는 리더와 부하의 관계, 직위 권력, 과업구조이다. 부하의 성숙도는 허시 & 블랜차드의 생애주기이론의 상황변수이다.

41

19. 서울 9

허시(Hersey)와 블랜차드(Blanchard)는 부하의 성숙도(Maturity)에 따른 효과적인 리더십을 제시하였다. 부하가 가장 미성숙한 상황에서 점점 성숙해간다고 할 때, 가장 효과적인 리더십 유형을 〈보기〉에서 골라 순서대로 나열한 것은?

보기	
(가) 참여형	(나) 설득형
(다) 위임형	(라) 지시형

① (다) → (가) → (나) → (라)
② (라) → (가) → (나) → (다)
③ (라) → (나) → (가) → (다)
④ (라) → (나) → (다) → (가)

42

17. 서울 9

리더십에 대한 다음 설명 중 가장 옳지 않은 것은?

① 자질론은 지도자의 자질 특성에 따라 리더십이 발휘된다는 가정 하에, 지도자가 되게 하는 개인의 속성자질을 연구하는 이론이다.
② 행태이론은 눈에 보이지 않는 능력 등 리더가 갖춘 속성보다 리더가 실제 어떤 행동을 하는가에 초점을 맞춘 이론이다.
③ 상황론의 대표적인 예로 피들러(F. Fiedler)의 상황조건론, 하우스(R. J. House)의 경로-목표 모형 등이 있다.
④ 변혁적 리더십은 거래적 리더십을 기반으로 하므로 거래적 리더십과 중첩되는 측면이 있다.

43

19. 국가 9

리더십에 대한 설명으로 옳지 않은 것은?

① 특성론에 대한 비판은 지도자의 자질이 집단의 특성・조직목표・상황에 따라 완전히 달라질 수 있고, 동일한 자질을 갖는 것은 아니며, 반드시 갖춰야 할 보편적인 자질은 없다는 것이다.
② 행태이론에서는 눈에 보이지 않는 능력 등 리더가 갖춘 속성보다 리더가 실제 어떤 행동을 하는가에 초점을 맞춘다.
③ 상황론에서는 리더십을 특정한 맥락 속에서 발휘되는 것으로 파악해, 상황 유형별로 효율적인 리더의 행태를 찾아내기 위한 연구를 수행하였다.
④ 번스(Burns)의 리더십이론에서 거래적 리더십은 카리스마적 리더십을 기반으로 하므로 카리스마적 리더십과 중첩되는 측면이 있다.

44

23. 지방 9

변혁적 리더십에 대한 설명으로 옳지 않은 것은?

① 도전적 목표와 임무, 미래에 대한 비전을 추구하도록 격려한다.
② 구성원 개개인에게 관심을 가지고 배려한다.
③ 상황적 보상과 예외관리를 특징으로 한다.
④ 새로운 관점에서 문제를 재구성하고 해결책을 찾도록 자극한다.

정답 및 해설

41 ③
허시 & 블랜차드의 생애주기이론에 따르면 효과적인 리더십을 위해서는 리더가 부하의 성숙도(상황요인)에 따라 다른 행동 양식(지시, 설득, 참여, 위임)을 보여야 한다.

42 ④
변혁적 리더십은 카리스마적 리더십을 기반으로 하므로 카리스마적 리더십과 중첩되는 측면이 있다.

43 ④
번스의 리더십이론에서 변혁적 리더십은 카리스마적 리더십을 기반으로 한다.

44 ③
거래적 리더십에 대한 설명이다.

45

21. 지방 9

변혁적(transformational) 리더십에 대한 설명으로 옳은 것은?

① 적응보다 조직의 안정을 강조한다.
② 기계적 조직체계에 적합하며, 개인적 배려는 하지 않는다.
③ 부하에게 새로운 비전을 제시하며, 지적 자극을 통한 동기부여를 강조한다.
④ 리더와 부하의 관계를 경제적 교환관계로 인식하고, 보상에 관심을 둔다.

46

19. 지방 9

'변혁적 리더십(transformational leadership)'에 대한 설명으로 옳지 않은 것은?

① 조직참여의 기대가 적은 경우에 적합하며 예외관리에 초점을 둔다.
② 리더가 부하에게 특별한 관심을 보이거나 자긍심과 신념을 심어준다.
③ 리더가 부하들의 창의성을 계발하는 지적 자극(intellectual stimulation)을 중시한다.
④ 리더가 인본주의, 평화 등 도덕적 가치와 이상을 호소하는 방식으로 부하들의 의식수준을 높인다.

47

24. 지방 9

리더-구성원교환이론에 대한 설명으로 옳은 것만을 모두 고르면?

> ㉠ 내집단(in-group)에 속한 구성원이 많을수록 집단의 성과가 높아진다고 본다.
> ㉡ 리더와 구성원이 파트너십 관계로 발전하는 과정을 '리더십 만들기'라 한다.
> ㉢ 리더가 모든 구성원을 차별 없이 대우하는 공정성을 중시한다.
> ㉣ 리더와 구성원이 점점 높은 도덕성과 동기 수준으로 서로를 이끌어 가는 상호 관계를 중시한다.

① ㉠, ㉡　　② ㉠, ㉣
③ ㉡, ㉢　　④ ㉢, ㉣

48

20. 서울 9

〈보기〉에서 리더십에 대한 이론과 설명이 바르게 연결되지 않은 것을 모두 고른 것은?

> 보기
> ㉠ 변혁적 리더십: 리더는 부하들에게 영감적 동기를 부여하고 지적 자극 등을 제공하며 조직을 이끈다.
> ㉡ 거래적 리더십: 리더는 부하의 과업을 정확히 이해하고 목표 달성 정도를 평가하여 성과에 대한 적절한 보상을 한다.
> ㉢ 셀프 리더십: 리더는 구성원들이 잠재력을 발휘할 수 있도록 구성원들을 섬기는 데 중점을 둔다.

① ㉠　　② ㉡
③ ㉢　　④ ㉡, ㉢

정답 및 해설

45 ③
- ③ 변혁적 리더십은 영감, 카리스마, 지적 자극, 개인적 배려에 치중하고 조직에서 변화를 주도하는 리더십이다.
- ①, ②, ④ 거래적 리더십에 대한 설명이다.

46 ①
거래적 리더십에 대한 설명이다. 거래적 리더십은 보상에 관심을 가지며, 업무를 할당하고 평가한다. 또한 예외적 관리에 치중하는 안정 지향적인 리더십이다.

47 ①
- ㉢ 리더-구성원 교환 이론에서는 리더와 개별적 부하 간의 관계를 내집단과 외집단으로 구분하여, 리더가 내집단에 대해서 특별한 관심과 혜택을 준다고 본다.
- ㉣ 변혁적 리더십에 대한 설명이다.

48 ③
㉢ 서번트 리더십에 대한 설명이다. 셀프 리더십은 맨즈(Manz)가 제안한 개념으로서, 자기 스스로 리더가 되어 자기 자신을 이끌어가는 리더십을 말한다.

49

22. 지방 9

서번트(servant) 리더십에 대한 설명으로 옳은 것만을 모두 고르면?

> ㉠ 구성원들이 공동의 목표를 이뤄 나갈 수 있도록 환경을 조성하고 도와준다.
> ㉡ 보상과 처벌을 핵심 관리수단으로 한다.
> ㉢ 그린리프(Greenleaf)는 존중, 봉사, 정의, 정직, 공동체 윤리를 강조했다.
> ㉣ 리더의 최우선적인 역할은 업무를 명확하게 지시하는 것이다.

① ㉠, ㉢　② ㉠, ㉣
③ ㉡, ㉢　④ ㉡, ㉣

51

16. 지방교행 9

조직상황 요인과 조직구조 간의 관계를 설명한 것으로 옳지 않은 것은?

① 조직규모가 커질수록, 분권화 정도가 높은 조직구조가 적합하다.
② 조직환경이 불확실할수록, 분권화 정도는 높고 공식화 정도는 낮은 조직구조가 적합하다.
③ 조직이 방어적 전략을 추구할수록, 공식화 정도는 낮고 분권화 정도는 높은 조직구조가 적합하다.
④ 조직이 비일상적인 기술을 사용할수록, 분권화 정도는 높고 공식화 정도는 낮은 조직구조가 적합하다.

THEME 09 조직구조

50

19. 서울 9

조직의 규모에 대한 설명으로 가장 옳은 것은?

① 조직의 규모가 클수록 공식화 수준이 낮아진다.
② 조직의 규모가 클수록 조직 내 구성원의 응집력이 강해진다.
③ 조직의 규모가 클수록 분권화되는 경향이 있다.
④ 조직의 규모가 클수록 복잡성이 낮아진다.

THEME 10 고전적 조직구성 원리

52

17. 지방 9 (하반기)

조직의 원리에 대한 설명으로 옳지 않은 것은?

① 부성화(部省化)의 원리는 조정에 관한 원리에 해당한다.
② 통솔범위를 좁게 잡으면 계층의 수가 늘어난다.
③ 계선과 참모를 구분하는 것은 분업의 한 형태로 볼 수 있다.
④ 매트릭스 조직은 명령통일의 원리를 위반한 것이다.

정답 및 해설

49 ①

- 서번트 리더십은 부하직원들을 상급자처럼 떠받들어 주면서 리더를 따르게 하는 리더십이다.
- ㉡, ㉣ 리더십 행태론 중 권위형 리더십과 관련된 설명이다.

50 ③

② 조직의 규모가 클수록 조직 내 구성원의 응집력은 약해진다.

상황(규모, 기술, 환경)과 조직구조의 관계

> - 규모가 커질수록: 복잡성 높음. / 공식화 높음. / 집권화 낮음(분권화 높음).
> - 기술(과업)이 다양할수록: 복잡성 높음. / 공식화 낮음. / 집권화 낮음(분권화 높음).
> - 환경이 불확실할수록: 복잡성 높음. / 공식화 낮음. / 집권화 낮음(분권화 높음).

51 ③

조직이 방어적 전략을 추구할수록, 기계적 구조(공식화 높음, 분권화 낮음)가 적합하다.

52 ①

조직의 원리 중 부성화의 원리는 한 조직 내에서 유사한 업무를 묶어 여러 개의 하위기구를 만들 때 활용되는 원리로 분업에 관한 원리에 해당한다.

- 분업에 관한 원리: 분업의 원리(전문화의 원리), 부성화의 원리, 동질성의 원리, 기능명시의 원리
- 조정에 관한 원리: 조정의 원리, 계층제의 원리, 명령통일의 원리, 명령계통의 원리, 통솔범위의 원리

53

17. 지방 9

분업에 대한 설명으로 옳지 않은 것은?

① 분업의 심화는 작업도구·기계와 그 사용방법을 개선하는 데 기여할 수 있다.
② 작업전환에 드는 시간(change-over time)을 단축할 수 있다.
③ 분업이 고도화되면 조직구성원에게 심리적 소외감이 생길 수 있다.
④ 분업은 업무량의 변동이 심하거나 원자재의 공급이 불안정한 경우에 더 잘 유지된다.

54

20. 지방 9

조직구성 원리에 대한 설명으로 옳지 않은 것은?

① 분업의 원리 – 일은 가능한 한 세분해야 한다.
② 통솔범위의 원리 – 한 명의 상관이 감독하는 부하의 수는 상관의 통제능력 범위 내로 한정해야 한다.
③ 명령통일의 원리 – 여러 상관이 지시한 명령이 서로 다를 경우 내용이 통일될 때까지 명령을 따르지 않아야 한다.
④ 조정의 원리 – 권한 배분의 구조를 통해 분화된 활동들을 통합해야 한다.

55

18. 국가 9

조직구조의 설계에 있어서 '조정의 원리'에 대한 설명으로 옳지 않은 것은?

① 수직적 연결은 상위계층의 관리자가 하위계층의 관리자를 통제하고 하위계층 간 활동을 조정하는 것을 목적으로 한다.
② 수직적 연결방법으로는 임시적으로 조직 내의 인적·물적자원을 결합하는 프로젝트 팀(project team)의 설치 등이 있다.
③ 수평적 연결은 동일한 계층의 부서 간 조정과 의사소통을 목적으로 한다.
④ 수평적 연결방법으로는 다수 부서 간의 긴밀한 연결과 조정을 위한 태스크포스(task force)의 설치 등이 있다.

56

17. 지방 9

조직의 원리에 대한 설명으로 옳지 않은 것은?

① 계층제의 원리는 조직 내의 권한과 책임 및 의무의 정도가 상하의 계층에 따라 달라지도록 조직을 설계하는 것이다.
② 통솔범위란 한 사람의 상관 또는 감독자가 효과적으로 통솔할 수 있는 부하 또는 조직단위의 수를 말하며, 감독자의 능력, 업무의 난이도, 돌발 상황의 발생 가능성 등 다양한 요소를 고려하여 정해진다.
③ 분업의 원리에 따라 조직 전체의 업무를 종류와 성질별로 나누어 조직구성원이 가급적 한 가지의 주된 업무만을 전담하게 하면, 부서 간 의사소통과 조정의 필요성이 없어진다.
④ 부성화의 원리는 한 조직 내에서 유사한 업무를 묶어 여러 개의 하위기구를 만들 때 활용되는 것으로 기능부서화, 사업부서화, 지역부서화, 혼합부서화 등의 방식이 있다.

정답 및 해설

53 ④
분업은 정해진 작업을 하도록 세분화하는 것으로, 업무량 변동이 심하거나 원자재의 공급이 불안정한 경우 유지되기 어렵다.

54 ③
명령통일의 원리는 한 사람에게만 보고하고 지시를 받아야 한다는 원리이다.

55 ②
프로젝트 팀은 환경변화에 대응하기 위한 유기적 구조의 일종으로 부서 간 통합을 위한 수평적 조정기제에 해당한다.

56 ③
분업의 원리에 따를 경우 부서 간 의사소통 문제가 발생할 우려가 있기 때문에 조정의 필요성이 발생한다.

57

16. 지방 9

계층제에 대한 설명으로 옳지 않은 것은?

① 조직의 수직적 분화가 많이 이루어졌을 때 고층구조라 하고 수직적 분화가 적을 때 저층구조라 한다.
② 조직 내의 권한과 책임 및 의무의 정도가 상하의 계층에 따라 달라지도록 조직을 설계하는 것을 말한다.
③ 조직에서 지휘명령 등 의사소통, 특히 상의하달의 통로가 확보되는 순기능이 있다.
④ 엄격한 명령계통에 따라 상명하복의 관계 유지를 위해서는 통솔 범위를 넓게 설정한다.

58

16. 국가 9

조직의 통합 및 조정 방법에 대한 설명으로 옳지 않은 것은?

① 민츠버그(Mintzberg)에 의하면 연락 역할 담당자는 상당한 공식적 권한을 부여받아 조직 내 부문 간 의사전달 문제를 처리한다.
② 태스크포스는 여러 부서에서 차출된 직원들로 구성되며 특정 과업이 해결된 후에는 해체된다.
③ 리커트(Likert)의 연결핀 모형에 의하면 관리자는 연결핀으로서 자신이 관리하는 집단의 구성원인 동시에 상사에게 보고하는 관리자 집단의 구성원이다.
④ 차관회의는 조직 간 조정방법 중 하나이다.

THEME 11 데프트(Daft)가 제시한 조직구조 유형

59

23. 국가 9

조직구조의 유형에 대한 설명으로 옳지 않은 것은?

① 사업(부)구조는 조직의 산출물에 기반을 둔 구조화 방식으로 사업(부) 간 기능 조정이 용이하다.
② 매트릭스구조는 수직적 기능구조에 수평적 사업구조를 결합시켜 조직운영상의 신축성을 확보한다.
③ 네트워크구조는 복수의 조직이 각자의 경계를 넘어 연결고리를 통해 결합 관계를 이루어 환경 변화에 대처한다.
④ 수평(팀제)구조는 핵심업무 과정 중심의 구조화 방식으로 부서 사이의 경계를 제거하여 의사소통을 원활하게 한다.

60

20. 지방 9

기능(functional)구조와 사업(project)구조의 통합을 시도하는 조직 형태는?

① 팀제 조직 ② 위원회 조직
③ 매트릭스 조직 ④ 네트워크 조직

61

19. 서울 9 (2월)

데프트(Daft)가 제시한 조직구조 유형에 해당하지 않는 것은?

① 기능구조(functional structure)
② 매트릭스 구조(matrix structure)
③ 단순구조(simple structure)
④ 사업구조(divisional structure)

정답 및 해설

57 ④
엄격한 명령계통에 따라 상명하복의 관계 유지를 위해서는 통솔 범위를 좁게 설정해야 한다.

58 ①
연락 역할 담당자는 상당한 비공식적 권한을 부여받는다.

59 ①
사업(부)구조는 사업(부) 간 조정이 어렵다.

60 ③
- ① 팀제 조직: 권한의 수평적 분산 및 의사결정 단계가 축소된 구조이다.
- ② 위원회 조직: 복수인으로 구성되는 합의제 기관이다.
- ④ 네트워크 조직: 핵심기능 이외의 기능은 외부기관들과 계약관계를 통해 수행하는 조직구조이다.

61 ③
데프트(Daft)가 제시한 조직구조 유형은 기능구조, 사업구조, 매트릭스 구조, 수평구조, 네트워크 구조이다. 단순구조는 민츠버그(H. Mintzberg)가 제시한 조직구조 유형 중 하나에 해당한다. 민츠버그는 조직 내에서 어떤 부분을 강조할 것인지에 따라 단순구조, 기계적 관료제, 전문적 관료제, 사업부제, 애드호크라시로 구분하였다.

62

17. 국가 9 (하반기)

조직유형에 대한 설명으로 옳지 않은 것은?

① 태스크 포스(task force)는 특수한 과업 완수를 목표로 기존의 서로 다른 부서에서 사람들을 선발하여 구성한 팀으로서, 본래 목적을 달성하면 해체되는 임시조직이다.
② 프로젝트 팀(project team)은 전략적으로 중요하거나 창의성이 요구되는 프로젝트를 진행하기 위하여 여러 부서에서 적합한 사람들을 선발하여 구성한 조직이다.
③ 매트릭스 조직(matrix organization)은 기능 중심의 수직조직과 프로젝트 중심의 수평조직을 결합한 구조로서, 명령통일의 원리에 따라 책임과 권한의 한계가 명확하다.
④ 네트워크 조직(network organization)은 핵심기능을 수행하는 소규모의 조직을 중심에 두고 다수의 협력업체를 네트워크로 묶어 과업을 수행한다.

63

24. 국가 9

다음 내용에 해당하는 조직유형에 대한 설명으로 옳지 않은 것은?

A회사는 장기적인 제품개발 프로젝트 수행을 위해 각 부서에서 총 10명을 차출하여 팀을 운영하려고 한다. 이 팀에 소속된 팀원들은 원부서에서 주어진 고유 기능을 수행하면서 제품개발을 위한 별도 직무가 부여된다. 따라서 프로젝트 수행 기간 중 팀원들은 프로젝트팀장과 원소속 부서장의 지휘를 동시에 받게 된다.

① 기능구조와 사업구조를 결합한 혼합형 구조이다.
② 동태적 환경 및 부서 간 상호 의존성이 높은 상황에서 효과적이다.
③ 조직 내부의 갈등 가능성이 커질 우려가 있다.
④ 명령 계통의 다원화로 유연한 인적자원 활용이 어렵다.

64

17. 지방교행 9

다음 설명에 해당하는 조직유형의 일반적 특징으로 옳지 않은 것은?

이것은 기존의 기능부서 조직에 프로젝트 팀의 장점인 유연성·자율성·전문성·혁신성을 배합하고, 기능별로 분화된 수직적 지시·감독 체계에 수평적 지시·감독 체계가 작동하도록 설계한 조직유형이다.

① 조직의 표준화와 규칙화 정도가 높아진다.
② 조직 외부의 변화하는 환경에 탄력적으로 적응한다.
③ 조직 내부의 복잡하고 상호 의존적인 문제를 유연하게 해결한다.
④ 조직에 필요한 인적·물적 자원을 유기적으로 확보·배분·이용한다.

65

17. 지방 9 (하반기)

조직구조의 유형에 대한 설명으로 옳은 것은?

① 수평구조는 수직적 계층과 부서 간 경계를 제거하여 의사소통을 원활하게 만든 구조다.
② 기계적 조직에서는 효율적인 조직 운영을 위해 권한과 책임이 분산되어 있다.
③ 위원회조직은 위원장에 의해 최종 의사결정이 이루어진다는 면에서 독임제로 운영되는 계층제와 유사성이 있다.
④ 애드호크라시는 변화에 신속하게 대응할 수 있다는 장점으로 인해 전통적인 관료제 구조를 대체하기에 이르렀다.

정답 및 해설

62 ③
매트릭스 구조의 조직구성원은 동시에 두 명의 상관에게 보고하는 체계를 가지고 있어(이원적 권한체계) 명령통일의 원리에 부합하지 않고 책임과 권한의 한계가 명확하지 않다.

63 ④
매트릭스 조직에 대한 설명이다. 매트릭스 조직은 기존의 기능부서 인력을 활용하는 만큼 유연한 인적자원 활용이 장점이다.

64 ①
보기는 매트릭스 조직에 대한 내용이다. 조직의 표준화와 규칙화 정도가 높아지는 것은 관료제 또는 기능구조의 특징에 해당한다.

65 ①
- ② 기계적 조직에서는 권한과 책임이 집중되어 있다.
- ③ 위원회조직의 의사결정은 복수의 위원들에 의한 합의제이다.
- ④ 애드호크라시가 변화에 신속하게 대응할 수 있다는 장점으로 인하여 전통적인 관료제 구조의 대안으로 제시되었으나, 여전히 전통적 관료제가 보편적인 조직구조이다.

66
17. 사복 9

다음 조직구조의 유형들을 수직적 계층을 강조하는 구조에서 수평적 조정을 강조하는 구조로 옳게 배열한 것은?

㉠ 네트워크 구조	㉡ 매트릭스 구조
㉢ 사업부제 구조	㉣ 수평구조
㉤ 관료제	

① ㉢ – ㉤ – ㉡ – ㉣ – ㉠
② ㉢ – ㉤ – ㉣ – ㉠ – ㉡
③ ㉤ – ㉢ – ㉡ – ㉣ – ㉠
④ ㉤ – ㉢ – ㉣ – ㉡ – ㉠

THEME 12 기술

67
20. 지방 9

기술과 조직구조의 관계에 대한 페로(Perrow)의 설명으로 옳지 않은 것은?

① 정형화된(routine) 기술은 공식성 및 집권성이 높은 조직구조와 부합한다.
② 비정형화된(non-routine) 기술은 부하들에 대한 상사의 통솔범위를 넓힐 수밖에 없을 것이다.
③ 공학적(engineering) 기술은 문제의 분석가능성이 높다.
④ 기예적(craft) 기술은 대체로 유기적 조직구조와 부합한다.

THEME 13 관료제

68
23. 국가 9

베버(Weber)의 이념형(ideal type) 관료제에 대한 설명으로 옳지 않은 것은?

① 관료제 성립의 배경은 봉건적 지배체제의 확립이다.
② 법적·합리적 권위에 기초를 둔 조직구조와 형태이다.
③ 직위의 권한과 임무는 문서화된 법규로 규정된다.
④ 관료는 원칙적으로 상관이 임명한다.

69
20. 서울 9

베버(Max Weber)가 관료제의 특징으로 제시한 내용에 해당하지 않는 것은?

① 문서화된 규정 – 조직의 목표달성을 위해 필요한 절차와 방법이 기록된 규정이 존재함
② 계층제 – 피라미드 모양의 계층구조를 가지며, 명령과 통제가 위로부터 아래로 전달됨
③ 전문성 – 업무에 대한 지식을 가진 전문적인 관료가 업무를 담당하며, 직무에의 전념을 요구함
④ 협력적 행동 – 원활한 계층 체계 작동을 위해 구성원은 서로 협력하며, 이를 통해 높은 효율과 성과를 거둘 수 있음

정답 및 해설

66 ③
수직적 계층에서 수평적 조정을 강조하는 조직구조로 배열하면, 관료제 – 사업부제 구조 – 매트릭스 구조 – 수평구조 – 네트워크 구조 순이다.

67 ②
비정형화된 기술은 다수의 예외상황 등으로 인하여 상사의 통솔범위가 좁다.

+ 페로우의 기술유형

구분		과업의 다양성	
		소수의 예외	다수의 예외
분석 가능성	낮음	장인 기술 (craft technology)	비일상적 기술 (non-routine technology)
	높음	일상적 기술 (routine technology)	공학적 기술 (engineering technology)

68 ①
베버는 대규모 조직의 '능률적 관리'에 초점을 둔다는 점에서 봉건적 지배체제와 구별된다.

69 ④
베버의 관료제는 협력적 행동보다는, 일정한 자격 또는 능력에 따라 기능을 수행하는 분업의 원리에 따른다.

70

17. 국가 9 (하반기)

베버(M. Weber)가 주장한 이념형(ideal type)으로서의 근대 관료제에 대한 설명으로 옳지 않은 것은?

① 관료는 계급과 근무연한에 따라 정해진 금전적 보수를 받는다.
② 관료는 객관적·중립적 입장보다는 민원인의 입장에서 판단하고 결정한다.
③ 모든 직위의 권한과 관할범위는 법규에 의하여 규정된다.
④ 관료의 업무 수행은 문서에 의한다.

71

22. 지방 9

관료제 병리현상과 그 특징을 짝지은 것으로 옳지 않은 것은?

① 할거주의 – 조정과 협조 곤란
② 형식주의 – 번거로운 문서 처리
③ 피터(Peter)의 원리 – 관료들의 세력 팽창 욕구로 인한 기구와 인력의 증대
④ 전문화로 인한 무능 – 한정된 분야의 전문성 강조로 타 분야에 대한 이해력 부족

72

17. 국가 9

관료제 병리현상에 대한 설명으로 옳지 않은 것은?

① 규칙이나 절차에 지나치게 집착하게 되면 목표와 수단의 대치 현상이 발생한다.
② 모든 업무를 문서로 처리하는 문서주의는 번문욕례(繁文縟禮)를 초래한다.
③ 자신의 소속기관만을 중요시함에 따라 타 기관과의 업무 협조나 조정이 어렵게 되는 문제가 나타난다.
④ 법규와 절차 준수의 강조는 관료제 내 구성원들의 비정의성(非情誼性)을 저해한다.

THEME 14 탈관료제(애드호크라시)

73

17. 사복 9

애드호크라시(adhocracy)에 대한 설명 중 가장 옳지 않은 것은?

① 일상적 업무 수행의 내부 효율성을 제고한다.
② 구성원의 능력을 최대한 발휘하게 하여 혁신을 촉진할 수 있다.
③ 동태적이고 복잡한 환경에 적합한 조직구조이다.
④ 낮은 수준의 공식화를 특징으로 하는 유기적 조직구조이다.

정답 및 해설

70 ②
베버의 관료제에서 관료는 민원인의 입장에서 판단하기보다는 규정에 따라 객관적·중립적 입장에서 판단하는 비정의성[비인간화(impersonality)]을 특징으로 한다.

71 ③
피터의 원리에 따르면 계층제적 관료조직 내에서 구성원이 각자의 능력을 넘는 수준까지 승진하게 된다고 보았다.

72 ④
융통성 없는 엄격한 규정 준수가 강조되는 비정의성이 발생한다.

73 ①
일상적 업무 수행의 내부 효율성을 제고하는 것은 관료제에 대한 설명이다. 애드호크라시는 과업의 표준화나 공식화 정도가 상대적으로 낮기 때문에 구성원 간 업무상 갈등이 일어날 우려가 있다.

74
21. 국가 9

결정과 기획 같은 핵심기능만 수행하는 조직을 중심에 놓고 다수의 독립된 조직들을 협력 관계로 묶어 일을 수행하는 조직형태는?

① 태스크 포스 ② 프로젝트 팀
③ 네트워크 조직 ④ 매트릭스 조직

75
19. 서울 9

네트워크 조직구조가 가지는 일반적인 장점에 대한 설명으로 가장 옳지 않은 것은?

① 조직의 유연성과 자율성 강화를 통해 창의력을 발휘할 수 있다.
② 통합과 학습을 통해 경쟁력을 제고할 수 있다.
③ 조직의 네트워크화를 통해 환경 변화에 따른 불확실성을 감소시킬 수 있다.
④ 조직의 정체성과 응집력을 강화시킬 수 있다.

76
24. 지방 9

팀제 조직에 대한 설명으로 옳은 것만을 모두 고르면?

ㄱ 결정과 기획의 핵심 기능만 남기고 사업집행 기능은 전문업체에 위탁한다.
ㄴ 역동적 환경변화에 유연하게 적응하고 신속한 문제해결이 가능하다.
ㄷ 기술구조 부문이 중심이 되고 작업 과정의 표준화가 주요 조정수단이다.
ㄹ 관료제의 병리를 타파하고 업무수행에 새로운 의식과 행태의 변화 필요성으로 등장하였다.

① ㄱ, ㄴ ② ㄱ, ㄷ
③ ㄴ, ㄹ ④ ㄷ, ㄹ

77
16. 지방교행 9

학습조직과 관련된 설명으로 옳지 않은 것은?

① 개방체계와 자아실현적 인간관에 기반한다.
② 자극·반응적 학습을 주된 방법으로 활용한다.
③ 역량기반 교육훈련제도의 대표적인 방식으로 활용되고 있다.
④ 핵심 가치는 의사소통과 수평적 협력을 통한 조직의 문제 해결이다.

정답 및 해설

74 ③
- ① 태스크 포스: 특수한 과업 완수를 목표로 기존의 다른 부서나 외부업체 등에서 사람들을 선발하여 구성한 조직이며, 본래 목적을 달성하면 해체되는 조직이다.
- ② 프로젝트 팀: 전략적으로 중요하거나 창의성이 요구되는 프로젝트를 진행하기 위해 여러 부서에서 프로젝트 목적에 적합한 사람들을 선발해 구성한 조직이다.
- ④ 매트릭스 조직: 기능(funtional) 중심의 수직적 계층구조와 사업(project) 중심의 수평적 조직구조를 결합한 조직이다.

75 ④
네트워크 조직은 각기 높은 독자성을 지닌 조직 단위나 조직들 간에 협력적 연계를 통해 구성된 조직으로, 조직의 경계가 유동적이고 모호하며 조직의 정체성과 응집력이 약하다.

76 ③
- ㄱ 네트워크 조직에 대한 설명이다. 팀제는 핵심업무 과정 중심의 구조화 방식으로 부서 사이의 경계를 제거하여 의사소통을 원활하게 한다.
- ㄷ 기계적 관료제에 대한 설명이다.

77 ②
학습조직은 자극·반응적 학습보다는 구성원 간의 정보공유 및 참여 등 집단적 학습에 중점을 둔다.

THEME 15 조직유형론

78 23. 지방 9

민츠버그(Mintzberg)가 제시한 조직유형이 아닌 것은?

① 기계적 관료제
② 애드호크라시(adhocracy)
③ 사업부제 구조
④ 홀라크라시(holacracy)

THEME 16 우리나라 정부조직

79 22. 지방 9

정부위원회에 대한 설명으로 옳은 것만을 모두 고르면?

> ㉠ 책임성이 결여될 수 있다.
> ㉡ 자문위원회는 업무가 계속성·상시성이 있어야 한다.
> ㉢ 민주성을 제고하는 장점이 있다.
> ㉣ 방송통신위원회, 공정거래위원회, 국민권익위원회, 금융위원회, 개인정보 보호위원회, 원자력안전위원회는 중앙행정기관이다.

① ㉠, ㉢ ② ㉡, ㉢
③ ㉡, ㉣ ④ ㉠, ㉢, ㉣

80 19. 국가 9

정부의 위원회 조직에 대한 설명으로 옳지 않은 것은?

① 결정에 대한 책임의 공유와 분산이 특징이다.
② 복수인으로 구성된 합의형 조직의 한 형태다.
③ 국민권익위원회는 의사결정의 권한이 없는 자문위원회에 해당된다.
④ 소청심사위원회는 행정관청적 성격을 지닌 행정위원회에 해당된다.

81 18. 서울 9

정부의 각종 위원회에 대한 설명으로 가장 옳은 것은?

① 의결위원회는 의사결정의 구속력은 있지만 집행권이 없다.
② 행정위원회의 대표적인 예로 공정거래위원회, 공직자윤리위원회 등을 들 수 있다.
③ 행정위원회는 독립지위를 가진 행정관청으로 결정권은 없고 집행권만 갖는다.
④ 자문위원회는 계선기관으로서 사안에 따라 조사·분석 등의 기능을 수행한다.

정답 및 해설

78 ④
민츠버그는 단순구조, 기계적 관료제, 전문적 관료제, 사업부제, 애드호크라시로 구분하였다.

구분	단순 구조	기계적 관료제	전문적 관료제	사업 부제	애드호 크라시
강조된 조직 구성 부분	최고 관리층 (전략 부문)	기술 구조	핵심운영층 (operating core)	중간계선 (middle line)	지원참모 (support staff)
조정 방법	직접 감독	작업 과정의 표준화	기술 표준화	산출 표준화	상호 조절
구조	집권화되고 유기적인 조직	높은 분화·전문화 조직	수평·수직적 분권화된 조직	제한된 수직적 분권화 조직	선택적 분권화 조직
환경	단순하고 동태적인 환경	단순하고 안정적인 환경	복잡하고 안정적인 환경	단순하고 안정적인 환경	복잡하고 동태적인 환경

79 ④
㉡ 자문위원회는 자문이 필요한 경우에만 운영하면 되므로, 업무가 계속성·상시성이 필요한 것은 아니다.

80 ③
국민권익위원회는 의사결정권한을 가지는 행정위원회에 해당된다.

81 ①
- ② 공직자윤리위원회는 의결위원회에 해당한다.
- ③ 행정위원회는 독립지위를 가진 행정관청으로 결정권과 집행권을 모두 가진다.
- ④ 자문위원회는 참모기관에 해당한다.

행정위원회와 자문위원회

위원회 구분	권한	예시	특징
행정 위원회	의사결정의 구속력 + 집행권	공정거래위원회, 중앙선거관리위원회, 방송통신위원회, 금융위원회, 국민권익위원회 등	독립지위를 가진 행정관청
의결 위원회	의사결정의 구속력	정부공직자윤리위원회, 기관별 징계위원회 등	–
자문위원회	둘 다 ×	자치분권위원회 등	참모기관

82

20. 서울 9

「정부조직법」에서 규정하고 있는 관장 사무에 대한 설명으로 가장 옳지 않은 것은?

① 교육부장관은 인적자원개발정책 등에 관한 사무를 관장한다.
② 산업통상자원부장관은 창업·벤처기업의 지원 등에 관한 사무를 관장한다.
③ 법무부장관은 출입국관리 등에 관한 사무를 관장한다.
④ 과학기술정보통신부장관은 우편·우편환 및 우편대체 등에 관한 사무를 관장한다.

83

18. 지방 9

정부조직법상 행정기관의 소속으로 옳지 않은 것은?

① 법제처 – 국무총리
② 국가정보원 – 대통령
③ 소방청 – 행정안전부장관
④ 특허청 – 기획재정부장관

84

19. 지방 9 변형

2016년 이후 정부조직의 변화에 대한 설명으로 옳지 않은 것은?

① 중소기업, 벤처기업 등에 관한 사무를 관장하는 중소벤처기업부를 신설하였다.
② 행정안전부의 외청으로 소방청을 신설하였다.
③ 국가보훈처가 차관급에서 장관급으로 격상되었다.
④ 한국수자원공사에 대한 관할권을 환경부에서 국토교통부로 이관하였다.

85

18. 국가 9

행정기관에 대하여 관계법령에 규정된 내용으로 옳은 것은?

① 부속기관이란 행정권의 직접적인 행사를 임무로 하는 기관에 부속하여 그 기관을 지원하는 행정기관을 말한다.
② 보조기관이란 행정기관이 그 기능을 원활하게 수행할 수 있도록 그 기관장을 보좌함으로써 행정기관의 목적달성에 공헌하는 기관을 말한다.
③ 하부기관이란 중앙행정기관에 소속된 기관으로서, 특별지방 행정기관과 부속기관을 말한다.
④ 방송통신위원회, 공정거래위원회, 소청심사위원회 등은 행정기관의 소관 사무에 관하여 자문에 응하거나 조정, 협의, 심의 또는 의결 등을 하기 위해 복수의 구성원으로 이루어진 합의제 기관으로서 행정기관이 아니다.

86

17. 국가 9

정부조직에 대한 설명으로 옳은 것은?

① 감사원은 정부조직법에서 정하는 합의제 행정기관에 해당한다.
② 금융감독원은 정부조직법에 따라 설치된 중앙행정기관이다.
③ 소청심사위원회는 행정자치부 소속으로 행정기관 소속 공무원의 징계처분에 관한 사무를 관장한다.
④ 특허청은 행정 및 재정상의 자율성이 부여되고 성과에 대해 책임을 지도록 하는 책임운영기관에 해당한다.

정답 및 해설

82 ②
창업·벤처기업의 지원 등에 관한 사무는 중소벤처기업부에서 관장한다.

83 ④
특허청은 산업통상자원부 소속 중앙행정기관이다.

84 ④
물관리 업무는 환경부로 일원화되었다.
※ 2023년 정부조직개편을 통해 국가보훈처는 국가보훈부가 되었다.

85 ①
- ② 보좌기관에 대한 설명이다.
- ③ 소속기관에 대한 설명이다.
- ④ 행정위원회들로 행정기관에 해당한다.

86 ④
- ① 감사원은 합의제 행정기관이지만 정부조직법이 아니라 헌법 및 감사원법에서 정하고 있다.
- ② 금융감독원은 금융위원회의 설치 등에 관한 법률 제24조에 따라 설치된 무자본 특수법인이다.
- ③ 소청심사위원회는 인사혁신처 소속이다.
※ 행정자치부는 행정안전부로 조직개편되었다.

THEME 17 공기업

87

21. 국가 9

공기업에 대한 설명으로 옳지 않은 것은?

① 공공수요가 있으나 민간부문의 자본이 부족한 경우 공기업 설립이 정당화된다.
② 시장에서 독점성이 나타나는 경우 공기업 설립이 정당화된다.
③ 전통적인 자본주의적 사기업 질서에 반하여 사회주의적 간섭을 하는 것으로 볼 수 있다.
④ 주식회사형 공기업은 특별법 혹은 상법에 의해 설립되지만 일반행정기관에 적용되는 조직·인사 원칙이 적용된다.

88

19. 국가 9

공공서비스의 공급 주체 중 정부 부처 형태의 공기업에 해당하는 것은?

① 한국철도공사
② 한국소비자원
③ 국립중앙극장
④ 한국연구재단

89

17. 지방 9

공기업 민영화에 대한 설명으로 옳지 않은 것은?

① 공공기관 경영평가에서 3년 연속 최하등급을 받은 공기업은 공공기관의 운영에 관한 법률상 민영화하여야 한다.
② 공공영역을 일정 부분 축소하는 것으로 볼 수 있다.
③ 공기업을 민영화하면 국민에 대한 보편적 서비스의 제공이 약화될 수 있다.
④ 공기업 매각 방식의 민영화를 통해 공공재정의 확충이 가능하다.

90

17. 지방 9

우편사업, 우체국예금사업, 양곡관리사업, 조달사업을 수행하기 위한 특별회계예산의 운용에 관한 사항을 규정하고 있는 현행법은?

① 공공기관의 운영에 관한 법률
② 정부기업예산법
③ 예산회계법
④ 정부산하기관관리기본법

91

17. 국가 9

공공서비스 공급주체의 유형과 예시를 바르게 연결한 것은?

① 준시장형 공기업 – 한국방송공사
② 시장형 공기업 – 한국마사회
③ 기금관리형 준정부기관 – 한국연구재단
④ 위탁집행형 준정부기관 – 한국소비자원

정답 및 해설

87 ④
주식회사형 공기업은 일반행정기관에 적용되는 조직·인사 원칙(국가공무원법 등)이 적용되지 않을 수 있다.

88 ③
- ③ 국립중앙극장은 문화체육관광부 소속 책임운영기관으로 정부 부처 형태의 공기업에 해당한다.
- ①, ②, ④ 한국철도공사, 한국소비자원, 한국연구재단은 공공기관의 운영에 관한 법률에 따라 지정된 공공기관이다. 즉, 주식회사형 또는 공사형 공기업에 해당한다.

89 ①
공공기관의 운영에 관한 법률 제48조 제8항: 기획재정부장관은 경영실적 평가 결과 경영실적이 부진한 공기업·준정부기관에 대하여 운영위원회의 심의·의결을 거쳐 기관장·상임이사의 임명권자에게 그 해임을 건의하거나 요구할 수 있다.

90 ②
정부기업예산법 제3조(특별회계의 설치): 정부기업을 운영하기 위하여 다음 각 호의 특별회계를 설치하고 그 세입으로써 그 세출에 충당한다.
1. 우편사업특별회계
2. 우체국예금특별회계
3. 양곡관리특별회계
4. 조달특별회계

91 ④
- ① 한국방송공사, 한국교육방송공사 등은 「공공기관의 운영에 관한 법률」에 따라 공공기관으로 지정할 수 없다.
- ② 한국마사회는 준시장형 공기업에 해당한다.
- ③ 한국연구재단은 위탁집행형 준정부기관에 해당한다.

92
20. 국가 9

책임운영기관에 대한 설명으로 옳지 않은 것은?

① 기관장에게 기관 운영의 자율성을 보장하고, 기관 운영 성과에 대해 책임을 지도록 한다.
② 공공성이 크기 때문에 민영화하기 어려운 업무를 정부가 직접 수행하기 위해 고안된 것이다.
③ 객관적이고 신뢰할 수 있는 성과평가 시스템 구축은 책임운영기관의 성공 여부를 결정짓는 요건 중의 하나이다.
④ 1970년대 영국에서 집행기관(executive agency)이라는 이름으로 처음 도입되었고, 우리나라는 1990년부터 운영하고 있다.

93
19. 서울 9

우리나라의 책임운영기관(Executive Agency)에 대한 설명으로 가장 옳지 않은 것은?

① 신공공관리론(NPM)의 조직원리에 따라 등장한 성과 중심 정부 실현의 한 방안으로 도입되었다.
② 책임운영기관의 장에게 행정 및 재정상의 자율성을 부여하고 그 운영성과에 대하여 책임을 지도록 하는 행정기관을 말한다.
③ 책임운영기관은 사무성격에 따라 조사연구형, 교육훈련형, 문화형, 의료형, 시설관리형, 그 밖에 대통령령으로 정하는 기타 유형으로 구분된다.
④ 「책임운영기관의 설치·운영에 관한 법률」에 근거하여 1995년부터 제도가 시행되었다.

94
19. 국가 9

「책임운영기관의 설치·운영에 관한 법률」상 책임운영기관에 대한 설명으로 옳지 않은 것은?

① 책임운영기관은 기관장에게 재정상의 자율성을 부여하고 그 운영성과에 대해 책임을 지도록 하는 행정기관의 특성을 갖는다.
② 소속책임운영기관에 두는 공무원의 총 정원 한도는 총리령으로 정하며, 이 경우 고위공무원단에 속하는 공무원의 정원은 부령으로 정한다.
③ 소속책임운영기관 소속 공무원의 임용시험은 기관장이 실시함을 원칙으로 한다.
④ 기관장의 근무기간은 5년의 범위에서 소속중앙행정기관의 장이 정하되, 최소한 2년 이상으로 하여야 한다.

95
17. 사복 9

「공공기관의 운영에 관한 법률」에 따른 공공기관의 유형에 속하지 않는 것은?

① 기금관리형 준정부기관
② 준시장형 공기업
③ 위탁집행형 공기업
④ 기타공공기관

정답 및 해설

92 ④
1988년 영국에서 국방·보건·교도소 등 140여 개의 부서를 '집행기관(Executive Agency)'으로 지정하면서 시작되었고, 우리나라는 1999년 '책임운영기관의 설치·운영에 관한 법률'이 제정되어 2000년에 국립중앙과학관 등 10개 기관을 책임운영기관으로 지정하였다.

93 ④
우리나라는 1999년에 책임운영기관의 설치·운영에 관한 법률이 제정되었고, 2000년에 국립중앙과학관 등 10개 기관이 책임운영기관으로 지정되었다.

94 ②
책임운영기관의 설치·운영에 관한 법률 제16조 제1항: 소속책임운영기관에 두는 공무원의 총 정원 한도는 대통령령으로 정한다. 이 경우 다음 각 호의 정원은 총리령 또는 부령으로 정하되, 대통령령으로 정하는 바에 따라 통합하여 정할 수 있다.
1. 공무원의 종류별·계급별 정원
2. 고위공무원단에 속하는 공무원의 정원

95 ③
「공공기관의 운영에 관한 법률」에 따른 공공기관의 유형에는 공기업(시장형 공기업, 준시장형 공기업), 준정부기관(기금관리형 준정부기관, 위탁집행형 준정부기관), 기타공공기관이 있다.

THEME 18 조직의 목표

96

21. 국가 9

조직목표의 기능에 대한 설명으로 옳지 않은 것은?

① 조직구성원들이 목표로 인해 일체감을 느끼기 때문에 구성원들의 동기를 유발해준다.
② 조직의 구조와 과정을 설계하는 준거를 제공하고 성과를 평가하는 기준이 되기도 한다.
③ 미래의 바람직한 상태를 밝혀 조직활동의 방향을 제시한다.
④ 조직이 존재하는 정당성의 근거가 될 수는 없다.

97

19. 서울 9 (2월)

조직목표의 변동에 대한 설명으로 가장 옳은 것은?

① 목표의 대치(displacement)는 조직목표 달성이 어려울 때 기존 목표를 새로운 목표로 전환하는 것이다.
② 목표의 다원화(multiplication)는 조직목표 달성이 어려울 때 기존 목표에 새로운 목표를 추가하는 것이다.
③ 목표의 확대(expansion)는 본래 조직목표를 달성하였을 때, 새로운 목표를 발견하여 선택하는 것이다.
④ 목표의 승계(succession)는 본래 조직목표 달성이 불가능할 때 기존 목표의 범위를 확장하는 것이다.

98

22. 지방 9

조직문화의 경쟁가치모형에 대한 설명으로 옳지 않은 것은?

① 위계 문화는 응집성을 강조한다.
② 혁신지향 문화는 창의성을 강조한다.
③ 과업지향 문화는 생산성을 강조한다.
④ 관계지향 문화는 사기 유지를 강조한다.

THEME 19 관리과정

99

22. 국가 9

목표관리제(MBO)에 대한 설명으로 옳은 것만을 모두 고르면?

> ㉠ 부하와 상사의 참여를 통해 목표를 설정한다.
> ㉡ 중·장기목표를 단기목표보다 강조한다.
> ㉢ 조직 내·외의 상황이 안정적이고 예측 가능한 조직에서 성공확률이 높다.
> ㉣ 개별 구성원의 직무 특수성을 반영하기 위하여 목표의 정성적, 주관적 성격이 강조된다.

① ㉠, ㉡　② ㉠, ㉢
③ ㉡, ㉣　④ ㉢, ㉣

정답 및 해설

96 ④
조직목표는 조직이 존재하는 정당성의 근거가 된다.

97 ②
- ① 목표의 전환에 대한 설명이다. 목표의 대치는 원래의 목표가 수단으로 뒤바뀌는 것이다.
- ③ 목표의 승계에 대한 설명이다. 목표의 확대는 본래 조직목표 달성이 불가능할 때 기존 목표의 범위를 확장하는 것이다.
- ④ 목표의 확대에 대한 설명이다. 목표의 승계는 본래 조직목표를 완전히 달성하거나 달성할 수 없을 때 같은 유형의 다른 목표로 교체하는 것이다.

98 ①
응집성을 강조하는 것은 관계지향 문화이다. 위계 문화는 정보관리와 의사소통을 강조한다.

퀸과 로보그의 경쟁가치 모형

초점 \ 구조	안정성(통제)	유연성(유동성)
내부	내부과정모형 • 목표: 안정성과 균형 • 수단: 정보관리와 의사소통 • 위계지향문화(위계문화)	인간관계모형 • 목표: 인적자원 개발 • 수단: 응집성, 사기 및 훈련 • 관계지향문화(집단문화)
외부	합리적 목표모형 • 목표: 생산성과 능률성, 수익성 • 수단: 계획과 목표 설정 • 과업지향문화(합리문화)	개방체제모형 • 목표: 성장과 자원확보 • 수단: 외부평가 • 혁신지향문화(발전문화) ※ 창업단계에 적합

99 ②
목표관리제(MBO)는 계량적으로 측정하기 용이한 단기적·가시적 목표를 설정한다.

100

19. 서울 9

목표관리제(MBO)와 성과관리제를 비교한 〈보기〉의 설명 중 옳은 것을 모두 고르면?

보기

㉠ 목표관리제는 개인이나 부서의 목표를 조직의 관리자가 제시한다는 측면에서 조직목표 달성을 위한 하향식 접근이다.
㉡ 목표관리제와 성과관리제 모두 성과지표별로 목표달성수준을 설정하고 사후의 목표달성도에 따라 보상과 재정지원의 차등을 약속하는 계약을 체결한다.
㉢ 성과평가에서는 평가의 타당성, 신뢰성, 객관성을 확보하는 것이 중요하다.
㉣ 성과관리는 조직의 비전과 목표로부터 이를 달성하기 위한 부서단위의 목표와 성과지표, 개인단위의 목표와 지표를 제시한다는 점에서 상향식 접근이다.

① ㉢ ② ㉡, ㉢
③ ㉠, ㉡, ㉢ ④ ㉡, ㉢, ㉣

101

20. 국가 9

총체적 품질관리(Total Quality Management)에 대한 설명으로 옳은 것만을 모두 고르면?

㉠ 고객의 요구를 존중한다.
㉡ 무결점을 향한 지속적 개선을 중시한다.
㉢ 집권화된 기획과 사후적 통제를 강조한다.
㉣ 문제해결의 주된 방법은 집단적 노력에서 개인적 노력으로 옮아간다.

① ㉠, ㉡ ② ㉠, ㉢
③ ㉡, ㉣ ④ ㉢, ㉣

102

18. 서울 9

전통적 관리와 TQM(Total Quality Management)에 대한 설명으로 가장 옳지 않은 것은?

① 전통적 관리체제는 기능을 중심으로 구조화되는 데 비해 TQM은 절차를 중심으로 조직이 구조화된다.
② 전통적 관리체제는 개인의 전문성을 장려하는 분업을 강조하는 데 비해 TQM은 주로 팀 안에서 업무를 수행할 것을 강조한다.
③ 전통적 관리체제는 상위층의 의사결정을 위한 정보체제를 운영하는 데 비해 TQM은 절차 내에서 변화를 이루는 사람들이 적시에 정확한 정보를 소유하는 데 초점을 둔다.
④ 전통적 관리체제는 낮은 성과의 원인을 관리자의 책임으로 간주하는 데 비해 TQM은 낮은 성과를 근로자 개인의 책임으로 간주한다.

정답 및 해설

100 ②

- ㉠ 목표관리제는 수행해야 할 목표설정과정에 개별구성원이 참여한다. 따라서 조직목표 달성을 위한 상향식 접근이다.
- ㉣ 성과관리는 조직의 비전과 목표로부터 이를 달성하기 위한 부서단위의 목표와 성과지표, 개인단위의 목표와 지표를 제시한다는 점에서 하향식 접근이다.

101 ①

- ㉢ TQM은 Y이론적 인간관을 바탕으로 분권적 조직관리, 서비스 제공 이전의 품질관리체계를 강조한다.
- ㉣ TQM은 개인보다는 팀 단위의 활동을 바탕으로 한다.

102 ④

전통적 관리 vs 총체적 품질관리(TQM)

전통적 관리	총체적 품질관리
기능 중심으로 구조화	절차 중심으로 구조화
개인의 전문성을 장려하는 분업을 강조	팀 안에서 업무를 수행할 것을 강조
상위층의 의사결정을 위한 정보체제 운영	절차 내에서 변화를 이루는 사람들이 적시에 정확한 정보를 소유하는 데 초점
낮은 성과의 책임은 관리자	낮은 성과의 책임은 연대적·총체적 책임

103

17. 서울 9

총체적 품질관리(TQM)와 목표관리(MBO)에 대한 설명으로 가장 옳은 것은?

① TQM이 X이론적 인간관에 기반하고 있다면, MBO는 Y이론적 인간관에 기반하고 있다.
② TQM이 분권화된 조직관리 방식이라고 하면, MBO는 집권화된 조직관리 방식이다.
③ TQM이 조직 내부 성과의 효율성에 초점을 둔다면, MBO는 고객만족도 중심의 대응성에 초점을 둔다.
④ TQM이 팀 단위의 활동을 바탕으로 한다면, MBO는 개별 구성원의 활동을 바탕으로 한다.

104

16. 사복 9

총체적 품질관리(TQM)에 대한 설명으로 옳지 않은 것은?

① 모든 조직구성원들은 한편으로 공급자이면서 다른 한편으로는 고객인 이중적 역할을 수행하는 것으로 본다.
② 환경의 불확실성을 통제하기 위하여 단기적 전략과 교정적·사후적 통제에 치중한다.
③ 목표관리제(MBO)와 달리 TQM의 관심은 외향적이어서 고객의 필요에 따라 목표를 설정하는 것을 강조한다.
④ 하급직원들에게 힘을 실어주는 일과 분권화를 촉구하지만 계층제의 완전한 폐지를 주장하지는 않는다.

105

21. 지방 9

균형성과표(BSC)에 대한 설명으로 옳지 않은 것은?

① 조직의 장기적 전략 목표와 단기적 활동을 연결할 수 있게 한다.
② 재무적 성과지표와 비재무적 성과지표를 통한 균형적인 성과관리 도구라고 할 수 있다.
③ 재무적 정보 외에 고객, 내부 절차, 학습과 성장 등 조직 운영에 필요한 관점을 추가한 것이다.
④ 고객 관점에서의 성과지표는 시민참여, 적법절차, 내부 직원의 만족도, 정책순응도, 공개 등이 있다.

106

17. 지방 9 (하반기)

균형성과표(BSC)에 대한 설명으로 옳지 않은 것은?

① 학습·성장 관점은 구성원의 능력개발이나 직무만족과 같이 주로 인적자원에 대한 성과를 포함한다.
② 무형자산에 대한 강조는 성과평가의 시간에 대한 관점을 단기에서 장기로 전환시킨다.
③ 고객 관점의 성과지표에는 고객만족도, 신규 고객 증가수 등이 있다.
④ 내부 프로세스 관점에서는 통합적인 일처리절차보다 개별 부서별로 따로따로 이루어지는 일처리방식에 초점을 맞춘다.

정답 및 해설

103 ④

■ 총체적 품질관리와 목표관리 비교

> 1. 공통점: Y이론적 인간관, 분권적 조직관리
> 2. 차이점
>   - 총체적 품질관리는 팀 단위의 활동을 바탕으로, 목표관리는 개별 구성원의 활동을 바탕으로 한다.
>   - 총체적 품질관리는 고객만족도 중심의 대응성에, 목표관리는 조직 내부 성과의 효율성에 초점을 둔다.

104 ②

TQM은 장기적 관점, 서비스 제공 이전의 품질관리 체계를 강조한다.

105 ④

시민참여(내부 프로세스 관점), 적법절차(내부 프로세스 관점), 고객의 만족도(고객 관점), 정책순응도(고객 관점), 공개(내부 프로세스 관점)

■ 균형성과표 관점과 측정지표

> 1. 학습과 성장 관점: 구성원의 역량, 학습동아리 수, 내부 제안 건수, 직무만족도 등
> 2. 내부 프로세스 관점: 의사결정의 시민참여, 적법한 절차, 커뮤니케이션 구조, 공개 등
> 3. 재무적 관점: 매출, 자본수익률, 예산 대비 차이 등
> 4. 고객 관점: 고객만족도, 정책순응도, 민원인의 불만율, 신규 고객의 증감 등

106 ④

내부 프로세스 관점은 정책결정과정, 정책집행과정, 재화와 서비스의 전달과정 등을 포괄하는 넓은 개념으로, 통합적인 일처리절차에 초점을 맞춘다.

107

17. 사복 9

균형성과표(BSC : Balanced Score Card)의 관점과 측정 지표가 바르게 연결된 것은?

① 학습과 성장 관점 – 직무만족도
② 내부 프로세스 관점 – 민원인의 불만율
③ 재무적 관점 – 신규 고객의 증감
④ 고객 관점 – 조직 내 커뮤니케이션 구조

108

19. 서울 9 (2월)

〈보기〉 정책의 전략적 관리방안을 단계별 순서대로 바르게 나열한 것은?

보기

㉠ 총체적인 정책 방향과 통용되는 규범적 가치 파악
㉡ 전략적 의제 개발
㉢ 전략적 정책 집행
㉣ 전략적 대안 모색
㉤ SWOT 분석을 통한 현재 상황의 파악
㉥ 전략적 정책대안의 성공 가능성 평가

① ㉠ → ㉣ → ㉤ → ㉥ → ㉢ → ㉡
② ㉠ → ㉤ → ㉡ → ㉣ → ㉥ → ㉢
③ ㉠ → ㉡ → ㉣ → ㉤ → ㉢ → ㉥
④ ㉠ → ㉢ → ㉥ → ㉡ → ㉣ → ㉤

THEME 20 조직개혁

109

16. 국가 9

조직시민행동(organizational citizenship behavior)에 대한 설명으로 옳지 않은 것은?

① 공식적인 보상 시스템에 의하여 직접적으로 또는 명시적으로 인식되지 않는 직무역할 외 행동이다.
② 구성원들의 역할모호성 지각은 조직시민행동에 긍정적 영향을 미친다.
③ 구성원들의 절차공정성 지각은 조직시민행동에 긍정적 영향을 미친다.
④ 작업장의 청결을 유지하는 것은 조직시민행동 유형 중 양심행동에 속한다.

110

16. 지방교행 9

역대 정부의 행정개혁에 대한 기술로 옳지 않은 것은?

① 노무현 행정부는 예산효율화를 위해 사업별 예산제도를 도입하였다.
② 김영삼 행정부는 지방분권화를 위해 내무부의 지방통제 기능을 축소하였다.
③ 이명박 행정부는 공기업 선진화를 위해 민영화, 통폐합 등의 조치를 단행하였다.
④ 김대중 행정부는 공무원의 전문성과 역량 강화를 위해 고위공무원단제도를 도입하였다.

정답 및 해설

107 ①

- ②, ③ 민원인의 불만율, 신규 고객의 증감은 고객 관점이다.
- ④ 조직 내 커뮤니케이션 구조는 내부 프로세스 관점이다.

균형성과표 관점과 측정지표

1. 학습과 성장 관점: 구성원의 역량, 학습동아리 수, 내부 제안 건수, 직무만족도 등
2. 내부 프로세스 관점: 의사결정의 시민참여, 적법한 절차, 커뮤니케이션 구조, 공개 등
3. 재무적 관점: 매출, 자본수익률, 예산 대비 차이 등
4. 고객 관점: 고객만족도, 정책순응도, 민원인의 불만율, 신규 고객의 증감 등

108 ②

전략적 관리(SM : Strategic Management)는 장기적 관점에서 계획기간을 설정하고, 목표지향적인 개혁적 관리기법을 의미한다.

정책의 전략적 관리방안

총체적인 정책 방향과 통용되는 규범적 가치 파악 → SWOT 분석을 통한 현재 상황의 파악 → 전략적 의제 개발 → 전략적 대안 모색 → 전략적 정책대안의 성공 가능성 평가 → 전략적 정책 집행

109 ②

- 구성원들의 역할모호성 지각은 조직시민행동에 부정적 영향을 미친다.
- 조직시민행동은 조직구성원의 공식적 직무는 아니지만 조직의 효율성 증진에 기여하는 재량적 · 자발적 행동이다. 예컨대 동료의 일을 돕는 것, 봉사활동 참여, 자기개발 등이 해당한다.

110 ④

우리나라 고위공무원단제도는 노무현 정부시기인 2006년 7월에 시행되었다.

04 인사행정

THEME 01 인사행정의 발달

01

22. 국가 9

직업공무원제의 특징으로 옳지 않은 것은?

① 직무급 중심 보수체계
② 능력발전의 기회 부여
③ 폐쇄형 충원방식
④ 신분의 보장

02

20. 지방 9

직업공무원제의 단점을 보완하는 것으로 옳지 않은 것은?

① 개방형 인사제도
② 계약제 임용제도
③ 계급정년제의 도입
④ 정치적 중립의 강화

03

19. 지방 9

직업공무원제에 대한 설명으로 옳지 않은 것은?

① 젊고 우수한 인재가 공직을 직업으로 선택해 일생을 바쳐 성실히 근무하도록 운영하는 인사제도이다.
② 폐쇄적 임용을 통해 공무원집단의 보수화를 예방하고 전문행정가 양성을 촉진한다.
③ 행정의 안정성을 확보할 수 있고, 높은 수준의 행동규범을 유지하는 데 도움이 된다.
④ 조직 내에 승진적체가 심화되면서 직원들의 불만이 증가할 수 있다.

04

24. 국가 9

실적주의 공무원제도에 대한 설명으로 옳은 것은?

① 미국에서는 잭슨(Jackson) 대통령에 의해 공식화되었다.
② 공직의 일은 건전한 상식과 인품을 가진 일반 대중 누구나 수행할 수 있는 것이라고 전제하였다.
③ 공개경쟁시험, 신분보장, 정치적 중립이 핵심적인 요소이다.
④ 사회적 형평성을 가장 중요한 가치로 삼는 인사제도이다.

정답 및 해설

01 ①
직업공무원제는 능력 발전의 공정한 기회, 조직의 중·상위 계급보다는 최하위 계급으로 채용하여 상위 계급으로 승진하는 폐쇄형 임용, 신분의 보장 등을 특징으로 한다. 계급제에 가깝기 때문에 직무급 중심 보수체계보다는 계급과 근무연수 중심의 보수체계를 갖는다.

02 ④
직업공무원제는 신분보장을 통하여 정치적 중립이 보장되는 측면이 있다.

직업공무원제

유능하고 젊은 사람을 실적에 따라 채용하여 장기 근무를 장려하고 공직을 전문 직업분야로 인식하게 하는 제도로, 절대왕정시기의 관료제에 염원을 두고 있다. 폐쇄형 충원 및 계급제, 신분보장, 일반행정가 양성, 채용 시 발전가능성과 잠재력 등을 특징으로 한다.

03 ②
직업공무원제는 공무원집단의 보수화와 일반행정가 양성을 촉진한다.

04 ③
- ①, ② 엽관주의에 대한 설명이다.
- ④ 대표관료제에 대한 설명이다.

05
17. 서울 9

인사행정제도에 대한 다음 설명 중 가장 옳은 것은?

① 직업공무원제는 장기근무를 장려하고 행정의 계속성과 일관성을 유지하는 데 긍정적인 제도로 개방형 인사제도 및 전문행정가주의에 입각하고 있다.
② 엽관주의는 정당에의 충성도와 공헌도를 임용 기준으로 삼는 인사행정제도로 행정의 민주화에 공헌한다는 장점이 있다.
③ 실적주의는 개인의 능력이나 자격, 적성에 기초한 실적을 임용기준으로 삼는 인사행정제도로 정치지도자들의 행정 통솔력을 강화시키는 데 기여한다.
④ 대표관료제는 전체 국민에 대한 정부의 대응성을 향상시키고 실적주의를 강화하여 행정의 능률성을 향상시키는 장점이 있다.

06
21. 지방 9

엽관주의와 실적주의에 대한 설명으로 옳은 것은?

① 엽관주의는 개인의 능력, 적성, 기술을 공직 임용 기준으로 한다.
② 엽관주의는 정치지도자의 국정 지도력을 약화한다.
③ 실적주의는 국민에 대한 관료의 대응성을 높인다.
④ 실적주의는 공직 임용에 대한 기회의 균등을 보장한다.

07
18. 지방교행 9

우리나라 공무원 인사제도의 실적제(merit system) 기본원리와 가장 거리가 먼 것은?

① 신규임용은 공개경쟁임용시험으로 한다.
② 공무원은 정당이나 그 밖의 정치단체의 결성에 관여하거나 가입할 수 없다.
③ 국회 소관상임위원회의 인사청문회 견해는 인사권자인 대통령을 법적으로 구속하는 것은 아니다.
④ 공무원은 형의 선고·징계 또는 「지방공무원법」에서 정하는 사유가 아니면 본인의 의사에 반하여 휴직·강임 또는 면직을 당하지 아니한다.

08
23. 지방 9

대표관료제에 대한 설명으로 옳지 않은 것은?

① 우리나라는 양성채용목표제, 장애인 의무고용제 등 다양한 균형인사제도를 통해 대표관료제의 논리를 반영하고 있다.
② 다양한 집단의 이익을 반영하는 실적주의 이념에 부합하는 인사제도이다.
③ 할당제를 강요하는 결과를 초래하고, 특정 집단에 대한 역차별 문제를 야기할 수 있다.
④ 임용 전 사회화가 임용 후 행태를 자동적으로 보장한다는 가정하에 전개되어 왔다.

정답 및 해설

05 ②
- ① 직업공무원제는 폐쇄형 인사제도 및 일반행정가주의에 입각하고 있다.
- ③ 정치지도자들의 행정 통솔력을 강화시키는 데 기여하는 것은 엽관주의의 특징이다.
- ④ 대표관료제는 실적주의를 훼손하고 행정의 능률성을 저하시킬 가능성이 있다.

06 ④
- ① 실적주의는 개인의 능력, 적성, 기술을 공직 임용 기준으로 한다.
- ② 엽관주의는 정치지도자의 국정 지도력을 강화한다.
- ③ 엽관주의는 국민에 대한 관료의 대응성을 높인다.

07 ③
국회 소관상임위원회 인사청문에서 다소 논란이 발생하더라도 대통령의 후보자 임명을 막을 수 없다. 즉 대통령의 국정운영 철학에 부합되는 후보라면 임명이 가능하므로 실적제보다는 엽관제와 관련이 있다.

08 ②
실적주의는 실적에 의한 채용방식이고, 다양한 집단의 이익을 반영하는 것은 대표관료제에 대한 설명이다. 따라서 대표관료제는 현대 인사행정의 기본 원칙인 실적주의를 약화시킨다.

09

19. 지방 9

대표관료제에 대한 설명으로 옳지 않은 것은?

① 소극적 대표가 적극적 대표를 촉진한다는 가정하에 제도를 운영해 왔다.
② 엽관주의 폐단을 시정하기 위해 등장하였으며 역차별의 문제를 완화할 수 있다.
③ 소극적 대표성은 전체 사회의 인구 구성적 특성과 가치를 반영하는 관료제의 인적 구성을 강조한다.
④ 우리나라는 균형인사제도를 통해 장애인·지방인재·저소득층 등에 대한 공직진출 지원을 하고 있다.

10

17. 국가 9

대표관료제에 대한 설명으로 옳지 않은 것은?

① 엽관주의의 폐단을 시정하기 위해 등장하였다.
② 관료의 국민에 대한 대응성과 책임성을 향상시킨다.
③ 형평성을 제고할 수 있으나 역차별의 문제가 발생할 수 있다.
④ 우리나라도 대표관료제적 임용정책을 시행하고 있다.

11

19. 서울 9 (2월)

대표관료제에 대한 설명으로 가장 옳지 않은 것은?

① 관료들은 누구나 자신의 사회적 배경의 가치나 이익을 정책 과정에 반영시키려고 노력한다는 명제를 전제로 한다.
② 할당제로 인한 역차별의 문제를 야기할 수 있다.
③ 실적제 구현과 행정 능률 향상에 기여하는 제도로 평가받는다.
④ 우리나라는 현재 여성, 장애인, 지방인재 등에 대한 공직 임용 확대 노력을 하고 있다.

12

17. 국가 9

전략적 인적자원관리에 대한 설명으로 옳지 않은 것은?

① 장기적이며 목표·성과 중심적으로 인적자원을 관리한다.
② 개인의 욕구는 조직의 전략적 목표달성을 위해 희생해야 한다는 입장이다.
③ 인사업무 책임자가 조직 전략 수립에 적극적으로 관여한다.
④ 조직의 전략 및 성과와 인적자원관리 활동 간의 연계에 중점을 둔다.

13

23. 국가 9

연공주의(seniority system)에 대한 설명으로 옳은 것만을 모두 고르면?

㉠ 장기근속으로 조직에 대한 공헌도를 높인다. ㉡ 개인의 성과에 따른 적절한 보상을 통해 사기를 높인다. ㉢ 계층적 서열구조 확립으로 조직 내 안정감을 높인다. ㉣ 조직 내 경쟁을 통해서 개인의 역량 개발에 기여한다.

① ㉠, ㉡　　② ㉠, ㉢
③ ㉡, ㉣　　④ ㉢, ㉣

정답 및 해설

09 ②
엽관주의 폐단을 시정하기 위해 등장한 것은 실적주의이고, 대표관료제는 역차별의 문제가 발생할 수 있다.

10 ①
대표관료제는 실적주의의 폐단(형식적 기회균등) 보완과 관료집단을 민주적 방법으로 행동하도록 하기 위한 방안으로 도입하였다. 엽관주의의 폐단을 시정하기 위해 등장한 것은 실적주의이다.

11 ③
대표관료제는 실적주의를 훼손하고 행정능률을 저하시킬 가능성이 있다.

12 ②
전략적 인사관리는 개인의 욕구와 조직의 목표 간의 조화를 강조한다.

13 ②
㉡, ㉣ 성과주의에 대한 설명이다.

연공주의와 성과주의

1. 연공주의: 개인의 성과와 능력보다는 태도와 근속연수를 강조한다. 2. 성과주의: 개인의 태도와 근속연수보다 성과와 능력을 강조한다.

THEME 02 고위공무원단

14

21. 지방 9

고위공무원단제도에 대한 설명으로 옳지 않은 것은?

① 역량 중심의 인사관리
② 계급 중심의 인사관리
③ 성과와 책임 중심의 인사관리
④ 개방과 경쟁 중심의 인사관리

15

16. 지방 9

국가공무원법상 우리나라 인사제도에 대한 설명으로 옳지 않은 것은?

① 인사혁신처장은 고위공무원단에 속하는 공무원이 갖추어야 할 능력과 자질을 설정하고 이를 기준으로 고위공무원단직위에 임용되려는 자를 평가하여 신규채용·승진임용 등 인사관리에 활용할 수 있다.
② 국가공무원은 경력직 공무원과 특수경력직 공무원으로 구분하고, 경력직 공무원은 다시 일반직 공무원과 특정직 공무원으로 나뉜다.
③ 개방형직위로 지정된 직위에는 외부 적격자뿐만 아니라 내부 적격자도 임용할 수 있다.
④ 고위공무원단에 속하는 일반직 공무원의 경우 소속 장관은 해당 기관에 소속되지 아니한 공무원에 대하여 임용제청을 할 수 없다.

16

16. 국가 9

고위공무원단제도에 대한 설명으로 옳지 않은 것은?

① 전(全)정부적으로 통합 관리되는 공무원 집단이다.
② 계급제나 직위분류제적 제약이 약화되어 인사 운영의 융통성이 강화된다.
③ 고위공무원단에 속하는 모든 일반직 공무원의 신규채용 임용권은 각 부처의 장관이 가진다.
④ 성과계약을 통해 고위직에 대한 성과관리가 강화된다.

17

17. 국가 9 (하반기)

우리나라의 공무원에 대한 설명으로 옳지 않은 것은?

① 특수경력직 공무원은 경력직 공무원 이외의 공무원으로서 실적주의와 직업공무원제의 획일적인 적용을 받지는 않는다.
② 법관, 검사, 외무공무원, 경찰공무원, 소방공무원, 교육공무원, 군인, 군무원, 헌법재판소 헌법연구관, 국가정보원 직원 등은 경력직 공무원 중에서 특정직 공무원에 해당한다.
③ 선거로 취임하거나 임명할 때 국회의 동의가 필요한 공무원은 특수경력직 공무원 중에서 정무직 공무원에 해당한다.
④ 고위공무원단은 중앙행정기관과 지방자치단체의 실장·국장 및 이에 상당하는 보좌기관에 임용되어 재직 중이거나 파견·휴직 등으로 인사관리되고 있는 국가공무원과 지방공무원을 말한다.

정답 및 해설

14 ②
고위공무원단제도는 기존의 계급 중심의 인사관리에서 벗어나 국가의 고위공무원을 범정부적 차원에서 효율적으로 관리하기 위하여 하나의 풀(pool)로 운영하는 제도이다.

15 ④
소속 장관은 해당 기관에 소속되지 아니한 공무원에 대해서도 임용제청을 할 수 있다.

16 ③
고위공무원단에 속하는 모든 일반직 공무원의 신규채용 임용권은 대통령이 가진다.

17 ④
우리나라 고위공무원단의 대상으로는 일반직 공무원뿐만 아니라 외무직 공무원 및 국가공무원으로 보하는 지방자치단체 및 지방교육행정기관의 국가고위직 공무원(부단체장, 부교육감 등)도 포함한다. 단, 지방공무원은 적용대상이 아니다.

18

18. 지방 9

역량평가에 대한 설명으로 옳은 것만을 모두 고르면?

> ㉠ 역량은 조직의 평균적인 성과자의 행동특성과 태도를 의미한다.
> ㉡ 다수의 훈련된 평가자가 평가대상자가 수행하는 역할과 행동을 관찰하고 합의하여 평가결과를 도출한다.
> ㉢ 고위공무원단 역량평가의 대상은 문제인식, 전략적 사고, 성과지향, 변화관리, 고객만족, 조정・통합의 6가지 역량으로 구성되어 있다.
> ㉣ 고위공무원단 후보자가 되기 위해서는 역량평가를 거친 후 반드시 고위공무원단 후보자 교육과정을 이수해야 한다.

① ㉠, ㉡ ② ㉠, ㉣
③ ㉡, ㉢ ④ ㉢, ㉣

19

16. 서울 9

다음 중 역량평가제도에 대한 설명으로 가장 옳은 것은?

① 역량평가제도는 근무실적 수준만으로 해당 업무 수행을 위한 역량을 보유하고 있는지에 대해 평가하는 것을 목적으로 한다.
② 역량평가제도는 대상자의 과거 성과를 평가하는 것이고, 성과에 대한 외부변수를 통제하지 않는다.
③ 역량평가제도는 구조화된 모의 상황을 설정한 뒤 현실적 직무 상황에 근거한 행동을 관찰해 평가하는 방식이다.
④ 역량평가는 한 개의 실행 과제만을 활용하여 평가한다.

THEME 03 중앙인사기관

20

16. 지방 9

중앙인사기관에 대한 설명으로 옳지 않은 것은?

① 독립합의형은 엽관주의를 배제하고 실적제를 발전시키는 데 유리하지만, 책임소재가 불분명해질 수 있는 단점이 있다.
② 비독립단독형은 집행부형태로 인사행정의 책임이 분명하고 신속한 의사결정을 가능하게 해주지만, 인사행정의 정실화를 막기 어렵다.
③ 독립단독형은 독립합의형과 비독립단독형의 절충적 성격을 가진 형태로서 대표적인 예는 미국의 인사관리처나 영국의 공무원 장관실 등이다.
④ 정부 규모의 확대로 전략적 인적자원관리가 강조되어 중앙인사기관의 설치 및 기능이 중요시된다.

21

20. 서울 9

「국가공무원법」상 중앙인사관장기관이 아닌 것은?

① 감사원사무총장
② 법원행정처장
③ 헌법재판소사무처장
④ 국회사무총장

정답 및 해설

18 ③
- ㉠: 역량은 조직의 고성과자의 행동특성과 태도를 의미한다.
- ㉣: 고위공무원단 후보자가 되기 위해서는 역량평가만 통과하면 된다.

19 ③
- ① 단순한 근무실적 수준을 넘어 공무원에게 요구되는 해당 업무 수행을 위한 충분한 능력을 보유하고 있는지에 대한 평가를 목적으로 한다.
- ② 미래 행동에 대한 잠재력을 측정하는 것이며, 성과에 대한 외부변수를 통제함으로써 객관적 평가가 가능하다.
- ④ 역량평가는 실제 직무상황과 유사한 다양한 실행과제를 활용하여 평가한다.

20 ③
미국의 인사관리처나 영국의 공무원 장관실은 비독립단독형에 해당한다.

중앙인사기관의 형태

독립성 \ 의사결정방법	합의(위원회)	단독(부처)
독립	독립합의형	독립단독형
비독립	비독립합의형	비독립단독형

1. 독립합의형: 1883년 펜들턴(Pendleton)법에 의해 창설되어 1978년까지 존속했던 미국의 연방인사위원회, 미국의 실적제보호위원회(공무원 소청심사 기능), 일본의 인사원 등
2. 비독립단독형: 우리나라 인사혁신처, 미국 인사관리처(전반적 인사행정 기능), 영국 내각사무처(공무원 장관실), 일본 총무성 등
3. 비독립합의형: 2008년까지 존속했던 우리나라의 중앙인사위원회
4. 독립단독형: 미국의 특별법무관실(내부고발자 보호 기능) 등

21 ①
우리나라 중앙인사관장기관(국가공무원법 제6조): 인사혁신처장, 국회사무총장, 법원행정처장, 헌법재판소사무처장, 중앙선거관리위원회 사무총장

22

17. 서울 9

중앙인사기관에 대한 설명으로 가장 옳지 않은 것은?

① 우리나라의 중앙인사위원회는 합의제 중앙인사기관으로 1999년부터 2008년까지 존속했다.
② 미국의 연방인사위원회가 독립형 합의제 중앙인사기관의 대표적인 예이다.
③ 일본의 총무성은 중앙인사기관이 행정부의 한 부처로 속해 있는 비독립형 단독제 기관의 예이다.
④ 현재 우리나라 인사혁신처는 합의제 중앙인사기관으로 설립되어 있다.

THEME 04 우리나라 공무원의 종류

23

21. 지방 9

공직 분류 체계에 대한 설명으로 옳은 것은?

① 소방공무원은 특수경력직 공무원에 해당한다.
② 국회 수석전문위원은 일반직 공무원에 해당한다.
③ 차관에서 3급 공무원까지는 특정직 공무원에 해당한다.
④ 경력직 공무원은 실적과 자격에 의해 임용되고 신분이 보장된다.

24

17. 지방교행 9

공무원 구분에 관한 설명으로 옳은 것을 〈보기〉에서 고른 것은?

보기

㉠ 헌법재판소 헌법연구관은 특정직 공무원이다.
㉡ 감사원 사무총장은 별정직 공무원이다.
㉢ 실적주의 적용과 신분보장의 여부에 따라 경력직과 특수경력직 공무원으로 구분된다.
㉣ 임기제 공무원은 근무 기간을 정하여 임용하는 특수경력직 공무원이다.

① ㉠, ㉡ ② ㉠, ㉢
③ ㉡, ㉣ ④ ㉢, ㉣

25

17. 지방 9

정무직 공무원과 직업관료 간의 일반적인 성향 차이에 대한 내용으로 옳지 않은 것은?

① 정무직 공무원은 재임기간이 짧기 때문에 정책의 필요성이나 성패를 단기적으로 바라보지만, 직업관료는 신분보장이 되어 있기 때문에 장기적으로 바라보는 경향이 있다.
② 정무직 공무원은 행정수반의 정책비전에 따른 변화를 추구하고, 직업관료는 제도적 건전성을 통한 중립적 공공봉사를 중시한다.
③ 정무직 공무원은 직업적 전문성(professionalism)에 따라 정책문제를 바라보고, 직업관료는 정치적 이념에 따라 정책문제를 정의한다.
④ 정책대안을 평가할 때 정무직 공무원은 조직 내부의 이익보다 정치적 반응에 더 큰 비중을 두고, 직업관료는 본인이 소속된 기관의 이익을 중시하는 경향이 있다.

정답 및 해설

22 ④
현재 우리나라 인사혁신처는 합의제가 아닌, 비독립단독형이다.

23 ④
- ① 소방공무원은 경력직 공무원 중 특정직 공무원에 해당한다.
- ② 국회 수석전문위원은 특수경력직 공무원 중 별정직 공무원에 해당한다.
- ③ 차관은 정무직 공무원, 1 ~ 3급 공무원은 일반직 또는 별정직 공무원에 해당한다.

공무원 구분	경력직 공무원	일반직
		특정직
	특수경력직 공무원	정무직
		별정직

24 ②
- ㉡ 감사원 사무총장은 정무직 공무원이다.
- ㉣ 임기제 공무원은 경력직 공무원이다.

25 ③
정무직 공무원은 정치적 이념에 따라, 직업관료는 직업적 전문성에 따라 정책문제를 바라본다.

26

18. 지방 9

지방공무원법상 특정직 지방공무원에 해당하지 않는 것은?

① 지방의회 전문위원
② 교육감 소속의 교육전문직원
③ 자치경찰공무원
④ 지방소방공무원

27

20. 국가 9

우리나라 인사제도에 대한 설명으로 옳지 않은 것은?

① 인사혁신처는 비독립형 단독제 형태의 중앙인사기관이다.
② 전문경력관이란 직무 분야가 특수한 직위에 임용되는 일반직 공무원을 말한다.
③ 별정직 공무원의 근무상한연령은 65세이며, 일반임기제 공무원으로 채용할 수 있다.
④ 각 부처의 고위공무원을 범정부적 차원에서 효율적으로 관리하고자 고위공무원단 제도를 운영하고 있다.

28

17. 지방 9 (하반기)

공무원의 구분에 대한 설명으로 옳은 것은?

① 일반직 공무원은 경력직과 특수경력직으로 구분된다.
② 지방소방사는 특정직 공무원에 해당된다.
③ 행정부 국가공무원 중에서는 일반직 공무원의 수가 가장 많다.
④ 국가정보원 7급 직원은 특수경력직 공무원에 해당된다.

29

18. 국가 9

전문경력관제도에 대한 설명으로 옳지 않은 것은?

① 소속 장관은 해당 기관의 일반직 공무원 직위 중 순환보직이 곤란하거나 장기 재직 등이 필요한 특수 업무 분야의 직위를 인사혁신처장과 협의하여 전문경력관직위로 지정할 수 있다.
② 일반직 공무원과 마찬가지로 계급 구분과 직군 및 직렬의 분류를 적용한다.
③ 전문경력관직위의 군은 직무의 특성·난이도 및 직무에 요구되는 숙련도 등에 따라 구분한다.
④ 임용권자는 일정한 경우에 전직시험을 거쳐 전문경력관을 다른 일반직 공무원으로 전직시킬 수 있다.

THEME 05 계급제와 직위분류제

30

23. 지방 9

계급제에 대한 설명으로 옳지 않은 것은?

① 직무의 속성을 중심으로 공직을 분류하는 제도이다.
② 폐쇄형 충원방식을 원칙으로 한다.
③ 일반행정가 양성을 지향한다.
④ 탄력적 인사관리에 용이하다.

정답 및 해설

26 ①, ④(기존정답: ①)
- ① 지방의회 전문위원은 일반직 또는 별정직 지방공무원이다.
- ④ 2020년 4월 지방소방공무원은 국가직으로 전환되었다.

27 ③
별정직 공무원의 근무상한연령은 60세이고, 경력직 공무원에 해당하는 일반임기제공무원으로 채용할 수 없다.

28 정답없음(기존정답: ②)
- ① 경력직공무원은 일반직과 특정직으로 구분된다.
- ② 소방공무원은 국가직으로 전환되었다.
- ③ 행정부 국가공무원 중에서는 특정직 공무원의 수가 가장 많다.
- ④ 국가정보원 직원은 경력직 공무원(특정직)에 해당한다.

공무원 구분	경력직 공무원	일반직
		특정직
	특수경력직 공무원	정무직
		별정직

29 ①, ②(기존정답: ②)
- ① 전문경력관 규정이 개정되어 소속 장관은 인사혁신처장과 협의를 거치지 않고 전문경력관직위를 지정할 수 있다.
- ② 전문경력관제도는 직무분야가 특수한 직위에 임용되는 일반직 공무원으로, 직무의 특성·난이도 및 직무에 요구되는 숙련도 등에 따라 가, 나군 및 다군으로 직위가 구분된다.

30 ①
직위분류제에 대한 설명이다. 계급제는 개별 공무원의 자격과 능력을 기준으로 계급을 설정하고 이에 따라 공직을 분류하는 제도이다.

31

17. 국가 9

계급제의 장점에 대한 설명으로 옳지 않은 것은?

① 공무원의 신분안정과 직업공무원제 확립에 기여한다.
② 인력활용의 신축성과 융통성이 높다.
③ 정치적 중립 확보를 통해 행정의 전문성을 제고할 수 있다.
④ 단체정신과 조직에 대한 충성심 확보에 유리하다.

32

22. 국가 9

직위분류제의 주요 개념에 대한 설명으로 옳지 않은 것은?

① '직위'는 한 사람의 공무원에게 부여할 수 있는 직무와 책임을 의미한다.
② '직급'은 직무의 종류가 유사하고 곤란도·책임도가 서로 다른 군(群)을 의미한다.
③ '직류'는 동일 직렬 내에서 담당분야가 동일한 직무의 군(群)을 의미한다.
④ '직무등급'은 직무의 곤란도·책임도가 유사해 동일 보수를 줄 수 있는 직위의 군(群)을 의미한다.

33

16. 서울 9 기출변형

다음 중 직위분류제의 분류와 그 예시의 연결이 가장 옳지 않은 것은?

① 직류 – 일반행정, 법무행정, 국제통상
② 직렬 – 행정, 세무, 관세, 교정
③ 직군 – 행정, 과학·기술, 관리운영
④ 직위 – 과학기술서기관, 농업사무관

34

20. 국가 9

직위분류제와 관련하여 다음 설명에 해당하는 것은?

> • 직무의 곤란성과 책임성을 기준으로 상대적 가치를 결정하는 것이다.
> • 서열법, 분류법, 점수법 등을 활용한다.
> • 개인에게 공정한 보수를 제공하는 데 필요한 작업이다.

① 직무조사 ② 직무분석
③ 직무평가 ④ 정급

35

23. 국가 9

직무평가 방법에 대한 설명으로 옳지 않은 것은?

① 점수법은 직무를 구성하는 하위요소별 점수를 합산하여 평가하는 방법이다.
② 분류법은 미리 정한 등급기준표와 직무 전체를 비교하여 등급을 결정하는 비계량적 방법이다.
③ 서열법은 직무의 구성요소를 구별하지 않고 직무 전체의 중요도를 종합적으로 평가하는 방법이다.
④ 요소비교법은 기준직무(key job)와 평가할 직무를 상호 비교해 가며 평가하는 비계량적 방법이다.

36

20. 지방 9

직위분류제의 단점은?

① 행정의 전문성 결여
② 조직 내 인력 배치의 신축성 부족
③ 계급 간 차별 심화
④ 직무경계의 불명확성

정답 및 해설

31 ③
계급제는 일반행정가 양성에 유리한 반면 행정의 전문성은 저하시킨다.

32 ②
직렬에 대한 설명이다. 직급은 직위가 내포하는 직무의 성질 및 난이도, 책임의 정도가 유사한 직위의 집단을 의미한다.

33 ④
과학기술서기관, 농업사무관은 직급에 대한 예시이다. 직위란 한 사람의 근무를 요하는 직무와 책임을 의미하며 실장, 국장 등이 해당된다.

34 ③
• ① 직무조사: 분류될 직위의 직무에 대한 객관적인 정보수집 단계
• ② 직무분석: 직무조사에서 얻은 정보를 바탕으로 직무를 종류별로 구분하는 단계
• ④ 정급: 분류한 직위들을 해당 직급에 배치하는 단계

35 ④
요소비교법은 계량적 방법이다.

36 ②
①, ③, ④ 계급제의 단점에 해당한다.

37

18. 서울 9

직위분류제의 장점에 대한 설명으로 가장 옳지 않은 것은?

① 근무성적평정을 객관적으로 할 수 있는 기준을 제시해준다.
② 직위 간의 권한과 책임의 한계를 명확히 해준다.
③ 전문직업인을 양성하는 데 도움이 되고 행정의 전문화에 기여한다.
④ 조직과 직무의 변화 등에 신속히 대응할 수 있다.

38

16. 사복 9

계급제와 비교할 때, 직위분류제의 특성과 가장 거리가 먼 것은?

① 업무의 전문화로 인하여 상위직급에서의 업무 통합이 쉽다.
② 인사관리의 탄력성과 신축성이 저해되기 쉽다.
③ 동일 직무에 대한 동일 보수의 원칙을 적용하기 쉽다.
④ 각 직무를 담당하고 있는 직원들의 교육훈련수요를 파악하기 쉽다.

39

19. 서울 9

계급제와 직위분류제에 대한 설명으로 가장 옳은 것은?

① 과학적 관리론과 실적제의 발달은 직위분류제의 쇠퇴와 계급제의 발전에 기여했다.
② 우리나라 「국가공무원법」에는 직위분류제 주요 구성개념인 '직위, 직군, 직렬, 직류, 직급' 등이 제시되어 있다.
③ 직위분류제는 공무원 개인의 능력이나 자격을 기준으로 공직분류체계를 형성한다.
④ 계급제와 직위분류제는 절대 양립 불가능하며 우리나라는 계급제를 기반으로 한다.

40

16. 국가 9

직위분류제의 주요 개념에 대한 설명으로 옳은 것은?

① 등급은 직위에 포함된 직무의 성질, 난이도, 책임의 정도가 유사해 채용과 보수 등에서 동일하게 다룰 수 있는 직위의 집단이다.
② 직류는 직무 종류가 광범위하게 유사한 직렬의 군이다.
③ 직렬은 직무 종류는 유사하나 난이도와 책임 수준이 다른 직급 계열이다.
④ 직군은 동일 직렬 내에서 담당 직책이 유사한 직무군이다.

41

18. 서울 9

공직분류에 대한 설명으로 가장 옳은 것은?

① 직무의 종류는 다르나 곤란도와 책임도가 상당히 유사한 직위의 군을 직렬이라고 한다.
② 직무의 종류는 유사하지만 곤란도와 책임도가 서로 다른 직무의 군을 직급이라고 한다.
③ 비슷한 성격의 직렬들을 모은 직위 분류의 대단위는 직군이라고 한다.
④ 동일한 직급 내에 담당 분야가 동일한 직무의 군으로 세분화한 것을 직류라고 한다.

정답 및 해설

37 ④
직위분류제는 조직 내 인력 배치의 신축성 부족으로 인적자원 활용에 제약이 크다는 비판을 받는다.

38 ①
직위분류제는 업무의 전문화로 인하여 상위직급에서의 업무 통합이 어렵다.

39 ②
• ① 과학적 관리론과 실적제의 발달은 직위분류제의 발전에 기여했다. 직위분류제는 과학적 관리론, 보수의 형평성, 실적주의와 개방형 인사의 엽관제 요소를 모두 가진다.
• ③ 공무원 개인의 능력이나 자격을 기준으로 계급을 설정하고, 이에 따라 공직을 분류하는 것은 계급제이다.
• ④ 계급제와 직위분류제는 양립 가능하다. 우리나라는 계급제를 기본으로 직위분류제적인 요소를 가미하고 있다.

40 ③
• ① 직급에 대한 설명이다. 등급은 직무의 종류는 다양하지만, 직무수행의 책임도와 자격요건이 상당히 유사하여 동일한 보수를 지급할 수 있는 직위의 횡적인 군이다.
• ② 직군에 대한 설명이다.
• ④ 직류에 대한 설명이다.

41 ③
• ① 등급(grade)에 대한 설명이다. 직렬(series)은 직무의 종류는 유사하나, 곤란도·책임도가 서로 다른 직급의 군이다.
• ② 직급(class)은 직위가 내포하는 직무의 성질 및 난이도, 책임의 정도가 유사한 직위의 집단이다. 직무의 종류는 유사하지만 곤란도와 책임도가 서로 다른 직무의 군은 직렬에 대한 설명이다
• ④ 직류는 동일한 직렬 내에서 담당 분야가 동일한 직무의 군이다.

42
24. 지방 9

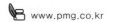

직무평가 방법에 대한 설명으로 옳지 않은 것은?

① 분류법은 미리 정해진 등급기준표를 이용하는 비계량적 방법이다.
② 서열법은 비계량적 방법으로, 직무의 수가 적은 소규모 조직에 적절하다.
③ 점수법은 직무와 관련된 평가요소를 선정하고 각 요소별로 중요도를 부여하는 과정에서 계량화를 통해 명확하고 객관적인 이론적 증명이 가능하다.
④ 요소비교법은 조직 내 기준직무(key job)를 선정하여 평가하려는 직무와 기준직무의 평가요소를 상호비교하여 상대적 가치를 판단하는 방법이다.

43
17. 지방 9 (하반기)

직무평가방법에 대한 설명으로 옳은 것은?

① 서열법은 직무와 직무를 직접 비교하기 때문에 주관성 배제에는 유리하지만 비용이 많이 든다는 단점이 있다.
② 점수법은 직무평가표에 따라 구성요소별 점수를 매기고, 이를 합계해 총점을 계산하므로 시간과 노력이 적게 든다는 장점이 있다.
③ 요소비교법은 점수법과 같이 시행의 단순성과 편의성으로 인해 가장 광범위하게 사용되고 있다.
④ 분류법에서는 등급기준표가 완성되기까지 직무평가가 이루어져서는 안 된다.

44
16. 국가 9

직무평가방법과 설명이 바르게 연결된 것은?

A. 서열법(job ranking)
B. 분류법(classification)
C. 점수법(point method)
D. 요소비교법(factor comparison)

㉠ 직무 전체를 종합적으로 판단해 미리 정해 놓은 등급기준표와 비교해 가면서 등급을 결정한다.
㉡ 대표가 될 만한 직무들을 선정하여 기준 직무(key job)로 정해놓고 각 요소별로 평가할 직무와 기준 직무를 비교해가며 점수를 부여한다.
㉢ 비계량적 방법을 통해 직무기술서의 정보를 검토한 후 직무 상호 간에 직무 전체의 중요도를 종합적으로 비교한다.
㉣ 직무평가표에 따라 직무의 세부 구성요소들을 구분한 후 요소별 가치를 점수화하여 측정하는데, 요소별 점수를 합산한 총점이 직무의 상대적 가치를 나타낸다.

	A	B	C	D
①	㉠	㉡	㉢	㉣
②	㉠	㉢	㉣	㉡
③	㉢	㉡	㉠	㉣
④	㉢	㉠	㉣	㉡

45
18. 서울 9

직무평가의 방법 중 점수법에 대한 설명으로 가장 옳은 것은?

① 직무 전체를 종합적으로 판단해 미리 정해 놓은 등급기준표와 비교해 가면서 등급을 결정한다.
② 대표가 될 만한 직무들을 선정하여 기준 직무(key job)로 정해놓고 각 요소별로 평가할 직무와 기준 직무를 비교해 가며 점수를 부여한다.
③ 비계량적 방법을 통해 직무기술서의 정보를 검토한 후 직무 상호 간에 직무 전체의 중요도를 종합적으로 비교한다.
④ 직무평가기준표에 따라 직무의 세부 구성요소들을 구분한 후 요소별 가치를 점수화하여 측정하는데, 요소별 점수를 합산한 총점이 직무의 상대적 가치를 나타낸다.

정답 및 해설

42 ③
점수법은 직무와 관련된 평가요소를 선정하고 각 요소별로 중요도를 부여하는 과정에서 계량화를 추구하지만 객관성을 증명하기 어렵다.

43 ④
- ① 서열법은 비계량적 평가이므로 주관이 개입될 소지가 있다.
- ② 점수법은 절차가 복잡하고 까다로워 시간과 노력이 많이 든다.
- ③ 점수법이 가장 광범위하게 사용되고 있다.

44 ④

45 ④
- ① 분류법(classification)에 대한 설명이다.
- ② 요소비교법(factor comparison)에 대한 설명이다.
- ③ 서열법(job ranking)에 대한 설명이다.

THEME 06 공무원의 임용 등

46

16. 지방교행 9

중앙행정기관의 개방형 임용제도에 대한 설명으로 옳지 않은 것은?

① 경력개방형 직위제도는 공무원과 민간인이 경쟁하여 최적임자를 선발하는 것이다.
② 개방형 직위는 고위공무원단 또는 과장급 직위 총수의 20% 범위에서 지정한다.
③ 공무원이 개방형 직위나 공모직위를 통해 임용된 경우 공히 임용기간 만료 후 원소속으로 복귀가 가능하다.
④ 공모직위제도는 타 부처 공무원들과의 경쟁을 통해 최적임자를 선발하는 제도로 경력직 고위공무원단 직위 수의 30% 범위에서 지정한다.

47

24. 지방 9

「지방공무원법」상 공무원 인사이동에 대한 설명으로 옳지 않은 것은?

① 전직은 직렬을 달리하는 임명을 말한다.
② 전보는 같은 직급 내에서 보직변경을 말한다.
③ 강임의 경우, 같은 직렬의 하위 직급이 없는 경우 다른 직렬의 하위 직급으로는 이동할 수 없다.
④ 지방자치단체의 장 또는 지방의회의 의장은 공무원을 전입시키려고 할 때에는 해당 공무원이 소속된 지방자치단체의 장 또는 지방의회의 의장의 동의를 받아야 한다.

48

20. 국가 9

공무원의 인사이동에 대한 설명으로 옳은 것은?

① 겸임은 한 사람에게 둘 이상의 직위를 부여하는 것으로 그 대상은 특정직 공무원이며, 겸임 기간은 3년 이내로 한다.
② 전직은 인사 관할을 달리하는 기관 사이의 수평적 인사이동에 해당하며, 예외적인 경우에만 전직시험을 거치도록 하고 있다.
③ 같은 직급 내에서 직위 등을 변경하는 전보는 수평적 인사이동에 해당하며, 전보의 오용과 남용을 방지하기 위해 전보가 제한되는 기간이나 범위를 두고 있다.
④ 예산 감소 등으로 직위가 폐지되어 하위 계급의 직위에 임용하려면 별도의 심사 절차를 거쳐야 하고, 강임된 공무원에게는 강임된 계급의 봉급이 지급된다.

49

19. 서울 9

배치전환에 대한 설명으로 가장 옳지 않은 것은?

① 능력의 정체와 퇴행현상을 방지할 수 있다.
② 직무의 부적응을 해소하고 조직 구성원에게 재적응의 기회를 부여할 수 있다.
③ 행정의 전문성과 능률성을 증진시킬 수 있다.
④ 정당한 징계절차에 의하지 않고 일종의 징계수단으로 활용될 가능성이 존재한다.

정답 및 해설

46 ①
경력개방형 직위제도는 공직 외부에서만 적임자를 선발하는 제도이다.

47 ③
지방공무원법 제5조(정의)
4. 강임(降任)"이란 같은 직렬 내에서 하위 직급에 임명하거나 하위 직급이 없어 다른 직렬의 하위 직급에 임명하는 것을 말한다.

48 ③
- ① 겸임: 경력직 공무원 상호 간에 또는 경력직 공무원과 교육·연구기관 등의 임직원과 서로 겸임하게 할 수 있고, 겸임 기간은 2년 이내로 하며, 특히 필요한 경우 2년의 범위에서 연장할 수 있다.
- ② 인사 관할을 달리하는 기관 사이의 수평적 인사이동은 전입·전출에 대한 설명이다. 전직은 직렬을 달리하는 임명을 말하는 것으로, 원칙적으로 전직시험을 거쳐야 한다.
- ④ 강임된 사람에게는 강임된 봉급이 강임되기 전보다 많아지게 될 때까지는 강임되기 전의 봉급에 해당하는 금액을 지급한다.

49 ③
배치전환(전직 또는 전보)은 조직구조 변화에 따른 저항을 줄이고 비용을 절감할 수 있다. 또한 부서 간 업무 협조를 유도하고 구성원 간 갈등을 해소하는 등의 효과가 있으나 잦은 배치전환은 행정의 전문성을 저해할 수 있다.

50

17. 지방교행 9

국회 인사청문회 제도에 관한 설명으로 옳지 않은 것은?

① 국회의 인사청문회는 인사청문특별위원회와 소관 상임위원회로 구분하여 실시하고 있다.

② 국회의 인사청문회의 진행은 원칙적으로 공개되어야 하나, 예외적으로 공개하지 않을 수 있다.

③ 소관 상임위원회 인사청문에서 상임위원회가 경과보고서를 채택하지 않는 경우에, 대통령이 후보자를 임명하는 것을 실정법으로 막을 수 있다.

④ 대법원장 · 헌법재판소장 · 국무총리 · 감사원장 및 대법관과 국회에서 선출하는 헌법재판소 재판관 및 중앙선거관리위원회 위원은 인사청문특별위원회에서 인사청문이 이루어진다.

51

18. 지방교행 9

(가) ~ (다)의 공무원 선발시험의 타당성 유형과 〈보기〉의 타당성 검증방법을 바르게 연결한 것은?

> (가) 이론적으로 추정한 능력요소를 얼마나 정확하게 측정할 수 있는가에 관한 것이다.
> (나) 직무수행능력의 예측이 얼마나 정확한가에 관한 것이다.
> (다) 특정한 직위의 의무와 책임에 직결되는 요소들을 선발시험이 어느 정도나 측정할 수 있는가에 관한 것이다.

> 보기
>
> ㉠ 추상성을 측정할 지표개발과 고도의 계량분석기법 및 행태과학적 조사
> ㉡ 직무수행에 필요한 능력요소와 선발시험요소에 대한 전문가의 부합도 평가
> ㉢ 선발시험성적과 업무수행실적의 상관계수 측정

	(가)	(나)	(다)
①	㉠	㉡	㉢
②	㉠	㉢	㉡
③	㉡	㉢	㉠
④	㉢	㉠	㉡

THEME 07 공무원 교육훈련

52

19. 국가 9

다음 설명에 해당하는 교육훈련방법은?

> 서로 모르는 사람 10명 내외로 소집단을 만들어 허심탄회하게 자신의 느낌을 말하고 다른 사람이 자신을 어떻게 생각하는지를 귀담아듣는 방법으로 훈련을 진행하기 위한 전문가의 역할이 요구된다.

① 역할연기 ② 직무순환
③ 감수성훈련 ④ 프로그램화 학습

정답 및 해설

50 ③
소관 상임위원회가 경과보고서를 채택하지 않더라도, 대통령이 후보자를 임명하는 것을 막을 수 없다.

51 ②
- (가) 추상적인 개념과 측정지표 간의 일치 정도를 나타내는 구성 타당도에 대한 설명으로, ㉠으로 검증한다.
- (나) 기준 타당도에 대한 설명으로, ㉢으로 검증한다.
- (다) 내용 타당도에 대한 설명으로, ㉡으로 검증한다.

52 ③
- ① 역할연기: 주어진 사례나 문제에서 어떠한 역할을 실제로 연기해 보고 당면한 문제를 체험해 보는 교육으로서, 보통 자신과 반대되는 입장의 역할이 부여된다.
- ② 직무순환: 여러 분야의 직무를 직접 경험하여 조직의 전반적인 업무를 익히게 하는 것이다.
- ④ 프로그램화 학습: 일련의 질의와 응답을 통해 학습이 가능하도록 진도별 학습지침을 제공하는 책자나 컴퓨터 프로그램을 이용하는 교육이다.

53 17. 지방교행 9

다음 설명에 해당하는 공무원 교육훈련방법으로 가장 적합한 것은?

> 공무원들 간 비정형적 체험을 통해서 자기에 대한 인식과 타인에 대한 이해의 기회를 갖게 하여, 태도와 행동의 변화를 가져오고 궁극적으로 대인관계 기술을 향상시키려는 목적을 갖는다.

① 강의(lecture)
② 액션러닝(action learning)
③ 감수성훈련(sensitivity training)
④ 현장훈련(on-the-job-training)

54 24. 국가 9

다음 설명에 해당하는 공무원 교육훈련 방법은?

> 교육 참가자들을 소그룹 규모의 팀으로 구성해 개인, 그룹 또는 조직에 중요한 의미가 있는 실제 현안 문제를 해결하면서 동시에 문제 해결 과정에 대한 성찰을 통해 학습하도록 지원하는 교육방식이다. 우리나라 정부 부문에는 2005년부터 고위공직자에 대한 교육훈련 방법으로 도입되었다.

① 액션러닝 ② 역할연기
③ 감수성훈련 ④ 서류함기법

55 19. 서울 9 (2월)

교육훈련의 종류를 OJT(On-the-Job Training)와 OFFJT(Off-the-Job Training)로 구분할 때 OJT의 주요 프로그램에 해당하지 않는 것은?

① 인턴십(internship)
② 역할 연기(role playing)
③ 직무순환(job rotation)
④ 실무지도(coaching)

THEME 08 근무성적평정

56 19. 국가 9

근무성적평정에서 나타나기 쉬운 집중화 경향과 관대화 경향을 시정하기 위한 방법으로 적절한 것은?

① 자기평정법
② 목표관리제 평정법
③ 중요사건기록법
④ 강제배분법

정답 및 해설

53 ③

- ③ 보기의 내용은 T집단훈련 또는 실험실훈련이라고 불리는 감수성훈련에 대한 설명이다.
- ① 강의(lecture) : 한 사람의 강사가 여러 사람을 대상으로 말로 정보를 전달하는 방법이다.
- ② 액션러닝(action learning) : 소규모로 구성된 그룹이 실질적인 업무현장의 문제를 해결해 내고 그 과정에서 성찰을 통해 학습하도록 하는 교육훈련방법이다.
- ④ 현장교육(on-the-job-training) : 피훈련자가 실제 직무를 수행하면서 직무수행에 관한 지식과 기술을 배우는 교육훈련방법으로 '직장 내 교육훈련'이라고도 한다.

54 ①

- ② 역할연기(Role Playing) : 주어진 사례나 문제에서 어떠한 역할을 실제로 연기해 보고 당면한 문제를 체험해 보는 교육으로서, 보통 자신과 반대되는 입장의 역할이 부여된다.
- ③ 감수성훈련(sensitivity training) : 조직발전(OD) 기법으로 비정형적 경험을 통해서 피훈련자간의 자유로운 토론을 통해 자기에 대한 인식과 타인에 대한 이해의 기회를 갖게 하여, 태도와 행동의 변화를 가져오고 궁극적으로 대인관계기술을 향상시키는 교육이다.
- ④ 서류함기법(In Basket) : 피평가자가 다양한 형식(메모, e-Mail, 문서 등)으로 제시된 문제들을 노트에 기재하는 형식으로 해결하는 교육이다. 주어진 시간내에 여러 가지 문제들을 처리해야 하며, 처리 과정과 결과에 대한 사후 인터뷰 통해 역량을 확인한다.

55 ②

현장교육(On-the-job-training 또는 '직장 내 교육훈련')에는 실무지도, 직무순환, 임시배정, 실무수습(internship) 등이 있다. 역할 연기는 주어진 사례나 문제에서 어떠한 역할을 실제로 연기해 봄으로써 당면한 문제를 체험해 보는 방법으로 교육원 훈련(Off-the-job-training)에 해당한다.

56 ④

- ④ 강제배분법 : 피평가자들의 성적분포가 과도하게 집중되는 것을 방지하기 위해 등급별로 비율을 정하여 준수하도록 하는 방법으로, 집중화 경향과 관대화 경향을 시정할 수 있다.
- ① 자기평정법 : 피평자가 자신을 스스로 평가하는 방법이다.
- ② 목표관리제 평정법 : 상·하급자 간의 협의를 통해 부서 및 개인의 명확한 목표를 설정하고 그 결과를 보상에 반영하는 방법이다.
- ③ 중요사건기록법 : 피평정자의 근무실적에 큰 영향을 주는 사건들을 평정자로 하여금 기술하게 하는 방법이다.

57

19. 서울 9

〈보기〉의 설명에 해당하는 근무성적평정 방법으로 가장 옳은 것은?

보기

저는 학생들을 평가함에 있어 성적 분포의 비율을 미리 정해 놓고 등급을 줍니다. 비록 평가 대상 전원이 다소 부족하더라도 일정 비율의 인원이 좋은 평가를 받거나, 혹은 전원이 우수하더라도 일부의 학생은 낮은 평가를 받게 되지만, 이 방법을 통해 학생들의 성적 분포가 과도하게 한쪽으로 집중되는 것을 막아 평정 오차를 방지할 수 있다는 점에서 유용합니다.

① 강제배분법
② 서열법
③ 도표식 평정척도법
④ 강제선택법

58

16. 서울 9

근무성적평정의 오류 중 관대화 경향, 엄격화 경향, 집중화 경향을 방지할 수 있는 방법 중 가장 효과적인 것은?

① 서술적 보고법
② 강제배분법
③ 연공서열법
④ 가점법

59

23. 지방 9

근무성적평정상의 오류에 대한 설명으로 옳지 않은 것은?

① 평정자가 피평정자를 잘 모르는 경우 집중화 경향이 발생할 수 있다.
② 평정자의 평정기준이 일정하지 않은 경우 총계적 오류(total error)가 발생할 수 있다.
③ 연쇄효과(halo effect)는 초기 실적이나 최근의 실적을 중심으로 평가함으로써 발생하는 시간적 오류를 의미한다.
④ 관대화 경향의 폐단을 막기 위해 강제배분법을 활용할 수 있다.

60

16. 사복 9

평정자가 평정표(평정서)에 나열된 평정요소에 대한 설명 또는 질문을 보고 피평정자에게 해당되는 것을 골라 표시를 하는 평정방법은?

① 도표식 평정척도법
② 체크리스트법
③ 산출기록법
④ 직무기준법

정답 및 해설

57 ①

- ① 보기는 피평가자들의 성적분포가 과도하게 집중되는 것을 방지하기 위해 등급별로 비율을 정하여 준수하도록 하는 '강제배분법'에 관한 내용이다.
- ② 서열법: 피평정자 간의 근무성적을 비교하는 방법으로 쌍쌍비교법(paired comparison method), 대인비교법(man to man comparison) 등이 있다.
- ③ 도표식 평정척도법: 도표로 된 평정표로 평가하는 방법으로 평가자의 직관과 선험을 바탕으로 하여 평가요소가 결정되기 때문에 작성이 빠르고 쉬우며 경제적이다.
- ④ 강제선택법: 2개 또는 4 ~ 5개 항목으로 구성된 각 기술 항목의 조 가운데서 피평정자의 특성에 가까운 것을 강제적으로 선택하게 하는 방법이다.

58 ②

- ② 강제배분법은 피평가자들의 성적분포가 과도하게 집중되는 것을 방지하기 위해 등급별로 비율을 정하여 준수하도록 하는 방법으로 관대화 경향, 엄격화 경향, 집중화 경향을 방지하는 데 가장 효과적이다.
- ① 서술적 보고법: 피평정자의 업무수행능력 등을 형식에 구애받지 않고 서술하여 평정하는 방법이다.
- ③ 연공서열법: 근속연수에 따라 평정하는 방법이다.
- ④ 가점법: 직무관련 자격증 소지 여부, 근무경력 등을 점수로 계산하여 평정하는 방법이다.

59 ③

초기 실적에 영향을 받는 효과는 첫머리 효과, 최근의 실적을 중심으로 평가하는 오류는 근접 효과에 대한 설명이다. 연쇄효과는 평정자가 중요하게 생각하는 평정요소에 대한 평가가 다른 평정요소를 평가할 때도 영향을 미치는 효과를 의미한다.

60 ②

- ① 도표식 평정척도법: 평가자의 직관과 선험을 바탕으로 하여 평가요소가 결정되기 때문에 작성이 빠르고 쉬우며 경제적이다.
- ③ 산출기록법: 시간당 수행한 공무원의 업무량을 전체 평정기간 동안 계속적으로 조사해 평균치를 측정하거나 일정한 업무량을 달성하는 데 소요된 시간을 계산해 그 성적을 평정하는 방식이다.
- ④ 직무기준법: 직무 수행 기준을 미리 설정하고 직무 수행 실적과 비교하는 방법이다.

61

18. 국가 9

근무성적평정상의 오류 중 평가자가 일관성 있는 평정기준을 갖지 못하여 관대화 및 엄격화 경향이 불규칙하게 나타나는 것은?

① 연쇄 효과(halo effect)
② 규칙적 오류(systematic error)
③ 집중화 경향(central tendency)
④ 총계적 오류(total error)

62

21. 국가 9

근무성적평정 과정상의 오류와 완화방법에 대한 설명으로 옳지 않은 것은?

① 일관적 오류는 평정자의 기준이 다른 사람보다 높거나 낮은 데서 비롯되며 강제배분법을 완화방법으로 고려할 수 있다.
② 근접효과는 전체 기간의 실적을 같은 비중으로 평가하지 못할 때 발생하며 중요사건기록법을 완화방법으로 고려할 수 있다.
③ 관대화 경향은 비공식집단적 유대 때문에 발생하며 평정결과의 공개를 완화방법으로 고려할 수 있다.
④ 연쇄효과는 도표식 평정척도법에서 자주 발생하며 피평가자별이 아닌 평정요소별 평정을 완화방법으로 고려할 수 있다.

63

20. 지방 9

국내 최고 대학을 졸업했기 때문에 일을 잘했을 것이라고 생각하여 피평정자에게 높은 근무성적평정 등급을 부여할 경우 평정자가 범하는 오류는?

① 선입견에 의한 오류
② 집중화 경향으로 인한 오류
③ 엄격화 경향으로 인한 오류
④ 첫머리 효과에 의한 오류

64

18. 지방교행 9

조직구성원의 인지과정에서 편의적 지각 방법에 대한 설명으로 옳은 것은?

① 후광효과(halo effect)는 첫인상이나 가장 최근의 정보를 가지고 대상을 판단하는 것이다.
② 상동적 태도(stereotyping)는 인지 대상이 속한 집단의 특성에 비추어 그 대상을 지각하는 것이다.
③ 대비효과(contrast effect)는 비교 대상의 개인적 요인의 영향은 과대평가하고 상황적 요인의 영향은 과소평가하는 경향을 말한다.
④ 투사(projection)는 잘된 성과에 대해서는 자신의 내적 요소에 귀인하고 좋지 않은 성과에 대해서는 외적 요소에 귀인하는 경향을 말한다.

정답 및 해설

61 ④

- ① 연쇄 효과 : 평정자가 가장 중요시하는 하나의 평정요소에 대한 평가 결과가 다른 평정요소에도 영향을 미치는 오류이다.
- ② 규칙적 오류 : 어떤 평정자가 다른 평정자보다 언제나 좋은 점수 또는 나쁜 점수를 주는 오류이다.
- ③ 집중화 경향 : 평정자가 모든 피평정자에게 대부분 중간 수준의 점수를 주는 경향이다.

62 ③

관대화 경향에 대해 평정결과를 공개할 경우 오히려 관대화 경향이 강해질 수 있으므로, 강제배분법을 고려할 수 있다.

63 ①

- ① 문제의 내용은 평정요소와 관계없이 성별·출신학교·출신지방·종교·연령 등에 대해 평정자가 가지는 편견이 평정에 영향을 미치는 선입견(personal bias)에 의한 오류에 대한 설명이다.
- ② 집중화 경향으로 인한 오류 : 평정자가 모든 피평정자에게 대부분 중간 수준의 점수를 주는 경향이다.
- ③ 엄격화 경향으로 인한 오류 : 평가 결과의 분포가 낮은 쪽에 집중되는 경향이다.
- ④ 첫머리 효과에 의한 오류 : 근무평가 대상 기간 초기의 업적에 영향을 크게 받는 것을 말한다. 이와 반대로 최근 실적을 중심으로 평가하는 근접(막바지) 효과(recency effect)가 있다.

64 ②

- ① 최초효과(primacy effect)와 근접효과(recency effect)에 대한 설명이다. 후광효과(halo effect)는 한 가지 특성에 좋은 인상을 받으면 다른 면도 좋게 생각하는 경향을 말한다.
- ③ 근본적 귀속의 착오(fundamental attribution error)에 대한 설명이다. 대비효과(contrast effect)는 특정 사람이나 상황을 인지할 때 최근에 본 사람이나 상황과 대비되기 때문에 발생하는 효과를 말한다.
- ④ 이기적 착오(self-serving effect bias)에 대한 설명이다. 투사는 자신의 감정이나 특성을 다른 사람에게 투사하려는 것을 의미한다.

65

19. 지방 9

공무원의 근무성적평정에 대한 설명으로 옳은 것은?

① 평정대상자의 근무실적과 직무수행능력을 평가하지만 적성, 근무태도 등은 평가하지 않는다.
② 중요사건기록법은 평정대상자로 하여금 자신의 근무실적을 스스로 보고하도록 하는 방법이다.
③ 평정자가 평정대상자를 다른 평정대상자와 비교함으로써 발생하는 오류는 대비오차이다.
④ 우리나라의 6급 이하 공무원에게는 직무성과계약제가 적용되고 있다.

66

17. 서울 9

근무성적평가제에 대한 설명 중 가장 옳은 것은?

① 4급 이상 공무원을 대상으로 한다.
② 매년 말일을 기준으로 연 1회 평가가 실시된다.
③ 평가단위는 소속 장관이 정할 수 있다.
④ 공정한 평가를 위해 평가자와 피평가자의 사전협의가 금지된다.

67

16. 서울 9

공무원을 대상으로 하는 성과평가제도에 대한 설명으로 가장 옳지 않은 것은?

① 성과평가제도의 목적은 공무원의 능력과 성과를 향상시켜 성과 중심의 인사제도를 구성하는 것이 핵심 요소이다.
② 근무성적평가제도는 4급 이상 고위공무원단을 대상으로 시행한다.
③ 현행 평가제도는 직급에 따라 차별적 평가체제를 적용하고 있다.
④ 다면평가제도는 능력보다는 인간관계에 따른 친밀도로 평가가 이루어질 수 있다는 단점이 있다.

68

17. 국가 9 (하반기)

우리나라의 다면평가제도에 대한 설명으로 옳지 않은 것은?

① 해당 공무원에게 평가정보를 다각적으로 제공하는 경우에는 능력개발을 유도할 수 있다.
② 다면평가의 결과는 승진, 전보, 성과급 지급 등에 참고자료로 활용될 수 있다.
③ 다면평가의 결과는 해당 공무원에게 공개할 수 있다.
④ 민원인은 해당 공무원에 대한 다면평가에 참여할 수 없다.

정답 및 해설

65 ③

- ① 인사혁신처장이 정하는 범위에서 직무수행태도(10% 이내)를 추가할 수 있다.
- ② 중요사건기록법은 평정자가 기록하는 방법이다.
- ④ 직무성과계약제는 장·차관 등 기관 책임자와 실·국장, 과장 간에 업무수행과 관련된 성과목표 및 지표 등의 내용을 사전에 협의한다.

66 ③

- ③ 공무원 성과평가 등에 관한 규정 제14조 제3항 : 근무성적평가는 직급별로 구성한 평가 단위별로 실시하되, 소속 장관은 직무의 유사성 및 직급별 인원수 등을 고려하여 평가단위를 달리 정할 수 있다.
- ①, ② 근무성적평가제는 5급 이하 공무원을 대상으로 연 2회(6. 30. / 12. 31. 기준) 실시한다. 4급 이상 공무원을 대상으로 연 1회(12. 31. 기준) 실시하는 것은 성과계약 등 평가이다.
- ④ 평가자는 근무성적평정이 공정하고 정당하게 실시될 수 있도록 하기 위하여 근무성적평정 대상 공무원과 성과면담을 실시하여야 한다.

67 ②

근무성적평가제도는 5급 이하 공무원을 대상으로 시행한다. 4급 이상 공무원을 대상으로 시행하는 것은 '성과계약 등 평가'이다.

68 ④

공무원 성과평가 등에 관한 규정 제28조(다면평가) 제1항 : 소속 장관은 소속 공무원에 대한 능력개발 및 인사관리 등을 위하여 해당 공무원의 상급 또는 상위 공무원, 동료, 하급 또는 하위 공무원 및 민원인 등에 의한 다면평가를 실시할 수 있다.

69

17. 서울 9

다면평가제도에 대한 설명으로 가장 옳지 않은 것은?

① 다수의 평가자가 참여해 합의를 통해 평가 결과를 도출하는 체계이며, 개별평가자의 오류를 방지하고 평가의 공정성을 확보할 수 있다.
② 개인을 평가할 때 직속상사에 의한 일방향의 평가가 아닌 다수의 평가자에 의한 다양한 방향에서의 평가이다.
③ 조직구성원들에게 조직 내외의 모든 사람과 원활한 인간관계를 증진시키려는 강한 동기를 부여함으로써 업무수행의 효율성을 제고할 수 있다.
④ 능력보다는 인간관계에 따른 친밀도로 평가가 이루어져 상급자가 업무추진보다는 부하의 눈치를 의식하는 행정이 이루어질 가능성이 높다.

THEME 09 공무원 보수

70

17. 지방 9

공무원보수규정상 고위공무원단 소속 공무원에 적용되는 직무성과급적 연봉제에 대한 설명으로 옳지 않은 것은?

① 고위공무원단에 속하는 모든 공무원에 대하여 적용한다.
② 기본연봉은 기준급과 직무급으로 구성된다.
③ 기준급은 개인의 경력 및 누적성과를 반영하여 책정된다.
④ 직무급은 직무의 곤란성 및 책임의 정도를 반영하여 직무등급에 따라 책정된다.

71

22. 지방 9

공무원 보수의 유형에 대한 설명으로 옳지 않은 것은?

① 직능급은 자격증을 갖춘 유능한 인재의 확보에 유리하다.
② 연공급은 근속연수를 기준으로 하기 때문에 전문기술인력 확보에 유리하다.
③ 직무급은 동일 노동에 대한 동일 임금이라는 합리적인 보수 책정이 가능하다.
④ 성과급은 결과를 중시하며 변동급의 성격을 가진다.

72

16. 사복 9

공무원 보수에 대한 설명으로 옳지 않은 것은?

① 직능급이란 직무의 난이도와 책임에 따라 결정되는 보수이다.
② 실적급(성과급)은 개인이나 집단의 근무실적과 보수를 연결시킨 것이다.
③ 생활급은 생계비를 기준으로 하는 보수로서 공무원과 그 가족의 기본적인 생활을 보장하기 위한 것이다.
④ 연공급(근속급)은 근속연수와 같은 인적 요소를 기준으로 하는 보수이다.

THEME 10 공무원 연금

73

19. 서울 9 (2월)

우리나라 공무원연금 재정 확보 방식을 옳게 짝지은 것은?

① 기금제 − 기여제
② 기금제 − 비기여제
③ 비기금제 − 기여제
④ 비기금제 − 비기여제

정답 및 해설

69 ①
다면평가제도는 해당 공무원의 상급 또는 상위 공무원, 동료, 하급 또는 하위 공무원 및 민원인 등 다수의 평가자가 참여하지만, 평가는 각자 수행한다.

70 ①
대통령경호처 직원 중 고위공무원단에 속하는 별정직 공무원에 대해서는 호봉제를 적용한다.

71 ②
연공급은 전문기술보다는 근속연수를 기준으로 하는 보수체계이기 때문에 전문기술인력 확보에는 불리하다.

72 ①
직능급은 직무수행능력에 따른 보수이다. 직무의 난이도와 책임에 따라 결정되는 보수는 직무급이다.

73 ①
- 기금제는 기금운용과 투자를 통해 나오는 이자와 사업수익을 통해 연금을 지급하는 방식으로 우리나라와 미국 등이 채택하고 있다.
- 연금재원을 공무원이 공동부담하는지 여부에 따라 기여제(공동부담)와 비기여제(정부만 부담)로 구분되는데, 우리나라는 기여제에 해당한다.

74

17. 지방 9 (하반기)

공무원연금은 재원의 형성방식에 따라 부과방식과 적립방식으로 나눌 수 있다. 부과방식과 비교한 적립방식의 장점이 아닌 것은?

① 인구구조의 변화나 경기 변동에 영향을 덜 받는다.
② 인플레이션이 심하더라도 연금급여의 실질가치를 유지할 수 있다.
③ 연금재정 및 급여의 안정성을 꾀할 수 있다.
④ 기금 수익을 통해 장기 비용부담을 덜어 제도의 안정적인 운영이 가능하다.

75

22. 지방 9

2015년 공무원연금 개혁에 대한 설명으로 옳지 않은 것은?

① 퇴직연금 지급률을 1.7%로 단계적 인하
② 퇴직연금 수급 재직요건을 20년에서 10년으로 완화
③ 퇴직연금 기여율을 기준소득월액의 9%로 단계적 인상
④ 퇴직급여 산정 기준은 퇴직 전 3년 평균보수월액으로 변경

76

16. 지방교행 9

2016년 1월 27일부터 시행된 공무원연금제도 내용에 대한 설명으로 옳지 않은 것은?

① 재직기간 상한을 최대 36년까지 인정한다.
② 유족연금 지급률을 모든 공무원에게 60%로 한다.
③ 연금지급 개시 연령은 임용 시기 구분 없이 65세로 한다.
④ 연금지급률을 1.9%에서 1.5%로 2025년까지 단계적으로 인하한다.

THEME 12 공무원 행동규범

77

21. 국가 9

「국가공무원법」에 명시된 공무원의 의무에 해당하지 않는 것은?

① 부패행위 신고의무 ② 품위 유지의 의무
③ 복종의 의무 ④ 성실 의무

78

22. 국가 9

공무원의 정치적 중립의 정당화 근거로 옳지 않은 것은?

① 엽관주의의 폐해를 극복하여 행정의 안정성과 전문성을 제고할 수 있다.
② 공무원은 국민 전체의 이익을 위해 공평무사하게 봉사해야 하는 신분이다.
③ 공무원의 정치적 기본권을 강화하여 공직의 계속성을 제고할 수 있다.
④ 공명선거를 통해 민주적 기본질서를 제고할 수 있다.

79

16. 지방교행 9

공무원의 정치적 중립성과 관련이 없는 것은?

① 해치법(Hatch Act)
② 직업공무원제 확립
③ 국민 전체에 대한 봉사
④ 관료의 정책형성 기능 확대

정답 및 해설

74 ②
적립방식은 인플레이션이 심하면 연금급여의 실질가치를 유지하기 어렵다.

75 ④
퇴직급여 산정 기준은 평균기준소득월액(재직기간 전체 평균)으로 변경하였다.

76 ③, ④
- ③ 임용시기에 따라 2022년부터 2033년까지 단계적으로 65세가 되도록 한다.
- ④ 연금지급률은 1.9%에서 2035년까지 1.7%로 단계적으로 인하한다.

77 ①
부패방지 및 국민권익위원회의 설치와 운영에 관한 법률 제56조(공직자의 부패행위 신고의무) : 공직자는 … 지체 없이 이를 수사기관·감사원 또는 위원회에 신고하여야 한다.

78 ③
우리나라 국가공무원법에는 공무원의 정치 운동을 금지하고 있는데, 이는 공무원의 정치적 기본권을 약화시킨다.

79 ④
관료의 정책형성 기능 확대는 정치행정일원론과 관련 있는 것으로, 정치적 중립성을 저해한다.

80

17. 지방교행 9

공무원의 공직윤리에 관한 설명으로 옳은 것은?

① 법령적 규제의 형식을 지닌 법적 공직윤리는 자율적 공직윤리에 비해 구속력이 낮다.
② 「공무원 윤리헌장」이 「공무원 헌장」으로 전부 개정되어, 2016년 1월 1일부터 시행되고 있다.
③ 「국가공무원법」에는 성실의 의무, 재산 등록 및 공개의 의무, 주식백지신탁의 의무를 규정하고 있다.
④ 「공직자윤리법」에는 이해충돌 방지의 의무, 비밀 엄수의 의무, 종교 중립의 의무를 규정하고 있다.

81

24. 지방 9

「공직자윤리법」에서 규정하고 있는 것만을 모두 고르면?

㉠ 이해충돌 방지 의무	㉡ 등록재산의 공개
㉢ 종교 중립의 의무	㉣ 품위 유지의 의무

① ㉠, ㉡　　② ㉠, ㉣
③ ㉡, ㉢　　④ ㉢, ㉣

82

22. 지방 9

공직자윤리법상 재산등록의무자로 옳지 않은 것은?

① 법관 및 검사
② 소령 이상의 장교 및 이에 상당하는 군무원
③ 총경 이상의 경찰공무원과 소방정 이상의 소방공무원
④ 4급 이상의 일반직 공무원에 상당하는 보수를 받는 별정직 공무원

83

23. 국가 9

공직자의 이해충돌에 대한 설명으로 옳지 않은 것은?

① 우리나라는 2021년 5월 「공직자의 이해충돌 방지법」을 제정하였다.
② 이해충돌은 그 특성에 따라 실제적, 외견적, 잠재적 형태로 분류할 수 있다.
③ 이해충돌 회피에 있어서는 '어느 누구도 자신이 연루된 사건의 재판관이 되어서는 안 된다'라는 원칙이 적용된다.
④ 「공직자의 이해충돌 방지법」의 위반행위는 감사원, 수사기관, 국민권익위원회 등에 신고할 수 있으나 위반행위가 발생한 기관은 제외된다.

84

17. 국가 9

다음 ㉠과 ㉡에 들어갈 내용으로 옳은 것은?

> 공직자윤리법에서는 퇴직공직자의 취업제한 및 행위제한 등을 규정하고 있는데, 취업심사대상자는 퇴직일부터 (㉠)간 퇴직 전 (㉡) 동안 소속하였던 부서 또는 기관의 업무와 밀접한 관련성이 있는 취업제한기관에 취업할 수 없다.

	㉠	㉡
①	3년	5년
②	5년	3년
③	2년	3년
④	2년	5년

정답 및 해설

80 ②
- ① 법령적 규제의 형식을 지닌 법적 공직윤리는 구속력이 높다.
- ③ 성실의 의무는 「국가공무원법」에 규정되어 있으나, 재산 등록 및 공개의 의무, 주식백지신탁의 의무는 「공직자윤리법」에 규정되어 있다.
- ④ 이해충돌 방지의 의무는 「공직자윤리법」에 규정되어 있으나, 비밀 엄수의 의무, 종교 중립의 의무는 「국가공무원법」에 규정되어 있다.

81 ①
㉢, ㉣은 국가공무원법에서 규정하고 있다.

82 ②
공직자윤리법 제3조(등록의무자) 제1항 제7호 : 대령 이상의 장교 및 이에 상당하는 군무원

83 ④
이해충돌방지법 제18조 제1항 : 누구든지 이 법의 위반행위가 발생하였거나 발생하고 있다는 사실을 알게 된 경우에는 다음 각 호의 어느 하나에 해당하는 기관에 신고할 수 있다.
1. 이 법의 위반행위가 발생한 공공기관 또는 그 감독기관
2. 감사원 또는 수사기관
3. 국민권익위원회

84 ①
공직자윤리법 제17조(퇴직공직자의 취업제한) 제1항 : 취업심사대상자는 퇴직일부터 3년간 다음 각 호의 어느 하나에 해당하는 기관에 취업할 수 없다. 다만, 관할 공직자윤리위원회로부터 취업심사대상자가 퇴직 전 5년 동안 소속하였던 부서 또는 기관의 업무와 취업심사대상기관 간에 밀접한 관련성이 없다는 확인을 받거나 취업승인을 받은 때에는 취업할 수 있다.

85

24. 국가 9

「공직자의 이해충돌 방지법」상 '사적이해관계자'로 규정하고 있는 대상이 아닌 것은?

① 공직자 자신 또는 그 가족
② 공직자의 직무수행과 관련하여 이익 또는 불이익을 직접적으로 받는 다른 공직자
③ 공직자로 채용·임용되기 전 2년 이내에 공직자 자신이 재직하였던 법인 또는 단체
④ 공직자 자신 또는 그 가족이 임원·대표자·관리자 또는 사외이사로 재직하고 있는 법인 또는 단체

86

17. 국가 9 (하반기)

다음은 판례의 일부이다. 괄호 안에 들어갈 말로 옳은 것은?

> 주식백지신탁제도라 함은 공직자의 재산과 그가 담당하는 직무 사이에 발생하는 (　　)을 사전에 회피하고, 공직자가 직위 또는 직무상 알게 된 정보를 이용하여 주식거래를 하거나 주가에 영향을 미쳐 부정하게 재산을 증식하는 것을 방지하며, 국민에 대한 봉사자로서 직무전념의무를 다하도록 하기 위해 일정금액을 초과하는 주식을 보유하고 있는 경우에는 그 주식을 매각하거나 그 주식의 관리·운용·처분 권한 일체를 수탁기관에 위임하여 자신의 재산이 어떠한 형태로 존속하는지 알 수 없도록 신탁계약을 체결하도록 하는 제도를 말한다.

① 이념갈등　② 이해충돌
③ 민간위탁　④ 부정청탁

87

18. 서울 9

공직윤리와 관련한 설명으로 가장 옳지 않은 것은?

① 정무직 공무원과 일반직 4급 이상 공무원은 재산등록의무가 있다.
② 공무원이 직무와 관련하여 외국인으로부터 10만원 또는 100달러 이상의 선물을 받은 때에는 소속 기관·단체의 장에게 신고하고 그 선물을 인도하여야 한다.
③ 세무·감사·건축·토목·환경·식품위생분야의 대민업무 담당부서에 근무하는 일반직 7급 이상의 경우 재산등록 대상에 해당한다.
④ 4급 이상 공무원과 공직유관단체 임직원은 퇴직일로부터 2년 간, 퇴직 전 5년 간 소속 부서 또는 기관 업무와 밀접한 관련이 있는 사기업체에 취업할 수 없다.

정답 및 해설

85 ②

직무관련자에 대한 설명이다.

※ 공직자의 이해충돌 방지법 제2조(정의)

5. "직무관련자"란 다음 각 목의 어느 하나에 해당하는 개인·법인·단체 및 공직자를 말한다.
   라. 공직자의 직무수행과 관련하여 이익 또는 불이익을 직접적으로 받는 다른 공직자
6. "사적이해관계자"란 다음 각 목의 어느 하나에 해당하는 자를 말한다.
   가. 공직자 자신 또는 그 가족
   나. 공직자 자신 또는 그 가족이 임원·대표자·관리자 또는 사외이사로 재직하고 있는 법인 또는 단체
   다. 공직자 자신이나 그 가족이 대리하거나 고문·자문 등을 제공하는 개인이나 법인 또는 단체
   라. 공직자로 채용·임용되기 전 2년 이내에 공직자 자신이 재직하였던 법인 또는 단체

86 ②

공직자윤리법 제1조(목적): 이 법은 공직자 및 공직후보자의 재산등록, 등록재산 공개 및 재산형성과정 소명과 공직을 이용한 재산취득의 규제, 공직자의 선물신고 및 주식백지신탁, 퇴직공직자의 취업제한 및 행위제한 등을 규정함으로써 공직자의 부정한 재산 증식을 방지하고, 공무집행의 공정성을 확보하는 등 공익과 사익의 이해충돌을 방지하여 국민에 대한 봉사자로서 가져야 할 공직자의 윤리를 확립함을 목적으로 한다.

87 ④

공직자윤리법 제17조(퇴직공직자의 취업제한) 제1항: 취업심사대상자는 퇴직일부터 3년간 다음 각 호의 어느 하나에 해당하는 기관에 취업할 수 없다. 다만, 관할 공직자윤리위원회로부터 취업심사대상자가 퇴직 전 5년 동안 소속하였던 부서 또는 기관의 업무와 취업심사대상기관 간에 밀접한 관련성이 없다는 확인을 받거나 취업승인을 받은 때에는 취업할 수 있다.

88

17. 사복 9

「공무원 행동강령」에 따르면, 공무원은 직무 관련 여부 및 기부 · 후원 · 증여 등 그 명목에 관계없이 동일인으로부터 1회에 100만원 또는 매 회계연도에 300만원을 초과하는 금품등을 받거나 요구 또는 약속해서는 아니 된다. 그 예외에 해당하지 않는 것은?

① 특정인에게 배포하기 위한 기념품 또는 홍보용품 등이나 경연 · 추첨을 통하여 받는 보상 또는 상품 등

② 공무원의 친족(「민법」 제777조에 따른 친족)이 제공하는 금품 등

③ 원활한 직무수행 또는 사교 · 의례 또는 부조의 목적으로 제공되는 음식물 · 경조사비 · 선물 등으로서 중앙행정기관의 장 등이 정하는 가액 범위 안의 금품 등

④ 공무원과 관련된 직원상조회 · 동호인회 · 동창회 · 향우회 · 친목회 · 종교단체 · 사회단체 등이 정하는 기준에 따라 구성원에게 제공하는 금품 등 및 그 소속 구성원 등 공무원과 특별히 장기적 · 지속적인 친분관계를 맺고 있는 자가 질병 · 재난 등으로 어려운 처지에 있는 공무원에게 제공하는 금품 등

89

16. 국가 9

공직윤리 확보를 위한 행동강령(code of conduct)에 대한 설명으로 옳지 않은 것은?

① 행동강령은 공무원에게 기대되는 바람직한 가치판단이나 의사 결정을 담고 있으며, 공무원이 준수하여야 할 행동기준으로 작용한다.

② 공무원 행동강령은 부패방지 및 국민권익위원회의 설치와 운영에 관한 법률 제8조에 근거해 대통령령으로 제정되었다.

③ 공무원 행동강령은 중앙행정기관의 장 등에게 공무원 행동강령의 시행에 필요한 범위에서 해당 기관의 특성에 적합한 세부적인 기관별 공무원 행동강령을 제정하도록 규정하고 있다.

④ OECD 국가들의 행동강령은 1970년대부터 집중적으로 제정되었으며, 주로 법률 형식으로 규정하고 있다.

90

18. 지방 9

부정청탁 및 금품등 수수의 금지에 관한 법률 시행령의 개정 내용 중 음식물 · 경조사비 등의 가액 범위로 옳지 않은 것은? (단, 합산의 경우는 배제한다)

	종전	개정
① 유가증권	5만원	5만원
② 축의금, 조의금	10만원	5만원
③ 음식물	3만원	5만원
④ 농수산물 및 농수산 가공품	5만원	10만원

정답 및 해설

88 ①

공무원 행동강령 제14조(금품등의 수수 금지) 제3항: 제15조의 외부강의 등에 관한 사례금 또는 다음 각 호의 어느 하나에 해당하는 금품등은 제1항 또는 제2항에서 <u>수수(收受)를 금지하는 금품등에 해당하지 아니한다.</u>

7. <u>불특정 다수인에게</u> 배포하기 위한 기념품 또는 홍보용품 등이나 경연 · 추첨을 통하여 받는 보상 또는 상품 등

89 ④

OECD 국가들의 행동강령은 1990년대에 집중적으로 제정되었으며, 법률, 내부지침 등 다양한 형태로 규정되어 있다.

90 ①, ③, ④

음식물 5만원, 선물 5만원(농수산물 및 농수산가공품과 농수산물 · 농수산가공품 상품권은 15만원이지만 설날 · 추석 전 24일부터 설날 · 추석 후 5일까지는 30만원까지 가능*), 경조사비 5만원(경조사비를 대신하는 화환 · 조화는 10만원)까지 사교 · 의례 등을 목적으로 가능하다.

* 2023년 부정청탁 및 금품등 수수의 금지에 관한 법률 시행령이 개정되었다.

91

17. 국가 9

부정청탁 및 금품등 수수의 금지에 관한 법률상 금지하는 부정청탁에 해당하지 않는 것은?

① 각급 학교의 입학·성적·수행평가 등의 업무에 관하여 법령을 위반하여 처리·조작하도록 하는 행위
② 공개적으로 공직자 등에게 특정한 행위를 요구하는 행위
③ 공공기관이 주관하는 각종 수상, 포상, 우수기관 선정 또는 우수자 선발에 관하여 법령을 위반하여 특정 개인·단체·법인이 선정 또는 탈락되도록 하는 행위
④ 채용·승진·전보 등 공직자 등의 인사에 관하여 법령을 위반하여 개입하거나 영향을 미치도록 하는 행위

THEME 13 공무원 부패

92

18. 국가 9

공무원 부패의 사례와 그 유형을 바르게 연결한 것은?

> ㉠ 무허가 업소를 단속하던 공무원이 정상적인 단속활동을 수행하다가 금품을 제공하는 특정 업소에 대해서는 단속을 하지 않는다.
> ㉡ 금융위기가 심각함에도 불구하고 국민들의 동요나 기업활동의 위축을 방지하기 위해 금융위기가 전혀 없다고 관련 공무원이 거짓말을 한다.
> ㉢ 인·허가와 관련된 업무를 담당하는 공무원의 대부분은 업무를 처리하면서 민원인으로부터 의례적으로 '급행료'를 받는다.
> ㉣ 거래당사자 없이 공금 횡령, 개인적 이익 편취, 회계 부정 등이 공무원에 의해 일방적으로 발생한다.

	㉠	㉡	㉢	㉣
①	제도화된 부패	회색 부패	일탈형 부패	생계형 부패
②	일탈형 부패	생계형 부패	조직 부패	회색 부패
③	일탈형 부패	백색 부패	제도화된 부패	비거래형 부패
④	조직 부패	백색 부패	생계형 부패	비거래형 부패

93

17. 서울 9

공무원 부패에 관한 설명으로 가장 옳지 않은 것은?

① 인·허가와 관련된 업무를 처리할 때 소위 급행료를 지불하는 것을 당연시하는 관행은 제도화된 부패에 해당한다.
② 금융위기가 심각함에도 불구하고 국민들의 동요나 기업활동의 위축을 막기 위해 공직자가 거짓말을 하는 것은 회색부패에 해당한다.
③ 무허가 업소를 단속하던 단속원이 정상적인 단속활동을 수행하다가 금품을 제공하는 특정 업소에 대해서 단속을 하지 않는 것은 일탈형 부패에 해당한다.
④ 공금 횡령, 개인적인 이익의 편취, 회계 부정 등은 비거래형 부패에 해당한다.

정답 및 해설

91 ②
부정청탁 및 금품등 수수의 금지에 관한 법률 제5조(부정청탁의 금지) 제2항: 다음 각 호의 어느 하나에 해당하는 경우에는 이 법을 적용하지 아니한다.
2. 공개적으로 공직자 등에게 특정한 행위를 요구하는 행위

92 ③
• 조직 부패: 여러 사람이 연루되어 조직적으로 이루어지는 부패를 의미한다. 공무원 개인이 직무를 수행하면서 공금을 횡령하는 것과 같은 개인 부패와 구별된다.
• 생계형 부패: 생계유지를 위한 부패를 의미한다. 권력을 가지고 있는 정치인이나 고위직 공무원에 의해서 자행되는 권력형 부패와 구분된다.
• 회색 부패: 법에 규정하기는 곤란하여 윤리강령에 규정하는 부패로, '과도한 선물 수수' 등이 있다.

93 ②
백색부패에 대한 설명이다. 회색부패는 법에 규정하기는 곤란하여 윤리강령에 규정하는 부패로, '과도한 선물의 수수' 등이 있다.

94

16. 지방교행 9

공무원의 부패 유형에 대한 설명으로 옳지 않은 것은?

① 공금 횡령, 개인적인 이익의 편취, 회계 부정 등은 사기형 부패에 속한다.
② 법에 규정하기는 곤란하여 윤리강령에 규정하는 부패의 유형은 회색부패에 속한다.
③ 대부분의 부패 행위는 개인 수준에서 발생하는데, 일반적으로 잘 드러나는 부패는 조직 수준의 부패이다.
④ 인·허가와 관련된 업무를 처리할 때 이른바 '급행료'를 지불하는 것을 당연시하는 것은 제도화된 부패의 예이다.

96

22. 국가 9

공무원 신분의 변경과 소멸에 대한 설명으로 옳지 않은 것은?

① 직권면직은 법률상 징계의 종류로 규정되어 있지 않다.
② 정직은 징계처분의 일종으로, 정직 기간 중에는 보수의 1/2을 감하도록 되어 있다.
③ 임용권자는 사정에 따라서는 공무원 본인의 의사에도 불구하고 휴직을 명해야 한다.
④ 임용권자는 직무수행 능력 부족을 이유로 직위해제를 받은 공무원이 직위해제 기간에 능력의 향상을 기대하기 어렵다고 인정된 때에 직권면직을 통해 공무원의 신분을 박탈할 수 있다.

THEME 14 공무원의 징계

95

23. 국가 9

공무원의 직위해제에 대한 설명으로 옳은 것은?

① 직위해제는 공무원 징계의 한 종류이다.
② 직위해제 처분을 받은 공무원은 잠정적으로 공무원 신분이 상실된다.
③ 직무수행 능력이 부족하거나 근무성적이 극히 나쁜 자에 대해서도 직위해제가 가능하다.
④ 직위해제의 사유가 소멸된 경우 임용권자는 인사위원회의 심의를 거쳐 3개월 이내에 직위를 부여하여야 한다.

97

17. 사복 9

「국가공무원법」상 징계의 내용과 효력을 바르게 설명한 것은?

① 강등은 1계급 아래로 직급을 내리고 공무원의 신분은 보유하나 3개월간 직무에 종사하지 못하며 그 기간 중 보수의 3분의 2를 감한다.
② 정직은 1개월 이상 3개월 이하의 기간으로 하고, 정직 처분을 받은 자는 그 기간 중 공무원의 신분은 보유하나 직무에 종사하지 못하며 보수의 3분의 2를 감한다.
③ 감봉은 1개월 이상 3개월 이하의 기간 동안 보수의 3분의 2를 감한다.
④ 파면 처분을 받은 때부터 5년이 지나지 아니하면 공무원으로 임용될 수 없다.

정답 및 해설

94 ③
조직적으로 이루어지는 부패는 개인 부패에 비해 외부에 잘 드러나지 않는다.

95 ③
- ① 직위해제는 징계에 해당하지 않는다.
- ② 직위해제 처분을 받더라도 공무원의 신분 상실여부가 확정되는 것은 아니다.
- ④ 직위해제 사유가 소멸하면 지체 없이 직위를 부여하여야 한다.
- 국가공무원법 제73조의3(직위해제) ① 임용권자는 다음 각 호의 어느 하나에 해당하는 자에게는 직위를 부여하지 아니할 수 있다.
  2. 직무수행 능력이 부족하거나 근무성적이 극히 나쁜 자
  3. 파면·해임·강등 또는 정직에 해당하는 징계 의결이 요구 중인 자
  4. 형사 사건으로 기소된 자(약식명령이 청구된 자는 제외한다)
  5. 고위공무원단에 속하는 일반직공무원으로서 제70조의2 제1항 제2호부터 제5호까지의 사유로 적격심사를 요구받은 자

  ② 제1항에 따라 직위를 부여하지 아니한 경우에 그 사유가 소멸되면 임용권자는 지체 없이 직위를 부여하여야 한다.

96 ②
정직은 중징계 중 하나로 1개월 이상 3개월 이하의 기간으로 하고, 정직 처분을 받은 자는 그 기간 중 공무원의 신분은 보유하나 직무에 종사하지 못하며 보수는 전액 감액한다. 또한 징계처분 집행이 끝난 날부터 18개월 동안 승진임용 또는 승급할 수 없다.

97 ④
- ① 강등은 1계급 아래로 직급을 내리고 공무원의 신분은 보유하나 3개월간 직무에 종사하지 못하며 그 기간 중 보수를 전액 삭감한다.
- ② 정직은 1개월 이상 3개월 이하의 기간으로 하고, 정직 처분을 받은 자는 그 기간 중 공무원의 신분은 보유하나 직무에 종사하지 못하며 그 기간 중 보수를 전액 삭감한다.
- ③ 감봉은 1개월 이상 3개월 이하의 기간 동안 보수의 3분의 1을 감한다.

98

18. 지방 9

국가공무원법상 공무원 인사에 대한 설명으로 옳지 않은 것은?

① 당연퇴직은 법이 정한 사유가 발생한 경우 별도의 처분 없이 공무원 관계가 소멸되는 것을 말한다.
② 직권면직은 법이 정한 사유가 발생한 경우 임용권자가 일방적으로 공무원 관계를 소멸시키는 것을 말한다.
③ 직위해제는 직무수행능력이 부족하거나 근무성적이 극히 나쁜 경우 공무원의 신분은 유지하지만 강제로 직무를 담당하지 못하게 하는 것이다.
④ 강임은 한 계급 아래로 직급을 내리는 것으로 징계의 종류 중 하나이다.

99

18. 국가 9

국가공무원법상 징계에 대한 설명으로 옳은 것은?

① 징계는 파면·해임·정직·감봉·견책으로 구분한다.
② 정직은 1개월 이상 3개월 이하의 기간으로 하고, 정직 처분을 받은 자는 그 기간 중 공무원의 신분은 보유하나 직무에 종사하지 못하며 보수의 3분의 2를 감한다.
③ 감봉은 1개월 이상 3개월 이하의 기간 동안 보수의 3분의 1을 감한다.
④ 감사원에서 조사 중인 사건에 대하여는 조사개시 통보를 받은 후부터 징계 의결의 요구나 그 밖의 징계절차를 진행할 수 있다.

THEME 15 소청 제도

100

24. 국가 9

공무원과 관할 소청심사기관의 연결로 옳지 않은 것은?

① 경기도청 소속의 지방공무원 甲 – 경기도 소청심사위원회
② 지방검찰청 소속의 검사 乙 – 법무부 소청심사위원회
③ 소방청 소속의 소방위 丙 – 인사혁신처 소청심사위원회
④ 국립대학교 소속의 교수 丁 – 교육부 교원소청심사위원회

THEME 16 기타 사항

101

17. 국가 9 (하반기)

계급정년제도에 대한 설명으로 옳지 않은 것은?

① 공무원이 일정한 기간 동안 승진하지 못하고 동일한 계급에 머물러 있으면, 그 기간이 만료된 때에 그 사람을 자동적으로 퇴직시키는 제도이다.
② 인적자원의 유동률을 높여 국민의 공직취임 기회를 확대할 수 있다.
③ 공무원의 교체를 촉진하여 낡은 관료문화 타파에 기여할 수 있다.
④ 모든 공무원의 직업적 안정성을 확보할 수 있다.

정답 및 해설

98 ④
강임은 징계에 해당하지 않는다. 징계의 종류에는 파면, 해임, 강등, 정직, 감봉, 견책이 있다.

99 ③
- ① 징계는 파면·해임·강등·정직·감봉·견책으로 구분한다.
- ② 정직은 1개월 이상 3개월 이하의 기간으로 하고, 보수 전액을 삭감한다.
- ④ 감사원의 조사개시 통보를 받은 후부터는 징계절차를 진행할 수 없다.

100 ②
검사에 대해서는 소청제도가 없다.

	구분	대상 공무원	소청심사 기관
행정부	국가 공무원	일반직, 외무, 소방, 경찰 등 ※ 검사는 소청제도 없음.	인사혁신처 소청심사위원회
		교원	교원소청심사위원회
	지방 공무원	일반	시·도 지방공무원 소청심사위원회
		지방직 교육직렬	교육소청심사위원회
입법부, 사법부, 헌법재판소, 중앙선관위는 각 사무처에 소청심사위원회를 둔다.			

101 ④
계급정년제는 공무원이 일정한 기간 동안 승진하지 못하고 동일한 계급에 머물러 있으면 그 기간이 만료된 때에 퇴직시키는 제도로, 공무원의 직업적 안정성을 저해할 수 있다.

102

17. 지방 9

공무원의 사기관리에 대한 설명으로 옳은 것은?

① 공무원 제안 규정상 우수한 제안을 제출한 공무원에게 인사상 특전을 부여할 수 있지만, 상여금은 지급할 수 없다.
② 소청심사제도는 징계처분과 같이 의사에 반하는 불이익처분을 받은 공무원이 그에 불복하여 이의를 제기했을 때 이를 심사하여 결정하는 절차이다.
③ 우리나라는 공무원의 고충을 심사하기 위하여 행정자치부에 중앙고충심사위원회를 둔다.
④ 성과상여금제도는 공직의 경쟁력을 높이기 위하여 공무원 인사와 급여체계를 사람과 연공 중심으로 개편한 것이다.

103

22. 지방 9

다음 설명에 해당하는 유연근무제의 유형은?

- 탄력근무제의 한 유형
- 1일 8시간에 구애받지 않음
- 주 3.5 ~ 4일 근무

① 재택근무형
② 집약근무형
③ 시차출퇴근형
④ 근무시간선택형

104

19. 국가 9

공무원의 근무방식과 형태에 대한 설명으로 옳지 않은 것은?

① 유연근무제는 공무원의 근무방식과 형태를 개인·업무·기관 특성에 따라 선택할 수 있는 제도이다.
② 시간선택제 근무는 통상적인 전일제 근무시간(주 40시간)보다 길거나 짧은 시간을 근무하는 제도이다.
③ 탄력근무제는 전일제 근무시간을 지키되 근무시간, 근무일수를 자율 조정할 수 있는 제도이다.
④ 원격근무제는 직장 이외의 장소에서 정보통신망을 이용하여 근무하는 제도이다.

105

18. 지방 9

유연근무제도에 대한 설명으로 옳지 않은 것은?

① 유연근무제도에는 시간선택제 전환근무제, 탄력근무제, 원격근무제가 포함된다.
② 원격근무제는 재택근무형과 스마트워크 근무형으로 구분된다.
③ 심각한 보안위험이 예상되는 업무는 온라인 원격근무를 할 수 없다.
④ 재택근무자의 재택근무일에도 시간외근무수당 실적분과 정액분을 모두 지급하여야 한다.

정답 및 해설

102 ②

- ① 공무원 제안 규정상 상여금을 지급할 수 있다.
- ③ 중앙고충심사위원회는 인사혁신처 소청심사위원회에서 관장한다.
- ④ 성과상여금제도는 사람과 연공 중심에서 성과 중심으로 개편한 것이다.

103 ②

- ① 재택근무형: 사무실이 아닌 자택에서 근무하는 형태로 원격 근무제 유형에 해당한다.
- ③ 시차출퇴근형: 1일 8시간 근무체제를 유지하면서, 출퇴근시간을 자율 조정하는 형태이다.
- ④ 근무시간선택형: 일 8시간에 구애받지 않고(일 4 ~ 12시간 근무), 주 5일 근무를 준수하는 형태이다.

104 ②

시간선택제 공무원 제도는 주당 15시간 이상 35시간 이하를 근무하는 일반직 공무원을 채용하는 제도로, 유연근무제와 정부의 일자리 나누기 정책의 일환으로 2014년 국가·지방직 공무원 시험부터 실시하였다.

105 ④

국가공무원 복무·징계 관련 예규가 개정되기 전에는 재택근무에 대하여 초과근무를 인정하지 않았다. 2023년 현재 예규가 개정되면서 재택근무에 대한 초과근무는 사전에 부서장의 긴급 초과 근무명령을 받은 경우에만 예외적으로 인정하고 있다.

05 재무

THEME 01 재무행정 개요

01
23. 지방 9

정부예산의 종류에 대한 설명으로 옳지 않은 것은?

① 기금은 예산원칙의 일반적 제약으로부터 벗어나 탄력적으로 운용된다.
② 특별회계예산은 국가의 회계 중 특정한 세입으로 특정한 세출을 충당하기 위한 예산이다.
③ 특별회계예산은 일반회계예산과 달리 예산편성에 있어 국회의 심의 및 의결을 받지 않는다.
④ 기금은 예산 통일성 원칙의 예외가 된다.

02
21. 지방 9

특별회계예산과 기금에 대한 설명으로 옳지 않은 것은?

① 기금은 특정 수입과 지출의 연계가 강하다.
② 특별회계예산은 세입과 세출이라는 운영 체계를 지닌다.
③ 특별회계예산은 합목적성 차원에서 기금보다 자율성과 탄력성이 강하다.
④ 특별회계예산과 기금은 모두 결산서를 국회에 제출하여야 한다.

03
16. 서울 9

다음 중 특별회계예산의 특징으로 가장 옳지 않은 것은?

① 특별회계예산은 세입과 세출의 수지가 명백하다.
② 특별회계예산에서는 행정부의 재량이 확대된다.
③ 특별회계예산은 국가재정의 전체적인 관련성을 파악하기 곤란하다.
④ 특별회계예산에서는 입법부의 예산통제가 용이해진다.

04
18. 지방교행 9

우리나라 정부기금에 관한 설명으로 옳은 것은?

① 세입・세출예산 내에서 운영해야 한다.
② 재원의 자율적 운영을 위하여 국회의 심의를 거치지 않는다.
③ 기금운용계획안은 국무회의의 심의와 대통령의 승인이 필요하다.
④ 기금은 법률로써 설치하며 출연금, 부담금 등은 기금의 재원으로 활용할 수 없다.

정답 및 해설

01 ③
특별회계도 일반회계와 함께 국회의 심의 및 의결을 받아야 한다.

02 ③
기금은 국가가 특정한 목적을 위하여 특정한 자금을 신축적으로 운용할 필요가 있을 때에 한정하여 법률로써 설치하는 것으로, 예산보다 자율성과 탄력성이 강하다.

03 ④
특별회계는 입법부의 예산통제를 어렵게 한다.

04 ③
- ① 국가재정법 제5조(기금의 설치) 제2항 : 제1항의 규정에 따른 기금은 세입세출예산에 의하지 아니하고 운용할 수 있다.
- ② 기금도 국회의 심의를 거쳐야 한다.
- ④ 기금은 법률로써 설치되고 출연금, 부담금 등을 재원으로 활용할 수 있다.

05

23. 지방 9

예산 불성립에 따른 예산 종류에 대한 설명으로 옳지 않은 것은?

① 준예산은 전년도 예산을 기준으로 예산을 편성해 운영하는 제도이다.
② 현재 우리나라는 준예산제도를 채택하고 있다.
③ 가예산은 1개월분의 예산을 국회의 의결을 거쳐 집행하는 것으로 우리나라가 운영한 경험이 있다.
④ 잠정예산은 수개월 단위로 임시예산을 편성해 운영하는 것으로 가예산과 달리 국회의 의결이 불필요하다.

06

22. 국가 9

동일 회계연도 예산의 성립을 기준으로 볼 때 시기적으로 빠른 것부터 순서대로 바르게 나열한 것은?

① 본예산, 수정예산, 준예산
② 준예산, 추가경정예산, 본예산
③ 수정예산, 본예산, 추가경정예산
④ 잠정예산, 본예산, 준예산

07

22. 지방 9

일반회계, 특별회계, 기금에 대한 설명으로 옳지 않은 것은?

① 일반회계는 조세수입 등을 주요 세입으로 하여 국가의 일반적인 세출에 충당하기 위하여 설치한다.
② 특별회계와 기금은 예산총계주의 원칙의 예외이다.
③ 일반회계, 특별회계, 기금 모두 국회로부터 결산의 심의 및 의결을 받아야 한다.
④ 일반회계와 특별회계는 전쟁이나 대규모 재해가 발생한 경우 추가경정예산을 편성할 수 있다.

08

19. 서울 9

예산 유형에 대한 〈보기〉의 설명 중 옳은 것을 모두 고르면?

보기

㉠ 준예산은 회계연도 개시 전까지 예산이 의결되지 않을 경우 편성하는 예산이다.
㉡ 본예산은 매 회계연도 개시 전에 국회의 심의·의결을 거쳐 성립되는 예산이다.
㉢ 추가경정예산은 본예산과 별개로 성립하며 결산 심의 역시 별도로 이루어진다.
㉣ 우리나라는 1960년도 이후부터 잠정예산제도를 채택하고 있다.

① ㉠, ㉡
② ㉠, ㉣
③ ㉡, ㉢
④ ㉢, ㉣

정답 및 해설

05 ④

가예산과 잠정예산은 별도의 국회 의결이 필요하다.

구분	기간	국회의결	지출항목	채택국가
준예산	기간 명시 없음	불필요	한정적	우리나라, 독일
가예산	1개월	필요	전반적	우리나라 1960년 이전, 프랑스
잠정예산	몇 개월	필요	전반적	미국, 일본, 영국, 캐나다

06 ③

- 수정예산 : 정부는 예산안을 국회에 제출한 후 부득이한 사유로 인하여 그 내용의 일부를 수정하고자 하는 때에는 국무회의의 심의를 거쳐 대통령의 승인을 얻은 수정예산안을 국회에 제출할 수 있다.
- 본예산 : 정기국회의 심의를 거쳐 확정된 최초의 예산으로, 당초예산이라고도 불린다.
- 추가경정예산 : 예산이 성립된 후에 생긴 사유로 이미 성립된 예산에 변경을 가할 필요가 있을 때 정부가 편성하는 예산이다.
- 준예산 : 새로운 회계연도 개시 전까지 국회에서 예산안이 의결되지 못할 때 정부가 일정한 범위 내에서 전 회계연도의 예산에 준해 집행하는 잠정적 예산이다. 우리나라가 채택하고 있는 제도이다.
- 잠정예산 : 준예산과 마찬가지로 새로운 회계연도 개시 전까지 국회에서 예산안이 의결되지 못할 때 정부가 일정한 범위 내에서 전 회계연도의 예산에 준해 집행하는 잠정적 예산이다. 미국, 캐나다 등이 채택하고 있다.

07 ②

특별회계는 예산총계주의 원칙의 예외에 해당하지 않는다.

08 ①

- ㉢ 추가경정예산은 예산이 성립된 후에 생긴 사유로 이미 성립된 예산에 변경을 가할 필요가 있을 때 정부가 편성하는 예산이다. 본예산과는 별개로 성립되지만, 일단 성립되면 통합하여 운영한다.
- ㉣ 우리나라는 1960년 이전에는 가예산제도, 1960년부터는 준예산제도를 채택하고 있다.

09

23. 국가 9

우리나라의 통합재정에 대한 설명으로 옳지 않은 것은?

① 세입과 세출은 경상거래와 자본거래로 구분하여 작성한다.
② 통합재정의 범위에는 일반정부와 공기업 등 공공부문 전체가 포함된다.
③ 정부의 재정이 국민 경제에 미치는 효과를 파악하고자 하는 예산의 분류체계이다.
④ 통합재정 산출 시 내부거래와 보전거래를 제외함으로써 세입·세출을 순계 개념으로 파악한다.

10

21. 국가 9

예산주기에 비추어 볼 때 2021년도에 볼 수 없는 예산과정은?

① 국방부의 2022년도 예산에 대한 예산요구서 작성
② 기획재정부의 2021년도 예산에 대한 예산배정
③ 대통령의 2022년도 예산안에 대한 국회 시정연설
④ 감사원의 2021년도 예산에 대한 결산검사보고서 작성

11

19. 지방 9

통합재정에 대한 설명으로 옳은 것은?

① 일반회계, 특별회계, 기금을 포함한다.
② 통합재정의 기관 범위에 공공기관은 포함되지만, 지방자치단체는 포함되지 않는다.
③ 국민의 입장에서 느끼는 정부의 지출 규모이며 내부거래를 포함한다.
④ 2005년부터 정부의 재정규모 통계로 사용하고 있으며 세입과 세출을 총계 개념으로 파악한다.

정답 및 해설

09 ②

IMF에서 발간하는 2001년 정부재정통계편람(Government Finance Statistics Manual, GFSM)에 따라 통합재정의 범위에는 일반정부만 포함된다.

1986년 GFSM과 2001년 GFSM의 비교

현재 우리나라는 국가재정법 제7조 및 동법 시행령 제2조의 국가재정운영계획에 포함되는 통합재정수지는 1986년 GFSM에 따라 금융성기금·외국환평형기금을 제외하고 있다. 국가재정법 제9조에 따라 기획재정부에서 매년 발간하고 있는 '한국 통합재정수지'에는 2001년 GFSM에 따라 일반정부 결산 재정수지도 작성하고 있다. 어느 기준을 따르더라도 공공부문 전체가 포함될 수 없다.

구분	1986 GFSM	2001 GFSM
분석 단위	회계단위	제도단위
기록 방식	현금주의	발생주의
제도단위 포괄범위	중앙정부, 지방정부	일반정부[중앙정부, 지방정부, 비영리공공기관(추가)]
회계단위 포괄범위	일반회계, 특별회계, 사업성 기금 등	일반회계, 특별회계, 사업성 기금, 금융성기금·외평기금 등(추가)

10 ④

결산은 이전 해에 집행한 예산에 대한 것으로, 2021년에는 이전 해인 2020년 예산에 대한 결산을 진행한다.

11 ①

- ② 2001 GFSM 기준에 따른 통합재정의 기관 범위에는 일반정부(중앙정부, 지방자치단체, 비영리공공기관)가 포함된다.
- ③ 통합재정은 회계 간 내부거래와 보전거래를 세입과 세출에서 각각 제외한다. 또한 국민의 입장에서 느끼는 정부의 지출 규모는 총지출에 해당한다.
  1. 통합재정규모 = 경상지출 + 자본지출 + 순융자
  2. 총지출규모 = 경상지출 + 자본지출 + 융자지출
- ④ 국가예산의 세입과 세출을 순계 개념으로 파악하는 것으로 우리나라는 IMF 권고에 따라 1979년부터 도입하였다.

THEME 03 국가재정법 예산총칙

12

18. 국가 9

우리나라의 성인지 예산제도에 대한 설명으로 옳지 않은 것은?

① 정부는 예산이 여성과 남성에게 미치는 효과를 평가하고, 그 결과를 정부의 예산편성에 반영하기 위하여 노력하여야 한다.

② 성인지 예산서는 기획재정부장관이 각 중앙관서의 장과 협의하여 제시한 작성기준 및 방식 등에 따라 여성가족부장관이 작성한다.

③ 성인지 예산서에는 성인지 예산의 개요, 규모, 성평등 기대효과, 성과목표 및 성별 수혜 분석 등의 내용이 포함되어야 한다.

④ 성인지 결산서에는 집행실적, 성평등 효과분석 및 평가 등이 포함되어야 한다.

13

16. 지방교행 9

우리나라 성인지(性認知) 예산제도에 관한 설명이다. 〈보기〉에서 옳은 것을 모두 고른 것은?

보기

㉠ 중앙부처 및 지방자치단체는 공히 성인지 결산서를 작성하여야 한다.
㉡ 성인지 예산서에는 성평등 기대효과, 성과목표, 성별 수혜분석 등을 포함하여야 한다.
㉢ 정부는 예산과 기금이 여성과 남성에게 미칠 영향을 미리 분석한 보고서를 작성하여야 한다.
㉣ 국회는 성인지 예산서와 결산서를 예산안이나 결산서와는 독립적인 안건으로 상정하여 심사를 진행하여야 한다.

① ㉠, ㉣　　② ㉠, ㉡, ㉢
③ ㉡, ㉢, ㉣　　④ ㉠, ㉡, ㉢, ㉣

14

24. 국가 9

「국가재정법」상 온실가스감축인지 예산제도에 대한 설명으로 옳지 않은 것은?

① 온실가스감축인지 예산제도는 정부예산의 원칙 중 하나이다.

② 온실가스감축인지 예산서에는 온실가스 감축에 대한 기대효과, 성과목표, 효과분석 등을 포함해야 한다.

③ 정부의 기금은 온실가스감축인지 예산제도의 대상에 포함되지 않는다.

④ 정부는 예산이 온실가스를 감축하는 방향으로 집행되었는지를 평가하는 보고서를 작성하여야 한다.

THEME 04 우리나라 예산안의 편성

15

17. 지방교행 9

「국가재정법」상의 예산안 편성과정에 관한 설명으로 옳지 않은 것은?

① 기획재정부장관은 국가재정운용계획과 예산편성을 연계하기 위하여 예산안편성지침에 중앙관서별 지출한도를 포함하여 통보할 수 있다.

② 기획재정부장관은 제출된 예산요구서가 예산안편성지침에 부합하지 아니하는 때에는 기한을 정하여 이를 수정 또는 보완하도록 요구할 수 있다.

③ 기획재정부장관은 대통령의 승인을 얻은 다음 각 중앙관서의 장에게 예산안편성지침을 통보하고 이 지침을 국회 상임위원회에 보고하여야 한다.

④ 각 중앙관서의 장이 기획재정부장관에게 제출하는 예산요구서에는 대통령령이 정하는 바에 따라 예산의 편성 및 예산관리기법의 적용에 필요한 서류를 첨부하여야 한다.

정답 및 해설

12 ②
성인지 예산서는 기획재정부장관과 여성가족부장관이 협의하여 제시한 작성기준 및 방식 등에 따라 각 중앙관서의 장이 작성한다.

13 ②
㉣ 국회는 예산안과 결산서에 첨부된 성인지 예산서와 결산서를 함께 심사를 진행하여야 한다.

14 ③
정부의 예산 및 기금은 온실가스감축인지 예산제도의 대상에 포함된다.
※ 국가재정법 제68조의3(온실가스감축인지 기금운용계획서의 작성)
① 정부는 기금이 온실가스 감축에 미칠 영향을 미리 분석한 보고서를 작성하여야 한다.

15 ③
예산안편성지침을 <u>예산결산특별위원회</u>에 보고하여야 한다.

16

24. 지방 9

예산 과정에 대한 설명으로 옳지 않은 것은?

① 「국가재정법」에서는 대통령의 승인을 얻은 정부 예산안이 회계연도 개시 90일 전까지 국회에 제출되어야 한다고 규정하고 있다.

② 기획재정부장관은 국무회의의 심의를 거쳐 대통령의 승인을 얻은 다음 연도의 예산안편성지침을 매년 3월 31일까지 중앙관서의 장에게 통보해야 한다.

③ 국회 예산결산특별위원회는 소관 상임위원회에서 삭감한 세출예산 각 항의 금액을 증가하게 하거나 새 비목을 설치할 경우 소관 상임위원회의 동의를 받아야 한다.

④ 정부는 국회에 예산안을 제출한 후 부득이한 사유로 인하여 그 내용의 일부를 수정하고자 하는 때에는 국무회의의 심의를 거쳐 대통령의 승인을 얻은 수정예산안을 국회에 제출할 수 있다.

17

22. 지방 9

다음은 국가재정법상 예비타당성조사에 대한 내용이다. (가)와 (나)에 들어갈 숫자로 옳은 것은?

> 기획재정부장관은 총사업비가 [(가)]억원 이상이고 국가의 재정지원 규모가 [(나)]억원 이상인 신규 사업으로서 건설공사가 포함된 사업 등에 대한 예산을 편성하기 위하여 미리 예비타당성조사를 실시하고, 그 결과를 요약하여 국회 소관 상임위원회와 예산결산특별위원회에 제출하여야 한다.

	(가)	(나)
①	300	100
②	300	200
③	500	250
④	500	300

18

19. 지방 9

예비타당성조사에 대한 설명으로 옳은 것은?

① 기존에 유지된 타당성조사의 문제점을 보완하기 위해 2013년부터 도입하였다.

② 신규 사업 중 총사업비가 300억 원 이상인 사업은 예비타당성조사대상에 포함된다.

③ 중앙행정기관의 장은 예비타당성조사를 실시하고 기획재정부장관과 그 결과를 협의해야 한다.

④ 조사대상 사업의 경제성, 정책적 필요성 등을 종합적으로 검토하여 그 타당성 여부를 판단한다.

THEME 05 예산(안)의 심의

19

16. 국가 9

국회의 예산심의에 대한 설명으로 옳지 않은 것은?

① 상임위원회의 예비심사를 거친 정부예산안은 예산결산특별위원회에 회부되고, 예산결산특별위원회에서 종합심사가 종결되면 본회의에 부의된다.

② 예산결산특별위원회는 소관 상임위원회의 동의 없이 상임위원회에서 삭감한 세출예산 각 항의 금액을 증액할 수 있다.

③ 국회는 정부의 동의 없이 정부가 제출한 지출예산 각 항의 금액을 증가하거나 새 비목을 설치할 수 없다.

④ 국회의장은 예산안을 소관 상임위원회에 회부할 때에는 심사 기간을 정할 수 있으며, 상임위원회가 이유없이 그 기간 내에 심사를 마치지 아니한 때에는 이를 바로 예산결산특별위원회에 회부할 수 있다.

정답 및 해설

16 ①

「국가재정법」에서는 대통령의 승인을 얻은 정부 예산안이 회계연도 개시 120일 전까지 국회에 제출되어야 한다고 규정하고 있다.

17 ④

국가재정법 제38조(예비타당성조사) 제1항: 기획재정부장관은 총사업비가 500억원 이상이고 국가의 재정지원 규모가 300억원 이상인 신규 사업으로서 다음 각 호의 어느 하나에 해당하는 대규모사업에 대한 예산을 편성하기 위하여 미리 예비타당성조사를 실시하고 …

18 ④

예비타당성조사(1999년 도입)

> 1. 도입취지: 대규모 신규 사업에서 발생할 수 있는 예산 낭비를 방지하고 재정운영의 효율성을 제고하기 위해 도입했다.
> 2. 실시기관: 기획재정부장관이 예비타당성조사를 실시한다.
> 3. 대상사업: 총사업비가 500억원 이상이고 국가의 재정지원 규모가 300억원 이상인 신규 사업으로 건설공사가 포함된 사업, 정보화 사업, 국가연구개발사업 등이다.

19 ②

소관 상임위원회에서 삭감한 세출예산 각 항의 금액을 증가하게 할 경우에 소관 상임위원회의 동의를 받아야 한다(국회법 제84조).

20

20. 서울 9

「국가재정법」상 국가재정 운용에 대한 설명으로 가장 옳지 않은 것은?

① 정부는 필요한 경우 회계·기금 간 여유재원의 전입·전출을 할 수 있는데, 국민연금기금과 공무원연금기금은 제외하고 있다.
② 외국차관을 도입하여 전대(轉貸)하는 경우는 예산총계주의 원칙의 예외에 해당한다.
③ 공무원 보수 인상을 위한 인건비 충당을 위해서는 예비비의 사용목적을 지정할 수 없다.
④ 정부는 대통령의 승인을 얻은 예산안을 회계연도 개시 150일 전까지 국회에 제출하여야 한다.

THEME 06 우리나라 예산의 집행

21

20. 국가 9

예산의 집행에 대한 설명으로 옳은 것은?

① 기획재정부장관은 각 중앙관서의 장에게 예산을 배정한 때에는 감사원에 통지하여야 한다.
② 기획재정부장관은 반기별 예산배정계획을 작성하여 국회의 심의를 받은 뒤에 예산을 배정한다.
③ 중앙관서의 장에게 자금을 사용할 수 있는 권한을 부여하는 것을 예산 재배정이라고 한다.
④ 기획재정부장관은 매년 2월 말까지 예산집행지침을 각 중앙관서의 장과 국회예산정책처에 통보하여야 한다.

22

19. 국가 9

예산집행에 대한 설명으로 옳지 않은 것은?

① 예산의 재배정은 행정부처의 장이 실무부서에게 지출을 할 수 있는 권한을 부여하는 것을 의미한다.
② 예산의 전용을 위해서 정부 부처는 미리 국회의 승인을 받아야 한다.
③ 예비비는 공무원 인건비 인상을 위한 인건비 충당을 목적으로 사용할 수 없다.
④ 사고이월은 집행과정에서 재해 등의 이유로 불가피하게 다음 연도로 이월된 경비를 말한다.

23

16. 지방교행 9

예산집행과 관련된 기술로 옳지 않은 것은?

① 예산집행은 재정통제와 재정신축성이라는 상반된 목표를 동시에 추구한다.
② 중앙관서의 장은 대통령령이 정하는 바에 따라 기획재정부장관의 승인을 얻어 세항 또는 목의 금액을 전용할 수 있다.
③ 예비비로 공무원의 보수 인상을 위한 인건비를 충당하기 위해서는 예산총칙 등에 따라 미리 사용 목적을 지정하여야 한다.
④ 중앙관서의 장은 완성에 2년 이상 소요되고 총사업비가 일정 규모 이상인 사업에 대해서는 사전에 기획재정부장관과 협의하여야 한다.

정답 및 해설

20 ④
정부는 대통령의 승인을 얻은 예산안을 회계연도 개시 120일 전까지 국회에 제출해야 한다.
※ 헌법에 의하면 회계연도 개시 90일 전까지 국회에 제출하도록 되어 있으나, 2016년 국가재정법 개정으로 120일 전까지 제출해야 한다.

21 ①
- ② 기획재정부장관은 분기별 예산배정계획을 작성하여 국무회의의 심의를 거친 후 대통령의 승인을 얻어야 한다.
- ③ 중앙관서의 장에게 자금을 사용할 수 있는 권한을 부여하는 것을 예산 배정이라고 한다.
- ④ 기획재정부장관은 국가재정법 제44조에 따른 예산집행지침을 매년 1월 말까지 각 중앙관서의 장에게 통보하여야 한다.

22 ②
- 전용: 행정과목(국회의 승인 불필요)
- 이용: 입법과목(국회의 승인 필요)

23 ③
국가재정법 제22조(예비비)
- 제1항: 정부는 예측할 수 없는 예산 외의 지출 또는 예산초과지출에 충당하기 위하여 일반회계 예산총액의 100분의 1 이내의 금액을 예비비로 세입세출예산에 계상할 수 있다. 다만, 예산총칙 등에 따라 미리 사용목적을 지정해 놓은 예비비는 본문에도 불구하고 별도로 세입세출예산에 계상할 수 있다.
- 제2항: <u>제1항 단서에도 불구하고 공무원의 보수 인상을 위한 인건비 충당을 위하여는 예비비의 사용 목적을 지정할 수 없다.</u>

24

16. 사복 9

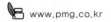

우리나라의 예산 · 회계 제도에 대한 설명으로 옳지 않은 것은?

① 총액배분자율편성예산제도, 디지털예산회계시스템 등과 같은 예산개혁의 실효성을 확보하기 위한 제도적 기반으로서 프로그램 예산제도가 도입되었다.

② 국가의 재정활동에서 발생하는 경제적 거래 등은 발생사실에 따라 복식부기방식으로 회계처리 되어야 한다.

③ 예비타당성조사제도는 완성에 2년 이상이 소요되는 사업으로서 대통령령이 정하는 대규모사업에 대하여 각 중앙관서의 장이 그 사업규모 등을 정하여 미리 기획재정부장관과 협의하도록 하는 제도이다.

④ 기획재정부장관은 예비타당성조사를 실시하기로 결정한 경우에는 대상 사업의 경제성 및 정책적 필요성 등을 종합적으로 검토하여야 한다.

25

21. 국가 9

우리나라 예산제도에 대한 설명으로 옳지 않은 것은?

① 국회는 정부의 동의 없이 정부가 제출한 지출예산 각 항의 금액을 증가시킬 수 없다.

② 정부가 예산안 편성 시 감사원의 세출예산요구액을 감액하고자 할 때에는 국무회의에서 감사원장의 의견을 구하여야 한다.

③ 정부는 회계연도 개시 전까지 예산안이 의결되지 못한 때에는 전년도 예산에 준해 모든 예산을 편성해 운영할 수 있다.

④ 국회는 감사원이 검사를 완료한 국가결산보고서를 정기회 개회 전까지 심의 · 의결을 완료해야 한다.

26

16. 국가 9

다음 내용의 괄호 안에 해당하는 것은?

> 최근 미국은 의회의 연방예산처리 지연으로 예산편성 및 집행에 큰 어려움을 겪으면서 행정업무가 마비되는 사태를 겪은 바 있다. 우리나라는 새로운 회계연도가 개시될 때까지 예산안이 국회에서 의결되지 못한 경우에 대비하여 (   )제도를 시행하고 있다.

① 준예산 ② 가예산
③ 수정예산 ④ 잠정예산

THEME 07 우리나라 예산의 결산

27

18. 국가 9

우리나라의 결산에 대한 설명으로 옳지 않은 것은?

① 결산은 한 회계연도의 수입과 지출 실적을 확정적 계수로 표시하는 행위이다.

② 정부는 감사원의 검사를 거친 국가결산보고서를 국회에 제출하여야 한다.

③ 결산은 국회의 심의를 거쳐 국무회의의 의결과 대통령의 승인으로 종료된다.

④ 각 중앙관서의 장은 회계연도마다 소관 기금의 결산보고서를 중앙관서결산보고서에 통합하여 작성하여야 한다.

정답 및 해설

24 ③
총사업비관리제도에 대한 설명이다. 예비타당성조사제도는 총사업비가 500억 원 이상이고 국가의 재정지원 규모가 300억 원 이상인 신규 사업으로 건설공사가 포함된 사업, 정보화 사업, 국가연구개발사업 등에 대하여 기획재정부장관이 실시한다.

25 ③
- 준예산은 지출항목이 한정적이다(모든 예산 ×).
  - 헌법이나 법률에 의하여 설치된 기관 또는 시설의 유지 · 운영
  - 법률상 지출의무의 이행 및 이미 예산으로 승인된 사업의 계속

26 ①
- ① 회계연도 개시 전 예산안이 의결되지 못한 경우 우리나라는 준예산을 채택하고 있고, 이외에 가예산(프랑스 및 1960년 이전 우리나라 등), 잠정예산(미국, 일본 등)이 있다.
- ③ 수정예산은 정부가 예산안을 국회에 제출한 이후 국회의결 전에 기존 예산안 내용의 일부를 수정하여 다시 제출하는 예산안이다.

27 ③
결산의 순서: 국무회의 심의 → 대통령의 승인 → 감사원의 검사 → 국회 제출(상임위 예비심사와 예결위 종합심사를 거쳐 본회의에 보고)

28

18. 지방교행 9

우리나라 결산에 관한 설명으로 옳은 것은?

① 결산은 부당한 지출인 경우 집행된 내용을 무효로 할 수 있다.
② 국회는 결산 의결권을 가지며 예산결산특별위원회에서 결산을 최종 승인한다.
③ 결산은 회계연도에서 국가의 수입과 지출을 잠정적 수치로 표시하는 행위이다.
④ 감사원은 세입·세출의 결산을 매년 검사하여 대통령과 차년도 국회에 그 결과를 보고하여야 한다.

THEME 10 재정건전화

29

18. 국가 9

예산과 재정 관리에 대한 설명으로 옳지 않은 것은?

① 우리나라의 예산은 행정부가 제출하고 국회가 심의·확정하지만, 미국과 같은 세출예산법률의 형식은 아니다.
② 조세는 현 세대의 의사결정에 대한 재정 부담을 미래 세대로 전가하지 않는다는 장점이 있다.
③ 성과주의 예산제도의 도입에도 불구하고 품목별 예산제도는 우리나라에서 여전히 활용되고 있다.
④ 추가경정예산은 예산의 신축성 확보를 위한 제도로서, 최소 1회의 추가경정예산을 편성하도록 국가재정법에 규정되어 있다.

30

21. 국가 9

｢국가재정법｣상 추가경정예산안 편성이 가능한 사유에 해당하지 않는 것은?

① 전쟁이나 대규모 재해가 발생한 경우
② 남북관계의 변화와 같은 중대한 변화가 발생한 경우
③ 경기침체, 대량실업 같은 중대한 변화가 발생할 우려가 있는 경우
④ 경제협력, 해외원조를 위한 지출을 예비비로 충당해야 할 우려가 있는 경우

31

20. 국가 9

세계잉여금에 대한 설명으로 옳은 것만을 모두 고르면?

ㄱ 일반회계, 특별회계가 포함되고 기금은 제외된다.
ㄴ 적자 국채 발행 규모와 부(−)의 관계이며, 국가의 재정건전성을 파악하는데 효과적이다.
ㄷ 결산의 결과 발생한 세계잉여금은 전액 추가경정예산에 편성하여야 한다.

① ㄱ　　② ㄷ
③ ㄱ, ㄴ　　④ ㄴ, ㄷ

정답 및 해설

28 ④
- ① 결산 결과 위법하거나 부당한 지출이 확인되더라도 정부활동을 무효화시키거나 취소할 수 없다.
- ② 국회는 결산 의결권을 가지며, 상임위원회의 예비심사와 예산결산특별위원회의 종합심사를 거쳐 본회의에서 최종 승인한다.
- ③ 결산은 회계연도에서 국가의 수입과 지출을 확정적 수치로 표시하는 행위이다.

29 ④
국가재정법 등에 추가경정예산 편성 횟수에 대한 규정은 없다.

30 ④
국가재정법 제89조(추가경정예산안의 편성)
1. 전쟁이나 대규모 재해가 발생한 경우
2. 경기침체, 대량실업, 남북관계의 변화, 경제협력과 같은 대내·외 여건에 중대한 변화가 발생하였거나 발생할 우려가 있는 경우
3. 법령에 따라 국가가 지급하여야 하는 지출이 발생하거나 증가하는 경우

31 ①
- ㄴ 회계연도 단위로 발생하는 세계잉여금으로 누적된 국채 등 국가재정건전성을 파악하기는 어렵다.
- ㄷ 세계잉여금으로 교부금 정산 및 채무상환 등에 우선 사용 후 추가경정예산에 편성할 수 있다.

32

23. 국가 9

우리나라의 재정사업 성과관리에 대한 설명으로 옳지 않은 것은?

① 재정사업 성과관리의 내용은 성과목표관리와 성과평가로 구성된다.
② 재정사업 성과평가 결과는 지출 구조조정 등의 방법으로 재정운용에 반영될 수 있다.
③ 재정사업 심층평가 결과 기획재정부장관이 필요하다고 판단하면 재정사업 자율평가를 실시할 수 있다.
④ 재정사업 자율평가는 미국 관리예산처(OMB)의 PART (Program Assessment Rating Tool)를 우리나라 실정에 맞게 도입한 제도이다.

33

17. 국가 9

재정성과관리와 재정건전성에 대한 설명으로 옳지 않은 것은?

① 중기지방재정계획은 지방재정법에 근거한 사후예산제도로 지방재정 건전화를 추구한다.
② 통합재정수지는 재정건전성 분석, 재정의 실물경제 효과 분석, 재정운용의 통화부문에 대한 영향 분석 등에 활용될 수 있다.
③ 총사업비관리제도는 시작된 대형사업에 대한 총사업비를 관리해 재정지출의 생산성 제고를 도모한다.
④ 예비타당성조사는 대규모 신규사업에 대한 예산편성 및 기금운용계획을 수립하기 위하여 기획재정부장관 주관으로 실시하는 사전적인 타당성 검증·평가제도이다.

34

17. 서울 9

우리나라의 재정건전성 관련 제도에 대한 설명으로 가장 옳은 것은?

① 총사업비관리제도는 예비타당성조사제도와 같은 시기에 도입되었다.
② 예비타당성조사는 총사업비 500억원 이상이면서 국가재정 지원이 300억원 이상인 신규사업 중에 일정한 절차를 거쳐 실시한다.
③ 토목사업은 400억원 이상일 경우 총사업비관리 대상이다.
④ 재정사업자율평가제도는 2004년부터 실시되었다.

35

16. 서울 9

우리나라의 국가채무에 대한 설명으로 가장 옳지 않은 것은?

① 국가채무의 범위는 「국가회계법」 제91조 2항에 따라 결정된다.
② 정부의 대지급 이행이 확정된 채무의 경우 국공채 및 차입금이 아니더라도 국가채무에 포함시킨다.
③ 국가의 회계 또는 기금이 인수하여 보유하고 있는 채권과 차입금은 국가채무 대상에서 제외시킨다.
④ 보증채무는 재정통계에 포함시키지 않는다.

정답 및 해설

32 ③
재정사업 자율평가 결과 기획재정부장관이 필요하다고 판단하면 재정사업 심층평가를 실시할 수 있다.

33 ①
- 지방재정법 제33조(중기지방재정계획의 수립 등) 제1항: 지방자치단체의 장은 지방재정을 계획성 있게 운용하기 위하여 매년 다음 회계연도부터 5회계연도 이상의 기간에 대한 중기지방재정계획을 수립하여 예산안과 함께 지방의회에 제출하고, 회계연도 개시 30일 전까지 행정안전부장관에게 제출하여야 한다.
- 중기지방재정계획은 '사전적 예산제도'이다.

34 ②
- ① 총사업비관리제도는 1994년에 도입되었고, 예비타당성조사는 1999년에 도입되었다.
- ③ 토목사업은 500억원 이상일 경우 총사업비관리 대상이다.
- ④ 재정사업자율평가제도는 2005년부터 실시되었다.

35 ①
국가채무의 범위는 국가재정법 제91조에 규정되어 있다.

구분	내용
금전채무	• 국가의 회계 또는 기금이 발행한 채권 • 국가의 회계 또는 기금의 차입금 • 국가의 회계 또는 기금의 국고채무부담행위 등
국가채무 불포함	• 재정증권 또는 한국은행으로부터의 일시차입금 • 채권 중 국가의 회계 또는 기금이 인수 또는 매입하여 보유하고 있는 채권 • 차입금 중 국가의 다른 회계 또는 기금으로부터의 차입금

THEME 12 예산

36

20. 서울 9

머스그레이브(Musgrave)가 제시한 재정의 기본 원칙에 해당하지 않는 것은?

① 자원 배분 기능
② 소득 분배의 공평화 기능
③ 경제 안정 기능
④ 행정관리적 기능

37

18. 지방 9

머스그레이브(Musgrave)의 정부 재정기능의 기본 원칙에 대한 설명으로 옳지 않은 것은?

① 시장실패를 교정하고 사회적 최적 생산과 소비수준이 이루어지도록 해야 한다.
② 세입 면에서는 차별 과세를 하고, 세출 면에서는 사회보장적 지출을 통해 소외계층을 지원해야 한다.
③ 고용, 물가 등과 같은 거시경제 지표들을 안정적으로 조절해야 한다.
④ 정부에 부여된 목적과 자원을 연계하여 소기의 성과를 거둘 수 있도록 관료를 통제해야 한다.

38

18. 서울 9

우리나라의 예산안과 법률안의 의결방식에 대한 설명으로 가장 옳지 않은 것은?

① 법률에 대해서는 대통령의 거부권 행사가 가능하지만 예산은 거부권을 행사할 수 없다.
② 예산으로 법률의 개폐가 불가능하지만, 법률로는 예산을 변경할 수 있다.
③ 법률과 달리 예산안은 정부만이 편성하여 제출할 수 있다.
④ 예산안을 심의할 때 국회는 정부가 제출한 예산안의 범위 내에서 삭감할 수 있고, 정부의 동의 없이 지출예산의 각 항의 금액을 증가하거나 새 비목을 설치할 수 없다.

THEME 13 예산의 원칙

39

17. 지방 9

국가재정법상 다음 원칙의 예외에 대한 규정으로 옳지 않은 것은?

> • 한 회계연도의 모든 수입을 세입으로 하고, 모든 지출을 세출로 한다.
> • 한 회계연도의 세입과 세출은 모두 예산에 계상하여야 한다.

① 수입대체경비에 있어 수입이 예산을 초과하거나 초과할 것이 예상되는 때에는 그 초과수입을 대통령령이 정하는 바에 따라 그 초과수입에 직접 관련되는 경비 및 이에 수반되는 경비에 초과지출할 수 있다.
② 국가가 현물로 출자하는 경우에는 이를 세입세출예산 외로 처리할 수 있다.
③ 국가가 외국차관을 도입하여 전대하는 경우에는 이를 세입세출예산 외로 처리할 수 있다.
④ 출연금이 지원된 국가연구개발사업의 개발 성과물 사용에 따른 대가를 사용하는 경우에는 이를 세입세출예산 외로 처리할 수 있다.

정답 및 해설

36 ④
• ④ 쉬크는 예산의 행정관리적 기능으로 통제, 관리, 계획을 강조하였다.
• ①, ②, ③ 머스그레이브가 주장한 재정의 3대 기능이다.

37 ④
• ④ 쉬크의 예산의 행정관리적 기능 중 통제기능에 대한 설명이다.
• 머스그레이브는 재정의 3대 기능으로 자원배분, 소득재분배, 경제안정화 기능을 주장하였다. 각각 ① 자원배분 기능, ② 소득재분배 기능, ③ 경제안정화 기능에 대한 설명에 해당한다.

38 ②
우리나라는 법률이 아닌 예산의 형식으로 의회 의결을 받아야 한다(예산주의). 예산은 법률의 개폐가 불가능하며, 법률로 예산을 변경할 수 없다.

39 ④
보기는 예산총계주의 원칙에 대한 설명이다. 출연금이 지원된 국가연구개발사업의 개발 성과물 사용에 따른 대가는 2014년 국가재정법 개정에 따라 예산총계주의 원칙의 예외에서 삭제되었다.

40

16. 국가 9

다음 보기에서 ㉠과 ㉡에 해당하는 내용을 바르게 연결한 것은?

> (㉠)은(는) 국가가 특별한 용역 또는 시설을 제공하고 그 제공을 받은 자로부터 비용을 징수하는 경우의 당해 경비로서 기획재정부장관이 정하는 경비를 의미하며, 국가재정법상 (㉡)의 예외로 규정되어 있다.

	㉠	㉡
①	수입대체경비	예산총계주의 원칙
②	전대차관	예산총계주의 원칙
③	전대차관	예산 공개의 원칙
④	수입대체경비	예산 공개의 원칙

41

19. 서울 9 (2월)

예산의 원칙과 내용을 가장 옳게 짝지은 것은?

① 예산 단일성의 원칙 – 예산은 모든 국민이 알기 쉽게 분류·정리되어야 한다는 원칙
② 예산 완전성의 원칙 – 모든 수입과 지출은 예산에 계상되어야 한다는 원칙
③ 예산 엄밀성의 원칙 – 정해진 목표를 위해서 정해진 금액을 정해진 기간 내에 사용해야 한다는 원칙
④ 예산 한정성의 원칙 – 국가의 예산은 하나로 존재해야 한다는 원칙

42

17. 사복 9

예산원칙 예외에 대한 설명 중 옳지 않은 것은?

① 국가정보원 예산의 비공개는 예산 공개의 원칙에 대한 예외이다.
② 수입대체경비, 차관물자대 등은 예산 총계주의 원칙에 대한 예외이다.
③ 특별회계와 추가경정예산은 예산 단일성의 원칙에 대한 예외이다.
④ 예산 한정성의 원칙 중 예산 목적 외 사용 금지인 질적 한정의 원칙은 엄격히 지켜지고 있다.

43

17. 국가 9 (하반기)

예산의 원칙과 그 내용, 예외사항을 순서대로 나열한 것으로 옳지 않은 것은?

① 사전의결의 원칙 – 회계연도 개시 전 예산 확정 – 준예산
② 통일성의 원칙–특정수입과 특정지출의 연계 금지–특별회계
③ 단일성의 원칙–세입과 세출 내역의 명시적 나열–이용과 전용
④ 완전성의 원칙 – 예산총계주의 – 전대차관

정답 및 해설

40 ①

- 수입대체경비: 각 중앙관서의 장은 용역 또는 시설을 제공하여 발생하는 수입과 관련되는 경비의 경우, 수입이 예산을 초과하거나 초과할 것이 예상되는 때에는 그 초과수입을 대통령령으로 정하는 바에 따라 그 초과수입에 직접 관련되는 경비 및 이에 수반되는 경비에 초과지출할 수 있다.
- 예산총계주의 원칙: 한 회계연도의 모든 수입을 세입으로 하고, 모든 지출을 세출로 한다.
- 외국차관의 전대(전대차관): 정부가 외국 금융기관 등으로부터 자금을 빌려, 국내 기관 등에 다시 빌려주는 것이다.
- 예산 공개성의 원칙: 모든 예산은 공개되어야 한다.

41 ②

- ① 명확성(명료성)의 원칙에 대한 설명이다.
- ③ 한정성의 원칙에 대한 설명이다. 정확성(엄밀성)의 원칙은 예산은 결산과 일치해야 한다는 원칙을 말한다.
- ④ 단일성의 원칙에 대한 설명이다.

42 ④

예산의 목적 외 사용을 금지하는 한정성 원칙의 예외적 장치로, 이용(입법과목 간)과 전용(행정과목 간)이 있다.

43 ③

단일성의 원칙은 국가의 예산은 하나로 존재해야 한다는 것이다(단일회계 내에서 정리). 이 원칙의 예외로는 특별회계, 추가경정예산, 기금이 있다.

44

16. 서울 9

다음 예산의 원칙 중 스미스(H. Smith)가 주장한 현대적 예산의 원칙은?

① 예산은 미리 결정되어 회계연도가 시작되면 바로 집행할 수 있도록 해야 한다.
② 예산의 편성, 심의, 집행은 공식적인 형식을 가진 재정 보고 및 업무 보고에 기초를 두어야 한다.
③ 모든 예산은 공개되어야 한다.
④ 예산구조나 과목은 국민들이 이해하기 쉽게 단순해야 한다.

THEME 14 우리나라 예산의 신축성

45

17. 지방교행 9

예산집행의 신축성 유지 방안에 관한 설명으로 옳은 것은?

① 추가경정예산은 예산 성립 이후 사업을 변경하거나 새로운 사업을 추진해야 하는 경우, 예산을 우선 집행하고 사후에 국회의 승인을 받도록 하는 것이다.
② 예비비는 예측할 수 없는 예산 외의 지출 또는 예산초과지출에 충당하기 위하여 특별회계 예산 총액의 100분의 1 이내의 금액을 세입세출예산에 계상한 것이다.
③ 예산의 전용은 장 – 관 – 항 간의 융통을 의미하며, 중앙관서의 장은 예산의 효율적인 활용을 위하여 대통령령이 정하는 바에 따라 기획재정부장관의 승인을 얻어 재원을 사용할 수 있다.
④ 계속비는 완성에 수년도를 요하는 공사나 제조 및 연구개발사업에 대해 그 경비의 총액과 연부액을 정하여 미리 국회의 의결을 얻은 범위 안에서 수년도에 걸쳐서 지출할 수 있는 것이다.

46

24. 지방 9

예산집행의 신축성 유지 방안에 대한 설명으로 옳지 않은 것은?

① 추가경정예산의 경우, 정부는 국회에서 추가경정예산안이 확정되기 전에 이를 미리 배정하거나 집행할 수 없다.
② 예비비의 경우, 정부는 예측할 수 없는 예산 외의 지출 또는 예산초과지출에 충당하기 위하여 일반회계 예산총액의 100분의 5 이내의 금액으로 세입세출예산에 계상할 수 있다.
③ 계속비의 경우, 국가가 지출할 수 있는 연한은 그 회계연도로부터 5년 이내이나, 사업규모 및 국가재원 여건을 고려하여 필요한 경우에는 예외적으로 10년 이내로 할 수 있다.
④ 각 중앙관서의 장은 예산의 목적범위 안에서 재원의 효율적 활용을 위하여 대통령령으로 정하는 바에 따라 기획재정부장관의 승인을 얻어 각 세항 또는 목의 금액을 전용(轉用)할 수 있다.

47

17. 서울 9

예산집행의 신축성을 유지하기 위한 방안에 대한 설명 중 가장 옳지 않은 것은?

① 이체란 정부조직 등에 관한 법령의 제정·개정 또는 폐지로 인하여 중앙관서의 직무와 권한에 변동이 있을 때 관련 예산을 이동하는 것이다.
② 전용이란 입법과목 간 상호 융통으로, 각 중앙관서의 장은 예산의 목적범위 안에서 재원의 효율적 활용을 위하여 기획재정부장관의 승인을 얻어 각 세항 또는 목의 금액을 전용할 수 있다.
③ 이월이란 당해 연도 예산액의 일정 부분을 다음 연도로 넘겨서 사용할 수 있는 제도이다.
④ 계속비란 완성에 수년도를 요하는 사업에 대해 그 경비의 총액과 연도별 지출액을 정하여 미리 국회의 의결을 얻은 범위 안에서 수년도에 걸쳐 지출하는 경비이다.

정답 및 해설

44 ②
- ① 예산의 고전적 원칙 중 사전의결의 원칙에 대한 설명이다.
- ③ 예산의 고전적 원칙 중 공개성의 원칙에 대한 설명이다.
- ④ 예산의 고전적 원칙 중 명확성(명료성)의 원칙에 대한 설명이다.

45 ④
- ① 국회에서 추가경정예산안이 확정되기 전에 이를 미리 배정하거나 집행할 수 없다.
- ② 예비비는 일반회계 예산 총액의 100분의 1 이내의 금액을 세입세출예산에 계상하는 것이다.
- ③ 전용은 세항 – 목 간(행정과목)의 융통을 의미한다. 장 – 관 – 항 간(입법과목)의 융통은 '이용'이며 국회의 승인이 필요하다.

46 ②
예비비의 경우, 정부는 예측할 수 없는 예산 외의 지출 또는 예산초과지출에 충당하기 위하여 일반회계 예산총액의 100분의 1 이내의 금액으로 세입세출예산에 계상할 수 있다.

47 ②
전용이란 행정과목 간 상호 융통으로, 각 중앙관서의 장은 예산의 목적범위 안에서 재원의 효율적 활용을 위하여 기획재정부장관의 승인을 얻어 각 세항 또는 목의 금액을 전용할 수 있다.

48

22. 국가 9

예산집행의 신축성을 유지하기 위한 제도로 옳지 않은 것은?

① 계속비
② 수입대체경비
③ 예산의 재배정
④ 예산의 이체

49

19. 지방 9

예산과정에 대한 설명으로 옳은 것은?

① 예산과정은 예산편성－예산집행－예산심의－예산결산의 순으로 이루어진다.
② 예산집행의 신축성을 확보하기 위해 예비비, 총액계상제도 등을 활용하고 있다.
③ 예산제도 개선 등으로 절약된 예산 일부를 예산성과금으로 지급할 수 있지만 다른 사업에 사용할 수는 없다.
④ 각 중앙부처가 총액 한도를 지정한 후에 사업별 예산을 편성하고 있어 기획재정부의 사업별 예산통제 기능은 미약하다.

50

24. 국가 9

국고채무부담행위에 대한 설명으로 옳은 것만을 모두 고르면?

> ㉠ 사항마다 필요한 이유를 명백히 하고 그 행위를 할 연도와 상환연도, 채무부담의 금액을 표시해야 한다.
> ㉡ 국가가 금전 급부 의무를 부담하는 행위로서 그 채무 이행의 책임은 다음 연도 이후에 부담됨을 원칙으로 한다.
> ㉢ 국가가 채무를 부담할 권한과 채무의 지출권한을 부여받은 것으로, 지출을 위한 국회 의결 대상에서 제외된다.
> ㉣ 단년도 예산 원칙의 예외라는 점에서 계속비와 동일하지만, 공사나 제조 및 연구개발 사업 등 대상이 한정되어 있다는 점에서는 대상이 한정되지 않는 계속비와 차이가 있다.

① ㉠, ㉡　　② ㉠, ㉣
③ ㉡, ㉢　　④ ㉢, ㉣

THEME 15 예산결정이론

51

23. 국가 9

예산이론에 대한 설명으로 옳지 않은 것은?

① 총체주의는 계획예산(PPBS), 영기준예산(ZBB)과 같은 예산제도 개혁을 설명하기에 적합한 이론이다.
② 점증주의는 거시적 예산결정과 예산삭감을 설명하기에 적합한 이론이다.
③ 총체주의는 합리적・분석적 의사결정과 최적의 자원배분을 전제로 한다.
④ 점증주의는 예산을 결정할 때 대안을 모두 고려하지는 못한다는 것을 전제로 한다.

정답 및 해설

48 ③
예산의 재배정은 각 중앙관서의 장이 실무부서에게 지출을 할 수 있는 권한을 부여하는 것으로 예산집행을 통제하는 수단 중 하나이다.

49 ②
- ① 예산과정은 예산편성 － 예산심의 － 예산집행 － 예산결산의 순으로 이루어진다.
- ③ 국가재정법 제49조(예산성과금의 지급 등): 각 중앙관서의 장은 … 기여한 자에게 성과금을 지급할 수 있으며, 절약된 예산을 다른 사업에 사용할 수 있다.
- ④ 기획재정부는 총액 한도를 지정한 후에도 사업별 예산통제 기능을 유지한다.

50 ①
- ㉢ 국고채무부담행위는 채무를 부담할 권한만 부여받은 것이기 때문에 채무에 대한 지출은 예산에 별도로 반영되어야 한다.
- ㉣ 계속비가 공사나 제조 및 연구개발 사업 등 대상이 한정되어 있고, 국고채무부담행위는 대상 경비가 한정되어 있지 않다.

51 ②
② 총체주의에 대한 설명이다.

52

17. 사복 9

총체주의 예산이론에 대한 설명 중 옳지 않은 것은?

① 계획예산제도(PPBS)와 영기준 예산제도(ZBB)는 대표적 총체주의 예산제도이다.
② 정치적 타협과 상호 조절을 통해 최적의 예산을 추구한다.
③ 예산의 목표와 목표 간 우선순위를 명확하게 설정한다.
④ 합리적 분석을 통해 비효율적 예산 배분을 지양한다.

53

17. 지방 9 (하반기)

점증주의적 예산결정에 대한 설명으로 옳지 않은 것은?

① 현상유지(status quo)적 결정에 치우칠 수 있다.
② 자원이 부족한 경우 소수 기득권층의 이해를 먼저 반영하게 되어 사회적 불평등을 야기할 우려가 있다.
③ 다수의 참여자들 간 고리형의 상호작용을 통한 합의를 중시하는 합리주의와는 달리 선형적 과정을 중시한다.
④ 긴축재정 시의 예산행태를 잘 설명해주지 못한다.

54

16. 지방 9

점증주의 예산결정이론의 특성이 아닌 것은?

① 현실설명력은 높지만 본질적인 문제해결방식이 아니며 보수적이다.
② 정책과정상의 갈등을 완화하고 해결하는 데 필요한 정치적 합리성을 갖는다.
③ 계획예산제도(PPBS)와 영기준 예산제도(ZBB)는 점증주의 접근을 적용한 대표적 사례이다.
④ 자원이 부족한 경우 소수 기득권층의 이해를 먼저 반영하게 되어 사회적 불평등을 야기할 우려가 있다.

55

17. 지방교행 9

예산 관련 모형에 관한 설명으로 옳은 것은?

① 점증주의모형을 적용한 대표적인 예산제도에는 영기준 예산제도가 있다.
② 단절균형모형은 예산의 단절균형 발생 시점을 예측할 수 있기 때문에 미래지향성을 지닌다.
③ 예산극대화모형은 관료들이 사회적 효용의 극대화를 위해 소속 부서의 예산을 증가시키려는 현상을 설명한다.
④ 합리주의모형은 대안의 선정 시에 순현재가치, 내부수익률, 비용편익비율 등과 같은 분석 기준을 주로 사용한다.

THEME 16 재정정책을 위한 예산

56

20. 지방 9

조세지출예산제도에 대한 설명으로 옳지 않은 것은?

① 세제 지원을 통해 제공한 혜택을 예산지출로 인정하는 것이다.
② 예산지출이 직접적 예산 집행이라면 조세지출은 세제상의 혜택을 통한 간접지출의 성격을 띤다.
③ 직접 보조금과 대비해 눈에 보이지 않는 숨겨진 보조금이라고 이해할 수 있다.
④ 세금 자체를 부과하지 않는 비과세는 조세지출의 방법으로 볼 수 없다.

정답 및 해설

52 ②
총체주의(합리주의) 예산이론은 예산의 목표와 목표 간 우선순위를 명확하게 설정하고, 합리적 분석을 통해 비효율적 예산 배분을 지양한다. 정치적 타협과 상호 조절을 통해 최적의 예산을 추구하는 것은 점증주의 예산이론에 대한 설명이다.

53 ③
점증주의는 타협의 과정을 통해 이해관계의 갈등을 조정한다. 따라서, 다수의 참여자들 간 고리형의 상호작용을 통한 합의를 중시하는 것은 합리주의가 아니라 점증주의에 대한 설명이다.

54 ③
계획예산제도(PPBS)와 영기준 예산제도(ZBB)는 총체주의적 접근을 적용한다.

55 ④
- ① 영기준 예산제도는 총체주의(합리주의) 모형을 적용한 대표적인 예산제도이다.
- ② 단절균형모형은 단절균형이 발생할 수 있는 시점을 예측하기 어려워 미래지향성을 지닌다고 볼 수 없다.
- ③ 예산극대화모형은 관료들이 자신의 효용극대화를 위해서 자신의 부처 예산극대화를 추구하려고 하는 현상을 설명한다.

56 ④
비과세 역시 세제상의 혜택으로 조세지출의 방법으로 볼 수 있다.

57

17. 국가 9 (하반기)

우리나라의 예산제도에 대한 설명으로 옳지 않은 것은?

① 통합재정은 일반회계, 특별회계, 기금 등을 포괄한 국가 전체 재정을 의미한다.

② 조세지출예산제도는 세금을 징수하기 위해 지출한 예산을 통합적으로 관리하기 위한 예산제도이다.

③ 성인지 예산서는 예산이 남성과 여성에 미칠 영향을 미리 분석한 보고서로 정부가 예산안과 함께 국회에 제출해야 하는 첨부서류이다.

④ 각 중앙관서의 장은 예산요구서를 제출할 때에 다음 연도 예산의 성과계획서 및 전년도 예산의 성과보고서를 기획재정부장관에게 함께 제출하여야 한다.

THEME 17 예산의 분류

58

17. 사복 9

정부활동의 일반적이며 총체적인 내용을 보여 주어 일반 납세자가 정부의 예산내용을 쉽게 이해할 수 있도록 설계된 예산의 분류 방법은?

① 품목별 분류 ② 기능별 분류

③ 경제성질별 분류 ④ 조직별 분류

THEME 18 예산제도

59

23. 지방 9

품목별예산제도(line-item budget system)에 대한 설명으로 옳지 않은 것은?

① 미국에서 공무원의 부정부패를 막고 행정의 능률을 향상시키기 위해 도입되었다.

② 정부 활동에 대한 총체적인 사업계획과 우선순위 결정에 유리하다.

③ 예산 집행의 책임성을 확보할 수 있는 통제지향 예산제도이다.

④ 특정 사업의 지출 성과에 대해서는 파악하기 어렵다.

60

21. 지방 9

예산제도에 대한 설명으로 옳지 않은 것은?

① 품목별 예산제도는 행정부의 재량권을 확대하기 위해 도입되었다.

② 성과주의 예산제도에서는 사업의 단위원가를 기초로 예산을 편성한다.

③ 계획예산제도에서는 장기적인 기획과 단기적인 예산편성을 연계하여 합리적 예산 배분을 시도한다.

④ 영기준 예산제도는 예산을 편성할 때 전년도 예산에 구애받지 않는다.

정답 및 해설

57 ②

조세지출예산제도는 정부가 받아야 할 세금을 받지 않고 포기하는 것으로 세제 지원을 통해 제공한 혜택을 예산지출로 인정하는 것이다.

58 ②

- ② 기능별 분류: 국방, 교육, 농림수산 등 정부활동을 중심으로 분류하는 방식이다. 정부활동의 일반적이며 총체적인 내용을 보여 주어 일반 납세자가 정부의 예산내용을 쉽게 이해할 수 있도록 설계되어 있어 시민을 위한 분류라고도 한다.
- ① 품목별 분류: 인건비, 교육훈련비 등 공통적인 지출 항목별로 분류하는 방법이다.
- ③ 경제성질별 분류: 예산이 국민 경제에 미치는 영향을 분석·평가하기 위한 분류방법이다.
- ④ 조직별 분류: 행정안전부·기획재정부 등 예산을 사용하는 조직별로 분류하는 방법이다.

59 ②

정부 활동에 총체적인 사업계획과 우선순위 결정에 유리한 것은 계획예산제도에 대한 설명이다.

60 ①

품목별 예산제도는 통제 위주의 경직적 예산제도이다.

61

16. 서울 9

다음 중 예산제도에 대한 설명으로 가장 옳지 않은 것은?

① 품목별 예산(LIBS)의 정책결정방식은 분권적 · 참여적이다.
② 계획예산(PPBS)은 기획의 책임이 중앙에 집중되어 있다.
③ 영기준 예산(ZBB)은 기획의 책임이 분권화되어 있다.
④ 성과주의 예산(PBS)과 목표관리예산(MBO)은 모두 관리에 초점이 맞추어져 있다.

62

16. 지방 9

품목별 예산제도에 대한 설명으로 옳지 않은 것은?

① 재정민주주의 구현에 유리한 통제 지향 예산제도이다.
② 정부활동의 중복방지와 통합 · 조정에 유리한 예산제도이다.
③ 지출 대상에 따라 자세히 예산이 표시되어 있으므로 예산 심의가 용이하다.
④ 정부가 수행하는 사업과 그 효과에 대한 명확한 정보를 제공하지 못한다.

63

17. 지방 9 (하반기)

품목별 예산제도에 대한 설명으로 옳지 않은 것은?

① 비교적 운영하기 쉬우나 회계책임이 분명하지 않은 단점이 있다.
② 지출품목마다 그 비용이 얼마인가에 따라 예산을 배정하는 제도이다.
③ 예산담당 공무원들에게 필요한 핵심적 기술은 회계기술이다.
④ 예산집행자들의 재량권을 제한함으로써 행정의 정직성을 확보하려는 제도이다.

64

20. 국가 9

예산제도에 대한 설명으로 옳지 않은 것은?

① 품목별 예산제도는 일에 대한 정보를 제공하며, 세입과 세출의 유기적 연계를 고려한다.
② 성과주의 예산제도는 업무량과 단위당 원가를 곱하여 예산액을 산정한다.
③ 계획예산제도는 비용편익분석 등을 활용함으로써 자원배분의 합리화를 추구한다.
④ 영기준 예산제도는 예산 편성에서 의사결정단위(decision unit) 설정, 의사결정 패키지 작성 등이 필요하다.

65

19. 국가 9

품목별 예산제도에 대한 설명으로 옳은 것은?

① 지출을 통제하고 공무원들로 하여금 회계적 책임을 쉽게 확보할 수 있는 데 용이하다.
② 미국 케네디 행정부의 국방장관인 맥나마라(McNamara)가 국방부에 최초로 도입하였다.
③ 거리 청소, 노면 보수 등과 같이 활동 단위를 중심으로 예산재원을 배분한다.
④ 능률적인 관리를 위하여 구성원의 참여를 촉진한다는 점에서는 목표에 의한 관리(MBO)와 비슷하다.

정답 및 해설

61 ①
품목별 예산은 지출항목(대상)에 따라 자세히 표기되는 투입 중심 예산제도로 통제 지향적이다. 정책결정방식이 분권적 · 참여적인 것은 영기준 예산에 대한 설명이다.

62 ②
품목별 예산제도는 정부활동(기능별 분류)이 아닌 인건비, 교육훈련비 등 공통적인 지출 항목별로 분류한 것으로, 중복방지와 통합 · 조정에 불리한 예산제도이다.

63 ①
품목별 예산제도는 인건비, 교육훈련비 등 공통적인 지출 항목별로 분류하는 제도로, 비교적 운영하기 쉬우며 회계책임이 분명하다.

64 ①
품목별 예산제도는 투입 중심 예산으로 일에 대한 정보를 제공하지 않으며, 세입과 세출의 유기적 연계를 고려하지 않는다.

65 ①
- ② 계획예산제도에 대한 설명이다.
- ③ 성과주의 예산제도에 대한 설명이다.
- ④ 영기준 예산제도에 대한 설명이다.

66

19. 서울 9 (2월)

예산제도 종류에 대한 설명으로 가장 옳은 것은?

① 품목별 예산제도(LIBS)는 각 항목에 의한 예산배분으로 조직 목표 파악이 쉽다.
② 성과주의 예산제도(PBS)는 투입요소 중심으로 단위원가에 업무량을 곱하여 예산액을 측정한다.
③ 목표관리 예산제도(MBO)는 부처별 기본목표에 따라 하향식 방식으로 중장기 계획을 수립한다.
④ 영기준 예산제도(ZBB)는 기존 사업예산은 인정하되 새로운 사업에 대해서만 엄밀한 사정을 한다.

67

24. 지방 9

프로그램 예산제도에 대한 설명으로 옳지 않은 것은?

① 우리나라 중앙정부는 2007년부터 프로그램 예산제도를 도입하였다.
② 예산 전과정을 프로그램 중심으로 구조화하고 성과평가 체계와 연계시킨다.
③ 세부 업무와 단가를 통해 예산 금액을 산정하는 상향식(bottom up) 방식을 사용한다.
④ 일반회계, 특별회계, 기금이 포괄적으로 표시되어 총체적 재정배분 파악이 가능하다.

68

16. 사복 9

우리나라의 프로그램 예산제도에 대한 설명으로 옳지 않은 것은?

① 세부업무와 단가를 통해 예산금액을 산정하는 상향식 방식을 사용하고 단년도 중심의 예산이다.
② 프로그램은 동일한 정책을 수행하는 단위사업의 묶음이다.
③ 예산 운용의 초점을 투입 중심보다는 성과 중심에 둔다.
④ '프로그램 – 단위사업 – 세부사업'은 품목별 예산체계의 '항 –세항 – 세세항'에 해당한다.

69

20. 지방 9

A 예산제도에서 강조하는 기능은?

> A 예산제도는 당시 미국의 국방장관이었던 맥나마라(McNamara)에 의해 국방부에 처음 도입되었고, 국방부의 성공적인 예산개혁에 공감한 존슨(Johnson) 대통령이 1965년에 전 연방정부에 도입하였다.

① 통제　　② 관리
③ 기획　　④ 감축

정답 및 해설

66 ②
- ① 품목별 예산제도(LIBS)는 지출항목에 따라 자세히 표기되는 투입 중심 예산제도로, 조직 목표 파악이 어렵다.
- ③ 목표관리 예산제도(MBO)는 문제에 근접한 사람들을 참여시키는 상향식 방식으로, 단기적인 목표를 설정한다.
- ④ 영기준 예산제도(ZBB)는 백지상태에서 모든 사업에 대한 타당성을 검토하는 예산제도이다.

67 ③
세부 업무 및 단가 등은 성과주의 예산제도와 관련이 있다.

68 ①
성과주의 예산제도에 대한 설명이다. 프로그램 예산제도는 프로그램별 중・장기적 자원 배분을 용이하게 한다.

69 ③
A는 계획 예산제도에 대한 설명으로 예산의 기획을 강조한다. 통제를 강조하는 것은 품목별 예산제도, 관리를 강조하는 것은 성과주의 예산제도, 감축을 강조하는 것은 영기준 예산제도이다.

70

20. 서울 9

예산제도 중 다음 〈보기〉의 내용에 해당하는 것은?

보기

기획(Planning), 사업구조화(Programming), 예산(Budgeting)을 연계시킨 시스템적 예산제도로, 시간적으로 장기적 사업의 효과가 나올 수 있도록 예산을 뒷받침한 것으로 볼 수 있다. 조직목표달성 차원에서 성과를 설정하는 것이 가능하며, 자원배분의 효율성을 높일 수 있는 장점이 있다. 그러나 의사결정의 지나친 집권화와 실현가능성이 낮은 문제가 단점으로 지적된다.

① 성과 예산제도 ② 계획 예산제도
③ 목표관리 예산제도 ④ 영기준 예산제도

71

18. 지방 9

다음 설명에 해당하는 예산제도는?

- 합리적 선택을 강조하는 총체주의 방식의 예산제도이다.
- 조직구성원의 참여가 상대적으로 높은 분권화된 관리 체계를 갖는다.
- 예산편성에 비용·노력의 과다한 투입을 요구한다는 비판을 받는다.

① 성과주의 예산제도
② 계획 예산제도
③ 영기준 예산제도
④ 품목별 예산제도

72

24. 국가 9

영기준예산(ZBB)에 대한 설명으로 옳지 않은 것은?

① 기존 사업과 새로운 사업을 구분하지 않고 사업의 목적, 방법, 자원에 대한 근본적인 재평가를 바탕으로 예산을 편성하는 제도이다.
② 우리나라는 정부예산에 영기준예산 제도를 적용한 경험이 있다.
③ 예산편성의 기본 단위는 의사결정 단위(decision unit)이며 조직 또는 사업 등을 지칭한다.
④ 집권화된 관리체계를 갖기 때문에 예산편성 과정에 소수의 조직구성원만이 참여하게 된다.

73

17. 서울 9

예산제도와 그 특성의 연결이 가장 옳지 않은 것은?

① 품목별 예산제도(LIBS) – 통제 지향
② 성과주의 예산제도(PBS) – 관리 지향
③ 계획 예산제도(PPBS) – 기획 지향
④ 영기준 예산제도(ZBB) – 목표 지향

정답 및 해설

70 ②

- ① 성과(주의) 예산제도: 예산배정 과정에서 필요 사업량을 제시하여 예산과 사업의 연계를 강조한다.
- ③ 목표관리 예산제도: 부서 목표와 예산지출을 연계한 것으로, 단기적인 목표를 설정하고 문제에 근접한 사람들을 참여시키는 창의적 참여를 촉진한다.
- ④ 영기준 예산제도: 전년도 예산의 답습이 아니라 백지상태에서 모든 사업을 평가하여 우선순위를 정하는 예산제도로, 점증주의적 예산편성의 폐단을 시정하고자 개발하였다.

71 ③

- ① 성과주의 예산제도: 예산배정 과정에서 필요 사업량을 제시하여 예산과 사업의 연계를 강조한다.
- ② 계획 예산제도: 기획(Planning), 사업구조화(Programming), 예산(Budgeting)을 연계시킨 시스템적 예산제도이다.
- ④ 품목별 예산제도: 지출항목에 따라 자세히 표기되는 투입 중심 예산제도이다.

72 ④

계획예산(PPBS)제도에 대한 설명이다. 영기준예산은 예산과정에 대한 관리자 및 실무자의 참여를 촉진하는 분권화된 관리체계이다.

73 ④

영기준 예산제도는 전년도 예산의 답습이 아니라 백지상태에서 모든 사업을 평가하여 우선순위를 정하는 예산제도로, 목표 지향이 아니라 감축 지향이라고 볼 수 있다. 목표 지향은 목표관리 예산제도의 특성에 해당한다.

74

17. 국가 9

예산제도에 대한 설명으로 옳지 않은 것은?

① 쉬크(Schick)는 통제－관리－기획이라는 예산의 세 가지 지향(orientation)을 제시하였다.
② 영기준예산제도(ZBB)가 단위사업을 사업－재정계획에 따라 장기적인 예산편성 쪽으로 방향을 잡았다면, 계획예산제도(PPBS)는 당해 연도의 예산 제약 조건을 먼저 고려한다.
③ 우리나라는 예산편성과 성과관리의 연계를 위해 재정사업자율평가제도를 실시하고 있다.
④ 조세지출예산제도는 조세지출의 내용과 규모를 주기적으로 공표해 조세지출을 관리하는 제도이다.

THEME 19 재정개혁

75

18. 지방 9

총액배분 · 자율편성제도에 대한 설명으로 옳지 않은 것은?

① 전략기획과 분권 확대를 예산편성 방식에 도입하기 위해 실시하고 있다.
② 각 중앙부처는 소관 정책과 우선순위에 입각해 연도별 재정규모, 분야별 · 부문별 지출한도를 제시한다.
③ 지출한도가 사전에 제시되기 때문에 부처의 재정사업에 대한 책임과 권한을 강화할 수 있다.
④ 부처의 재량을 확대하였지만 기획재정부는 사업별 예산 통제 기능을 유지하고 있다.

76

17. 지방 9 (하반기)

예산과정에 대한 설명으로 옳지 않은 것은?

① 단원제에서의 예산심의는 양원제의 경우보다 심의를 신속하게 할 수 있으나 신중한 심의가 어렵다.
② 과거 중앙예산기관과 결산관리기관을 분리하기도 했다.
③ 예산의 배정은 국가예산을 회계체계에 따라 질서 있게 집행하도록 하기 위한 내부통제의 기능을 수행한다.
④ 상향식 예산관리모형인 총액배분자율편성예산제도는 전략적 재원배분을 촉진한다.

THEME 20 지출충당

77

19. 지방 9

국가채무에 대한 설명으로 옳지 않은 것은?

① 기획재정부장관은 국가채무관리계획을 수립하여야 한다.
② 국채를 발행하고자 할 때에는 국회의 의결을 얻어야 한다.
③ 우리나라가 발행하는 국채의 종류에 국고채와 재정증권은 포함되지 않는다.
④ 우리나라의 GDP 대비 국가채무비율은 일본과 미국보다 낮은 상태이다.

정답 및 해설

74 ②
계획예산제도(PPBS)가 단위사업을 사업－재정계획에 따라 장기적인 예산편성 쪽으로 방향을 잡았다면, 영기준 예산제도(ZBB)는 당해 연도의 예산 제약 조건을 먼저 고려한다.

75 ②
총액배분 · 자율편성제도는 각 중앙부처가 아니라, 중앙재정당국(기획재정부)이 지출한도를 제시하면 그 한도 내에서 각 중앙부처가 소관 정책과 우선순위에 입각하여 예산을 편성한다.

76 ④
총액배분자율편성예산제도는 각 부처가 국가재정운영계획에 의해 설정된 예산상한선 내에서 자율적으로 예산을 편성하지만 재정당국이 하향적으로 지출한도를 설정하므로 하향식 예산관리모형이다.

77 ③
우리나라가 발행하는 국채의 종류에는 국고채와 재정증권 등이 있다.

78

19. 국가 9

정부가 동원하는 공공재원에 대한 설명으로 옳지 않은 것은?

① 조세로 투자된 자본시설은 개인이 대가를 지불하지 않는 것으로 인식되어 과다 수요 혹은 과다 지출되는 비효율성 문제가 발생할 수 있다.
② 수익자부담금은 시장기구와 유사한 매커니즘을 통해 공공서비스의 최적 수준을 지향하여 자원 배분의 효율성을 제고할 수 있다.
③ 국공채는 사회간접자본(SOC) 관련 사업이나 시설로 인해 편익을 얻게 될 경우 후세대도 비용을 분담하기 때문에 세대 간 형평성을 훼손시킨다.
④ 조세의 경우 납세자인 국민들은 정부지출을 통제하고 성과에 대한 직접적인 책임을 요구할 수 있다.

THEME 21 정부회계

79

22. 지방 9

정부회계에 대한 설명으로 옳지 않은 것은?

① 국가회계는 디브레인(dBrain) 시스템을 통해, 지방자치단체회계는 e-호조 시스템을 통해 처리된다.
② 재무회계는 현금주의 단식부기 회계방식이, 예산회계는 발생주의 복식부기 방식이 적용된다.
③ 발생주의에서는 미수수익이나 미지급금을 자산과 부채로 표시할 수 있다.
④ 재무제표는 거래가 발생하면 차변과 대변 양쪽에 동일한 금액으로 이중기입하는 복식부기 방식을 채택하고 있다.

80

18. 국가 9

정부회계의 기장방식에 대한 설명으로 옳지 않은 것은?

① 단식부기는 발생주의 회계와, 복식부기는 현금주의 회계와 서로 밀접한 연계성을 갖는다.
② 단식부기는 현금의 수지와 같이 단일 항목의 증감을 중심으로 기록하는 방식이다.
③ 복식부기에서는 계정 과목 간에 유기적 관련성이 있기 때문에 상호 검증을 통한 부정이나 오류의 발견이 쉽다.
④ 복식부기는 하나의 거래를 대차 평균의 원리에 따라 차변과 대변에 동시에 기록하는 방식이다.

81

18. 서울 9

정부회계제도의 기장방식에 대한 〈보기〉의 설명과 바르게 짝지어진 것은?

보기

㉠ 현금의 수불과는 관계 없이 경제적 자원에 변동을 주는 사건이 발생된 시점에 거래를 인식하는 방식이다.
㉡ 하나의 거래를 대차평균의 원리에 따라 차변과 대변에 이중 기록하는 방식이다.

	㉠	㉡
①	현금주의	복식부기
②	발생주의	복식부기
③	발생주의	단식부기
④	현금주의	단식부기

정답 및 해설

78 ③
국공채 발행을 통한 사회간접자본(SOC) 관련 사업이나 시설로 인해 편익을 얻게 될 경우 후세대도 비용을 부담하기 때문에 세대 간 형평성을 향상시킨다.

79 ②
지방회계에서는 재무회계-예산회계를 구분하여 사용하고 있는데, 재무회계는 발생주의 복식부기 회계방식이, 예산회계는 현금주의 단식부기 방식이 적용된다.

80 ①
발생주의는 복식부기와, 현금주의는 단식부기와 관련 있다.

81 ②
- ㉠ 발생주의에 대한 설명이다. 현금주의는 현금이 입금 또는 지급된 시점을 기반으로 기록·보고하는 회계방식이다.
- ㉡ 복식부기에 대한 설명이다. 단식부기는 현금의 수지와 같이 단일 항목의 증감을 중심으로 기록하는 방식이다.

82

22. 국가 9

중앙정부 결산보고서상의 재무제표로 옳은 것은?

① 손익계산서, 순자산변동표, 현금흐름표
② 대차대조표, 재정운영보고서, 이익잉여금처분계산서
③ 재정상태표, 재정운영표, 순자산변동표
④ 재정상태보고서, 순자산변동표, 현금흐름보고서

THEME 22 예산과 시민

83

16. 사복 9

우리나라의 예산제도와 그 목적을 연결한 것으로 옳지 않은 것은?

① 주민참여예산제도 – 재정사업의 성과 관리
② 예산의 이용과 전용 – 예산집행의 신축성 확보
③ 준예산제도 – 국가 재정활동의 단절 방지
④ 특별회계제도 – 재정운영주체의 자율성 확보

84

18. 지방교행 9

주민참여예산제도에 관한 설명으로 옳은 것을 〈보기〉에서 모두 고른 것은?

보기

㉠ 주민참여예산제도는 재정민주주의를 구현하는 제도이다.
㉡ 브라질의 포르투 알레그레(Porto Alegre)시는 주민참여예산제도를 가장 먼저 실시한 도시이다.
㉢ 우리나라의 주민참여예산제도는 「지방재정법」에 의하여 지방자치단체가 의무적으로 시행하도록 하고 있다.
㉣ 우리나라의 주민참여예산제도에 의하면 수렴된 주민의 의견서를 지방의회에 제출하는 예산안에 첨부하지 않도록 하고 있다.

① ㉠, ㉡
② ㉢, ㉣
③ ㉠, ㉡, ㉢
④ ㉠, ㉢, ㉣

정답 및 해설

82 ③

국가회계법 제14조(결산보고서의 구성): 결산보고서는 다음 각 호의 서류로 구성된다.

3. 재무제표
   가. 재정상태표
   나. 재정운영표
   다. 순자산변동표

83 ①

주민참여예산제도는 예산편성과정에 주민이 참여할 수 있는 제도로 결과보다는 과정적 측면의 이념을 강조한다.

84 ③

㉣ 지방재정법 제39조(지방예산 편성 등 예산과정의 주민 참여) 제3항: 지방자치단체의 장은 주민참여예산제도를 통하여 수렴한 주민의 의견서를 지방의회에 제출하는 예산안에 첨부하여야 한다.

06 지방자치

THEME 01 지방자치(自治, 스스로 다스림)

01

18. 지방교행 9

지방분권의 장점에 관한 설명으로 옳은 것을 〈보기〉에서 고른 것은?

보기

㉠ 지역의 특성을 살려 지역 실정에 맞는 행정을 수행할 수 있을 것이다.
㉡ 중앙정부의 조정에 의해서 지역 간의 격차를 해소하는 데 도움이 될 것이다.
㉢ 노사 간의 대립, 사회의 복잡화, 실업 등의 사회문제 해결에 도움이 될 것이다.
㉣ 정치훈련을 가능하게 하고 주민의 정치의식수준이 향상될 것이다.

① ㉠, ㉡
② ㉠, ㉣
③ ㉡, ㉢
④ ㉢, ㉣

02

19. 국가 9

지방선거에 대한 설명으로 옳은 것은?

① 이승만 정부에서 처음으로 시・읍・면 의회의원을 뽑는 지방선거가 실시되었다.
② 박정희 정부부터 노태우 정부 시기까지는 지방선거가 실시되지 않았다.
③ 지방자치단체장과 지방의회의원을 동시에 뽑는 선거는 김대중 정부에서 처음으로 실시되었다.
④ 2010년 지방선거부터 정당공천제가 기초지방의원까지 확대되었지만 많은 문제점이 지적되면서 현재는 실시되지 않고 있다.

정답 및 해설

01 ②
㉡, ㉢ 중앙집권의 장점이다.

02 ①
- ① 이승만 정부에서 처음으로 시・읍・면 의원을 뽑는 지방선거가 실시되었다(1952년).
- ② 박정희 정부부터 지방선거가 실시되지 않다가(1961년), 노태우 정부 시기에 지방의회선거가 다시 실시되었다(1991년).
- ③ 지방자치단체장과 지방의회의원을 동시에 뽑는 전국동시지방선거는 김영삼 정부 시기에 시행되었다(1995년).
- ④ 2006년부터 광역・기초 단체장 및 광역・기초 지방의원 선거에서 정당공천제가 실시되어 현재까지 유지되고 있다.

03

19. 서울 9

지방자치의 이념과 사상적 계보에 대한 설명으로 가장 옳은 것은?

① 자치권의 인식에서 주민자치는 전래권으로, 단체자치는 고유권으로 본다.

② 주민자치는 지방분권의 이념을, 단체자치는 민주주의 이념을 강조한다.

③ 주민자치는 의결기관과 집행기관을 분리하여 대립시키는 기관분리형을 채택하는 반면, 단체자치는 의결기관이 집행기관도 되는 기관통합형을 채택한다.

④ 사무구분에서 주민자치는 자치사무와 위임사무를 구분하지 않지만, 단체자치는 이를 구분한다.

04

18. 서울 9

지방자치의 두 요소인 주민자치와 단체자치에 대한 설명으로 가장 옳은 것은?

① 주민자치의 원리는 주로 영국과 미국에서 발달하였으며, 단체자치의 원리는 주로 독일과 프랑스에서 발달하였다.

② 주민자치가 지방자치의 형식적·법제적 요소라고 한다면, 단체자치는 지방자치를 실현하기 위한 내용적·본질적 요소라고 할 수 있다.

③ 단체자치에서는 법률에 의해 권한이 명시적·한시적으로 규정되어 사무를 자주적으로 처리할 수 있는 재량의 범위가 크다.

④ 단체자치에서는 입법통제와 사법통제가 주된 통제방식이다.

정답 및 해설

03 ④

구분	주민자치	단체자치
관점	지방주민의 의사와 책임하에 스스로 그 지역의 공공사무를 처리(주민참여 중요, 정치적 의미가 강함)	지방자치단체는 지방의 자치행정기관으로서 이중적 지위(자치단체 + 일선기관)(중앙으로부터 독립 강조)
해외 사례	미국과 영국에서 발달	독일과 프랑스, 일본에서 발달
기관구성	기관통합형	기관대립형
자치권 인식	고유권	전래권
사무구분	자치사무와 위임사무를 구분하지 않음.	자치사무와 위임사무를 구분
권한부여	개별적 지정(수권)주의	포괄적 위임주의
중앙정부	중앙정부와 기능적 협력관계	중앙정부와 권력적 감독관계
지방자치란?	내용적·본질적 요소	형식적·법제적 요소
사무처리 재량의 범위	크다.	작다.
중앙통제	약함(입법·사법적 통제).	강함(행정적 통제).

04 ①

- ② 단체자치가 지방자치의 형식적·법제적 요소라고 한다면, 주민자치는 지방자치를 실현하기 위한 내용적·본질적 요소라고 할 수 있다.
- ③ 단체자치에서는 법률에 의해 권한이 포괄적 위임주의로 규정되어 있다.
- ④ 단체자치에서는 행정적 통제가 주된 통제방식이다.

THEME 02 정부 간 관계(IGR, Intergovernment Relations)

05

16. 지방 9

정부 간 관계(IGR) 모형에 대한 설명으로 옳은 것만을 모두 고른 것은?

㉠ 로즈(Rhodes) 모형에서 지방정부는 중앙정부에 완전히 예속되는 것도 아니고 완전히 동등한 관계가 되는 것도 아닌 상태에서 상호 의존한다.
㉡ 로즈(Rhodes)는 지방정부는 법적 자원, 재정적 자원에서 우위를 점하며, 중앙정부는 정보자원과 조직자원의 측면에서 우위를 점한다고 주장한다.
㉢ 라이트(Wright)는 정부 간 관계를 포괄형, 분리형, 중첩형의 세 유형으로 나누고, 각 유형별로 지방정부의 사무내용, 중앙·지방 간 재정관계와 인사관계의 차이가 있음을 밝히고 있다.
㉣ 라이트(Wright) 모형 중 포괄형에서는 정부의 권위가 독립적인데 비하여, 분리형에서는 계층적이다.

① ㉠, ㉡
② ㉡, ㉢, ㉣
③ ㉠, ㉢
④ ㉠, ㉡, ㉢

06

23. 지방 9

라이트(Wright)의 정부간관계(Inter-Governmental Relations : IGR) 모형에 대한 설명으로 옳지 않은 것은?

① 정부 간 상호권력관계와 기능적 상호의존관계를 기준으로 정부간관계(IGR)를 3가지 모델로 구분한다.
② 대등권위모형(조정권위모형, coordinate-authority model)은 연방정부, 주정부, 지방정부가 모두 동등한 권한을 가지고 있다고 설명한다.
③ 내포권위모형(inclusive-authority model)은 연방정부, 주정부, 지방정부를 수직적 포함관계로 본다.
④ 중첩권위모형(overlapping-authority model)은 연방정부, 주정부, 지방정부가 상호 독립적인 실체로 존재하며 협력적 관계라고 본다.

07

17. 국가 9

중앙과 지방의 권한배분에 대한 설명으로 옳지 않은 것은?

① 지방분권 및 지방행정체제 개편을 추진하기 위하여 국무총리 소속으로 지방자치발전위원회를 둔다.
② 국가는 지방자치단체에 이양한 사무가 원활히 처리될 수 있도록 행정적·재정적 지원을 병행하여야 한다.
③ 중앙행정기관의 장과 지방자치단체의 장이 사무를 처리할 때 의견을 달리하는 경우 이를 협의·조정하기 위하여 국무총리 소속으로 행정협의조정위원회를 둔다.
④ 지방자치법은 원칙적으로 사무배분방식에 있어서 포괄적 예시주의를 취하고 있다.

THEME 03 지방자치단체의 구조

08

21. 지방 9

지방정부의 기관구성 형태에 대한 설명으로 옳지 않은 것은?

① 강시장-의회(strong mayor-council) 형태에서는 시장이 강력한 정치적 리더십을 행사한다.
② 위원회(commission) 형태에서는 주민 직선으로 선출된 의원들이 집행부서의 장을 맡는다.
③ 약시장-의회(weak mayor-council) 형태에서는 일반적으로 의회가 예산을 편성한다.
④ 의회-시지배인(council-manager) 형태에서는 시지배인이 의례적이고 명목적인 기능을 수행한다.

정답 및 해설

05 ③
- ㉡ 로즈(Rhodes)는 중앙정부는 법적 자원, 재정적 자원에서 우위를 점하며, 지방정부는 정보자원과 조직자원의 측면에서 우위를 점한다고 주장하였다.
- ㉣ 라이트(Wright) 모형 중 분리형에서는 정부의 권위가 독립적인데 비하여, 내포형에서는 계층적이다.

06 ②
라이트의 대등권위모형은 연방정부와 주정부가 동등한 권한을 가지는 반면에, 지방정부는 주정부에 종속되는 형태이다.

07 ①
지방자치발전위원회(2023년 기준 지방시대위원회)는 대통령 소속이다.

08 ④
의회-시지배인 형태에서는 시지배인으로 전문행정가가 채용되어 실질적인 기능을 수행한다.

지방자치단체의 기관 구성

1. 기관통합형 : 주민 직선으로 지방의회를 구성하고 지방의회 의장이 단체장을 겸하는 방식이다.
2. 기관대립형 : '강시장 - 의회', '약시장 - 의회'와 같이 단체장과 지방의회를 각각 주민 직선으로 구성하는 방식이다.
3. 절충형 : 주민 직선으로 지방의회를 구성하고 행정전문가인 시지배인을 지방의회에서 채용하는 방식이다.

09

17. 지방 9 (하반기)

지방자치단체의 기관구성에 대한 설명으로 옳지 않은 것은?

① 지방자치법에서는 기관대립형 구조만을 채택하고 있다.
② 기관대립형은 행정책임의 소재가 분명하다는 장점이 있다.
③ 기관통합형은 영국의 의회형이 대표적이다.
④ 기관통합형은 의결기관과 집행기관을 이원적으로 구성해 상호견제와 균형을 도모한다.

10

16. 지방 9

지방자치단체의 기관구성에 대한 설명으로 옳지 않은 것은?

① 기관대립형(기관분리형)은 견제와 균형을 통해 민주적이고 합리적인 지방자치를 실시하는 방식이다.
② 기관통합형은 주민 직선으로 지방의회를 구성하고 의회의장이 단체장을 겸하는 방식이다.
③ 기관대립형(기관분리형)은 집행부와 의회의 기구가 병존함에 따라 비효율성을 줄일 수 있다는 장점이 있다.
④ 기관통합형은 의결기능과 집행기능이 통합되어 있기 때문에 지방자치행정을 기관 간 마찰 없이 안정적으로 수행할 수 있다는 장점이 있다.

THEME 04 우리나라의 지방자치단체

11

20. 국가 9

우리나라 지방자치에 대한 설명으로 옳은 것은?

① 자치사법권은 인정되고 있다.
② 지방자치단체의 예산안 편성권은 지방자치단체장에 속한다.
③ 자치입법권은 지방의회만이 행사할 수 있는 전속적 권한이다.
④ '세종특별자치시'와 제주특별자치도의 '제주시'는 기초자치단체로서 자치권을 가지고 있다.

12

16. 사복 9

우리나라의 지방자치제에 대한 설명으로 옳지 않은 것은?

① 지방자치단체의 기관구성에 있어 기관대립형 구조를 채택하고 있다.
② 주민투표제, 조례 제정·개폐 청구, 주민감사청구, 주민소송제 등을 통해 주민참여를 보장하고 있다.
③ 지방자치단체가 지방고유사무와 관련된 영역에 한해 법령의 근거 없이 스스로 세목을 개발하고 지방세를 부과·징수할 수 있다.
④ 지역 간 재정 형평성을 확보하기 위해 지방재정조정제도를 운영하고 있다.

13

16. 지방교행 9

우리나라 지방자치단체에 대한 설명으로 옳지 않은 것은?

① 특별자치시와 특별자치도에는 자치구를 두고 있다.
② 특별시·광역시 및 특별자치시가 아닌 인구 50만 이상의 시에는 행정구를 둘 수 있다.
③ 도농복합형태의 시에서 도시의 형태를 갖춘 지역에는 동을, 그 밖의 지역에는 읍·면을 둔다.
④ 보통지방자치단체 외에 특정한 목적을 수행하기 위해 필요하면 따로 특별지방자치단체를 설치할 수 있다.

정답 및 해설

09 ①, ④(기존정답 : ④)
- ① 우리나라 지방자치법은 기본적으로 기관대립형 구조를 규정하고 있지만, 지방자치법이 개정·시행(2022. 1. 13.)되면서 주민투표를 통해서 기관구성 형태를 달리할 수 있다.
- ④ 기관대립형에 대한 설명이다.

10 ③
기관대립형은 집행부와 의회가 상호견제와 균형관계이므로, 대립으로 인한 비효율이 발생할 수 있다.

11 ②
- ① 우리나라는 자치사법권이 인정되고 있지 않다.
- ③ 자치입법권 중 조례는 지방의회가, 규칙은 지방자치단체장이 가진다.
- ④ 세종특별자치시는 광역지방자치단체이고, 제주시는 행정시로 자치권을 가지지 않는다.

12 ③
우리나라는 조세 법률주의에 따라 지방자치단체는 조례를 통한 독립적인 지방 세목을 설치할 수 없다.

13 ①
세종특별자치시와 제주특별자치도 등에는 자치구를 두고 있지 않다.

14

17. 지방 9

우리나라 지방자치단체의 자치재정권에 대한 설명으로 옳지 않은 것은?

① 지방세 탄력세율 제도는 지방자치단체 재정의 신축성과 자율성을 제고하기 위한 제도이다.
② 지방자치단체는 법령의 위임이 없더라도 조례의 제정을 통하여 지방 세목을 설치할 수 있다.
③ 지방자치단체의 장은 재정투자사업에 관한 예산안을 편성할 경우 대통령령이 정하는 바에 따라 사전에 그 필요성과 타당성에 대한 심사를 하여야 한다.
④ 지방자치단체의 장은 재해예방 및 복구사업을 위한 자금조달에 필요할 때에는 지방채를 발행할 수 있다.

15

17. 국가 9

우리나라의 지방자치계층에 대한 설명으로 옳지 않은 것은?

① 제주특별자치도는 자치계층 측면에서 단층제로 운영되고 있다.
② 자치계층은 주민공동체의 정책결정 및 집행의 단위로서 정치적 민주성 가치가 중요시된다.
③ 세종특별자치시의 관할구역으로 자치구를 둘 수 있다.
④ 자치계층으로 군을 두고 있는 광역시가 있다.

THEME 06 우리나라 지방자치단체의 기능과 사무

16

18. 지방교행 9

지방자치단체 자치사무의 종류로 옳은 것을 〈보기〉에서 고른 것은?

보기

㉠ 교원능력개발평가	㉡ 부랑인선도시설 감독
㉢ 주민등록 관리	㉣ 공유재산관리
㉤ 국회의원 선거사무	㉥ 상하수도사업

① ㉠, ㉡, ㉤　　② ㉠, ㉣, ㉤
③ ㉡, ㉢, ㉥　　④ ㉢, ㉣, ㉥

17

23. 지방 9

지방정부의 사무에 대한 설명으로 옳지 않은 것은?

① 기관위임사무의 처리에 드는 경비는 중앙정부와 지방정부가 공동 부담하는 것이 원칙이다.
② 단체위임사무는 집행기관장이 아닌 지방정부 그 자체에 위임된 사무이다.
③ 지방의회는 단체위임사무의 처리 과정에 관한 조례를 제정할 수 있다.
④ 중앙정부는 자치사무에 대해 합법성 위주의 통제를 주로 한다.

정답 및 해설

14 ②
조례로 지방 세목을 설치할 수 없다.

15 ③
세종특별자치시는 세종시특별법에 따라 자치구를 두지 않는다.

16 ④
- 제13조(지방자치단체의 사무 범위)
  - 제1항: 지방자치단체는 관할 구역의 자치사무와 법령에 따라 지방자치단체에 속하는 사무를 처리한다.
  - 제2항: 제1항에 따른 지방자치단체의 사무를 예시하면 다음 각 호와 같다. 다만, 법률에 이와 다른 규정이 있으면 그러하지 아니하다.
    1. 지방자치단체의 구역, 조직, 행정관리
       자. 공유재산(公有財産) 관리
       차. 주민등록 관리
    4. 지역개발과 자연환경보전 및 생활환경시설의 설치·관리
       자. 상수도·하수도의 설치 및 관리

17 ①
기관위임사무는 원칙적으로 중앙정부가 경비를 전부 부담한다. 경비를 중앙정부와 지방정부가 공동 부담하는 것은 단체위임사무이다.

18

19. 서울 9 (2월)

「지방자치법」상 지방자치단체의 사무범위에 해당하지 않는 것은?

① 농림·상공업 등 산업 진흥에 관한 사무
② 교육·체육·문화·예술의 진흥에 관한 사무
③ 축산물·수산물 및 양곡의 수급 조절과 수출입 사무
④ 지역민방위 및 지방소방에 관한 사무

19

17. 사복 9

지방자치단체의 사무에 관한 설명 중 가장 옳지 않은 것은?

① 기관위임사무에 소요되는 비용은 원칙적으로 자치단체와 위임기관이 공동으로 부담한다.
② 지방의회는 단체위임사무에 대해 조사·감사를 시행한다.
③ 예방접종에 관한 사무는 통상 자치단체에 위임된 사무로 본다.
④ 자치사무에 대한 국가의 감독에서 적극적 감독, 즉 예방적 감독과 합목적성의 감독은 배제되는 것이 원칙이다.

20

20. 국가 9

단체위임사무와 기관위임사무에 대한 설명으로 옳지 않은 것은?

① 지방의회는 기관위임사무에 대해 조례제정권을 행사할 수 없다.
② 보건소의 운영업무와 병역자원의 관리업무는 대표적인 기관위임사무이다.
③ 중앙정부는 단체위임사무에 대해 사전적 통제보다 사후적 통제를 주로 한다.
④ 기관위임사무의 처리를 위한 비용은 국가가 부담한다.

21

20. 서울 9

단체위임사무와 기관위임사무에 대한 설명으로 가장 옳지 않은 것은?

① 단체위임사무는 법령에 의하여 국가 또는 상급 지방자치단체로부터 지방자치단체에 위임된 사무이고, 기관위임사무는 법령 등에 의하여 국가 또는 상급 지방자치단체로부터 지방자치단체의 장에게 위임된 사무이다.
② 단체위임사무의 경비는 지방자치단체와 위임기관이 공동으로 부담하며, 기관위임사무의 경비는 그 전액을 위임기관이 부담하는 것이 원칙이다.
③ 단체위임사무는 지방의회가 관여하는 것이 불가능하고, 기관위임사무는 지방의회가 관여할 수 있다.
④ 단체위임사무의 예로는 예방접종, 보건소의 운영 등이 있고, 기관위임사무의 예로는 국민투표 사무, 선거사무 등이 있다.

22

20. 지방 9

지방분권 추진 원칙 중 다음 설명에 해당하는 것은?

- 기능 배분에 있어 가까운 정부에게 우선적 관할권을 부여한다.
- 민간이 처리할 수 있다면 정부가 관여해서는 안 된다.
- 가까운 지방정부가 처리할 수 있는 업무에 상급 지방정부나 중앙정부가 관여해서는 안 된다.

① 보충성의 원칙 ② 포괄성의 원칙
③ 형평성의 원칙 ④ 경제성의 원칙

정답 및 해설

18 ③
지방자치법 제15조(국가사무의 처리제한): 지방자치단체는 다음 각 호의 국가사무를 처리할 수 없다. 다만, 법률에 이와 다른 규정이 있는 경우에는 국가사무를 처리할 수 있다.
3. 농산물·임산물·축산물·수산물 및 양곡의 수급조절과 수출입 등 전국적 규모의 사무

19 ①
기관위임사무는 법령 등에 의하여 국가 또는 상급 지방자치단체로부터 지방자치단체의 장에게 위임된 사무로, 소요되는 비용은 원칙적으로 위임기관이 전액 부담한다.

20 ②
보건소의 운영업무는 단체위임사무이다.

21 ③
기관위임사무는 지방의회가 관여하는 것이 불가능하고, 단체위임사무는 지방의회가 관여할 수 있다.

22 ①
- ② 포괄성의 원칙: 국가가 지방자치단체에 사무를 배분하거나 지방자치단체가 사무를 다른 지방자치단체에 재배분하는 때에는 사무를 배분 또는 재배분 받는 지방자치단체가 그 사무를 자기의 책임하에 종합적으로 처리할 수 있도록 관련 사무를 포괄적으로 배분하여야 한다.
- ③ 형평성의 원칙: 지방자치단체에 사무를 이양할 때 지방자치단체 간에 차등을 두지 않아야 한다는 원칙을 말한다.
- ④ 경제성의 원칙: 사무에 따라서 기초지방정부보다 광역지방정부나 중앙정부가 담당하는 것이 더 효율적일 수 있으므로, 지방자치단체의 규모나 재정능력에 따라서 사무를 배분해야 한다는 원칙을 말한다.

23

18. 서울 9

「지방자치법」상 지방자치단체의 사무처리에 관한 설명으로 가장 옳지 않은 것은?

① 지방자치단체는 법령을 위반하여 그 사무를 처리할 수 없다.

② 행정처리 결과가 2개 이상의 시・군 및 자치구에 미치는 광역적 사무는 시・도가 처리한다.

③ 시・도와 시・군 및 자치구의 사무가 서로 경합하면 시・도에서 먼저 처리한다.

④ 지방자치단체는 법률에 다른 규정이 있는 경우를 제외하고 외교, 국방, 사법, 국세 등 국가의 존립에 필요한 사무를 처리할 수 없다.

24

16. 국가 9

우리나라 지방자치제에 대한 설명으로 옳지 않은 것은?

① 지방자치단체의 의사를 결정하는 의결기관과 의사를 집행하는 집행기관을 이원적으로 구성하는 기관대립(분립)형이다.

② 지방분권화의 세계적 흐름에 따라 지방사무의 배분방식은 제한적 열거방식을 채택하고 있다.

③ 자치경찰제는 현재 제주특별자치도에서만 실시되고 있다.

④ 특별지방행정기관은 중앙행정기관이 소관 사무를 집행하기 위해 설치한 지방행정기관이며, 세무서와 출입국관리사무소는 특별지방행정기관에 해당한다.

THEME 07 주민의 참여

25

19. 국가 9

「지방자치법」상 주민참여 수단에 대한 설명으로 옳지 않은 것은?

① 지방자치단체의 장은 주민에게 과도한 부담을 주거나 중대한 영향을 미치는 지방자치단체의 주요 결정사항 등에 대하여 주민투표에 부칠 수 있다.

② 19세 이상의 주민은 그 지방자치단체와 그 장의 권한에 속하는 사무의 처리가 법령에 위반되거나 공익을 현저히 해친다고 인정되면 감사를 청구할 수 있다.

③ 주민은 그 지방자치단체의 장을 소환할 권리는 갖지만, 비례대표 지방의회의원을 소환할 권리를 가지고 있지는 못하다.

④ 주민은 행정기구를 설치하거나 변경하는 것에 관한 사항이나 공공시설의 설치를 반대하는 사항의 조례를 제정하거나 개정하거나 폐지할 것을 청구할 수 있다.

26

23. 국가 9

2021년 1월 전부개정된 「지방자치법」에서 처음으로 도입된 주민참여 제도는?

① 주민소환

② 주민의 감사청구

③ 조례의 제정과 개정・폐지 청구

④ 규칙의 제정과 개정・폐지 관련 의견 제출

정답 및 해설

23 ③

지방자치법 제14조(지방자치단체의 종류별 사무배분기준) 제3항: 시・도와 시・군 및 자치구는 사무를 처리할 때 서로 경합하지 아니하도록 하여야 하며, 사무가 서로 경합하면 시・군 및 자치구에서 먼저 처리한다.

24 ②, ③(기존정답: ②)

- ② 지방분권화의 세계적 흐름에 따라 지방사무의 배분방식은 포괄적 예시주의를 채택하고 있다.
- ③ 자치경찰법이 개정(2021. 7.)됨에 따라 시・도 자치경찰위원회가 설치되고 전국적으로 자치경찰제가 시행되고 있다.

25 ②, ④(기존정답: ④)

- ② 2022. 1. 13. 지방자치법이 개정・시행되어 주민감사를 청구할 수 있는 주민의 나이는 19세에서 18세로 변경되었다.
- ④ 공공시설의 설치 반대, 지방세・사용료・수수료・부담금의 부과, 징수 또는 감면, 행정기구를 설치하거나 변경하는 것, 법령위반 사항은 주민조례청구 제외대상이다.

26 ④

조례의 제정과 개정・폐지 청구와 주민의 감사청구는 1999년, 주민소환은 2006년 지방자치법이 개정되면서 도입되었다.

27

18. 지방교행 9

우리나라 주민참여의 유형에 관한 설명으로 옳은 것은?

① 감사청구는 지방자치단체에 대하여 불만이나 이의를 제기하기 위해 지방의회에 감사를 청구하는 제도이다.
② 공청회는 주민의 직접적인 제안과 토의를 거쳐 당해 지역의 정치·행정에 관한 의사결정을 직접 행하는 제도이다.
③ 주민발안은 일정한 수의 유권자의 서명으로 조례의 제정 또는 개·폐에 관하여 주민이 직접 발의하는 제도이다.
④ 주민소환은 지방자치단체장과 지방의회의원으로 대상을 한정하여 임기만료 전에 주민들이 해임을 청구하는 제도이다.

28

18. 지방 9 일부변형

지방자치법상 주민의 감사청구에 대한 설명으로 옳지 않은 것은?

① 주민의 감사청구는 사무처리가 있었던 날이나 끝난 날부터 3년이 지나면 제기할 수 없다.
② 주무부장관이나 시·도지사는 감사청구를 수리한 날부터 60일 이내에 감사청구된 사항에 대하여 감사를 끝내는 것을 원칙으로 한다.
③ 다른 기관에서 감사한 사항이라도 새로운 사항이 발견되거나 중요 사항이 감사에서 누락된 경우는 감사청구의 대상이 될 수 있다.
④ 지방자치단체의 18세 이상의 주민은 시·도는 500명, 인구 50만명 이상 대도시는 200명, 그 밖의 시·군 및 자치구는 100명을 넘지 아니하는 범위에서 그 지방자치단체의 조례로 정하는 18세 이상의 주민수 이상의 연서로 감사를 청구할 수 있다.

29

17. 국가 9 (하반기)

우리나라의 주민참여제도에 대한 설명으로 옳지 않은 것은?

① 지방자치단체의 장은 주민에게 과도한 부담을 주거나 중대한 영향을 미치는 지방자치단체의 주요 결정사항 등에 대하여 주민투표에 부칠 수 있다.
② 개인의 사생활을 침해할 우려가 있는 사항이라도, 사무의 처리가 법령에 위반되거나 공익을 현저히 해친다고 인정되면 주민 감사청구를 할 수 있다.
③ 주무부장관이나 시·도지사는 주민 감사청구를 처리(각하 포함)할 때 청구인의 대표자에게 반드시 증거 제출 및 의견 진술의 기회를 주어야 한다.
④ 지방자치단체의 장은 대통령령으로 정하는 바에 따라 지방예산편성 과정에 주민이 참여할 수 있는 절차를 마련하여 시행하여야 한다.

30

19. 지방 9

주민참여제도에 대한 설명으로 옳지 않은 것은?

① 주민참여제도에는 주민투표, 주민소환, 주민소송 등이 있다.
② 「지방자치법」에서는 주민소송에 관한 사항을 명시하고 있다.
③ 지역구지방의회의원에 대한 주민소환투표는 당해 지방의회의원의 지역선거구를 대상으로 한다.
④ 지방자치단체가 조례를 제정하면 해당 지역에 거주하는 18세 이상의 외국인에게도 주민투표권이 부여된다.

정답 및 해설

27 ③

- ① 지방자치법 제21조(주민의 감사 청구) 제1항에 따르면 시·도는 주무부장관에게, 시·군 및 자치구는 시·도지사에게 감사를 청구하는 제도이다.
- ② 행정절차법에 따르면 '공청회'란 행정청이 공개적인 토론을 통하여 어떠한 행정작용에 대하여 당사자등, 전문지식과 경험을 가진 사람, 그 밖의 일반인으로부터 의견을 널리 수렴하는 절차를 말한다. 즉 주민이 의사결정을 직접 하기보다는 행정청이 정책결정 등을 할 때 주민의 의견을 수렴하는 과정이다.
- ④ 주민소환은 그 지방자치단체의 장 및 지방의회의원(비례대표 지방의회의원은 제외), 교육감의 해임을 청구하는 제도이다.

28 ④

- 주민의 감사청구요건(해당 범위 이내에서 조례로 정한다)
  - 시·도: 300명
  - 인구 50만 이상 대도시: 200명
  - 그 밖의 시·군 및 자치구: 150명

29 ②

지방자치법 제21조(주민의 감사청구) 제2항: 다음 각 호의 사항은 감사청구의 대상에서 제외한다.

1. 수사나 재판에 관여하게 되는 사항
2. 개인의 사생활을 침해할 우려가 있는 사항

30 정답없음(기존정답: ④)

주민투표법이 개정(2022. 4. 26.)되어, 지방자치단체가 조례를 제정하면 해당 지역에 거주하는 18세 이상의 외국인에게도 주민투표권이 부여된다.

31

19. 서울 9

우리나라 지방자치단체 주민투표제도에 대한 설명으로 가장 옳은 것은?

① 1994년 「지방자치법」 개정에서 도입된 이래 지금까지 시행되고 있다.
② 주민투표에 부쳐진 사항은 법에서 정한 경우를 제외하고는 주민투표권자 총수의 3분의 1 이상의 투표와 유효투표수 과반수의 득표로 확정된다.
③ 지방자치단체의 장은 주민 또는 지방의회의 청구에 의한 경우가 아닌 자신의 직권으로 주민투표를 실시할 수 없다.
④ 일반 공직선거와 마찬가지로 외국인은 어떠한 경우에도 주민투표에 참여할 수 없다.

32

16. 지방교행 9

주민참여제도에 대한 설명으로 옳지 않은 것은?

① 주민소환의 대상은 지방자치단체장, 비례대표의원을 제외한 지방의회의원, 교육감이다.
② 현행법상 주민참여제도의 도입 순서는 조례의 제정 및 개폐에 관한 청구, 주민투표, 주민소송, 주민소환 순이다.
③ 주민투표는 자치단체장에게, 주민감사청구는 감사원에, 주민소송은 관할 행정법원에, 주민소환은 관할 선거관리위원회에 청구한다.
④ 주민소송의 소송 대상은 주민감사를 청구한 사항 중 공금지출에 관한 사항, 해당 지방자치단체를 당사자로 하는 매매 · 임차 · 도급계약에 관한 사항 등 재무 · 회계에 관한 사항이다.

33

21. 국가 9

우리나라의 주민소환제도에 대한 설명으로 옳지 않은 것은?

① 가장 유력한 직접민주주의 제도이다.
② 비례대표 지방의회의원은 주민소환 대상이 아니다.
③ 심리적 통제 효과가 크다.
④ 군수를 소환하려고 할 경우에는 해당 군의 주민소환투표청구권자 총수의 100분의 10 이상의 서명을 받아 청구해야 한다.

34

16. 지방 9

지방자치법상 우리나라 지방자치단체에 대한 설명으로 옳지 않은 것은?

① 지방자치단체인 구는 특별시와 광역시의 관할 구역 안의 구만을 말한다.
② 자치구가 아닌 구의 명칭과 구역의 변경은 그 지방자치단체의 조례로 정한다.
③ 주민은 지방자치단체와 그 장의 권한에 속하는 사무의 처리가 법령에 위반되거나 공익을 현저히 해친다고 인정되면 감사를 청구할 수 있다.
④ 주민은 그 지방자치단체의 장뿐만 아니라 지방에 속한 모든 의회의원까지도 소환할 권리를 가진다.

정답 및 해설

31 정답없음(기존정답 : ②)

- ① 1994년 지방자치법에 주민투표에 관한 근거 규정이 신설되었으나, 2004년에 주민투표법이 제정되면서 시행되었다.
- ② 주민투표법(시행 2022. 4. 26.) 제24조(주민투표결과의 확정) 제1항 : 주민투표에 부쳐진 사항은 주민투표권자 총수의 4분의 1 이상의 투표와 유효투표수 과반수의 득표로 확정된다.
- ③ 주민투표법 제9조(주민투표의 실시요건) 제1항 : 지방자치단체의 장은 주민 또는 지방의회의 청구에 의하거나 직권에 의하여 주민투표를 실시할 수 있다.
- ④ 주민투표법 제5조(주민투표권) 제1항의 2 : 출입국관리 관계 법령에 따라 대한민국에 계속 거주할 수 있는 자격을 갖춘 외국인으로서 지방자치단체의 조례로 정한 사람은 주민투표권을 가진다.

32 ③

주민투표는 지방자치단체의 장에게, 주민감사청구는 시 · 도는 주무부장관에게, 시 · 군 및 자치구는 시 · 도지사에게, 주민소송은 관할 행정법원에, 주민소환은 관할 선거관리위원회에 청구한다.

33 ④

주민소환에 관한 법률 제7조(주민소환투표의 청구) 제1항 : 주민소환투표청구권자는 해당 지방자치단체의 장 및 지방의회의원에 대하여 다음 각 호에 해당하는 주민의 서명으로 그 소환사유를 서면에 구체적으로 명시하여 관할선거관리위원회에 주민소환투표의 실시를 청구할 수 있다.

1. 특별시장 · 광역시장 · 도지사 : 당해 지방자치단체의 주민소환투표청구권자 총수의 100분의 10 이상
2. 시장 · 군수 · 자치구의 구청장 : 당해 지방자치단체의 주민소환투표청구권자 총수의 100분의 15 이상
3. 시 · 도의회의원 및 자치구 · 시 · 군의회의원 : 당해 지방의회의원의 선거구 안의 주민소환투표청구권자 총수의 100분의 20 이상

34 ④

비례대표의원은 소환대상에서 제외된다.

35
16. 서울 9

다음 중 주민의 직접적 지방행정 참여제도와 가장 거리가 먼 것은?

① 주민소환제도
② 주민감사청구제도
③ 주민협의회제도
④ 주민참여예산제도

THEME 08 자치입법권(조례와 규칙)

36
21. 국가 9

우리나라 지방자치단체의 권한(자치권)으로 옳지 않은 것은?

① 지방자치단체는 법률의 위임이 있어야 주민의 권리를 제한하는 조례를 제정할 수 있다.
② 지방자치단체는 주민의 복지증진과 사업의 효율적 수행을 위하여 지방공기업을 설치·운영할 수 있다.
③ 지방자치단체는 조례를 위반한 행위에 대하여 조례로써 1,500만원 이하의 과태료를 정할 수 있다.
④ 지방자치단체조합도 따로 법률로 정하는 바에 따라 지방채를 발행할 수 있다.

THEME 09 지방의회

37
17. 지방교행 9

지방의회의 의결사항으로 옳지 않은 것은?

① 지방자치단체장의 규칙 제정
② 지방자치단체장의 지방채 발행
③ 지방자치단체의 출자 또는 출연
④ 지방자치단체장의 보증채무부담행위

38
18. 국가 9

지방자치법상 지방의회에 대한 내용으로 옳지 않은 것은?

① 지방의회는 조례로 정하는 바에 따라 위원회를 둘 수 있으며, 위원회의 종류는 상임위원회와 특별위원회로 한다.
② 지방의회는 그 의결로 소속 의원의 사직을 허가할 수 있다. 다만, 폐회 중에는 의장이 허가할 수 있다.
③ 의장은 의결에서 표결권을 가지지 못하며, 찬성과 반대가 같으면 부결된 것으로 본다.
④ 지방의회에서 부결된 의안은 같은 회기 중에 다시 발의하거나 제출할 수 없다.

정답 및 해설

35 ③
주민협의회제도는 간접적 참여제도이다.

36 ③
지방자치법 제34조(조례위반에 대한 과태료) 제1항: 지방자치단체는 조례를 위반한 행위에 대하여 조례로써 1천만원 이하의 과태료를 정할 수 있다.

37 ①
- ① 자치법규 중 규칙의 제정은 지방자치단체장의 고유권한으로 지방의회 의결사항이 아니다.
- ② 지방재정법 제11조(지방채의 발행) 제2항: 지방자치단체의 장은 제1항에 따라 지방채를 발행하려면 재정 상황 및 채무 규모 등을 고려하여 대통령령으로 정하는 지방채 발행 한도액의 범위에서 지방의회의 의결을 얻어야 한다.
- ③ 지방재정법 제18조(출자 또는 출연의 제한) 제3항: 지방자치단체가 출자 또는 출연을 하려면 미리 해당 지방의회의 의결을 얻어야 한다.
- ④ 지방재정법 제13조(보증채무부담행위 등) 제2항: 채무보증 신청을 받은 지방자치단체의 장은 지방자치단체가 그 주채무를 보증할 필요가 있다고 인정하면 지방의회의 의결을 얻어 대통령령으로 정하는 바에 따라 그 주채무의 이행을 지방자치단체가 보증한다는 뜻을 신청인에게 서면으로 알려야 한다.

38 ③
지방자치법 제73조(의결정족수) 제2항: 지방의회의 의장은 의결에서 표결권을 가지며, 찬성과 반대가 같으면 부결된 것으로 본다.

39

17. 지방교행 9

지방자치에 관한 설명으로 옳지 않은 것은?

① 지방의회의 사무직원의 정수는 지방의회가 조례로 정하고, 사무직원은 지방자치단체장의 승인을 얻어 지방의회의 의장이 임명한다.
② 인구 50만 명 이상의 기초자치단체인 시에 대하여는 광역자치단체인 도가 처리하는 사무의 일부를 직접 처리하게 할 수 있다.
③ 지방자치단체의 장은 지방의회에 재의를 요구한 사항이 재의결된 경우, 재의결된 사항이 법령에 위반된다고 인정되면 재의결된 날부터 20일 이내에 대법원에 소를 제기할 수 있다.
④ 지방의회의원에 대한 징계의 종류로는 '공개회의에서의 경고, 공개회의에서의 사과, 30일 이내의 출석정지, 제명'이 있으며, 제명의 경우 재적의원 3분의 2 이상의 찬성이 있어야 한다.

40

24. 국가 9

지방행정제도에 대한 설명으로 옳지 않은 것은?

① 일정 조건을 충족한 주민은 해당 지방의회에 조례를 제정하거나 개정 또는 폐지할 것을 청구할 수 있다.
② 지방자치단체 간 관할 구역의 경계변경 조정 시 일정기간 이내에 경계변경자율협의체를 구성하지 못 한 경우 행정안전부장관은 지방자치단체중앙분쟁조정위원회의 심의·의결을 거쳐 조정할 수 있다.
③ 정책지원 전문인력인 정책지원관 제도는 지방자치단체장의 정책기능을 강화하기 위해 도입되었다.
④ 자치경찰사무는 합의제 행정기관인 시·도지사 소속 시·도 자치경찰위원회가 관장하며 업무는 독립적으로 수행한다.

THEME 10 집행기관

41

23. 국가 9

「지방공무원법」상 인사위원회의 위원으로 임명되거나 위촉될 수 없는 사람은?

① 지방의회의원
② 법관·검사 또는 변호사 자격이 있는 사람
③ 공무원으로서 20년 이상 근속하고 퇴직한 사람
④ 초등학교·중학교·고등학교 교장 또는 교감으로 재직하는 사람

정답 및 해설

39 ①

- 지방의회의 사무직원 임명에는 지방자치단체장의 승인을 거치지 않는다.
- 지방자치법 제103조(사무직원의 정원과 임면 등)
  - 제1항: 지방의회에 두는 사무직원의 수는 인건비 등 대통령령으로 정하는 기준에 따라 조례로 정한다.
  - 제2항: 지방의회의 의장은 지방의회 사무직원을 지휘·감독하고 법령과 조례·의회규칙으로 정하는 바에 따라 그 임면·교육·훈련·복무·징계 등에 관한 사항을 처리한다.

40 ③

정책지원 전문인력인 정책지원관 제도는 지방의회의 정책기능을 강화하기 위해 도입되었다.

※ 지방자치법 제41조(의원의 정책지원 전문인력) ① 지방의회의원의 의정활동을 지원하기 위하여 지방의회의원 정수의 2분의 1 범위에서 해당 지방자치단체의 조례로 정하는 바에 따라 지방의회에 정책지원 전문인력을 둘 수 있다.

41 ①

지방공무원법 제7조(인사위원회의 설치) 제6항: 다음 각 호의 어느 하나에 해당하는 사람은 위원으로 위촉될 수 없다.

1. 제31조 각 호의 어느 하나에 해당하는 사람
2. 「정당법」에 따른 정당의 당원
3. 지방의회의원

THEME 11 분쟁조정

42
16. 서울 9

자치단체 상호 간의 적극적 협력을 제고하기 위한 제도적, 비제도적 방식에 해당하지 않는 것은?

① 자치단체조합
② 전략적 협력
③ 분쟁조정위원회
④ 사무위탁

THEME 12 광역행정

43
18. 지방교행 9

광역행정의 공동처리 방식에 관한 설명으로 옳은 것은?

① 사무위탁은 둘 이상의 지방자치단체가 계약에 의하여 자기 사무의 일부를 상대방에게 위탁하여 처리하는 방식이다.
② 연락회의는 둘 이상의 지방자치단체가 광역적 갈등 분쟁을 원활하게 해결하기 위하여 조정권을 갖는 연락기구를 구성하는 방식이다.
③ 공동기관은 둘 이상의 지방자치단체가 광역사무를 처리하기 위하여 조례에 의해 공동으로 법인격을 갖는 기관을 운영하는 방식이다.
④ 협의회는 둘 이상의 지방자치단체가 광역적 지역개발사업을 수행하기 위하여 규칙에 의해 법인격을 갖는 기관을 운영하는 방식이다.

44
19. 지방 9

광역행정에 대한 설명으로 옳지 않은 것은?

① 기존의 행정구역을 초월해 더 넓은 지역을 대상으로 행정을 수행한다.
② 행정권과 주민의 생활권을 일치시켜 행정 효율성을 증진시킬 수 있다.
③ 규모의 경제를 확보하기 어렵다.
④ 지방자치단체 간에 균질한 행정서비스를 제공하는 계기로 작용해 왔다.

45
22. 국가 9

특별지방자치단체에 대한 설명으로 옳지 않은 것은?

① 2개 이상의 지방자치단체가 공동으로 특정한 목적을 위하여 광역적으로 사무를 처리할 필요가 있을 때에는 특별지방자치단체를 설치할 수 있다.
② 보통의 지방자치단체와 같이 법인격을 갖는다.
③ 특별지방자치단체의 의회는 규약으로 정하는 바에 따라 구성 지방자치단체의 의회의원으로 구성한다.
④ 구성 지방자치단체의 장은 「지방자치법」상 겸임 제한 규정에 의해 특별지방자치단체의 장을 겸할 수 없다.

정답 및 해설

42 ③
분쟁조정위원회는 지방자치법에 규정된 제도로 지방자치단체 간의 분쟁을 조정하는 기구이다.

43 ①
- ② 연락회의는 지방자치단체 간의 갈등 분쟁을 원활하게 해결하기 위해서 구성하는 것으로 구속력이나 조정권을 갖지 않는다.
- ③ 공동기관은 지방자치단체 간의 광역사무를 처리하기 위해 두는 것으로 법인격을 갖지 않는다.
- ④ 협의회는 법인격을 갖지 않는다.

44 ③
광역행정은 구역이 확대되고 수혜주민이 많아지므로 규모의 경제를 확보하기 용이하다.

45 ④
지방자치법
- 제199조(설치)
  - 제1항 : 2개 이상의 지방자치단체가 공동으로 특정한 목적을 위하여 광역적으로 사무를 처리할 필요가 있을 때에는 특별지방자치단체를 설치할 수 있다.
  - 제3항 : 특별지방자치단체는 법인으로 한다.
- 제204조(의회의 조직 등)
  - 제1항 : 특별지방자치단체의 의회는 규약으로 정하는 바에 따라 구성 지방자치단체의 의회의원으로 구성한다.
- 제205조(집행기관의 조직 등)
  - 제1항 : 특별지방자치단체의 장은 규약으로 정하는 바에 따라 특별지방자치단체의 의회에서 선출한다.
  - 제2항 : 구성 지방자치단체의 장은 제109조에도 불구하고 특별지방자치단체의 장을 겸할 수 있다.

46

16. 사복 9

특별지방자치단체에 대한 설명으로 옳지 않은 것은?

① 특정한 목적을 수행하기 위하여 필요한 경우에 설치되는 지방자치단체이다.
② 특정한 지방공공사무를 보다 편리하면서도 효율적으로 수행하기 위하여 별도의 관할구역과 행정조직이 필요하다는 것이 설립의 일반적 이유이다.
③ 특별지방자치단체의 설립을 통해 지방자치단체의 난립과 구역 · 조직 · 재무 등 지방제도의 복잡성과 혼란을 완화할 수 있다.
④ 특별지방자치단체는 행정사무처리 이외에 공기업의 경영을 위해 설립되기도 한다.

THEME 13 국가와 지방자치단체 간의 관계

47

17. 사복 9

중앙행정기관의 장과 지방자치단체의 장이 사무를 처리할 때 의견을 달리하는 경우 이를 협의 · 조정하기 위하여 설치하는 기구는?

① 중앙분쟁조정위원회
② 지방분쟁조정위원회
③ 갈등관리심의위원회
④ 행정협의조정위원회

THEME 15 지방재정

48

20. 지방 9

지방재정의 세입항목 중 자주재원에 해당하는 것은?

① 지방교부세 ② 재산임대수입
③ 조정교부금 ④ 국고보조금

49

17. 서울 9

우리나라의 지방재정에 대한 설명으로 가장 옳지 않은 것은?

① 지방자치단체의 세입재원은 크게 자주재원과 의존재원으로 나눌 수 있는데, 자주재원에는 지방세와 세외수입이 있고, 의존재원에는 국고보조금과 지방교부세 등이 있다.
② 지방세 중 목적세로는 담배소비세, 레저세, 자동차세, 지역자원시설세, 지방교육세 등이 있다.
③ 지방교부세는 지방자치단체 간 재정력의 불균형을 조정하는 재원으로, 보통교부세 · 특별교부세 · 부동산교부세 및 소방안전교부세로 구분한다.
④ 지방재정자립도를 높이기 위해 국세의 일부를 지방세로 전환할 경우 지역 간 재정불균형이 심화될 수 있다.

정답 및 해설

46 ③
특별지방자치단체의 설립은 지방자치단체의 난립과 구역 · 조직 · 재무 등 지방제도의 복잡성과 혼란을 야기할 수 있다.

47 ④
- ④ 행정협의조정위원회는 국무총리 소속으로, 중앙행정기관의 장과 지방자치단체의 장이 사무를 처리할 때 의견을 달리하는 경우 이를 협의 · 조정하기 위하여 설치되었다.
- ① 중앙분쟁조정위원회는 시 · 도 간 또는 그 장 간의 분쟁, 시 · 도를 달리하는 시 · 군 및 자치구 간 또는 그 장 간의 분쟁을 조정하기 위하여 설치되었다.
- ② 지방분쟁조정위원회는 중앙분쟁조정위원회 의결대상 외에 지방자치단체 · 지방자치단체조합 간 또는 그 장 간의 분쟁을 심의 · 의결하기 위하여 설치되었다.
- ③ 갈등관리심의위원회는 중앙행정기관이 소관 사무의 갈등관리와 관련된 사항을 심의하기 위하여 「공공기관의 갈등 예방과 해결에 관한 규정」에 따라 설치되었다.

48 ②
- ② 재산임대수입은 자주재원 중 세외수입에 해당한다.
- ①, ③, ④ 지방교부세, 조정교부금, 국고보조금은 의존재원에 해당한다.

49 ②
목적세에는 지방교육세, 지역자원시설세가 있다.

50

22. 지방 9

특별시 · 광역시의 보통세와 도의 보통세에 공통적으로 속하는 세목만을 모두 고르면?

㉠ 지방소득세	㉡ 지방소비세
㉢ 주민세	㉣ 레저세
㉤ 재산세	㉥ 취득세

① ㉠, ㉡, ㉣　② ㉠, ㉢, ㉤
③ ㉡, ㉣, ㉥　④ ㉢, ㉤, ㉥

51

16. 지방 9

지방세기본법상 특별시 · 광역시의 세원이 아닌 것은?

① 취득세　② 자동차세
③ 등록면허세　④ 레저세

52

16. 지방교행 9 일부 변형

지방세 체계에 대한 설명 중 옳지 않은 것은?

① 광역시의 경우에는 주민세 사업소분 및 종업원분은 광역시세가 아니고 구세로 한다.
② 광역시의 군지역은 광역시세와 자치구세의 세목 구분이 적용되지 않고 도세와 시 · 군세의 세목 구분이 적용된다.
③ 시 · 도는 지방교육세를 매 회계연도 일반회계예산에 계상하여 교육비특별회계로 전출하여야 한다.
④ 특별시의 재산세는 특별시분과 자치구분으로 구분하고, 특별시분은 구의 지방세수 등을 고려하여 자치구에 차등분배하고 있다.

53

22. 국가 9

지방교부세에 대한 설명으로 옳지 않은 것은?

① 지역 간 재정력 격차를 완화시키는 재정 균등화 기능을 수행한다.
② 보통교부세, 특별교부세, 부동산교부세, 소방안전교부세로 구분한다.
③ 신청주의를 원칙으로 하며 각 중앙관서의 예산에 반영되어야 한다.
④ 부동산교부세는 종합부동산세를 재원으로 하며 전액을 지방자치단체에 교부한다.

정답 및 해설

50 ③

■ 지방세 구분

구분	특별시 · 광역시세	자치구세	도세	시 · 군세
보통세 (9개)	취득세, 주민세, 자동차세, 레저세, 담배소비세, 지방소비세, 지방소득세	등록면허세, 재산세	취득세, 레저세, 등록면허세, 지방소비세	주민세, 재산세, 자동차세, 담배소비세, 지방소득세
목적세 (2개)	지방교육세, 지역자원 시설세		지방교육세, 지역자원 시설세	

51 ③

등록면허세는 자치구세에 해당한다.

구분	특별시 · 광역시세	자치구세	도세	시 · 군세
보통세 (9개)	취득세, 주민세, 자동차세, 레저세, 담배소비세, 지방소비세, 지방소득세	등록면허세, 재산세	취득세, 레저세, 등록면허세, 지방소비세	주민세, 재산세, 자동차세, 담배소비세, 지방소득세
목적세 (2개)	지방교육세, 지역자원 시설세		지방교육세, 지역자원 시설세	

52 ④

지방세기본법에 의하면, 특별시의 재산세는 특별시분(50%)과 자치구분(50%)으로 구분하고, 특별시분은 자치구에 균등분배하고 있다.

53 ③

국고보조금에 대한 설명이다. 지방교부세 중에서 보통교부세의 경우 재정력지수 등에 따라 행정안전부장관이 결정해서 통지한다.

54

17. 지방 9

지방교부세법상 지방교부세에 대한 설명으로 옳지 않은 것은?

① 지방교부세의 재원에는 종합부동산세 총액, 담배에 부과하는 개별소비세 총액의 일부 등이 포함된다.
② 보통교부세의 산정기일 후에 발생한 재난을 복구하거나 재난 및 안전관리를 위한 특별한 재정수요가 생기거나 재정수입이 감소한 경우 특별교부세를 교부할 수 있다.
③ 지방교부세의 종류는 보통교부세, 특별교부세, 부동산교부세 및 교통안전교부세로 구분한다.
④ 지방행정 및 재정운용 실적이 우수한 지방자치단체에 재정지원 등 특별한 재정수요가 있을 경우 특별교부세를 교부할 수 있다.

55

17. 지방교행 9

지방교부세에 관한 설명으로 옳은 것은?

① 2005년부터 도입되었던 분권교부세는 2015년부터 소방안전교부세로 전환되었다.
② 지방교부세의 총액은 내국세 총액의 19.24%와 담배에 부과하는 개별소비세 총액의 20%를 합한 금액이다.
③ 행정자치부장관은 지방재정분석 결과 건전성과 효율성 등이 우수한 지방자치단체라 하더라도 특별교부세를 별도로 교부할 수 없다.
④ 행정자치부장관이 필요하다고 인정하는 경우에는 지방자치단체장의 신청이 없는 경우에도 일정한 기준을 정하여 특별교부세를 교부할 수 있다.

56

20. 서울 9

지방교부세에 대한 설명으로 가장 옳지 않은 것은?

① 국고보조금과 함께 지방재정조정제도로 운영되고 있다.
② 대표적 지방세로, 내국세 총액의 19.24%와 종합부동산세 총액으로만 구성된다.
③ 보통교부세는 용도를 특정하지 않은 일반재원이다.
④ 소방안전교부세 중 「개별소비세법」에 따라 담배에 부과하는 개별소비세 총액의 20%를 초과하는 부분은 소방 인력의 인건비로 우선 충당하여야 한다.

57

17. 국가 9 (하반기)

우리나라 지방자치단체의 세입·세출에 대한 설명으로 옳지 않은 것은?

① 의존재원의 비중이 높아지면 재정분권이 취약해질 수 있다.
② 보통교부세는 중앙정부가 용도를 제한하여 지방자치단체의 재량권이 없는 재원이다.
③ 지방세와 세외수입은 자주재원에 속하고, 보조금은 의존재원에 속한다.
④ 현행법상 지방자치단체의 관할구역 자치사무에 필요한 경비는 그 지방자치단체가 전액을 부담한다.

정답 및 해설

54 ③
지방교부세는 보통교부세, 특별교부세, 부동산교부세, 소방안전교부세로 구분한다.

55 ④
- ① 분권교부세는 2015년부터 폐지되고 보통교부세로 통합되었다.
- ② 지방교부세의 재원 = 내국세 총액의 19.24%+종합부동산세 전액+담배에 부과하는 개별소비세의 45%
  ※ 지방교부세법 개정으로, 담배에 부과하는 개별소비세의 20%에서 45%로 변경되었다.
- ③ 지방교부세법 제9조(특별교부세의 교부): 행정안전부장관은 지방행정 및 재정운용 실적이 우수한 지방자치단체에 재정 지원 등 특별한 재정수요가 있을 경우 특별교부세를 교부할 수 있다.
  ※ 행정자치부는 행정안전부로 조직개편되었다.

56 ②
지방교부세는 지방세가 아닌 중앙정부로부터 받는 의존재원이다.

지방교부세의 재원

국가의 재원	내국세 총액의 19.24%		종합부동산세 전액	담배에 부과하는 개별소비세의 45%
↓	↓(97%)	↓(3%)	↓	↓
지방교부세의 종류	보통 교부세	특별 교부세	부동산 교부세	소방안전 교부세

57 ②
보통교부세는 해마다 기준재정수입액이 기준재정수요액에 못 미치는 지방자치단체에 그 미달액을 기초로 교부하는 일반재원으로 용도의 제한을 두지 않는다.

58

18. 지방 9

지방재정조정제도 중 지방교부세법에서 규정하고 있지 않은 것은?

① 소방안전교부세
② 보통교부세
③ 조정교부금
④ 부동산교부세

59

21. 지방 9

지방재정에 대한 설명으로 옳지 않은 것은?

① 재정자립도는 일반회계 세입 중 지방세와 세외수입이 차지하는 비중을 말한다.
② 국고보조금은 지방재정운영의 자율성을 제고한다.
③ 지방교부세는 지역 간의 재정 불균형을 시정하기 위한 제도이다.
④ 지방자치단체는 재해예방 및 복구사업에 경비를 조달하기 위해서 지방채를 발행할 수 있다.

60

19. 서울 9

지방자치단체의 재정자립도에 대한 설명으로 가장 옳지 않은 것은?

① 재정자립도는 세입총액에서 지방세수입과 세외수입이 차지하는 비율을 나타낸다.
② 자주재원이 적더라도 중앙정부가 지방교부세를 증액하면 재정자립도는 올라간다.
③ 재정자립도가 높다고 지방정부의 실질적 재정이 반드시 좋다고 볼 수는 없다.
④ 국세의 지방세 이전은 재정자립도 증대에 도움이 된다.

61

21. 지방 9

지방자치단체의 예비비에 대한 설명으로 옳지 않은 것은?

① 예측할 수 없는 예산 외의 지출에 충당하기 위하여 예산에 계상한다.
② 일반회계의 경우 예산총액의 100분의 1 이내의 금액을 예비비로 계상하여야 한다.
③ 지방의회의 예산안 심의 결과 감액된 지출항목에 대해 예비비를 사용할 수 있다.
④ 재해·재난 관련 목적 예비비는 별도로 예산에 계상할 수 있다.

정답 및 해설

58 ③

- ③ 조정교부금은 특별시·광역시 내 자치구 사이(자치구 조정교부금) 또는 도 내 시·군 사이(시·군 조정교부금)의 재정격차를 해소하여 균형적인 행정서비스를 제공하기 위해 도입되었다.
- ①, ②, ④ 지방교부세는 보통교부세, 특별교부세, 소방안전교부세, 부동산교부세가 있다.

59 ②

국고보조금은 국가가 특정사업을 장려하기 위하여 지방정부에게 사업 시행을 위임하고 그 경비의 일부를 제공하는 것(수직적 재정조정)으로, 지방자치단체의 행정이 중앙정부의 관리감독하에 놓이게 됨으로써 지방자치단체의 자유로운 활동이 저해된다.

60 ②

- 재정자립도: 자주재원(지방세 + 세외수입) / 일반회계 총세입
- 지방교부세는 수식에서 분모인 일반회계 총세입으로 들어가므로 지방교부세를 받는 지방자치단체는 재정력이 커짐에도 재정자립도는 낮아진다.

61 ③

지방재정법 제43조(예비비)

- 제1항: 지방자치단체는 예측할 수 없는 예산 외의 지출 또는 예산 초과 지출에 충당하기 위하여 일반회계와 교육비특별회계의 경우에는 각 예산 총액의 100분의 1 이내의 금액을 예비비로 예산에 계상하여야 하고, 그 밖의 특별회계의 경우에는 각 예산 총액의 100분의 1 이내의 금액을 예비비로 예산에 계상할 수 있다.
- 제2항: 제1항에도 불구하고 재해·재난 관련 목적 예비비는 별도로 예산에 계상할 수 있다.
- 제3항: 지방자치단체의 장은 지방의회의 예산안 심의 결과 폐지되거나 감액된 지출항목에 대해서는 예비비를 사용할 수 없다.

THEME 17 지방공기업(지방공기업법)

62

24. 지방 9

「지방공기업법」상 지방공기업에 대한 설명으로 옳지 않은 것은?

① 지방직영기업의 관리자는 해당 지방자치단체의 공무원으로서 지방직영기업의 경영에 관하여 지식과 경험이 풍부한 사람 중에서 지방자치단체의 장이 임명한다.
② 지방공사를 설립하고자 하는 시장·군수·구청장은 설립 전에 행정안전부장관과 협의하여야 한다.
③ 지방자치단체는 상호 규약을 정하여 다른 지방자치단체와 공동으로 지방공사를 설립할 수 있다.
④ 지방자치단체는 지방직영기업을 설치·경영하려는 경우에는 그 설치·운영의 기본사항을 조례로 정하여야 한다.

63

17. 서울 9

지방공기업 유형 중 지방직영기업에 대한 설명으로 가장 옳지 않은 것은?

① 지방자치단체가 행정조직 형태로 직접 운영하는 사업을 말한다.
② 지방자치단체의 장이 지방직영기업의 관리자를 임명한다.
③ 소속된 직원은 공무원 신분이 아니다.
④ 지방공기업법 시행령에 따라 경영평가가 매년 실시되어야 하나 행정자치부장관이 이에 대해 따로 정할 수 있다.

THEME 18 특별지방행정기관

64

17. 지방 9 (하반기)

특별지방행정기관에 대한 설명으로 옳지 않은 것은?

① 고유의 법인격은 물론 자치권도 가지고 있지 않다.
② 관할 범위가 넓을수록 이용자인 고객의 편리성이 향상된다.
③ 주민들의 직접통제와 참여가 용이하지 않은 문제가 있다.
④ 특별지방행정기관의 예로 교도소, 세관, 우체국 등을 들 수 있다.

THEME 19 자치경찰

65

21. 지방 9

자치경찰제도에 대한 설명으로 옳지 않은 것은?

① 지역 실정에 맞는 치안 행정을 펼칠 수 있다.
② 경찰 업무의 통일성과 효율성을 높일 수 있다.
③ 제주자치경찰단은 주민의 생활안전 활동에 관한 사무를 수행한다.
④ 자치경찰 사무를 관장하기 위하여 광역자치단체에 시·도자치경찰위원회를 둔다.

정답 및 해설

62 ②
지방공기업법 제49조(설립) ① 지방자치단체는 제2조에 따른 사업을 효율적으로 수행하기 위하여 필요한 경우에는 지방공사(이하 "공사"라 한다)를 설립할 수 있다. 이 경우 공사를 설립하기 전에 특별시장, 광역시장, 특별자치시장, 도지사 및 특별자치도지사는 행정안전부장관과, <u>시장·군수·구청장은 관할 특별시장·광역시장 및 도지사와 협의하여야 한다.</u>

63 ③
지방직영기업은 지방자치단체가 직접 사업을 수행하기 위해 소속행정기관 형태로 설립하여 운영하는 것으로, 대부분 <u>공무원 신분이다</u>(예 상수도사업본부).
※ 행정자치부는 행정안전부로 조직개편되었다.

64 ②
특별지방행정기관의 관할 범위가 넓을수록 이용자인 고객의 편리성은 저하된다.

65 ②
경찰 업무의 통일성과 효율성 향상은 국가경찰제도에 대한 설명이다. 자치경찰제도는 지역 실정에 맞는 치안 행정을 펼치기 위해 도입되었다.

김재준 행정학

기출문제집

시행처별 기출문제

2023. 10. 28. 지방직 7급 기출문제

01

직위분류제의 특징이 아닌 것은?

① 특정 직무에 대한 능력과 전문성을 갖춘 사람을 임용 대상으로 한다.
② 동일직무에 대한 동일보수의 원칙을 반영한 직무급체계가 확립될 수 있다.
③ 개방형 인사제도를 기반으로 운영되며, 공직 내부에서 수평적 이동 시 인사배치의 유연함과 신축성이 있다.
④ 조직개편이나 직무의 불필요성 등으로 직무 자체가 없어진 경우, 그 직무 담당자는 원칙적으로 퇴직의 대상이 된다.

02

사바스(Savas)의 재화 및 서비스 유형에 대한 설명으로 옳지 않은 것은?

① 시장재(private goods)는 소비자 보호와 서비스 안전을 위해 행정의 개입도 가능하다.
② 공유재(common pool goods)는 과다 소비와 공급 비용 귀착 문제가 발생한다.
③ 요금재(toll goods)는 X－비효율성으로 인해 발생할 수 있는 문제 때문에 대부분 정부가 공급한다.
④ 집합재(collective goods)는 비용 부담에 따라 서비스 혜택을 차별화하거나 배제할 수 없기 때문에 무임승차 문제가 발생한다.

03

행정가치에 대한 설명으로 옳은 것은?

① 가외성은 예측하지 못한 행정수요에 대응이 가능하게 함으로써 행정에 대한 신뢰성을 제고한다.
② 공익 실체설은 공익을 사익의 총합이거나 사익 간 타협 또는 집단 간 상호작용의 산물로 본다.
③ 기계적 효율성은 행정의 사회목적 실현과 다차원적 이익들 간의 통합 조정 등을 내용으로 한다.
④ 수평적 형평성은 '다른 사람은 다르게 취급한다'는 원칙으로, 실적과 능력의 차이로 인한 상이한 배분을 용인한다.

정답 및 해설

01 ③
직위분류제는 인사배치의 유연함과 신축성이 부족하다. 유연함과 신축성은 계급제의 특징이다.

02 ③
• 요금재는 시장에 맡길 경우 대규모 투자가 필요한 시설 등에 대해서는 자연독점(natural monopoly)으로 인한 시장실패 가능성이 있다.
• X－비효율성은 정부가 재화나 서비스를 독점적으로 제공하기 때문에 발생하는 비효율을 말한다.

사바스의 재화 및 서비스 유형

배제성 \ 경합성	경합	비경합
배제	시장재 (private goods)	요금재 (toll goods)
비배제	공유재 (common pool resources)	집합재 (collective goods)

03 ①
② 공익과정설에 대한 설명이다. 공익실체설은 공익을 사회 구성원이 보편적으로 공유하는 이익으로 정의 또는 공동선과 같은 절대가치로 사익을 초월하여 선험적·규범적인 것으로 존재하는 것이다.
③ 디목(Dimock)이 제창한 사회적 능률에 대한 설명이다. 사회적 능률은 1930년대 중반 이후 인간관계론의 등장과 더불어 강조된 개념으로 과학적 관리론에 입각한 기계적 효율관을 비판하면서 등장하였다.
④ 수직적 형평성에 대한 설명이다. 수평적 형평성은 '동등한 것을 동등하게' 취급하는 것을 의미한다.

04

다음 글의 저자와 그의 주장으로 옳은 것은?

> 격언에 대한 일반적인 사실의 하나는, 예를 들어 "뛰기 전에 살펴라"라는 격언과 "지체하는 자는 진다"라는 격언에서 볼 수 있듯이, 상호모순적인 경우가 많다는 것이다. 이러한 격언과 같이 기존 행정학의 내용을 구성하고 있는 수많은 원리는 상호모순성이 많다.

① 윌슨(Wilson)은 행정의 탈정치화를 통해 자유로운 행정영역을 확립하려고 했다.
② 애플비(Appleby)는 정치와 행정의 관계는 연속・순환적이기 때문에 양자를 구별하는 것은 적절하지 않다고 했다.
③ 굿노(Goodnow)는 정치를 국가의지의 표명으로, 행정을 국가의지의 집행으로 정의했다.
④ 사이먼(Simon)은 사실과 가치를 구분해 사실만을 다루는 과학으로서의 행정학을 주장했다.

05

국가재정법상 (가)에 해당하는 기관만을 모두 고르면?

> 정부는 협의에도 불구하고 (가) 의 세출예산요구액을 감액하고자 할 때에는 국무회의에서 해당 (가) 의 장의 의견을 들어야 하며, 정부가 (가) 의 세출예산요구액을 감액한 때에는 그 규모 및 이유, 감액에 대한 (가) 의 장의 의견을 국회에 제출하여야 한다.

> ㉠ 헌법재판소
> ㉡ 중앙선거관리위원회
> ㉢ 국민권익위원회
> ㉣ 국가인권위원회

① ㉠, ㉡　② ㉠, ㉣
③ ㉡, ㉢　④ ㉢, ㉣

06

공공기관 기업지배구조의 이념형적 모델인 주주(shareholder) 자본주의 모델과 이해관계자(stakeholder) 자본주의 모델에 대한 설명으로 옳지 않은 것은?

① 주주 자본주의 모델은 주주가 기업의 주인이라고 보며, 주주의 이익 극대화가 경영목표이다.
② 주주 자본주의 모델의 기업규율방식에는 이사회의 경영감시, 시장에 의한 규율 등이 있다.
③ 이해관계자 자본주의 모델은 기업을 하나의 공동체로 보며, 이해관계자의 이익 극대화가 경영목표이다.
④ 이해관계자 자본주의 모델에서 근로자의 경영 참여는 종업원 지주제도 등을 통해서 이루어지며 단기 업적주의를 추구한다.

07

주민참여제도에 대한 설명으로 옳은 것은?

① 주민투표의 대상・발의자・발의요건, 그 밖에 투표절차 등에 관한 사항은 따로 주민투표법으로 정하고 있다.
② 주민은 지방자치단체의 권한에 속하는 사무의 처리가 법령에 위반되거나 공익을 현저히 해친다고 판단될 때 해당 지방자치단체장에게 감사를 청구할 수 있다.
③ 주민은 지방자치단체의 공금지출에 관한 위법한 행위에 대하여 해당 지방자치단체의 장을 상대방으로 주민소송이 가능하며, 이 제도는 2021년 지방자치법 전부개정을 통해 처음 도입되었다.
④ 주민은 지방의회의원과 지방자치단체장에 대해 소환할 권리를 가지며 비례대표 지방의회의원도 소환 대상에 포함된다.

정답 및 해설

04 ④
사이먼(H. A. Simon)은 '행정행태론'에서 행정관리론의 분업의 원리, 명령통일의 원리 등은 경험적 검증을 거치지 않아 과학성과 보편성을 지니지 못한 격언에 불과하다고 비판하였다.

05 ①
국가재정법 제40조(독립기관의 예산) 제2항 : 정부는 제1항의 규정에 따른 협의에도 불구하고 독립기관(국회・대법원・헌법재판소 및 중앙선거관리위원회)의 세출예산요구액을 감액하고자 할 때에는 국무회의에서 해당 독립기관의 장의 의견을 들어야 하며, 정부가 독립기관의 세출예산요구액을 감액한 때에는 그 규모 및 이유, 감액에 대한 독립기관의 장의 의견을 국회에 제출하여야 한다.

06 ④
주주 자본주의 모델에 대한 설명이다. 이해관계자 자본주의 모델에서 경영 참여는 이사회를 통한 근로자의 경영 참여 등을 통해서 이루어지며 장기적 성장 촉진을 추구한다.

07 ①
- ② 지방자치법 제21조 제1항 : 그 지방자치단체와 그 장의 권한에 속하는 사무의 처리가 법령에 위반되거나 공익을 현저히 해친다고 인정되면 시・도의 경우에는 주무부장관에게, 시・군 및 자치구의 경우에는 시・도지사에게 감사를 청구할 수 있다.
- ③ 주민소송은 지방자치법 개정으로 2005년 도입되어 2006년부터 시행되었다.
- ④ 지방자치법 제25조(주민소환) 제1항 : 주민은 그 지방자치단체의 장 및 지방의회의원(비례대표 지방의회의원은 제외한다)을 소환할 권리를 가진다.

08

동기부여이론에 대한 설명으로 옳지 않은 것은?

① 앨더퍼(Alderfer)의 ERG이론은 하위단계에서 상위단계로의 욕구단계 이동뿐만 아니라 욕구 좌절 시 회귀적이고 하향적인 욕구단계로의 이동도 가능하다고 본다.
② 허츠버그(Herzberg)의 2요인이론은 종업원의 직무환경 개선과 창의적 업무 할당을 통한 직무성취감 증대가 동기부여에 미치는 영향이 다르다고 본다.
③ 아담스(Adams)의 공정성이론은 인식된 불공정성이 중요한 동기요인으로 작동한다고 본다.
④ 브룸(Vroom)의 기대이론은 노력, 성과, 보상, 만족, 환류로 이어지는 동기부여 과정을 제시하면서 노력－성과 간 관계에 있어 개인의 능력과 자질, 그리고 역할 인지를 강조했다.

09

지방자치법상 지방자치단체 상호 간 분쟁 발생 시 조정에 대한 설명으로 옳지 않은 것은?

① 지방자치단체 상호 간 사무를 처리할 때 의견이 달라 생긴 분쟁이 공익을 현저히 해쳐 조속한 조정이 필요하다고 인정되면 당사자의 신청이 없어도 행정안전부장관이나 시·도지사가 직권으로 조정할 수 있다.
② 행정안전부장관이나 시·도지사는 조정 결정 사항이 성실히 이행되지 아니할 경우 그 지방자치단체에 대하여 직무이행명령을 통해 이행하게 할 수 있다.
③ 지방분쟁조정위원회는 시·도에 설치하며 시·도와 시·군 및 자치구 간 또는 그 장 간의 분쟁을 심의·의결한다.
④ 중앙분쟁조정위원회는 행정안전부에 설치하며 시·도 간 또는 그 장 간의 분쟁을 심의·의결한다.

10

조직문화 및 변동의 이론에 대한 설명으로 옳은 것만을 모두 고르면?

> ㉠ 퀸(Quinn)은 경쟁가치모형을 활용해 '내부지향－외부지향'과 '유연성－통제(안정성)'라는 두 가지 차원에서 4가지 조직문화 유형을 도출하였다.
> ㉡ 홉스테드(Hofstede)는 '권력거리'의 크기가 큰 문화에서는 평등한 관계를 중시하기 때문에 조직 내 의사소통이 활발하고 분권화된 경우가 많다고 본다.
> ㉢ 레빈(Lewin)은 조직 변화의 과정을 현재 상태에 대한 해빙(unfreezing), 원하는 상태로의 변화(moving), 새로운 변화가 지속될 수 있도록 재동결(refreezing)하는 3단계로 제시하였다.

① ㉠
② ㉠, ㉢
③ ㉡, ㉢
④ ㉠, ㉡, ㉢

11

다음 설명에 해당하는 근무성적평정 방법은?

> • 다수의 평정요소와 평정요소별 수준을 나타내는 등급으로 구성
> • 평정요소별 해당 등급에 표시하는 방법으로 평정대상자 평가
> • 평정요소와 평정등급에 대한 평정자의 자의적 해석 가능

① 도표식 평정척도법
② 가감점수법
③ 서열법
④ 체크리스트 평정법

정답 및 해설

08 ④
브룸(Vroom)의 기대이론은 노력－성과 간 관계에 있어 기대감(Expectancy)을 제시하였는데, 기대감은 특정 결과는 특정한 노력으로 인해 나타날 수 있다는 가능성에 대한 개인의 신념으로 통상 주관적 확률로 표시된다.

09 ③
시·도와 시·군 및 자치구 간 또는 그 장 간의 분쟁은 중앙분쟁조정위원회에서 심의·의결한다.

10 ②
㉡ 홉스테드는 '권력거리'의 크기가 작은 문화에서 평등한 관계를 중시하기 때문에 조직 내 의사소통이 활발하고 분권화된 경우가 많다고 본다. 권력 거리가 큰 경우 제도나 조직 내에 내재되어 있는 상당한 권력의 차이를 자연스럽게 인정한다.

11 ①
• ② 가감점수법 : 피평정자의 우수한 직무 수행에 대해서는 가점을 주고, 과오나 실패에 대해서는 감점하여 평가하는 방법이다.
• ③ 서열법 : 피평정자 간의 근무성적을 비교하는 방법으로 쌍쌍비교법(paired comparison method), 대인비교법(man to man comparision) 등이 있다.
• ④ 체크리스트 평정법 : 평정자가 평정표(평정서)에 나열된 평정요소에 대한 설명 또는 질문을 보고 피평정자에게 해당하는 것을 골라 표시하는 방법이다.

12

현대조직이론에 대한 설명으로 옳지 않은 것은?

① 자원의존이론은 조직을 환경적 결정에 피동적인 존재로 보지 않고 스스로의 이익을 위해 주도적·능동적으로 환경에 대처하며, 환경을 조직에 유리하도록 관리하려는 존재로 본다.

② 조직군생태론은 조직을 외부 환경의 선택에 따라 좌우되는 피동적인 존재로 보고, 조직의 발전이나 소멸의 원인을 환경에 대한 조직 적합도에서 찾는다.

③ 혼돈이론은 조직이라는 복잡한 체제의 총체적 이해를 도울 수 있다는 장점이 있으나, 복잡한 현상에 대한 통합적 연구를 지향한다는 점에서 현실세계에 적용하기 어렵다는 한계를 보인다.

④ 상황론적 조직이론은 기술, 규모, 환경 등의 다양한 상황요인에 대한 조직적합성을 발견함으로써, 모든 상황에 적합하고 유일한 최선의 조직설계와 관리방법을 찾을 수 있다고 본다.

13

공무원 임용에 대한 설명으로 옳지 않은 것은?

① 국가기관의 장은 국가안보 및 보안·기밀에 관계되는 분야를 제외하고 대통령령등으로 정하는 바에 따라 외국인을 공무원으로 임용할 수 있다.

② 임용시험 성적과 임용 후 근무성적 간의 연관성이 높다면 임용시험의 기준 타당성이 높다고 할 수 있다.

③ 국가기관의 장은 업무의 특성이나 기관의 사정 등을 고려하여 소속 공무원을 대통령령등으로 정하는 바에 따라 통상적인 근무시간보다 짧게 근무하는 공무원으로 임용할 수 있다.

④ 신규 채용되는 공무원의 경우 시보 임용을 면제하거나 그 기간을 단축할 수 없다.

14

공직윤리 관련 제도에 대한 설명으로 옳지 않은 것은?

① 공익신고자의 동의 없이 공익신고자의 인적사항 등을 다른 사람에게 알려주거나 공개할 경우, 징역 또는 벌금 등 법적 제재 대상이 된다.

② 지방공무원이 외국 정부로부터 영예나 증여를 받을 경우에는 소속 지방자치단체장의 허가를 받아야 한다.

③ 공직자윤리법을 통해 이해 충돌 방지 의무를 규정하고 주식백지신탁 제도를 도입하였다.

④ 공직자윤리법 상 재산 등록의무자 모두가 등록재산 공개 대상은 아니다.

15

지방재정에 대한 설명으로 옳지 않은 것은?

① 재정자립도는 일반회계 예산규모에서 지방세와 세외수입 합계액의 비(比)를 의미하며 지방자치단체의 실제 재정력과 차이가 있다는 비판이 있다.

② 재정자주도는 일반회계 예산규모에서 자체수입과 자주재원 합계액의 비를 의미하며 보통교부세 교부 여부의 적용 기준으로 활용된다.

③ 재정력지수는 기준재정수요액에서 기준재정수입액의 비를 의미하며 기본적 행정 수행을 위한 재정수요의 실질적 확보 능력을 판단하는 기준이 된다.

④ 주민 1인당 지방세 부담액은 지방세액을 해당 지방자치단체 주민 수로 나눈 것으로 세입구조 안정성을 판단하는 기준이 된다.

정답 및 해설

12 ④
상황론적 조직이론은 모든 상황에 적용되는 유일·최선의 조직구조나 관리방법은 없다고 본다.

13 ④
국가공무원법 제29조(시보임용) 제1항 : 다만, 대통령령등으로 정하는 경우에는 시보 임용을 면제하거나 그 기간을 단축할 수 있다.

14 ②
지방공무원법 제54조(외국정부의 영예 등을 받을 경우) : 공무원은 외국정부로부터 영예 또는 증여를 받을 경우에는 대통령의 허가를 받아야 한다.

15 ②
보통교부세 교부 여부의 적용기준은 재정력지수이다.
※ 이 문제에서는 용도제한이 없는 의존재원(보통교부세 등)을 자주재원으로, 지방세 수입과 세외수입을 자체수입으로 구분하고 있다. 다만, 기존의 기출문제와 일부 학자들은 자주재원을 지방세 수입과 세외수입으로 보고 있다.

16

예산과정에 대한 설명으로 옳지 않은 것은?

① 각 중앙관서의 장은 그 소관에 속하는 다음 연도의 세입세출예산 · 계속비 · 명시이월비 및 국고채무부담행위 요구서를 작성하여 매년 5월 31일까지 기획재정부장관에게 제출하여야 한다.

② 정부는 예산안을 국회에 제출한 후 부득이한 사유로 그 내용의 일부를 수정하고자 할 때에는 국무회의의 심의를 거쳐 대통령의 승인을 얻은 수정예산안을 국회에 제출할 수 있다.

③ 국회에 제출된 예산안은 예산결산특별위원회에서 예비심사하여 그 결과를 의장에게 보고하고, 의장은 소관 상임위에 회부하여 심사가 끝난 후 본회의에 부의한다.

④ 기획재정부장관은 회계연도마다 작성하여 대통령의 승인을 받은 국가결산보고서를 다음 연도 4월 10일까지 감사원에 제출하여야 한다.

17

정책대안의 탐색에 대한 설명으로 옳지 않은 것은?

① 과거 또는 현재의 정책을 참고로 하거나 외국 또는 다른 지방자치단체에서 활용한 정책들을 대안으로 고려하는 것은 점증주의적 접근에 해당한다.

② 다른 정부의 정책을 대안으로 고려할 때는 가급적 사회문화적 배경이 이질적인 지역을 선택하는 것이 바람직하다.

③ 주관적 · 직관적 판단을 이용하는 방법으로 브레인스토밍과 델파이가 있으며 이들은 대안의 개발뿐만 아니라 대안의 결과예측에서도 활용된다.

④ 브레인스토밍은 기발하고 다양한 아이디어를 자유분방하게 제안하도록 함으로써 많은 아이디어를 얻기 위한 활동이다.

18

정책의 유형에 대한 설명으로 옳은 것은?

① 로위(Lowi)의 분배정책은 돈이나 권력 등을 많이 소유하고 있는 집단으로부터 그렇지 못한 집단으로 이전시키는 정책이다.

② 리플리(Ripley)와 플랭클린(Franklin)의 보호적 규제정책은 국민을 보호하기 위해 개인이나 집단의 행동을 통제하는 정책이다.

③ 아몬드(Almond)와 파월(Powell)의 상징정책은 정책목표를 달성하기 위해 민간에게 인적 · 물적 자원을 부담시키는 정책이다.

④ 로위(Lowi)가 제시한 정책유형론은 포괄성과 상호배타성을 확보하고 있다.

정답 및 해설

16 ③

국회에 제출된 예산안은 소관 상임위원회에서 예비심사하여 그 결과를 의장에게 보고하고 의장은 예산결산특별위원회에 회부하여 심사가 끝난 후 본회의에 부의한다.

17 ②

다른 정부의 정책을 대안으로 고려할 때는 가급적 사회문화적 배경이 유사한 지역을 선택하는 것이 바람직하다.

18 ②

- ① 로위의 재분배 정책에 대한 설명이다. 분배정책은 시민에게 권리나 이익, 또는 재화나 서비스를 배분하는 정책을 의미한다.
- ③ 아몬드와 파월의 추출정책에 대한 설명이다. 상징정책은 국민에게 정부의 정통성에 대한 인식을 좋게 하거나 다른 정책에 대한 순응을 확보하기 위한 정책으로 한글의 날 공휴일 지정, 광화문 복원, 월드컵 개최 등이 대표적인 예이다.
- ④ 로위가 제시한 정책유형은 포괄성과 상호배타성을 확보하고 있지 못하다. 로위의 정책유형에 포함되지 않는 정책들도 있고, 로위의 정책유형 중 어느 하나에만 포함되는 것이 아니라 여러 유형에 걸쳐서 있는 정책들도 있기 때문이다.

19

정책평가의 설계에 대한 설명으로 옳지 않은 것은?

① 사후적 비교집단 구성(비동질적 집단 사후측정설계)은 선정효과로 인해 내적 타당성이 훼손될 수 있다.
② 진실험은 모방효과로 인해 내적 타당성이 훼손될 수 있다.
③ 비동질적 통제집단설계는 진실험과 같은 수준의 내적 타당성을 확보할 수 있다.
④ 진실험과 준실험을 비교하면 실행가능성 측면에서는 준실험이, 내적 타당성 측면에서는 진실험이 더 우수하다.

20

정부업무평가 기본법상 정부업무평가제도에 대한 설명으로 옳은 것은?

① 기획재정부장관은 중앙행정기관의 자체평가결과를 확인 · 점검 후 평가의 객관성과 신뢰성에 문제가 있어 다시 평가가 필요하다고 판단되는 경우, 위원회의 심의 · 의결을 거쳐 재평가를 실시할 수 있다.
② 중앙행정기관의 장은 자체평가조직 및 자체평가위원회를 구성 · 운영하여야 하며, 이 경우 평가의 공정성과 객관성을 확보하기 위하여 자체평가위원의 3분의 2 이상은 민간위원으로 하여야 한다.
③ 행정안전부장관은 둘 이상의 중앙행정기관 관련 시책, 주요 현안 시책, 혁신관리 및 대통령령이 정하는 부문에 대하여 특정평가를 실시하고 그 결과를 공개하여야 한다.
④ 지방자치단체 또는 그 장이 위임받아 처리하는 국가사무, 국고보조사업 그리고 국가의 주요 시책사업 등에 대해 국무총리는 관계 중앙행정기관의 장과 합동으로 평가를 실시할 수 있다.

정답 및 해설

19 ③
비동질적 통제집단설계는 준실험설계로서 진실험에 비해서 내적 타당성 확보가 어렵다.

20 ②
- ① 정부업무평가 기본법 제17조(자체평가결과에 대한 재평가) : 국무총리는 중앙행정기관의 자체평가결과를 확인 · 점검 후 평가의 객관성 · 신뢰성에 문제가 있어 다시 평가할 필요가 있다고 판단되는 때에는 위원회의 심의 · 의결을 거쳐 재평가를 실시할 수 있다.
- ③ 정부업무평가 기본법 제20조(특정평가의 절차) 제1조 : 국무총리는 2 이상의 중앙행정기관 관련 시책, 주요 현안시책, 혁신관리 및 대통령령이 정하는 대상부문에 대하여 특정평가를 실시하고, 그 결과를 공개하여야 한다.
- ④ 정부업무평가 기본법 제21조(국가위임사무등에 대한 평가) 제1항 : 지방자치단체 또는 그 장이 위임받아 처리하는 국가사무, 국고보조사업 그 밖에 대통령령이 정하는 국가의 주요시책 등에 대해 행정안전부장관이 관계중앙행정기관의 장과 합동으로 평가를 실시할 수 있다.

02 2023. 9. 23. 국가직 7급 기출문제

01

주인－대리인이론(principal-agent theory)에 대한 설명으로 옳지 않은 것은?

① 경제적 능률을 중시하는 인간관에 기반한 이론으로, 행위자들이 이기적 존재임을 전제한다.
② 주인과 대리인의 목표 상충으로 인해 X－비효율성이 나타난다.
③ 인간의 인지적 한계와 정보 부족 등 상황적 제약으로 인해 합리성은 제약된다고 본다.
④ 주인과 대리인 사이에 정보비대칭성이 존재하고, 대리인이 기회주의적으로 행동하는 경우 역선택이나 도덕적 해이가 발생할 수 있다.

02

정책평가의 유형에 대한 설명으로 옳지 않은 것은?

① 평가성 사정(evaluability assessment)은 평가의 실행가능성을 검토하는 일종의 예비평가이다.
② 정책영향평가는 사후평가이며 동시에 효과성 평가로 볼 수 있다.
③ 모니터링은 과정평가에 속하지만 집행의 능률성과 효과성을 확보하기 위한 평가이다.
④ 형성평가는 집행이 종료된 후 정책이 의도했던 목적을 달성했는지에 초점을 맞춘다.

03

근무성적평정 방법 중 강제배분법에 대한 설명으로 옳지 않은 것은?

① 역산식 평정이 불가능하며 관대화 경향을 초래한다.
② 평가의 집중화 경향을 억제하는 효과가 있다.
③ 평정대상 다수가 우수한 경우에도 일정한 비율의 인원은 하위 등급을 받을 수 있다는 단점이 있다.
④ 등급별 할당 비율에 따라 피평가자들을 배정하는 것이다.

04

정책네트워크의 개념과 유형에 대한 설명으로 옳지 않은 것은?

① 수많은 공식·비공식적 참여자가 존재하는 정책네트워크는 정책과정의 참여자들 간 상호작용을 구조적인 차원으로 설명하는 틀이다.
② 정책네트워크의 경계는 구조적인 틀에 따라 달라지는 상호인지의 과정에 의하기보다는 공식기관들에 의해 결정된다.
③ 하위정부 모형은 이익집단, 의회의 상임위원회, 주요 행정부처로 구성되는 네트워크를 말하며, 안정성이 높은 것이 특징이다.
④ 정책공동체 모형은 하위정부 모형에 대한 대안으로 대두되었으나 전문화된 정책영역에서 정책결정이 이루어진다는 측면에서 서로 유사한 점이 있다.

정답 및 해설

01 ②
주인과 대리인의 목표 상충으로 인해 대리손실이 발생한다. X－비효율성은 정부가 재화나 서비스를 독점적으로 제공하기 때문에 발생하는 비효율을 말한다.

02 ④
총괄평가는 집행이 종료된 후 정책이 의도했던 목적을 달성했는지에 초점을 맞춘다. 형성평가는 집행 도중에 이루어지는 평가로서, 집행관리와 전략의 수정 및 보완을 위한 평가이다.

03 ①
강제배분법은 관대화 경향 등 피평가자들의 성적분포가 과도하게 집중되는 것을 방지하기 위하여 사용된다. 또한, 평정자가 미리 정해진 비율에 따라 평정대상자를 각 등급에 분포시키고, 그 다음 역으로 등급에 해당하는 점수를 부여하는 역산식 평정을 할 가능성이 높다.

04 ②
정책네트워크의 경계는 공식기관들에 의해 결정되기보다는 상호인지 과정에 의해 결정된다.

05

다음 대화에서 옳지 않은 말을 한 사람은?

> A: 신공공관리론의 학문적 토대는 신고전학파 경제학인데, 넛지이론은 공공선택론이야.
> B: 신공공관리론은 효율성을 증대하여 고객 대응성을 높이자는 목표를 가지는데, 넛지이론은 행동변화를 통해서 삶의 질을 높이는 것이 목표야.
> C: 신공공관리론에서는 경제적 합리성을 가정하지만, 넛지이론에서는 제한된 합리성을 가정하지.
> D: 신공공관리론에서는 공무원이 정치적 기업가가 되길 원하지만 넛지이론에서는 선택설계자가 되길 바라지.

① A　② B
③ C　④ D

06

립스키(Lipsky)의 일선관료제(street level bureaucracy)에 대한 설명으로 옳지 않은 것은?

① 일선관료에 대한 재량권 강화는 집행현장의 특수성 및 예상치 못한 사태에 대비하게 할 수 있다.
② 일선관료는 만성적으로 부족한 자원, 모호한 역할 기대, 그들의 권위에 대한 위협과 도전이라는 업무환경에 처해 있다.
③ 일선관료는 일반시민을 분류하지 않고, 모든 계층을 공평하게 대우한다.
④ 일선관료는 정부를 대신하여 시민에게 정책을 직접 전달하는 존재로, 특히 사회경제적 취약계층의 삶에 큰 영향력을 미친다.

07

집권화와 분권화에 대한 설명으로 옳지 않은 것은?

① 집권화는 조직의 규모가 작고 신설 조직일 때 유리하다.
② 집권화의 장점으로는 전문적 기술의 활용가능성 향상과 경비절감을 들 수 있다.
③ 탄력적 업무수행은 분권화의 장점이다.
④ 분권화는 행정기능의 중복과 혼란을 회피할 수 있고 분열을 억제할 수 있다.

08

만족모형에 대한 비판으로 옳은 것만을 모두 고르면?

> ㉠ 책임회피의식과 보수적 사고가 지배적인 상황에서 혁신을 이끄는 데 한계가 있다.
> ㉡ 만족에 대한 기대수준을 지나치게 명확히 규정하여 획일적인 의사결정 구조가 나타난다.
> ㉢ 조직 내 상하관계 등에서 나타나는 권력적 측면이 의사결정에 미치는 영향을 간과한다.
> ㉣ 일반적이고 가벼운 의사결정과 달리 중대한 의사결정에 적용하기 어려울 수 있다.

① ㉠, ㉡　② ㉠, ㉣
③ ㉡, ㉢　④ ㉢, ㉣

정답 및 해설

05 ①
넛지이론의 학문적 토대는 행동경제학이다.

06 ③
일선관료(street-level bureaucrats)는 직무의 자율성이 높고, 의사결정에 재량권의 범위가 넓다. 인력부족 등 불충분한 자원에 대처하기 위해 모든 시민에게 관심을 기울이기보다는 특정 계층(예컨대 경찰관이 전과자들에게 특별히 관심을 가짐)에 집중하기도 한다.

07 ④
분권화는 행정기능의 중복과 혼란을 야기하여 분열을 일으킬 수 있다.

08 ②
- ㉡ 만족모형은 만족에 대한 기대수준이 유동적이므로 만족할 만한 대안인지 판단하기 어려운 경우가 나타난다.
- ㉢ 회사모형에 대한 비판이다. 회사모형은 수평적 하위조직 간의 관계에 초점을 두었기 때문에, 조직 내 상하관계 등에서 나타나는 권력적 측면이 의사결정에 미치는 영향을 간과했다.

09

정책대안의 미래예측 방법인 추세연장(extrapolation) 예측 기법에 대한 설명으로 옳지 않은 것은?

① 과거부터 현재까지의 자료를 토대로 미래 사회의 상태를 예상하는 방법이다.

② 추세연장의 주요 방법에는 이동평균법(moving average), 지수평활법(exponential smoothing), 교차영향행렬(cross-impact matrix) 분석이 있다.

③ 지속성(persistence), 규칙성(regularity), 자료의 신뢰성(reliability) 및 타당성(validity)의 가정이 충족되는 것을 전제로 한다.

④ 추세연장 예측 분석을 위해서는 시계열 자료가 주로 사용되며, 인구감소, 경제성장, 기관의 업무량 등을 예측하는 데 이용된다.

10

리더십과 팔로워십 이론에 대한 설명으로 옳은 것만을 모두 고르면?

> ㉠ 켈리(Kelley)는 소외적 추종자(alienated followers), 순응적 추종자(sheep), 수동적 추종자(yes people), 효과적 추종자(effective followers) 등 네 가지 추종자 유형을 제시하였고, 그 중 소외적 추종자가 가장 위험하다고 주장하였다.
> ㉡ 블레이크(Blake)와 머튼(Mouton)은 생산에 대한 관심과 사람에 대한 관심이 모두 높은 단합형(team management) 리더십 유형을 최선의 관리방식으로 제안하였다.
> ㉢ 상황적응적 리더십 모형의 주창자 중 하나인 피들러(Fiedler)는 리더-구성원 관계, 직무구조, 직위권력 등 3가지 변수를 중요한 상황요소로 설정하였다.
> ㉣ 오하이오 주립대 리더십 연구자들은 리더의 행동을 구조주도(initiating structure)와 배려로 설명하며 가장 훌륭한 리더 유형을 중간 수준의 구조주도와 배려를 갖춘 균형잡힌 리더 형태로 보았다.

① ㉠, ㉡　　② ㉠, ㉣

③ ㉡, ㉢　　④ ㉢, ㉣

정답 및 해설

09 ②

교차영향행렬은 판단적 예측기법에 해당한다.

10 ③

- ㉠ 켈리(Kelley)는 소외적 추종자(alienated followers), 순응적 추종자(sheep), 수동적 추종자(yes people), 효과적 추종자(effective followers), 실무형 추종자(pragmatist) 등 다섯 가지 추종자 유형을 제시하였다.
- ㉣ 오하이오 주립대 리더십 연구자들은 리더의 행동을 구조주도와 배려로 설명하며, 가장 훌륭한 리더유형을 높은 수준의 구조주도와 배려로 보았다(이직률이 낮고 생산성이 높음).
  - ※ 구조주도: 리더와 추종자의 관계 및 조직의 구조와 과정을 엄격히 하려는 행태(즉, 임무중심적 리더십)
  - ※ 배려: 리더와 추종자 사이의 우정, 상호신뢰, 존경심 등을 조성하려는 행태(즉, 인간관계중심적 리더십)

11

예산과 법률의 차이점에 대한 설명으로 옳지 않은 것은?

① 법률안은 국회의원과 정부가 제출할 수 있지만, 예산안은 정부만이 제출할 수 있다.
② 발의·제출된 법률안에 대해 국회는 수정할 수 있지만, 예산안의 경우 국회는 정부의 동의 없이 제출된 지출예산 각항의 금액을 증가하거나 새 비목을 설치할 수 없다.
③ 법률안은 대외적 효력을 인정받기 위해 공포 절차를 거쳐야 하지만 예산안은 국회에서 의결되면 효력을 갖는다.
④ 대통령은 국회가 의결한 법률안에 대해 재의 요구를 할 수 있으나, 국회는 정부가 제출한 예산안에 대한 심의·의결 자체를 거부할 수 있다.

12

행정 PR(public relations)에 대한 설명으로 옳지 않은 것은?

① 행정민주화의 요청에 따라 그 필요성이 제기되고 있다.
② 정부가 잘못된 정보를 국민에게 투입하는 것은 행정 PR의 객관성에 반하는 것이다.
③ 개발도상국가에서는 국민들에 대한 계몽적·교육적 성격을 갖는다.
④ 국민의 알 권리에 대한 정부의 도덕적·법적 의무로 이해되기 때문에 일방적·명령적이어야 한다.

13

우리나라의 공무원 복무와 징계에 대한 설명으로 옳은 것은?

① 공무원은 직무상의 관계가 있든 없든 그 소속 상관에게 증여하거나 소속 공무원으로부터 증여를 받아서는 아니 된다.
② 중징계의 일종인 파면의 경우 5년간 공무원으로 재임용될 수 없으나, 연금급여의 불이익은 없다.
③ 공무원은 어떠한 경우에도 자신의 직무권한을 행사하여 직무관련자로부터 사적 노무를 제공받아서는 아니 된다.
④ 감봉은 경징계에 해당하며 1개월 이상 3개월 이하 기간 동안 직무에 종사하지 못하고, 보수의 1/3을 삭감하는 처분이다.

14

정부 간 관계와 지방자치권에 대한 설명으로 옳지 않은 것은?

① 라이트(Wright)는 미국의 연방정부, 주정부, 지방정부 간 관계에 주목하면서 중앙·지방정부 간 관계를 3가지 형태로 구분하였다.
② 엘코크(Elcock)가 제시한 대리인모형은 지방정부의 자율성이 제약되는 상황을 특징으로 한다.
③ 우리나라 지방자치단체의 자치조직권은 「지방자치법」의 위임에 따라 제정된 대통령령의 제약을 받는다.
④ 우리나라 지방자치단체의 단체위임사무는 의결기관인 지방의회가 그 사무의 처리에 관여할 수 없다.

정답 및 해설

11 ④

국회는 정부가 제출한 예산안에 대한 심의·의결 자체를 거부할 수 없다.

12 ④

행정PR은 정부 정책에 대한 전달과 더불어 국민과 우호적인 협력관계 형성을 지향(일방적·명령적 ×)한다.

13 ①

- ② 중징계의 일종인 파면의 경우 5년간 공무원으로 재임용될 수 없고, 연금급여의 불이익이 있다.
- ③ 공무원 행동강령 제13조의2 : 공무원은 자신의 직무권한을 행사하거나 지위·직책 등에서 유래되는 사실상 영향력을 행사하여 직무관련자 또는 직무관련공무원으로부터 사적 노무를 제공받거나 요구 또는 약속해서는 아니 된다. 다만, 다른 법령 또는 사회상규에 따라 허용되는 경우에는 그러하지 아니하다.
- ④ 감봉을 받더라도 직무에 계속 종사한다.

14 ④

- ④ 단체위임사무에 대해서는 의결기관인 지방의회가 그 사무의 처리에 관여할 수 있다.
- ① 라이트는 내포권위형, 중첩권위형, 동등권위형으로 구분하였다.
- ② 대리인모형은 중앙정부가 지방정부를 완전히 지배·통제하는 형태이다. 반면에 동반자형은 중앙정부와 지방정부는 대등한 관계이다.
- ③ 자치조직권은 지방자치단체의 행정기구와 정원기준 등에 관한 규정(대통령령)에 제약을 받는다.

15

「국가재정법」에 규정되지 않은 재정제도는?

① 재정준칙
② 총액계상
③ 총사업비관리
④ 국가재정운용계획

16

정책집행을 주어진 정책목표의 달성을 위한 수단적 행위로 파악하는 접근방법에 대한 설명으로 옳지 않은 것은?

① 타당한 인과이론에 바탕을 둔 정책결정의 내용은 이러한 접근에서 제시하는 규범적 처방이 된다.
② 효과적인 정책집행을 위해서는 정책내용으로서 명확한 법령과 구체적인 정책지침을 갖고 있어야 한다.
③ 정부 및 민간 프로그램에서의 의도하지 않은 효과까지도 분석할 수 있다는 장점이 있다.
④ 정책에 반대하는 정책행위자들의 입장이나 전략적 행동을 쉽게 파악할 수 없다는 단점이 있다.

17

우리나라 공무원제도에 대한 설명으로 옳은 것만을 모두 고르면?

> ㉠ 중앙정부·지방자치단체 및 그 하부기관에 근무하는 공무원은 직장협의회를 설립할 수 있으며, 하나의 기관에 복수의 협의회 설립이 가능하다.
> ㉡ 휴직은 공무원으로서의 신분을 보유하게 하면서 직무담임을 일시적으로 해제하는 것으로서 임용권자가 직권으로 휴직을 명하는 직권휴직과 본인의 원에 따라 휴직을 명하는 청원휴직이 있다.
> ㉢ 공무원은 소청심사위원회를 통해 부당하다고 여겨지는 징계에 대한 구제를 신청할 수 있으며, 소청심사위원회의 결정은 처분청과 소청인 모두를 기속한다.
> ㉣ 시보 임용기간 중에 있는 공무원이 근무성적·교육훈련성적이 나빠서 공무원으로서의 자질이 부족하다고 판단되는 경우에는 면직시킬 수 있다.

① ㉠, ㉡　　② ㉠, ㉢
③ ㉡, ㉣　　④ ㉢, ㉣

18

국가채무에 대한 설명으로 옳지 않은 것은?

① 「국가재정법」에 따른 국가채무는 국가의 회계가 발행한 채권을 포함하며, 모든 기금이 발행한 채권은 제외된다.
② 우리나라 중앙정부가 발행하는 국채에는 국고채권, 국민주택채권, 외화표시 외국환평형기금채권 등이 있다.
③ 국가채무는 크게 금융성 채무와 적자성 채무로 구분한다.
④ 채권의 발행 주체가 중앙정부일 때는 국채, 지방자치단체일 때는 지방채라고 할 수 있다.

정답 및 해설

15 ①
- ② 국가재정법 제37조(총액계상)
- ③ 국가재정법 제50조(총사업비의 관리)
- ④ 국가재정법 제7조(국가재정운용계획의 수립 등)

※ 재정준칙이란 채무(채무 상한선 설정), 수지(재정적자 상한선 설정), 지출(지출 상한선 설정), 수입(수입 상한선 설정) 등에 대한 총량적 목표치를 준수하는 것을 말한다.

16 ③
문제는 정책집행의 하향적 접근에 대한 설명이다. ③은 정책집행의 상향적 접근에 대한 설명이다.

17 ③
- ㉠ 공무원직장협의회의 설립·운영에 관한 법률 제2조 제2항: 협의회는 기관 단위로 설립하되, 하나의 기관에는 하나의 협의회만을 설립할 수 있다.
- ㉢ 소청심사위원회의 결정은 처분청만 기속한다.

18 ①
기금이 발행한 채권도 포함된다.

19

백지신탁 제도에 대한 설명으로 옳지 않은 것은?

① 주식백지신탁의 수탁기관은 신탁재산을 관리·운용·처분한 내용을 관할 공직자윤리위원회에 보고하여야 한다.
② 우리나라의 「공직자의 이해충돌 방지법」에는 백지신탁 제도가 규정되어 있지 않다.
③ 공개대상자 및 그 이해관계인이 보유하고 있는 주식의 직무관련성을 심사·결정하기 위하여 인사혁신처에 주식백지신탁 심사위원회를 둔다.
④ 백지신탁은 이해충돌이 존재하는 주식을 신탁회사에서 해당 공직자의 의견을 반영해 이해충돌이 없는 주식으로 변경하는 제도이다.

20

「공직자윤리법」상 재산 등록에 대한 내용으로 옳은 것은?

① 등록하여야 할 재산이 국채, 공채, 회사채인 경우는 액면가로 등록하여야 한다.
② 혼인한 직계비속인 여성이 소유한 재산은 재산등록 의무자가 등록할 재산에 포함된다.
③ 공직자는 등록의무자가 된 날부터 3개월이 되는 날이 속하는 달의 말일까지 재산등록을 해야 한다.
④ 교육공무원 중 대학교 학장은 재산등록 의무자가 아니다.

21

「지방자치법」상 지방의회에 대한 설명으로 옳지 않은 것은?

① 지방의회의원의 의정활동을 지원하기 위하여 정책지원 전문인력을 둘 수 있다.
② 지방의회의 의장은 지방의회의 사무직원을 지휘·감독한다.
③ 지방의회는 매년 4회 정례회를 개최한다.
④ 지방의회의원은 각급 선거관리위원회 위원을 겸직할 수 없다.

22

재정투명성에 대한 설명으로 옳지 않은 것은?

① 재정투명성이란 재정에 관한 정보를 체계적으로 적시에 공개하는 것을 의미한다.
② 2007년의 IMF 「재정투명성 규약」에는 '예산과정의 공개', '재정정보의 완전성 보장', '정부의 역할과 책임에 대한 명확성' 등이 규정되어 있다.
③ 「국가재정법」에서는 공공부문을 제외한 일반정부의 재정통계를 매년 1회 이상 투명하게 공표하도록 규정하고 있다.
④ 「국가재정법」은 예산·기금의 불법 지출에 대한 국민감시 규정을 두고 있다.

정답 및 해설

19 ④
- 주식백지신탁(공직자 윤리법 제14조의4)
  - 수탁기관은 신탁된 주식을 60일 이내에 처분
  - 해당 공직자는 해당 주식에 관리·운영·처분에 관여하지 못함.
  - 해당 공직자는 해당 주식에 관리·운영·처분에 관한 정보의 제공을 요구하지 아니하며, 수탁기관은 정보를 제공하지 아니할 것

20 ①
- ② 공직자윤리법 제4조 제1항(등록대상재산)
  1. 본인
  2. 배우자(사실상의 혼인관계에 있는 사람을 포함한다.)
  3. 본인의 직계존속·직계비속. 다만, 혼인한 직계비속인 여성과 외증조부모, 외조부모, 외손자녀 및 외증손자녀는 제외한다.
- ③ 공직자윤리법 제5조 제1항 : 공직자는 등록의무자가 된 날부터 2개월이 되는 날이 속하는 달의 말일까지 등록의무자가 된 날 현재의 재산을 등록하여야 한다.
- ④ 공직자윤리법 제3조(등록의무자) : 대학교 학장 등

21 ③
지방자치법 제53조(정례회) 제1항 : 지방의회는 매년 2회 정례회를 개최한다.

22 ③
국가재정법 제9조 제1항 : 정부는 예산, 기금, 결산, 국채, 차입금, 국유재산의 현재액, 통합재정수지 및 제2항에 따른 일반정부 및 공공부문 재정통계, 그 밖에 대통령령으로 정하는 국가와 지방자치단체의 재정에 관한 중요한 사항을 매년 1회 이상 정보통신매체·인쇄물 등 적당한 방법으로 알기 쉽고 투명하게 공표하여야 한다.

23

정부신뢰 및 시민참여에 대한 설명으로 옳은 것만을 모두 고르면?

> ㉠ 도덕성 확보, 정책 내용의 일관성 유지, 정부 역량은 모두 정부신뢰의 구성인자이다.
> ㉡ 정부와 시민 간의 신뢰 유형 중 신탁적 신뢰는 대칭적 관계에서 형성된다.
> ㉢ 시민들이 기피하는 시설의 건설 추진 여부에 대한 공론조사에서 시민대표단을 구성하여 토론하는 것은 숙의민주주의의 사례이다.

① ㉠　　② ㉠, ㉢
③ ㉡, ㉢　　④ ㉠, ㉡, ㉢

24

지방재정에 대한 설명으로 옳지 않은 것은?

① 부동산교부세는 일반재원이다.
② 내국세 및 교육세의 일부는 지방교육재정교부금의 재원이다.
③ 지역균형발전특별회계는 노무현 정부의 국가균형발전특별회계의 신설에서 비롯되었다.
④ 지역상생발전기금은 지방소비세 도입 과정에서의 광역지자체와 기초지자체 간 세수입 배분의 불균형을 해소하기 위한 것이다.

25

정보기술의 활용을 통해 업무처리의 절차를 근본적으로 개선하는 데 초점을 맞추고, ICT 기반 행정혁신을 촉진하는 것은?

① 혼합현실(mixed reality)
② 업무재설계(business process reengineering)
③ 정보자원관리(information resource management)
④ 제3의 플랫폼(the 3rd platform)

정답 및 해설

23 ②

㉡ 정부와 시민 간의 신뢰 유형 중 신탁적 신뢰는 비대칭적 관계에서 형성된다.

정부신뢰의 종류

> 1. 신탁적 신뢰: 시민이 정부의 활동에 대한 충분한 지식이 없는 상태에서 정부가 윤리적·효율적이라고 믿는 상태
> 2. 상호적 신뢰: 정부와 시민이 교류하면서 발생

24 ④

지역상생발전기금: 수도권 지방자치단체에 귀속되는 지방소비세 수입의 35%를 재원으로 광역지방자치단체 간 수평적 재정조정제도이다.

25 ②

- ① 혼합현실(mixed reality): 혼합 현실(MR)은 현실을 기반으로 가상 정보를 부가하는 증강 현실(AR: Augmented Reality)과 가상 환경에 현실 정보를 부가하는 증강 가상(AV: Augmented Virtuality)의 의미를 포함한다.
- ③ 정보자원관리(information resource management): 정보를 비용이 수반되는 가치 있는 자원으로 인식하여 여러 정보기술들을 통합관리하는 기법이다.
- ④ 제3의 플랫폼(the 3rd platform): 모바일, 빅데이터, 클라우드 컴퓨팅 등으로 구성된 새로운 IT 환경을 말한다.

2022. 10. 29. 지방직 7급 기출문제

01

애플비(Appleby)가 주장한 정치행정일원론의 내용에 해당하는 것은?

① 행정은 효율성을 추구하는 관리를 핵심으로 한다.
② 행정은 민의를 중시해야 하며 정책결정과 집행의 혼합작용이다.
③ 시간과 동작연구를 통한 직무의 전문화는 행정조직의 생산성을 극대화할 수 있다.
④ 고위 관료가 능률적으로 관리해야 할 행정원리는 기획, 조직, 인사, 지휘, 조정, 보고, 예산 등이 있다.

02

행정이론에 대한 설명으로 옳지 않은 것은?

① 신행정학은 행정의 적실성 회복을 강조한다.
② 발전행정론은 환경이 행정에 미치는 영향에 주목한다.
③ 공공선택론은 시민들의 다양한 요구와 선호에 민감하게 부응할 수 있는 제도적 장치 마련을 강조한다.
④ 신공공관리론은 지역사회 문제를 해결하는 과정에서 시민들의 공유된 가치를 관료가 협상하고 중재해야 한다고 주장한다.

03

민간위탁(contracting out)에 대한 설명으로 옳지 않은 것은?

① 정부가 제공하는 서비스를 민간부문에 맡기고 비용을 지불하는 방식이다.
② 비영리단체는 민간위탁의 대상이 되지 않는다.
③ 정부의 직접공급에 비해 고용과 인건비의 유연성 확보가 용이하다.
④ 대표적인 예로는 쓰레기수거업무나 도로건설업무가 있다.

04

비용효과(cost-effectiveness)분석에 대한 설명으로 옳은 것은?

① 정책대안의 비용과 효과는 모두 화폐단위로 측정된다.
② 분석결과는 사회적 후생의 문제와 쉽게 연계시킬 수 있다.
③ 시장가격의 메커니즘에 전적으로 의존한다.
④ 국방, 치안, 보건 등의 영역에 적용할 수 있다.

정답 및 해설

01 ②
- ① 정치행정이원론에 대한 설명이다.
- ③ 테일러에 대한 설명이다.
- ④ 귤릭에 대한 설명이다.

02 ④
신공공서비스론에 대한 설명이다. 신공공관리론은 기업가적 목표 달성을 위해 폭넓은 행정 재량을 공무원에게 허용하는 관료의 공기업가적 역할을 강조한다.

03 ②
사회복지분야 등에 대해서 비영리단체가 정부로부터 위탁받아 서비스를 제공한다.

04 ④
- ① 비용효과분석은 효과를 화폐단위로 측정되기 어려운 영역에 활용된다. 비용과 효과 모두 화폐단위로 측정되는 것은 비용편익분석에 대한 설명이다.
- ② 비용효과분석은 효과를 화폐적 단위로 환산하기 어려운 만큼 사회적 후생 문제와 연계시키기 어렵다.
- ③ 비용효과분석은 총효과가 총비용을 초과하는지 여부를 알 수 없기 때문에 주로 공공사업에서 달성해야 할 효과수준이 확정된 경우에 활용될 수 있다.

05

예산의 분류 방법과 분류 기준을 바르게 연결한 것은?

	분류 방법	분류 기준
①	기능별 분류	정부가 무슨 일을 하는 데 얼마를 쓰느냐
②	조직별 분류	정부가 무엇을 구입하는 데 얼마를 쓰느냐
③	경제 성질별 분류	누가 얼마를 쓰느냐
④	시민을 위한 분류	국민경제에 미치는 총체적인 효과가 어떠한가

06

정책결정모형 중 점증모형에 대한 설명으로 옳지 않은 것은?

① 정책대안을 모두 분석하기보다 한정된 정책대안에 주목한다.
② 시행착오를 반복하면서도 문제를 해결하려는 특성이 있다.
③ 인간의 인지적 한계를 인정하므로 급격한 개혁과 새로운 환경을 반영하는 혁신적 정책결정을 설명하기가 용이하다.
④ 정책결정에서 집단 참여의 합의 과정이 중시되고 목표와 수단이 탄력적으로 상호 조정된다.

07

정부 예산 편성에 대한 설명으로 옳지 않은 것은?

① 국가재정운용계획은 중 · 장기적 국가비전과 정책 우선순위를 고려한 계획으로 단년도 예산편성의 기본틀이 된다.
② 기획재정부는 예산안 편성 시 사전에 지출한도를 설정하고 각 중앙부처는 그 한도 내에서 예산을 자율적으로 편성한다.
③ 기획재정부는 예비타당성조사를 실시하여 정치 · 경제적 이해관계가 배제될 수 있도록 예산배분의 타당성을 검토한다.
④ 각 중앙관서의 장은 완성에 2년 이상이 소요되는 사업으로서 대통령령으로 정하는 대규모사업에 대하여는 그 사업규모 · 총사업비 및 사업기간을 정하여 미리 기획재정부장관과 협의해야 한다.

08

현대조직이론에 대한 설명으로 옳은 것은?

① 조직군생태론은 단일조직을 기본 분석단위로 하며, 환경에 대한 조직 적합도에 초점을 둔다.
② 거래비용이론은 자원의존이론의 한 접근법으로, 조직 간 거래비용보다는 조직 내 거래비용에 더 많은 관심을 둔다.
③ 상황론적 조직이론은 독립변수를 한정하고 상황적 조건들을 유형화해 중범위라는 제한된 수준 내의 일반성과 규칙성을 발견하려고 한다.
④ 대리인이론에 따르면 정보의 대칭성과 자산 불특정성이 합리적 선택을 제약하며, 주인-대리인 관계는 조직 내에서 나타나지 않는다.

정답 및 해설

05 ①

- ② 조직별 분류 – 누가 얼마를 쓰느냐
  품목별 분류 – 정부가 무엇을 구입하는 데 얼마를 쓰느냐
- ③ 경제 성질별 분류 – 국민경제에 미치는 총체적인 효과가 어떠한가
- ④ 시민을 위한 분류는 기능별 분류에 대한 설명이다.

06 ③

급격한 개혁과 새로운 환경을 반영하는 혁신적 정책결정을 설명하기 용이한 것은 합리모형에 대한 설명이다.

07 ③

기획재정부장관은 예비타당성조사를 실시하기로 결정한 경우에는 대상사업의 경제성 및 정책적 필요성을 종합적으로 검토하여, 사업의 추진 여부를 결정한다.

08 ③

- ① 조직군생태론은 조직군을 기본 분석단위로 한다.
- ② 거래비용이론은 조직 내 거래비용보다는 조직 간 거래비용에 더 많은 관심을 둔다.
- ④ 대리인 이론은 정보의 비대칭성(일반적으로 대리인이 더 많은 정보를 가지고 있음), 자산 특정성(조직 내 · 외의 관계고착), 대리인의 기회주의적 행동, 소수독점(선택할 수 있는 잠재적 대리인 수가 적은 경우) 등이 제약요인으로 작용하며, 주인–대리인 관계는 조직 내 · 외에서 모두 나타난다.

09

정책의제 설정과정의 유형에 대한 설명으로 옳지 않은 것은?

① 내부접근모형에서는 일반 시민의 지지를 얻기 위해 관료집단이 주도한 의제가 정부의 홍보활동을 통해 공중의제로 확산된다.
② 동원모형은 정치지도자의 지시에 따라 사회문제가 바로 정부의제로 채택되며 정부의 힘이 강하고 민간 부문이 취약한 후진국에서 자주 볼 수 있다.
③ 외부주도형은 이익집단들에 의해 제기된 문제가 여론을 형성해 공중의제로 전환되며 정부가 외부의 요구에 민감하게 반응하는 정치체제에서 자주 볼 수 있다.
④ 공고화모형에서는 이미 광범위한 일반 대중의 지지가 있는 경우에, 정부는 동원 노력보다는 이미 존재하는 지지를 그대로 공고화해 의제를 설정한다.

10

재정준칙에 대한 설명으로 옳지 않은 것은?

① 국가채무준칙은 재정 건전성을 확보하기 위해 국가채무 규모에 상한선을 설정한다.
② 재정수지준칙은 경기변동과 무관하게 설정되므로 경제 안정화를 오히려 저해할 수 있다.
③ 재정지출준칙은 경제성장률이나 재정적자 규모의 예측에 의존하지 않는다.
④ 재정수입준칙은 조세지출을 우회적으로 활용함으로써 재정건전성이 훼손될 가능성이 있다.

11

계급제와 직위분류제에 대한 설명으로 옳지 않은 것은?

① 계급제는 보직 관리 범위를 제한하여 공무원의 시야를 좁게 만드는 측면이 있다.
② 직위분류제는 공무원의 전문성을 강화하고 직무 중심의 동기유발이 가능하다.
③ 계급제는 공무원의 장기 근무를 유도하고 직업공무원제도 확립에 유리하다.
④ 직위분류제는 직무 한계와 책임 소재가 명확하다.

12

선발시험의 신뢰성을 검증하는 방법에 해당하지 않는 것은?

① 하나의 시험유형 내에서 각 문항 간의 상관관계를 종합하여 시험의 일관성을 검증한다.
② 시험성적과 본래 시험으로 예측하고자 했던 기준 사이에 얼마나 밀접한 상관관계가 있는가를 검증한다.
③ 시험을 본 수험자에게 일정한 시간이 지난 뒤, 다시 같은 문제로 시험을 보게 하여 두 점수 간의 일관성을 확인한다.
④ 문제 수준이 비슷한 두 개의 시험유형을 개발하여 동일 통제집단을 대상으로 시험을 보게 한 후 두 집단의 성적 간 상관관계를 분석한다.

13

애드호크라시(adhocracy)에 대한 설명으로 옳지 않은 것은?

① 업무가 비정형적일 때 유용하다.
② 변화에 신속하게 대응할 수 있는 장점이 있다.
③ 책임소재가 명확하여 갈등이 생길 가능성이 작다.
④ 조직 목표 달성을 위해 조직 내 전문 능력이 있는 구성원들을 연결하는 구조이다.

정답 및 해설

09 ①
동원형에 대한 설명이다. 내부접근모형은 정부기관 내부의 집단 혹은 정책결정자와 빈번히 접촉하는 집단에 의해 정책의제화가 진행되는 형태로, 의도적이고 일방적으로 국민을 무시하는 정부에서 나타날 수 있다.

10 ④
재정준칙이란 채무(채무 상한선 설정), 수지(재정적자 상한선 설정), 지출(지출 상한선 설정), 수입(수입 상한선 설정) 등에 대한 총량적 목표치를 준수하는 것을 말한다. 재정지출준칙에 따라 지출한도를 준수한다고 하더라도 조세지출을 우회적으로 활용함으로써 재정건전성이 훼손될 가능성이 있다.

11 ①
직위분류제에 대한 설명이다. 계급제는 순환보직을 통한 다양한 업무경험 및 경력발전을 가능하게 한다.

12 ②
기준타당성에 대한 설명이다.

13 ③
애드호크라시는 업무 처리 과정에서 갈등과 비협조가 일어날 수 있다.

14

근무성적평정에 대한 설명으로 옳지 않은 것은?

① 다면평정법은 상급자, 동료, 부하, 고객 등 다양한 구성원에게 평정에 참여할 기회를 준다.
② 목표관리제 평정법은 참여를 통한 명확한 목표의 설정과 개인과 조직 간 목표의 통합을 추구한다.
③ 강제배분법은 평정치의 편중과 관대화 경향을 막기 위해 등급별로 비율을 미리 정해 놓는다.
④ 도표식 평정척도법은 근무성적을 객관적 사실에 기초하여 평가하므로 평정자의 편견이 개입할 가능성이 작다.

15

행정책임 확보 방안 중 내부통제에 해당하는 것은?

① 공정한 감시와 견제기능을 하는 시민단체 활동
② 부정청탁금지법 제정과 같은 국회의 입법 활동
③ 부당한 행정에 대한 언론의 감시 활동
④ 중앙부처의 예산 편성과 집행에 대한 기획재정부의 관리 활동

16

넛지(nudge)의 특성으로 옳은 것만을 모두 고르면?

> ㉠ 넛지 방식으로 정책을 설계하는 것을 선택설계라고 한다.
> ㉡ 정책대상집단의 행동에 개입하지만 개인의 자유로운 선택을 허용한다.
> ㉢ 넛지는 디폴트 옵션 설정 방식처럼 사람들의 인지적 편향을 전략적으로 활용하는 정책수단이다.

① ㉠, ㉡　　② ㉠, ㉢
③ ㉡, ㉢　　④ ㉠, ㉡, ㉢

17

동기부여이론에 대한 설명으로 옳은 것은?

① 스키너(Skinner)의 강화이론은 인간의 내면적 과정에 초점을 맞추며, 행동의 결과보다 원인을 더 강조한다.
② 로크(Locke)의 목표설정이론에 따르면, 개인의 강력한 동기유발을 위해서는 추상적인 목표를 채택해야 한다.
③ 포터(Porter)와 롤러(Lawler)의 업적·만족 이론은 직무성취 수준이 직무 만족의 요인이 될 수 있다고 주장한다.
④ 공공봉사동기(public service motivation)이론은 공공부문 종사자와 민간부문 종사자의 가치체계는 차이가 없고, 개인이 공공부문에 근무하면서 공공봉사 동기를 처음으로 획득하므로, 조직문화와 외재적 보상을 강조한다.

정답 및 해설

14 ④
도표식 평정척도법은 평정요소와 등급의 추상성이 높기 때문에 평정자의 자의적 해석에 의한 평가가 이루어지기 쉽다.

15 ④

행정부 / 제도화	외부	내부
공식	• 입법부 • 사법부	• 청와대 • 감사원의 직무감찰 • 국민권익위원회 • 정부업무평가 • 중앙행정부처에 의한 통제 • 계층제 및 인사관리제도 • 명령체계 • 교차기능조직(기획재정부의 예산통제 등)
비공식	• 시민단체 • 정당 • 이익집단 • 언론	• 직업윤리에 의한 통제 • 동료집단의 평판

16 ④
• ㉠ 신고전학파 경제학에서는 정책수단으로 법과 규제, 경제적 유인을 활용하는 반면에 행동경제학에서는 넛지(선택설계)를 활용한다.
• ㉡ 정책대상집단의 행동에 개입하지만 개인의 자유로운 선택 즉 자유주의적 개입주의를 추구한다.
• ㉢ 넛지는 디폴트 옵션의 조정, 정보와 선택 대안의 단순화, 현저성과 주목효과 제고 등이 포함된다.

17 ③
• ① 스키너(Skineer)의 강화이론은 외부 자극에 의해 학습된 행동이 유발되는 과정에 초점을 맞추며, 행동의 원인보다 결과를 더 강조한다.
• ② 로크(Locke)의 목표설정이론에 따르면, 개인의 강력한 동기유발을 위해서는 구체적이고 도전적인 목표를 채택해야 한다.
• ④ 공공봉사동기(public service motivation)이론은 공공부문의 조직원들은 동기구조(봉사, 공익) 자체도 다르다는 입장이다. 즉 공공부문 종사자들의 내재적 동기요인(봉사동기와 공익 우선의 동기)의 제고를 강조한다.

18

지방자치에 관한 이론에 대한 설명으로 옳은 것은?

① 피터슨(Peterson)의 저서 『도시한계(City Limits)』에 따르면, 개방체제로서의 지방정부는 재분배정책보다 개발정책을 추구하는 경향이 있다.
② 라이트(Wright)는 정부 간 관계를 분쟁형, 창조형, 교환형으로 분류하고, 연방정부와 주정부 간 사회적 · 문화적 측면의 동태적 관계를 기술하였다.
③ 로즈(Rhodes)의 정부 간 관계론은 지방정부가 조직자원과 재정자원 측면에서 중앙정부보다 우월한 지위에 있다고 본다.
④ 티부(Tiebout)의 발에 의한 투표(voting with feet)가 가능하기 위해서는 주민의 자유로운 이동성, 공공서비스 제공에서 외부효과 존재 등의 전제조건이 충족되어야 한다.

19

정책학의 발전과정에 대한 설명으로 옳은 것은?

① 드로어(Dror)는 정책결정의 방법, 지식, 체제에 관심을 두어야 한다고 주장하고, 정책결정체제에 대한 이해와 정책결정의 개선을 강조하였다.
② 정책의제 설정이론은 정책의제의 해결방안 탐색을 강조하며, 문제가 의제로 설정되지 않는 비결정(nondecision making) 상황에 관하여는 관심이 적다.
③ 라스웰(Lasswell)은 정책과정에 관한 지식보다 정책에 필요한 지식이 더 중요하며, 사회적 가치는 분석 대상에서 제외해야 함을 강조하였다.
④ 1950년대에는 담론과 프레임을 통한 문제구조화에 관심이 높아 OR(operation research)과 후생경제학의 기법 활용에는 소홀하였다.

20

현행 지방세의 탄력세율 제도에 대한 설명으로 옳은 것만을 모두 고르면?

㉠ 지방세 일부 세목의 세율에 대해 일정 범위 내에서 지방자치단체가 자율적으로 결정할 수 있다. ㉡ 레저세, 지방소비세는 탄력세율이 적용되지 않는다. ㉢ 조례로 담배소비세, 주행분 자동차세에 대해 표준세율의 50%를 가감하는 방식과 같이 일정 비율을 가감하는 방식이 주로 활용된다.

① ㉠　　② ㉠, ㉡
③ ㉡, ㉢　　④ ㉠, ㉡, ㉢

정답 및 해설

18 ①

- ① 피터슨의 도시한계론에 따르면 스스로 재원을 조달해야 하는 지방정부에서는 노동과 자본을 유입시키기 위해서 개발정책에 치중하고, 복지정책 등 재분배정책에는 소홀히 할 수 밖에 없다. 즉, 지방정부차원에서 재분배정책은 시행하기 어렵다.
- ② 라이트(Wright)는 내포권위형, 중첩형, 동등권위형으로 분류하고, 연방정부와 주정부, 지방정부 간 권력관계 및 기능적 상호의존관계를 기술하였다.
- ③ 로즈(Rhodes)의 정부 간 관계론은 지방정부가 조직자원, 정보자원, 여론을 동원할 수 있는 능력 측면에서 중앙정부보다 우월한 지위에 있다고 본다. 반면에 중앙정부는 법적 자원, 재정적 자원에서 지방정부보다 우월한 지위에 있다고 본다.
- ④ 티부(Tiebout)의 발에 의한 투표(voting with feet)가 가능하기 위해서는 주민의 자유로운 이동성, 공공서비스 제공에서 외부효과 부존재 등의 전제조건이 충족되어야 한다.

19 ①

- ② 정책의제 설정이론 중 신엘리트론은 비결정(nondecision making)을 강조하였다.
- ③ 라스웰은(Lasswell)은 정책과정에 관한 지식과 정책과정에 필요한 지식을 모두 중요시하였다. 규범적 접근(가치판단)과 실증적 접근(사실판단)을 융합한 처방적 접근을 강조하였다.
- ④ 정책학은 의사결정을 합리적으로 하기 위하여 OR(operation research)과 후생경제학의 기법을 활용한다.

20 ②

- ㉢ 취득세, 주민세 등은 지방자치단체의 장이 조례로 정하는 바에 따라 세율을 가감할 수 있다.
- ㉡ 레저세(승마투표권 등의 발매금 총액의 100분의 10), 지방소비세(부가가치세의 일정비율)는 세율이 고정되어 있다.
- ㉢ 담배소비세와 주행분 자동차세는 그 세율의 100분의 30의 범위에서 대통령령으로 가감할 수 있다.

04 2022. 10. 15. 국가직 7급 기출문제

01

조직구조에 대한 설명으로 옳지 않은 것은?

① 일상적 기술을 가진 조직의 경우 높은 공식화 구조를 가진다.
② 조직구조의 형태를 기계적 구조와 유기적 구조로 구분할 수 있다.
③ 환경이 복잡하고 불안정한 경우 유기적 구조가 적합하다.
④ 조직구조는 조직 내 여러 부문 간 결합의 형태로 구성원 간 상호작용과는 관련성이 없다.

02

동기부여이론에 대한 설명으로 옳지 않은 것은?

① 앨더퍼(Alderfer)의 욕구내용 중 관계욕구는 머슬로(Maslow)의 생리적 욕구와 안전욕구에 해당한다.
② 브룸(Vroom)의 기대이론은 과정이론에 해당한다.
③ 허즈버그(Herzberg)는 위생요인이 충족되었다고 하더라도 동기부여가 되는 것은 아니라고 하였다.
④ 애덤스(Adams)는 투입한 노력 대비 얻은 보상에 대해서 준거인과 비교해 상대적으로 느끼는 공평함의 정도가 동기부여에 영향을 미친다고 하였다.

03

2022년 10월 14일 기준, 「국가공무원법」상 공무원으로 임용될 수 없는 사람은? (단, 다른 상황은 고려하지 않음)

① 2021년 10월 13일에 성년후견이 종료된 甲
② 파산선고를 받고 2021년 10월 13일에 복권된 乙
③ 2019년 10월 13일에 공무원으로서 징계로 파면처분을 받은 丙
④ 2017년 금고형을 선고받고 그 집행유예기간이 2019년 10월 13일에 끝난 丁

04

정실주의와 엽관제에 대한 설명으로 옳지 않은 것은?

① 실적제로 전환을 위한 영국의 추밀원령은 미국의 펜들턴법보다 시기적으로 앞섰다.
② 엽관제는 전문성을 통한 행정의 효율성 제고와 정부관료의 역량 강화에 기여한 것으로 평가된다.
③ 미국의 잭슨 대통령은 엽관제를 민주주의의 실천적 정치원리로 인식하고 인사행정의 기본 원칙으로 채택하였다.
④ 엽관제는 관료제의 특권화를 방지하고 국민에 대한 대응성을 높인다는 점에서 현재도 일부 정무직에 적용되고 있다.

정답 및 해설

01 ④
조직구조는 조직구성원 간 상호작용에 일정한 질서가 생길 때 형성된다. 조직구성원의 행동은 역할, 지위, 권력, 규범에 의해 영향을 받는다.

02 ①
앨더퍼(Alderfer)의 욕구내용 중 관계욕구는 머슬로(Maslow)의 안전욕구, 사회적 욕구, 존재감과 관련이 있다.

<table>
<tr><th colspan="2">머슬로</th><th>앨더퍼</th></tr>
<tr><td colspan="2">자아실현욕구</td><td rowspan="2">성장욕구</td></tr>
<tr><td rowspan="2">존재감</td><td>자기존중</td></tr>
<tr><td>타인의 인정</td><td rowspan="3">관계욕구</td></tr>
<tr><td colspan="2">사회적 욕구</td></tr>
<tr><td rowspan="2">안전욕구</td><td>신분보장</td></tr>
<tr><td>물리적 안전</td><td rowspan="2">생존욕구</td></tr>
<tr><td colspan="2">생리적 욕구</td></tr>
</table>

03 ③
• ③ 파면처분을 받으면 5년간 공직임용이 제한된다.
• ①, ②, ④ 피성년후견인, 파산선고를 받고 복권되지 아니한 자, 금고 이상의 형을 선고받고 그 집행유예 기간이 끝난 날부터 2년이 지나지 아니한 자는 공무원으로 임용될 수 없다.

04 ②
실적주의에 대한 설명이다. 엽관제는 관료의 전문성이 떨어진다.

05

관료제에 대한 설명으로 옳지 않은 것은?

① 계층제의 원리에 의해 체계가 확립된다.
② 업무에 대한 훈련을 받고 지식을 갖춘 전문적인 관료가 업무를 담당할 것을 요구한다.
③ 훈련된 무능은 관료가 제한된 분야에서 전문성은 있으나 새로운 상황에서 적응력과 업무능력이 떨어지는 현상이다.
④ 동조과잉은 적극적으로 새로운 과업을 찾아서 실행하기보다 현재의 주어진 업무만을 소극적으로 수행하는 것이다.

06

전문경력관제도에 대한 설명으로 옳지 않은 것은?

① 계급 구분과 직군 및 직렬의 분류를 적용하지 않는다.
② 직무의 특성, 난이도 및 직무에 요구되는 숙련도 등에 따라 가군, 나군, 다군으로 구분한다.
③ 전직시험을 거쳐 다른 일반직공무원을 전문경력관으로 전직시킬 수 있으나, 전문경력관을 다른 일반직공무원으로 전직시킬 수는 없다.
④ 소속 장관은 해당 기관의 일반직공무원 직위 중 순환보직이 곤란하거나 장기 재직 등이 필요한 특수 업무 분야의 직위를 인사혁신처장과 협의하여 전문경력관직위로 지정할 수 있다.

07

다음은 동기부여 실험에 대한 설명이다. (가) ~ (다)에 들어갈 말을 바르게 연결한 것은?

> 유치원 어린이들을 세 집단으로 나누고 그림 그리기 놀이를 하였다. 첫 번째 집단에는 그림을 완성하면 선물을 준다고 약속하였고 그림을 완성한 어린이들에게는 약속한 선물을 주었다. 두 번째 집단에는 선물을 준다는 약속은 없었지만 그림을 완성한 어린이들에게는 깜짝 선물을 주었다. 세 번째 집단에는 어떤 약속도 선물도 없이 평소처럼 그림 그리기를 하였다.
> 그 이후, 그림 그리기 놀이를 계속하는지에 대한 집단 간 차이를 관찰하였다. 관찰 결과, 두 번째와 세 번째 집단은 그림 그리기 놀이를 계속하였지만 첫 번째 집단은 상대적으로 적은 수만이 그림 그리기 놀이를 계속하였다. 이러한 현상을 통해 학자들은 [(가)] 동기가 [(나)] 동기를 밀어내는 구축효과가 있다는 점을 제시하였으며 [(나)] 동기의 예시로는 [(다)] 을/를 들 수 있다.

	(가)	(나)	(다)
①	내재적	외재적	성과급
②	내재적	외재적	가치관 일치
③	외재적	내재적	처벌
④	외재적	내재적	일에 대한 즐거움

정답 및 해설

05 ④
무사안일주의에 대한 설명이다. 동조과잉은 관료들이 목표가 아닌 수단(규칙의 엄격한 준수)에 지나치게 동조되는 현상을 말한다.

06 ③, ④(기존정답 : ③)
전직시험을 거쳐 다른 일반직공무원을 전문경력관으로 전직시킬 수 있고, 전문경력관을 다른 일반직공무원으로 전직시킬 수 있다.
※ 전문경력관 규정이 개정(2022. 12. 27. 시행)되어 인사혁신처장과 협의절차 없이 전문경력관직위를 지정할 수 있다.

07 ④
보기에서는 '선물'이라는 동기요인을 설명하고 있다. 선물은 외재적 보상에 해당하고, 외재적 보상을 받은 어린이들은 그림 그리기 놀이에 흥미를 잃게 된다. 즉 외재적 동기가 내재적 동기를 밀어낸 것이다. 성과급이나 처벌은 외재적 동기에, 가치관의 일치나 일에 대한 즐거움은 내재적 동기에 해당한다.

08

정책의 효과를 확인하기 위한 평가설계에 대한 설명으로 옳은 것만을 모두 고르면?

> ㉠ 동일 정책대상집단에 대해 정책집행을 기준으로 여러 번의 사전, 사후측정을 하여 정책효과를 추정하는 '단절적 시계열 설계'는 준실험설계 유형 중 하나이다.
> ㉡ 내적 타당성을 위협하는 역사요인은 정책집행 기간이 상대적으로 길고 정책대상이 사람일 때 주로 나타나며 시간의 경과 때문에 발생하는 조사대상 집단의 특성변화가 정책의 효과에 혼재되어 나타나는 경우를 말한다.
> ㉢ 정책실험을 할 수 없는 경우, 통계분석 기법을 이용해서 정책효과의 인과관계를 추론하는 것을 비실험적 정책평가설계라고 하며 회귀분석이나 경로분석 등이 있다.

① ㉠ ② ㉠, ㉢
③ ㉡, ㉢ ④ ㉠, ㉡, ㉢

09

중앙정부의 지출 성격상 의무지출에 해당하는 것만을 모두 고르면?

> ㉠ 지방교부세
> ㉡ 유엔 평화유지활동(PKO) 예산 분담금
> ㉢ 정부부처 운영비
> ㉣ 지방교육재정교부금
> ㉤ 국채에 대한 이자지출

① ㉠, ㉡, ㉤ ② ㉡, ㉢, ㉣
③ ㉠, ㉡, ㉣, ㉤ ④ ㉠, ㉢, ㉣, ㉤

10

예산제도에 대한 설명으로 옳지 않은 것은?

① 영기준예산제도는 예산배분의 관행을 인정하지 않는 제도로서 미국의 민간기업 Texas Instruments에서 처음 시작되었고, 1970년대 미국 연방정부에 도입되었다.
② 계획예산제도는 장기적 계획, 사업, 예산을 연결시키는 제도로서 미국에서 베트남 전쟁, 위대한 사회 프로그램 등 정부예산이 팽창하던 1960년대에 도입·운영되었다.
③ 성과주의예산제도는 산출 이후의 성과에 관심을 가지며 예산집행의 재량과 결과에 대한 책임을 강조하는 제도로서 1950년대 연방정부를 비롯해 지방정부에 확산되었다.
④ 품목별예산제도는 예산을 지출대상별로 분류해 편성하는 통제지향적 제도로서 1920년대 대부분 미국 연방 부처가 도입하였다.

11

정치행정이원론에 대한 설명으로 옳지 않은 것은?

① 행정과 경영이 차이가 없음을 강조하는 공사행정일원론의 입장을 취한다.
② 의사결정 역할을 하는 정치와 결정된 의사를 집행하는 행정의 역할을 엄격하게 구분할 것을 주장하였다.
③ 윌슨(Wilson)은 행정을 전문적·기술적 영역으로 규정하고, 정부는 효율성과 전문성을 갖추어야 한다고 주장하였다.
④ 대공황 이후 각종 사회문제를 해결하기 위해서 행정의 정책결정·형성 및 준입법적 기능수행을 정당화하였다.

정답 및 해설

08 ②
㉡ 성숙효과에 대한 설명이다. 역사요인은 외부환경에서 발생하여 사전 및 사후 측정값이 달라지게 만드는 어떤 사건을 말한다.

09 ③
중앙정부의 지출은 법령 등에 의해서 지출의무가 발생하는 의무지출과 국회 심의 등을 통해 조절이 가능한 재량지출로 구분된다. 정부부처 운영비는 재량지출에 해당하고 나머지는 의무지출에 해당한다.

10 ③
성과주의예산제도는 중간 산출물에 대해서만 관심을 가진다. 산출 이후의 성과에 관심을 가지는 것은 20세기 후반부터 시작된 신성과주의(결과기준)예산제도이다.

11 ④
대공황 이후 행정의 적극적인 역할과 관련된 것은 정치행정일원론이다.

12

정부실패의 요인에 대한 설명으로 옳지 않은 것은?

① 'X－비효율성'은 정부가 가진 권력을 통해 불평등한 분배가 이루어지는 현상이다.
② '지대추구'는 정부개입에 따라 발생하는 인위적 지대를 획득하기 위해 자원을 낭비하는 활동이다.
③ '파생적 외부효과'는 시장실패를 해결하기 위해 정부가 개입하지만 의도하지 않은 부작용을 초래하는 것이다.
④ '내부성(internalities)'은 공공조직이 공익적 목표보다는 관료 개인이나 소속기관의 이익을 우선적으로 고려하는 것이다.

13

리플리(Ripley)와 프랭클린(Franklin)의 경쟁적 규제정책에 대한 설명으로 옳지 않은 것은?

① 국가가 소유한 희소한 자원에 대해 다수의 경쟁자 중에서 지정된 소수에게만 서비스나 재화를 공급하도록 규제한다.
② 선정된 승리자에게 공급권을 부여하는 대신에 이들에게 규제적인 조치를 하여 공익을 도모할 수 있다.
③ 경쟁적 규제정책의 예로는 주파수 할당, 항공노선 허가 등이 있다.
④ 정책집행 단계에서 규제받는 자들은 규제기관에 강하게 반발하거나 저항하기도 한다.

14

지방자치단체의 기관구성형태에 대한 설명으로 옳지 않은 것은?

① 기관통합형은 행정에 주민들의 의사를 보다 정확하게 반영할 수 있다는 장점이 있다.
② 기관통합형은 지방의회에서 의결기능과 집행기능을 모두 수행하는 형태로, 영국의 의회형이 대표적이다.
③ 기관대립형 중 약시장－의회형은 시장의 고위직 지방공무원인사에 대해서 의회의 동의를 요하는 반면, 시장은 지방의회의결에 대한 거부권을 가진다.
④ 기관대립형은 견제와 균형을 통해 권력남용을 방지하는 장점이 있지만, 의결기관과 집행기관 간의 대립 및 마찰 가능성이 있다는 단점이 있다.

15

전자정부 구현사례에 대한 설명으로 옳지 않은 것은?

① 'G2B'의 대표적 사례는 '나라장터'이다.
② 'G2C'는 조달 관련 온라인 서비스를 통합적으로 제공하는 것이다.
③ 'G4C'는 단일창구를 통한 민원업무혁신사업으로 데이터베이스공동활용시스템 구축을 내용으로 한다.
④ 'G2G'는 정부 내 업무처리의 전자화를 내용으로 하고 있으며 대표적 사례로는 '온－나라시스템'이 있다.

정답 및 해설

12 ①
권력의 편재에 대한 설명이다. 'X- 비효율성'은 정부가 재화나 서비스를 독점적으로 제공하기 때문에 발생하는 비효율을 말한다.

13 ④
리플리와 프랭클린은 정책을 분배정책, 재분배정책, 경쟁적 규제정책, 보호적 규제정책으로 분류하였다. 규제받는 자들이 강하게 반발하거나 저항하는 것은 보호적 규제정책에 대한 설명이다.

14 ③
시장의 고위직 지방공무원인사에 대해서 의회의 동의를 요하는 것은 약시장－의회형의 특징에 해당하지만, 시장이 지방의회의결에 대한 거부권을 가지는 것은 강시장－의회형의 특징이다.

15 ②
조달 관련 온라인 서비스를 통합적으로 제공하는 것은 '나라장터'에 대한 설명으로 'G2B'에 해당한다.

16

우리나라 중앙예산기관의 변천에 대한 설명으로 옳지 않은 것은?

① 국무총리 직속 기획처 예산국이 우리나라에서 처음으로 중앙예산기관의 역할을 담당하였다.
② 1961년 설립된 경제기획원은 수입 · 지출의 총괄기능을 담당하였으며, 재무부는 중앙예산기관의 역할을 담당하였다.
③ 김영삼 정부는 1994년 정부조직개편을 통해 경제기획원과 재무부를 재정경제원으로 통합하여 세제, 예산, 국고 기능을 일원화하였다.
④ 현재는 기획재정부 예산실이 중앙예산기관의 역할을 담당하고 있다.

17

다음의 역사적 배경을 바탕으로 태동한 행정학 연구에 대한 설명으로 옳지 않은 것은?

• 월남전 패배, 흑인 폭동, 소수민족 문제 등 미국사회의 혼란을 해결하지 못하는 학문의 무력함에 대한 반성으로 나타났다. • 1968년 미국 미노브룩회의에서 왈도의 주도 하에 새로운 행정학의 방향모색으로 태동하였다.

① 고객중심의 행정, 시민의 참여, 가치문제 등을 중시했다.
② 행정학의 실천적 성격과 적실성을 회복하기 위한 정책 지향적 행정학을 요구하였다.
③ 행정의 능률성을 강조했으며, 논리실증주의 및 행태주의의 주장을 지지하였다.
④ 소외계층을 위한 복지서비스를 확대해 사회적 형평을 실현해야 한다는 행정의 적극적 역할을 강조했다.

18

정책결정요인론에 대한 설명으로 옳은 것은?

① 정책의 내용에 영향을 미치는 요인이 무엇인가를 밝히는 이론으로, 사회경제적 요인의 중요성을 과소평가했다는 비판을 받고 있다.
② 도슨－로빈슨(Dawson-Robinson) 모형은 사회경제적 변수가 정치체제와 정책 모두에 영향을 미친다는 모형으로, 사회경제적 변수로 인해 정치체제와 정책의 상관관계가 유발된다고 설명한다.
③ 키－로커트(Key-Lockard) 모형은 사회경제적 변수가 정책에 직접적으로 영향을 미친다는 모형으로, 예를 들면 경제발전이 복지지출 수준에 직접 영향을 준다고 본다.
④ 루이스－벡(Lewis-Beck) 모형은 사회경제적 변수가 정책에 영향을 주는 직접효과가 있고, 정치체제가 정책에 독립적 영향을 주지 않는다고 설명한다.

19

공직부패의 유형에 대한 설명으로 옳지 않은 것은?

① 인 · 허가 업무처리 시 소위 '급행료'를 당연하게 요구하는 행위를 일탈형 부패라고 한다.
② 정치인이나 고위공무원이 자신의 권력을 남용해 사적 이익을 추구하는 것을 권력형 부패라고 한다.
③ 공금 횡령, 회계 부정 등 거래 당사자 없이 공무원에 의해 일방적으로 발생하는 부패를 사기형 부패라고 한다.
④ 사회체제에 파괴적 영향을 미칠 잠재성이 있음에도 불구하고, 일부 집단은 처벌을 원하는 반면, 다른 집단은 처벌을 원하지 않는 경우를 회색부패라고 한다.

정답 및 해설

16 ②

1961년 설립된 재무부는 수입 · 지출의 총괄기능을 담당하였으며, 경제기획원은 중앙예산기관의 역할을 담당하였다.

+ 우리나라 중앙예산기관의 역사

• 1948년 : 국무총리 직속 기획처 예산국 • 1954년 : 재무부 예산국 • 1961년 : 경제기획원 예산국 • 1994년 : 재정경제원 • 2008년 : 기획재정부 예산실

17 ③

보기는 신행정학에 대한 설명이다. 신행정학은 사회적 형평성을 강조하였으며, 논리실증주의 및 행태주의에 반대하는 입장이다.

18 ②

- ① 정책결정요인론은 정책의 내용에 영향을 미치는 요인이 무엇인가를 밝히는 이론으로, 정치적 변수의 중요성을 과소평가했다는 비판을 받고 있다.
- ③ 키－로커트(Key-Lockard) 모형은 사회경제적 변수가 정치적 변수를 거쳐 정책에 간접적으로 영향을 미친다는 모형이다. 예를 들면 경제발전(사회경제적 변수)이 정당 간 경쟁(정치적 변수)을 심화시켜 복지지출을 증가시킨다는 것이다.
- ④ 루이스－벡(Lewis-Beck) 모형은 사회경제적 변수가 정책에 영향을 주는 직접효과가 있고, 정치체제도 정책에 독립적 영향을 준다고 설명한다.

19 ①

제도화된 부패에 대한 설명이다. 일탈형 부패는 무허가 업소를 단속하던 단속원이 정상적인 단속활동을 수행하다가 금품을 제공하는 특정 업소에 대해서 단속을 하지 않는 것 등을 말한다.

20

다음 설명에 해당하는 정책집행 모형을 제시한 학자는?

> • 효과적인 정책집행을 위해 갖추어야 할 조건으로서 정책결정의 내용은 타당한 인과이론에 바탕을 두어야 하며 정책내용으로서 법령은 명확한 정책지침을 가지고 있어야 한다.
> • 집행과정에서 발생할 수 있는 변수들을 미리 예견할 수 있도록 해 주는 체크리스트로서의 기능을 한다는 장점이 있다.
> • 정책집행 현장의 일선관료들이나 대상집단의 전략 등을 과소평가하거나 쉽게 파악할 수 없다는 단점이 있다.

① 사바티어(Sabatier)와 마즈매니언(Mazmanian)
② 린드블럼(Lindblom)
③ 프레스만(Pressman)과 윌다브스키(Wildavsky)
④ 레인(Rein)과 라비노비츠(Rabinovitz)

21

우리나라 공공기관의 정보공개제도에 대한 설명으로 옳지 않은 것은?

① 당시 법률의 구체적 위임은 없었으나 청주시에서 우리나라 최초로 행정정보공개조례가 제정되었다.
② 청구에 의한 공개도 가능하지만 특정 정보는 별도의 청구 없이도 사전에 공개해야 한다.
③ 비공개 대상 정보를 제외한 모든 정보를 공개 대상으로 하는 네거티브 방식을 취하고 있다.
④ 정보목록은 비공개 대상 정보가 포함된 경우라도 공공기관이 작성, 공개하여야 한다.

22

신고전 조직이론에 대한 설명으로 옳은 것은?

① 조직군생태론, 자원의존이론 등이 대표적이다.
② 인간을 복잡한 내면구조를 가진 복잡인으로 간주한다.
③ 환경과 상호작용하는 개방적·동태적·유기적 조직을 강조한다.
④ 조직 내 사회적 능률을 강조하고, 조직의 비공식적 구조나 요인에 초점을 둔다.

23

「지방자치법」상 지방자치단체 종류별 사무배분의 기준에 대한 설명으로 옳지 않은 것은?

① 인구 30만 이상의 시에 대해서는 도가 처리하는 사무의 일부를 직접 처리하게 할 수 있다.
② 시·군 및 자치구가 독자적으로 처리하기 어려운 사무는 시·도의 사무이다.
③ 지방자치단체의 구역, 조직, 행정관리 등은 시·도와 시·군 및 자치구에 공통된 사무이다.
④ 국가와 시·군 및 자치구 사이의 연락·조정 등의 사무는 시·도의 사무이다.

정답 및 해설

20 ①
• 설명하는 내용은 하향식 정책집행(Top-down)에 대한 것으로 사바티어(Sabatier)와 마즈매니언(Mazmanian)이 대표적인 학자이다.
• ② 린드블럼(Lindblom): 정책집행은 항상 정책을 결정하거나 정책을 수정한다.
• ③ 프레스만(Pressman)과 윌다브스키(Wildavsky): 집행을 정책결정과 분리하지 않고 연속적인 과정으로 정의하였다.
• ④ 레인(Rein)과 라비노비츠(Rabinovitz): 정책집행자의 정책결정에 개입양상을 지침개발, 자원배분, 감시과정으로 나누어 설명한다.

21 ④
정보목록은 비공개 대상 정보가 포함된 경우 공개하지 아니할 수 있다.
※ 공공기관의 정보공개에 관한 법률 제8조(정보목록의 작성·비치 등) 제1항: …다만, 정보목록 중 제9조 제1항에 따라 공개하지 아니할 수 있는 정보가 포함되어 있는 경우(비공개 대상 정보)에는 해당 부분을 갖추어 두지 아니하거나 공개하지 아니할 수 있다.

22 ④
①, ②, ③ 현대적 조직이론에 대한 설명이다.

23 ①
인구 50만 이상의 시에 대해서는 도가 처리하는 사무의 일부를 직접 처리하게 할 수 있다.
※ 지방자치법 제14조(지방자치단체의 종류별 사무배분기준) 제1항 제2호: 다만, 인구 50만 이상의 시에 대해서는 도가 처리하는 사무의 일부를 직접 처리하게 할 수 있다.

24

우리나라 지방자치의 역사에 대한 설명으로 옳은 것은?

① 제헌의회가 성립하면서 1949년 전국에서 도의회의원 선거가 실시되었다.
② 1991년 지방선거에서 지방의회의원을 선출하였으나, 지방자치단체장 선거는 실시되지 않았다.
③ 1995년부터 주민직선제에 의한 시·도교육감 선거가 실시되면서 실질적 의미의 교육자치가 시작되었다.
④ 1960년 지방선거에서는 서울특별시장·도지사 선거는 실시되었으나, 시·읍·면장 선거는 실시되지 않았다.

25

다음은 정책순응을 확보하기 위한 수단과 그 특징에 대한 설명이다. (가) ~ (다)에 들어갈 말을 바르게 연결한 것은?

> • (가) : 일선 집행관료는 큰 저항을 하지 않으나 정책에 의해 피해를 입는 대상집단은 의도적으로 불응의 핑계를 찾으려 한다.
> • (나) : 도덕적 자각이나 이타주의적 고려에 의해 자발적으로 순응하는 사람들의 명예나 체면을 손상시키고 사람의 타락을 유발할 수 있다.
> • (다) : 불응의 형태를 정확하게 점검 및 파악하기 어려운 경우가 많다는 약점이 있다.

	(가)	(나)	(다)
①	도덕적 설득	유인	처벌
②	도덕적 설득	처벌	유인
③	유인	도덕적 설득	처벌
④	처벌	유인	도덕적 설득

정답 및 해설

24 ②

• ① 제1회 지방선거는 1952년 이승만 정부에서 최초로 실시되었다. 제1회 선거에서는 시·읍·면 의회 선거와 도의회 선거가 치러졌다.
• ③ 주민직선제에 의한 시·도교육감 선거는 2007년 최초로 실시되었다.
• ④ 1960년 제3회 지방선거는 제2공화국 최초의 지방선거로, 특별시·도의원 선거, 시·읍·면의원 선거, 시·읍·면장 선거, 특별시·도지사 선거가 다른 날 각각 진행되었다.

25 ①

• 도덕적 설득은 정책에 순응하는 것이 윤리적·도덕적으로 옳은 것임을 인식시키기 위한 설득을 말한다. 정책대상집단에 피해가 발생할 경우, 그 정책에 대한 소망성과 정책을 결정하고 집행하는 기관에 대한 정통성과 신뢰성에 대한 의심을 불응의 핑계로 찾으려 한다.
• 유인은 정책에 순응하는 것에 대한 혜택을 제공하는 방법이다. 경제적 유인 등이 없더라도 도덕적 자각이나 이타주의적 고려에 의해 자발적으로 순응하는 사람들의 명예나 체면을 손상시키고 사람의 타락을 유발할 수 있다.
• 처벌은 정책에 순응하지 않을 경우 불이익을 부과하는 방법이다. 처벌은 불응의 형태를 정확하게 점검 및 파악하기 어려운 경우가 많다는 약점이 있다. 예컨대 제한속도 위반, 폐수방류 행위 등이 이에 해당한다.

05 2021. 10. 16. 지방직 7급 기출문제

01

관료제 모형에서 베버(Weber)가 강조한 행정 가치는?

① 민주성 ② 형평성
③ 능률성 ④ 대응성

02

다음은 콥과 로스(Cobb & Ross)가 제시한 의제 설정 과정이다. (가)~(다)에 들어갈 유형을 바르게 연결한 것은?

- (가): 사회문제 → 정부의제
- (나): 사회문제 → 공중의제 → 정부의제
- (다): 사회문제 → 정부의제 → 공중의제

	(가)	(나)	(다)
①	동원형	외부주도형	내부접근형
②	내부접근형	동원형	외부주도형
③	외부주도형	내부접근형	동원형
④	내부접근형	외부주도형	동원형

03

공무원 인사제도에 대한 설명으로 옳지 않은 것은?

① 실적주의는 공무원의 인적 구성이 사회의 인구학적 특성과 비례가 되도록 해야 한다는 대표관료제를 비판하면서 등장하였다.
② 엽관주의는 정당제도 유지에 기여하고 공무원의 정치적 책임성을 확보할 수 있다는 장점이 있어 오늘날에도 부분적으로 남아 있다.
③ 실적주의는 엽관주의의 폐해와 급격한 경제발전으로 행정기능이 양적으로 확대되고 질적으로 복잡해짐에 따라 공무원들의 전문적 지식과 기술이 필요해지면서 정당성이 강화되었다.
④ 엽관주의에 따른 인사는 관료기구와 집권 정당의 동질성을 확보할 수 있으며, 정부가 공무원의 충성심을 확보하고 공무원을 효과적으로 통솔할 수 있다.

정답 및 해설

01 ③
고전적 조직이론을 대표하는 베버의 관료제 모형은 조직 내부의 능률적 관리에 초점을 둔다.

02 ④
- 내부접근형: 정책담당자들에 의해 자발적으로 정책의제화가 진행되는 유형으로, 의도적이고 일방적으로 국민을 무시하는 정부에서 나타날 수 있다. 공중의제화가 되지 않고 곧바로 정책의제로 채택된다.
- 외부주도형: 민간집단에 의해 이슈가 제기되어 공중의제화한 이후 정책결정자의 관심을 끌게 되면 정부의제로 전환된다. 허쉬만(Hirshman)은 '강요된 정책문제'라고 하였다.
- 동원형: 정책결정자가 주도하여 정책의제를 미리 결정한 후 이것을 일반대중을 이해 · 설득시키는 활동(정부의 PR), 즉 정책순응 확보를 위한 공중의제화 과정을 거친다.

03 ①
실적주의는 엽관주의가 쇠퇴하고 등장하였다.

04

예산 분류별 장단점에 대한 설명으로 옳지 않은 것은?

① 예산의 기능별 분류의 단점은 회계책임이 불명확하다는 점이다.
② 예산의 조직별 분류의 장점은 예산지출의 목적(대상)을 파악하기 쉽다는 점이다.
③ 예산의 기능별 분류의 장점은 국민이 정부예산을 이해하기 쉽다는 점이다.
④ 예산의 품목별 분류의 단점은 예산집행의 신축성을 저해한다는 점이다.

05

다음에서 제시하는 정책결정모형에 대한 설명으로 옳은 것은?

> • 정책의 본질이 미래지향적 문제 해결에 있고, 정책결정에서 가치비판적 발전관에 기초한 가치지향적 행동 추구의 중요성을 고려할 때 매우 중요한 의의가 있다.
> • 대안을 선택할 수 있는 기준이 명확해야 한다.
> • 기존 정책이나 사업의 매몰 비용으로 인해 현실 적합성이 떨어지는 한계가 있다.

① 시간의 흐름에 따라 환류되는 정보를 분석하여 잘못한 점이 있으면 수정·보완하는 방식이다.
② 문제성 있는 선호(problematic preferences), 불명확한 기술(unclear technology), 일시적 참여자(part-time participants)가 전제조건이다.
③ 갈등을 완전히 해결하지 못하고, 타협을 통한 봉합을 모색한다.
④ 같은 비용으로 최대의 목표산출을 얻을 수 있는 대안을 선택하는 행위를 의미한다.

06

정부규제에 대한 설명으로 옳지 않은 것은?

① 종합편성채널의 운영권을 부여하고, 이를 확보한 방송사에 대한 규제는 리플리와 프랭클린(Ripley & Franklin)의 보호적 규제정책을 시행한 것으로 볼 수 있다.
② 네거티브 규제(negative regulation)는 포지티브 규제(positive regulation)보다 자율성을 적극적으로 부여한다는 측면에서 피규제자가 선호하는 방식이다.
③ 우리나라는 신기술과 신산업을 육성하기 위하여 규제샌드박스 제도를 도입하였다.
④ 윌슨(Wilson)의 규제정치이론에 따르면, 대체로 경제적 규제는 고객정치의 상황으로 분류되며 사회적 규제는 기업가정치의 상황으로 분류된다.

07

행정학의 접근방법에 대한 설명으로 옳지 않은 것은?

① 생태론적 접근방법은 외부환경이 행정체제에 영향을 미친다는 시각으로 환경에 대한 행정의 주체적인 역할을 경시했다는 비판을 받는다.
② 후기행태주의는 적실성(relevance)과 실천(action)을 강조하고, 가치중립적인 과학적 연구보다는 가치평가적인 정책연구를 지향하였다.
③ 공공선택이론은 권한이 분산된 여러 작은 조직들에 의해 공공서비스가 공급되는 것보다 단일의 대규모 조직에 의해 독점적으로 공급되는 것을 선호한다.
④ 역사적 제도주의에서 제도는 경로의존성과 관성적인 성향으로 인해 새로운 환경의 변화에 적절히 대응하지 못할 수도 있다.

정답 및 해설

04 ②
예산의 조직별 분류는 지출의 목적이나 예산의 성과파악이 어렵다.

05 ④
• ④ 보기의 내용은 정책결정모형 중 합리모형에 대한 설명이다.
• ① 사이버네틱스모형에 대한 설명이다.
• ② 쓰레기통모형에 대한 설명이다.
• ③ 회사모형에 대한 설명이다.

06 ①
종합편성채널의 운영권을 부여하고 이를 확보한 방송사에 대한 규제는 특정 개인이나 집단에게 서비스의 제공권을 부여하고 이들의 활동을 규제하는 것으로, 리플리와 프랭클린의 경쟁적 규제정책에 해당한다.

07 ③
공공선택이론은 공공서비스를 독점적으로 공급하는 전통적인 정부관료제는 시민의 요구에 민감하게 반응할 수 없는 제도적 장치라 비판하고, 그것을 대체할 공공재 공급방식의 도입을 강조한다. 대규모 조직에 의해 독점적으로 공급되는 것보다 경쟁을 통한 서비스 생산·공급이 가능한 여러 작은 조직들에 의해 공공서비스가 공급되는 것을 선호한다.

08

톰슨(Thompson)의 기술 분류에 따른 상호의존성과 조정 형태를 바르게 연결한 것은?

① 집약형 기술(intensive technology) - 연속적 상호의존성(sequential interdependence) -정기적 회의, 수직적 의사전달
② 공학형 기술(engineering technology) - 연속적 상호의존성(sequential interdependence) - 사전계획, 예정표
③ 연속형 기술(long-linked technology) - 교호적 상호의존성(reciprocal interdependence) - 상호 조정, 수평적 의사전달
④ 중개형 기술(mediating technology) - 집합적 상호의존성(pooled interdependence) - 규칙, 표준화

09

공무원고충처리에 대한 설명으로 옳지 않은 것은?

① 5급 이상 공무원 및 고위공무원단에 속하는 일반직 공무원의 고충을 다루는 중앙고충심사위원회의 기능은 소청심사위원회가 관장한다.
② 고충처리대상은 인사·조직·처우 등의 직무조건과 성폭력범죄, 성희롱 등으로 인한 신상문제에 대하여 광범위하게 인정된다.
③ 소청심사위원회의 결정은 처분청에 대한 법적 기속력이 있지만, 고충심사위원회의 결정은 처분청에 대한 법적 기속력이 없다.
④ 고충심사위원회가 청구서를 접수한 때에는 30일 이내에 고충심사에 대한 결정을 해야 하고 그 결정은 위원 과반수의 출석과 과반수의 합의에 의한다.

10

프레스먼(Pressman)과 윌다브스키(Wildavsky)의 성공적인 정책집행에 관한 오클랜드 사례분석의 내용으로 옳지 않은 것은?

① 정책집행에 개입하는 참여자의 수가 적어야 한다.
② 정책집행은 정책결정과 분리되어 독립적으로 수행해야 한다.
③ 정책집행을 위한 프로그램 설계가 단순해야 한다.
④ 최초 정책집행 추진자 또는 의사결정자가 지속해서 집행을 이끌어야 한다.

11

다음 중앙인사기관의 유형에 대한 설명으로 옳은 것은?

> • 행정수반이 인사관리에 직접적인 책임을 지며, 인사기관의 장은 행정수반을 보좌하여 집행업무를 담당한다.
> • 인적자원 확보, 능력발전, 유지, 보상 등 인사관리에 대한 기능을 부처의 협조하에 통합적으로 수행한다.
> • 인사기관의 결정과 집행의 행위는 행정수반의 승인과 검토의 대상이 된다.

① 정치권력의 부당한 개입을 막아 정치적 중립성과 공직의 안정성을 확보할 수 있다.
② 인사기관의 구성방식을 통해서 인사 정책의 일관성을 확보할 수 있다.
③ 합의에 따른 결정방식으로 인사의 공정성을 유지하는 것이 중요하다.
④ 한 명의 인사기관의 장이 조직을 관장하고 행정수반의 지휘 아래 놓이게 된다.

정답 및 해설

08 ④
• 톰슨은 세 가지 기술유형으로 집약형 기술(intensive technology), 연속형 기술(long-linked technology), 중개형 기술(mediating technology)을 제시하였다.
• ① 연속적 상호의존성과 정기적 회의, 수직적 의사전달은 연속형 기술의 특징에 해당한다.
• ② 공학형 기술은 페로우의 기술유형에 해당한다.
• ③ 교호적 상호의존성과 상호 조정, 수평적 의사전달은 집약형 기술의 특징에 해당한다.

09 ④
• 공무원고충처리규정 제10조(고충심사위원회의 결정)
– 보통고충심사위원회의 결정은 위원 5명 이상의 출석과 출석위원 과반수의 합의에 따른다.
– 중앙고충심사위원회의 결정은 위원 3분의 2 이상의 출석과 출석위원 과반수의 합의에 따른다.

10 ②
프레스먼(Pressman)과 윌다브스키(Wildavsky)는 정책집행연구의 초기 학자들로서 정책집행을 정책결정과 분리하지 않고 연속적인 과정으로 정의한다.

11 ④
• ④ 보기의 내용은 비독립단독형 중앙인사기관에 대한 설명으로, 행정수반이 중앙인사기관을 자신의 국정관리 수단으로 삼아 주요 인사정책을 강력히 추진할 수 있다.
• ① 독립형 중앙인사기관에 대한 설명이다.
• ②, ③ 합의형 중앙인사기관에 대한 설명이다.

12

조직이론에 대한 설명으로 옳지 않은 것은?

① 카플란(Kaplan)과 노턴(Norton)은 균형성과표(BSC)의 네 가지 관점으로 고객 관점, 내부 프로세스 관점, 재무적 관점, 학습과 성장 관점을 제시하였다.

② 민츠버그(Mintzberg)는 조직의 5개 구성 요소로 전략적 최고관리층, 중간계선관리층, 작업층, 기술구조, 지원 막료를 제시하였다.

③ 허시(Hersey)와 블랜차드(Blanchard)는 부하의 성숙도가 높은 경우 지시적 리더십이 효과적이라고 보았다.

④ 베버(Weber)는 법적·합리적 권한에 기초를 둔 이념형(ideal type) 관료제의 특징으로 법과 규칙의 지배, 계층제, 문서에 의한 직무수행, 비개인성(impersonality), 분업과 전문화 등을 제시하였다.

13

지방분권화가 확대되는 이유로 옳지 않은 것은?

① 내생적 발전전략에 기반한 도시경쟁력 확보가 중요해지고 있다.

② 중앙집권체제가 초래하는 낮은 대응성과 구조적 부패 등은 국가 성장의 장애 요인으로 작용하고 있다.

③ 사회적 인프라가 어느 정도 갖춰진 국가에서는 지역 간 평등한 공공서비스의 수요가 증가하고 있다.

④ 신공공관리론에 근거한 정부혁신이 강조되고 있다.

14

모건(Morgan)이 제시한 조직의 8가지 이미지에 해당하지 않는 것은?

① 문화로서의 조직(Organizations as Culture)

② 적응적 사회구조로서의 조직(Organizations as Adaptive Social Structure)

③ 심리적 감옥으로서의 조직(Organizations as Prison Metaphor)

④ 흐름과 변환과정으로서의 조직(Organizations as Flux and Transformation)

정답 및 해설

12 ③

생애주기이론[허시 & 블랜차드(Hersey & Blanchard)]

1. 효과적 리더십을 위해서는 리더가 부하의 성숙도(상황요인)에 따라 다른 행동 양식(지시, 설득, 참여, 위임)을 보여야 한다.
2. 관계지향행태의 강조 × → 성숙도가 낮을 때: 지시, 성숙도가 높을 때: 위임
3. 관계지향행태의 강조 ○ → 성숙도가 보통일 때: 설득, 참여

13 ③

지역 간 평등한 공공서비스의 수요증가는 신중앙집권화의 등장배경이 된다.

14 ②

모건이 제시한 조직의 8가지 이미지

1. 기계장치로서의 조직
2. 유기체로서의 조직
3. 두뇌로서의 조직
4. 문화로서의 조직
5. 정치체계로서의 조직
6. 심리적 감옥으로서의 조직
7. 흐름과 변환과정으로서의 조직
8. 지배를 위한 도구로서의 조직

15

(가) ~ (라)에 들어갈 숫자를 바르게 연결한 것은?

> • 정부는 재정운용의 효율화와 건전화를 위하여 매년 해당 회계연도부터 (가) 회계연도 이상의 기간에 대한 재정운용계획을 수립하여야 한다.
> • 기획재정부장관은 대통령의 승인을 얻은 다음 연도의 예산안 편성지침을 매년 (나) 월 31일까지 각 중앙관서의 장에게 통보해야 한다.
> • 기획재정부장관은 국가회계법에 따라 회계연도마다 국가결산보고서를 작성하여 대통령의 승인을 얻어 다음 연도 4월 (다) 일까지 감사원에 제출하여야 한다.
> • 예산의 편성 및 의결, 집행, 그리고 결산 및 회계검사의 단계가 일정한 주기로 반복되는 것을 예산주기 또는 예산순기라고 하는데 우리나라의 경우 통상 (라) 년이다.

	(가)	(나)	(다)	(라)
①	10	3	10	1
②	5	3	10	3
③	5	5	20	1
④	10	5	20	3

16

공직윤리 확보를 위한 제도에 대한 설명으로 옳지 않은 것은?

① 국민권익위원회는 공익신고자 등으로부터 보호조치를 신청받은 때에는 바로 공익신고자 등이 공익신고 등을 이유로 불이익조치를 받았는지에 대한 조사를 시작하여야 한다.

② 취업심사대상자는 퇴직 전 3년 동안 소속하였던 부서의 업무와 밀접한 관련이 있는 기관에 퇴직일로부터 5년간 취업할 수 없다. 단, 관할 공직자윤리위원회로부터 취업승인을 받은 경우는 예외로 한다.

③ 재직자는 퇴직공직자로부터 직무와 관련한 청탁 또는 알선을 받은 경우 이를 소속 기관의 장에게 신고하여야 한다.

④ 국민권익위원회는 접수된 부패행위 신고사항을 그 접수일부터 60일 이내에 처리하여야 한다. 단, 신고내용의 특정에 필요한 사항을 확인하기 위한 보완 등이 필요하다고 인정되는 경우에는 그 기간을 30일 이내에서 연장할 수 있다.

17

우리나라 지방재정조정제도에 대한 설명으로 옳은 것은?

① 지방교부세법상 지방교부세는 보통교부세, 특별교부세, 부동산교부세 및 소방안전교부세로 구분된다.

② 지방교부세는 중앙정부가 국가 사무를 지방정부에 위임하거나 지방정부가 추진하는 사업 경비의 전부 또는 일부를 보조하거나 지원하기 위한 제도이다.

③ 조정교부금은 전국적 최소한 동일 행정서비스 수준 보장을 위해 중앙정부가 내국세의 일정 비율을 자치단체에 배분하는 것이다.

④ 지방교부세 대비 국고보조금의 비중 증가는 지방재정의 자율성을 강화한다.

정답 및 해설

15 ②

• 국가재정법 제7조(국가재정운용계획의 수립 등) 제1항: 정부는 재정운용의 효율화와 건전화를 위하여 매년 해당 회계연도부터 5회계연도 이상의 기간에 대한 재정운용계획을 수립하여 회계연도 개시 120일 전까지 국회에 제출하여야 한다.

• 국가재정법 제29조(예산안편성지침의 통보) 제1항: 기획재정부장관은 국무회의의 심의를 거쳐 대통령의 승인을 얻은 다음 연도의 예산안편성지침을 매년 3월 31일까지 각 중앙관서의 장에게 통보하여야 한다.

• 국가재정법 제59조(국가결산보고서의 작성 및 제출): 기획재정부장관은 「국가회계법」에서 정하는 바에 따라 회계연도마다 작성하여 대통령의 승인을 받은 국가결산보고서를 다음 연도 4월 10일까지 감사원에 제출하여야 한다.

16 ②

공직자윤리법 제17조(퇴직공직자의 취업제한): 취업심사대상자(2급 이상 공무원 등)는 퇴직일부터 3년간, 퇴직 전 5년 동안 소속하였던 부서 또는 기관의 업무와 취업심사대상기관 간에 밀접한 관련성이 없어야 한다.

17 ①

• ② 국고보조금에 대한 설명이다.
• ③ 지방교부세에 대한 설명이다.
• ④ 국고보조금으로 인해 지방자치단체의 행정이 중앙정부의 관리감독하에 놓이게 됨으로써 지방자치단체의 자유로운 활동을 저해한다.

18

전자정부법상 전자정부 추진에 대한 설명으로 옳지 않은 것은?

① 고등교육법상 사립대학은 적용받지 않는다.
② 행정기관 등의 장은 해당 기관의 전자정부의 구현 · 운영 및 발전을 위한 기본계획을 5년마다 수립하여야 한다.
③ 전자정부의 날이 지정되었다.
④ 필요한 경우 둘 이상의 지방자치단체가 공동으로 지역정보통합센터를 설립 · 운영할 수 있다.

19

예산제도에 대한 설명으로 옳은 것은?

① 주민참여예산제도는 정부가 지역주민에 대해 비과세, 감면, 공제 등 세제상 각종 유인장치를 통해 간접적 지원을 해주는 제도이다.
② 예비타당성조사는 총사업비와 국가의 재정지원 규모가 일정 금액 이상인 신규사업 중 특정 요건에 해당하는 경우에 실시하며, 국회가 의결로 요구하는 사업에 대해서도 실시하여야 한다.
③ 예산성과금은 수입이 증대되거나 지출이 절약된 때에 이에 기여한 자에게 지급할 수 있으며 절약된 예산은 다른 사업에 사용할 수 없다.
④ 총사업비관리제도는 소요 기간에 관계없이 고속도로, 국도 등 일정 규모 이상의 대규모 사업의 경우, 사업 규모 · 총사업비 및 사업기간 등을 정하여 미리 기획재정부장관과 사전협의할 것을 요구한다.

20

사회실험에 대한 설명으로 옳은 것만을 모두 고르면?

> ㉠ 자연과학의 실험실 실험과는 달리 상황에 따라 통제집단(control group) 또는 비교집단(comparison group) 없이 진행할 수 있다.
> ㉡ 진실험 방법을 활용하여 사회실험을 진행하면 호손 효과(Hawthorne Effect)를 방지할 수 있다는 점이 가장 큰 장점이다.
> ㉢ 아직 검증되지 않은 정책 프로그램에 대규모 투자를 하기 전에 그 결과를 미리 평가해 보는 것이 중요한 목적 중 하나이다.
> ㉣ 실험집단과 비교집단을 무작위 배정(random assignment)할 수 없어 집단 간 동질성 확보가 불가능하면, 준실험(quasi-experiment) 방법을 채택하여 진행할 수 있다.

① ㉠, ㉡　　② ㉠, ㉣
③ ㉡, ㉢　　④ ㉢, ㉣

정답 및 해설

18 ①
- 전자정부법 제2조에 따라 사립대학에 대한 별도의 예외규정이 없으므로, 사립대학도 전자정부법상 공공기관에 해당한다.
- 전자정부법 제2조(정의) 제3항 : "공공기관"이란 다음 각 목의 기관을 말한다.
  라. 「초 · 중등교육법」, 「고등교육법」 및 그 밖의 다른 법률에 따라 설치된 각급 학교

19 ②
- ① 조세지출예산에 대한 설명이다.
- ③ 국가재정법 제49조(예산성과금의 지급 등) 제1항 : 각 중앙관서의 장은 예산의 집행방법 또는 제도의 개선 등으로 인하여 수입이 증대되거나 지출이 절약된 때에는 이에 기여한 자에게 성과금을 지급할 수 있으며, 절약된 예산을 다른 사업에 사용할 수 있다.
- ④ 국가재정법 제50조(총사업비의 관리) 제1항 : 각 중앙관서의 장은 완성에 2년 이상이 소요되는 사업으로서 …

20 ④
- ㉠ 사회실험은 반드시 실험집단과 이에 비교되는 통제집단 또는 비교집단을 실험 실시 전에 미리 확보하여야 한다.
- ㉡ 진실험은 자연과학 실험과 같이 대상자들을 격리시켜 실험하기 때문에 호손 효과(Hawthorne effect)를 방지하기 어렵다.

06 2021. 9. 11. 국가직 7급 기출문제

01

다음의 단점 혹은 한계로 인하여 정착이 어려운 예산제도는?

- 사업구조를 작성하는 것이 어렵다.
- 결정구조가 집권화되는 문제가 있다.
- 행정부처의 직원들이 복잡한 분석 기법을 이해하기 어렵다.

① 품목별 예산제도 ② 성과주의 예산제도
③ 계획예산제도 ④ 영기준 예산제도

02

준예산에 대한 설명으로 옳지 않은 것은?

① 예산안이 회계연도 개시일까지 국회에서 의결되지 못한 경우에 활용된다.
② 국회의 의결을 필요로 한다.
③ 법률상 지출 의무를 이행하기 위한 경우에 집행할 수 있다.
④ 이미 예산으로 승인된 사업의 계속을 위해 집행할 수 있다.

03

우리나라 주민참여예산제도에 대한 설명으로 옳지 않은 것은?

① 주민이 참여할 수 있는 예산의 범위는 「지방재정법」에 규정되어 있다.
② 지방자치단체의 장은 주민참여예산제도를 마련하여 시행해야 할 법적 의무가 있다.
③ 지방자치단체 중 최초로 주민참여예산조례를 제정한 곳은 광주광역시 북구이다.
④ 지방의회 예산심의권 침해 논란이 있다.

04

거래비용이론에 대한 설명으로 옳지 않은 것은?

① 기회주의적 행동을 제어하는 데에는 시장이 계층제보다 효율적인 수단이다.
② 거래비용은 탐색비용, 거래의 이행 및 감시비용 등을 포함한다.
③ 시장의 자발적 교환행위에서 발생하는 거래비용이 계층제의 조정비용보다 크면 내부화하는 것이 효율적이다.
④ 거래비용이론은 조직이 생겨나고 일정한 구조를 가지는 이유를 조직경제학적으로 설명하는 접근방법이다.

정답 및 해설

01 ③
사업구조 작성의 어려움 및 결정구조의 집권화 등은 계획예산제도(PPBS)의 단점 및 한계에 해당한다.

02 ②
준예산은 국회의 의결이 불필요하다.

구분	기간	국회의결	지출항목	채택국가
준예산	기간 명시 없음	불필요	한정적	우리나라, 독일
가예산	1개월	필요	전반적	우리나라 1960년 이전, 프랑스
잠정예산	몇 개월	필요	전반적	미국, 일본, 영국, 캐나다

03 ①
주민이 참여할 수 있는 예산의 범위는 조례 등으로 규정한다.

04 ①
거래비용이론에 따르면, 기회주의적 행동을 제어(감시 비용 등)하는 데에는 계층제가 시장보다 효율적인 수단이다.

05

행정개혁에 대한 저항을 극복하는 전략 및 방법에 관한 설명으로 옳은 것은?

① 경제적 손실 보상, 임용상 불이익 방지는 규범적·사회적 전략이다.
② 개혁지도자의 신망 개선, 의사전달과 참여의 원활화, 사명감 고취는 공리적·기술적 전략이다.
③ 교육훈련과 자기계발 기회 제공은 규범적·사회적 전략이다.
④ 개혁 시기 조정은 강제적 전략이다.

06

중앙정부의 지방자치단체 사무배분 원칙에 대한 설명으로 옳은 것만을 모두 고르면?

> ㉠ 지역주민생활과 밀접한 관련이 있는 사무는 원칙적으로 시·군 및 자치구의 사무로 배분하여야 한다.
> ㉡ 서로 관련된 사무들을 배분할 때는 포괄적으로 배분하여야 한다.
> ㉢ 시·군 및 자치구가 처리하기 어려운 사무는 국가보다는 시·도에 우선적으로 배분하여야 한다.
> ㉣ 시·군 및 자치구가 해당 사무를 원활히 처리할 수 있도록 행정적·재정적 지원을 병행하여야 한다.
> ㉤ 주민의 편익증진과 집행의 효과 등을 고려하여 지방자치단체 상호 간 중복되지 않도록 해야 한다.

① ㉠, ㉢, ㉤ ② ㉡, ㉢, ㉣
③ ㉠, ㉡, ㉣, ㉤ ④ ㉠, ㉡, ㉢, ㉣, ㉤

07

사회적 자본에 대한 설명으로 옳은 것은?

① 사회적 자본이 증가하면 제재력이 약화되는 역기능이 있다.
② 타인에 대한 신뢰는 사회적 자본의 구성요소가 아니다.
③ 호혜주의는 사회적 자본에 영향을 미치지 않는다.
④ 사회적 자본은 거래비용을 감소시키는 순기능이 있다.

08

일반적인 조직구조 설계원리에 대한 설명으로 옳은 것만을 모두 고르면?

> ㉠ 계선은 부하에게 업무를 지시하고, 참모는 정보제공, 자료분석, 기획 등의 전문지식을 제공한다.
> ㉡ 부문화의 원리는 일정한 기준에 따라 서로 기능이 같거나 유사한 업무를 조직단위로 묶는 것을 의미한다.
> ㉢ 통솔범위가 넓을수록 고도의 수직적 분화가 일어나 고층구조가 형성되고, 좁을수록 평면구조가 이뤄진다.
> ㉣ 명령통일의 원리는 부하가 한 사람의 상관으로부터 명령을 받게 해야 함을 의미한다.

① ㉠, ㉡, ㉢ ② ㉠, ㉡, ㉣
③ ㉠, ㉢, ㉣ ④ ㉡, ㉢, ㉣

정답 및 해설

05 ③
- 공리적·기술적 전략: 보상을 제공하여 저항을 극복하는 전략으로 경제적 손실 보상, 임용상 불이익 방지, 개혁 시기 조정 등이 있다.
- 규범적·사회적 전략: 구성원들의 인식이나 가치관을 변화시키는 전략으로 개혁지도자의 신망 개선, 의사전달과 참여의 원활화, 사명감 고취, 교육훈련과 자기계발 기회 제공 등이 있다.
- 강제적 방법: 구성원들에 대해 위협이나 권력행사를 통해 저항을 극복하는 전략으로 명령, 제재, 긴장 조성, 권력구조 개편 등이 있다. 장래에 더 큰 저항을 야기할 위험이 있다.

06 ④
- ㉠ 보충성의 원칙 중 기초지방정부 우선의 원칙에 대한 설명이다.
- ㉡ 포괄성의 원칙에 대한 설명이다.
- ㉢ 보충성의 원칙 중 지방정부 우선의 원칙에 대한 설명이다.
- ㉣ 충분재정의 원칙에 대한 설명이다.
- ㉤ 비경합성의 원칙에 대한 설명이다.

07 ④
- ① 사회적 자본이 증가하면 제재력이 강화된다.
- ② 타인에 대한 신뢰는 사회적 자본의 구성요소이다.
- ③ 호혜주의는 사회적 자본에 영향을 미친다.

08 ②
㉢ 통솔범위가 좁을수록 고도의 수직적 분화가 일어나 고층구조가 형성되고, 넓을수록 평면구조가 이뤄진다.

09

홉스테드(Hofstede)의 문화 차원에 대한 설명으로 옳지 않은 것은?

① 불확실성 회피 정도가 강한 경우 공식적 규정을 많이 만들어 불확실한 요소를 최대한 통제하려 한다.
② 집단주의가 강한 문화는 개인주의가 강한 문화보다 상대적으로 느슨한 개인 간 관계를 더 중요시한다.
③ 권력거리가 큰 경우 제도나 조직 내에 내재되어 있는 상당한 권력의 차이를 자연스럽게 인정한다.
④ 남성성이 강한 문화는 여성성이 강한 문화보다 상대적으로 남성과 여성의 역할에 대한 분명한 차이를 인정하려고 한다.

10

피들러(Fiedler)의 상황적합적 리더십 이론에 대한 설명으로 옳지 않은 것은?

① 리더와 부하의 관계, 부하의 성숙도, 과업구조의 조합에 따라 리더의 상황적 유리성(situational favorableness)을 설명한다.
② 리더에게 매우 유리한 상황인 경우 과업 지향적 리더십이 효과적이다.
③ LPC(Least Preferred Coworker) 점수를 사용하여 리더를 과업 지향적 리더와 관계 지향적 리더로 분류했다.
④ 리더가 처한 상황에 따라서 리더십의 효과성이 달라질 수 있다.

11

엽관주의의 정당화 근거로 옳지 않은 것은?

① 행정 민주화에 기여
② 정치지도자의 행정 통솔력 강화
③ 정당정치 발달에 공헌
④ 행정의 안정성과 지속성 확보

12

직업공무원제에 대한 설명으로 옳지 않은 것은?

① 공무원의 신분을 보장해 행정의 연속성과 일관성을 유지하는 데 긍정적인 제도이다.
② 젊고 유능한 인재들이 공직을 보람있는 직업으로 선택하여 일생을 바쳐 성실히 근무하도록 유도하는 인사제도이다.
③ 공무원이 환경적 요청에 민감하지 못하고 특권집단화할 염려가 있다.
④ 공무원의 일체감과 단결심 및 공직에 헌신하려는 정신을 강화하는 데 불리한 제도이다.

정답 및 해설

09 ②
개인주의가 강한 문화는 집단주의가 강한 문화보다 상대적으로 느슨한 개인 간 관계를 더 중요시한다.
※ 홉스테드의 문화 차원: 권력거리, 개인주의 대 집단주의, 남성성 대 여성성, 불확실성 회피, 장기 대 단기성향으로 분류하였다.

10 ①
리더와 부하의 관계, 직위 권력, 과업구조의 조합에 따라 리더의 상황적 유리성(situational favorableness)을 설명한다. 부하의 성숙도는 허시 & 블랜차드의 생애주기이론의 상황요인에 해당한다.

11 ④
정권 교체 시 대규모 인력이 교체되므로 행정의 안정성 및 지속성을 확보하기 어렵다.

12 ④
직업공무원제는 공무원의 일체감과 단결심 및 공직에 헌신하려는 정신을 강화하는 데 유리한 제도이다.

13

살라몬(Salamon)의 정책수단유형 중 직접 수단에 해당하는 것은?

① 사회적 규제　　② 보조금
③ 조세지출　　④ 공기업

14

정책평가의 일반적인 절차를 순서대로 바르게 나열한 것은?

㉠ 정책평가 대상 확정	㉡ 평가 결과 제시
㉢ 인과모형 설정	㉣ 자료 수집 및 분석
㉤ 정책목표 확인	

① ㉠ → ㉤ → ㉢ → ㉣ → ㉡
② ㉤ → ㉠ → ㉢ → ㉡ → ㉣
③ ㉤ → ㉠ → ㉢ → ㉣ → ㉡
④ ㉤ → ㉢ → ㉠ → ㉣ → ㉡

15

개방형 또는 폐쇄형 인사제도에 대한 설명으로 옳은 것은?

① 개방형 인사제도는 외부전문가나 경력자에게 공직을 개방하여 새로운 지식과 기술, 아이디어를 수용해 공직사회의 침체를 막고 행정의 효율성을 높이는 데 유리하다.
② 일반적으로 폐쇄형 인사제도는 직위분류제에 바탕을 두고 있으며, 일반행정가보다 전문가 중심의 인력구조를 선호한다.
③ 개방형 인사제도는 폐쇄형 인사제도에 비해 안정적인 공직사회를 형성함으로써 공무원의 사기를 높이고 장기근무를 장려한다.
④ 폐쇄형 인사제도는 개방형 인사제도에 비해 내부승진과 경력 발전을 위한 교육훈련의 기회가 적다.

16

다양성 관리(diversity management)에 대한 설명으로 옳지 않은 것은?

① 오늘날 개인의 성격, 가치관의 차이와 같은 내면적 다양성의 중요성이 커지고 있다.
② 다양성 관리란 내적・외적 차이를 가진 다양한 조직구성원을 공평하고 효율적으로 활용하기 위한 체계적인 인적자원관리 과정이다.
③ 균형인사정책, 일과 삶 균형정책은 다양성 관리의 방안으로 볼 수 없다.
④ 대표관료제를 통한 조직 내 다양성 증대는 실적주의와 충돌할 가능성이 있다.

정답 및 해설

13 ④

살라몬은 직접성 정도에 따라서 직접성이 가장 낮은 손해책임법부터 가장 높은 정부 소비로 정책수단을 분류하였다.

+ 살라몬의 직접성 정도에 따른 정책수단 유형 분류

직접성 정도	종류
낮음	손해책임법 보조금 대출보증 정부출자기업 바우처
중간	조세지출 계약 사회적 규제 벌금
높음	보험 직접 대출 경제적 규제 정보 제공 공기업 정부 소비

14 ③

15 ①

- ② 일반적으로 개방형 인사제도는 직위분류제에 바탕을 두고 있으며, 일반행정가보다 전문가 중심의 인력구조를 선호한다.
- ③ 폐쇄형 인사제도는 개방형 인사제도에 비해 안정적인 공직사회를 형성함으로써 공무원의 사기를 높이고 장기근무를 장려한다.
- ④ 개방형 인사제도는 폐쇄형 인사제도에 비해 내부승진과 경력 발전을 위한 교육훈련의 기회가 적다.

16 ③

사회적 소외집단을 배려하는 균형인사정책은 다양성 관리의 방안으로 볼 수 있다.

17

쓰레기통모형에 대한 설명으로 옳은 것은?

① 조직구성원의 응집성이 아주 강한 혼란상태에 있는 조직에서 의사결정이 어떻게 이루어지는가를 기술하고 설명한다.
② 불명확한 기술(unclear technology)은 조직에서 의사결정 참여자의 범위와 그들이 투입하는 에너지가 유동적임을 의미한다.
③ 쓰레기통 모형의 의사결정방식에는 끼워넣기(by oversight)와 미뤄두기(by flight)가 포함된다.
④ 문제성 있는 선호(problematic preferences)는 목표와 수단 사이의 인과관계가 명확하지 않음을 의미한다.

18

정책 델파이(policy delphi) 기법에 대한 설명으로 옳지 않은 것은?

① 대립되는 입장에 내재된 가정과 논증을 표면화시키고 명백하게 하기 위하여 노력한다.
② 개인의 판단을 집약할 때, 불일치와 갈등을 의도적으로 강조하는 수치를 사용한다.
③ 정책대안에 대한 주장들이 표면화된 후에는 참가자들로 하여금 비공개적으로 토론을 벌이게 한다.
④ 참가자를 선발하는 과정은 '전문성' 자체보다는 이해관계와 식견이라는 기준에 바탕을 둔다.

19

통계적 가설검정의 오류에 대한 설명으로 옳지 않은 것은?

① 제1종 오류는 실제로는 모집단의 특성이 영가설과 같은 것인데 영가설을 기각하는 경우에 발생한다.
② 제2종 오류는 모집단의 특성이 영가설과 같지 않은데 영가설을 기각하지 않는 경우에 발생한다.
③ 제1종 오류는 α로 표시하고, 제2종 오류는 β로 표시한다.
④ 확률 $1-\alpha$는 검정력을 나타내며, 확률 $1-\beta$는 신뢰수준을 나타낸다.

20

브룸(Vroom)의 기대이론에 대한 설명으로 옳지 않은 것은?

① 동기부여의 과정이론(process theory) 중 하나이다.
② 기대감(expectancy)은 개인의 노력(effort)이 공정한 보상(reward)으로 이어질 것이라는 주관적 믿음을 의미한다.
③ 수단성(instrumentality)은 개인의 성과(performance)와 보상(reward) 간의 관계에 대한 인식이다.
④ 유인가(valence)는 개인이 특정 보상(reward)에 대해 갖는 선호의 강도를 의미한다.

정답 및 해설

17 ③

① 쓰레기통모형은 조직구성원의 응집성이 아주 약한 혼란상태에 있는 조직에서 의사결정이 어떻게 이루어지는가를 기술하고 설명한다.

쓰레기통모형에서 합리성을 제약하는 요인

1. 불명확한 기술: 목표와 수단 사이의 인과관계가 명확하지 않아 조직은 시행착오를 거침으로써 이를 파악한다.
2. 문제성 있는 선호: 정책결정에 참여하는 자들 간에 무엇을 선택하는 것이 바람직한지에 대한 합의가 없다.
3. 수시적 참여자: 동일한 개인이 시간의 변화에 따라 어떤 경우에는 결정에 참여했다가 어떤 경우에는 참여하지 않는다.

쓰레기통모형에서 의사결정방식

1. 미뤄두기 또는 진빼기(choice by flight) 결정: 관련된 문제들이 다른 의사결정 기회를 찾아 스스로 떠날 때까지 기다린다.
2. 끼워넣기 또는 날치기 통과(choice by oversight): 다른 문제의 해결도 동시에 주장할 것이라고 예상되는 참여자가 있을 때 관련된 다른 문제를 제기하기 전에 재빨리 의사결정을 한다.

18 ③

정책대안에 대한 주장들이 표면화된 후에는 참가자들로 하여금 공개적인 토론을 벌이게 한다.

19 ④

확률 $1-\alpha$는 신뢰수준을 나타내며, 확률 $1-\beta$는 검정력을 나타낸다.

20 ②

기대감은 개인의 노력(effort)이 성과(performance)로 이어질 것이라는 주관적 믿음을 의미한다.

21

성인지 예산제도에 대한 설명으로 옳은 것은?

① 2010회계연도 성인지예산서가 처음으로 국회에 제출되었다.
② 성인지 예산제도의 목적은 여성성을 지원하는 것이다.
③ 1984년 독일에서 처음 도입되었다.
④ 우리나라 성인지 예산제도는 예산사업만을 대상으로 하고 기금사업을 제외한다.

22

오츠(Oates)의 분권화정리가 성립하기 위한 조건에 대한 설명으로 옳은 것만을 모두 고르면?

> ㉠ 중앙정부의 공공재 공급 비용이 지방정부의 공공재 공급 비용보다 더 적게 든다.
> ㉡ 공공재의 지역 간 외부효과가 없다.
> ㉢ 지방정부가 해당 지역에서 파레토 효율적 수준으로 공공재를 공급한다.

① ㉠　② ㉢
③ ㉠, ㉡　④ ㉡, ㉢

23

예산의 이용과 전용에 대한 설명으로 옳은 것은?

① 이용은 입법과목 사이의 상호 융통으로 국회의 의결을 얻으면 기획재정부장관의 승인이나 위임 없이도 할 수 있다.
② 기관(機關) 간 이용도 가능하다.
③ 세출예산의 항(項) 간 전용은 국회 의결 없이 기획재정부장관의 승인을 얻어서 할 수 있다.
④ 이용과 전용은 예산 한정성 원칙의 예외로 볼 수 없다.

24

옴부즈만 제도에 대한 설명으로 옳은 것은?

① 시민의 요구가 없다면 직권으로 조사활동을 할 수 없다.
② 부족한 인력과 예산으로 국민의 권익을 구제하는 데 한계가 있다.
③ 사법부가 임명한다.
④ 시정조치를 법적으로 강제할 수 있는 권한이 있다.

25

빅데이터에 대한 설명으로 옳지 않은 것은?

① 사진은 빅데이터에 포함되지 않는다.
② 정형 데이터도 포함하는 개념이다.
③ 각종 센서 장비의 발달로 데이터가 늘어나면서 나타났다.
④ 데이터를 실시간으로 처리하기도 한다.

정답 및 해설

21 ①
- ② 성인지 예산제도는 예산이 여성과 남성에 미치는 영향을 분석하기 위하여 도입되었다.
- ③ 1984년 호주에서 처음 도입되었다.
- ④ 우리나라 성인지예산제도는 예산 및 기금사업을 포함한다.

22 ④
오츠의 분권화정리는 지방정부가 공공재를 공급하든 중앙정부가 공공재를 공급하든 공급비용이 동일하다면 지역주민의 수요를 정확히 파악할 수 있는 지방정부가 공급하는 것이 더 효율적이라 본다.

23 ②
- ① 국가재정법 제47조(예산의 이용 · 이체) : 미리 예산으로써 국회의 의결을 얻은 때에는 기획재정부장관의 승인을 얻어 이용하거나 기획재정부장관이 위임하는 범위 안에서 자체적으로 이용할 수 있다.
- ③ 항은 입법과목으로 국회의 의결이 필요하다.
- ④ 이용과 전용은 한정성 원칙의 예외(사용 목적의 예외)에 해당한다.

24 ②
- ① 일반적으로 국민의 요구나 신청에 의해 활동을 개시하지만, 예외적으로 직권으로 조사할 수 있다.
- ③ 통상적으로 옴부즈만은 의회나 행정부에 의해 임명된다.
- ④ 강제력이 없는 시정권고 · 의견표명 · 공표 · 보고 · 권유 · 설득을 사용한다.

25 ①
빅데이터는 문자, 사진, 영상 등의 다양한 형태의 정형 · 비정형 데이터를 포함한다.

07 2020. 10. 17. 지방직 7급 기출문제

01

탈신공공관리(Post NPM)에 대한 설명으로 옳지 않은 것은?

① 성과보다는 공공책임성을 중시하는 인사관리 강조
② 탈관료제 모형에 기반을 둔 경쟁과 분권화 강조
③ 구조적 통합을 통한 분절화의 축소와 조정의 증대
④ '통(通) 정부(whole of government)'적 접근

02

다음 상황을 설명하는 데 가장 적합한 용어는?

> 정부는 특정 지역의 주택가격이 과도하게 상승하자 이를 해결하기 위해 투기과열지구로 지정하였다. 그러나 투기과열지구로 지정된 이후 주택가격은 오히려 급등하였다. 이는 주택 수요자들이 정부의 의도와 달리 투기과열지구의 지정으로 인해 그 지역의 주택가격이 더 오를 것이라고 예상하였기 때문이었다.

① X－비효율성　② 공공조직의 내부성
③ 비경합성　④ 파생적 외부효과

03

현행 법령상 공무원의 보수 및 연금제도에 대한 설명으로 옳지 않은 것은?

① 호봉 간 승급에 필요한 기간은 1년이며, 직종별 구분 없이 하나의 봉급표가 적용된다.
② 고위공무원단에 속하는 공무원에 대해서는 대통령경호처 직원 중 별정직 공무원을 제외하고 직무성과급적 연봉제를 적용한다.
③ 「공무원연금법」상 퇴직급여에는 퇴직연금, 퇴직연금일시금, 퇴직연금공제일시금, 퇴직일시금이 있다.
④ 군인과 선거에 의하여 취임하는 공무원은 「공무원연금법」상의 공무원에서 제외된다.

04

우리나라의 특별회계에 대한 설명으로 옳지 않은 것은?

① 설치근거가 되는 법률을 별도로 정하고 있다.
② 세출예산뿐 아니라 세입예산도 일반회계와 특별회계로 구분한다.
③ 특별회계의 설치요건 중에는 특정한 세입으로 특정한 세출에 충당함으로써 일반회계와 구분하여 회계처리할 필요가 있을 경우도 포함된다.
④ 예산의 이용 및 전용과 마찬가지로 예산 한정성의 원칙이 적용되지 않는다.

05

정책평가를 위한 조사설계의 유형 중 진실험설계(true experimental design)에 해당하는 것은?

① 단절적 시계열설계(interrupted time-series design)
② 통제집단 사전사후측정설계(pretest-posttest control group design)
③ 비동질적 통제집단설계(non-equivalent control group design)
④ 단일집단 사전사후측정설계(one group pretest-posttest design)

정답 및 해설

01 ②
신공공관리론에 대한 설명이다.

02 ④
- 파생적 외부효과는 시장실패를 교정하기 위한 정부의 개입으로 발생하는 의도하지 않은 효과나 부작용을 의미한다.
- 주택가격이 과도하게 상승(시장실패) → 투기과열지구로 지정(정부의 개입) → 주택가격은 오히려 급등(부작용)

03 ①
호봉 간 승급에 필요한 기간이 1년이 아닌 경우도 있고(검사 등), 직종별 다양한 봉급표가 존재한다(일반직, 경찰직 공무원 등).

04 ④
특별회계는 예산의 이용 및 전용과 달리 예산 한정성의 원칙이 적용된다.

05 ②
- ① 단절적 시계열설계: 준실험설계
- ③ 비동질적 통제집단설계: 준실험설계
- ④ 단일집단 사전사후측정설계: 인과적 추론이 어려운 준실험설계로, 전실험설계(pre-experimental design)라고도 하는데 실험설계의 조건을 갖추지 못했기 때문이다.

06

정책참여자의 권력관계모형에 대한 설명으로 옳지 않은 것은?

① 국가조합주의는 국가가 민간부문의 집단들에 대하여 강력한 주도권을 행사한다고 보는 모형이다.
② 다원주의는 주로 개발도상국가에서 경제개발과정에서의 이익집단에 대한 통제를 설명하기 위한 이론으로 활용되었다.
③ 사회조합주의는 사회경제체제의 변화에 순응하려는 이익집단의 자발적 시도로부터 생성되었다.
④ 다원주의는 이익집단 간의 영향력 차이를 인정하지만 전반적으로 균형이 유지되고 있다는 입장을 지닌다.

07

정책네트워크의 유형별 특징에 대한 설명으로 옳지 않은 것은?

① 철의 삼각(iron triangle) 모형에서는 이익집단, 관련 행정부처(관료조직), 그리고 의회 위원회가 연합하여 실질적인 정책결정이 이루어진다고 본다.
② 하위정부(subgovernment) 모형은 철의 삼각 모형의 경험적 타당성에 대해 의문을 제기하면서 참여자의 범위를 대폭 확대하였다.
③ 정책공동체(policy community)의 주요구성원에는 하위정부 모형의 참여자 외에 전문가집단이 포함된다.
④ 이슈네트워크(issue network)는 정책공동체와 비교할 때 네트워크의 경계가 불분명하여 참여자들의 진입과 퇴장이 쉬운 편이다.

08

「국가공무원법」상 공직윤리에 위배되는 행위는?

① 공무원 甲은 소속 상관에게 직무상 관계가 없는 증여를 하였다.
② 공무원 乙은 소속 기관장의 허가를 받아 다른 직무를 겸하였다.
③ 수사기관이 현행범인 공무원 丙을 소속 기관의 장에게 미리 통보하지 않고 구속하였다.
④ 공무원 丁은 대통령의 허가를 받고 외국 정부로부터 증여를 받았다.

09

「국가재정법」상 추가경정예산에 대한 설명으로 옳은 것은?

① 정부는 국회에서 추가경정예산안이 확정되기 전에 이를 미리 배정하거나 집행할 수 있다.
② 새로운 회계연도가 개시될 때까지 국회에서 예산안이 의결되지 못한 때에 편성된다.
③ 법령에 따라 국가가 지급하여야 하는 지출이 발생하거나 증가하여 이미 확정된 예산에 변경을 가할 필요가 있는 경우에 편성할 수 있다.
④ 경기침체 등과 같은 대내외 여건에 중대한 변화가 발생할 우려가 있어 이미 확정된 예산에 변경을 가할 필요가 있는 경우라도 편성할 수 없다.

정답 및 해설

06 ②
국가조합주의는 국가가 민간부문의 집단들에 대하여 강력한 주도권을 행사한다고 보는 것으로, 슈미터(Shmitter)의 분류에 따르면 주로 개발도상국가에서 경제개발과정에서의 이익집단에 대한 통제를 설명하기 위한 이론으로 활용되었다.

07 ②
이슈네트워크에 대한 설명이다. 하위정부는 철의 삼각과 거의 같은 의미로 사용되지만 철의 삼각은 부정적 의미가 있다.

08 ①
국가공무원법 제61조(청렴의 의무) 제2항 : 공무원은 직무상의 관계가 있든 없든 그 소속 상관에게 증여하거나 소속 공무원으로부터 증여를 받아서는 아니 된다.

09 ③
- ① 정부는 국회에서 추가경정예산안이 확정되기 전에 이를 미리 배정하거나 집행할 수 없다.
- ② 준예산에 대한 설명이다. 추가경정예산은 예산이 성립된 후에 생긴 사유로 이미 성립된 예산에 변경을 가할 필요가 있을 때 정부가 편성하는 예산이다.
- ④ 경기침체 등과 같은 대내외 여건에 중대한 변화가 발생할 우려가 있는 경우에는 추가경정예산을 편성할 수 있다.

10

다음의 설명과 근무성적평정방법을 바르게 연결한 것은?

> ㉠ 피평정자들의 성적분포가 과도하게 집중되는 것을 방지하기 위해 등급별로 비율을 정하여 준수하도록 하는 방법
> ㉡ 시간당 수행한 공무원의 업무량을 전체 평정기간동안 계속적으로 조사해 평균치를 측정하거나, 일정한 업무량을 달성하는 데 소요된 시간을 계산해 그 성적을 평정하는 방법
> ㉢ 선정된 중요 과업 분야에 대해서 가장 이상적인 과업수행 행태에서부터 가장 바람직하지 못한 과업수행 행태까지를 몇 개의 등급으로 구분하고, 등급마다 중요 행태를 명확하게 기술하고 점수를 할당하는 방법

	㉠	㉡	㉢
①	강제배분법	산출기록법	행태기준평정척도법
②	강제선택법	주기적 검사법	행태기준평정척도법
③	강제선택법	산출기록법	행태관찰척도법
④	강제배분법	주기적 검사법	행태관찰척도법

11

다음 사례에서 제시된 '경쟁가설'과 관련한 정책평가의 내적 타당성 위협요인은?

> 정부는 ○○하천의 수질오염을 방지하기 위해 주변 모든 공장에 폐수정화시설을 의무적으로 갖추도록 하는 정책을 시행했다. 1년 후 정부는 정책평가를 통해 ○○하천의 오염 정도가 정책실시 이전보다 훨씬 낮게 나타났다는 결과를 발표했다. ○○하천의 수질개선은 정책의 효과라는 정부의 입장에 대해, A교수는 "○○하천이 깨끗해진 것은 정책시행기간 중 불경기가 극심하여 많은 공장들이 문을 닫았고, 정책평가를 위한 오염수준 측정 직전에 갑자기 비가 많이 왔기 때문"이라는 경쟁가설을 제기했다.

① 역사요인　　② 검사요인
③ 선발요인　　④ 상실요인

12

부패의 원인에 관한 도덕적 접근방법의 입장과 가장 가까운 것은?

① 부패는 관료 개인의 윤리의식과 자질로 인하여 발생한다.
② 부패는 관료 개인의 속성, 제도, 사회문화적 환경 등의 여러 요인이 복합적으로 상호작용한 결과이다.
③ 부패는 현실과 괴리된 법령의 이중적인 규제 기준과 모호한 법규정, 적절한 통제장치의 미비 등에 의해 발생한다.
④ 부패는 공식적 법규나 규범보다는 관습과 같은 사회문화적 환경에 의해 유발된다.

정답 및 해설

10 ①
- 강제선택법 : 2개 또는 4 ~ 5개 항목으로 구성된 각 기술 항목의 조 가운데서 피평정자의 특성에 가까운 것을 강제적으로 선택하게 하는 방법이다.
- 주기적 검사법 : 작업량을 측정한다는 점에서 산출기록법과 동일하지만, 주기적 검사법은 평정기간 중 일정 시간에 한정해 작업량을 조사하여 전 기간의 성적을 추정하는 방법이다.
- 행태관찰척도법 : 성과와 관련된 직무행태를 관찰하여 활동의 발생 빈도를 측정하는 방법이다.

11 ①
- ① 문제의 사례는 외부환경에서 발생하여 사전 및 사후 측정값이 달라지게 만드는 어떤 사건(불경기, 갑작스런 비)으로 역사(history)요인에 해당한다.
- ② 검사 또는 실험(testing)요인 : 정책 및 프로그램의 실시 전후 유사한 검사를 반복하는 경우에 시험에 친숙도가 높아져 측정값이 영향을 미치는 경우가 발생한다.
- ③ 선발(selection)요인 : 실험집단과 통제집단을 구성할 때 두 집단에 서로 다른 개인들이 할당되면서 발생하는 요인이다.
- ④ 상실(mortality)요인 : 정책집행 기간에 대상자 일부가 이탈하여 사전 및 사후 측정값이 달라지는 현상을 말한다.

12 ①
- ② 체제론적 접근에 대한 설명이다.
- ③ 제도적 접근에 대한 설명이다.
- ④ 사회문화적 접근에 대한 설명이다.

13

행정책임과 행정통제에 대한 설명으로 옳은 것은?

① 파이너(Finer)는 행정의 적극적 이미지를 전제로 전문가로서의 관료의 기능적 책임을 강조하는 책임론을 제시하였다.
② 프리드리히(Friedrich)는 개인적인 도덕적 의무감에 호소하는 책임보다 외재적·민주적 책임의 중요성을 강조하였다.
③ 행정통제를 내부통제와 외부통제로 구분할 경우, 윤리적 책임의식의 내재화를 통한 통제는 전자에 속한다.
④ 옴부즈만 제도를 의회형과 행정부형으로 구분할 경우, 국민권익위원회의 고충민원처리제도는 전자에 속한다.

14

대리인이론에서 주인−대리인 관계의 효율성을 제약하는 요인이 아닌 것은?

① 인간의 인지적 한계와 정보 부족 등으로 인한 합리성 제약
② 정보 비대칭성 혹은 정보 불균형
③ 대리인의 기회주의적 행동 성향
④ 대리인 관계를 설정할 수 있는 다수의 잠재적 당사자(대리인) 존재

15

조직유형에 대한 설명으로 옳지 않은 것은?

① 매트릭스 조직은 기능 중심의 수직적 계층구조에 수평적 조직구조를 결합한 조직으로 명령통일의 원리에 부합한다.
② 태스크 포스는 특수한 과업 완수를 목표로 기존의 다른 부서나 외부업체 등에서 사람들을 선발하여 구성한 조직이며, 본래 목적을 달성하면 해체되는 임시조직이다.
③ 프로젝트팀은 전략적으로 중요하거나 창의성이 요구되는 프로젝트를 진행하기 위해 여러 부서에서 프로젝트 목적에 적합한 사람들을 선발해 구성한 조직이다.
④ 네트워크 조직은 각기 높은 독자성을 지닌 조직 단위나 조직들 간에 협력적 연계를 통해 구성된 조직이며, 환경변화에 신속하게 적응할 수 있다.

16

「지방자치법」상 지방자치단체조합에 대한 설명으로 옳지 않은 것은?

① 2개 이상의 지방자치단체가 하나 또는 둘 이상의 사무를 공동으로 처리할 필요가 있을 때에 소정의 절차를 거쳐 설립할 수 있는 법인이다.
② 설립뿐 아니라 규약변경이나 해산의 경우에도 지방의회의 의결을 거쳐야 한다.
③ 해산한 경우에 그 재산의 처분은 행정안전부장관의 승인을 받아야 한다.
④ 구성원인 시·군 및 자치구가 2개 이상의 시·도에 걸치는 지방자치단체조합은 행정안전부장관의 지도·감독을 받는다.

정답 및 해설

13 ③
- ① 프리드리히의 주장이다.
- ② 파이너의 주장이다.
- ④ 국민권익위원회(국무총리 소속 중앙행정기관)는 행정부형에 해당한다.

14 ④

효율성을 제약하는 요인

1. 인간의 인지적 한계와 정보 부족 등으로 인한 합리성 제약
2. 정보의 비대칭 혹은 정보 불균형
3. 대리인의 기회주의적 행동 성향
4. 자산특정성: 조직이 투자한 자산이 고정적·특정적이라서 조직 내의 여러 관계나 외부관계자들과 고착된다.
5. 소수독점: 대리인 관계를 설정할 수 있는 잠재적 당사자 수가 적으면 불리한 선택의 가능성이 높아진다.

15 ①
매트릭스 조직은 이원적 명령체계(기능부서 관리자, 프로젝트 관리자)로 인하여 명령통일의 원칙에 부합하지 않는다.

16 ③
해산한 경우에 그 재산의 처분은 관계 지방자치단체의 협의에 따른다.

17

파머(Farmer)가 주장한 포스트모더니티 행정이론의 내용으로 옳지 않은 것은?

① 나 아닌 다른 사람을 인식적 객체가 아닌 도덕적인 타자(他者)로 인정한다.

② 관점에 따라 다양한 가능성이 허용되는 상상(imagination)보다는 과학적 합리성(rationality)이 더 중요하다.

③ 행정에서도 지식과 학문의 영역 간 경계가 사라지는 탈영역화(deterritorialization)가 나타난다.

④ '행정은 객관적으로 연구될 수 있다'는 설화는 해체(deconstruction)를 통해 더 잘 이해할 수 있다.

18

우리나라의 예산결산특별위원회에 대한 설명으로 옳지 않은 것은?

① 예산안 및 결산 심사는 제안설명과 전문위원의 검토보고를 듣고, 종합정책질의, 부별 심사 또는 분과위원회 심사 및 찬반토론을 거쳐 표결한다.

② 국회의장이 기간을 정하여 회부한 예산안과 결산에 대하여 상임위원회가 이유 없이 그 기간 내에 심사를 마치지 아니한 때에는 이를 바로 예산결산특별위원회에 회부할 수 있다.

③ 예산안과 결산뿐 아니라 관계 법령에 따라 제출·회부된 기금운용계획안도 심사한다.

④ 소관 상임위원회에서 삭감한 세출예산 각 항의 금액을 증가하게 할 경우에 소관 상임위원회의 동의를 받지 않아도 된다.

19

사회학적 신제도주의에 대한 설명으로 옳지 않은 것은?

① 개인의 행위는 고립된 상태에서 선택되는 것이 아니라 사회관계에 의하여 영향을 받는다는 의미에서 '배태성(embeddedness)'이라는 개념을 사용한다.

② 조직들이 시장의 압력 속에서 생존하기 위해 경쟁력 있는 조직형태나 조직관리기법을 합리적으로 선택하는 것은 규범적 동형화(normative isomorphism)의 예이다.

③ 정부의 규제정책에 따라 기업들이 오염방지장치를 도입하거나 장애인 고용을 확대하는 것은 강압적 동형화(coercive isomorphism)의 예이다.

④ 정부의 제도개혁에 선진국의 제도를 도입하여 적용하는 것은 모방적 동형화(mimetic isomorphism)의 예이다.

20

다음 사례에 대한 설명으로 옳은 것은?

> 2013년 환경부는 상수도 낙후지역에 사는 국민이 안심하고 마실 수 있는 수돗물을 공급하기 위해 총사업비 8,833억 원(국비 30%, 지방비 70%)을 들여 '상수관망 최적관리시스템 구축사업'을 추진한다고 발표하였다. 그러나 A시는 상수도 사업을 자체관리하기로 결정하고, 당초 요청하기로 계획했던 국고보조금 56억 원을 신청하지 않았다.

① 만약 A시가 이 사업에 참여하여 당초 요청하기로 계획했던 보조금이 그대로 배정된다면, A시가 부담해야 하는 비용은 총 56억 원이다.

② 상수관망을 통해 공급되는 수돗물과 민간재인 생수가 모두 정상재(normal goods)라고 가정하면, 환경부의 사업 보조금은 수돗물과 생수의 공급수준을 모두 증가시키는 소득효과만을 유발시킨다.

③ 이 사례에서와 같은 보조금은 지역 간에 발생하는 외부효과를 시정하거나 중앙정부의 특정 목적을 달성하기 위해 운영된다.

④ 시가 신청하지 않은 보조금은 일반정액보조금에 해당한다.

정답 및 해설

17 ②
과학적 합리성(rationality)보다는 상상(imagination)이 더 중요하다.

18 ④
소관 상임위원회에서 삭감한 세출예산 각 항의 금액을 증가하게 할 경우에 소관 상임위원회의 동의를 받아야 한다.

19 ②
규범적 동형화란 주어진 정책, 절차, 그리고 구조를 규범적으로 정당화된 것으로 보며 동일한 방식으로 행동하는 것을 말한다. 합리적으로 선택하는 것은 합리적 선택 신제도주의에 대한 설명이다.

20 ③
- ① 3 : 7 = 56억원 : X, X = 7 * 56억원/3 = 130.XX억원
- ② 생수의 공급가격 인하는 소득효과(수돗물 가격 하락에 따른 구매력 상승)와 대체효과(생수 대신 더 저렴해진 수돗물 수요 증가)를 유발시킨다.
- ④ 정률(30%)보조금에 해당한다.

2020. 9. 26. 국가직 7급 기출문제

01

다음 상황과 관련 있는 이론은?

> • A 보험회사는 보험 가입 대상자의 건강 상태 및 사고 확률에 대한 특수정보를 가지고 있지 않다.
> • A 보험회사는 질병 확률 및 사고 확률이 높은 B를 보험에 가입시켜 회사의 보험재정이 악화되었다.

① 카오스 이론
② 상황조건적합 이론
③ 자원의존 이론
④ 대리인 이론

02

로위(Lowi)의 정책유형에 대한 설명 중 분배정책에 해당하는 것만을 모두 고르면?

> ㉠ 정책 과정에서 이해당사자들 간의 협상을 통해 비교적 안정적인 연합을 형성한다.
> ㉡ 누진소득세와 같이 이데올로기적인 기반에서 정책결정이 이루어진다.
> ㉢ 로그롤링(log-rolling)이나 포크 배럴(pork barrel)과 같은 정치적 현상이 나타난다.
> ㉣ 집단 사이의 갈등 수준이 상당히 높은 편이며, 개인이나 집단의 행위를 통제하기 위하여 정부의 강제력이 직접적으로 동원된다.

① ㉠, ㉡
② ㉠, ㉢
③ ㉡, ㉢
④ ㉢, ㉣

정답 및 해설

01 ④

• ④ 문제의 상황은 보험회사와 보험가입자 사이의 '정보의 비대칭'으로 인하여 역선택이 발생한 것으로 대리인 이론과 관련이 있다.
• ① 카오스(혼돈) 이론: 카오스란 예측·통제가 어려운 복잡한 현상에 대한 이론으로, 복잡한 현상의 통합적 연구, 발전의 조건, 자기조직화, 탈관료화의 처방 등을 특징으로 한다.
• ② 상황조건적합 이론: 상황요인으로 규모, 기술, 환경, 전략을 강조하면서 이러한 상황에 적합한 조직구조를 처방하는 이론이다.
• ③ 자원의존 이론: 조직과 환경과의 관계에서 조직이 주도적·능동적으로 환경에 대처하며 그 환경을 조직에 유리하도록 관리하는 접근방법이다.

02 ②

• ㉡ 재분배정책에 대한 설명이다.
• ㉣ 규제정책에 대한 설명이다.

로위의 정책유형 분류

강제력의 적용대상 / 강제력의 행사방법	개별적 행위	행위의 환경
간접적	분배정책	구성정책
직접적	규제정책	재분배정책

03

정책의제설정모형에 대한 설명으로 옳지 않은 것은?

① 내부접근형(inside access model)에서 정부기관 내부의 집단 혹은 정책결정자와 빈번히 접촉하는 집단은 공중의 제화하는 것을 꺼린다.
② 동원형(mobilization model)에서는 주로 정부 내 최고 통치자나 고위정책결정자가 주도적으로 정부의제를 만든다.
③ 외부주도형(outside initiative model) 정책의제설정은 다원화된 정치체제에서 많이 나타난다.
④ 공고화형(consolidation model)은 대중의 지지가 낮은 정책문제에 대한 정부의 주도적 해결을 설명한다.

04

조직이론에 관한 설명으로 옳지 않은 것은?

① 전략적 선택론은 조직 설계의 문제를 단순히 상황적응의 차원이 아니라 설계자의 자유재량에 의한 의사결정 산물로 파악한다.
② 번스(Burns)와 스토커(Stalker)는 조직을 둘러싼 환경의 성격 및 특성이 조직구조와 어떻게 관련되는지를 설명한다.
③ 조직군 생태학은 조직을 외부환경의 선택에 영향을 받을 뿐만 아니라 적극적으로 영향을 끼치는 능동적인 존재로 이해한다.
④ 버나드(Barnard)는 조직 내 인간적·사회적 측면을 강조한다.

05

직무분석과 직무평가에 대한 설명으로 옳은 것은?

① 직무분석은 직무들의 상대적인 가치를 체계적으로 분류하여 등급화하는 것이다.
② 직무자료 수집방법에는 관찰, 면접, 설문지, 일지기록법 등이 활용된다.
③ 일반적으로 직무평가 이후에 직무분류를 위한 직무분석이 이루어진다.
④ 직무평가 방법으로 서열법, 요소비교법 등 비계량적 방법과 점수법, 분류법 등 계량적 방법을 사용한다.

06

우리나라의 행정윤리에 대한 설명으로 옳은 것만을 모두 고르면?

> ㉠ 「공직자윤리법」상 지방의회의원은 외국 정부 등으로부터 받은 선물의 신고 의무가 없다.
> ㉡ 우리나라에서는 내부고발자보호제도를 법률로 규정하고 있다.
> ㉢ 「공직자윤리법」에 따르면 총경 이상의 경찰공무원과 소방정 이상의 소방공무원은 재산을 등록해야 한다.
> ㉣ 공무원의 주식백지신탁 의무는 「부패방지 및 국민권익위원회의 설치와 운영에 관한 법률」에 규정되어 있다.

① ㉠, ㉡　　② ㉠, ㉢
③ ㉡, ㉢　　④ ㉢, ㉣

정답 및 해설

03 ④
공고화형은 대중의 지지가 높은 정책문제에 대하여 정부가 그 과정을 주도하여 해결을 시도한다.

메이(P. May)의 정책의제설정모형

의제설정의 주도자 \ 대중의 관여정도	높음	낮음
민간	외부주도형	내부주도형
정부	공고화(굳히기)형	동원형

04 ③
조직군 생태학은 조직군을 분석단위로 하며, 개별 조직은 외부환경의 선택에 좌우되는 수동적인 존재로 보는 환경결정론적 관점이다.

05 ②
- ① 직무평가에 대한 설명이다. 직무분석은 직무조사에서 얻은 정보를 바탕으로 직무를 종류별로 구분하는 단계이다.
- ③ 직무분석 이후에 직무평가가 이루어진다. 직위분류 단계는 직무조사 → 직무분석 → 직무평가 → 직급명세서 작성 → 정급 순으로 이루어진다.
- ④ 직무평가 방법으로 비계량적 방법에는 서열법, 분류법이, 계량적 방법에는 점수법, 요소비교법이 있다.

06 ③
- ㉠ 지방의회의원도 신고 의무가 있다.
- ㉣ 공무원의 주식백지신탁 의무는 「공직자윤리법」에 규정되어 있다.

07

신제도주의 유형과 그 특징을 바르게 연결한 것은?

	합리적 선택 제도주의	역사적 제도주의	사회학적 제도주의
①	중범위 수준 제도분석	제도동형성	경로의존성
②	거래비용	경로의존성	제도동형성
③	전략적 상호작용	중범위 수준 제도분석	거래비용
④	경로의존성	전략적 상호작용	중범위 수준 제도분석

08

정책집행의 접근방법에 대한 설명으로 옳은 것은?

① 하향식 접근방법에서는 정책목표의 신축적 조정이 효과적인 정책집행을 가져온다고 하였다.
② 사바티어(Sabatier)와 매즈매니언(Mazmanian)은 상향식 접근방법의 대표적인 모형을 제시하였다.
③ 엘모어(Elmore)가 제안한 전방향적 연구(forward mapping)는 상향식 접근방법과 유사하다.
④ 고긴(Goggin)은 통계적 연구설계의 바탕 위에서 이론의 검증을 시도하는 제3세대 집행 연구를 주장하였다.

09

학습조직에 대한 설명으로 옳지 않은 것은?

① 개방체제와 자아실현적 인간관을 바탕으로 새로운 지식을 창출하고자 한다.
② 연결된 체계 간의 상호작용을 이해하고, 이를 효과적으로 활용하기 위한 체계적 사고(systems thinking)를 강조한다.
③ 조직구성원들의 비전 공유를 중시한다.
④ 조직구성원의 합이 조직이 된다는 점에서, 조직 내 구성원 각자의 개인적 학습을 강조한다.

10

리더십에 대한 설명으로 옳지 않은 것은?

① 변혁적(transformational) 리더십의 특성에는 영감적 동기부여, 자유방임, 지적 자극, 개별적 배려 등이 있다.
② 진성(authentic) 리더십의 특성은 리더가 정직성, 가치의식, 도덕성을 바탕으로 팔로워들의 믿음을 이끌고, 팔로워들이 리더의 윤리성과 투명성을 믿으며 긍정적 감정을 느낀다는 것이다.
③ 서번트(servant) 리더십은 자기 자신보다는 다른 사람에게 초점을 두고, 부하들의 창의성과 잠재력을 발휘할 수 있도록 봉사하는 리더십이다.
④ 거래적(transactional) 리더십은 적극적 보상이나 소극적 보상을 통해 영향력을 행사한다.

정답 및 해설

07 ②
- 중범위 수준 제도분석, 경로의존성은 역사적 제도주의의 특징이다.
- 제도동형성은 사회학적 제도주의의 특징이다.
- 전략적 상호작용, 거래비용은 합리적 선택 제도주의의 특징이다.

08 ④
- ① 상향식 접근방법에 대한 설명이다.
- ② 사바티어와 매즈매니언은 하향식 접근방법을 대표하는 학자들이다.
- ③ 엘모어의 전방향적 연구는 하향식 접근방법과 유사하다. 후방향적 연구가 상향식 접근방법과 유사하다.

09 ④
학습조직에서 학습은 공동참여와 공동생산에 기반을 둔다.

10 ①
변혁적 리더십의 특성에는 영감적 동기부여, 카리스마적 리더십(자유방임×), 지적 자극, 개별적 배려 등이 있다. 자유방임은 리더십연구에 관한 행태론적 접근과 관련하여, 아이오와 주립대학의 리피트, 화이트 등이 리더의 행태를 민주형, 권위형, 방임형으로 분류하였다.

11

다음 설명을 특징으로 하는 정책분석기법의 기본 원칙이 아닌 것은?

> 그리스 현인들이 미래를 예견하던 아폴로 신전이 위치한 도시의 이름을 따서 붙여졌다. 1948년 미국 랜드(RAND) 연구소의 연구진에 의해 개발되어 공공부문이나 민간부문의 예측 활동에서 활용된다.

① 조건부확률과 교차영향행렬의 적용
② 익명성 보장과 반복
③ 통제된 환류와 응답의 통계처리
④ 전문가 합의

12

다음 제도에 대한 설명으로 옳지 않은 것은?

> 킹슬리(Kingsley)가 처음 사용한 용어로, 그 사회의 주요 인적 구성에 기반하여 정부관료제를 구성함으로써, 정부관료제 내에 민주적 가치를 주입하려는 의도에서 발달되었다.

① 관료들은 누구나 자신의 사회적 배경의 가치나 이익을 정책 과정에 반영시키려고 노력한다는 점을 전제로 한다.
② 크랜츠(Kranz)는 이 제도의 개념을 비례대표(proportional representation)로까지 확대하는 것에 반대한다.
③ 라이퍼(Riper)는 이 제도의 개념을 확대해 사회적 특성 외에 사회적 가치까지도 포함시키고 있다.
④ 현대 인사행정의 기본 원칙인 실적제를 훼손할 뿐만 아니라 역차별을 야기할 수 있다는 비판을 받는다.

13

「지방자치법」상 지방의회의원이 받을 수 있는 징계의 사례가 아닌 것은?

① A 의원은 45일간 출석정지를 내용으로 하는 징계를 받았다.
② B 의원은 공개회의에서 사과를 하는 징계를 받았다.
③ C 의원은 재적의원 3분의 2 이상 찬성에 따라 제명되는 징계를 받았다.
④ D 의원은 공개회의에서 경고를 받는 징계를 받았다.

14

지역사회 권력구조에 관한 이론에 대한 설명으로 옳은 것은?

① 레짐이론은 기업을 비롯한 민간부문 주요 주체들과의 연합이나 연대를 배제하는 특성을 갖는다.
② 성장기구론에서 성장연합은 비성장연합에 비해 부동산의 사용가치(use value), 즉 일상적 사용으로부터 오는 편익을 중시한다.
③ 지식경제 사회에서 엘리트 계층과 일반 대중 사이의 정보 비대칭성(asymmetry)이 심화되면 엘리트이론의 설명력은 더 높아진다.
④ 신다원론에서는 정책과정이 지역사회의 모든 구성원들에게 공정하게 개방되어 있으며, 엘리트 집단의 영향력은 의도적 노력의 결과이다.

정답 및 해설

11 ①

보기는 주관적 미래예측 기법인 정책델파이에 대한 설명이다. 조건부확률과 교차영향행렬의 적용은 교차영향분석의 특징에 해당한다.

12 ②

문제의 내용은 대표관료제에 대한 설명으로, 크랜츠(Kranz)는 이 제도의 개념을 비례대표*로까지 확대하였다.

* 관료제 내의 직무 분야와 계급의 구성 비율까지도 총인구 비율에 맞추어 구성하는 것을 말한다.

13 ①

- 출석정지는 30일 이내로 가능하다.
- 지방자치법 제100조(징계의 종류와 의결)
  - 제1항: 징계의 종류는 다음과 같다.
    1. 공개회의에서의 경고
    2. 공개회의에서의 사과
    3. 30일 이내의 출석정지
    4. 제명
  - 제2항: 제1항 제4호에 따른 제명 의결에는 재적의원 3분의 2 이상의 찬성이 있어야 한다.

14 ③

- ① 레짐이론에서 지방정부는 지방의 민간부문 주요 주체와 연합하여 권력기반을 형성한다.
- ② 성장기구론에서 성장연합은 부동산의 사용가치보다는 부동산의 교환가치를 중시한다.
- ④ 신다원론은 엘리트론과 다원론을 수렴하는 관점이다. 즉, 정책과정의 개방성과 지역주민의 영향력을 견지하면서 특정집단이 지역사회를 주도할 수 있다는 것이다. 엘리트론은 엘리트 집단의 영향력을 의도적 노력의 결과로 본다면, 신다원론에서는 이를 지역주민과 지방정부의 합리적 선택으로 본다.

15

총액인건비제도에 대한 설명으로 옳지 않은 것은?

① 정원관리에 대한 각 부처의 자율성 확대를 목표로 한다.
② 김대중 정부에서 중앙행정기관 및 지방자치단체에 처음 도입되었으며, 공공기관으로 확대되었다.
③ 보수관리에 대한 각 부처의 자율성이 확대되었다.
④ 시행기관은 성과 중심의 조직운영을 위하여 총액인건비제도를 활용할 수 있다.

16

전자정부에 대한 설명으로 옳지 않은 것은?

① 온라인 참여포털 국민신문고는 국민의 고충 민원과 제안을 원스톱으로 접수 및 처리하는 것을 목적으로 한다.
② 디지털예산회계시스템(D-Brain)은 재정업무의 전 과정을 온라인으로 수행하고 재정사업의 현황을 실시간으로 파악할 수 있는 통합재정정보시스템이다.
③ 스마트워크(smart work)란 통신, 방송, 인터넷 등을 통합한 멀티미디어 서비스를 안전하게 제공하는 통합네트워크를 의미한다.
④ 전자정부 2020 기본계획은 「전자정부법」에 따라 2016년부터 2020년까지 5개년 계획으로 수립되었다.

17

니스카넨(Niskanen)의 예산극대화이론과 던리비(Dunleavy)의 관청형성이론에 대한 설명으로 옳지 않은 것은?

① 니스카넨(Niskanen)에 따르면 최적의 서비스 공급 수준은 한계편익(marginal benefit)과 한계비용(marginal cost)이 일치하는 수준에서 결정된다.
② 두 이론 모두 관료를 자신의 이익과 효용을 추구하는 인간으로 가정한다.
③ 던리비(Dunleavy)에 따르면 관청형성의 전략 중 하나는 내부조직 개편을 통해 정책결정 기능과 수준을 강화하되 일상적이고 번잡스러운 업무는 분리하고 이전하는 것이다.
④ 니스카넨(Niskanen)에 따르면 예산극대화 행동은 예산유형과 직위의 관계, 기관유형, 시대적 상황 등의 측면에서 다양하게 나타날 수 있다.

18

실험설계에 대한 설명으로 옳지 않은 것은?

① 특정 정책의 효과성 판단을 위한 인과관계 입증에 활용될 수 있다.
② 진실험(true experiment)과 준실험(quasi-experiment)의 차이는 실험집단과 통제집단의 무작위배정에 의한 동질성 확보 여부이다.
③ 회귀-불연속설계나 단절적 시계열 설계는 과거지향적(retrospective)인 성격을 갖는 진실험설계(true experiment)에 해당된다.
④ 짝짓기(matching)를 통하여 제3의 요인에 관하여 실험집단과 통제집단을 동등화시킬 수 있다.

정답 및 해설

15 ②
총액인건비제도는 2007년 노무현 정부에서 전 중앙행정기관을 대상으로 도입되었다.

16 ③
스마트워크(smart work)는 영상회의 등 정보통신기술을 이용해 시간과 장소의 제약없이 업무를 수행하는 유연한 근무형태를 의미한다. 통신, 방송, 인터넷 등을 통합한 멀티미디어 서비스를 안전하게 제공하는 통합네트워크는 광대역통합망에 대한 설명이다.

17 ④
던리비의 주장이다. 니스카넨은 관료는 자신의 효용을 극대화하려는 합리적 경제인으로 자신이 소속된 기관의 예산을 극대화한다고 보았다.

18 ③
회귀-불연속설계나 단절적 시계열 설계는 과거지향적(retrospective)인 성격을 갖는 준실험설계에 해당한다.

19

다중합리성 예산모형(multiple rationalities model of budgeting)의 근간이 되는 두 모형에 대한 설명으로 옳지 않은 것은?

① 루빈(Rubin)의 실시간 예산운영(real-time budgeting) 모형은 세입, 세출, 균형, 집행, 과정 등과 관련한 의사결정 흐름 개념을 활용하고 있다.

② 킹던(Kingdon)의 의제설정 모형은 정책과정의 복잡하고 불확실한 역동성을 부각시킨다는 점에서 다중합리성 모형의 중요한 모태라고 할 수 있다.

③ 루빈(Rubin)의 실시간 예산운영(real-time budgeting) 모형에서 다섯 가지의 의사결정 흐름은 느슨하게 연계된 상호의존성을 가지고 있다.

④ 루빈(Rubin)의 실시간 예산운영(real-time budgeting) 모형에서 예산 균형 흐름에서의 의사결정은 기술적 성격이 강하며, 책임성(accountability)의 정치적 특징을 갖는다.

20

부담금에 대한 설명으로 옳지 않은 것은?

① 특정의 공공서비스를 창출하거나 바람직한 행위를 유도하기 위해 사용된다.

② 수익자 부담의 원칙이 적용된다.

③ 「지방세법」상 지방세 수입의 재원 중 하나이다.

④ 부담금에 관한 주요 정책과 그 운용방향 등을 심의하기 위하여 기획재정부장관 소속으로 부담금심의위원회를 둔다.

PART 02

정답 및 해설

19 ④

예산 집행 흐름에서의 의사결정에 대한 설명이다.

루빈의 실시간 예산운영

1. 세입 흐름에서의 의사결정: '누가, 얼마만큼 부담할 것인가'에 관한 의사결정으로 의사결정의 흐름 속에서 설득의 정치가 내재되어 있다.
2. 세출 흐름에서의 의사결정: '누구에게 배분할 것인가'에 관한 의사결정으로서 선택의 정치로 특징지어지며, 참여자들은 지출의 우선순위가 재조정되기를 바라거나 현재의 우선순위를 고수하려고 노력한다.
3. 예산 균형 흐름에서의 의사결정: '예산 균형을 어떻게 정의할 것인가'에 관한 의사결정으로 제약조건의 정치로서, 예산 균형의 결정은 근본적으로 정부의 범위 및 역할에 대한 결정과 연계되어 있다.
4. 예산 집행 흐름에서의 의사결정: 예산계획에 따른 집행과 수정 및 일탈의 허용범위, 기술적 성격이 강하고 책임성의 정치로 특징지어진다.
5. 예산 과정 흐름에서의 의사결정: 어떻게 예산을 결정하는가, 누가 예산을 결정하는가의 정치로 특징지어진다.

20 ③

부담금은 조세가 아닌 세외수입에 해당한다.

2019. 10. 12. 서울시 7급 기출문제

01

콥(Cobb)과 로스(Ross)가 유형화한 정책의제설정모형 중 사회문제 → 정부의제 → 공중의제의 순서로 전개되는 것은?

① 외부주도형 ② 동원형
③ 내부접근형 ④ 음모형

02

동기이론에 대한 설명으로 가장 옳지 않은 것은?

① 브룸(Vroom)의 기대이론 – 개인은 투입한 노력 대비 결과의 비율을 준거인물의 그것과 비교하여 불균형이 발생했을 때 이를 조정하려 한다.
② 앨더퍼(Alderfer)의 ERG이론 – 개인의 욕구 동기는 생존욕구, 관계욕구, 성장욕구 세 단계로 구분된다.
③ 맥클랜드(McClelland)의 성취동기이론 – 개인의 욕구는 성취욕구, 친교욕구, 권력욕구로 구분되며, 성취욕구의 중요성을 강조한다.
④ 허즈버그(Herzberg)의 2요인이론 – 개인은 서로 별개인 만족과 불만족의 감정을 가지는데, 위생요인은 개인의 불만족을 방지해주는 요인이며, 동기요인은 개인의 만족을 제고하는 요인이다.

03

조직발전기법인 감수성 훈련에 대한 설명으로 가장 옳지 않은 것은?

① 구성원 간의 협력적 노력을 향상시켜 팀 성과를 증가시킨다.
② 실험실훈련 혹은 T–집단훈련이라는 명칭으로 불린다.
③ 자신의 행동이 타인에게 미치는 영향을 검토하도록 한다.
④ 갈등과 상호관계에 관련된 능력을 개선할 목적으로 사용된다.

04

의사결정모형에 대한 설명으로 가장 옳지 않은 것은?

① 합리모형은 대안을 포괄적으로 탐색하고 대안의 결과도 포괄적으로 고려한다.
② 합리모형은 국가권력이 사회 각 계층에 분산된 사회에서 주로 활용된다.
③ 점증모형은 다원화된 민주사회에 적합하다.
④ 혼합주사모형은 범사회적 지도체제(societal guidance system)로서의 틀을 갖춘 능동적 사회에 적용하는 것이 바람직하다.

정답 및 해설

01 ②
동원형은 정책결정자가 주도하여 정책의제를 미리 결정한 후 이것을 일반대중을 이해·설득시키는 활동(정부의 PR), 즉 정책순응 확보를 위한 공중의제화 과정을 거친다.

+ 콥과 로스(Cobb & Ross)의 정책의제설정모형

1. 외부주도모형: 사회문제 → 공중의제 → 정부의제
2. 동원모형: 사회문제 → 정부의제 → 공중의제
3. 내부접근형(음모형): 사회문제 → 정부의제

02 ①
애덤스의 형평이론에 대한 설명이다. 브룸(Vroom)의 기대이론은 인간은 기대되는 결과에 대해 어떤 선호를 가지고 있다고 가정하고, 동기유발 욕구에 대한 개인의 기대감(Expectancy), 수단성(Instrumentality), 유인가(Valence)를 제시하였다.

03 ①
팀빌딩(team building)기법에 대한 설명이다.

04 ②
점증모형에 대한 설명이다. 합리모형은 절대적 합리성을 가지고 있는 정책결정자에 의해서 목표의 달성을 극대화할 수 있는 최선의 대안이 결정된다는 관점이다. 즉 국가권력이 정책결정자에게 집권화되어 있어야 한다.

05

작은 정부의 등장을 지지하게 된 이론적 배경으로 가장 적절하지 않은 것은?

① 예산극대화모형 ② 지대추구이론
③ X-비효율성 ④ 외부효과

06

영기준 예산제도(Zero-Base Budgeting)에 대한 설명으로 가장 옳지 않은 것은?

① 자원의 효율적인 배분 및 예산절감의 효과를 얻을 수 있다.
② 예산과정에서 상향적 의사결정이 이루어지므로 실무자의 참여가 확대된다.
③ 예산과정에서 정치적 고려 및 관리자의 가치관이 반영될 가능성이 높다.
④ 현 시점 위주로 분석하므로 장기적인 목표가 경시될 수 있다.

07

공익의 실체설에 대한 설명으로 옳은 것을 〈보기〉에서 모두 고른 것은?

> ㉠ 사회공동체나 국가의 모든 가치를 포괄하는 절대적 선의 가치가 있다.
> ㉡ 적법절차의 준수에 의해 공익이 보장된다.
> ㉢ 사회구성원이 보편적으로 공유하는 이익을 의미한다.
> ㉣ 행정의 조정자 역할이 강조된다.

① ㉠ ② ㉡
③ ㉠, ㉢ ④ ㉡, ㉣

08

정책, 사업 등에 대한 타당성을 평가하는 비용·편익분석(Cost Benefit Analysis) 결정을 위한 기준에 해당하지 않는 것은?

① 편익·비용 비율(Benefit/Cost ratio)
② 생산성(Productivity) 지표
③ 순현재가치(Net Present Value)
④ 내부수익률(Internal Rate of Return)

09

조직의 유형구분에 대한 설명으로 가장 옳지 않은 것은?

① 블라우(Blau)와 스콧(Scott)은 기능을 중심으로 조직의 유형을 분류하였다.
② 블라우와 스콧은 병원, 학교 등을 봉사조직으로 분류한다.
③ 파슨스(Parsons)는 경찰조직을 사회통합기능을 수행하는 통합조직으로 분류한다.
④ 에치오니(Etzioni)는 민간기업체를 공리적 조직으로 분류한다.

PART 02

정답 및 해설

05 ④
외부효과는 시장실패의 원인 중 하나로 큰 정부 등장의 이론적 배경이다.

06 ③
영기준 예산제도는 정치적 고려나 관리자의 가치보다는 합리적 선택을 강조한다.

07 ③
- ㉡ 공익의 과정설에 대한 설명이다.
- ㉣ 공익의 실체설은 관료의 독자적·적극적 역할을 강조하는 반면, 공익의 과정설은 관료의 조정자 역할을 강조한다.

08 ②
- ② 생산성 지표는 비용편익분석과 직접적인 관련이 없다.
- ① 편익비용비(B/C ratio)로 여러 분야의 프로그램들을 비교할 수 있다.
- ③ 미래의 비용과 편익의 가치를 현재가치로 환산한다.
- ④ 내부수익률은 순현재가치를 영으로 만드는 할인율이다.

09 ①
블라우와 스콧은 수혜자를 중심으로 조직유형을 분류하였다.

조직유형	수혜자	예
호혜조직	구성원	정당, 노조
기업조직	소유주	기업체, 은행
봉사조직	고객	병원, 학교
공익조직	일반국민	행정기관

10

조직 내부에서 발생하는 갈등에 대한 설명으로 가장 옳지 않은 것은?

① 전통적인 시각에서 갈등은 비용과 비합리성을 초래하는 해로운 것이다.
② 조직 내 하위목표를 강조함으로써 갈등을 해소할 수 있다.
③ 새로운 아이디어 촉발, 문제 해결력 개선 등 순기능이 있다.
④ 행태론적 시각은 조직 내 갈등을 불가피하고 정상적인 것으로 간주한다.

11

공무원의 부패 방지 대책으로 가장 옳지 않은 것은?

① 행정정보 공개 ② 내부고발자 보호
③ 행정절차의 간소화 ④ 사회적 규제 강화

12

거시조직이론에 대한 설명으로 가장 옳은 것은?

① 공동체 생태학이론은 조직의 내적 논리를 강조한다.
② 자원의존이론은 환경에 피동적인 조직의 특성을 강조한다.
③ 구조적 상황이론은 환경에 적응하는 조직의 구조 설계를 강조한다.
④ 조직군 생태학이론은 조직의 주도적 선택을 강조한다.

13

직무평가의 방법에 대한 설명으로 가장 옳지 않은 것은?

① 서열법은 직무 전체의 중요도, 난이도, 책임도 등을 고찰하고, 각 직무의 상대적 가치를 비교하여 서열을 결정하는 방법이다.
② 분류법은 각 직무에 요구되는 기술과 책임감의 수준 등을 판정하여 사전에 정해놓은 등급에 분류하는 평가방법이다.
③ 점수법은 각 직무를 기초적인 요소의 척도에 따라 계량적으로 계측하는 방법이다.
④ 요소비교법은 조직 내의 중심이 되는 기준직무를 선정하여, 평가하고자 하는 직무와 기준직무의 평가요소들을 상호비교하여 상대적 가치를 질적으로 판단하는 방법이다.

14

신공공서비스(New Public Service)에 대한 설명으로 옳은 것을 〈보기〉에서 모두 고른 것은?

> ㉠ 민주적으로 선출된 정치지도자에게 책임성 확보
> ㉡ 재량이 필요하지만 제약과 책임 수반
> ㉢ 리더십을 공유하는 협동적 조직 구조
> ㉣ 민간기관 및 비영리기구를 활용해 정책 목표를 달성할 유인체계의 창출
> ㉤ 조직 내 주요 통제권이 유보된 분권화된 조직
> ㉥ 정치적으로 정의된 단일의 목표에 초점을 맞춘 정책 설계 및 집행

① ㉠, ㉢ ② ㉡, ㉢
③ ㉠, ㉡, ㉢ ④ ㉣, ㉤, ㉥

정답 및 해설

10 ②
조직의 상위목표를 강조함으로써 갈등을 해소할 수 있다.

11 ④
부패 방지를 위해서는 규제의 강화가 아니라 규제의 완화가 필요하다.

12 ③
- ① 공동체 생태학이론은 조직 설계의 최선의 방법은 조직이 관계해야 하는 환경의 특성에 달려 있다고 본다(내적 논리 강조 ×).
- ② 자원의존이론은 조직과 환경과의 관계에서 조직의 전략적 선택을 중시한다.
- ④ 조직군 생태학이론은 조직군을 분석단위로 하며, 개별 조직은 외부환경의 선택에 좌우되는 수동적인 존재인 환경결정론적 관점이다.

13 ④
점수법과 요소비교법은 양적(계량적)으로 판단하는 방법이다.

14 ②
- ㉠, ㉥ 전통행정이론에 대한 설명이다.
- ㉣, ㉤ 신공공관리론에 대한 설명이다.

15

대표관료제에 대한 설명으로 가장 옳지 않은 것은?

① 관료의 전문성과 생산성 제고에 기여한다.
② 역차별을 초래하여 사회 내 갈등과 분열을 조장할 수 있다.
③ 국민에 대한 관료의 대응성을 향상시킬 수 있다.
④ 사회 각계각층의 이해를 공공정책에 반영하여 사회적 정의 실현에 이바지할 수 있다.

16

주민자치와 구별되는 단체자치의 특성으로 가장 옳지 않은 것은?

① 지방분권
② 고유사무와 위임사무의 구분
③ 법률적 차원의 자치
④ 정치적 차원의 자치

17

사바티어(Sabatier)의 통합모형에 대한 설명으로 가장 옳지 않은 것은?

① 정책변화 이해에 가장 유효한 분석 단위는 정책하위시스템이다.
② 정책하위시스템에는 서로 다른 목표를 가진 지지연합이 있다.
③ 정책하위시스템 참여자의 활동에 영향을 미치는 요소는 상향식 접근방법으로 도출하였다.
④ 정책집행을 한 번의 과정이 아니라 연속적인 정책변동으로 보았다.

정답 및 해설

15 ①
대표관료제는 관료의 전문성과 생산성을 저하시킬 수 있다.

16 ④
정치적 차원의 자치는 주민자치의 특징이다.

주민자치(지역주민 관점) vs 단체자치(행정기관 관점)

구분	주민자치	단체자치
관점	• 지방주민의 의사와 책임하에 스스로 그 지역의 공공사무를 처리 • 주민참여 중요 • 정치적 의미가 강함.	• 지방자치단체는 지방의 자치행정기관으로서 이중적 지위 (자치단체+일선기관) • 중앙으로부터 독립 강조
해외 사례	미국, 영국	독일, 프랑스, 일본
기관구성	기관통합형	기관대립형
자치권 인식	고유권	전래권
사무구분	자치사무와 위임사무를 구분하지 않음.	자치사무와 위임사무를 구분
권한부여	개별적 지정(수권)주의	포괄적 위임주의
중앙정부	중앙정부와 기능적 협력관계	중앙정부와 권력적 감독관계
지방자치란?	내용적·본질적 요소	형식적·법제적 요소
사무처리 재량의 범위	크다.	작다.
중앙통제	약함(입법·사법적 통제).	강함(행정적 통제).

17 ③
사바티어의 통합모형은 상향식 접근방법의 분석단위를 채택하고, 여기에 영향을 미치는 요인으로 하향식 접근방법의 여러 가지 변수를 결합하였다.

18

인사행정제도에 대한 설명으로 가장 옳은 것은?

① 직위분류제는 계급제에 비해 탄력적 인사관리가 가능한 장점을 가진다.
② 엽관주의는 정당에의 충성도와 공헌도를 임용 기준으로 삼았기 때문에 민주주의와 전혀 관련이 없다.
③ 실적주의는 정치적 중립을 지향하여 인사행정을 소극화, 형식화시켰다.
④ 직업공무원제는 원칙적으로 개방형 충원 및 전문가주의에 입각하고 있다.

19

지방재정의 사전관리제도에 해당하는 것을 〈보기〉에서 모두 고른 것은?

보기

㉠ 중기지방재정계획
㉡ 지방재정투자심사
㉢ 행정사무감사
㉣ 성인지 예산제도
㉤ 재정공시

① ㉠, ㉡
② ㉡, ㉢
③ ㉠, ㉡, ㉣
④ ㉢, ㉣, ㉤

20

리더십 상황이론에 해당하지 않는 것은?

① 블레이크(Blake)와 머튼(Mouton)의 관리그리드 이론
② 피들러(Fiedler)의 상황적응 모형
③ 허쉬(Hersey)와 블랜차드(Blanchard)의 삼차원적 모형
④ 하우스(House)와 에반스(Evans)의 경로-목표이론

정답 및 해설

18 ③

- ① 계급제는 직위분류제에 비해 탄력적 인사관리가 가능하다.
- ② 엽관주의는 관료들의 정치적 책임성, 국민에 대한 대응성을 강화하는 측면에서 민주주의와 관련이 있다.
- ④ 직업공무원제는 원칙적으로 폐쇄형 충원 및 일반행정가주의에 입각하고 있다.

19 ③

- ㉠ 중기지방재정계획: 지방재정을 계획성 있게 운용하기 위하여 매년 다음 회계연도부터 5회계연도 이상의 기간에 대한 중기지방재정계획을 수립한다(지방재정법 제33조).
- ㉡ 지방재정투자심사: 지방자치단체의 장은 재정투자사업의 예산안 편성 등에 관해 … 사전에 그 필요성과 타당성에 대한 심사를 하여야 한다(지방재정법 제37조).
- ㉣ 성인지 예산제도: 지방자치단체의 장은 예산이 여성과 남성에게 미칠 영향을 미리 분석한 보고서를 작성하여야 한다(지방재정법 제36조의2).
- ㉢ 행정사무감사: 지방의회는 매년 1회 그 지방자치단체의 사무에 대하여 지방자치단체의 사무 중 특정 사안에 관하여 본회의 의결로 본회의나 위원회에서 조사하게 할 수 있다(지방자치법 제49조).
  = 지방의회의 집행부에 대한 사후적 견제장치
- ㉤ 재정공시: 지방자치단체의 장은 예산 또는 결산의 확정 또는 승인 후 2개월 이내에 예산서와 결산서를 기준으로 다음 각 호의 사항을 주민에게 공시하여야 한다(지방재정법 제60조). = 사후적 관리

20 ①

블레이크(Blake)와 머튼(Mouton)의 관리그리드 이론은 리더십 행태이론에 해당한다.

2019. 10. 12. 지방직 7급 기출문제

01

로위(Lowi)의 정책유형 분류에서 강제력이 행위의 환경에 직접적으로 적용되는 것은?

① 재분배정책(redistributive policy)
② 규제정책(regulatory policy)
③ 구성정책(constituent policy)
④ 분배정책(distributive policy)

02

다음 중 현행 법률상 허용되지 않는 것만을 모두 고르면?

㉠ 비례대표 지방의회의원에 대한 주민소환 ㉡ 수사에 관여하게 되는 사항에 대한 주민감사청구 ㉢ 수수료 감면을 위한 주민의 조례 개정 청구 ㉣ 지방공무원의 정원에 관한 주민투표

① ㉠, ㉢　　② ㉠, ㉡, ㉣
③ ㉡, ㉢, ㉣　　④ ㉠, ㉡, ㉢, ㉣

03

다음 신공공관리론에 대한 설명 중 옳은 것만을 모두 고르면?

㉠ 행정서비스 공급의 경쟁 체제를 선호한다. ㉡ 예측과 예방을 통한 미래지향적 정부를 강조한다. ㉢ 투입 중심의 예산제도를 통해 예산을 관리한다. ㉣ 행정관리의 이념으로 효율성을 강조한다. ㉤ 집권적 계층제를 통해 행정의 책임성을 확보한다.

① ㉠, ㉣　　② ㉠, ㉡, ㉣
③ ㉡, ㉢, ㉣　　④ ㉡, ㉢, ㉤

04

「국가공무원법」상 공무원의 인사제도에 대한 설명으로 옳지 않은 것은?

① 특수업무 분야에 종사하는 공무원은 대통령령으로 정하는 바에 따라 일반직 공무원의 계급구분과 직군분류를 적용받지 않을 수 있다.
② 인사혁신처장은 필요에 따라 인사교류계획을 수립하고, 국무총리의 승인을 받아 이를 실시할 수 있다.
③ 징계로 해임처분을 받은 때부터 5년이 지나지 아니한 자는 공무원으로 임용될 수 없다.
④ 임용권자는 지역인재의 임용을 위한 수습 기간을 3년의 범위에서 정할 수 있다.

정답 및 해설

01 ①

강제력이 직접적이면서 행위의 환경에 적용되는 것은 재분배정책에 해당한다.

[+] 로위의 정책유형 분류

강제력의 적용대상 / 강제력의 행사방법	개별적 행위	행위의 환경
간접적	분배정책	구성정책
직접적	규제정책	재분배정책

02 ④

㉠, ㉡, ㉢, ㉣ 모두 허용되지 않는다.

03 ②

- ㉢ 신공공관리론에서는 성과와 연계하여 예산을 관리한다.
- ㉤ 신공공관리론은 참여적 대응성 확보를 통해 책임성을 확보한다.

04 ③

- ③ 징계로 해임처분을 받은 때부터 3년간 공직임용이 제한된다. 5년간 공직임용이 제한되는 것은 파면처분에 대한 설명이다.
- ① 특정직 공무원에 대한 설명이다.
- ② 국가공무원법 제32조의2 : 인사혁신처장은 행정기관 상호간, 행정기관과 교육·연구기관 또는 공공기관 간에 인사교류가 필요하다고 인정하면 인사교류계획을 수립하고, 국무총리의 승인을 받아 이를 실시할 수 있다.
- ④ 국가공무원법 제26조의4 제1항 : 임용권자는 우수한 인재를 공직에 유치하기 위하여 학업 성적 등이 뛰어난 고등학교 이상 졸업자나 졸업 예정자를 추천·선발하여 3년의 범위에서 수습으로 근무하게 하고 …

05

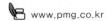

신제도주의의 주요 분파에 대한 설명으로 옳은 것은?

① 합리적 선택 제도주의는 개인이 합리적이며 선호는 제도와 밀접하게 연관되어 변화하는 것으로 가정한다.
② 사회학적 제도주의는 제도의 변화과정을 설명할 때 경로 의존성을 강조하며, 제도의 운영 및 발전과 관련하여 권력의 비대칭성에 초점을 맞춘다.
③ 역사적 제도주의는 중범위적 제도 변수가 개별 행위자의 행동과 정치적 결과를 어떻게 연계시키는지에 대해 초점을 맞춘다.
④ 사회학적 제도주의는 사회적 딜레마를 해결하기 위해 사람들이 스스로 만드는 게임의 규칙을 제도로 본다.

06

정책수단에 대한 설명으로 옳지 않은 것은?

① 비덩(Vedung)은 정책 도구를 규제적 도구(sticks), 유인적 도구(carrots), 정보적 도구(sermons) 등으로 유형화한다.
② 권위(authority)에 기반을 둔 정책수단은 예측가능성이 높기 때문에 사회적 위기 상황에 적합한 수단이다.
③ 정책수단의 선택은 정치적인 성격을 가지며, 특히 이념적으로 지향하는 가치는 정책수단의 선택에 핵심적인 영향을 미친다.
④ 살라몬(Salamon)에 따르면, 공적 보험은 공공기관을 전달체계로 활용한다는 점에서 직접적인 정책수단이다.

07

다음 중 예산 원칙의 예외를 옳게 짝지은 것은?

	한정성 원칙	단일성 원칙
①	목적세	특별회계
②	예비비	목적세
③	이용과 전용	수입대체경비
④	계속비	기금

08

합리성의 개념과 유형에 대한 설명으로 옳지 않은 것은?

① 사이먼(Simon)의 실질적(substantive) 합리성은 행위자가 합리적인 선택을 할 수 있는 모든 지식과 능력을 소유하고 있다고 가정한다.
② 디징(Diesing)은 합리성을 기술적 합리성, 경제적 합리성, 사회적 합리성, 법적 합리성, 진화론적 합리성으로 나누어 설명한다.
③ 기술적 합리성은 일정한 수단이 목표를 얼마만큼 잘 달성시키는가, 즉 목표와 수단 사이에 존재하는 인과관계의 적절성을 의미한다.
④ 사이먼(Simon)은 인간이 실질적 합리성을 사실상 포기하고, 만족할 만한 대안을 선택하려는 절차적 합리성을 추구한다고 주장한다.

정답 및 해설

05 ③
- ① 합리적 선택 제도주의에서 개인의 선호는 주어진 것으로 본다.
- ② 역사적 제도주의에 대한 설명이다.
- ④ 합리적 선택 제도주의에 대한 설명이다.

06 ④
공적 보험은 간접적인 정책수단이다.

07 ④
- 한정성 원칙 예외: 예비비, 이용과 전용, 계속비 등
- 단일성 원칙 예외: 특별회계, 기금 등
- 총계주의 원칙 예외: 수입대체경비 등
- 통일성의 원칙 예외: 목적세, 수입대체경비 등

08 ②
디징은 합리성을 기술적 합리성, 경제적 합리성, 사회적 합리성, 법적 합리성, 정치적 합리성으로 나누어 설명한다.
※ 진화론적 합리성: 생물학적 진화론의 논의에 근거한 합리성으로, 변이와 선택을 거쳐 환경의 요구에 보다 잘 부합하는 대안이 발견되는 현상을 말한다.

09

행정가치에 대한 설명으로 옳지 않은 것은?

① 디목(Dimock)은 과학적 관리론에 입각한 기계적 효율관을 비판하며 사회적 효율성을 강조했다.
② 프레데릭슨(Frederickson)과 왈도(Waldo) 등 신행정학의 학자들은 사회적 형평성이 행정가치로 주목받는 데 크게 기여하였다.
③ 롤즈(Rawls)가 제시한 정의론의 차등 조정의 원리는 다시 차등 원리와 기회 균등의 원리로 나뉜다.
④ 슈버트(Schubert)는 공익실체설의 입장에서 공익이 민주적 정부 이론의 중심에 놓여 있다고 주장했다.

10

미국 행정의 발달과정과 행정학의 태동에 대한 설명으로 옳은 것은?

① 잭슨(Jackson)이 도입한 엽관주의는 정치지도자의 행정통솔력을 약화함으로써 국민의 요구에 대한 관료적 대응성의 후퇴 및 정책수행과정에서의 비효율성을 초래하였다.
② 건국 직후 미국 정치체제는 행정의 효율성을 지향하는 해밀턴주의(Hamiltonianism)가 지배했다.
③ 1906년에 설립된 뉴욕시정조사연구소(The New York Bureau of Municipal Research)는 좋은 정부를 구현하기 위한 능률과 절약의 실천방안을 제시하고 시정에 대한 과학적 연구를 수행했다.
④ 미국 행정학의 학문적 초석을 다진 애플비(Appleby)는 행정에 대한 지나친 정당정치의 개입이 정책의 능률적 집행을 저해한다고 보았다.

11

실적주의(merit system)에 대한 설명으로 옳지 않은 것은?

① 실적주의의 도입은 중앙인사기관의 권한과 기능을 분산시키는 결과를 가져왔다.
② 사회적 약자의 공직진출을 제약할 수 있다는 점은 실적주의의 한계이다.
③ 미국의 실적주의는 펜들턴법(Pendleton Act)이 통과됨으로써 연방정부에 적용되기 시작하였다.
④ 실적주의에서 공무원은 자의적인 제재로부터 적법절차에 의해 구제받을 권리를 보장받는다.

12

동기이론에 대한 설명으로 옳은 것은?

① 매슬로우(Maslow)의 욕구 5단계론은 욕구가 상위 수준에서 하위 수준으로 후퇴할 수도 있다고 본다.
② 엘더퍼(Alderfer)의 ERG이론은 상위 욕구가 만족되지 않으면, 하위 욕구를 더욱 충족시키고자 한다고 주장한다.
③ 허즈버그(Herzberg)의 욕구충족 이원론은 '감독자와 부하의 관계'를 만족 요인 중 하나로 제시한다.
④ 포터와 롤러(Porter & Lawler)의 업적 · 만족이론은 성과보다는 구성원의 만족이 직무성취를 가져온다고 지적한다.

정답 및 해설

09 ④
슈버트는 공익과정설의 입장이다. 공익실체설과 관련된 학자는 플라톤, 루소 등이 있다.

10 ③
- ① 엽관주의는 정치지도자의 행정통솔력을 강화함으로써 국민의 요구에 대한 관료적 대응성을 강화하였다.
- ② 해밀턴주의가 지배했다기보다, 미국 건국 당시 연방주의자(해밀턴)와 반연방주의자(제퍼슨)의 갈등이 심했다.
- ④ 애플비는 정치와 행정은 정합 · 연속 · 순환적 관계이므로 양자를 구별하는 것은 적절하지 않다고 보는 정치 · 행정일원론 학자이다. 정당정치의 개입이 정책의 능률적 집행을 저해한다고 보는 것은 정치 · 행정이원론 관점이다.

11 ①
실적주의의 도입은 중앙인사기관의 권한과 기능을 강화시켰다.

12 ②
- ① 매슬로우는 욕구가 상위에서 하위 수준으로 후퇴하는 것에 대한 언급은 없다. 상위 수준에서 하위 수준으로 후퇴할 수도 있다고 본 것은 앨더퍼의 주장이다.
- ③ 감독자와 부하의 관계는 위생요인(불만요인)이다.
  - 동기요인(만족요인) : 성취와 인정, 승진, 책임감, 개인적 성장과 발전 등
  - 위생요인(불만요인) : 임금, 원만한 대인관계, 감독자와 부하의 관계 등
- ④ 포터와 롤러의 업적 · 만족이론은 성과의 수준이 업무만족의 원인이 된다고 본다.

13

다음 중 특정직 공무원에 해당하는 것만을 모두 고르면?

> ㉠ 국가인권위원회 상임위원
> ㉡ 검사
> ㉢ 헌법재판소의 헌법연구관
> ㉣ 도지사의 비서
> ㉤ 국가정보원의 직원

① ㉠, ㉢, ㉣　② ㉠, ㉣, ㉤
③ ㉡, ㉢, ㉣　④ ㉡, ㉢, ㉤

14

지방자치단체의 기관구성에 대한 설명으로 옳은 것은?

① 우리나라는 시장의 권한이 지방의회의 권한에 비해 상대적으로 약한 기관대립형을 유지하고 있다.
② 영국의 의회형에서는 집행기관의 장을 주민이 직선으로 선출한다.
③ 미국의 위원회형은 기관대립형의 특수한 형태로 볼 수 있다.
④ 기관통합형의 집행기관은 기관대립형에 비해 행정의 전문성이 높지 않을 가능성이 크다.

15

공직자윤리법령의 내용으로 옳은 것은?

① 국립대학교의 학장은 재산을 등록할 의무가 없다.
② 공무원은 그 직무와 관련하여 외국인으로부터 수령 당시 국내 시가 10만 원 이상의 선물을 받으면 지체 없이 신고하고 인도하여야 한다.
③ 재산공개대상자가 직무 관련성이 있는 경우 매각 혹은 백지신탁해야 하는 주식의 하한가액은 5천만 원이다.
④ 퇴직한 재산등록의무자는 퇴직 시점까지의 재산변동을 퇴직일부터 6개월 이내에 신고하여야 한다.

16

파킨슨의 법칙(Parkinson's Law)에 대한 설명으로 옳지 않은 것은?

① 관료는 본질적인 업무가 증가하지 않으면 파생적인 업무도 줄이려는 무사안일의 경향을 가진다.
② 업무의 강도나 양과는 관계없이 공무원의 수는 항상 일정한 비율로 증가한다.
③ 공무원은 업무의 양이 증가하면 비슷한 직급의 동료보다 부하 직원을 충원하려는 경향이 강하다.
④ 브레낸과 뷰캐넌(Brennan & Buchanan)의 리바이던 가설(Leviathan Hypothesis)처럼, 관료제가 '제국의 건설'을 지향한다는 입장이다.

정답 및 해설

13 ④
- ㉠ 국가인권위원회 상임위원: 정무직
- ㉣ 도지사의 비서: 별정직

14 ④
- ① 우리나라는 시장의 권한이 지방의회의 권한에 비해 상대적으로 강한 기관대립형이다.
- ② 영국의 의회형에서는 집행기관의 장을 의회에서 선출한다.
- ③ 미국의 위원회형은 기관통합형의 특수한 형태로 볼 수 있다.

15 ②
- ① 국립대학교의 학장은 재산을 등록할 의무가 있다.
- ③ 백지신탁해야 하는 주식의 하한가액은 3천만 원이다.
- ④ 퇴직한 등록의무자는 퇴직일부터 2개월이 되는 날이 속하는 달의 말일까지 신고하여야 한다.

16 ①
파킨슨의 법칙 중 업무배증의 법칙은 혼자 일하던 때와는 달리 지시, 보고, 승인, 감독 등 파생적 업무가 창조되어 본질적 업무의 증가 없이 업무량이 늘어난다.

17

주민참여예산제도에 대한 설명으로 옳지 않은 것은?

① 지방자치단체의 장은 주민참여예산제도를 통하여 수렴한 주민의 의견서를 지방의회에 제출하는 예산안에 첨부하여야 한다.
② 주민참여예산기구의 구성·운영과 그 밖에 필요한 사항은 해당 지방자치단체의 조례로 정한다.
③ 2011년 「지방자치법」의 개정으로 모든 지방자치단체가 의무적으로 이행해야 하는 제도가 되었다.
④ 행정안전부장관은 지방자치단체의 재정적 여건을 고려하여 지방자치단체별 주민참여예산제도의 운영을 평가할 수 있다.

18

전자정부의 효율적 구현을 목적으로 하는 「전자정부법」의 내용으로 옳지 않은 것은?

① 행정정보의 처리업무를 방해할 목적으로 행정정보를 위조·변경·훼손하거나 말소하는 행위를 한 사람은 10년 이하의 징역에 처한다.
② 전자정부의 발전과 촉진을 위해 「전자정부법」은 전자정부의 날을 규정하고 있다.
③ 행정기관의 장은 3년마다 해당 기관의 전자정부의 구현·운영 및 발전을 위한 기본계획을 수립하여야 한다.
④ 행정안전부장관은 전자적 대민서비스와 관련된 보안대책을 국가정보원장과 사전 협의를 거쳐 마련하여야 한다.

19

㉠, ㉡에 해당하는 권력모형을 옳게 짝지은 것은?

> • (㉠)은 전국적 차원이 아니라 지역사회의 지배구조에 초점을 맞추면서, 소수 엘리트가 강한 응집성을 가지고 정책을 결정하고 정치에 무관심한 일반대중들은 비판 없이 이를 수용한다고 설명한다.
> • (㉡)은 정치권력에 두 얼굴(two faces of power)이 있음을 주장하는 입장으로부터 권력의 어두운 측면이 갖는 영향력에 대해 관심을 가지지 않았다는 점을 비판받았다.

	㉠	㉡
①	밀즈의 지위접근법	달의 다원주의론
②	밀즈의 지위접근법	바흐라흐와 바라츠의 무의사결정론
③	헌터의 명성접근법	달의 다원주의론
④	헌터의 명성접근법	바흐라흐와 바라츠의 무의사결정론

20

예산결정이론에 대한 설명으로 옳은 것은?

① 합리모형은 예산상의 편익을 극대화하기 위한 결정방식이지만 규범적 성격은 약하다.
② 예산 결정에서 기존 사업에 대한 당위적 예산 배분을 제어할 수 있다는 점은 점증모형의 유용성이다.
③ 단절균형모형을 따르는 예산결정자는 사후후생을 고려하지 않고 최악을 피하는 전략을 사용한다.
④ 다중합리성모형은 정부 예산의 성공을 위해서는 예산 과정 각 단계에서 예산 활동 및 행태를 구분해야 함을 강조한다.

정답 및 해설

17 ③
주민참여예산제도는 2011년 「지방재정법」의 개정으로 모든 지방자치단체가 의무적으로 이행해야 하는 제도가 되었다.

18 ③
「전자정부법」에 따라 행정기관의 장은 5년마다 해당 기관의 전자정부의 구현·운영 및 발전을 위한 전자정부기본계획을 수립하여야 한다.
※ 「지능정보화 기본법」에 따라 과학기술정보통신부장관은 3년마다 정보통신 전략위원회의 심의를 거쳐 지능정보사회 종합계획을 수립하여야 한다.

19 ③
• 밀즈의 지위접근법은 전국적 차원에서, 현대 미국사회의 권력은 기업체, 군, 정치 세 영역에서의 주요 지위에 있다고 본다.
• 바흐라흐와 바라츠의 무의사결정론은 달의 다원주의론을 비판하면서 등장하였다.

20 ④
• ① 합리모형은 예산상의 편익을 극대화하기 위한 결정방식으로 규범적·이상적 성격을 가진다.
• ② 당위적 예산 배분을 제어할 수 없다는 점은 점증모형의 한계이다.
• ③ 최악의 상황을 피하려는 전략은 점증모형과 관련이 있다. 단절균형모형은 특정 사건에 의해 급격한 변화를 겪은 후 다시 균형을 찾아가는 모형이다.

2019. 8. 17. 국가직 7급 기출문제

01

티부가설(Tiebout Hypothesis)의 가정이 아닌 것은?

① 다수의 이질적인 지방정부가 존재한다.
② 주민들은 지방정부가 제공하는 서비스의 정보를 완전히 알고 있다.
③ 지방공공재는 외부효과가 존재한다.
④ 개인들은 자유롭게 다른 지역으로 이주할 수 있다.

02

다음과 관련 있는 행정가치에 대한 설명으로 옳은 것은?

> • 안전을 위하여 자동차의 제동장치를 이중으로 설계하였다.
> • 정전에 대비하여 건물 자체적으로 자가발전시설을 갖추도록 하였다.

① 창의성이 제고될 수 있다.
② 수단적 가치보다는 행정의 본질적 가치로서의 성격이 더 강하다.
③ 행정체제의 신뢰성과 안정성을 저하시킨다.
④ 형평성과 상충관계에 있다.

03

후기 인간관계론에 대한 설명으로 옳지 않은 것은?

① 합리적·경제적 인간관보다는 자아실현적 인간관과 더 부합한다.
② 개인은 다양한 차원에서 다양한 특성을 지니고 있으므로 상황에 따라 개인을 다양한 시각으로 이해할 필요가 있다.
③ 대표하는 이론으로는 맥그리거(McGregor)의 Y이론, 아지리스(Argyris)의 성숙인 등을 들 수 있다.
④ 의사결정과정에 개인을 참여시키는 관리전략이 필요하다.

04

페로(C. Perrow)의 기술유형 중 과업의 다양성과 문제의 분석가능성이 모두 높은 경우에 해당하는 기술은?

① 장인 기술
② 비일상적 기술
③ 공학적 기술
④ 일상적 기술

정답 및 해설

01 ③

티부가설의 가정

> 1. 주민들은 언제나 자유롭게 다른 지역으로 이동할 수 있다.
> 2. 주민들은 지방정부의 세입과 지출 패턴에 관하여 완전한 정보를 알고 있다.
> 3. 주민들이 선택해서 거주할 수 있는 충분히 많은 이질적인 지방정부가 존재한다.
> 4. 지방공공서비스는 권역 내에서만 영향을 미친다. 즉, 지방공공서비스는 외부효과가 존재하지 않는다.
> 5. 주민은 배당수입을 통해 생활한다.
> 6. 지방정부의 재원은 국가의 지원 없이 주민들의 재산세로 충당한다.
> 7. 규모의 경제는 존재하지 않는다.
> 8. 각 지방정부별 인구의 최적규모를 추구한다.
> 9. 각 지방정부별 고정적 생산요소가 존재한다.

02 ①

보기는 가외성에 대한 설명이다. 가외성은 창의성 제고, 수단적 가치로서의 성격, 행정체제의 신뢰성과 안정성 향상, 비용이 추가적으로 발생하므로 효율성과 상충관계 등의 특징이 있다.

03 ②

복잡한 인간관에 대한 설명이다.

04 ③

과업의 다양성과 문제의 분석가능성이 모두 높은 기술은 공학적 기술이다.

페로의 기술유형

구분		과업의 다양성	
		소수의 예외	다수의 예외
분석가능성	낮음	장인 기술 (craft technology)	비일상적 기술 (non-routine technology)
	높음	일상적 기술 (routine technology)	공학적 기술 (engineering technology)

05

정무직 공무원에 해당하지 않는 것은?

① 감사원 사무차장
② 헌법재판소 사무차장
③ 국무총리실 사무차장
④ 국가정보원 차장

06

특별지방행정기관에 대한 설명으로 옳은 것은?

① 국가의 사무를 집행하기 위해 설치한 일선집행기관으로 고유의 법인격을 가지고 있다.
② 전문분야의 행정을 보다 효율적으로 수행하기 위해 설치하나 행정기관 간의 중복을 야기하기도 한다.
③ 특별지방행정기관의 예로는 자치구가 아닌 일반행정구가 있다.
④ 특별지방행정기관은 지방행정의 전문성을 제고하여 지방분권 강화에 긍정적인 영향을 미친다.

07

「정부업무평가 기본법」상 정부업무평가제도에 대한 설명으로 옳지 않은 것은?

① 공공기관도 정부업무평가의 대상에 포함된다.
② 중앙행정기관뿐만 아니라 지방자치단체도 자체평가를 실시하여야 한다.
③ 재평가는 이미 실시된 평가의 결과, 방법 및 절차에 관하여 그 평가를 실시한 기관 외의 기관이 다시 평가하는 것이다.
④ 국가위임사무에 대하여 평가가 필요한 경우에는 행정안전부장관이 중앙행정기관의 장과 함께 특정평가를 실시할 수 있다.

08

애드호크라시(adhocracy)에 대한 설명으로 옳지 않은 것은?

① 대표적인 예로는 네트워크 조직, 매트릭스 조직 등을 들 수 있다.
② 변화에 신속하게 대응할 수 있다는 장점으로 인해 최근에는 전통적 관료제 조직모형을 대체할 정도로 많이 활용되고 있다.
③ 구조적으로 수평적 분화는 높은 반면 수직적 분화는 낮고, 공식화 및 집권화의 수준이 낮다.
④ 과업의 표준화나 공식화 정도가 상대적으로 낮기 때문에 구성원 간 업무상 갈등이 일어날 우려가 있다.

09

공무원연금제도에 대한 설명으로 옳은 것은?

① 비기금제는 적립된 기금 없이 연금급여가 발생할 때마다 필요한 비용을 조달하여 지급하는 방식으로 미국 등이 채택하고 있다.
② 2009년 연금 개혁으로 공무원연금의 적용대상이 확대됨에 따라 공무원연금공단 직원도 대상에 포함하게 되었다.
③ 공무원연금제도는 행정안전부가 관장하고, 그 집행은 공무원연금공단에서 실시하고 있다.
④ 비기여제는 정부가 연금재원의 전액을 부담하는 제도이다.

정답 및 해설

05 ①
감사원 사무차장은 일반직 고위공무원이다.

06 ②
- ① 특별지방행정기관은 법인격이 없다.
- ③ 일반행정구는 인구 50만 이상의 시에 둘 수 있다. 즉, 일반행정구는 국가가 설치하는 특별지방행정기관에 해당하지 않는다.
- ④ 특별지방행정기관은 지방분권에 부정적인 영향을 미친다.

07 ④
국가위임사무에 대하여 평가가 필요한 경우에는 행정안전부장관이 중앙행정기관의 장과 함께 합동평가를 실시할 수 있다.

08 ②
전통적 관료제는 여전히 조직모형의 기본이다.

09 ④
- ① 기금제: 우리나라, 미국 / 비기금제: 프랑스, 영국 등
- ② 공무원연금공단 직원은 공무원이 아니다. 따라서 공무원연금의 적용대상이 아니다.
- ③ 공무원연금제도는 인사혁신처가 관장하고, 그 집행은 공무원연금공단에서 실시하고 있다.

10

교육훈련방법에 대한 설명으로 옳은 것은?

① 직장 내 훈련(OJT : on-the-job training)은 감독자의 능력과 기법에 따라 훈련성과가 달라지며 많은 사람을 동시에 교육하기 어렵다.
② 감수성 훈련(sensitivity training)은 원래 정신병 치료법으로 발달한 것으로 전문가의 지원을 받아 과제의 해결책을 도출하는 방법이다.
③ 모의연습(simulation)은 T-집단 훈련으로도 불리며 주어진 사례나 문제에서 어떠한 역할을 실제로 연기해 봄으로써 당면한 문제를 체험해 보는 방법이다.
④ 액션러닝(action learning)은 미국 GE사 전략적 인적자원 개발프로그램으로 활용된 것으로 태도와 행동의 변화를 통해 인간관계 기술을 향상하려는 것이 주된 목적이다.

11

다음 행정이론에 대한 설명으로 옳지 않은 것은?

> 변화 시작의 시간적 전후관계나 동반관계, 변화과정의 시간적 장단(長短)관계를 사회현상 연구에 적용하는 접근방법이다. 정책이 실제로 실행되는 타이밍, 정책대상자들의 학습시간, 정책의 관련요인들 간 발생순서 등이 정책효과를 다르게 할 수 있다고 주장한다.

① 원인변수와 결과변수 간 인과관계가 원인변수들이 작용하는 순서에 따라 달라지지는 않는다고 본다.
② 정책이나 제도의 도입 이후 어느 시점에서 변경을 시도해야 바람직한 결과를 낳을 것인지에 주목한다.
③ 정책이나 제도의 효과는 어느 정도 숙성기간이 지난 후에 평가하는 것이 보다 합리적이라고 본다.
④ 시차적 요소에 대해 적절하게 고려하지 않아 정부개혁의 실패가 나타난다고 본다.

12

정책결정모형에 대한 설명으로 옳은 것은?

① 쓰레기통모형은 의사결정을 위해서는 문제, 해결책, 참여자의 세 가지 요소가 필요하다고 본다.
② 만족모형은 의사결정자들이 만족할 만하고 괜찮은 해결책을 얻기 위해 몇 개의 대안만을 병렬적으로 탐색한다고 본다.
③ 앨리슨(Allison)모형 Ⅱ는 긴밀하게 연결된 하위 조직체들이 표준운영절차를 통해 상호의존적인 의사결정을 한다고 본다.
④ 최적모형에 따르면 정책결정과 관련해 위험최소화전략 대신 혁신전략을 취하는 것은 상위정책결정(meta-policy making)에 해당한다.

13

정책평가에서 내적 타당성에 대한 설명으로 옳지 않은 것은?

① 역사요인은 외부환경에서 발생하여 사전 및 사후 측정값이 달라지게 만드는 어떤 사건을 말한다.
② 성숙효과는 실험 대상자들이 사전측정의 내용에 대해 친숙하게 되어 사후 측정값이 달라지는 것이다.
③ 상실요인은 정책집행 기간에 대상자 일부가 이탈하여 사전 및 사후 측정값이 달라지는 것과 관련이 있다.
④ 선발요인은 실험집단 및 통제집단에 대한 무작위 배정과 사전측정을 통해 어느 정도 통제할 수 있다.

정답 및 해설

10 ①
- ② 감수성 훈련은 피훈련자끼리 자유로운 토론을 통해 태도와 행동의 변화 및 인간관계 기술을 향상하려는 것이 주된 목적이다. 즉 과제의 해결책 도출이 목적이 아니다.
- ③ T집단 훈련은 감수성 훈련 또는 실험실 훈련 등으로 불린다. 모의연습은 실제와 유사한 가상의 상황을 꾸며놓고 거기에 대처하도록 하는 연습이다. 사례나 문제에서 어떠한 역할을 실제로 연기해 봄으로써 당면한 문제를 체험해 보는 방법은 모의연습 중 하나인 역할연기에 대한 설명이다.
- ④ 액션러닝은 소규모로 구성된 그룹이 실질적인 업무현장의 문제를 해결해 내고 그 과정에서 성찰을 통해 학습하도록 하는 행동학습(learning by doing) 교육훈련으로, 주로 관리자훈련에 사용된다. 인간관계 기술을 향상하려는 것은 감수성훈련의 목적이다.

11 ①
시차이론에 대한 설명으로, 원인변수들이 작용하는 순서에 따라 인과관계가 달라진다고 본다.

12 ④
- ① 쓰레기통모형은 문제, 해결책, 참여자, 선택기회 네 가지 요소가 필요하다고 본다.
- ② 만족모형은 의사결정자들이 만족할 만하고 괜찮은 해결책을 얻기 위해 무작위적이고 순차적으로 몇 개의 대안만을 탐색한다고 본다.
- ③ 앨리슨(Allison)모형 Ⅱ는 느슨하게 연결된 하위 조직체들이 표준운영절차를 통해 상호의존적인 의사결정을 한다고 본다.

13 ②
실험요인에 대한 설명이다. 성숙효과는 순전히 시간의 경과 때문에 발생하는 조사대상 집단의 특성 변화가 나타나는 경우를 의미한다.

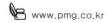

14

피터스(G. Peters)의 정부모형에 대한 설명으로 옳은 것은?

① 참여모형에서는 조직의 고위층과 최하위층 간에 계층 수가 많지 않아야 한다.
② 유연정부모형은 변화하는 정책수요에 맞춰 탄력적으로 구성원들을 활용함으로써 이들의 조직과 업무에 대한 몰입도를 높인다.
③ 시장모형은 정치지도자들의 권력을 약화시키고 기업가적 관료들의 정책결정자로서의 역할을 제고하는 결과를 가져왔다.
④ 탈규제모형은 정부역할의 적극성 및 개입성이 높으면 공익 구현이 어렵다는 인식을 전제한다.

15

우리나라에서 예산과 법률의 차이에 대한 설명으로 옳은 것은?

① 국회는 발의・제출된 법률안을 수정・보완할 수 있지만, 제출된 예산안은 정부의 동의 없이는 수정할 수 없다.
② 국회에 제출된 법률안은 의결기한에 제한이 없으나, 예산안은 매년 12월 2일까지 예산결산특별위원회의 심사를 마쳐야 한다.
③ 대통령은 국회가 의결한 법률안에 대해 거부권이 있지만, 국회의결 예산에 대해서는 사안별로만 재의요구권이 있다.
④ 일반적으로 법률은 국가기관과 국민에 대해 구속력을 갖지만, 예산은 국가기관에 대해서만 구속력을 갖는다.

16

윌다브스키(A. Wildavsky)의 예산행태 유형 중 국가의 경제력은 낮지만 재정 예측력이 높은 경우에 나타나는 행태는?

① 점증적 예산(incremental budgeting)
② 반복적 예산(repetitive budgeting)
③ 세입 예산(revenue budgeting)
④ 보충적 예산(supplemental budgeting)

정답 및 해설

14 ①

- ② 유연정부모형의 가변적 인사관리는 구성원의 조직과 업무에 대한 몰입도를 저하시킬 수 있다.
- ③ 탈규제적 정부모형에 대한 설명이다.
- ④ 탈규제모형은 내부규제를 문제진단 기준으로 하므로, 정부의 적극성 및 개입성과 관련이 없다.

구분	전통적 정부	피터스의 정부개혁모형			
		시장적 정부모형	참여적 정부모형	신축적 정부모형	탈규제적 정부모형
문제 진단 기준	전근대적인 권위	독점적 공급	계층제	영속성	내부규제
구조 개혁 방안	계층제	분권화	평면조직	가상조직	−
관리 개혁 방안	직업 공무원제, 절차적 통제	성과급, 민간부분의 기법 도입	총품질관리, 팀제	가변적 인사관리	관리 재량권 확대
정책 결정 개혁 방안	정치・행정 구분	내부시장, 시장적 유인	협의, 협상	실험	기업가적 정부
평가 기준 (공익의 기준)	안정성, 평등	저비용	참여, 협의	저비용, 조정	창의성・행동주의

15 ④

- ① 예산안의 감액 등은 할 수 있다.
- ② 예산안은 매년 12월 2일까지 본회의 의결을 마쳐야 한다.
- ③ 대통령은 국회가 의결한 법률안에 대해 거부권이 있지만, 국회의결 예산에 대해서는 재의요구권이 없다.

16 ③

경제력은 낮지만 재정 예측력이 높은 것은 세입 예산이다.

윌다브스키의 예산문화론

구분		경제력	
		높음	낮음
재정 예측력	높음	점증적 예산 (선진국)	세입 예산 [선진국(미국 등)의 지방정부]
	낮음	보충적 예산	반복적 예산

17

재정 · 예산제도에 대한 설명으로 옳은 것은?

① 조세지출예산제도는 조세지출의 투명성과 항구성 · 지속성을 제고하는 장점이 있다.
② 통합재정은 일반회계, 특별회계, 기금을 모두 포괄하며, 재정활동의 전모를 파악할 수 있도록 융자지출을 통합재정수지의 계산에 포함하고 있다.
③ 성인지 예산제도는 각 지출부처가 기획재정부와 여성가족부의 지휘 아래 대부분의 재정사업에 대해 성인지 예산서 · 결산서를 작성하도록 하고 있다.
④ 예비타당성조사는 대규모 건설사업, 정보화사업, 연구개발사업 등을 대상으로 하며, 교육 · 보건 · 환경 분야 등에는 아직 적용되지 않고 있다.

18

정책혁신의 확산에 대한 설명으로 옳은 것은?

① 혁신 확산에 관한 연구는 주로 미시수준에 머물러 있고, 중위수준 및 거시수준에서의 연구는 여전히 미진한 실정이다.
② 혁신의 초기수용자는 소속집단의 신망을 받는 이들로서 그 사회에서 여론선도자일 가능성이 높다.
③ 확산은 선진산업국가로부터 저개발지역으로 확산되는 '공간적 확산(spatial diffusion)'과 이웃지역으로부터의 모방을 통한 '계층적 확산(hierarchical diffusion)'으로 구분할 수 있다.
④ 로저스(E. Rogers)에 따르면, 혁신수용시간에 따라 수용자 수의 분포는 S자 형태를 띠고, 이들 수용자의 누적도수는 정규분포를 이룬다.

19

1980년대 이후 주요 국가들의 예산개혁에 대한 설명으로 옳은 것은?

① 성과주의 예산제도는 재정사업에 대한 투입보다는 그 결과에 대한 관심을 강조하고 있으나, 정작 성과측정, 사업원가 산정, 성과-예산의 연계 등에서 여전히 많은 난관이 있다.
② 중기재정계획은 단년도 예산의 장점인 안정성과 일관성보다는 재정건전성 등 중장기적 거시 재정목표의 효과적인 추구를 위해 도입되었다.
③ 하향식 예산편성제도는 추계한 예산총량을 전략적 우선순위에 따라 먼저 부문별 · 부처별로 배분하여 예산의 기술적 효율성(technical efficiency)의 제고를 우선적인 목적으로 한다.
④ 총액배분자율편성예산제도는 기획재정부가 부문별 · 부처별로 예산상한을 할당하는 집권화된 예산편성 방식으로, 부처의 사업별 재원배분에 대한 보다 세밀한 관리 · 통제 필요성에 따라 도입되었다.

20

다음에서 설명하는 의사결정 휴리스틱스(heuristics)의 오류는?

> 사람들에게 10명의 사람으로부터 무작위로 k명의 위원회를 구성하라고 하고, k가 2일 때와 8일 때 어느 경우에 구성되는 위원회의 '경우의 수'가 더 클 것인지를 판단하게 하였다. 이때 대부분의 사람들은 2일 경우가 더 많다고 답한다. 이는 2명의 위원회를 생각하는 것이 8명의 서로 다른 위원회를 생각하는 것보다 더 쉽기 때문이다. 하지만 실제로 2명일 때와 8명일 때의 조합 가능한 위원회의 수는 같다.

① 고착화와 조정(anchoring & adjustment)으로 인한 오류
② 허위상관(illusory correlation)으로 인한 오류
③ 상상의 용이성(imaginability)으로 인한 오류
④ 사례의 연상가능성(retrievability of instances)으로 인한 오류

정답 및 해설

17 ②
- ① 조세지출예산제도는 일몰제이므로 항구성 · 지속성을 제고하기 어렵다.
- ③ 성인지 예산서는 기획재정부장관과 여성가족부장관이 협의하여 제시한 작성기준 및 방식 등에 따라 각 중앙관서의 장이 작성한다.
- ④ 예비타당성조사는 교육, 보건, 환경 분야 등에도 적용되고 있다.

18 ②
- ① 혁신 확산에 관한 연구는 주로 중위수준 또는 거시수준이다.
- ③ 확산은 선진산업국가로부터 저개발지역으로 확산되는 '계층적 확산(hierarchical diffusion)'과 이웃지역으로부터의 모방을 통한 '공간적 확산(spatial diffusion)'으로 구분할 수 있다.
- ④ 수용자 수의 분포가 정규분포이고, 누적도수가 S자 형태이다.

19 ①
- ② 단년도 예산은 안정성과 일관성을 가지기 어렵다.
- ③ 하향식 예산편성제도는 추계한 예산총량을 전략적 우선순위에 따라 먼저 부문별 · 부처별로 배분하여 예산의 배분적 효율성(allocative efficiency)의 제고를 우선적인 목적으로 한다. 예산의 기술적 효율성(technical efficiency)은 부문 내 효율성을 의미한다.
- ④ 총액배분자율편성은 부처의 자율성과 통제의 조화를 추구한다.

20 ③
- ③ 상상의 용이성으로 인한 오류: 얼마나 쉽게 상상할 수 있는지에 따라 빈도를 판단한다.
- ① 고착화와 조정으로 인한 오류: 초기 값으로부터 추정을 시작하기 때문에 평가는 초기치에 의해 고착화 효과가 발생한다.
- ② 허위상관으로 인한 오류: 실제 상관관계가 없는데도 두 변수 간에 상관관계가 높을 것이라고 착각하기 쉽다.
- ④ 사례의 연상가능성으로 인한 오류: 사건의 빈도를 판단할 때 친숙할수록, 현저할수록, 최근의 것일수록 연상하기 쉽다.

12 2019. 2. 23. 서울시 7급 기출문제

01

〈보기〉는 △△일보의 보도 내용 중 일부이다. 이와 같은 기사 내용을 윌슨(J. Wilson)의 규제정치이론에 적용하면, 가장 적합한 정치적 상황은?

보기

"캡슐커피 때문에 경비아저씨와 싸웠습니다. 알루미늄과 플라스틱 재질이 섞여 있어 플라스틱 전용 재활용 수거함에 넣지 않았는데, 재활용함에 넣어야 한다며 언성을 높였습니다. 누구나 헷갈릴 수 있을 것 같아요."

(김○○ · 여 · 34)

"한 번에 마실 양을 쉽게 추출할 수 있어 캡슐커피를 애용했지만, 재활용되지도 않고 잘 썩지도 않는다는 이야기를 듣고 이용을 자제하려고 합니다."

(이□□ · 남 · 31)

소비자들 사이에서 캡슐커피 사용을 제한하자는 목소리가 나오고 있다. 캡슐커피의 크기가 작은 데다 알루미늄과 플라스틱이 동시에 포함돼 있어 재활용이 실질적으로 불가, 환경오염의 주범이 될 수 있다는 이유에서다. 정부 역시 환경에 미치는 영향을 고려해 관련 규제 검토에 나설 것이라고 밝혔다.

① 고객정치(client politics)
② 이익집단정치(interest group politics)
③ 대중정치(majoritarian politics)
④ 기업가정치(entrepreneurial politics)

02

사회적 자본(social capital)에 대한 설명으로 옳은 것을 〈보기〉에서 모두 고른 것은?

보기

㉠ 퍼트남(R. Putnam)은 사회적 자본에 있어 네트워크, 규범, 신뢰를 강조하였다.
㉡ 사회적 자본이 형성되는 경우 거래비용 감소의 긍정적 효과가 있다.
㉢ 사회적 자본은 조정과 협동을 용이하게 만든다.
㉣ 세계은행은 개발도상국 개발사업에 사회적 자본 개념을 활용하고 있다.
㉤ 후쿠야마(F. Fukuyama)는 한국 사회에 만연한 불신은 사회적 비효율성의 원인이라고 하였다.

① ㉠, ㉢, ㉤
② ㉠, ㉣, ㉤
③ ㉠, ㉡, ㉢, ㉤
④ ㉠, ㉡, ㉢, ㉣, ㉤

정답 및 해설

01 ④
보기는 환경오염규제에 관한 내용이다. 환경오염규제는 윌슨의 규제정치모형에서 기업가정치의 대표적인 예이다. 기업가정치(운동가의 정치)는 편익은 분산되고 비용이 기업에 집중되어 있어 정책형성과 집행이 어렵다. 예 환경오염규제, 자동차안전규제, 식품위생규제, 위해물품규제

➕ 윌슨의 규제정치

구분		편익	
		분산	집중
감지된 비용	분산	대중정치	고객정치
	집중	기업가정치	이익집단정치

02 ④
㉠, ㉡, ㉢, ㉣, ㉤ 모두 옳은 내용이다.

03

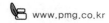

윌슨(W. Wilson)의 행정의 연구(The Study of Administration)에 대한 설명으로 가장 옳지 않은 것은?

① 19세기 말엽 미국 정부의 규모가 그 이전과 비교도 안 될 정도로 커지고, 행정의 수요가 급증한 상황에서 행정학 연구의 중요성을 역설하였다.
② 19세기 말엽 미국 내 정경유착과 보스 중심의 타락한 정당정치로 인하여 부패가 극심한 상황에서 행정이 정치로부터 독립해야 한다고 주장하였다.
③ 윌슨은 행정의 전문성을 강조하면서, 정치와 행정의 분리와 함께 행정의 영역(field of administration)을 비즈니스의 영역(field of business)으로 규정하기도 하였다.
④ 윌슨은 행정의 본질을 의사결정과 이에 따른 집행의 효과성을 높이는 것으로 파악하고 있으며, 근본적으로 효율적인 정부가 되어 돈과 비용을 덜 들여야 한다고 주장하고 있다.

04

덴하트(J. V. Denhardt)와 덴하트(R. B. Denhardt)가 제시한 신공공서비스론의 주요 내용과 가장 거리가 먼 것은?

① 생산성과 더불어 사람의 가치를 강조한다.
② 책임성의 복잡성과 다차원성에 주목한다.
③ '전략적 사고'와 더불어 '민주적 행동'의 중요성을 강조한다.
④ 관료의 역할과 관련하여 '방향잡기'와 함께 '봉사'를 강조한다.

05

다원주의론은 기본적으로 집단과정이론과 다원적 권력이론으로 크게 구분되는데, 이들 이론에 공통된 다원주의의 주요 특성으로 가장 옳지 않은 것은?

① 이익집단들 간의 경쟁은 정치체제의 유지에 순기능적이라고 본다.
② 권력의 원천이 특정 세력에 집중되어 있는 것이 아니고 각기 분산된 불공평성을 띤다.
③ 이익집단들 간에 상호 경쟁적이지만 기본적으로는 게임의 규칙을 준수해야 하는 데 합의를 하고 있다고 본다.
④ 다양한 이익집단은 정부의 정책과정에 동등한 접근 기회를 가지고 있으며 이익집단들 간의 영향력에 차이가 있음을 인정하지 않는다.

06

〈보기〉는 정책결정에 관한 어떤 모형을 설명하고 있다. 이 모형을 제안한 학자는?

보기

이 모형은 조직화된 혼란상태에서의 의사결정을 다루고 있다. 이 모형은 합리모형이 전제하고 있는 것처럼 모든 대안을 비교, 평가해 최선의 대안을 선택할 수 없다고 전제하고 문제의 선호, 불분명한 기술, 유동적 참여의 세 가지 요인이 의사결정 기회를 찾아 끊임없이 움직이며 이들의 흐름이 교차하는 시점에서 의사결정이 이루어진다고 설명한다.

① 드로(Y. Dror)
② 스미스와 메이(Smith & May)
③ 코헨, 마치와 올슨(Cohen, March & Olsen)
④ 에치오니(A. W. Etzioni)

정답 및 해설

03 ④
윌슨은 정치행정이원론 입장으로 행정과 경영의 유사성을 강조하고 정치와 행정을 분리하고자 하였다. 즉 행정의 본질을 의사결정이 아니라 효율적인 집행으로 보았다.

04 ④
덴하트(J. V. Denhardt)와 덴하트(R. B. Denhardt)가 제시한 신공공서비스론의 일곱 가지 원칙에 따르면 관료의 역할은 방향잡기보다는 봉사를 강조한다.

덴하트와 덴하트가 제시한 신공공서비스론의 일곱 가지 원칙

1. 고객이 아닌 시민에게 봉사
2. 목표로서 공익
3. 기업가 정신보다 시민의식과 공공서비스 중시
4. 전략적 사고와 민주적 행동
5. 책임의 다원성(법, 공동체, 정치규범, 전문성, 시민이익 등 다면적 책임성)
6. 정부의 역할은 방향잡기보다는 봉사
7. 인간존중(공공조직은 공유된 리더십과 협력의 과정을 통해 작동)

05 ④
다원주의이론은 각종 이익집단은 정책과정에서 동등한 정도의 접근 기회를 가지나 영향력(구성원의 수, 재정력, 리더십, 응집력 등)의 차이가 있음을 인정한다. 이러한 차이는 있지만 전체적으로 균형을 유지하고 있다고 본다.

06 ③
- ③ 보기의 내용은 코헨, 마치와 올슨(Cohen, March & Olsen)의 쓰레기통모형에 대한 설명이다.
- ①, ②, ④ 드로는 정책결정과 관련하여 최적모형, 스미스와 메이는 정책네트워크모형과 정책의제설정 관련 이론, 에치오니는 정책결정과 관련하여 혼합탐사모형을 주장한 학자이다.

07

균형성과표(BSC, Balanced Score Card)에 대한 설명으로 가장 옳지 않은 것은?

① BSC는 관리자의 성과정보가 재무적 정보에 국한된 약점을 극복하고자 다양한 측면의 정보를 제공하며, 재무적 정보 외에 고객, 내부 절차, 학습과 성장 등 조직운영에 필요한 관점을 추가한 것이다.

② BSC의 장점은 거시적이고 추상적인 조직목표와 실천적 행동지표 간 인과관계를 확보함으로써 조직의 전략과 기획을 실행에 옮길 수 있게 한다는 것이다.

③ BSC는 조직구성원 학습, 내부절차 및 성장과 함께, 정책 관련 고객의 중요성을 강조하지만, 고객이 아닌 이해당사자들에 대한 의사소통 채널에 대해서는 관심의 정도가 낮아 한계로 지적되고 있다.

④ BSC의 기본틀은 성과관리 체계로 이전의 관리 방식인 TQM이나 MBO와 크게 다르지 않고, 다만 거기에서 진화된 종합모형이라 평가받고 있다.

08

커크하트(Larry Kirkhart)는 연합적 이념형이라고 하는 반관료제적 모형을 제시하였는데, 이 모형이 강조하는 조직구조 설계원리의 처방에 해당하지 않는 것은?

① 컴퓨터 활용

② 사회적 층화의 억제

③ 고용관계의 안정성・영속성

④ 권한체제의 상황적응성

09

동기이론에 대한 설명으로 가장 옳은 것은?

① 머슬로(A. Maslow)는 욕구를 하위욕구부터 상위욕구까지 총 5단계로 분류하면서, 하위욕구를 충족하게 되면 상위욕구를 추구하게 되나, 하위욕구인 생리적 욕구와 안전욕구는 충족되더라도 필수적 욕구로 동기 유발이 지속된다고 주장하였다.

② 허즈버그(F. Herzberg)의 욕구충족요인이원론은 불만요인(위생요인)은 개인의 불만족을 방지하는 효과를 가져오는 요인으로 충족이 되지 않으면 심한 불만을 일으키지만 충족이 되면 강한 동기요인이 되기 때문에 개인의 불만에 대하여 관심을 갖고 관리해야 한다고 주장하였다.

③ 앨더퍼(C. Alderfer)의 ERG이론은 머슬로의 욕구 5단계 이론과 달리, 욕구 추구는 분절적으로 일어날 수도 있지만, 두 가지 이상의 욕구를 동시에 추구하기도 한다고 주장하였다.

④ 매클랜드(D. McClelland)는 성취동기이론에서 공식 조직이 개인의 행태에 미치는 영향 연구를 통하여 미성숙 상태에서 성숙 상태로 발전하는 성격 변화의 경험이 성취동기의 기본이 된다고 주장하였다.

정답 및 해설

07 ③
BSC는 조직의 구성원들에게 목표달성을 위해 필요한 성과지표가 무엇인지를 알려주기 때문에 의사소통 도구로서의 기능을 한다.

08 ③
커크하트는 고용관계의 잠정성, 컴퓨터의 활용, 사회적 계층화의 억제, 권한체제의 상황적응성, 프로젝트 팀의 구성, 한시적 구조, 자율과 협동, 목표추구방법과 수단의 다양성, 고객집단의 참여를 조직구조 설계원리의 처방으로 제시하였다.

09 ③
- ① 머슬로(Maslow)는 욕구 5단계(생리적 욕구 → 안전 욕구 → 사회적 욕구 → 존재감 → 자아실현욕구)가 순차적으로 유발되고 충족된 욕구는 동기부여의 역할이 약화되고 그 다음 단계의 욕구가 새로운 동기요인이 된다고 주장하였다.
- ② 허즈버그(Herzberg)의 욕구충족요인이원론은 불만족의 반대는 만족이 아니라 불만족이 없는 상태라고 본다. 따라서 위생요인(불만요인)이 충족되더라도 불만이 없어질 뿐 동기요인이 되지는 않는다.
- ④ 아지리스(Argyris)의 미성숙・성숙이론에 관한 설명이다. 매클랜드(McClelland)의 성취동기이론은 동기가 개인이 사회문화와 상호작용하는 과정에서 취득되고 학습을 통해 개발될 수 있다는 것을 전제로, 개인의 욕구 중 사회문화적으로 학습된 욕구들을 성취욕구, 권력욕구, 친교욕구로 분류하였다.

10

민츠버그(H. Mintzberg)의 조직성장 경로모형에 대한 설명으로 가장 옳지 않은 것은?

① 지원 스태프 부문은 기본적인 과업흐름 내에서 발생하는 조직의 문제에 대해 지원하는 모든 전문가로 구성되어 있다.
② 조직은 핵심 운영 부문, 전략 부문, 중간 라인 부문, 기술구조 부문, 지원 스태프 부문으로 구성된다.
③ 전략 부문은 조직을 가장 포괄적인 관점에서 관리하는 최고관리층이 있는 곳으로 조직의 전략을 형성한다.
④ 핵심 운영 부문은 조직의 제품이나 서비스를 생산해 내는 기본적인 일들이 발생하는 곳이다.

11

인사행정에 대한 설명으로 가장 옳지 않은 것은?

① 균형인사정책은 대표관료제의 단점, 즉 소외집단에 대한 배려가 다른 집단에 대한 역차별을 불러올 가능성을 낮추는 데 기여할 수 있다.
② 대표관료제는 정부관료제 인적 구성의 대표성 확보를 통해 전체 국민에 대한 정부의 대응성을 향상시킬 수 있다.
③ 엽관제는 정당정치의 발달과 행정의 민주성 제고에 기여할 수 있다.
④ 엽관제는 정치지도자의 행정 통솔력을 강화시켜 정책과정의 능률성을 제고할 수 있다.

12

「지방공무원법」상 특정직 공무원이 아닌 것은?

① 기술에 대한 업무를 담당하는 공무원
② 공립대학 및 전문대학에 근무하는 교육공무원
③ 자치경찰공무원
④ 지방소방공무원

13

서메이어(K. Thumaier)와 윌로비(K. Willoughby)의 예산운영의 다중합리성모형에 대한 설명으로 가장 옳은 것은?

① 정부예산의 결과론적 접근방법에 근거한다.
② 미시적 수준의 예산상의 의사결정을 설명하고 탐구한다.
③ 정부 예산의 성공을 위해서는 예산과정 각 단계에서 예산활동과 행태를 구분해서는 안 된다고 주장하였다.
④ 예산과정과 정책과정 간의 연계점의 인식틀을 제시하기 위해 킹던(J.W. Kingdon)의 정책결정모형과 그린과 톰슨(Green & Thompson)의 조직과정모형을 통합하고자 하였다.

정답 및 해설

10 ①

지원 스태프 부문은 기본적인 과업흐름 외에 발생하는 조직의 문제에 대해 지원하는 전문가로 구성되어 있다.

구분	단순구조	기계적 관료제	전문적 관료제	사업부제	애드호크라시
강조된 조직 구성 부분	최고 관리층 (전략 부문)	기술 구조	핵심 운영층 (operating core)	중간 계선 (middle line)	지원 참모 (support staff)
조정 방법	직접 감독	작업 과정의 표준화	작업기술의 표준화	산출 표준화	상호 조절
구조	집권화되고 유기적인 조직	높은 분화·전문화 조직	수평·수직적 분권화된 조직	제한된 수직적 분권화 조직	선택적 분권화 조직
환경	단순하고 동태적인 환경	단순하고 안정적인 환경	복잡하고 안정적인 환경	단순하고 안정적인 환경	복잡하고 동태적인 환경

11 ①

균형인사정책(여성관리자 임용목표제, 장애인채용목표제 등)은 다른 집단에 대한 역차별 발생 우려가 있다.

12 ①, ④(기존정답 : ①)

• 지방공무원법 제2조(공무원의 구분) 제2항 2
– 특정직 공무원 : <u>공립대학 및 전문대학에 근무하는 교육공무원</u>, 교육감 소속의 교육전문직원 및 <u>자치경찰공무원</u>과 그 밖에 특수 분야의 업무를 담당하는 공무원으로서 다른 법률에서 특정직 공무원으로 지정하는 공무원
• 소방공무원은 현재 「국가공무원법」에 따라 <u>국가직 특정직 공무원으로 전환</u>되었다.

13 ②

• ① 정부예산결정의 <u>과정적 접근방법</u>에 근거한다.
• ③ 예산과정 각 단계에서 예산 활동 및 행태를 <u>구분해야 함</u>을 강조한다.
• ④ 킹던의 정책결정모형과 <u>루빈의 실시간 예산운영모형</u>을 통합하고자 하였다.

14

「국가재정법」에 규정되어 있는 예산의 전용에 대한 설명으로 가장 옳은 것은?

① 각 중앙관서의 장이 예산을 전용한 경우에는 반기별로 그 전용내역을 감사원에 제출하여야 한다.
② 각 중앙관서의 장은 당초 예산에 계상되지 아니한 사업을 추진하는 경우에도 예산을 전용할 수 있다.
③ 각 중앙관서의 장은 회계연도마다 기획재정부장관이 위임하는 범위 안에서 각 세항 또는 목의 금액을 자체적으로 전용할 수 있다.
④ 각 중앙관서의 장은 예산의 목적범위 안에서 재원의 효율적 활용을 위하여 기획재정부장관의 승인을 얻어 각 관, 항, 세항의 금액을 전용할 수 있다.

15

효과성 성과감사를 위한 질문과 가장 거리가 먼 것은?

① 부처 간 공통목적 달성을 위해 잘 협조하고 있는가?
② 사업의 대상 집단은 정확히 정의되었는가?
③ 사람들은 제공된 사업내용이나 수단에 만족하는가?
④ 선택된 수단들은 추구하는 목적 달성에 어느 정도로 기여하는가?

16

분권화된 지방정부에서 발에 의한 투표(vote by feet)가 가능해지기 위한 전제조건들에 대한 설명으로 가장 옳지 않은 것은?

① 지방정부의 시민들은 그들의 선호체계에 가장 적합한 지역으로 이동하는 것이 가능하다.
② 시민들이 지방정부들의 세입 세출 형태에 관해 완전한 정보를 가지고 있어야 한다.
③ 시민들이 배당수입에 의존하여 생활해야 한다.
④ 공급되는 공공재도 외부비용과 외부효과 문제를 가지고 있을 수 있다.

17

「지방공기업법」에 근거한 지방공기업에 대한 설명으로 가장 옳지 않은 것은?

① 지방공기업은 수도사업(마을상수도사업은 제외한다), 공업용수도사업, 주택사업, 토지개발사업, 하수도사업, 자동차운송사업, 궤도사업(도시철도사업을 포함한다)을 할 수 있다.
② 지방공기업에 관한 경영평가는 원칙적으로 행정안전부장관의 주관으로 이루어진다.
③ 공사의 운영을 위하여 필요한 경우에는 자본금의 2분의 1을 넘지 아니하는 범위에서 지방자치단체 외의 자로 하여금 공사에 출자하게 할 수 있다. 단, 외국인 및 외국법인은 제외한다.
④ 지방공기업에 대한 경영평가, 관련정책의 연구, 임직원에 대한 교육 등을 전문적으로 지원하기 위하여 지방공기업평가원을 설립한다.

정답 및 해설

14 ③

- ① 국가재정법 제46조(예산의 전용) 제5항 : 각 중앙관서의 장이 제1항 또는 제2항에 따라 전용을 한 경우에는 분기별로 분기만료일이 속하는 달의 다음 달 말일까지 그 전용내역을 국회 소관 상임위원회와 예산결산특별위원회에 제출하여야 한다.
- ② 국가재정법 제46조(예산의 전용) 제3항 : 제1항 및 제2항에도 불구하고 각 중앙관서의 장은 다음 각 호의 어느 하나에 해당하는 경우에는 전용할 수 없다.
  1. 당초 예산에 계상되지 아니한 사업을 추진하는 경우
- ④ 국가재정법 제46조(예산의 전용) 제1항 : 각 중앙관서의 장은 예산의 목적범위 안에서 재원의 효율적 활용을 위하여 대통령령으로 정하는 바에 따라 기획재정부장관의 승인을 얻어 각 세항 또는 목의 금액을 전용할 수 있다.

15 ①

능률성은 수단적·과정적 측면에 초점을 둔 반면, 효과성은 목표의 달성도를 중시하는 것으로 '부처 간 공통목적 달성을 위해 잘 협조하고 있는가?'는 능률성 성과감사에 가깝다.

16 ④

지방공공재의 외부효과는 존재하지 않는다고 가정한다.

17 ③

지방공기업법 제53조(출자) 제2항 : 제1항에도 불구하고 공사의 운영을 위하여 필요한 경우에는 자본금의 2분의 1을 넘지 아니하는 범위에서 지방자치단체 외의 자(외국인 및 외국법인을 포함한다)로 하여금 공사에 출자하게 할 수 있다. 증자(增資)의 경우에도 또한 같다.

18

지방재정에 대한 설명으로 가장 옳지 않은 것은?

① 지방수입에 있어서 자주재원의 핵심은 지방세와 세외수입으로 지방세는 법률이 정하는 바에 따라 강제적으로 징수하고, 세외수입은 지방세 외의 모든 수입을 포함하는 개념이다.
② 의존재원은 지방교부세, 국고보조금, 조정교부금, 지방채로 구성되며, 지방자치단체에서 필요로 하거나, 부족한 재원을 외부에서 조달한다는 특징이 있다.
③ 지방자치단체 지방수입의 구조에서 가장 두드러진 특징 중 하나는 자주재원에 비해 의존재원이 매우 많다는 점으로, 지방자치단체의 국가재정에 대한 의존도가 상당히 크다 할 수 있다.
④ 재정자립도는 지방자치단체 총 예산규모 중 자주재원이 차지하는 비율로 그 산식에 있어서 분모와 분자에 모두 자주재원이 존재함으로 인해 재정자립도를 결정하는 데에 중요한 요인은 의존재원이 된다.

19

4차 산업혁명에 대한 설명으로 가장 옳지 않은 것은?

① 산업과 산업 간의 초연결성을 바탕으로 초지능성을 창출한다.
② 3차 산업혁명의 연장선상이며 근본적인 특성을 공유하고 있다.
③ 사이버 물리 시스템(cyber-physical system) 혁명이라고 할 수 있다.
④ IoT, 인공지능, 빅데이터 등의 신기술을 기존 제조업과 융합해 생산능력과 효율을 극대화시킨다.

20

작은 정부와 큰 정부에 대한 설명으로 가장 옳지 않은 것은?

① 큰 정부의 등장은 대공황 등 경제위기 속에서 시장에 대한 정부의 적극적 개입을 통해 대공황을 극복해야 한다는 케인즈주의에 사상적 기반을 두고 있다.
② 시장실패에 대한 대응으로 나타난 큰 정부는 규제를 완화하고 사회보장, 의료보험 등 사회정책을 펼침으로써, 정부의 적극적 역할을 강조하였으며, 이러한 이유로 정부의 크기가 커졌다.
③ 경제 대공황 극복을 위하여 등장한 뉴딜 정책과 함께 2차 세계대전 등 전쟁은 큰 정부가 탄생하는 데 결정적인 영향을 주었다.
④ 작은 정부를 주장하는 하이에크는 케인즈의 주장을 반박하며, 정부의 시장 개입은 단기적 경기 부양에는 효과적일 수 있어도 장기적으로는 시장의 효율성을 심각하게 훼손한다고 주장하였다.

정답 및 해설

18 ②
의존재원은 지방교부세, 국고보조금, 조정교부금으로 구성되고, <u>지방채는 의존재원에 포함되지 않는다</u>.

19 ②
4차 산업혁명은 초연결성, 초지능성, 사물인터넷, 인공지능, 빅데이터 등 <u>3차 산업혁명과는 근본적인 특성을 달리한다</u>.

20 ②
큰 정부는 <u>규제를 강화</u>하고 정부의 적극적 개입을 강조한다.

13 2018. 10. 13. 지방직 7급 기출문제

01

국가공무원법상 소청심사위원회를 둘 수 없는 기관은?

① 행정안전부
② 국회사무처
③ 중앙선거관리위원회사무처
④ 법원행정처

02

우리나라 고위공무원단 제도 운영의 효과에 대한 설명으로 옳지 않은 것은?

① 민간전문가의 고위직 임용가능성이 증가하였다.
② 연공서열에 의한 인사관리를 강화하여 직위의 안정을 도모하였다.
③ 고위직 공무원이 다른 부처로 이동할 가능성이 증가하였다.
④ 공무원 개개인의 능력발전과 성과관리의 중요성이 더욱 커졌다.

03

거버넌스(Governance)에 기반한 서비스 연계망의 단점으로 옳지 않은 것은?

① 분절화로 인해 집행통제가 어려움
② 정보부족으로 인해 조정이 어려움
③ 서비스의 공동생산에 따라 책임소재가 불분명
④ 이해당사자 간 상호의존적인 교환의 필요성 증가

04

행정통제와 행정책임에 대한 설명으로 옳은 것은?

① 대응적 책임(responsiveness)은 공복으로서의 관료의 직책과 관련된 광범위한 도의적·자율적 책임을 의미한다.
② 입법국가 시절에는 외부통제에 중점을 두었으나, 행정국가로 이행하면서 내부통제의 중요성이 부각되었다.
③ 도의적 책임(responsibility)은 국민이나 고객의 요구, 이념, 가치에 대한 대응성을 강조하는 책임이다.
④ 행정에 대한 외부통제 수단으로 우리나라 국회는 국정조사, 국정감사, 직무감찰, 옴부즈만 등을 행사한다.

정답 및 해설

01 ①
행정안전부 등 중앙행정기관에 대해서는 인사혁신처에 소청심사위원회를 설치한다. 국회사무처, 법원행정처, 헌법재판소사무처 및 중앙선거관리위원회사무처는 별도로 둔다.

02 ②
고위공무원단제도는 국가의 고위공무원을 범정부적 차원에서 효율적으로 관리하기 위하여 하나의 풀(pool)로 운영하는 제도로, 연공서열보다는 능력과 성과 중심의 인사관리제도이다.

03 ④
거버넌스는 이해관계자 간의 신뢰를 기반으로 한 네트워크 형성이 필수적이므로, 이해당사자 간 상호의존적인 교환의 필요성 증가는 단점이 아니라 '특징'에 해당한다.

04 ②
- ① 도의적 책임에 대한 설명이다.
- ③ 대응적 책임에 대한 설명이다.
- ④ 우리나라의 경우 직무감찰은 감사원, 옴부즈만은 국무총리 소속 국민권익위원회가 담당하므로 행정에 대한 내부통제 수단에 해당한다.

05

공공부문의 성과관리를 강화하기 위해 균형성과표(BSC : Balanced Score Card)를 도입할 경우 중시해야 할 관점으로 옳지 않은 것은?

① 공기업 재정운영의 효율성을 제고하기 위해 직원 보수를 조정한다.
② 공무원의 능력향상을 위해 전문적 직무교육을 강화한다.
③ 시민들의 행정서비스 만족도를 제고하기 위해 노력한다.
④ 상향식 접근방법에 기초해 공무원의 개인별 실적평가를 중시한다.

06

근무평가 과정에서 나타날 수 있는 오류의 유형에 대한 설명으로 옳지 않은 것은?

① 집중화 경향 – 평가자가 모든 피평가자에게 대부분 중간 수준의 점수를 주는 심리적 경향이다.
② 관대화 경향 – 평가 결과의 분포가 우수한 쪽에 집중되는 경향이다.
③ 총계적 오류 – 어떤 평가자가 다른 평가자들보다 언제나 좋은 점수 또는 나쁜 점수를 주는 것이다.
④ 시간적 오류 – 근무평가 대상기간 초기의 업적에 영향을 크게 받는 첫머리 효과와 최근 실적을 중심으로 평가하는 막바지 효과로 나타난다.

07

지방자치분권 및 지방행정체제개편에 관한 특별법상 지방자치분권에 대한 내용으로 옳은 것은?

① 정부업무평가위원회는 자치분권 및 지방행정체제 개편을 효과적으로 추진하기 위하여 관계 중앙행정기관의 장과 협의하고 지방자치단체의 의견을 수렴하여 자치분권 종합계획을 수립하여야 한다.
② 국가와 지방자치단체 간 또는 지방자치단체 상호 간의 사무를 배분하는 경우 원칙적으로 국가가 처리하기 어려운 사무는 특별시 · 광역시 · 특별자치시 · 도 및 특별자치도의 사무로, 특별시 · 광역시 · 특별자치시 · 도 및 특별자치도가 처리하기 어려운 사무는 시 · 군 및 자치구의 사무로 각각 배분하여야 한다.
③ 국가는 사무배분의 원칙에 따라 그 권한 및 사무를 적극적으로 지방자치단체에 이양하여야 하며, 그 과정에서 국가사무 또는 특별시 · 광역시 · 특별자치시 · 도 및 특별자치도의 사무로서 특별시 · 광역시 · 특별자치시 · 도 및 특별자치도 또는 시 · 군 및 자치구의 장에게 위임된 사무는 원칙적으로 폐지하고 자치사무와 국가사무로 이분화하여야 한다.
④ 국가는 자치분권정책을 추진할 때 어떠한 경우에도 지방자치단체 간에 차등을 두어서는 아니 된다.

정답 및 해설

05 ④

- 상향식 접근방법에 기초해 공무원의 개인별 실적평가를 중시하는 것은 목표관리(MBO)에 대한 설명이다.
- 균형성과표는 조직의 비전과 목표, 전략으로부터 도출된 성과지표의 집합체로써 추상성이 높은 비전에서부터 구체적인 성과지표로 이어지는 위계적인 체계를 가진다. 또한 균형 있는 성과지표를 설정하고 여러 관점들의 연계를 추구한다.

06 ③

총계적 오류는 평정자의 평정기준이 일정하지 않아 관대화 및 엄격화 경향이 불규칙하게 나타나는 오류를 말한다. 어떤 평가자가 다른 평가자보다 언제나 좋은 점수 또는 나쁜 점수를 주는 오류는 규칙적 오류에 대한 설명이다.

07 ③

- ③ 지방자치분권 및 지역균형발전에 관한 특별법 제33조에서 정하고 있다.
- ① 지방자치분권 및 지역균형발전에 관한 특별법이 시행되어, 지방시대 종합계획은 대통령 소속 지방시대위원회가 수립한다.
- ② 기초지방자치단체가 처리하기 곤란한 사무는 광역지방자치단체가, 광역지방자치단체가 처리하기 곤란한 사무는 국가가 처리한다. 다만, 사무배분의 원칙은 지방자치분권 및 지역균형발전에 관한 특별법에서 삭제되었다.
- ④ 그 지방자치단체의 실정에 맞게 시범적으로 실시할 수 있다. '차등적'이라는 표현은 지방자치분권 및 지역균형발전에 관한 특별법에서 삭제되었다.

※ 2023년 7월부터 지방자치분권 및 지역균형발전에 관한 특별법이 시행되고 있다.

08

공공기관의 운영에 관한 법률과 지방공기업법령상 공공기관과 지방공기업에 대한 설명으로 옳지 않은 것은?

① 기획재정부장관은 공공기관을 공기업·준정부기관과 기타 공공기관으로 구분하여 지정하되, 공기업과 준정부기관은 직원 정원이 50인 이상인 공공기관 중에서 지정한다.
② 기획재정부장관은 경영실적 평가 결과 경영실적이 부진한 공기업·준정부기관에 대하여 운영위원회의 심의·의결을 거친 후 기관장, 상임이사의 임명권자에게 그 해임을 건의하거나 요구할 수 있다.
③ 지방공기업법상 지방공기업의 범주에는 지방직영기업과 지방공사·지방공단이 포함된다.
④ 지방자치단체장은 지방자치의 발전과 주민복리의 증진을 위해 지방공기업을 설립·운영할 수 있으며, 매년 경영평가 결과를 토대로 경영진단 대상 지방공기업을 선정한다.

09

전자적 행정서비스를 제공받는 집단에 대한 설명으로 옳은 것은?

① G2G(Government, Government)에서는 그룹웨어시스템을 통한 원격지 연결, 정보 공유, 업무의 공동처리, 업무 유연성 등으로 행정의 생산성이 저하된다.
② G2C(Government, Citizen)의 관계 변화를 통해 시민요구에 부응하는 질 높은 행정서비스를 제공하고 시민참여를 촉진할 수 있지만 공공서비스 수요에 대한 대응성이 낮아진다.
③ G2G(Government, Government)에서는 정부부처 간, 중앙과 지방정부 간에 정보를 공동활용하여 행정업무의 정확성과 효율성이 증대되고 거래비용이 감소한다.
④ G2B(Government, Business)의 관계 변화로 정부의 정책수행을 위한 권고, 지침전달 등을 위한 정보교류 비용이 감소하지만 조달행정 비용은 증가한다.

10

덴하트와 덴하트(J. V. Denhardt & R. B. Denhardt)가 제시한 신공공서비스론(new public service)의 일곱 가지 기본 원칙에 대한 설명으로 옳지 않은 것은?

① 민주적으로 생각하고 전략적으로 행동해야 한다.
② 방향을 잡기보다는 시민에 대해 봉사해야 한다.
③ 공익을 공유된 가치를 창출하는 담론의 결과물로 인식해야 한다.
④ 기업주의 정신보다는 시민의식의 가치를 받아들여야 한다.

정답 및 해설

08 ①, ④(기존정답 : ④)
- ① 공공기관의 운영에 관한 법률 시행령이 개정되어, 공기업과 준정부기관은 직원 정원이 300인 이상, 총수입액이 200억 원 이상, 자산규모가 30억 원 이상인 공공기관 중에서 지정한다.
- ④ 경영진단 대상 공기업의 선정은 행정안전부장관이 한다.

09 ③
- ① 행정의 생산성이 향상된다.
- ② 공공서비스 수요에 대한 대응성이 높아진다.
- ④ 조달 행정비용이 감소한다.

10 ①
'전략적 사고와 민주적 행동'이 올바른 표현이다.

덴하트와 덴하트가 제시한 신공공서비스론의 일곱 가지 원칙

1. 고객이 아닌 시민에게 봉사 2. 목표로서 공익 3. 기업가 정신보다 시민의식과 공공서비스 중시 4. 전략적 사고와 민주적 행동 5. 책임의 다원성(법, 공동체, 정치규범, 전문성, 시민이익 등 다면적 책임성) 6. 정부의 역할은 방향잡기보다는 봉사 7. 인간존중(공공조직은 공유된 리더십과 협력의 과정을 통해 작동)

11

예산제도의 유형에 대한 설명으로 옳지 않은 것은?

① 품목별 예산제도(LIBS)는 예산집행에 대한 회계책임을 명백히 하고 경비사용을 엄격하게 통제한다.
② 계획예산제도(PPBS)의 주요한 관심 대상은 사업의 목표이나, 투입과 산출에도 관심을 둔다.
③ 목표관리 예산제도(MBO)의 도입 취지는 불요불급한 지출을 억제하고 감축관리를 지향하는데 있다.
④ 성과주의 예산제도(PBS)에서는 국민과 의회가 정부의 사업내용과 목적을 이해하는 데 편리하다.

12

공공서비스 공급을 확대하는 과정에서 정부예산이 부족한 경우 활용되는 수익형 민자사업(BTO)에 대한 설명으로 옳지 않은 것은?

① BTO는 민간이 자금을 투자해 공공시설을 건설하고 소유권을 정부로 이전하지만, 그 대가로 민간사업자는 일정 기간 사용수익권을 인정받게 된다.
② BTO의 경우 민간사업자는 시설을 운영하면서 사용료 징수로 투자비를 회수하는데, 주로 도로・철도 등 수익창출이 가능한 영역에 적용된다.
③ BTO의 경우 시설에 대한 수요변동 위험은 정부에서 부담하며, 정부는 사전에 약정한 수익률을 포함한 리스료를 민간사업자에게 지출한다.
④ BTO는 일반적으로 임대형 민자사업(BTL)에 비해 사업리스크와 수익률이 상대적으로 더 높고, 사업기간도 상대적으로 더 길다.

13

매트릭스(Matrix) 조직의 특징에 대한 설명으로 옳지 않은 것은?

① 조직 활동을 기능 부문으로 전문화하는 동시에 전문화된 부문들을 프로젝트로 통합하기 위한 장치이다.
② 정보화 시대에서 팀제가 '규모의 경제'를 구현한 방식이라면 매트릭스 조직은 '스피드의 경제'를 보장한 방식이다.
③ 기존 조직구조 내의 인력을 활용할 수 있기 때문에 인력사용에서 경제성을 확보할 수 있다.
④ 기능부서와 사업부서 간에 할거주의가 존재할 경우 원만하게 조정하기가 어려운 경우가 많다.

14

2000년대 초반 도입된 한국의 프로그램 예산제도에 대한 설명으로 옳지 않은 것은?

① 프로그램 예산제도는 현재 운영되지 않는 제도이다.
② 프로그램 예산분류(과목) 체계는 분야 - 부문 - 프로그램 - 단위사업 - 세부사업 등으로 구성된다.
③ 프로그램 예산제도 도입 시 비목(품목)의 개수를 대폭 축소함으로써 비목 간 칸막이를 최대한 줄였다.
④ 프로그램 예산제도는 정책과 성과 중심의 예산운영을 위해 설계・도입된 제도이다.

정답 및 해설

11 ③
영기준 예산제도(ZBB)에 대한 설명이다. 목표관리 예산제도는 부서 목표와 예산지출을 연계한 것으로, 단기적인 목표를 설정하고 문제에 근접한 사람들의 창의적 참여를 촉진한다.

12 ③
BTL에 대한 설명이다. BTO의 경우 시설에 대한 수요변동 위험은 민간에서 부담하며, 민간은 일정 기간 사용수익을 통해 투자비를 회수하게 된다.

13 ②
상대적으로 팀제가 '스피드의 경제', 매트릭스 구조가 '규모의 경제'를 구현하는 방식이다.

14 ①
프로그램 예산제도는 현재 운영 중인 예산제도이다.

15

조직목표에 대한 설명으로 옳지 않은 것은?

① 목표의 다원화(multiplication) 및 목표의 확대(expansion)는 기존목표에 새로운 목표가 추가되거나 기존목표의 범위가 넓어지는 것을 말한다.
② 목표의 전환(diversion)은 애초에 설정된 목표를 달성할 수 없거나 목표가 완전히 달성된 경우 같은 유형의 다른 목표로 교체되는 것을 말한다.
③ 목표의 대치(displacement)란 조직의 목표 추구가 왜곡되는 현상으로, 조직이 정당하게 추구하는 종국적 목표가 다른 목표나 수단과 뒤바뀌는 것을 말한다.
④ 조직의 운영상 목표는 공식목표를 추진하는 과정에서 추구하는 목표로, 비공식적 목표다.

16

민츠버그(Mintzberg)의 조직성장 경로모형에 따르면, 조직 내에서 어떤 부문을 강조할 것인가에 따라 조직의 구조(유형)가 달라진다. 강조된 조직구성부문과 이에 상응하는 구조의 연결로 옳지 않은 것은?

① 전략적 정점(strategic apex) – 기계적 관료제 구조
② 핵심운영(operating core) – 전문적 관료제 구조
③ 중간계선(middle line) – 사업부제 구조
④ 지원참모(support staff) – 애드호크라시(adhocracy)

17

리플리와 프랭클린(Ripley & Franklin)이 구분한 네 가지 정책유형에 대한 설명으로 옳지 않은 것은?

① 배분정책(distributive policy) – 정책과정에서 이해당사자들간에 로그롤링(log-rolling) 또는 포크배럴(pork barrel)과 같은 정치적 현상이 나타나기도 한다.
② 재분배정책(redistributive policy) – 이념적 논쟁과 소득계층 간 갈등이 첨예하게 대립되어 표준운영절차(SOP)나 일상적 절차의 확립이 비교적 어렵다.
③ 경쟁적 규제정책(competitive regulatory policy) – 배분정책적 성격과 규제정책적 성격을 동시에 지니고 있고 규제정책은 거의 대부분 이러한 경쟁적 규제정책에 해당된다.
④ 보호적 규제정책(protective regulatory policy) – 소비자나 일반대중을 보호하기 위해 특정 집단을 규제하므로 규제집행조직과 피규제집단 간 갈등의 가능성이 높다.

정답 및 해설

15 ②
목표의 승계에 대한 설명이다. 목표의 전환은 조직목표 달성이 어려울 때 기존목표를 새로운 목표로 전환하는 것을 말한다.

16 ①
전략적 정점(최고관리층)은 단순구조와 상응한다.

민츠버그(H. Mintzberg)의 조직유형론

구분	단순 구조	기계적 관료제	전문적 관료제	사업 부제	애드 호크라시
강조된 조직 구성 부분	최고 관리층 (전략 부문)	기술 구조	핵심 운영층 (operating core)	중간 계선 (middle line)	지원 참모 (support staff)
조정 방법	직접 감독	작업 과정의 표준화	작업 기술의 표준화	산출 표준화	상호 조절
구조	집권화 되고 유기적인 조직	높은 분화·전문화 조직	수평·수직적 분권화된 조직	제한된 수직적 분권화 조직	선택적 분권화 조직
환경	단순하고 동태적인 환경	단순하고 안정적인 환경	복잡하고 안정적인 환경	단순하고 안정적인 환경	복잡하고 동태적인 환경

17 ③
규제정책은 거의 대부분 보호적 규제정책이다.

18

정책평가방법 중 자연실험(natural experiment)에 대한 설명으로 옳지 않은 것은?

① 자연실험은 준실험(quasi-experiment)이 아닌 진실험(true experiment)에 가까운 실험설계 방식이다.
② 자연실험에서는 사회실험에 비해 비용 문제나 윤리적 문제 때문에 어려움을 겪을 가능성이 적다.
③ 자연실험에서 실험 여건은 자연적인 충격(shock)뿐만 아니라 급격한 정책이나 제도변화에 의해서도 형성된다.
④ 독립변수와 종속변수가 서로 영향을 주고받는 동시적 관계에 있을 때 이를 통제하기 위한 수단으로 자연실험을 이용할 수 있다.

19

공론조사(deliberative polling)에 대한 설명으로 옳지 않은 것은?

① 조사 대상자들을 한곳에 모아 일정 기간 동안 공론화 과정을 거쳐야 하기 때문에 비용과 시간이 많이 든다.
② 공론조사는 조사 대상자가 중간에 탈락하는 경우가 적기 때문에 대표성 측면에서 일반 여론조사보다 우위에 있다.
③ 공론조사는 여론조사에 숙의와 토론과정을 보완한 것으로, 정제된 국민여론을 수렴하는 방법이라고 할 수 있다.
④ 우리나라에서도 공공정책 결정과정에서 공론조사를 도입하여 활용한 사례가 있다.

20

재화를 배제성과 경합성 여부에 따라 네 가지 유형(A ~ D)으로 분류할 경우, 유형별 사례를 모두 바르게 짝지은 것은?

배제성 여부 / 경합성 여부	배제	비배제
경합	A	B
비경합	C	D

	A	B	C	D
①	구두	해저광물	고속도로	등대
②	라면	출근길 시내도로	일기예보	상하수도
③	자동차	공공낚시터	국방	무료TV방송
④	냉장고	케이블TV	목초지	외교

정답 및 해설

18 ①
자연실험은 준실험설계에 가깝다.

19 ②
공론조사는 일부 시민과 전문가만 참여하기 때문에 대표성 문제가 발생한다.

20 ①
• A: 시장재, B: 공유재, C: 요금재, D: 공공재
• 시장재: 예 구두, 라면, 자동차, 냉장고 등
• 공유재: 예 목초지, 국립도서관, 올림픽 주경기장, 해저광물, 출근길 시내도로, 공공낚시터
• 요금재: 예 고속도로, 상하수도, 케이블TV 등
• 공공재: 예 일기예보, 국방, 외교, 무료TV방송, 등대

2018. 8. 18. 국가직 7급 기출문제

01

행태적 접근방법에 대한 설명으로 옳지 않은 것은?

① 사회현상을 관찰 가능한 객관적 대상으로 보며, 인간의 주관이나 의식을 배제하고 인식론적 근거로서 논리실증주의를 신봉한다.
② 연구에서 가치와 사실을 구분하지 않는다.
③ 행태의 규칙성, 상관성 및 인과성을 경험적으로 입증하고 설명할 수 있다고 본다.
④ 집단의 고유한 특성을 인정하지 않는 방법론적 개체주의의 입장을 취한다.

02

신엘리트이론에 대한 설명으로 옳지 않은 것은?

① 엘리트들에게 안전한 이슈만을 논의하고 불리한 문제는 거론조차 못하게 봉쇄하는 무의사결정론과 밀접하게 연결되어 있다.
② 모스카(Mosca)나 미헬스(Michels) 등에 의해 대표되는 고전적 엘리트이론과 달리 밀즈(Mills)의 지위접근법이나 헌터(Hunter)의 명성적 접근방법을 도입하였다.
③ 정책결정에 영향을 미치는 정치권력은 두 가지 얼굴이 있다고 주장하며, 이 가운데 하나의 측면만을 고려하는 다원주의를 비판하였다.
④ 엘리트는 정책문제의 정의와 의제설정과정에서 은밀한 영향력을 행사하기 때문에 실증적 분석방법론의 활용이 어렵다고 주장하였다.

03

중앙행정기관의 소속기관으로만 묶은 것은?

㉠ 지방자치인재개발원	㉡ 공정거래위원회
㉢ 특허청	㉣ 국가기록원
㉤ 국립중앙박물관	㉥ 문화재청

① ㉠, ㉥ ② ㉡, ㉣
③ ㉢, ㉤ ④ ㉣, ㉤

04

혼합주사모형(mixed-scanning model)에 대한 설명으로 옳은 것은?

① 상황 변화에 따른 새로운 정보에 초점을 맞추는 것이 아니라 극히 제한된 투입 변수의 변동에 주의를 집중하여 의사결정을 한다.
② 갈등의 준해결, 문제 중심의 탐색, 불확실성의 회피, 조직의 학습, 표준운영절차(SOP)의 활용 등을 특징으로 한다.
③ 정책의 결정을 근본적 결정과 세부적 결정으로 구분한다.
④ 정책결정과정을 이미 프로그램화되어 있는 특정한 상태를 유지하기 위한 것으로 파악한다.

정답 및 해설

01 ②
행태적 접근방법은 가치와 사실을 구분한다.

02 ②
밀즈(Mills)의 지위접근법이나 헌터(Hunter)의 명성적 접근방법은 1950년대 미국의 엘리트이론이고, 신엘리트이론에는 바흐라흐와 바라츠의 무의사결정이론이 대표적이다.

03 ④
• 중앙행정기관 : 공정거래위원회, 특허청, 문화재청
• 소속기관 : 지방자치인재개발원(행정안전부 소속), 국가기록원(행정안전부 소속), 국립중앙박물관(문화체육관광부 소속)

04 ③
• ①, ④ 사이버네틱스 모형에 대한 설명이다.
• ② 회사모형에 대한 설명이다.

05

공공기관의 운영에 관한 법률상 공공기관에 대한 설명으로 옳지 않은 것은?

① 위탁집행형 준정부기관은 기금관리형 준정부기관이 아닌 준정부기관을 의미한다.
② 기금관리형 준정부기관은 국가재정법에 따라 기금을 관리하거나 기금의 관리를 위탁받은 준정부기관을 의미한다.
③ 기획재정부장관은 공공기관을 공기업·준정부기관과 기타 공공기관으로 구분하여 지정하되, 공기업과 준정부기관은 직원 정원이 50인 이상인 공공기관 중에서 지정한다.
④ 기획재정부장관은 지방자치단체가 설립하고 그 운영에 관여하는 기관을 공공기관으로 지정할 수 있다.

06

정책 평가의 내적 타당성과 외적 타당성에 대한 설명으로 옳은 것은?

① 역사요인, 성숙요인, 회귀요인은 모두 외적 타당성 저해요인이다.
② 준실험이 갖는 약점은 주로 외적 타당성보다는 내적 타당성에 관한 것이다.
③ 실험대상자들이 실험의 대상으로 자신들이 관찰되고 있다는 사실을 알게 되어 평소와는 다른 행동을 함으로써 발생하는 효과는 내적 타당성의 저해요인이다.
④ 정책집행과 정책효과 사이의 인과관계를 정확히 파악할 수 있는 평가는 외적 타당성을 갖추었다고 볼 수 있다.

07

호그우드(Hogwood)와 피터스(Peters)의 정책변동에 대한 설명으로 옳지 않은 것은?

① 정책유지는 현재의 정책을 기본적으로 유지하면서 정책수단의 부분적인 변화만 이루어지는 경우를 말한다.
② 과속차량 단속이라는 목표를 변경하지 않고 기존에 경찰관이 현장에서 직접 단속하는 수단을 무인 감시카메라 설치를 통한 단속으로 대체하는 것은 정책승계 중 선형적(linear) 승계에 해당한다.
③ 정책종결은 현존하는 정책을 완전히 소멸시키는 것으로 정책수단이 되는 사업과 지원 예산을 중단하고 이들을 대체할 다른 수단을 결정하지 않은 경우이다.
④ 정책혁신은 기존의 조직과 예산을 활용하여 이전에 관여한 적이 없는 새로운 정책분야에 개입하는 것이다.

08

동기이론 중 과정이론에 해당하는 것만을 모두 고르면?

> ㉠ 동기부여의 강도를 산정하는 기본개념으로 유인가(valence), 수단성(instrumentality), 기대감(expectancy)을 제시하였다.
> ㉡ 직무가 조직화되는 방법에 따라 조직원의 노력 정도가 달라진다는 점에 착안하여 모든 직무를 다섯 가지 핵심 직무 차원으로 구분했다.
> ㉢ 개인은 업적에 따라 보상을 받게 되며 이때 주어지는 보상은 공평한 것으로 지각되어야 하는데, 개인이 불공평하다고 인식하면 만족을 줄 수 없게 된다고 본다.
> ㉣ 인간의 욕구를 존재, 관계, 성장의 3단계로 나누고 '좌절-퇴행' 접근법을 주장한다.
> ㉤ 인간은 미성숙상태에서 성숙상태로 발전하는 과정에서 성격변화를 경험한다고 주장한다.

① ㉠, ㉡, ㉢　　② ㉠, ㉣, ㉤
③ ㉡, ㉢, ㉣　　④ ㉡, ㉢, ㉤

정답 및 해설

05 ③, ④(기존정답 : ④)
- ③ 공공기관의 운영에 관한 법률 시행령이 개정되어, 공기업과 준정부기관은 직원 정원이 300인 이상, 총수입액이 200억 원 이상, 자산규모가 30억 원 이상인 공공기관 중에서 지정한다.
- ④ 기획재정부장관은 지방자치단체가 설립하고 그 운영에 관여하는 기관을 공공기관으로 지정할 수 없다.

06 ②
- ② 준실험은 실험집단과 통제집단의 동질성 확보가 어려워 내적 타당성 확보가 문제된다.
- ① 역사요인, 성숙요인, 회귀요인은 모두 내적 타당성 저해요인이다.
- ③ 호손효과에 대한 설명으로 호손효과는 외적 타당성 저해요인이다.
- ④ 인과관계를 정확히 파악할 수 있는 평가는 내적 타당성을 갖추었다고 볼 수 있다.

07 ④
정책혁신은 관련 정책이나 활동이 없었고 이를 담당하는 조직이나 예산도 없는 상태에서, 기존 정책수단에 없는 새로운 정책을 만드는 것이다.

08 ①
- ㉠ 브룸의 기대이론(과정이론)
- ㉡ 해크만과 올드햄의 직무특성이론(내용이론 또는 과정이론)
- ㉢ 포터&롤러의 성과만족이론(과정이론)
- ㉣ 앨더퍼의 ERG이론(내용이론)
- ㉤ 아지리스의 미성숙·성숙이론(내용이론)

09

공무원 임용시험의 효용성을 측정하는 기준에 대한 설명으로 옳지 않은 것은?

① 시험의 타당성은 시험이 측정하고자 하는 것을 실제로 얼마나 정확하게 측정했는가를 의미하며 그 종류에는 기준타당성, 내용타당성, 구성타당성 등이 있다.
② 내용타당성은 시험 성적이 직무수행실적과 얼마나 부합하는가를 판단하는 타당성으로 두 요소 간 상관계수로 측정된다.
③ 측정 대상을 일관성 있게 측정하는 정도를 신뢰성이라고 하며 같은 사람이 여러 번 시험을 반복하여 치르더라도 결과가 크게 변하지 않을 때 신뢰성을 갖게 된다.
④ 신뢰도를 측정하는 방법으로는 재시험법(test-retest)과 동질이형법(equivalent forms) 등이 사용된다.

10

공무원 인사제도에 대한 설명으로 옳지 않은 것은?

① 직업공무원제도는 공직을 직업전문 분야로 확립시키기도 하지만, 행정의 전문성 약화를 가져오기도 한다.
② 엽관주의하에서는 행정의 민주성과 관료적 대응성의 향상은 물론 정책수행 과정의 효율성 제고도 기대할 수 있다.
③ 대표관료제는 역차별 문제의 발생과 실적주의 훼손의 비판이 제기되며, 사회적 소외집단을 배려하는 우리나라의 균형인사정책은 미국의 적극적 조치(affirmative action)의 관점에서 이해될 수 있다.
④ 총액인건비제도는 일반적으로 기구・정원 조정에 대한 재정당국의 중앙통제는 그대로 둔 채 수당의 신설・통합・폐지와 절감예산 활용 등에서의 부처 자율성을 부여하는 특성을 갖는다.

11

지방재정의 구성 요소 중 의존재원의 기능으로 적절하지 않은 것은?

① 지방자치단체의 다양성과 지방분권화 촉진
② 지방재정의 지역 간 불균형 시정
③ 지방재정의 안정성 확보
④ 지방자치단체에 대한 유도・조정을 통한 국가차원의 통합성 유지

12

국세에 해당하는 것으로만 묶은 것은?

㉠ 취득세	㉡ 자동차세
㉢ 종합부동산세	㉣ 인지세
㉤ 등록면허세	㉥ 주세

① ㉠, ㉣ ② ㉡, ㉢
③ ㉢, ㉤ ④ ㉣, ㉥

정답 및 해설

09 ②
기준타당성에 대한 설명이다. 내용타당성은 직무수행에 필요한 능력요소와 시험문제가 부합하는 정도를 의미한다.

10 ④
총액인건비제도는 예산 당국은 각 행정기관별 인건비 예산의 총액만을 관리하고, 각 행정기관이 인건비 한도에서 인력의 규모와 종류를 결정한다. 즉 각 행정기관은 기구의 설치 및 인건비 배분의 자율성을 보유하며 그 결과에 책임을 지는 제도이다.

11 ①
지방자치단체의 다양성과 지방분권화를 촉진하기 위해서는 '자주재원'의 확충이 필요하다. 의존재원은 지방자치단체의 다양성과 지방분권을 저해한다.

12 ④
- ㉠, ㉡, ㉤ 지방세
- ㉢, ㉣, ㉥ 국세

국세의 종류

내국세	보통세	직접세	소득세, 법인세, 상속세, 증여세, 종합부동산세
		간접세	부가가치세, 개별소비세, 주세, 인지세, 증권거래세
	목적세		교육세, 농어촌특별세, 교통・에너지・환경세
관세			–

13

국가재정법 및 지방자치법상 정부와 지방자치단체의 장은 국회와 지방의회에 회계연도 개시 며칠 전까지 예산안을 제출해야 하는가?

	정부	광역지방자치단체	기초지방자치단체
①	90일	40일	30일
②	90일	50일	30일
③	120일	50일	40일
④	120일	50일	30일

14

비용편익분석에 대한 내용으로 옳지 않은 것은?

① 정책대안이 가져오는 모든 비용과 편익을 측정하려고 하며, 화폐적 비용이나 편익으로 쉽게 측정할 수 없는 무형적인 것도 포함된다.
② 칼도－힉스기준(Kaldor－Hicks criterion)은 재분배적 편익의 문제를 중시한다.
③ 내부수익률(internal rate of return)은 순현재가치를 영으로 만드는 할인율을 말한다.
④ 재화에 대한 잠재가격(shadow price)의 측정과정에서 실제 가치를 왜곡할 수 있다.

15

행정윤리에 대한 설명으로 옳지 않은 것은?

① 공직자윤리법상 취업심사대상자는 퇴직일부터 3년간 퇴직 전 5년 동안 소속하였던 부서 또는 기관의 업무와 밀접한 관련성이 있는 취업제한기관에 취업할 수 없다.
② 각급 학교의 입학 · 성적 · 수행평가 등의 업무에 관하여 법령을 위반하여 처리 · 조작하도록 하는 행위는 부정청탁 및 금품등 수수의 금지에 관한 법률 상 부정청탁에 해당한다.
③ 부패방지 및 국민권익위원회의 설치와 운영에 관한 법률에서는 내부고발자 보호제도를 규정하고 있다.
④ 공직자 행동강령은 공무원이 준수하여야 할 행동기준으로 국가공무원법에 규정되어 있다.

16

지방채에 대한 설명으로 옳은 것은?

① 지방자치단체조합의 장은 지방채를 발행할 수 없다.
② 이미 발행한 지방채의 차환을 위해서 지방자치단체의 장은 지방채를 발행할 수 없다.
③ 제주특별자치도지사는 제주특별자치도의 발전과 관계가 있는 사업을 위하여 필요하면 도의회 의결을 마친 후 외채 발행과 지방채 발행 한도액의 범위를 초과한 지방채 발행을 할 수 있다.
④ 외채를 발행할 경우에는 지방채 발행 한도액 범위더라도 지방의회의 의결을 거치기 전에 기획재정부장관의 승인을 받아야 한다.

정답 및 해설

13 ③

중앙정부와 지방자치단체의 예산안의 제출 및 국회(지방의회) 의결기간

중앙정부: 회계연도 개시 120일 전까지 제출 / **국회**: 회계연도 개시 30일 전까지 의결
광역지자체: 회계연도 개시 50일 전까지 제출 / **광역의회**: 회계연도 개시 15일 전까지 의결
기초지자체: 회계연도 개시 40일 전까지 제출 / **기초의회**: 회계연도 개시 10일 전까지 의결

14 ②

칼도－힉스기준은 능률성 판단기준으로, 형평성(재분배 문제)에 대해서는 어떠한 기준을 제시해 줄 수 없다.

15 ④

공무원 행동강령은 부패방지 및 국민권익위원회의 설치와 운영에 관한 법률에 근거해 대통령령으로 규정되어 있다.

16 ③

- ① 지방자치단체조합의 장은 지방채를 발행할 수 있다.
- ② 이미 발행한 지방채의 차환을 위해서 지방자치단체의 장은 지방채를 발행할 수 있다.
- ④ 외채를 발행할 경우에는 지방채 발행 한도액 범위더라도 지방의회 의결을 거치기 전에 행정안전부장관의 승인을 받아야 한다.

17

참여예산제도에 대한 설명으로 옳지 않은 것은?

① 예산 과정의 단계별로 볼 때 예산편성 단계에서의 참여에 초점을 둔다.
② 참여예산제는 과정적 측면보다는 결과적 측면의 이념을 지향한다.
③ 예산과정에의 시민참여는 중앙정부와 지방정부 모두 가능하지만, 참여예산제는 주로 지방정부를 대상으로 시행된다.
④ 브라질의 포르투 알레그리(Porto Alegre)시는 참여예산제도를 도입한 대표적인 사례다.

18

정부 간 관계에 대한 설명으로 옳은 것은?

① 미국 건국 초기에는 연방의 권한이 상대적으로 강했으며, 연방과 주의 권한을 명확히 구분하지 않았다.
② 딜런의 규칙(Dillon's rule)에 의하면 지방정부는 '주정부의 피조물'로서 명시적으로 위임된 사항 외에도 포괄적인 권한을 지닌다.
③ 영국의 경우 개별적으로 수권받은 사무에 대해서는 지방자치단체가 자치권을 보유하지만, 그 범위를 벗어나는 행위는 금지된다.
④ 일본의 경우 메이지유신 이래 강력한 중앙집권적 체제를 유지해 왔으며, 국가의 관여를 폐지하거나 축소시키는 등의 분권개혁은 이루어지지 못했다.

19

민원행정에 대한 설명으로 옳지 않은 것은?

① 행정체제의 경계를 넘나드는 교호작용을 통하여 주로 규제와 급부에 관련된 행정산출을 전달한다.
② 행정기관의 장은 개인의 사생활에 관한 사항에 해당하는 경우 그 민원을 처리하지 않을 수 있다.
③ 행정구제수단으로서의 기능을 수행한다.
④ 행정기관은 사경제의 주체로서 민원을 제기할 수 없다.

20

국가재정법상 재정건전화에 대한 설명으로 옳지 않은 것은?

① 국세감면율이란 당해 연도 국세수입 총액 대비 국세감면액 총액의 비율을 말한다.
② 국가의 회계 또는 기금의 국고채무부담행위는 국가채무에 해당한다.
③ 국가가 보증채무를 부담하고자 하는 때에는 미리 국회의 동의를 얻어야 한다.
④ 정부는 국회에서 추가경정예산안이 확정되기 전에 이를 미리 배정하거나 집행할 수 없다.

정답 및 해설

17 ②
참여예산제는 결과적 측면보다는 <u>과정적 측면</u>의 이념을 지향한다.

18 ③
- ① 미국 건국 초기 연방정부와 주정부가 상호 독자적 관계를 유지하였다.
- ② 딜런의 규칙(Dillon's rule)에 의하면 지방정부는 '주정부의 피조물'로서 명시적으로 위임된 사항에 대해서만 권한을 지닌다.
- ④ 일본은 메이지유신 이래 강력한 중앙집권적 체제를 유지해 왔으나, 1990년대 '지방분권추진법' 제정과 지방분권추진위원회를 중심으로 지방분권화가 진행 중이다.

19 ④
행정기관도 사경제 주체인 경우 민원인이 될 수 있다.
※ 민원 처리에 관한 법률 제2조(정의) 제2호 : 민원인이란 행정기관에 민원을 제기하는 개인·법인 또는 단체를 말한다. 다만, 행정기관(사경제의 주체로서 제기하는 경우는 제외한다), 행정기관과 사법상 계약관계에 있는 자 등은 제외한다.

20 ①
국세감면율은 국세수입 총액과 국세감면액 총액을 합한 금액에서 국세감면액 총액이 차지하는 비율을 의미한다.

15 2018. 6. 23. 서울시 7급 기출문제

01

행정이 추구하는 가치에 대한 설명으로 옳은 것을 〈보기〉에서 모두 고른 것은?

보기
ㄱ 효과성을 추구하는 과정에서 능률성의 희생이 발생될 수 있다.
ㄴ 민주성은 국민과의 관계뿐만 아니라 정부 관료제 내부의 의사결정 과정의 두 가지 측면에서 논의된다.
ㄷ 절차적 합리성은 목표에 비추어 적합한 행동이 선택되는 정도를 의미한다.
ㄹ 투명성은 정보공개뿐만 아니라 정보에 대한 접근권까지 포함하는 개념이다.
ㅁ 제도적 책임성은 자율적이고 적극적인 행정책임을 의미한다.

① ㄱ, ㄷ, ㅁ ② ㄴ, ㄷ, ㅁ
③ ㄱ, ㄴ, ㄹ ④ ㄴ, ㄷ, ㄹ

02

오스본(Osborne)과 개블러(Gaebler)가 제시한 기업가적 정부운영의 원리를 〈보기〉에서 모두 고른 것은?

보기
ㄱ 투입, 과정, 성과를 균형 있게 연계한 예산 배분
ㄴ 권한 분산과 하부 위임을 통한 참여적 의사결정 촉진
ㄷ 서비스 공급자로서의 정부관료제 역할 강화
ㄹ 공공서비스 제공에 경쟁 원리를 도입
ㅁ 목표와 임무 중심의 조직 운영
ㅂ 문제에 대한 사후수습 역량의 강화

① ㄱ, ㄴ, ㅂ ② ㄴ, ㄹ, ㅁ
③ ㄴ, ㄷ, ㄹ, ㅁ ④ ㄱ, ㄷ, ㄹ, ㅂ

정답 및 해설

01 ③

- ㄷ 실질적(내용적) 합리성에 대한 설명이다. 절차적 합리성은 대안을 선택하기 위한 행위가 의식적인 사유과정의 산물이거나 인지력과 결부되고 있을 때의 합리성으로 절차에 초점을 둔다.
- ㅁ 자율적 책임성에 대한 설명이다. 제도적 책임성은 판단기준과 절차의 객관화, 절차의 중시 등을 의미한다.

02 ②

오스본과 개블러가 제시한 기업가적 정부운영의 원리는 균형보다는 성과지향(ㄱ), 공급보다는 방향잡기(ㄷ), 사후수습보다는 사전예방(ㅂ)을 강조한다.

▣ 정부재창조론에서 오스본과 개블러가 제시한 기업가적 정부운영의 10대 원리

1. 촉진적 정부(방향잡기)
2. 지역사회가 주도하는 정부
3. 경쟁적 정부
4. 사명 지향적 정부
5. 성과 지향적 정부
6. 고객 지향적 정부
7. 기업가적 정신을 가진 정부
8. 미래에 대비하는 정부
9. 분권적 정부
10. 시장 지향적 정부

03

막스 베버(Max Weber)가 말하는 관료제의 이념형(ideal type)에 대한 설명으로 가장 옳은 것은?

① 조직의 목표를 효율적으로 달성하기 위해서 순환근무를 강조한다.
② 법적/합리적 권위에 근거한 조직구조이다.
③ 도덕적 이상을 지닌 관료제의 형태를 말한다.
④ 문서화된 법규집보다 전문직업적 판단을 강조한다.

04

공정성(형평성) 이론에서 자신(A)과 준거인물(B)을 비교하여 보상이 불공정하다고 느낄 때, 이를 해소하기 위한 자신(A)의 전략적 대응에 대한 추론으로 가장 옳지 않은 것은?

① 일을 열심히 하지 않는다.
② 준거인물(B)의 업무 방식을 참고하여 배울점을 찾는다.
③ 준거인물(B)이 자신(A)보다 훨씬 더 많은 시간을 일했을 것이라고 생각을 바꾼다.
④ 다른 비교대상을 찾는다.

05

엽관제의 장점에 해당하지 않는 것을 〈보기〉에서 모두 고른 것은?

보기

㉠ 부정부패를 방지하기가 쉽다.
㉡ 행정의 안정성과 지속성을 확보하기 쉽다.
㉢ 정부관료제의 민주화에 기여한다.
㉣ 정치적 책임을 확보하기 용이하다.
㉤ 직업공무원제 정착에 도움이 된다.
㉥ 공무원들의 충성심을 확보하기 용이하다.

① ㉠, ㉡, ㉤　② ㉡, ㉢, ㉥
③ ㉢, ㉣, ㉤　④ ㉠, ㉡, ㉣

06

현행 「국가재정법」에서 규율하고 있는 제도들 중 재정운용의 건전성 강화 목적과 직접적 관련이 있는 사항을 〈보기〉에서 모두 고른 것은?

보기

㉠ 성인지 예산서 및 결산서 도입
㉡ 예산·기금 지출에 대한 국민 감시와 예산성과금 지급
㉢ 추가경정예산안 편성의 제한
㉣ 세계잉여금 일정 비율의 공적자금 등 상환 의무화
㉤ 국가채무관리계획 수립
㉥ 국가 보증채무 부담의 국회 사전 동의
㉦ 국세 감면의 제한
㉧ 재정정보의 연 1회 이상 공개 의무화
㉨ 법률안 재정 소요 추계제도
㉩ 예산, 기금 간 여유재원의 상호 전출·입

① ㉠, ㉡, ㉢, ㉣, ㉤, ㉥　② ㉡, ㉣, ㉥, ㉦, ㉧, ㉩
③ ㉡, ㉢, ㉤, ㉦, ㉧, ㉩　④ ㉢, ㉣, ㉤, ㉥, ㉦, ㉨

정답 및 해설

03 ②
- ② 조직이 정당성으로 삼는 기준으로 권위의 유형을 전통적 권위, 카리스마적 권위, 법적·합리적 권위로 나누었는데 근대적 관료제는 법적·합리적 권위에 기초를 두고 있다고 주장했다.
- ① 업무에 대한 지식을 가진 전문적인 관료가 분업의 원리에 따라 규정된 기능을 수행하며, 관료로서 일생 동안의 전임직업이다.
- ③ 능률성을 극대화할 수 있는 조직을 이념형 관료제라고 설정하여, 전근대적 봉건적 조직 원리와 구별하였다.
- ④ 조직 내의 모든 업무는 문서로 처리하는 것이 원칙이고, 그 결과 또한 문서로 기록·보존된다.

04 ②

형평이론에서의 전략적 대응

1. 일에 대한 투입 변동(일을 열심히 하지 않거나 더 열심히 함)
2. 보상의 변동을 요구(보수인상 요구 등)
3. 현장 이탈(= 사직)
4. 준거인물을 변경
5. 심리적 왜곡(준거인물이 자신보다 훨씬 더 많은 일을 했을 것이라고 생각을 바꿈)
6. 준거인물의 투입 또는 산출에 대한 변동 요구

05 ①
- ㉠ 매관매직 등 부정부패가 발생할 수 있다.
- ㉡ 정권교체시 행정의 안정성과 지속성을 확보하기 어렵다.
- ㉤ 공무원의 신분보장이 어려운 만큼 직업공무원제 정착은 어렵다.

06 ④
- ㉠ 성인지 예산은 예산이 여성과 남성에게 미칠 영향을 미리 분석하는 것으로 재정운용의 건전성 강화와는 관련이 없다.
- ㉡, ㉧ 재정의 투명성 확보 목적과 관련이 있다.
- ㉩ 재정의 신축성 확보 목적과 관련이 있다.

07

성과주의 예산제도(PBS : Performance Budgeting System)의 장점에 대한 설명으로 가장 옳지 않은 것은?

① 평가 대상 업무 단위가 중간 산출물인 경우가 많아 예산성과의 질적인 측면까지 평가할 수 있다.
② 계량화된 정보를 통해 합리적인 의사결정과 관리 개선에 기여할 수 있다.
③ 입법부의 예산심의를 간편하게 만든다.
④ 사업 또는 활동별로 예산이 편성되기 때문에 국민들이 정부의 추진사업을 쉽게 이해할 수 있다.

08

우리나라의 지방선거에 대한 설명으로 가장 옳은 것은?

① 현재 광역-기초자치단체장 및 광역-기초의회의원 선거 모두에 정당공천제가 허용되고 있다.
② 광역의회의 지역구 선거는 기본적으로 중선거구제를 채택하고 있다.
③ 기초의회 지역구 선거는 기본적으로 소선거구제에 입각하고 있다.
④ 소선거구제의 경우에 풀뿌리 민주주의의 기반이 되는 주민과 의원과의 관계가 멀어질 수 있다는 단점이 있다.

09

전자정부의 역기능에 해당하는 내용과 그 요인을 〈보기〉에서 모두 고른 것은?

보기

㉠ 인포데믹스(infordemics)
㉡ 집단극화(group polarization)
㉢ 선택적 정보접촉(selective exposure to information)
㉣ 정보격차(digital divide)

① ㉠, ㉡ ② ㉢, ㉣
③ ㉠, ㉡, ㉣ ④ ㉠, ㉡, ㉢, ㉣

10

전자정부의 발전단계에 대한 설명으로 가장 옳지 않은 것은?

① 우리나라의 나라장터(G2B)는 2002년 개설된 범정부적 전자조달사업으로서 입찰공고 및 조달정보 제공, 제안서 제출시스템 등을 갖추고 있다.
② 미국의 'challenge.gov' 프로그램은 국민을 프로슈머 협력자로 보기보다는 정부 정책을 홍보해야 할 대상으로 여긴다.
③ 정부의 '국민신문고'나 서울시의 '천만상상 오아시스' 시스템은 참여형 전자거버넌스의 예이다.
④ 공동생산형 전자정부 단계에서는 정부와 국민이 공동 생산자로 등장하기 때문에 GNC(Government and Citizen)로 약칭된다.

정답 및 해설

07 ①
평가 대상 업무 단위가 중간 산출물인 경우가 많아 예산성과의 질적인 측면까지 평가하기 어렵다.

08 ①
• ②, ③ 광역의회는 소선거구제, 기초의회는 중선거구제(2 ~ 4명 선출)를 채택하고 있다.
• ④ 소선거구제의 경우에 풀뿌리 민주주의의 기반이 되는 주민과 의원과의 관계가 가까워질 수 있다는 장점이 있다.

09 ④
• ㉠ 인포데믹스 : 악성루머나 왜곡된 정보가 전염병처럼 빠르게 퍼지는 현상이다.
• ㉡ 집단극화 : 의사결정이 보다 양극화되는 현상이다.
• ㉢ 선택적 정보접촉 : 자신의 관점에 부합하는 정보만 선택하여 다양한 관점의 정보에 대한 노출은 저해되는 현상이다.
• ㉣ 정보격차 : 정보통신기술에 대한 접근 기회와 다양한 활동을 위한 인터넷 이용에서의 차이로 정의된다.

10 ②
'challenge.gov' 프로그램은 시민을 협력자로 보며 정책참여를 촉진한다.

11

신공공관리론(New Public Management)에 대한 비판으로 가장 옳지 않은 것은?

① 유인기제가 지나치게 다양하여 공공부문 성과관리에 어려움을 초래하고 있다.
② 민영화에 따른 정부 역할의 약화로 인해 행정의 책임성 문제가 발생될 수 있다.
③ 국민은 단지 소비자인 고객이 아니라 정부 정책에 적극적으로 참여하는 존재이다.
④ 정부와 기업 간의 근본적인 환경 차이를 무시하고 정부부문에 시장기제를 적용하고 있다.

12

사회적 자본(social capital)에 대한 설명으로 가장 옳지 않은 것은?

① 사회구성원들이 공동의 문제를 해결하는 데 적극적으로 참여하는 사회의 조건 또는 특성을 의미한다.
② 공동이익을 위한 상호 조정과 협력을 촉진한다.
③ 공동체에 대한 무조건적인 봉사를 전제로 한다.
④ 신뢰가 사회 전체 혹은 사회의 특정 부분에 널리 퍼져 있는 데서 생기는 능력을 의미하기도 한다.

13

드로어(Dror)의 최적 모형(optimal model)에서 말하는 메타정책결정(metapolicy making)에 대한 설명으로 가장 옳은 것은?

① 정책을 어떻게 평가할 것인가를 결정하는 '정책평가를 위한 정책결정'을 의미한다.
② 정책을 어떻게 집행할 것인가를 결정하는 '정책집행을 위한 정책결정'을 의미한다.
③ 정책을 어떻게 결정할 것인가를 결정하는 '정책결정을 위한 정책결정'을 의미한다.
④ 정책을 어떻게 종결할 것인가를 결정하는 '정책종결을 위한 정책결정'을 의미한다.

14

정책승계 유형에 대한 설명으로 가장 옳지 않은 것은?

① 선형승계: 새로운 정책이 과거의 정책을 대체하여 양자의 관계가 명확하게 나타나는 가장 단순한 형태의 정책승계
② 부분적 종결: 하나의 정책이 다수의 새로운 정책으로 분할되는 형태의 정책승계
③ 정책통합: 같은 분야의 정책이 합하여짐으로써 새로운 정책이 나타나는 형태의 정책승계
④ 우발적 승계: 타 분야의 정책변동에 연계하여 우발적인 변화가 나타나는 형태의 정책승계

정답 및 해설

11 ①
신공공관리론은 경제적 유인기제로 지나치게 단순화하여 비경제적 유인을 간과하고 있다는 비판을 받는다.

12 ③
사회적 자본은 공동체에 대한 무조건적인 봉사보다는 상호신뢰, 호혜주의, 적극적 참여 등을 특징으로 한다.

13 ③
- 드로어는 정책결정과정은 초정책결정단계, 정책결정단계, 후정책결정단계로 구분한다.
  - 메타정책결정(또는 초정책결정, 상위정책결정): 정책을 어떻게 결정할 것인가를 결정하는 '정책결정을 위한 정책결정'단계
  - 정책결정단계: 일상적인 정책결정단계
  - 후정책결정단계: 정책결정 이후 집행 과정에 대한 준비와 수정 단계

14 ②
정책승계 중 정책분할에 대한 설명이다. 정책종결은 정책목표를 달성하기 위한 전반적인 정책수단을 소멸시키고 이를 대체할 다른 정책을 마련하지 않는 것을 말한다.

15

〈보기〉 이론의 내용과 잘 부합하는 조직관리 전략으로 가장 옳지 않은 것은?

보기

대부분의 사람들은 본질적으로 일을 싫어하며 가능하면 일을 하지 않으려고 한다. 또한 안전을 원하고 변화에 저항적이다.

① 정확한 업무지시와 감독을 강화해야 한다.
② 의사결정 시 부하직원을 참여시키고 권한을 확대해서 자율적으로 업무를 수행할 수 있게 한다.
③ 업무평가 결과에 따른 엄격한 상벌의 원칙을 제시한다.
④ 관리자가 조직구성원에게 적절한 업무량을 부과하여 업무를 수행하게 해야 한다.

16

규제의 대상에 따라 정부규제를 수단규제, 성과규제, 관리규제로 분류할 때 〈보기〉의 각 유형별 대표 사례와 특징을 바르게 연결한 것은?

구분	규제 사례	규제의 특징
㉠ 수단규제	ⓐ 개발 신약에 대한 허용 가능한 부작용 발생 수준 규제	① 과정규제
㉡ 성과규제	ⓑ 작업장 안전확보를 위한 안전장비 착용 규제	② 투입규제
㉢ 관리규제	ⓒ 식품안전성 확보를 위한 식품위해요소중점관리기준(HACCP) 규제	③ 산출규제

	㉠	㉡	㉢
①	ⓐ－①	ⓑ－②	ⓒ－③
②	ⓐ－②	ⓒ－①	ⓑ－③
③	ⓑ－③	ⓒ－②	ⓐ－①
④	ⓑ－②	ⓐ－③	ⓒ－①

17

공공서비스를 소비의 배제성과 경합성을 기준으로 구분하면 〈보기 1〉과 같이 4가지 유형으로 구분할 수 있다. 각 영역에 해당하는 공공서비스의 명칭과 사례를 〈보기 2〉에서 바르게 연결한 것은?

보기1

경합성 / 배제성	경합	비경합
배제 가능	가	나
배제 불가능	다	라

보기2

구분	명칭	사례
가	㉠ 공유재	ⓐ 전기, 통신, 상하수도
나	㉡ 공공재	ⓑ 음식점, 호텔, 의료, 택시
다	㉢ 시장재	ⓒ 소방, 치안, 국방, 공기
라	㉣ 요금재	ⓓ 지하수, 해저광물, 강, 호수

	가	나	다	라
①	㉢－ⓑ	㉣－ⓐ	㉠－ⓓ	㉡－ⓒ
②	㉢－ⓐ	㉠－ⓑ	㉣－ⓒ	㉡－ⓓ
③	㉣－ⓐ	㉢－ⓓ	㉡－ⓑ	㉠－ⓒ
④	㉡－ⓓ	㉠－ⓒ	㉢－ⓑ	㉣－ⓐ

정답 및 해설

15 ②

보기의 내용은 맥그리거의 X이론에 대한 설명이다. 의사결정 시 부하직원을 참여시키고 권한을 확대해서 자율적으로 업무를 수행할 수 있게 하는 것은 맥그리거의 Y이론에 해당한다.

16 ④

- 수단규제 = 투입규제 = 안전장비 착용 규제 등
- 성과규제 = 산출규제 = 허용 가능한 부작용 발생 수준 규제 등
- 관리규제 = 과정규제 = 식품위해요소중점관리기준(HACCP) 구제 등

17 ①

가－㉢－ⓑ, 나－㉣－ⓐ, 다－㉠－ⓓ, 라－㉡－ⓒ

18

옴부즈만(Ombudsman)에 대한 설명으로 가장 옳지 않은 것은?

① 옴부즈만은 스웨덴어로 대리자·대표자를 의미한다.
② 영국과 미국에서는 민정관 또는 호민관이라는 뜻으로 사용된다.
③ 우리나라의 경우 1998년에 출범한 공정거래위원회가 옴부즈만 제도의 시초이다.
④ 통상적으로 옴부즈만은 의회나 정부에 의해 임명되며, 임명하는 기관으로부터 직무상 엄격히 독립되어 국정을 통제한다.

19

현행 「국가재정법」에 의한 우리나라 예산편성절차에 관한 설명으로 가장 옳은 것은?

① 중앙관서의 장은 매년 3월 31일까지 다음 회계연도의 신규 사업계획서를 기획재정부장관에게 제출한다.
② 기획재정부장관은 국무총리의 승인을 얻어 예산안편성지침을 4월 30일까지 중앙관서의 장에게 통보한다.
③ 중앙관서의 장은 6월 30일까지 예산요구서를 기획재정부장관과 국회예산결산특별위원회에 제출한다.
④ 행정부 예산안은 대통령의 승인을 거쳐 회계연도 개시 120일 전까지 국회에 제출한다.

20

조직구조의 상황요인에 대한 설명으로 〈보기〉에서 모두 고른 것은?

보기

㉠ 비일상적 기술일 경우 공식화가 높아질 것이다.
㉡ 조직 규모가 커짐에 따라 공식화가 높아질 것이다.
㉢ 환경의 불확실성이 높을수록 집권화가 높아질 것이다.
㉣ 비일상적 기술일수록 집권화가 낮아질 것이다.
㉤ 환경의 불확실성이 높을수록 공식화가 낮아질 것이다.

① ㉠, ㉢, ㉣　　② ㉡, ㉣, ㉤
③ ㉢, ㉣, ㉤　　④ ㉠, ㉡, ㉤

정답 및 해설

18 ③
우리나라의 경우 1994년 출범한 국민고충처리위원회(현재 국민권익위원회)가 옴부즈만 제도의 시초이다.

19 ④
- ① 각 중앙관서의 장은 매년 1월 31일까지 해당 회계연도부터 5회계연도 이상의 기간 동안의 신규사업계획서를 기획재정부장관에게 제출한다.
- ② 기획재정부장관은 국무회의 심의를 거쳐 대통령의 승인을 얻은 다음 연도 예산안편성지침을 매년 3월 31일까지 각 중앙관서의 장에게 통보해야 한다.
- ③ 각 중앙관서의 장은 예산편성지침에 따라 그 소관에 속하는 다음 연도의 세입세출예산·계속비·명시이월비 및 국고채무부담행위 요구서를 작성하여 매년 5월 31일까지 기획재정부장관에게 제출해야 한다.

20 ②
- ㉠ 비일상적 기술일 경우 공식화가 낮아진다.
- ㉢ 환경의 불확실성이 높을수록 집권화가 낮아진다.

16 2018. 3. 24. 서울시 7급 기출문제

01

행정이념으로서의 형평성에 대한 설명으로 가장 옳지 않은 것은?

① 롤스(Rawls)의 최소최대 원칙(minimax principle)은 사회에서 가장 취약한 집단에게 최대의 편익이 돌아가게 하는 정책이 바람직하다는 기준을 의미한다.
② 인간의 기본욕구 충족과 최소한의 평등 확보 측면에서 욕구이론은 수평적 형평에 대한 유용한 기준을 제시한다.
③ 실적의 차이에 따른 차등적 배분의 정당성을 뒷받침하는 실적이론은 수직적 형평의 관념을 바탕으로 하고 있다.
④ 행정에의 참여와 가치지향을 강조하는 신행정론에서 주목한 바 있다.

02

로즈(Rhodes) 등을 중심으로 논의된 정책네트워모형의 특징으로 가장 옳지 않은 것은?

① 정책공동체는 비교적 폐쇄적이고 안정적이며 지속적인 네트워크이다.
② 이슈네트워크의 행위자는 매우 유동적이고 불안정하며, 이슈의 성격에 따라 주요 행위자가 수시로 변할 수 있다.
③ 정책네트워크를 구성하는 행위자들 간의 관계 형성 동기는 소유 자원의 상호의존성에 기인한다.
④ 정책네트워크를 통한 정책산출은 처음 의도한 정책내용과 유사하며, 정책산출에 대한 예측이 용이하다.

03

「부정청탁 및 금품 등 수수의 금지에 관한 법률」(일명 김영란법) 및 동법 시행령에 규정된 내용 중 가장 옳지 않은 것은?

① 누구든지 직접 또는 제3자를 통하여 법에 규정된 직무를 수행하는 공직자 등에게 부정청탁을 해서는 아니된다.
② 공직자 등이 직무와 관련하여 1회 100만원 이하의 금품을 수수하는 경우 형사처벌할 수 있다.
③ 이 법의 적용대상은 언론사의 임직원은 물론 그 배우자를 포함한다.
④ 경조사비는 축의금, 조의금은 5만원까지 가능하고, 축의금과 조의금을 대신하는 화환이나 조화는 10만원까지 가능하다.

04

라스웰(Lasswell)의 정책지향(policy orientation)의 내용에 대한 설명으로 가장 옳지 않은 것은?

① 정책학은 사회문제의 해결을 지향해야 한다.
② 정책과정에 관한 지식은 규범적, 처방적 지식을 의미한다.
③ 정책적 의사결정을 사회적 과정의 부분에 해당한다고 본다.
④ 다양한 연구방법의 사용을 장려한다.

정답 및 해설

01 ①

롤즈(J. Rawls)의 차등의 원리[최소극대화의 원리(Maximin principle)]는 사회의 모든 가치는 평등하게 배분되어야 하며, 불평등한 배분은 그것이 사회의 최소 수혜자에게 유리한 경우에 정당화 가능하다고 보았다.

02 ④

정책네트워크모형 중 정책공동체는 의도한 정책산출에 대한 예측이 가능하지만, 이슈네트워크는 정책산출에 대한 예측이 어렵다.

+ 이슈네트워크와 정책공동체

구분	이슈네트워크	정책공동체
참여자의 범위	광범위, 개방적	제한적, 폐쇄적
참여자의 권한·자원	일부만 권한·자원을 소유한 배타적 관계	모든 사람이 자원·권한을 가진 교환적 관계
행위자 간 관계	경쟁적·갈등적·영합게임 (negative-sum game)	의존적·협력적·정합게임 (positive-sum game)
정책산출	정책산출 예측 곤란	의도한 정책산출 예측 가능

03 ②

공직자 등이 직무와 관련하여 1회 100만원 이하의 금품을 수수하는 경우 과태료(형사처벌 ×)를 부과할 수 있다. 공직자등은 직무 관련 여부 및 기부·후원·증여 등 그 명목에 관계없이 동일인으로부터 1회에 100만원 또는 매 회계연도에 300만원을 초과하는 금품등을 받거나 요구 또는 약속하는 경우 형사처벌 대상이 된다.

04 ②

'정책과정에 관한 지식'은 과학적 연구결과로 얻은 실증적 지식을 의미하고, '정책과정에 필요한 지식'은 처방적·규범적·실질적 내용에 대한 지식을 의미한다.

05

신공공서비스론(New Public Service)에 대한 설명으로 가장 옳지 않은 것은?

① 공무원들은 고객이 아니라 시민에게 봉사해야 한다고 본다.
② 공익은 공유된 가치에 대한 담론의 결과로 이해된다.
③ 정부는 시장의 힘을 활용하는 데 있어 방향잡기의 역할을 해야 한다고 본다.
④ 법, 공동체, 정치규범, 전문성, 시민이익 등 다양한 책임성 기제의 중요성을 강조한다.

06

조직효과성의 경쟁가치모형(Competing Values Model)에서 조직의 성장 및 자원획득의 목표를 강조하는 관점은?

① 개방체제 관점
② 내부과정 관점
③ 인간관계 관점
④ 합리적 목표 관점

07

문재인 정부에서 이루어진 조직개편의 내용에 해당하는 것을 〈보기〉에서 모두 고른 것은?

보기

㉠ 중소기업청을 중소벤처기업부로 승격·신설하였다.
㉡ 국민안전처를 해체하고 소방청과 해양경찰청 조직은 외청으로 독립시켜 행정안전부 산하에 두었다.
㉢ 미래창조과학부는 과학기술정보통신부로 명칭을 변경하고 과학기술 혁신의 컨트롤타워 기능을 강화하기 위해 과학기술혁신본부를 차관급 기구로 두었다.
㉣ 일관성 있는 수자원 관리를 위해 환경부가 물관리 일원화를 담당하게 하였다.
㉤ 국가보훈처는 장관급으로 격상하고 대통령경호실은 차관급으로 하향 조정하며 명칭을 대통령경호처로 변경했다.

① ㉠, ㉡, ㉢ ② ㉠, ㉢, ㉤
③ ㉠, ㉣, ㉤ ④ ㉡, ㉢, ㉣

08

주민참여제도 중 지방자치 실시 이후 가장 먼저 도입된 것은?

① 주민소환제
② 조례제정개폐청구제
③ 주민투표제
④ 주민소송제

정답 및 해설

05 ③
신공공서비스론(New Public Service)에서 정부의 역할은 봉사(노젓기나 방향잡기가 아니라 서비스 제공과 봉사)이다. 방향잡기는 신공공관리론(NPM)이나 뉴거버넌스론에 관한 내용이다.

06 ①
조직의 성장 및 자원획득을 목표로 강조하는 관점은 개방체제 관점에 해당한다.

퀸과 로보그(Quinne & Rohrbaugh)의 경쟁가치모형

초점 \ 구조	안정성(통제)	유연성(유동성)
내부	내부과정모형 • 목표: 안정성과 균형 • 수단: 정보관리와 의사소통 • 위계지향문화(위계문화)	인간관계모형 • 목표: 인적자원 개발 • 수단: 응집성, 사기 및 훈련 • 관계지향문화(집단문화)
외부	합리적 목표모형 • 목표: 생산성과 능률성, 수익성 • 수단: 계획과 목표 설정 • 과업지향문화(합리문화)	개방체제모형 • 목표: 성장과 자원확보 • 수단: 외부평가 • 혁신지향문화(발전문화) ※ 창업단계에 적합

07 ②, ③
- ㉡ 소방청은 행정안전부 산하에, 해양경찰청은 해양수산부 산하에 두었다.
- ㉣ 2018년에 수자원 관리는 국토교통부 소관업무였으나, 문재인 정부 말기에 환경부로 수자원 관리가 일원화되었다.

08 ②
조례제정개폐청구제(1999년), 주민의 감사청구(1999년) – 주민투표제(2004년) – 주민소송제(2005년) – 주민소환제(2006년) – 주민참여예산제도(2011년) – 규칙의 제정과 개정·폐지 의견제출(2021년)

09

「지방자치법」에서는 지방자치단체의 구역 안에 주소를 가진 자를 주민의 자격이 있는 것으로 정의하고 있다. 주민이 갖는 권리에 해당하지 않는 것은?

① 법령으로 정하는 바에 따라 그 지방자치단체에서 실시하는 지방의회의원과 지방자치단체의 장의 선거에 참여할 권리를 가진다.
② 지방자치단체의 장에게 조례를 제정하거나 개정하거나 폐지할 것을 청구할 수 있다.
③ 주민에게 과도한 부담을 주거나 중대한 영향을 미치는 지방자치단체의 주요 결정사항 등에 대하여 주민투표를 발의할 수 있다.
④ 지방자치단체의 장 및 지방의회의원(비례대표 지방의회의원은 제외)을 소환할 권리를 가진다.

10

미국의 관리과학으로서 주류행정학에 대한 설명으로 가장 옳지 않은 것은?

① 1920년대와 30년대의 미국 행정학은 능률에 기초한 관리를 주장하였다.
② 미국 태프트위원회에서 사용한 절약과 능률은 행정관리의 성과를 평가하는 가치 기준이 됐다.
③ 브라운위원회에서 제시된 능률적인 관리활동은 POSDCoRB로 집약된다.
④ 관리과학으로서 주류행정학은 대공황과 뉴딜(New Deal) 정책 이후에도 미국 행정학에서 지배적인 자기 정체성을 유지했다.

11

정책의제설정 모형에 관한 설명으로 가장 옳은 것은?

① 포자모형은 정책문제가 제기되어 정의되는 환경보다는 정책문제 자체의 성격이 갖는 중요성에 주목한다.
② 이슈관심주기 모형은 공공의 관심을 끌기 위한 치열한 경쟁과 별개로 이슈 자체에 생명주기가 있다고 본다.
③ 정책흐름모형은 조직화된 무정부 상태에서의 합리성과는 다른 합리성 가정을 의제설정 과정의 설명에 적용한다.
④ 동형화 모형은 정부 간 정책전이(policy transfer)가 모방, 규범, 강압을 통해 이뤄진다고 본다.

12

정책의제설정 과정에 대한 설명으로 가장 옳지 않은 것은?

① 정책문제에 대한 통계지표의 오류는 바람직한 의제설정을 어렵게 한다.
② 크렌슨(Crenson)은 선출직 지도자들이 공장공해 등 전체적인 문제에 민감하게 반응하여 이를 정책의제화한다고 한다.
③ 우리나라의 1960년대 경제제일주의는 많은 노동문제를 정부의제로 공식 검토되지 않게 하였다.
④ 정치체제의 가용자원 한계는 정책의제에 대한 적극적 탐색을 어렵게 하기도 한다.

정답 및 해설

09 ②, ③(기존정답 : ③)
- ② 2022. 1. 13. 시행된 주민조례발안에 관한 법률에 따라 18세 이상의 주민은 지방의회에 조례를 제정하거나 개정 또는 폐지할 것을 청구할 수 있다.
- ③ 지방자치법 제18조(주민투표) : 지방자치단체의 장은 주민에게 과도한 부담을 주거나 중대한 영향을 미치는 지방자치단체의 주요 결정사항 등에 대하여 주민투표에 부칠 수 있다.

10 ④
정치·행정이원론에 기초하여 관리과학으로서의 행정학은 1930년대 대공황 이전까지 지배적인 정체성을 유지하였다. 대공황 이후 경제위기 속에서 시장에 대한 정부의 적극적 개입을 통해 극복해야 한다는 행정권 우월화 관점에서 정치·행정일원론이 제기되었다.

11 ④
- ① 포자모형은 정책문제가 정의되는 환경의 중요성에 주목한다.
- ② 다운스(Dawns)의 이슈관심주기(Issue Attention Cycle)모형에 따르면 일반대중들의 관심에는 주기가 있다고 보았다. 또한 보스크(Bosk)는 사회적 이슈에 대한 공공의 관심을 희소자원으로 보면서, 어떤 이슈가 공공의 관심을 끌기 위해서 공공의 장소에서 다른 이슈들과 치열하게 경쟁해야 한다고 주장하였다.
- ③ 킹던(Kingdon)의 정책의 창(정책흐름) 모형은 정책문제의 흐름, 정책대안의 흐름, 정치의 흐름이 어떤 계기로 서로 결합함으로써 새로운 정책의제로 형성된다는 것으로, 쓰레기통모형과 같이 무정부 상태에서의 합리성을 의제설정 과정에 적용한다.

12 ②
크렌슨(Crenson)은 선출직 지도자들이 보호적 규제정책에 민감하게 반응하지 않아, 정책의제화되기 어렵다고 주장한다.

13

신성과주의예산(New Performance Budgeting)의 특징으로 가장 옳지 않은 것은?

① 투입요소 중심이 아니라 산출 또는 성과를 중심으로 예산을 운용하는 제도이다.
② 과거의 성과주의 예산과 비교하여 프로그램 구조와 회계제도에 미치는 영향이 훨씬 광범위하고 포괄적이다.
③ 책임성 확보를 위해 시행되고 있는 성과관리를 예산과 연계시킨 제도이다.
④ 예산집행에서의 자율성을 부여하되, 성과평가와의 연계를 통해 책임성을 확보하고자 한다.

14

행정능력에 대한 설명으로 가장 옳지 않은 것은?

① 행정능력은 지적 능력, 실행적 능력을 포괄하며 정치적 능력과는 구분된다.
② 지적 능력은 바람직한 정책결정을 위한 전문성과 관련되어 있으며, 우리나라 행정학에서 중요한 능력으로 인식되어 왔다.
③ 실행적 능력은 정치 및 민간 지원의 확보능력을 포괄한다.
④ 행정능력을 구성하는 하위 능력요인들 간에 상충관계가 존재한다.

15

정책의 유형과 분류에 대한 설명으로 가장 옳은 것은?

① 로위(Lowi)의 정책 분류는 다원주의와 엘리트주의를 통합하려는 노력의 일환으로 볼 수 있다.
② 알몬드와 파우얼(Almond & Powell)에 따르면 조세 및 부담금 등은 재분배정책으로 볼 수 있다.
③ 로위(Lowi)는 군인연금에 관한 정책을 분배정책으로 분류한다.
④ 로위(Lowi)의 정책 분류에 따라 정책에 대한 조작적 정의(operationalization)가 용이해졌다.

16

성과평가의 방법과 모형에 대한 〈보기〉의 설명 중 옳은 것을 모두 고른 것은?

보기

㉠ 논리모형(Logic Model)은 직무활동이 설정된 성과목표를 성취하는 과정보다는 단기적인 산출물을 중시한다.
㉡ 성과표준평정법(Performance Standard Appraisal)은 구체적이고 측정 가능한 성과수준을 명시한다.
㉢ 균형성과평정법(Balanced Scorecard)은 내부과정의 관점보다는 고객 관점의 평가방법이다.
㉣ 행태관찰평정법(Behavioral Observation Scales)은 성과와 관련된 직무행태를 관찰하여 활동의 발생빈도를 측정한다.

① ㉡, ㉣ ② ㉠, ㉡, ㉢
③ ㉡, ㉢, ㉣ ④ ㉠, ㉡, ㉢, ㉣

정답 및 해설

13 ②
신성과주의 예산제도는 프로그램 구조와 회계제도 등에 영향을 미치기보다는 예산 과정에서 성과정보의 활용을 목표로 삼는다.

14 ①
- ① 행정능력에는 지적 능력, 실행적 능력, 정치적 능력을 포괄한다.
- ② 지적 능력은 전문지식, 창의성과 관련된다.
- ③ 실행적 능력은 정치 및 민간 지원의 확보, 리더십과 동기부여와 관련된다.
- ④ 정치적 능력은 민주주의적 책임확보, 고객대응성과 관련되는 것으로 정치적 능력(민주성)과 지적 능력(능률성) 간에 상충관계가 존재한다.

15 ①
- ② 알몬드와 파웰(Almond & Powell)의 정책 분류에 따르면 조세 및 부담금 등은 정부체제를 유지하기 위하여 인적, 물적 자원을 동원하는 정책인 추출정책에 해당한다.
- ③ 군인연금은 로위의 분류에 따를 때 구성정책에 해당한다.
- ④ 로위의 정책 분류는 기본개념들이 모호하여 정책에 대한 조작적 정의가 어렵다.

16 ①
- ㉠ 논리모형은 직무활동과 성과와의 인과관계를 중시한다.
- ㉢ 균형성과평정법은 특정 관점만을 중시하기보다는 재무, 고객, 내부 프로세스, 학습과 성장이라는 관점 간의 균형을 중시한다.

17

행정에 대한 설명으로 가장 옳지 않은 것은?

① 행정은 최협의적으로는 행정부의 조직과 공무원의 활동에 대한 것이다.
② 행정은 공공서비스의 생산, 공급, 분배를 통해 공공 욕구를 충족시켜 국민 삶의 질을 증대하고자 한다.
③ 행정의 활동은 환경과의 상호작용을 통해 역동적으로 변화한다.
④ 행정의 활동은 정치권력을 배경으로 공공서비스의 생산 및 공급을 정부가 독점한다.

18

〈보기〉에서 예산집행의 시간적 제약을 완화하기 위해 도입한 제도를 모두 고른 것은?

보기

㉠ 총액계상제도	㉡ 이용
㉢ 전용	㉣ 이월제도
㉤ 계속비제도	㉥ 국고채무부담행위

① ㉠, ㉡, ㉢　② ㉡, ㉢, ㉣
③ ㉣, ㉤, ㉥　④ ㉡, ㉣, ㉤

19

행정의 책임성에 대한 설명으로 가장 옳지 않은 것은?

① 행정의 책임성에는 결과에 대한 책임과 함께 과정에 대한 책임도 포함된다.
② 신공공관리론(NPM)에서 강조하고 있는 시장책임성은 고객만족에 의한 행정책임을 포함한다.
③ 법적 책임의 확보 방법은 시대에 따라 변하고 있다.
④ 제도적 책임성은 공무원의 자율적이고 능동적인 행정책임을 의미한다.

20

지방자치단체장(서울시장)의 직무이행명령에 대한 설명 중 가장 옳지 않은 것은?

① 서울시장이 국가위임사무의 관리와 집행을 명백히 게을리하고 있다고 인정되면 주무부장관이 기간을 정하여 서면으로 이행할 사항을 명령할 수 있다.
② 주무부장관은 서울시장이 국가위임사무에 대한 이행명령을 이행하지 아니하면 서울시의 비용부담으로 대집행하거나 행정상·재정상 필요한 조치를 할 수 있다.
③ 서울시장은 주무부장관의 이행명령에 이의가 있으면 이행명령서를 접수한 날부터 20일 이내에 대법원에 소를 제기할 수 있다.
④ 위 ③의 경우 서울시장은 이행명령의 집행을 정지하게 하는 집행정지결정을 신청할 수 있다.

정답 및 해설

17 ④
현대의 행정 활동은 정부가 독점하는 것이 아니라, 정부와 민간 그리고 준정부기관 등이 협력하여 공공서비스를 생산하고 공급한다.

18 ③
- ㉣ 이월은 예산을 당해 회계연도에 집행하지 않고 다음 연도에 넘겨 차기 회계연도에 사용하는 제도이다.
- ㉤ 계속비는 완공에 수년이 소요되는 대규모 공사·제조·연구개발 사업의 경우에 총액과 연부금을 정해 인정하는 제도이다.
- ㉥ 국고채무부담행위는 다년간의 건물의 임차계약 등을 할 때 미리 의결을 얻는 것이다.
- ㉠ 총액계상예산은 구체적 용도를 제한하지 아니하고 지출을 허용하는 제도이다.
- ㉡, ㉢ 이용(입법과목 간)과 전용(행정과목 간)은 예산의 목적 외 사용금지에 대한 예외적 장치이다.

19 ④
자율적·도의적 책임성에 대한 설명으로 전문가로서의 직업윤리와 책임감에 기초해서 적극적·자발적 재량을 발휘하여 확보된다. 제도적 책임성은 판단기준과 절차의 객관화, 절차의 중시 등 절차에 대한 책임을 의미한다.

20 ③
지방자치법 제189조(지방자치단체의 장에 대한 직무이행명령) 제6항 : 지방자치단체의 장은 제1항의 이행명령에 이의가 있으면 이행명령서를 접수한 날부터 15일 이내에 대법원에 소를 제기할 수 있다.

2017. 10. 21. 국가직 7급 기출문제

01

우리나라 지방자치단체의 사무에 대한 설명으로 옳지 않은 것은?

① 위임사무와 자치사무로 구분되며, 위임사무는 다시 기관위임사무와 단체위임사무로 구분된다.

② 병역자원의 관리업무 등 주로 국가적 이해관계가 크게 걸려 있는 사무는 단체위임사무에 속한다.

③ 제주특별자치도에서는 국가경찰과 자치경찰이 함께 활동할 수 있다.

④ 지방자치법에서 지방자치단체의 사무를 예시하고 있지만, 법률에 이와 다른 규정이 있으면 그렇지 않다.

02

다음과 같은 방식으로 직무를 평가하는 방법은?

> 저는 각 답안지를 직관으로 평가하면서 우수한 순서대로 나열해 놓은 후 학점을 줍니다. 구체적으로 어떤 기준에서 그렇게 학점을 주었냐고 하면 금방 답하기는 어렵지만, 어쨌든 이 과정에서 중요한 것은 상대성입니다.

① 서열법 ② 분류법

③ 점수법 ④ 요소비교법

03

다음과 같은 내용을 모두 포괄하는 정책변동의 유형은?

> • 정책수단의 기본 골격이 달라지지 않으며, 주로 정책산출부분이 변한다.
> • 정책 대상집단의 범위가 변동된다거나 정책의 수혜수준이 달라지는 경우와 관련이 있다.
> • 저소득층 자녀에 대한 교육비 보조를 그 바로 위 계층의 자녀에게 확대하는 사례에 해당한다.

① 정책 통합(policy consolidation)

② 정책 분할(policy splitting)

③ 선형적 승계(linear succession)

④ 정책 유지(policy maintenance)

04

인사행정의 주요 원리 및 제도에 대한 설명으로 옳지 않은 것은?

① 엽관주의 – 미국의 잭슨(Jackson) 대통령은 공무원의 장기 근무의 순기능을 강조하며 공직의 대중화를 도모하였다.

② 실적주의 – 미국에서는 펜들턴법의 제정으로 공개경쟁채용시험을 도입하고 연방인사위원회가 설치되었다.

③ 대표관료제 – 영국학자 킹슬리(Kingsley)는 정부 관료제 구성에서 사회 내 주요 세력의 분포를 반영할 것을 제안하였다.

④ 직업공무원제 – 절대왕정시기의 관료제에 연원을 두고 있으며 장기 근무를 장려하여 공직을 전문 직업분야로 인식하게 하였다.

정답 및 해설

01 ②

병역자원의 관리업무 등 주로 국가적 이해관계가 크게 걸려 있는 사무는 기관위임사무에 해당한다. 단체위임사무는 예방접종, 보건소의 운영 등 국가와 지자체 공동으로 이해관계가 걸려 있다.

02 ①

• ① 보기의 내용은 서열법에 대한 설명으로, 서열법은 비계량적인 방법을 통해 직무기술서의 정보를 검토한 후 직무 상호 간에 직무 전체의 중요도를 종합적으로 비교하는 방법이다(비계량적, 상대평가).
• ② 분류법은 직무 전체를 종합적으로 판단해 미리 정해 놓은 등급기준표와 비교해가면서 등급을 결정하는 방법이다(비계량적, 절대평가).
• ③ 점수법은 직무평가표에 따라 직무의 세부 구성요소를 구분한 후 요소별 가치를 점수화하여 측정하는데, 요소별 점수를 합산한 총점이 직무의 상대적 가치를 나타낸다(계량적, 절대평가).
• ④ 요소비교법은 대표가 될 만한 직무들을 선정하여 기준직무(key job)로 정해놓고 각 요소별로 평가할 직무와 기준직무를 비교해가며 점수를 부여하는 방법이다(계량적, 상대평가).

03 ④

• ④ 보기의 내용은 정책 유지에 대한 설명이다. 정책 유지는 현재의 정책을 기본적으로 유지하면서 정책수단의 부분적인 변화만 이루진다.
• ① 정책 통합은 같은 분야의 정책이 합하여짐으로써 새로운 정책이 나타나는 형태의 정책승계이다.
• ② 정책 분할은 하나의 정책이 둘 이상의 정책으로 분할되는 것을 의미한다.
• ③ 정책목표를 변경시키지 않는 범위에서 정책내용을 완전히 새로운 것으로 바꾸는 것으로 호그우드와 피터스는 선형적(linear) 승계라고 부른다. 예컨대 경찰관이 직접 과속단속을 하다가 무인 카메라를 설치해서 단속하는 경우가 해당한다.

04 ①

미국의 잭슨 대통령 시기의 엽관주의는 공직의 대중화를 도모한 것은 옳은 표현이나, 정권 교체 시 대규모 인력이 교체되므로 공무원의 장기근무는 어렵다.

05

현상학적 행정연구에 대한 설명으로 옳지 않은 것은?

① 행정현상은 사람들의 의식, 생각, 언어, 개념 등을 통해 구성된 것이다.
② 행정연구에서는 행정활동과 관련된 사람들 사이의 상호작용에 의해 구성된 상호주관적 경험이 중요하다.
③ 행정연구에서 가치와 사실의 구별을 인정하며, 현상을 개체적으로 파악하고자 한다.
④ 기존의 관찰이나 믿음에 영향을 받지 않기 위해 '괄호 안에 묶어두기' 또는 '현상학적 판단정지'가 중요하다.

06

브레이브룩과 린드블롬(Braybrooke & Lindblom)이 제시한 다음 모형에서, '다소 행정적이고 기술적인 의사결정'이 필요한 포괄적 합리모형에 해당하는 것은?

의사결정에 의한 사회변화의 크기 / 정책목표와 수단에 대한 이해의 정도	광범위한 변화	점증적인 변화
높은 이해	㉠	㉡
낮은 이해	㉢	㉣

① ㉠ ② ㉡
③ ㉢ ④ ㉣

07

공직자윤리법의 내용으로 옳지 않은 것은?

① 공무원의 가족이 외국 혹은 외국인으로부터 받은 선물은 신고절차를 거친 후 지체 없이 당사자에게 반환하여야 한다.
② 취업심사대상자는 관할 공직자윤리위원회의 승인을 받지 않고는 취업제한기관에 퇴직일로부터 3년간 취업할 수 없다.
③ 한국은행과 공기업은 정부 공직자윤리위원회에 의해서 공직유관단체로 지정될 수 있다.
④ 공개대상자등 및 그 이해관계인이 보유하고 있는 주식의 직무관련성을 심사·결정하기 위하여 인사혁신처에 주식백지신탁 심사위원회를 둔다.

08

지역사회의 권력구조를 설명하는 성장기구론에 대한 설명으로 옳은 것만을 모두 고른 것은?

> ㉠ 자기 소유의 주택가격 상승을 원하는 주민들이 많을수록 성장연합이 더 강한 힘을 발휘하는 경향이 있다.
> ㉡ 토지문제와 개발문제 그리고 이와 연계된 도시의 공간확장 문제 등과 관련이 있다.
> ㉢ 반성장연합은 일부 지역주민과 환경운동 집단 등으로 이루어진다.
> ㉣ 성장연합은 반성장연합에 비해서 토지 또는 부동산의 교환가치보다는 사용가치를 중시한다.

① ㉠, ㉡, ㉢ ② ㉠, ㉡, ㉣
③ ㉠, ㉢, ㉣ ④ ㉡, ㉢, ㉣

정답 및 해설

05 ③
행정연구에서 가치와 사실을 구별하며, 계량적·미시적 분석에 중점을 둔 것은 행태주의이다. 현상학적 접근 방법은 실증주의와 행태주의적 연구방법에 반대하였고, 사회현상 또는 사회적 실제란 자연현상처럼 사람과 동떨어진 객체로 존재하는 것이 아니라, 사람들의 상호 주관적인 경험으로 이루어진다고 보았다.

06 ②
브레이브룩과 린드블롬(Braybrooke & Lindblom)

의사결정에 의한 사회변화의 크기 / 정책목표와 수단에 대한 이해의 정도	광범위한 변화	점증적인 변화
높은 이해	혁명적, 이상적 결정	행정적, 기술적 결정 (합리모형)
낮은 이해	전쟁, 혁명, 위기 등 대변혁	점증적 정치 (점증주의)

07 ①
공직자윤리법 제15조(외국 정부 등으로부터 받은 선물의 신고) 제1항: 공무원(지방의회의원을 포함한다.) 또는 공직유관단체의 임직원은 외국으로부터 선물(대가 없이 제공되는 물품 및 그 밖에 이에 준하는 것을 말하되, 현금은 제외한다. 이하 같다)을 받거나 그 직무와 관련하여 외국인(외국단체를 포함한다. 이하 같다)에게 선물을 받으면 지체 없이 소속기관·단체의 장에게 신고하고 그 선물을 인도하여야 한다. 이들의 가족이 외국으로부터 선물을 받거나 그 공무원이나 공직유관단체 임직원의 직무와 관련하여 외국인에게 선물을 받은 경우에도 또한 같다.

08 ①
㉣ 성장연합은 반성장연합에 비해서 토지 또는 부동산의 사용가치보다는 교환가치를 중시한다.

09

우리나라의 공공부문 빅데이터 정책에 대한 설명으로 옳지 않은 것은?

① 과거 국가정보화전략위원회에서는 공공부문의 빅데이터 활용시나리오를 제시하였다.
② 빅데이터의 유통 활성화를 위해서는 데이터 보안, 암호화, 비식별화 등 개인정보보호를 위한 기술 개발이 중요하다.
③ 우리나라는 현재 빅데이터 활성화를 목표로 한 기본법이 시행되고 있지만 아직 지방자치단체의 조례는 제정되지 않았다.
④ 반정형화된 데이터나 비정형 데이터에 이르기까지 활용하는 데이터의 수준이나 폭이 확대되고 있다.

10

예산제도에 대한 설명으로 옳지 않은 것은?

① 계획예산제도는 중장기적 전략기획에 따라 일관성 있게 예산이 뒷받침되는 전략예산체계를 지향한다.
② 품목별 예산제도는 회계책임을 명백히 할 수 없기 때문에 예산의 유용이나 남용을 방지할 수 없다.
③ 영기준 예산제도는 미국 카터행정부에서 채택되었던 것으로, 전년도 예산의 답습이 아니라 백지상태에서 현행 사업을 재검토하고자 한 것이다.
④ 성과주의 예산제도는 예산을 사업별로 편성하여, 사업 수행의 최종산출물을 강조하였다.

11

전통적 관료제의 특징과 그 역기능을 연결한 것으로 옳지 않은 것은?

① 계층제 – 의사결정 지연과 상급자 권위에 대한 지나친 의존
② 비정의성(비인간화) – 주관적이고 재량적인 관료 행태
③ 전문화 – 훈련된 무능과 할거주의
④ 문서주의 – 형식주의와 번문욕례(繁文縟禮)

12

공공선택론(public choice theory)에 대한 설명으로 옳은 것은?

① 관할권이 다른 지방정부로 이주하는 것은 개인의 지방정부에 대한 선호 표시와는 관련이 없다.
② 집권적이며 계층제적 구조를 강조하는 정부관료제가 시민의 요구에 민감하게 반응한다고 주장한다.
③ 공공선택론의 대표적인 학자들 중에는 뷰캐넌(Buchanan), 오스트롬(Ostrom), 니스카넨(Niskanen)이 있다.
④ 개인이 아닌 공공조직을 분석의 기초단위로 채택함으로써 방법론적 개체주의에 반대한다.

정답 및 해설

09 ③
우리나라는 빅데이터 활성화를 목표로 명시한 기본법은 존재하지 않으나, 데이터기반행정 활성화에 관한 법률, 데이터 산업진흥 및 이용촉진에 관한 기본법, 지능정보화 기본법 등에 데이터 이용 활성화 등을 규정하고 있다. 또한 다양한 지방자치단체(강원도, 경기도 등)에서 빅데이터 활용에 관한 조례를 제정하였다.

10 ②
품목별 예산제도는 지출항목(대상)에 따라 자세히 표기되는 투입 중심 예산제도로, 통제 지향적이고 예산심의 및 회계책임을 묻는 데 용이하다.

11 ②
관료제의 역기능으로서 비정의성[비인간화(impersonality)]은 주관적이고 재량적인 관료 행태가 아니라, 융통성 없는 엄격한 규정의 준수를 의미한다.

12 ③
- ① 공공선택론은 공공서비스를 제공할 때 시민 개개인의 선호와 선택을 존중한다. 공공선택론 중 티부(Tiebout) 모형에서는 지방정부들이 제공하는 서비스에 따라 주민들이 이주한다.
- ② 공공선택론은 전통적인 정부관료제는 시민의 요구에 민감하게 반응할 수 없는 제도적 장치라 비판하고, 그것을 대체할 공공재 공급방식의 도입을 강조하였다.
- ④ 공공선택론의 분석의 단위는 개인으로, 방법론적 개체주의의 입장을 취한다.

13

다음과 같은 내용의 공통적인 특성을 갖는 행정이론은?

> • 공익을 사적 이익의 총합으로 파악한다.
> • 기업가적 목표 달성을 위해 폭넓은 행정 재량을 공무원에게 허용할 수 있다.
> • 경영학의 성과관리와 경제학의 신제도주의가 혼합되어 영향을 주었다.

① 신공공관리론 ② 뉴거버넌스
③ 신공공서비스론 ④ 신행정론(신행정학)

14

정책분석기법에 대한 설명으로 옳지 않은 것은?

① 의사결정나무(decision tree)를 활용한 분석모형에서는 상황의 불확실성을 고려한다.
② 추세 연장에 의한 예측에서 가장 표준적인 방법은 선형경향추정(linear trend estimation)이다.
③ 칼도－힉스 기준(Kaldor-Hicks criterion)은 전통적인 비용편익분석(cost-benefit analysis)의 기초가 된다.
④ 교차영향분석(cross-impact analysis)은 불완전한 정보를 가지고 있는 모형 내의 파라미터의 변화에 따라 대안의 결과가 어떻게 반응하는지를 분석하는 기법이다.

15

역량기반 교육훈련(CBC : competency-based curriculum)에 대한 설명으로 옳은 것만을 모두 고른 것은?

> ㉠ 맥클랜드(McClelland)는 우수성과자의 인사 관련 행태를 역량으로 규정하고 이를 중심으로 한 인사관리를 주장하였다.
> ㉡ 직무분석으로 도출된 직무명세서를 바탕으로 교육과정을 설계하는 직무지향적 교육훈련 방법이다.
> ㉢ 역량모델은 전체 구성원에게 적용되는 공통역량, 원활한 조직운영을 위한 직무역량, 전문적 직무수행을 위한 관리역량으로 구성된다.
> ㉣ 피교육자의 능력을 정확히 진단하여 부족한 부분(gap)을 보충하는 교육이 가능하다.

① ㉠, ㉡ ② ㉠, ㉣
③ ㉡, ㉢ ④ ㉢, ㉣

16

현대 조직이론에 대한 설명으로 옳지 않은 것은?

① 거래비용이론 － 탐색 · 거래 · 감시비용 등을 포함하는 거래비용의 절감을 위해 외부화 전략뿐만 아니라 내부화 전략도 가능하다.
② 조직군생태론 － 조직군을 분석단위로 하며, 개별 조직은 외부환경의 선택에 좌우되는 수동적인 존재이다.
③ 상황론 － 조직구조를 상황요인으로 강조하면서 이러한 상황에 적합한 조직의 기술과 전략 등을 처방한다.
④ 제도적 동형화론 － 조직의 장이 생성되어 구조화되면, 내부조직뿐만 아니라 새로 진입하려는 조직들도 유사해지는 경향을 나타낸다.

정답 및 해설

13 ①
보기의 내용은 신공공관리론과 관련된 내용이다. 신공공관리론은 경영학의 성과관리와 경제학의 신제도주의로부터 영향을 받아 기업경영의 논리와 기법을 정부에 도입 · 접목한 것으로, 오스본(D. Osborne)과 개블러(T. Gaebler)가 정부재창조 방안으로 제시하였다.

14 ④
민감도분석에 대한 설명이다. 교차영향분석(cross-impact analysis)은 관련 사건의 발생 여부에 따라 대상사건이 발생할 가능성에 관한 주관적 판단을 구하고 그 관계를 분석하는 방법으로 주관적 · 질적 예측기법이다.

15 ②
• ㉡ 역량기반 교육훈련은 직무지향적 교육훈련 방법이 아니라, 역량지향적, 성과지향적 교육훈련 방법이다.
• ㉢ 역량모델은 전체 구성원에게 적용되는 공통역량, 원활한 조직운영을 위한 관리역량, 전문적 직무수행을 위한 직무역량으로 구성된다.

16 ③
상황론은 상황요인으로 규모, 기술, 환경, 전략을 강조하면서 이러한 상황에 적합한 조직구조를 처방하고자 하였다.

17

정책평가의 종류에 대한 설명으로 옳지 않은 것은?

① 평가성 사정은 본격적인 평가가능 여부와 평가결과의 프로그램 개선가능성 등을 진단하는 일종의 예비적 평가이다.
② 평가주체에 따른 분류에서 시민단체에 의한 평가는 외부적 평가이다.
③ 정책비용의 측면을 고려하는 능률성 평가는 총괄평가에서 검토될 수 없다.
④ 형성평가는 집행 도중에 이루어지는 평가로서, 집행 관리와 전략의 수정 및 보완을 위한 것이다.

18

리더십이론에 대한 설명으로 옳은 것만을 모두 고른 것은?

> ㉠ 피들러(Fiedler)의 상황적합이론(contingency theory of leadership)에서는 상황변수로 '리더와 부하의 관계', '직위 권력', '과업구조' 세 가지를 들고 있다.
> ㉡ 허시와 블랜차드(Hersey & Blanchard)의 경로-목표이론(path-goal theory of leadership)에서는 상황변수로 부하의 능력과 의욕으로 구성되는 성숙도를 채택하였다.
> ㉢ 하우스(House)는 리더십을 거래적 리더십(transactional leader ship)과 변혁적 리더십(transformational leadership)으로 구분하였다.
> ㉣ 블레이크와 모튼(Blake & Mouton)의 관리격자(managerial grid) 모형에 따르면 무기력형, 컨트리클럽형, 과업형, 중도형, 팀형이라는 기본적인 리더십 유형이 도출된다.

① ㉠, ㉡　　② ㉠, ㉣
③ ㉡, ㉢　　④ ㉢, ㉣

19

우리나라의 국가재무제표에 대한 설명으로 옳지 않은 것은?

① 재무제표는 국가결산보고서에 포함되어 국회에 제출하도록 하고 있다.
② 국가회계법에 따르면 재무제표는 재정상태표, 재정운영표, 순자산변동표로 구성된다.
③ 재정상태표는 재정상태표일 현재 국가 재정상태를 보여주는 것이다.
④ 재정상태표에는 현금주의와 단식부기가, 재정운영표에는 발생주의와 복식부기가 각각 적용되고 있다.

20

우리나라의 예산과정에 대한 설명으로 옳지 않은 것은?

① 기획재정부는 매년 당해연도부터 5회계연도 이상의 기간에 대한 재정운용계획을 수립하여 회계연도 개시 120일 전까지 국회에 제출하여야 한다.
② 예산안편성지침에 중앙관서별 지출한도를 포함하여 통보할 수 있는 총액배분·자율편성제도가 도입되어서, 기획재정부의 사업별 예산통제 기능이 상실되었다.
③ 국회 본회의 중심이 아니라 국회 상임위원회와 예산결산특별위원회 중심으로 예산이 심의된다.
④ 예산의 이용(移用)과 전용, 예산의 이체(移替), 예비비, 계속비는 예산집행의 신축성을 보장하기 위한 것이다.

정답 및 해설

17 ③
총괄평가는 정책이 종료된 후에 그 정책이 당초 의도했던 효과를 가져왔는지 여부를 판단하는 활동으로 효과성 평가, 능률성 평가, 정책영향평가 등이 검토될 수 있다.

18 ②
- ㉡ 상황변수로 부하의 성숙도를 채택한 것은 허시 & 블랜차드(Hersey & Blanchard)의 생애주기이론이다. 경로-목표이론은 하우스(House)의 이론이다.
- ㉢ 리더십을 거래적 리더십(transactional leadership)과 변혁적 리더십(transformational leadership)으로 구분한 것은 번스(Burns)이다. 하우스는 경로-목표이론에서 리더십 유형을 지시적, 지원적, 참여적, 성취지향적 리더십으로 4가지로 구분하였다.

19 ④
현재 우리나라 국가재무제표는 모두 발생주의·복식부기 방식에 따라 작성한다.

20 ②
우리나라 총액배분자율편성 예산제도는 각 부처가 국가재정운영계획에 의해 설정된 예산상한선 내에서 자율적으로 예산을 편성하는 제도이다. 부처의 재량을 확대하였지만 기획재정부는 사업별 예산통제 기능을 유지하고 있다.

18 2017. 9. 23. 지방직 7급 기출문제

01

정부실패의 요인에 해당하지 않는 것은?

① 공공서비스에서의 비용과 편익의 분리
② 경제 활동에 영향을 주는 외부불경제(external diseconomy)
③ 비공식적 목표가 공식적 조직목표를 대체하는 현상
④ 의도하지 않은 파생적 외부효과

02

나카무라(Nakamura)와 스몰우드(Smallwood)가 제시한 가장 광범위한 재량을 갖는 정책집행자의 유형은?

① 지시적 위임자형
② 관료적 기업가형
③ 협상가형
④ 재량적 실험가형

03

정책결정모형에 대한 설명으로 옳지 않은 것은?

① 점증주의모형은 정책이 결정되는 현실적인 모습을 반영하고 있다.
② 쓰레기통모형은 정책결정의 우연성을 강조하여 정책결정이 이루어지게 되는 계기에 주목한다.
③ 혼합주사모형에서 세부적 결정은 합리모형의 의사결정방식으로 개선된 대안을 제시한다.
④ 최적모형은 계량적 분석뿐만 아니라 직관적 판단에 의한 결정의 중요성을 강조한다.

04

특별회계예산에 대한 설명으로 옳지 않은 것은?

① 임시적인 성격이 강하기 때문에 국회의 심의를 받지 않는다.
② 특별회계예산은 세입과 세출을 별도로 계리한다.
③ 특별회계의 경우 각각의 개별법이 마련되어 운영되는 것이 일반적이다.
④ 재정운영 주체의 자율성 증대를 통해 운영의 효율성을 높일 수 있을 때 필요하다.

정답 및 해설

01 ②

외부불경제는 시장실패의 요인이다.

시장실패와 정부실패의 요인

1. 시장실패의 요인 : 공공재의 존재, 외부효과, 자연독점, 불완전경쟁, 정보의 비대칭
2. 정부실패의 요인 : 사적 목표의 설정, X-비효율성, 파생적 외부효과, 권력의 편재, 비용과 편익의 괴리(분리), 지대추구행위

02 ②

가장 광범위한 재량권을 갖는 정책집행자의 유형은 '관료적 기업가형'이다.

정책결정자의 역할

1. 고전적 기술자형(구체적 목표, 구체적 수단)
2. 지시적 위임형(구체적 목표, 대체적 방침)
3. 협상형(목표 및 정책수단에 대한 협상)
4. 재량적 실험형(추상적 목표)
5. 관료적 기업가형(형식상 결정권 보유)

03 ③

혼합주사모형에서 정책결정은 근본적인 결정(합리모형)과 세부적인 결정(점증모형)의 지속적인 상호작용이다.

04 ①

예산(일반회계, 특별회계)은 국회의 심의를 받아야 한다.

05

정책과정 참여자에 대한 설명으로 옳지 않은 것은?

① 의회는 중요한 정부 정책을 결정하는 공식적 참여자이다.
② 헌법재판소는 위헌심사를 통해 정책과정 전반에 영향을 미친다.
③ 정책전문가는 정책을 분석·평가하여 정책 대안을 제시한다.
④ 정당은 공식적 참여자로서 정책을 통제하기 위해 노력한다.

06

다음 괄호 안에 들어갈 용어를 옳게 짝지은 것은?

(㉠)은/는 의회에서 이권과 관련된 법안을 해당 의원들이 서로에게 이익이 되도록 협력하여 통과시키거나, 특정이익에 대한 수혜를 대가로 상대방이 원하는 정책에 동의해 주는 방식으로 이루어진다. 반면, (㉡)은/는 각종 개발 사업과 관련된 법안이나 정책 교부금을 둘러싸고 의원들이 그 혜택을 서로 나누어 가지려고 노력하는 현상을 말한다.

	㉠	㉡
①	로그롤링(log rolling)	포크배럴(pork barrel)
②	로그롤링(log rolling)	지대추구(rent seeking)
③	지대추구(rent seeking)	로그롤링(log rolling)
④	포크배럴(pork barrel)	로그롤링(log rolling)

07

다음 특징에 해당하는 예산관리제도는?

- 사업 시행 후 기존 사업과 지출에 대해 입법기관이 재검토한다.
- 정부의 불필요한 행위나 활동을 폐지하고 효율적인 정부를 추구하려는 노력이다.
- 특정 조직이나 사업에 대해 존속시킬 타당성이 없다고 판명되면 자동적으로 폐지하는 제도이다.
- 매 회계연도마다 반복되는 예산과정에서 비교적 독립적으로 진행할 수 있다.

① 영기준 예산제　　② 일몰제
③ 계획예산제　　④ 성과주의 예산제

08

자원관리의 효율성과 계획성을 강조하는 현대적 예산제도의 원칙에 해당하지 않는 것은?

① 행정부에 의한 책임부담의 원칙
② 예산관리수단 확보의 원칙
③ 공개의 원칙
④ 다원적 절차채택의 원칙

정답 및 해설

05 ④
정당은 비공식적 참여자이다.

+ 정책과정의 참여자

공식적 참여자	비공식적 참여자
행정부 입법부 사법부 지방자치단체(단체장, 지방의회의원 등)	정당 이익집단 전문가집단 시민단체 언론

06 ①
지대추구이론은 정부규제가 지대를 만들어내고 이해관계자집단으로 하여금 그 지대를 추구하게 한다는 이론이다.

07 ②
- ① 영기준 예산제는 전년도 예산의 답습이 아니라 백지상태에서 모든 사업을 평가하여 우선순위를 정하는 예산제도이다.
- ③ 기획(계획)예산제는 기획과 사업구조화(프로그램), 그리고 예산을 연계시키는 시스템적 예산제도이다.
- ④ 성과주의 예산제는 예산배정 과정에서 필요 사업량을 제시하여 예산과 사업의 연계를 강조하는 예산제도이다.

08 ③
공개의 원칙은 고전적 예산제도의 원칙이다.

09

옴부즈만(ombudsman) 제도의 일반적 특징에 대한 설명으로 옳지 않은 것은?

① 옴부즈만은 비교적 임기가 짧고 임기보장이 엄격하게 적용되지 않는다.
② 옴부즈만에게 민원을 신청할 수 있는 사안은 행정 관료의 불법행위와 부당행위를 포함한다.
③ 옴부즈만은 행정기관의 결정에 대해 직접 취소·변경할 수 있는 권한을 갖지 않는다.
④ 업무처리에 있어 절차상의 제약이 크지 않아 옴부즈만에 대한 시민들의 접근이 용이하다.

10

다음과 같은 비판이 제기되고 있는 행정학의 접근방법은?

> • 인간은 경제적 이해관계로만 움직이지 않는다.
> • 정부활동의 성과를 지나치게 시장적 가치로 환원하려는 경향이 있다.

① 생태론적 접근방법
② 현상학적 접근방법
③ 공공선택론적 접근방법
④ 체제론적 접근방법

11

개방형 또는 폐쇄형 인사제도에 대한 설명으로 옳은 것은?

① 개방형은 재직자의 승진기회가 많고 경력발전의 기회가 많다.
② 폐쇄형은 조직에 대한 소속감이 높고 공무원의 사기가 높다.
③ 개방형은 공무원의 신분보장이 강화됨으로써 행정의 안정성을 유지할 수 있다.
④ 폐쇄형은 국민의 요구에 민감하게 대응하며 행정에 대한 민주통제가 보다 용이하다.

12

우리나라의 지방자치제도에 대한 설명으로 옳은 것은?

① 시·군의 지방세 세목에는 담배소비세, 주민세, 지방소득세, 재산세, 자동차세가 있다.
② 지방의회는 지방자치단체를 외부에 대표하는 기능, 국가위임사무 집행 기능 등을 가진다.
③ 지방자치단체는 2층제이며, 16개의 광역자치단체와 220개의 기초자치단체가 설치되어 있다.
④ 기관통합형 구조를 채택하고 있으며, 기초자치단체장 선거에서는 정당공천제를 실시하지 않고 있다.

정답 및 해설

09 ①
옴부즈만 제도가 작동하기 위해서는 독립성이 보장되어야 하는데, 이를 위해 임기가 비교적 길고 임기보장이 엄격하게 적용되어야 한다.

10 ③
• ③ 보기는 공공선택론에 대한 비판의 내용이다. 공공선택론은 합리적이고 이기적인 경제인을 가정하고, 정부를 공공재의 생산자라고 규정하며 시민들은 공공재의 소비자라고 규정하였다.
• ① 생태론적 접근방법은 사회적, 문화적, 역사적 환경의 차이점이 행정이 수행되는 방식에 영향을 준다고 보는 접근방법이다.
• ② 현상학적 접근방법은 사회현상 또는 사회적 실제란 자연현상처럼 사람과 동떨어진 객체로 존재하는 것이 아니라, 사람들의 상호 주관적인 경험으로 이루어진다고 보는 접근방법이다.
• ④ 체제론적 접근방법은 행정현상을 분석하기 위해 다양한 관련 변수 중에서 환경을 포함한 거시적인 접근방법이다.

11 ②
• ① 개방형은 재직자의 승진기회와 경력발전 기회가 제한적이다.
• ③ 폐쇄형에 대한 설명이다.
• ④ 폐쇄형은 공무원의 신분보장으로 인하여 국민의 요구에 민감하게 대응하기 어렵고, 행정에 대한 민주통제 역시 어렵다.

12 ①
• ② 지방자치단체를 외부에 대표하는 기능과 국가위임사무의 집행 기능은 지방자치단체장이 가진다.
• ③ 지방자치단체는 중층제(2층제, 세종·제주는 제외)이며, 17개 광역지자체와 228개 기초지자체(2023년 기준)가 설치되어 있다.
• ④ 기관대립형 구조를 채택하고 있으며, 기초·광역 단체장 및 의회 선거 모두 정당공천제를 실시하고 있다(교육감 제외).

지방세 구분

구분	도세	시·군세
보통세 (9개)	취득세, 레저세, 등록면허세, 지방소비세	주민세, 재산세, 자동차세, 담배소비세, 지방소득세
목적세 (2개)	지방교육세, 지역자원시설세	–

13

리더십에 대한 설명으로 옳은 것은?

① 피들러(Fiedler)는 리더십 유형을 결정하는 조건으로 부하의 성숙도를 중요시한다.
② 번스(Burns)의 거래적 리더십은 영감, 개인적 배려에 치중하고 조직에서 변화를 주도하는 리더십이다.
③ 하우스(House)의 참여적 리더는 부하들과 상담하고 의사결정 전에 부하들의 의견을 반영하려고 한다.
④ 블레이크와 머튼(Blake & Mouton)은 직원지향적 리더십이 가장 이상적인 리더십 유형이라고 규정한다.

14

행정개혁으로서의 리엔지니어링(BPR)에 대한 설명으로 옳은 것은?

① 조직의 점진적 변화가 필요할 때 사용되며, 조직 문화는 개혁의 대상이 아니다.
② 조직 개선을 위한 논의는 구조, 기술, 형태 등과 같은 변수를 중심으로 이루어진다.
③ 공공부문과 민간부문의 리엔지니어링 환경은 차이가 없다.
④ 고객만족 가치를 창출하는 프로세스 개선에 초점을 둔다.

15

우리나라의 주민참여제도에 대한 설명으로 옳은 것은?

① 지방자치제가 1995년 부활한 이후 주민투표제, 주민소환제, 주민소송제, 주민참여예산제의 순서로 도입되었다.
② 주민소환 청구요건이 엄격해 실제로 주민소환제를 통해 주민소환이 확정된 지방자치단체장이나 지방의회의원은 없다.
③ 기획재정부장관은 지방자치단체별 주민참여예산제도의 운영에 대한 평가를 실시할 수 있다.
④ 주민투표는 특정한 사항에 대하여 찬성 또는 반대의 의사표시를 하거나 두 가지 사항 중 하나를 선택하는 형식으로 실시하여야 한다.

16

역대 정부의 조직개편에 대한 설명으로 옳지 않은 것은?

① 김대중 정부는 대통령 소속의 중앙인사위원회를 신설하고, 내무부와 총무처를 행정자치부로 통합하였다.
② 노무현 정부는 국무총리 소속의 국정홍보처를 신설하고, 행정자치부 산하에 소방방재청을 신설하였다.
③ 이명박 정부는 기획예산처, 국정홍보처, 정보통신부, 해양수산부, 과학기술부 등을 다른 부처와 통폐합하였다.
④ 박근혜 정부는 행정안전부를 안전행정부로 개편하고, 식품 의약품안전청을 식품의약품안전처로 개편하였다.

정답 및 해설

13 ③
- ③ 하우스는 지시적(리더가 원하는 바를 부하에게 알려줌), 지원적(리더가 부하의 욕구에 관심을 보임), 참여적(리더는 부하들과 상담하고 의사결정 전에 부하들의 의견을 반영), 성취지향적(리더는 도전적 목표를 설정하고 부하들이 최고의 성과를 내기를 기대) 리더십으로 구분하였다.
- ① 부하의 성숙도를 상황요인으로 보는 것은 허쉬 & 블랜차드의 생애주기이론이다. 피들러의 상황적합적 리더십이론에서 상황변수는 리더와 부하의 관계, 직위권력, 과업구조이다.
- ② 번스의 변혁적 리더십에 대한 설명이다. 거래적 리더십은 리더는 부하가 적절한 수준의 노력과 성과를 보이면 그만큼의 보상을 제공한다.
- ④ 블레이크와 머튼의 관리격자 모형에 따르면 단합(팀)형이 가장 이상적이라고 주장한다.

14 ④
- ① 조직의 급진적 변화가 필요할 때 사용되며, 조직 문화 역시 개혁의 대상이다.
- ② 조직 개선을 위해 프로세스뿐만 아니라, 조직구조나 문화 등 다양한 측면에서 변화가 이루어진다.
- ③ 공공서비스의 특성 등 공공부문과 민간부문의 차이는 있다.

15 ④
- ① 지방자치제가 1991년 부활한 이후 주민의 조례개폐청구(1999년)와 주민의 감사청구(1999년), 주민투표(2004년), 주민소송(2005년), 주민소환(2006년), 주민참여예산(2011년) 순서로 도입되었다.
- ② 주민소환은 2007년 경기도 하남시에서 최초로 실시되어, 시의원 2명이 직을 상실하였다.
- ③ 행정안전부장관이 주민참여예산제도의 운영에 대해 평가를 실시할 수 있다.

16 ②

국정홍보처는 김대중 정부 시기인 1999년 신설되었다가 2007년 폐지되었다.

17

우리나라의 시간선택제 공무원 제도에 대한 설명으로 옳은 것은?

① 2013년에 국가공무원, 2015년에 지방공무원을 대상으로 시간선택제채용공무원 시험이 최초로 실시되었다.

② 시간선택제채용공무원의 주당 근무시간은 40시간으로 한다.

③ 유연근무제도의 일환으로 도입되었으며, 기관 사정이나 정부의 일자리 나누기 정책 구현 등을 위해서는 활용되지 않는다.

④ 시간선택제채용공무원을 통상적인 근무시간 동안 근무하는 공무원으로 임용하는 경우 어떠한 우선권도 인정하지 않는다.

18

퀸과 로보그(Quinn & Rohrbaugh)는 조직이 초점을 어디에 두는가와 조직구조의 성격에 따라 네 가지 효과성가치모형을 제시하였다. ㉠ ~ ㉣ 모형에 대한 설명으로 옳은 것은?

초점 \ 구조	안정성(통제)	유연성(유동성)
내부	㉠	㉡
외부	㉢	㉣

① ㉠모형은 조직의 생산성, 능률성, 수익성을 달성하는 것이 목표가치이며, 그 수단으로서 계획과 목표 설정이 강조된다.

② ㉡모형의 목표가치는 인적자원 개발이며, 그 수단으로서 조직구성원의 응집성, 사기 및 훈련 등이 강조된다.

③ ㉢모형의 목표가치는 성장과 자원 획득 등이며, 그 수단으로서 준비성과 외부평가 등이 강조된다.

④ ㉣모형은 조직의 균형을 확보하는 것이 목표가치이며, 그 수단으로서 정보관리와 의사소통 등이 강조된다.

19

스톤(Stone)이 제시한 레짐(regime) 중 다음 내용과 가장 관련이 깊은 것은?

> A시가 지역사회와 함께 추진하는 □□산 제모습찾기사업의 전체적인 구상은 시가지가 바라보이는 향교, 전통숲 등의 공간에는 꽃 피는 나무와 늘 푸른 나무를 적절히 심어 변화감 있는 도시경관을 만들고, 재해위험이 있는 골짜기는 정비함으로써 인근 주민들의 정주환경을 개선하고 재해로부터 안전한 산림으로 복원하는 것이다.

① 개발형 레짐　② 관리형 레짐

③ 중산층 진보 레짐　④ 저소득층 기회확장 레짐

20

선발시험의 타당성과 신뢰성에 대한 설명으로 옳은 것은?

① 시험의 신뢰성은 시험과 기준의 관계이며, 재시험법은 시험의 횡적 일관성을 조사하는 것이다.

② 동시적 타당성 검증에서는 시험합격자를 대상으로 시험성적과 일정기간을 기다려야 나타나는 근무실적을 시차를 두고 수집하여 비교하는 것이다.

③ 내용타당성은 직무에 정통한 전문가 집단이 시험의 구체적 내용이나 항목이 직무의 성공적 임무 수행에 얼마나 적합한지를 판단하여 검증하게 된다.

④ 현재 근무하고 있는 재직자에게 시험을 실시한 결과 근무실적이 좋은 재직자가 시험성적도 좋았다면, 그 시험은 구성적 타당성을 갖추었다고 인정할 수 있다.

정답 및 해설

17 ④

①, ②, ③ 시간선택제 공무원 제도는 주당 15시간 이상 35시간 이하를 근무하는 일반직 공무원을 채용하는 제도로 유연근무제와 정부의 일자리 나누기 정책의 일환으로 2014년 국가, 지방직 공무원 시험부터 실시되었다.

18 ②

■ 퀸과 로보그(Quinne & Rohrbaugh)의 경쟁가치모형

초점 \ 구조	안정성(통제)	유연성(유동성)
내부	내부과정모형 • 목표: 안정성과 균형 • 수단: 정보관리와 의사소통 • 위계지향문화(위계문화)	인간관계모형 • 목표: 인적자원 개발 • 수단: 응집성, 사기 및 훈련 • 관계지향문화(집단문화)
외부	합리적 목표모형 • 목표: 생산성과 능률성, 수익성 • 수단: 계획과 목표 설정 • 과업지향문화(합리문화)	개방체제모형 • 목표: 성장과 자원확보 • 수단: 외부평가 • 혁신지향문화(발전문화) ※ 창업단계에 적합

19 ③

문제의 내용은 환경보호와 삶의 질과 관련된 내용으로, 중산층 진보 레짐에 해당한다.

■ 스톤의 레짐이론

구분	현상 유지 레짐	개발 레짐	중산계층 진보레짐	하층기회 확장레짐
추구하는 가치	현상 유지	지역 개발	환경보호, 삶의 질	저소득층 보호, 직업교육
구성원 간 관계	친밀성이 강함.	갈등	참여와 감시 강조	대중동원이 과제
생존능력	강함.	비교적 강함.	보통	약함.

20 ③

• ① 신뢰성은 시험내용의 동질성을 확인하는 것이며, 재시험법은 시험의 종적 일관성을 조사하는 것이다.

• ② 예측적 타당성에 대한 설명이다. 동시적 타당성은 현직 공무원을 대상으로 시험과 근무실적평가를 동시에 실시하여 비교하는 것이다.

• ④ 해당 내용은 기준타당성을 갖추었다고 인정할 수 있다.

19 2017. 8. 26. 국가직 7급 기출문제

01

공공기관의 운영에 관한 법률의 내용에 대한 설명으로 옳지 않은 것은?

① 공공기관의 자율경영 및 책임경영체제의 확립, 경영합리화, 투명성 제고를 목적으로 한다.
② 기획재정부장관은 매년 직원 정원 100인 이상의 공공기관 중에서 공기업과 준정부기관을 지정한다.
③ 공기업은 시장형과 준시장형으로, 준정부기관은 위탁집행형과 기금관리형으로 구분된다.
④ 공기업과 준정부기관은 신규 지정된 해를 제외하고 매년 경영실적 평가를 받는다.

02

리플리와 프랭클린(Ripley & Franklin)은 정책유형에 따라 집행과정의 특징이 다르다고 주장한다. 다음과 같은 특징이 있는 정책유형은?

- 집행과정의 안정성과 정형화의 정도가 높다.
- 집행에 대한 갈등의 정도가 낮다.
- 집행을 둘러싼 이념적 논쟁의 정도가 낮다.
- 참여자 간 관계의 안정성이 높다.
- 작은 정부에 대한 요구와 압력의 정도가 낮다.

① 분배정책 ② 경쟁적 규제정책
③ 보호적 규제정책 ④ 재분배정책

03

dBrain System에 대한 설명으로 옳지 않은 것은?

① 노무현 정부 당시 재정개혁의 일환으로 구축이 추진되었다.
② 예산편성, 집행, 결산, 사업관리 등 재정업무 전반을 종합적으로 연계 처리하도록 하는 통합재정정보시스템이다.
③ dBrain 구축이 완료됨에 따라 총액배분자율편성예산제도의 도입이 가능해졌다.
④ UN 공공행정상을 수상하는 등 국제적으로 호평을 받고 있다.

04

SWOT분석에 대한 설명으로 옳지 않은 것은?

① 조직 내적 특성과 외부 환경의 조합에 따른 맞춤형 대응 전략수립에 도움이 된다.
② 조직 외부 환경은 기회와 위협으로, 조직 내부 자원·역량은 강점과 약점으로 구분한다.
③ 다양화 전략은 조직의 강점을 활용하여 위협을 회피하거나 최소화하는 전략이라고 볼 수 있다.
④ 기존 프로그램의 축소 또는 폐지는 약점－기회를 고려한 방어적 전략이라고 볼 수 있다.

정답 및 해설

01 ②
공기업과 준정부기관은 직원 정원이 300인 이상 & 총수입액이 200억원 & 자산규모가 30억원 이상인 공공기관 중에서 지정한다.

02 ①
문제의 내용은 분배정책에 대한 설명이다. 재분배정책과 규제정책은 분배정책에 비해 갈등의 정도가 높다.

03 ③
dBrain System은 2007년 도입되었고, 총액배분자율편성예산제도는 2005년 도입되었다. 총액배분자율편성예산제도는 부처의 예산편성 자율성을 높여주는 제도로 dBrain System 도입과 관계없이 도입할 수 있다.

04 ④
약점－기회를 고려한 것은 WT 전략으로 다양한 전략에 해당한다. 방어적 전략은 WO 전략에 해당한다.

내부 역량 / 외부 환경	강점(Strength)	약점(Weakness)
기회 (Opportunity)	SO 전략 (공격적 전략) 강점을 기반으로 기회 활용	WO 전략 (방향전환 전략) 약점을 보완하여 기회 활용
위협 (Threat)	ST 전략 (다양화 전략) 강점을 기반으로 위기 극복	WT 전략 (방어적 전략) 약점을 보완하여 위기 극복

05

미국 민주주의의 규범적 관료제 모형에 대한 설명으로 옳은 것은?

① 제퍼슨주의(Jeffersonianism)는 개인의 자유를 극대화하기 위한 행정책임을 강조하고 소박하고 단순한 정부와 분권적 참여과정을 중시한다.

② 잭슨주의(Jacksonianism)는 행정의 탈정치화를 통해 정당정치의 개입으로부터 자유로운 행정을 강조한다.

③ 매디슨주의(Madisonianism)는 국가이익의 증진을 위해 강한 행정부의 적극적 역할과 행정의 유효성을 지향한다.

④ 해밀턴주의(Hamiltonianism)는 다원적 과정을 통한 이익집단 요구의 조정과 이를 가능하게 하는 견제와 균형을 중시한다.

06

결과 지향적 예산제도(new performance budgeting; result-oriented budgeting)에 대한 설명으로 옳지 않은 것은?

① 20세기 후반부터 주요 국가들이 재정사업의 운영과정이나 기능에 초점을 두고 새로운 성과주의 예산체계를 도입하기 시작했다.

② 재정사업의 목표, 결과, 재원을 연계하여 예산을 '성과에 대한 계약'의 개념으로 활용한다.

③ 각 부처 재정사업 담당자들에 대한 동기부여를 강조하고 이들에게 더 많은 권한을 부여하고자 한다.

④ 미국 클린턴 행정부는 결과 지향적 예산제도의 일환으로 PART(Program Assessment Rating Tool)를 도입했다.

07

잉그람과 슈나이더(Ingram & Schneider)가 제시한 '정책대상집단의 사회적 구성(Social Construction of Target Population)' 모형에 대한 설명으로 옳은 것은?

사회적 형상 / 정치적 권력	긍정적	부정적
높음	수혜집단	주장집단
낮음	의존집단	이탈집단

※ 사회적 형상: 정책결정자 및 국민들이 정책대상집단에 대해 갖는 긍정적 혹은 부정적 인식

※ 정치적 권력: 다른 집단과의 연합형성의 용이성, 동원가능한 보유자원의 양, 집단구성원들의 전문성 정도

① 사회문제를 설명할 때 이미지, 고정관념, 사람·사건에 대한 가치부여 등에 관한 해석을 가급적 배제하고자 한다.

② 특정 정책대상집단이 둘 이상의 유형으로 구성될 수 있으며, 그 사회적 구성이 시간에 따라 변화할 수도 있다.

③ 정책설계 및 집행의 맥락을 이해하기 위해 사회적·정치적상황을 객관적 분석으로 단순화하는 방법론을 지향한다.

④ 정책설계는 기술적인(technical) 과정이므로 어느 집단의 이익을 더 많이 반영할 것인가에 대한 논쟁은 잘 발생하지 않는다.

정답 및 해설

05 ①

- ② 잭슨주의는 엽관제를 통해 행정의 민주화를 도모하는 등 정치·행정일원론적 입장이다.
- ③ 해밀턴주의에 대한 설명이다.
- ④ 매디슨주의에 대한 설명이다.

06 ④

미국 클린턴 행정부는 결과 지향적 예산제도의 일환으로 GPRA(Government Performance and Results Act)를 도입하였다. PART(Program Assessment Rating Tool)는 부시 행정부에서 도입하였다.

07 ②

- ① 사회문제를 이미지, 고정관념 등을 사용하여 해석한다.
- ③ 사회적·정치적 상황을 객관적 분석으로 단순화할 수 없다.
- ④ 정책설계는 정치적인 과정이므로 논쟁이 발생하기 쉽다.

구분		집단에 대한 사회적 이미지	
		긍정적	부정적
정치적 권력	강함	• 수혜집단 • 노인, 기업, 퇴역 군인, 과학자	• 주장집단 • 부유층, 거대노동조합, 소수집단, 문화 상류층
	약함	• 의존집단 • 아동, 부녀자, 장애인	• 일탈집단 • 범죄자, 약물중독자, 공산주의자, 국기 소각자, 갱스터

08

국가재정법상 특별회계를 설치할 수 있는 근거법률이 아닌 것은?

① 국가균형발전특별법
② 정부기업예산법
③ 군인연금특별회계법
④ 책임운영기관의 설치·운영에 관한 법률

09

정책학습(policy learning)에 대한 설명으로 옳지 않은 것은?

① 정책학습의 주체는 정책집행의 대상이 되는 개인이나 조직일 수도 있고 정책을 결정하거나 집행하는 개인, 조직 또는 정책창도연합체(advocacy coalition)일 수도 있다.
② 로즈(Rose)의 '교훈얻기(도출) 학습'은 다른 지역의 효과적인 프로그램을 조사·연구하여 창도자의 관할지역에 도입할 경우 어떠한 결과가 나올지 미리 평가하는 것이다.
③ 하울렛과 라메쉬(Howlett & Ramesh)의 '내생적 학습'은 정책 문제의 정의 또는 정책목적 자체에 대한 의문제기를 포함한다.
④ 버크랜드(Birkland)가 제안한 '사회적 학습'은 하울렛과 라메쉬의 '외생적 학습'과 비슷한 의미로 이해할 수 있다.

10

예산이론에 대한 설명으로 옳은 것은?

① 루이스(Lewis)는 예산배분결정에 경제학적 접근법을 적용하여, '상대적 가치', '증분분석', '상대적 효과성'이라는 세 가지 분석명제를 제시한다.
② 니스카넨(Niskanen)의 예산극대화모형은 의회의원들이재선 가능성을 높이기 위해 지역구 예산을 극대화하는 행태에 분석초점을 둔다.
③ 윌로비와 서메이어(Willoughby & Thurmaier)의 다중합리성모형은 의원들의 복수의 합리성 기준이 의회의 예산결정에 미치는 영향을 주로 분석한다.
④ 단절균형예산이론(Punctuated Equilibrium Theory)은 급격한 단절적 예산변화를 설명하고, 나아가 그러한 변화를 예측할 수 있는 장점이 있다.

11

공무원의 노동조합 설립 및 운영 등에 관한 법률상 단체교섭 대상은?

① 기관의 조직 및 정원에 관한 사항
② 조합원의 보수에 관한 사항
③ 예산·기금의 편성 및 집행에 관한 사항
④ 정책의 기획 등 정책결정에 관한 사항

정답 및 해설

08 ③
군인연금은 군인연금법에 의한 기금으로 설치한다.

09 ③
'외생적 학습'은 정책 문제의 정의 또는 정책목적 자체에 대한 의문제기를 포함한다.

10 ①
- ② 니스카넨은 관료들의 예산극대화 행태의 분석에 초점을 둔다.
- ③ 다중합리성모형은 관료들의 정부예산에 대한 과정적 접근방법에 미치는 영향을 주로 분석한다.
- ④ 단절균형예산이론은 변화를 예측하는 데 한계가 있다.

11 ②
보수·복지 그 밖의 근무조건에 관한 사항이 교섭의 대상이고, 정책결정에 관한 사항 등 근무조건과 직접 관련되지 아니하는 사항은 교섭의 대상이 될 수 없다.

12

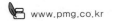

매슬로(Maslow)의 욕구단계이론에 대한 설명으로 옳은 것은?

① 가장 낮은 안전의 욕구부터 시작하여 다섯 가지의 위계적 욕구단계가 존재한다.
② 안전의 욕구와 사회적 욕구는 앨더퍼(Alderfer)의 ERG이론의 첫 번째 욕구단계인 존재욕구에 해당한다.
③ 어느 한 단계의 욕구가 완전히 충족되어야만 다음 단계의 욕구를 추구하게 되는 것은 아니다.
④ 사회적 욕구는 어떤 일을 행함으로써 느끼게 되는 자신감, 성취감 등을 의미한다.

13

조직구조에 대한 설명으로 옳은 것은?

① 복잡성은 '조직이 얼마나 나누어지고 흩어져 있는가'의 분화 정도를 말한다.
② 고객에 대한 신속한 서비스 제공 요구는 집권화를 촉진한다.
③ 통솔범위가 넓은 조직은 일반적으로 고층구조를 갖는다.
④ 공식화의 수준이 높을수록 조직구성원들의 재량이 증가한다.

14

다음 사례에 가장 부합하는 윌슨(Wilson)의 규제정치 유형은?

> A시와 검찰은 지난해부터 올 2월까지 B상수원 보호구역 내 불법 음식점 70곳을 단속해 7명을 구속기소하고 12명을 불구속기소하는 한편 45명을 벌금 500만~3천만 원에 약식 기소했다. 이에 해당 유역 8개 시·군이 참여하는 '특별대책지역 수질보전정책협의회' 상인대표단은 11일 "B상수원환경정비구역 내 휴게·일반음식점 규제·단속은 형평성이 결여됐다"며 중앙정부 차원의 해결책을 요구했다.

① 고객정치
② 대중정치
③ 이익집단정치
④ 기업가정치

15

국고보조금에 대한 설명으로 옳은 것은?

① 내국세 총액의 일정비율과 종합부동산세법에 따른 종합부동산세 총액을 재원으로 한다.
② 사업별 보조율은 50%로 사업비의 절반은 지방자치단체가 부담해야 한다.
③ 국고보조사업의 수행에서 중앙정부의 감독을 받으므로 지방자치단체의 자율성이 약화될 우려가 있다.
④ 중앙관서의 장은 보조사업을 수행하려는 자로부터 신청받은 보조금의 명세 및 금액을 조정하여 행정안전부장관에게 보조금 예산을 요구하여야 한다.

정답 및 해설

12 ③

- ① 가장 낮은 생리적 욕구부터 시작하여 다섯 가지의 위계적 욕구단계가 존재한다.
  ※ 매슬로의 욕구 5단계: 생리적 욕구 → 안전 욕구 → 사회적 욕구 → 존재감 → 자아실현욕구
- ② 매슬로의 사회적 욕구가 앨더퍼의 두 번째 욕구인 관계욕구(relatedness needs)에 해당한다.

<table>
<tr><th colspan="2">매슬로우</th><th>앨더퍼</th></tr>
<tr><td colspan="2">자아실현욕구</td><td rowspan="2">성장욕구</td></tr>
<tr><td rowspan="2">존재감</td><td>자기존중</td></tr>
<tr><td>타인의 인정</td><td rowspan="3">관계욕구</td></tr>
<tr><td colspan="2">사회적 욕구</td></tr>
<tr><td rowspan="2">안전욕구</td><td>신분보장</td></tr>
<tr><td>물리적 안전</td><td rowspan="2">생존욕구</td></tr>
<tr><td colspan="2">생리적 욕구</td></tr>
</table>

- ④ 자아실현욕구에 해당한다. 사회적 욕구는 가족, 친구 등으로부터의 애정적 욕구를 의미한다.

13 ①

- ② 고객에 대한 신속한 서비스 제공 요구는 분권화를 촉진한다.
- ③ 통솔범위가 넓은 조직은 일반적으로 저층구조를 갖는다.
- ④ 공식화의 수준이 높을수록 조직구성원들의 재량은 감소한다.

14 ④

보기의 내용은 수질 보전을 통한 편익은 일반시민 모두가 누리고, 비용은 음식점 운영업체에 집중되므로 기업가정치에 해당한다.

<table>
<tr><th colspan="2" rowspan="2">구분</th><th colspan="2">편익</th></tr>
<tr><th>분산</th><th>집중</th></tr>
<tr><td rowspan="2">비용</td><td>분산</td><td>대중정치</td><td>고객정치</td></tr>
<tr><td>집중</td><td>기업가정치</td><td>이익집단정치</td></tr>
</table>

15 ③

- ① 내국세 총액의 일정비율과 종합부동산세법에 따른 종합부동산세 총액을 재원으로 하는 것은 지방교부세에 대한 설명이다.
- ② 보조율은 사업에 따라 다르다.
- ④ 중앙관서의 장은 보조사업을 수행하려는 자로부터 신청받은 보조금의 명세 및 금액을 조정하여 기획재정부장관에게 보조금 예산을 요구해야 한다.

16

미헬스(Michels)의 '과두제의 철칙(iron law of oligarchy)' 현상에 가장 부합하는 조직목표 변동 유형은?

① 목표 승계(succession) ② 목표 추가(multiplication)
③ 목표 확대(expansion) ④ 목표 대치(displacement)

17

소청심사제도에 대한 설명으로 옳은 것은?

① 소청심사위원회의 결정은 처분 행정청에 대해 권고와 같은 효력이 있다.
② 강임과 면직은 심사대상이나 휴직과 전보는 심사대상에 해당되지 않는다.
③ 지방소청심사위원회는 기초자치단체별로 설치되어 있다.
④ 지방소청심사위원회 위원은 자치단체장이 임명 또는 위촉하나 위원장은 위촉위원 중에서 호선한다.

18

성과평가제도에 대한 설명으로 옳은 것은?

① 일반직 공무원의 근무성적평정은 크게 5급 이상을 대상으로 한 '성과계약 등 평가'와 6급 이하를 대상으로 한 '근무성적평가'로 구분된다.
② '성과계약 등 평가'는 정기평가와 수시평가로 나눌 수 있으며, 정기평가는 6월 30일과 12월 31일 기준으로 연 2회 실시한다.
③ 다면평가는 평가의 객관성과 공정성을 제고할 수 있으나 각 부처가 반드시 이를 실시해야 하는 것은 아니다.
④ 역량평가제도는 5급 신규 임용자를 대상으로 업무수행에 필요한 충분한 역량을 보유하고 있는 지를 평가한다.

19

고위공무원단제도에 대한 설명으로 옳은 것은?

① 고위공무원단의 구성은 소속 장관별로 개방형 직위 30%, 공모 직위 20%, 기관자율 직위 50%로 이루어져 있다.
② 고위공무원단 직무 등급이 2009년 2등급에서 5등급으로 변경됨에 따라 계급 중심의 인사관리로 회귀할 가능성이 높아졌다.
③ 적격 심사에서 부적격 결정을 받은 경우에 한해서만 직권면직이 가능하므로 제도 도입 전보다 고위공무원의 신분보장이 강화되었다.
④ 고위공무원단으로 관리되는 풀(pool)에는 일반직 공무원뿐만 아니라 외무공무원도 포함된다.

20

정보통신기술을 활용한 행정개선 사례로 옳지 않은 것은?

① 정부서울청사 등에 스마트워크센터를 설치하여 운영하고 있다.
② 민원서비스를 통합적으로 제공하는 '민원24'를 도입하였다.
③ 정부에 대한 불편사항 제기, 국민제안, 부패 및 공익 신고 등을 위해 '국민신문고'를 도입하였다.
④ 공공기관의 공사, 용역, 물품 등의 발주정보를 공개하고 조달절차를 인터넷으로 처리하도록 '온나라시스템'을 도입하였다.

정답 및 해설

16 ④
과두제의 철칙이란 소수의 지배계층이 조직의 목표를 위하기보다는 목표달성을 위한 수단인 자신들의 지위를 유지하기 위해 노력을 기울이는 것을 말한다. 즉 원래의 목표가 다른 목표나 수단으로 뒤바뀌는 목표 대치와 부합한다.

17 ④
- ① 소청심사위원회의 결정은 처분 행정청을 기속한다.
- ② 심사대상 : 행정기관 소속 공무원의 징계처분, 그 밖에 그 의사에 반하는 불리한 처분*이나 부작위
  * 강임, 휴직, 직위해제, 면직, 전보, (불문) 경고 등(승진탈락은 포함 안 됨)
- ③ 지방소청심사위원회는 시·도(광역) 단위로 설치한다.

18 ③
- ①, ② 근무성적평정의 종류
  - 4급 이상(고위공무원단 포함) : 성과계약 등 평가(연 1회, 12. 31. 기준)
  - 5급 이하 : 근무성적평가(연 2회, 6. 30. / 12. 31. 기준)
- ④ 역량평가제도는 고위공무원단후보자가 되기 위한 과정이다.

19 ④
- ① 고위공무원단의 구성은 소속 장관별로 개방형 직위 20%, 공모 직위 30%, 기관자율 직위 50%로 이루어져 있다.
- ② 2009년 5등급에서 2등급으로 변경됨에 따라 계급 중심의 인사관리로 회귀할 가능성이 높아졌다.
- ③ 부적격 결정을 받은 경우 직권면직이 가능하므로 제도 도입 전보다 고위공무원의 신분보장이 약화되었다.

20 ④
조달청에서 운영하는 '나라장터'에 대한 설명이다. 온나라시스템은 정부의 업무 처리 전산화 시스템이다.
※ 민원24는 현재 정부24로 명칭이 변경되었다.

2017. 6. 24. 서울시 7급 기출문제

01

다음 중 직무성과계약제에 대한 설명으로 가장 옳은 것은?

① 직무성과계약제는 상·하급자 간의 합의를 통해 목표를 설정하고 성과계약의 내용이 구체적이며 상향식으로 체결된다는 점에서 목표관리제(MBO)와 유사하다.
② 직무성과계약제는 실·국장 등과 5급 이하 공무원 간에 공식적 성과계약을 체결한다.
③ 직무성과계약제는 주로 개인의 성과평가제도로 조직 전반의 성과관리를 중심으로 하는 균형성과지표(BSC)와 구분된다.
④ 직무성과계약제는 산출이나 성과보다는 투입부문의 통제에 초점을 두고 있다.

02

미국 행정이론의 발달과정에 대한 설명으로 가장 옳지 않은 것은?

① 19세기 이후 엽관제의 비효율 극복을 위해 제퍼슨-잭슨 철학에 입각한 진보주의 운동과 행정의 탈정치화를 강조한 정치-행정이원론이 전개되었다.
② 1930년대 경제대공황 이후 행정권의 우월화 현상을 인정한 정치-행정일원론이 등장하였다.
③ 비교행정론의 대표적 학자 리그스(F. W. Riggs)의 프리즘적 모형은 농경국가도 산업국가도 아닌 제3의 국가형태인 개발도상국을 연구하는 데 적합하다.
④ 1968년 미노부르크 회의(Minnowbrook Conference)는 행정의 적실성, 사회적 형평성 등을 강조한 신행정학의 탄생에 영향을 주었다.

03

정책문제의 특성에 대한 설명으로 가장 옳지 않은 것은?

① 정책문제는 당위론적 가치관의 입장에서 정의하는 것이 중요하다.
② 정책주체와 객체의 행태는 주관적이지만 정책문제는 객관적이다.
③ 특정 문제의 발생 원인이나 해결 방안 등은 다른 문제들과 상호 연관성을 갖는다.
④ 정책수혜집단과 정책비용집단이 있다는 것을 의미하는 차별적 이해성을 갖는다.

04

다음 중 커뮤니티 비즈니스(Community Business)에 대한 설명으로 가장 옳지 않은 것은?

① 혁신적인 중소기업의 창업 촉진과 육성 그리고 도시의 발전이라는 두 가지 과제를 동시에 해결하기 위해 시도되었다.
② 일본에서 커뮤니티 비즈니스란 마을 만들기 경험의 축적이 비즈니스 차원으로 전개된 것이다.
③ 커뮤니티 비즈니스는 지역공동체 단위의 사회적 기업을 함께 공유한다는 점에서 사회적 기업과 유사점이 강하다.
④ 일본에서는 버블경제 붕괴 후, 구도심 쇠퇴현상이 발생하자, 지역 재활성화를 위한 방안으로 1990년대 중반부터 이 용어를 사용하기 시작했다.

정답 및 해설

01 ③
①, ②, ④ 직무성과계약제는 장·차관 등 기관 책임자와 실·국장, 과장 간에 업무수행과 관련된 성과목표 및 지표 등의 내용을 사전에 협의한다. 하향식으로 계약이 체결되고, 투입보다 산출이나 성과에 초점을 두고 있다.

02 ①
재퍼슨－잭슨 철학은 엽관주의를 통해 행정통솔력을 강화함으로써 국민의 요구에 대한 관료의 대응성을 향상시킨다. 즉 정치·행정일원론 관점이다.

03 ②
정책문제는 개인적 이해관계, 가치관 등에 의해서 정의되므로 주관적인 성격을 가진다.

04 ①
커뮤니티 비즈니스는 지역 재활성화 방안으로 논의된 만큼, 혁신적인 중소기업의 창업 등과는 관련이 없다.

05

주요 동기부여이론과 그로부터 도출할 수 있는 올바른 동기부여 방안이 가장 바르게 연결된 것은?

① 브룸(Vroom)의 기대이론 – 개인의 선호에 부합하는 결과물을 유인으로 제시한다.
② 로크(Locke)의 목표설정이론 – 평이하고 구체적인 목표를 제시한다.
③ 허즈버그(Herzberg)의 2요인이론 – 낮은 보수를 인상한다.
④ 아담스(Adams)의 형평성이론 – 프로젝트에 참여한 모든 사람에게 동일한 보상을 한다.

06

행태론적 접근방법에 대한 설명으로 가장 옳지 않은 것은?

① 행태주의는 사회과학이 행태에 공통된 관심을 갖고 있기 때문에 통합된다고 보고 있다.
② 행정의 실체는 제도나 법률이 아니라고 주장하며 행정인의 행태에 초점을 맞춘다.
③ 논리실증주의를 강조한 사이먼(Simon) 이후 행정학 분야에서 크게 발전하였다.
④ 사회적 문제의 개선에 기여할 수 있는 연구와 가치평가적 정책연구를 지향한다.

07

다음 중 Savas의 공공서비스 제공방식에 대한 유형별 설명으로 가장 옳지 않은 것은?

① 공공부문이 생산자(productor)인 동시에 배열자(arranger)인 경우의 예로 정부 간 협약을 통해 한 정부가 또 다른 정부의 공공서비스를 구매하는 방식이 있다.
② 공공부문이 생산자이고 민간부문이 배열자인 경우의 예로 정부응찰방식을 통해 민간부문이 정부가 생산한 공공서비스를 선별, 구매하고 대가를 지불하는 방식이 있다.
③ 민간부문이 생산자이고 정부가 배열자인 경우의 예로 민간위탁, 바우처(voucher)를 통한 서비스 제공 등이 있다.
④ 민간부문이 생산자인 동시에 배열자인 경우의 예로 임대형 민자사업(BTL), 보조금에 의한 서비스 제공 등을 들 수 있다.

08

주인–대리인이론(principal–agent theory)에 대한 설명으로 가장 옳지 않은 것은?

① 주인(principal)과 대리인(agent) 모두를 자신의 효용을 극대화시키는 합리적인 인간으로 가정하며 주인이 대리인보다 전문적인 지식이 부족하다고 간주한다.
② 주인이 대리인을 통제하고 감시하는 데 발생하는 비용을 거래비용(transaction cost)이라고 한다.
③ 대리인에 의한 도덕적 해이(moral hazard)는 대리인에게 지급한 성과급이 거래비용보다 클 때 나타난다.
④ 주인과 대리인 간의 정보의 비대칭(information asymmetry)으로 인하여 역선택(adverse selection)이 발생한다.

정답 및 해설

05 ①
- ② 목표설정이론 – 난이도가 높고 구체적인 목표를 제시한다.
- ③ 2요인이론 – 동기부여를 위해서는 위생요인(임금, 원만한 대인관계, 감독자와 부하의 관계 등)이 아니라 동기요인(성취와 인정, 승진 등)을 제공해야 한다.
- ④ 형평성이론 – 산출/투입 비율이 준거인물과 다를 때 동기유발이 된다.

06 ④
행태론적 접근방법은 연구에서 가치와 사실을 구분하여, 가치에 대한 부분은 배제하고 사실에 대한 과학적 연구에 초점을 둔다.

07 ③, ④(복수정답)
- ③ 바우처는 민간부문이 생산자인 동시에 배열자에 해당한다.
- ④ 임대형 민자사업이나 보조금은 정부가 배열자이고 민간이 생산자인 서비스 제공방식이다.

Savas의 공공서비스 제공방식

구분		배열자=공급책임자	
		정부	민간
생산자	정부	• 정부서비스 • 정부 간 협약	정부 응찰(판매)
	민간	• 민자사업, 민간위탁 • 보조금	• 시장 • 자원봉사 • 바우처

08 ③
도덕적 해이는 성과급이 대리인의 노력비용보다 낮을 때 발생한다.

09

다음 중 지방자치발전위원회에서 발표한 지방자치발전 종합계획(2014)의 내용으로 가장 옳지 않은 것은?

① 8개 핵심과제와 10개 일반과제, 2개 미래발전과제로 구성
② 지방재정의 자율성 제고를 위해 지방세 비과세·감면 비율을 확대하는 한편 재정위기관리제도를 현행 4단계에서 3단계로 간편화
③ 그동안 이양확정 후 법률개정이 되지 않은 미이양 사무(기관위임사무 중심)를 대상으로 일괄 법제화 추진
④ 기초자치단체에 자치경찰제를 시범실시 후, 지방자치단체가 자율적으로 도입 여부 결정

10

다음 중 공직윤리 확보를 위해 우리나라에서 시행하고 있는 제도에 관한 설명으로 가장 옳지 않은 것은?

① 공직자 재산등록 및 공개 제도는 공직자, 공직후보자의 재산 정보를 등록 및 공개하는 제도로 우리나라 「공직자윤리법」에 시행근거를 두고 있다.
② 고위공직자의 직무관련 주식 보유에 따른 공·사적 이해충돌 방지를 위해 주식백지신탁제도를 도입·운용하고 있다.
③ 현행 「부정청탁 및 금품등 수수의 금지에 관한 법률」에 의하면 공직자는 직무관련 여부와 관계없이 동일인으로부터 1회에 100만원 또는 매 회계연도에 300만원을 초과하는 금품 등을 받을 수 없다.
④ 퇴직공직자 취업제한제도는 적용대상 공직자의 퇴직 후 5년 간 그가 퇴직 이전에 3년 간 속해있던 소속 부서나 기관과 밀접한 업무관련성이 있는 기관으로의 취업을 제한한다.

11

사회적 자본에 대한 설명으로 가장 옳지 않은 것은?

① 신뢰를 통해 거래비용을 감소시키는 기능이 있다.
② 단기간에 정부 주도하의 국민운동에 의해 형성될 수 있다.
③ 개념적으로 추상적이기에 객관적으로 계량화하기 쉽지 않다.
④ 개인, 집단, 지역공동체, 국가 등 상이한 수준에서 정의될 수 있다.

12

지방공기업의 유형 중 지방직영기업에 대한 설명으로 가장 옳지 않은 것은?

① 지방자치단체가 일반회계와 구분되는 공기업특별회계를 설치해 독립적으로 회계를 운영하는 형태의 기업이다.
② 지방직영기업의 직원은 대부분 민간인 신분이다.
③ 지방자치단체가 직접 사업 수행을 위해 소속 행정기관의 형태로 설립하여 경영한다.
④ 일반적으로 상수도사업, 하수도사업, 공영개발, 지역개발기금 등이 지방직영기업에 속한다.

정답 및 해설

09 ②
지방재원 확충을 위해 지방세 비과세·감면 비율 축소 및 신세원 발굴 등을 추진하였다.
※ 2014년 발표한 계획과 달리 2021년부터 시·도 자치경찰위원회 설치를 법률로서 규정하여 시·도 단위로 자치경찰제가 시행 중이다.

10 ④
공직자윤리법 제17조(퇴직공직자의 취업제한): 취업심사대상자(재산등록의무자 등)는 퇴직일부터 3년간, 퇴직 전 5년 동안 소속하였던 부서 또는 기관의 업무와 취업심사대상기관 간에 밀접한 관련성이 없어야 한다.

11 ②
사회적 자본은 단기간에 형성되기 어렵다.

12 ②
지방직영기업은 지방자치단체가 직접 사업을 수행하기 위해 소속 행정기관 형태로 설립하여 운영하는 형태로 구성원 대부분이 공무원 신분이다.

13

다음 중 국가예산제도 개혁에 관한 설명으로 가장 옳지 않은 것은?

① 디지털예산회계시스템(BAR): 성과중심형 예산시스템으로 발생주의·복식부기 회계제도를 기반으로 한 과학적 예산관리 제도
② 조세지출예산제도: 예산지출을 절약하거나 조세를 통해 국고수입을 증대시킨 경우 그 성과의 일부를 기여자에게 인센티브로 지급하는 제도
③ 총액배분·자율편성(top-down) 예산제도: 각 부처가 국가재정운용계획에 의해 설정된 1년 예산상한선 내에서 자율적으로 예산을 편성하는 제도
④ 주민참여예산제도: 예산편성권을 지역사회와 지역주민에게 분권화함으로써 예산편성과정에 해당 지역주민들이 직접 참여하는 제도

14

우리나라 예산심의의 특징으로 가장 옳지 않은 것은?

① 정치 체계의 성격상 예산심의 과정이 의원내각제에 비해 상대적으로 엄격하지 않다.
② 일반적으로 예산의 심의에서 본회의는 형식적인 경우가 많다.
③ 국회는 정부의 동의 없이 금액 증가나 새로운 비목을 설치하지 못한다.
④ 예산심의 과정에서 국회 상임위원회가 소관 부처의 이해관계를 대변하기 쉽다.

15

정부의 예산분석에 활용되는 비용편익분석에 대한 설명으로 가장 옳지 않은 것은?

① 예산편성 과정에서 사업의 타당성과 우선순위를 식별하는 분석도구로 사용된다.
② 완전경쟁적인 가격으로 조정된 시장가격을 잠재가격(shadow price)이라 한다.
③ 전체 이자를 계산하는 데 사용되는 일반적인 방법은 복리접근 방법이다.
④ 높은 할인율을 적용하면 장기간에 걸쳐 편익이 발생하는 장기 투자에 유리하다.

16

정책분석의 기법과 그 내용의 연결로 가장 옳은 것은?

① DEA 분석 – 정책의 우선순위 선정을 위한 기법
② AHP 분석 – 생산성/효율성 분석을 위한 기법
③ Q–방법론 – 주관적 요인을 측정하기 위한 기법
④ 시나리오 기법 – 전문가들의 주관적 의견을 수렴하기 위한 기법

PART 02

정답 및 해설

13 ②
예산·기금의 불법지출에 대한 국민감시제도 또는 예산성과금지급제도에 대한 설명이다. 조세지출예산제도는 정부가 받아야 할 세금을 받지 않고 포기하는 것으로 조세감면, 비과세, 소득공제, 세액공제, 우대세율 적용 또는 과세이연 등이 이에 해당한다.

14 ①
우리나라는 의회와 행정부 간의 견제관계이므로, 의원내각제에 비해 예산심의 과정이 엄격하다.

15 ④
할인율이 높으면 편익의 현재가치가 하락하므로 장기 투자에 불리하다.

16 ③
- ① DEA 분석: 생산성/효율성 분석을 위한 기법이다.
- ② AHP 분석: 정책의 우선순위를 설정하고 예측하는 기법이다.
- ④ 시나리오 기법: 각 대안별 줄거리를 작성하여 예측하는 기법이다.

17

다음 중 정책평가의 타당성 검토에 대한 설명으로 가장 옳지 않은 것은?

① 청렴이라는 이론적 구성요소에 대한 측정지표가 성공적으로 조작화되어 있는가를 살펴본다.
② 까마귀 날자 배 떨어진다는 속담에서처럼 정책의 효과가 우연히 나타난 것은 아닌지, 다시 말해서 오직 정책에 기인한 것인지를 살펴본다.
③ 서울특별시를 대상으로 시범실시하여 효과적으로 나타난 A사업을 전국 광역시를 대상으로 확대 실시한 경우에도 효과적인지를 검토한다.
④ 정책의 대상집단과 내용 등이 동질적이나 정책평가시기를 달리하는 경우 각 시기별 정책결과 측정값의 상관관계를 분석한다.

18

롤스(J. Rawls)가 제시한 정의론(Justice theory)의 내용으로 가장 옳지 않은 것은?

① 롤스는 사회계약론의 입장에서 정의의 원리를 도출한다.
② 전제조건으로 원초상태란 무지의 베일에 가리어져 있는 상태를 말한다.
③ 제1의 원리는 사회적 약자의 편익을 최대화하는 것이다.
④ 롤스의 정의관은 자유와 평등의 조화를 추구하고 있다.

19

조직발전(OD)에 대한 설명으로 가장 옳은 것은?

① 조직 전체의 변화를 추구하는 계획적·의도적인 개입방법이다.
② 감수성훈련은 동료 간·동료와 상사 간의 상호작용을 진작시키기 위한 실제 근무상황에서 실시하는 기법이다.
③ 블레이크와 머튼(Blake & Mouton)은 과업형 리더를 가장 효과적인 관리유형으로 꼽았다.
④ 변화관리자의 도움으로 단기간에 급진적 조직변화를 추구한다.

20

직무평가방법에 대한 설명으로 가장 옳지 않은 것은?

① 계량적 방법과 비계량적 방법이 있으며, 서열법과 분류법이 전자에 해당되고 요소비교법이 후자에 해당된다.
② 단순서열법은 직위의 수가 많을수록 평가가 어렵다.
③ 분류법은 직위의 등급 수를 정하고, 분류기준에 의거한 등급기준표의 작성이 필요하다.
④ 요소비교법은 대표직위를 선정하고 대표직위의 평가 요소별 서열을 정하는 과정이 필요하다.

정답 및 해설

17 ④
- ④ 신뢰성에 대한 설명이다.
- ① 구성적 타당성에 대한 설명이다.
- ② 내적 타당성에 대한 설명이다.
- ③ 외적 타당성에 대한 설명이다.

18 ③
제1의 원리(기본적 자유의 평등 원리)는 개개인의 권리가 다른 사람의 유사한 자유와 상충되지 않는 범위에서 최대한의 기본적 자유에의 평등이 보장되어야 한다는 것이다.

19 ①
- ② 감수성훈련은 비정형적 경험을 통해서 자기에 대한 인식과 타인에 대한 이해의 기회를 갖게 하여 태도와 행동의 변화를 가져오고 궁극적으로 대인관계기술을 향상시키는 교육으로, 교육원 훈련(off-the-job-training)의 한 종류이다.
- ③ 블레이크와 머튼은 담합형(팀형) 리더십이 가장 이상적이라고 주장하였다.
- ④ 문제해결역량을 개선하려는 지속적이고 장기적인 노력이 필요하다.

20 ①
서열법과 분류법은 비계량적 방법이고, 점수법과 요소비교법은 계량적 방법이다.

2016. 10. 1. 지방직 7급 기출문제

01

민간부문의 자율성을 높이고 그 역할을 확대하는 민간화(privatization) 방법과 거리가 먼 것은?

① 진입규제 강화
② 바우처 제공
③ 정부계약(contracting out) 활용
④ 공동생산(co-production)

02

다음은 예산의 이용과 전용에 대한 설명이다. ㉠과 ㉡에 해당하는 것은?

> 이용은 국회에서 승인된 예산 중 (㉠) 간 울타리를 뛰어넘어 자금을 이전하는 것을 말하며 이를 위해서는 국회의 승인을 받아야 한다. 반면, 전용은 (㉡) 간 울타리를 뛰어넘어 자금을 이전하는 것을 말하며 이를 위해서는 국회의 승인을 받을 필요가 없다.

	㉠	㉡
①	장	관, 항, 세항, 목
②	장, 관	항, 세항, 목
③	장, 관, 항	세항, 목
④	장, 관, 항, 세항	목

03

의사결정모형 중 쓰레기통모형의 내용이 아닌 것은?

① 진빼기 결정
② 의사결정을 구성하는 네 가지의 흐름
③ 조직화된 무정부 상태
④ 갈등의 준해결

04

지방재정에 대한 설명으로 옳은 것은?

① 지방교부세의 기본 목적은 지방자치단체 간 재정격차를 줄임으로써 기초적인 행정서비스가 제공될 수 있도록 하는 데 있다.
② 세외수입은 연도별 신장률이 안정적이며 그 종류와 형태가 다양하다.
③ 보통교부세, 특별교부세, 분권교부세, 부동산교부세 등의 지방교부세가 운영되고 있다.
④ 대부분의 국고보조사업에는 차등보조율이 적용되고 있다.

정답 및 해설

01 ①
진입규제는 경제적 규제 중 하나로 민간화와 관련이 없다.

02 ③
- 이용: 입법과목 간(장, 관, 항 간)
- 전용: 행정과목 간(세항, 목 간)

03 ④
갈등의 준해결은 회사모형의 특징에 해당한다.

04 ①
- ② 세외수입은 종류와 형태에 따라 수입액의 변동성이 높을 수 있다.
- ③ 지방교부세는 보통교부세, 특별교부세, 소방안전교부세(분권교부세 ×), 부동산교부세로 구성된다.
- ④ 기준보조율(동일한 보조율 적용)이 기본적으로 적용되고 예외적으로 차등보조율(지방자치단체에 따라 상이한 보조율 적용)이 적용된다.

05

정부규제에 대한 설명으로 옳지 않은 것은?

① 행정규제기본법은 규제 법정주의를 규정하고 있다.
② 규제개혁위원회는 위원장 2명을 포함한 20명 이상 25명 이하의 위원으로 구성한다.
③ 규제영향분석이 필요한 이유 중 하나는 관료에게 규제비용에 대한 관심과 책임성을 갖도록 유도한다는 점이다.
④ 정부의 규제정책을 심의·조정하고 규제의 심사·정비 등에 관한 사항을 종합적으로 추진하기 위하여 국무총리 소속으로 규제개혁위원회를 두고 있다.

06

행정 조직의 구조적인 측면에서 발생하는 갈등 요인이 아닌 것은?

① 개인의 이기적인 태도
② 기능이나 업무의 특성에 따른 분업구조
③ 제한된 자원의 하위 부서 간 공유
④ 업무의 연계성으로 인한 타인과의 협조 필요성 증가

07

공무원 교육훈련 방법에 대한 설명으로 옳지 않은 것은?

① 현장훈련(on the job training)은 피훈련자가 실제 직무를 수행하면서 직무수행에 관한 지식과 기술을 배우는 방법이다.
② 강의, 토론회, 시찰, 시청각교육 등은 태도나 행동의 변화를 주된 목적으로 한다.
③ 액션러닝(action learning)은 소규모로 구성된 그룹이 실질적인 업무현장의 문제를 해결해 내고 그 과정에서 성찰을 통해 학습하도록 하는 행동학습(learning by doing) 교육훈련 방법이다.
④ 감수성훈련(sensitivity training)은 대인관계의 이해와 이를 통한 인간관계의 개선을 목적으로 한다.

08

정책평가의 논리와 방법에 대한 설명으로 옳지 않은 것은?

① 내적 타당성이란 다른 요인들이 작용한 효과를 제외하고 오로지 정책 때문에 발생한 순수한 효과를 정확히 추출해 내는 것과 관련되는 개념이다.
② 내적 타당성을 위협하는 성숙요인이란 순전히 시간의 경과 때문에 발생하는 조사대상집단의 특성변화를 말한다.
③ 진실험설계의 주요 형태 중 하나인 단일집단 사전사후측정 설계는 동일한 정책대상집단에 대한 사전측정과 사후측정을 통해 정책효과를 추정하는 방식이다.
④ 결과변수에 영향을 미친다고 생각되는 제3변수들을 식별하여 통계분석모형에 포함시킨 후 정책효과를 추정하는 것은 비실험적 설계의 한 예이다.

09

로위(Lowi)는 강제력의 행사방법과 강제력의 적용영역 차이에 따라 정책을 네 가지(A~D)로 유형화하고, 정책유형별 특징과 사례를 제시하였다. 이에 대한 설명으로 옳지 않은 것은?

강제력의 적용대상 / 강제력의 행사방법	개별적 행위	행위의 환경
간접적	A	B
직접적	C	D

① A에서는 정책내용이 세부단위로 쉽게 구분되고 각 단위는 다른 단위와 별개로 처리될 수 있다.
② B에는 선거구 조정, 정부조직이나 기구 신설, 공직자 보수 등에 관한 정책이 포함된다.
③ C에서는 피해자와 수혜자가 명백하게 구분되며 정책결정자와 집행자가 서로 결탁하여 갈라먹기식(log-rolling)으로 정책을 정하는 것이 어렵다.
④ D에서는 지방적 수준에서 분산적인 정책결정이 이루어진다.

정답 및 해설

05 ④
규제개혁위원회는 대통령 소속 위원회이다.

06 ①
개인적인 측면에서 발생하는 갈등 요인이다.

07 ②
강의, 토론회, 시찰, 시청각교육 등은 지식의 습득이 주된 목적이다.

+ 교육훈련 목적에 따른 분류

1. 지식의 습득: 강의, 토론회, 사례연구, 시찰, 시청각교육 등
2. 기술의 연마: 사례연구, 모의연습, 현장훈련, 전보·순환보직, 실무수습 등
3. 태도나 행동의 변화: 사례연구, 역할연기, 감수성훈련, 회의 등

08 ③
단일집단 사전사후측정설계는 인과적 추론이 어려운 준실험설계로, 전실험설계(pre-experimental design)라고도 하는데 실험설계의 조건을 갖추지 못했기 때문이다.

09 ④
재분배정책에서는 중앙정부 수준에서 정책결정이 이루어진다.

강제력의 적용대상 / 강제력의 행사방법	개별적 행위	행위의 환경
간접적	분배정책	구성정책
직접적	규제정책	재분배정책

10

루빈(Rubin)의 '실시간 예산운영(Real Time Budgeting)' 모형에 대한 설명으로 옳지 않은 것은?

① 세입 흐름에서 의사결정 – '누가, 얼마만큼 부담할 것인가'에 관한 의사결정으로 의사결정의 흐름 속에는 설득의 정치가 내재해 있다.
② 세출 흐름에서 의사결정 – '누구에게 배분할 것인가'에 관한 의사결정으로서 선택의 정치로 특징지어지며, 참여자들은 지출의 우선순위가 재조정되기를 바라거나 현재의 우선순위를 고수하려고 노력한다.
③ 예산 균형 흐름에서 의사결정 – '예산 균형을 어떻게 정의할 것인가'에 관한 의사결정으로 제약조건의 정치라는 성격을 지니며, 예산균형의 결정은 근본적으로 정부의 범위 및 역할에 대한 결정과 연계되어 있다.
④ 예산 과정 흐름에서 의사결정 – '계획된 대로 수행할 수 있는가'에 대한 의사결정으로 기술적 성격이 강하고 책임성의 정치라는 특성을 지니며, 예산계획에 따른 집행과 수정 및 일탈의 허용 범위에 대한 문제가 중요하다.

11

기존 전자정부와 비교한 스마트 전자정부의 특징이 아닌 것은?

① 개인별 맞춤형 통합서비스 제공
② 스마트폰, 태블릿 PC, 스마트 TV 등 다매체 활용
③ 공급자 중심의 서비스 개발
④ 1회 신청으로 연관 민원 일괄처리

12

윌슨(Wilson)의 '행정연구(The Study of Administration, 1887)'에 대한 설명으로 옳지 않은 것은?

① 정부개혁을 통해 특정지역 및 계층 중심의 관료파벌을 해체하고자 했다.
② 행정과 경영의 유사성을 강조했다.
③ 정치와 행정을 분리하고자 했다.
④ 효율적 정부 운영에 관심을 두었다.

13

관료제 병리현상에 대한 설명으로 옳은 것은?

① 동조과잉과 형식주의로 인해 '전문화로 인한 무능' 현상이 발생한다.
② '피터의 원리(Peter Principle)'가 지적하듯이 무능력자가 승진하게 되는 경우가 생긴다.
③ 상관의 권위에 의존하면서 소극적으로 일을 처리하려는 할거주의가 나타난다.
④ 목표가 아닌 수단으로서의 규칙과 절차에 지나치게 집착하는 번문욕례(red tape) 현상이 나타난다.

14

엽관주의와 실적주의에 대한 설명으로 옳지 않은 것은?

① 엽관주의는 행정의 민주화에 공헌한다는 장점이 있다.
② 실적주의는 공무원의 정치적 중립을 강조한다.
③ 잭슨(Jackson) 대통령이 암살당한 사건은 미국에서 실적주의 도입의 배경이 되었다.
④ 엽관주의는 공직의 상품화를 가져올 가능성이 있다.

정답 및 해설

10 ④
예산 집행 흐름에서 의사결정에 대한 설명이다. 예산 과정 흐름에서 의사결정은 어떻게 예산을 결정하는가, 누가 예산을 결정하는가의 정치로 특징지어진다.

11 ③
스마트 전자정부는 수요자 중심의 맞춤형 서비스 개발이 특징이다.

12 ①
특정지역 관료파벌을 해체하고자 한 것은 잭슨주의에 따른 엽관제 도입과 관련 있다.

13 ②
- ① 전문화로 인한 무능은 조직구성원은 한 가지의 지식 또는 기술에 관하여 훈련받고 기존 규칙을 준수하도록 길들여지기 때문에 변동된 조건 하에서는 대응이 어렵다.
- ③ 할거주의는 자신이 소속된 기관이나 부서만을 생각하고 다른 기관이나 부서를 배려하지 않는 현상을 의미한다. 상관의 권위에 의존하면서 소극적으로 일을 처리하려는 것은 무사안일주의에 대한 설명이다.
- ④ 번문욕례는 불필요한 문서처리절차 등이 많은 것을 의미한다. 목표가 아닌 수단으로서의 규칙과 절차에 지나치게 집착하는 것은 동조과잉에 대한 설명이다.

14 ③
가필드 대통령이 암살당한 사건은 실적주의 도입의 배경이 되었다.

15

예산원칙에 대한 설명으로 옳지 않은 것은?

① 입법부가 사전에 의결한 사항만 집행이 가능하다는 사전 의결의 원칙의 예외로는 긴급명령과 준예산 등이 있다.
② 예산총계주의는 모든 세입과 세출이 예산에 계상되어야 한다는 것을 의미한다.
③ 정부가 특정 수입과 특정 지출을 직접 연계해서는 안 된다는 한계성 원칙의 예외로는 예비비, 계속비 등이 있다.
④ 예산은 결산과 일치해야 한다는 예산 엄밀성의 원칙은 정확성의 원칙이라고도 불린다.

16

주민참여제도에 대한 설명으로 옳지 않은 것은?

① 주민투표제도, 주민발안제도, 주민소환제도가 모두 시행되고 있다.
② 지방자치법은 주민감사청구 요건으로 시·군·자치구의 경우 19세 이상 주민 500명 이상의 연서를 받아 감사를 청구할 수 있도록 규정하고 있다.
③ 지방자치단체장에 대한 주민소환투표가 실시된 적이 있다.
④ 지방재정법은 지방자치단체의 장이 주민참여예산제도를 의무적으로 시행하도록 규정하고 있다.

17

비교행정의 한계에 대한 설명으로 옳지 않은 것은?

① 독자적인 연구대상을 획정하기가 어렵다.
② 환경과 행정의 교류적 관계를 경시한 정태적 접근이다.
③ 처방성과 문제해결성을 강조함에 따라 행정의 비과학화를 초래하였다.
④ 행정을 지나치게 과소평가함으로써 행정의 독자성을 무시하고 행정의 종속성을 강조하고 있다.

18

메이(May)는 정책의제설정의 주도자와 대중의 관여 정도에 따라 정책의제설정과정을 네 가지 유형(A~D)으로 구분하였는데, 이에 대한 설명으로 옳지 않은 것은?

정책의제설정의 주도자 \ 대중의 관여 정도	높음	낮음
민간	A	B
정부	C	D

① A는 외부집단이 주도하여 정책의제 채택을 정부에게 강요하는 경우로 허쉬만(Hirschman)이 말하는 '강요된 정책문제'에 해당된다.
② B의 경우 정책결정에 영향력을 가진 집단은 대중들에게 정책을 공개하여 지지를 획득하려고 한다.
③ C에서는 이미 민간집단의 광범위한 지지가 형성된 이슈에 대하여 정책결정자가 지지의 공고화(consolidation)를 추진한다.
④ D는 정부의 힘이 강하고 이익집단의 역할이 취약한 후진국에서 일반적으로 많이 나타난다.

정답 및 해설

15 ③
통일성의 원칙에 대한 설명이다. 통일성의 원칙의 예외로는 특별회계, 기금, 목적세 등이 있다.

16 ②
주민감사청구 요건: 18세 이상 주민의 연서는 해당 범위를 넘지 아니한 범위에서 조례로 정한다.
- 시·도: 300명
- 인구 50만 이상 대도시: 200명
- 그 밖의 시·군·자치구: 150명

17 ③
비교행정은 미국과 문화와 환경이 다른 후진국 행정의 차이를 규명하고, 여러 나라에 적용되는 일반법칙적이고 과학적인 행정이론을 개발하려 하였다.

18 ②
B는 내부주도형으로 의사결정에 영향력을 미칠 수 있는 집단들이 정책을 주도하는 모형으로, 정책의 대중적 확산이나 정책 경쟁의 필요성을 느끼지 못하는 유형이다.

정책의제설정의 주도자 \ 대중의 관여 정도	높음	낮음
민간	외부주도형	내부주도형
정부	공고화(굳히기)형	동원형

19

공무원 보수제도 중 연봉제에 대한 설명으로 옳지 않은 것은?

① 직무성과급적 연봉제는 고위공무원단 소속 공무원에게 적용된다.
② 고정급적 연봉제에서 연봉은 기본연봉과 성과연봉으로 구성된다.
③ 직무성과급적 연봉제에서 기본연봉은 기준급과 직무급으로 구성된다.
④ 성과급적 연봉제와 직무성과급적 연봉제의 성과연봉은 전년도의 업무실적에 따른 평가결과에 따라 차등지급된다는 점에서 유사한 면이 있다.

20

고충민원 처리 및 부패방지와 관련된 설명으로 옳지 않은 것은?

① 내부고발자를 보호하기 위한 제도가 시행되고 있다.
② 공공기관의 부패행위에 대해 국민권익위원회에 감사를 청구할 수 있는 국민감사청구제도가 시행되고 있다.
③ 국민권익위원회 위원장과 위원의 임기는 각각 3년으로 하되, 1차에 한하여 연임할 수 있다.
④ 지방자치단체는 고충민원을 처리하기 위해 시민고충처리위원회를 둘 수 있다.

정답 및 해설

19 ②

정무직이 받는 고정급적 연봉은 기본연봉으로만 구성된다.
- 정무직 : 고정급적 연봉제(기본연봉)
- 고공단 : 직무성과급적 연봉제 = 기본연봉(기준급 + 직무급) + 성과연봉

• 기준급 : 개인의 경력 및 누적성과를 반영하여 책정되는 기본급여 • 직무급 : 직무의 곤란성 · 책임 정도를 반영하여 직무등급(가, 나)에 따라 책정 • 성과연봉 : 업무실적에 따라 평가등급별로 차등 지급

- 5급 이상 : 성과급적연봉제(기본연봉+성과연봉)

20 ②

국민감사청구는 감사원에 청구한다.

2016. 8. 27. 국가직 7급 기출문제

01

굴릭(Gulick)의 조직 설계의 고전적 원리에 대한 설명으로 옳지 않은 것은?

① 전문화의 원리란 전문화가 되면 될수록 행정능률은 올라간다는 것을 의미한다.
② 명령통일의 원리는 명령을 내리고 보고를 받는 사람이 한 사람이어야 한다는 것을 의미한다.
③ 통솔범위의 원리는 부하들을 효과적으로 통솔하기 위해 부하의 수가 한정되어야 한다는 것을 의미한다.
④ 부서편성의 원리는 조직편성의 기준을 제시하며, 그 기준은 목적, 성과, 자원 및 환경의 네 가지이다.

02

조합주의(corporatism)에 대한 설명으로 옳지 않은 것은?

① 정부활동은 다양한 이익집단 간 이익의 소극적 중재자 역할에 한정된다.
② 이익집단은 단일적·위계적인 이익대표체계를 형성한다.
③ 정부는 사회적 공동선을 달성하기 위해 중요 이익집단과 우호적 협력관계를 유지한다.
④ 이익집단은 상호 경쟁보다는 국가에 협조함으로써 특정 영역에서 자신의 요구를 정책과정에 투입한다.

03

정책평가의 유형에 대한 설명으로 옳지 않은 것은?

① 총괄평가(summative evaluation)는 정책집행이 종료된 후에 그 성과나 효과를 평가하는 것이다.
② 형성평가(formative evaluation)는 정책집행 도중에 과정의 적절성과 수단·목표 간 인과성 등을 평가하는 것이다.
③ 총괄평가는 주로 내부 평가자에 의해 수행되며, 평가결과를 환류하여 최종안을 개선하는 것이 목적이다.
④ 형성평가는 주로 내부 평가자 및 외부 평가자의 자문에 의해 평가를 진행하며, 정책집행 단계에서 정책 담당자 등을 돕기 위한 것이다.

04

행정통제 중 내부통제에 해당하는 것만을 모두 고른 것은?

㉠ 입법부에 의한 통제	㉡ 사법부에 의한 통제
㉢ 감사원에 의한 통제	㉣ 시민에 의한 통제
㉤ 공무원으로서 직업윤리	

① ㉠, ㉡　　② ㉡, ㉢
③ ㉢, ㉤　　④ ㉣, ㉤

정답 및 해설

01 ④
귤릭(Gulick)은 부서편성(부성화)의 원리와 관련하여, 조직편성의 네 가지 기준을 목표, 사용하는 절차, 봉사 또는 처리의 대상이 되는 고객이나 물건, 업무를 수행하는 장소로 제시하였다.

02 ①
조합주의는 국가의 독자성·지도적·개입적 역할을 강조한다. 정부활동을 다양한 이익집단 간 이익의 소극적 중재자 역할에 한정하는 것은 다원주의에 대한 설명이다.

03 ③
총괄평가는 주로 외부 평가자에 의해 수행된다.

04 ③
길버트(Gilbert)의 행정통제 유형

제도화 \ 행정부	외부	내부
공식	입법부, 사법부	청와대, 감사원의 직무감찰, 국민권익위원회, 정부업무평가, 중앙행정부처에 의한 통제, 계층제 및 인사관리제도, 명령체계, 교차기능조직
비공식	시민단체, 정당, 이익집단 및 언론에 의한 통제	직업윤리에 의한 통제, 동료집단의 평판

05

우리나라 지방자치제도에 대한 설명으로 옳지 않은 것은?

① 자치사무(고유사무)와 달리 법령에 의하여 지방자치단체에 속하는 사무(단체위임사무)에 관해서는 조례로 규정할 수 없다.
② 합의제 행정기관의 설치·운영에 관하여 필요한 사항은 대통령령 또는 조례로 정한다.
③ 지방자치단체는 공공시설을 부정사용한 자에 대하여 과태료를 부과하는 규정을 조례로 정할 수 있다.
④ 지방자치단체는 공공시설을 관계 지방자치단체의 동의를 얻어 그 지방자치단체의 구역 밖에 설치할 수 있다.

06

살라먼(Salamon)의 정책수단유형 중 간접수단에 해당하는 것은?

① 경제적 규제　② 조세지출
③ 직접대출　④ 공기업

07

관료제에 대한 설명으로 옳지 않은 것은?

① 관료제(bureaucracy)는 관료(bureaucrat)에 의하여 통치(cracy)된다는 의미로서 왕정이나 민주정(民主政)에 비해 관료가 국가정치와 행정의 중심역할을 수행한다는 의미가 있다.
② 관료제는 소수의 상관과 다수의 부하로 구성되는 피라미드 형태를 취하며 과두제(oligarchy)의 철칙이 나타날 수 있다.
③ 관료제의 병리현상으로 과잉동조에 따른 목표대치, 할거주의, 훈련된 무능력 등을 들 수 있다.
④ 베버(Weber)의 이념형 관료제는 성과급 제도와 부합한다.

08

우리나라 공무원연금제도에 대한 설명으로 옳은 것만을 모두 고른 것은?

> ㉠ 최초의 공적연금제도로서 직업공무원을 대상으로 하는 특수직역연금제도이다.
> ㉡ 공무원연금법상 공무원연금 대상에는 군인, 공무원 임용 전의 견습직원 등이 포함된다.
> ㉢ 사회보험원리와 부양원리가 혼합된 제도이다.

① ㉠　② ㉠, ㉢
③ ㉡, ㉢　④ ㉠, ㉡, ㉢

정답 및 해설

05 ①
단체위임사무에 대해서는 조례로 규정할 수 있지만, 기관위임사무에 대해서는 조례로 규정할 수 없다.

06 ②
살라몬은 직접성 정도에 따라서 직접성이 가장 낮은 손해책임법부터 가장 높은 정부 소비로 정책수단을 분류하였다.

+ 살라몬의 직접성 정도에 따른 정책수단 유형 분류

직접성 정도	종류
낮음	손해책임법 보조금 대출보증 정부출자기업 바우처
중간	<u>조세지출</u> 계약 사회적 규제 벌금
높음	보험 직접 대출 경제적 규제 정보 제공 공기업 정부 소비

07 ④
관료제에서 관료는 계급과 근무연한에 따라 정해진 금전적 보상을 받는다.

08 ②
㉡ 군인과 선거에 의하여 취임하는 공무원 및 임용 전의 견습직원은 공무원연금법의 적용대상이 아니다.

09

프로그램 예산제도에 대한 설명으로 옳지 않은 것은?

① 동일한 정책목표를 가진 단위사업들을 하나의 프로그램으로 묶어 예산 및 성과 관리의 기본 단위로 삼는다.
② 우리나라에서는 지방자치단체가 2004년부터, 중앙정부는 2008년부터 공식적으로 채택하였다.
③ 자원배분의 투명성을 높일 수 있고, 일반 국민이 예산 사업을 쉽게 이해할 수 있게 한다.
④ 우리나라가 도입한 배경에는 투입 중심 예산 운용의 한계를 극복하고자 하는 측면이 있었다.

10

조직의 의사결정과정에서 나타나는 특성에 대한 개념을 바르게 연결한 것은?

A. 시간과 능력의 제약 때문에 정책결정자들은 모든 상황을 고려하기보다 특별히 관심을 끄는 부분에 대해서만 고려한다.
B. 정책결정에서는 관련 집단들의 요구가 모두 성취되기보다는 서로 나쁘지 않을 정도의 수준에서 타협점을 찾는 경향이 있다.
C. 반복적인 의사결정의 경험이 전수되며 시간의 흐름에 따라 결정수준이 개선되고 목표달성도가 높아지게 된다.
D. 정책결정자들의 경험이 축적됨에 따라 가장 효율적이라고 판단되는 정책결정절차와 방식을 마련하게 되고 이를 활용한 정책결정이 증가한다.

㉠ 조직의 학습　　㉡ 표준운영절차 수립
㉢ 갈등의 준해결　　㉣ 문제 중심의 탐색

	A	B	C	D
①	㉠	㉡	㉢	㉣
②	㉠	㉢	㉣	㉡
③	㉣	㉡	㉢	㉠
④	㉣	㉢	㉠	㉡

11

애드호크라시(Adhocracy)에 대한 설명으로 옳지 않은 것은?

① 구조적으로 복잡성, 공식화, 집권화의 정도가 낮은 수준이다.
② 고도의 창의성과 환경 적응성이 필요한 상황에서 유효한 임시조직이다.
③ 다양한 전문가들로 구성된 집합으로 조직화와 표준화가 신속하게 이뤄진다.
④ 업무처리 과정에서 갈등과 비협조가 일어나고, 창의적 업무수행 과정에서 심적 스트레스를 많이 받는다.

12

지방자치법상 주민에 의한 조례의 제정 및 개폐 청구대상에 포함되지 않는 것만을 모두 고른 것은?

㉠ 지방세의 부과·징수에 관한 사항
㉡ 행정기구를 설치하거나 변경하는 것에 관한 사항
㉢ 공공시설의 설치를 반대하는 사항

① ㉠　　② ㉠, ㉢
③ ㉡, ㉢　　④ ㉠, ㉡, ㉢

정답 및 해설

09 ②
프로그램 예산제도는 중앙정부는 2007년, 지방자치단체는 2008년부터 공식적으로 채택하였다.

10 ④
문제는 회사모형에 대한 내용이다.

11 ③
조직화와 표준화는 기계적 조직의 특징이고, 애드호크라시는 고도의 창의성과 환경 적응성이 필요한 상황에서 유효한 임시조직이다.

12 ④
㉠, ㉡, ㉢ 모두 「주민조례발안에 관한 법률」 제4조(주민조례청구 제외대상)에 따른 청구대상에서 제외된다.
※ 주민에 의한 조례의 제정 및 개폐청구는 지방자치법에 규정하고 있으나, 세부적인 사항은 2022. 1. 13.부터 시행되고 있는 「주민조례발안에 관한 법률」에서 정하고 있다.

13

조직구조에 대한 설명으로 옳지 않은 것은?

① 수평적 분화가 심할수록 전문성을 가진 부서 간 커뮤니케이션과 업무협조가 용이하다.
② 수직적 분화는 조직의 종적인 분화로서 책임과 권한의 계층적 분화를 말한다.
③ 공간적(장소적) 분화는 조직의 구성원과 물리적인 시설이 지역적으로 분산되어 있는 정도를 말한다.
④ 조직구조의 복잡성은 조직이 얼마나 나누어지고 흩어져 있는가의 분화 정도를 말한다.

14

행정학의 발달과정에 대한 설명으로 옳지 않은 것은?

① 1960년대 신행정학은 행정학의 실천적 성격과 적실성을 회복하기 위해 정책지향적인 행정학을 강조했다.
② 사이먼(Simon)은 인간행태에 연구의 초점을 두었고 행정이론의 과학화에 기여하였다.
③ 애플비(Appleby)는 정치는 국가의 의지를 표명하고 정책을 구현하는 것이며 행정은 이를 실천하는 것으로 정치와 행정의 차이를 명확히 구별했다.
④ 미국행정학은 테일러(Taylor)의 과학적 관리법에 근거를 둔 조직이론으로부터 영향을 받았다.

15

(　　) 안에 들어갈 말을 바르게 나열한 것은?

> 국가공무원법상 행정각부의 차관은 (㉠) 공무원 중 (㉡) 공무원이다.

	㉠	㉡
①	경력직	일반직
②	경력직	특정직
③	특수경력직	별정직
④	특수경력직	정무직

16

전통적인 연공주의 인적자원관리와 비교할 때 성과주의 인적자원관리의 특징으로 옳지 않은 것은?

① 형식 요건을 중시하고 규격화된 임용 방식을 확대한다.
② 태도와 근속연수보다 성과와 능력 중심의 평가를 강조한다.
③ 직급파괴와 역량에 의한 승진을 강조한다.
④ 조기퇴직 및 전직 지원을 활성화한다.

정답 및 해설

13 ①
수평적 분화가 심할수록 전문성을 가진 부서 간 커뮤니케이션과 업무협조가 어려워진다.

14 ③
정치행정이원론 학자인 굿노(Goodnow)에 대한 설명이다. 애플비(Appleby)는 정치와 행정은 정합·연속·순환적 관계(정치·행정일원론 관점)라고 주장하였다.

15 ④
정부조직법(행정각부) 제26조 제2항 : 행정각부에 장관 1명과 차관 1명을 두되, 장관은 국무위원으로 보하고, 차관은 정무직으로 한다.

공무원 구분		
공무원 구분	경력직 공무원	일반직
		특정직
	특수경력직 공무원	정무직
		별정직

16 ①
형식 요건을 중시하고 규격화된 임용 방식은 전통적인 연공주의 인적자원관리의 특징이다.

연공주의와 성과주의

- 연공주의 : 개인의 성과와 능력보다는 태도와 근속연수를 강조한다. 장기근속으로 조직에 대한 공헌도를 높이고, 계층적 서열구조 확립으로 조직 내 안정감을 높인다.
- 성과주의 : 개인의 태도와 근속연수보다 성과와 능력을 강조한다. 개인의 성과에 따른 적절한 보상을 통해 사기를 높이고, 조직 내 경쟁을 통해서 개인의 역량 개발에 기여한다.

17

우리나라 재정사업 성과관리제도에 대한 설명으로 옳지 않은 것은? (제도 변경에 따라 선지 수정)

① 재정사업 성과관리제도는 재정성과 목표관리제도, 재정사업 자율평가제도, 재정사업 심층평가제도의 세 가지 형태로 운영되고 있다.
② 재정성과 목표관리제도는 기관별 성과계획서 및 성과보고서를 통해 설정된 성과 목표의 달성 여부를 모니터링한다.
③ 재정사업 자율평가제도는 사업수행부처가 자체적으로 정한 10개의 평가지표에 근거하여 소관 재정사업을 3년을 주기로 모두 평가한다.
④ 부처 간 유사·중복 사업 또는 비효율적인 사업 추진으로 예산낭비의 소지가 있는 사업에 대해서는 재정사업 심층평가를 실시할 수 있다.

18

우리나라 정부재정에 대한 설명으로 옳지 않은 것은?

① 일반회계예산의 세입은 원칙적으로 조세수입을 재원으로 하고 세출은 국가사업을 위한 기본적 경비지출로 구성된다.
② 실질적인 정부의 총예산 규모를 파악하는 데에는 예산순계 기준보다 예산총계 기준이 더 유용하다.
③ 중앙관서의 장은 특별회계를 신설하고자 하는 때에는 해당 법률안을 입법예고하기 전에 특별회계 신설에 관한 계획서를 기획재정부장관에게 제출하며 그 신설의 타당성에 관한 심사를 요청하여야 한다.
④ 중앙정부의 통합재정 규모는 일반회계, 특별회계, 기금, 세입세출 외 항목을 포함하지만 내부거래와 보전거래는 제외한다.

19

규제는 해결할 수단, 관리 방식, 최종 성과를 대상으로 설계될 수 있는데, 이들을 각각 수단규제, 관리규제, 성과규제라고 한다. 그 사례를 바르게 연결한 것은?

> ㉠ 식품안전을 위해 그 효용이 부각되는 위해요소중점관리 기준(HACCP: Hazard Analysis Critical Control Point)을 지킬 것을 요구하는 것
> ㉡ 인체건강을 위해 개발된 신약에 대해 부작용의 허용 가능한 발생 수준을 요구하는 것
> ㉢ 환경오염을 방지하기 위해 기업에 특정한 유형의 환경통제 기술을 사용할 것을 요구하는 것

	수단규제	관리규제	성과규제
①	㉠	㉡	㉢
②	㉠	㉢	㉡
③	㉢	㉡	㉠
④	㉢	㉠	㉡

20

내적 타당성의 위협 요인에 대한 설명을 바르게 연결한 것은?

> ㉠ 실험(testing)효과　㉡ 회귀(regression)효과
> ㉢ 성숙(maturation)효과　㉣ 역사(history)효과

> A. 순전히 시간의 경과 때문에 발생하는 조사대상 집단의 특성 변화가 나타나는 경우
> B. 정책 및 프로그램의 실시 전후 유사한 검사를 반복하는 경우에 시험에 친숙도가 높아져 측정값에 영향을 미치는 경우
> C. 특정 프로그램처리가 집행될 즈음에 발생한 다른 어떤 외부적 사건 때문에 나타난 효과
> D. 극단적인 점수를 얻은 실험대상들이 시간이 흐름에 따라 보다 덜 극단적인 상태로 표류하게 되는 경향

	㉠	㉡	㉢	㉣
①	B	A	D	C
②	B	D	A	C
③	D	C	B	A
④	D	C	A	B

정답 및 해설

17 ③
재정사업 자율평가제도는 예산, 기금이 투입되는 모든 재정사업을 대상으로 부처가 자율적으로 소관사업을 자체평가하고, 기획재정부는 핵심사업을 별도로 산정하여 직접 평가·분석한다.

18 ②
실질적인 정부의 총예산 규모를 파악하는 데에는 예산총계 기준보다 예산순계 기준이 더 유용하다.

19 ④
- 수단규제(투입규제): 정부의 목표를 달성하기 위해 필요한 기술이나 행위에 대한 사전적인 규제이다.
- 관리규제(과정규제): 과정에 대한 규제로, 성과규제가 어려울 때 적합하고, 수단규제에 비해 유연한 규제설계가 가능하다.
- 성과규제(산출규제): 정부가 목표달성 수준을 정하고 피규제자에게 이를 달성할 것을 요구하는 것으로, 다른 방식에 비해 규제대상의 자율성이 높다.

20 ②

2016. 6. 25. 서울시 7급 기출문제

01

다음 중 자본예산제도의 특징으로 가장 옳지 않은 것은?

① 재정안정화 효과 증진
② 중장기 예산운용 가능
③ 부채의 정당화
④ 예산의 적자재정 편성

02

다음 상황론적 조직이론(contingent theory)에 대한 설명 중 가장 옳은 것은?

① 우드워드(J. Woodward)는 제조업체의 생산기술에 따라 조직이 사용하는 기술의 유형을 구분하고, 대량생산기술에는 관료제와 같은 기계적 구조가 효과적이지 않다고 주장하였다.
② 톰슨(V. A. Thompson)은 업무 처리 과정에서 일어나는 조직 간・개인 간 상호의존도를 기준으로 기술을 분류하고, 종합병원처럼 집약기술이 필요한 조직은 수직적 조정이 중요하다고 주장하였다.
③ 페로우(C. Perrow)는 조직원이 업무를 처리하는 과정에서 발생하는 예외적인 사건의 정도와 업무 처리가 표준화된 절차에 의해 수행되는 정도를 기준으로 조직의 기술을 장인기술, 비일상적 기술, 일상적 기술, 공학적 기술로 유형을 구분하였다.
④ 상황론적 조직이론에서는 정책결정자가 환경에 대해 충분한 정보를 갖지 못하므로 환경이 조직구조에 영향을 미치지 않는다고 본다.

03

다음 중 계급제에 대한 설명으로 가장 옳지 않은 것은?

① 계급제는 개인의 자격, 능력, 학벌 등에 의해 분류된 계급에 따라 직무가 부여되는 제도이다.
② 계급제는 정치적 민주화가 꽃을 피우기 훨씬 전부터 국가체제를 유지하기 위한 공직 분류 체계의 기본 틀로 형성되었다.
③ 사회의 수평적 분화가 이루어지고 산업사회가 고도화됨에 따라 많은 나라가 계급제의 골격을 유지하면서 직위분류제를 도입하고 있다.
④ 계급제는 직위분류제에 비해 분류 구조와 보수 체계가 복잡하고 융통성이 적어 그 활용성이 떨어진다는 단점이 있다.

04

다음 공무원 부패의 원인에 대한 접근방법을 설명한 것 중 가장 옳지 않은 것은?

① 도덕적 접근은 부패의 원인을 부패를 저지르는 관료 개인의 윤리 의식과 자질의 탓으로 돌린다.
② 제도적 접근은 법과 제도상의 결함이나 운영의 미숙 등이 부정부패의 원인으로 작용한다고 본다.
③ 사회문화적 접근은 관료 부패를 사회문화적 환경의 독립변수로 본다.
④ 체제론적 접근은 관료 부패 현상을 관료 개인의 속성과 제도, 사회문화 환경 등 여러 요인이 복합적으로 상호작용한 결과로 이해한다.

정답 및 해설

01 ①
자본예산은 경우에 따라서 무리한 재정팽창을 유발하여 재정의 안정성을 떨어뜨린다.

02 ③
- ① 우드워드는 대량생산기술에는 관료제와 같은 기계적 구조가 효과적이고, 소량생산기술에는 유기적 구조가 효과적이라고 주장하였다.
- ② 톰슨은 종합병원처럼 집약기술이 필요한 조직은 수평적 조정이 중요하다고 보았다.
- ④ 상황론적 조직이론은 규모, 기술, 환경 등 상황요인을 강조하면서 이러한 상황에 적합한 조직의 기술과 전략 등을 처방한다.

03 ④
계급제는 분류 구조와 보수 체계가 단순하고, 융통성 있는 인사행정이 가능하다.

04 ③
사회문화적 접근은 부패는 공식적인 법규나 규범보다는 관습과 같은 사회문화적 환경에 의해 유발된다고 본다. 즉 사회문화적 접근은 관료 부패를 사회문화적 환경의 종속 변수로 본다.

05

다음 중 포스트모더니티이론 및 그에 입각한 행정에 대한 설명으로 가장 옳지 않은 것은?

① 행정은 객관적으로 연구될 수 있다는 설화를 해체해야 한다.
② 인권, 인간 이성과 인간 중심적 관점에서의 행정을 강조하였다.
③ 진리의 기준은 맥락 의존적이다.
④ 행정에 있어서의 상상, 해체, 타자성 등을 강조하였다.

06

다음 중 BSC에 대한 설명으로 가장 옳지 않은 것은?

① BSC는 고객 관점에서 고객만족도, 정책순응도, 민원인의 불만율, 신규 고객의 증감 등의 성과지표를 중요시한다.
② BSC는 추상성이 높은 비전에서부터 구체적인 성과지표로 이어지는 위계적인 체제를 가진다.
③ BSC는 조직의 목표를 달성하기 위하여 조직구성원 간 의사소통의 도구로 기능한다.
④ BSC는 정부실패와 시장실패 등의 위기를 극복하기 위하여 비재무적 지표보다는 재무적 지표관리의 중요성을 강조한다.

07

다음 중 정책결정모형에 대한 설명으로 가장 옳지 않은 것은?

① 점증모형에서는 기존 정책을 수정 보완해 약간 개선된 상태의 정책대안을 채택하는 것이 일반적이다.
② 사이버네틱스(cybernetics)모형은 습관적 의사결정을 설명하는 데에 활용된다.
③ 최적모형(optimal model)은 기존의 계량적 분석뿐만 아니라 직관적 판단에 의한 결정도 중요시한다.
④ 합리모형은 제한된 합리성(bounded rationality)에 의거하여 효용을 계산하며 효용을 극대화할 수 있는 대안을 선택한다.

08

다음 신공공관리론(new public management)과 뉴거버넌스론(new governance)에 대한 설명으로 가장 옳은 것은?

① 신공공관리론의 인식론적 기초는 민주주의이다.
② 뉴거버넌스론의 인식론적 기초는 공동체주의이다.
③ 신공공관리론은 관료의 역할로 조정자(coordinator)의 역할을 강조하였다.
④ 뉴거버넌스론은 관료의 역할로 공공기업가(public entrepreneur)의 역할을 강조하였다.

정답 및 해설

05 ②
인권, 인간 이성과 인간 중심적 관점에서의 행정을 강조한 것은 모더니티 관점이다.

06 ④
BSC는 비재무적 관점과 재무적 관점의 통합적 균형을 강조한다.

07 ④
합리모형은 절대적 합리성에 의거하여 효용을 계산한다. 제한된 합리성은 만족모형의 가정이다.

08 ②
- ① 신공공관리론의 인식론적 기초는 신자유주의이다.
- ③ 신공공관리론은 관료의 역할로 공공기업가의 역할을 강조하였다.
- ④ 뉴거버넌스론은 관료의 역할로 조정자의 역할을 강조하였다.

신공공관리론과 뉴거버넌스론의 공통점과 차이점

구분		신공공관리론	뉴거버넌스론
공통점	행정관리	산출에 대한 통제 강조	
	이념적 토대	정부실패에 대한 대응책	
	정부의 역할	방향잡기(steering)	
차이점	인식론적 기초	신자유주의	공동체주의
	관료의 역할	공공기업가	조정자
	관리가치	결과	신뢰
	조직	조직내부	조직 간 문제
	작동원리	경쟁	협력
	관리기구	시장	네트워크

09

조직인의 동기이론에 대한 설명으로 가장 옳지 않은 것은?

① 핵맨과 올드햄(Hackman & Oldham)의 직무특성이론에 의하면 직무특성을 결정하는 변수로 기술다양성, 직무정체성, 직무중요성, 자율성, 환류를 들고 있다.
② 앨더퍼(Alderfer)의 ERG이론에 의하면 상위욕구가 만족되지 않거나 좌절될 때 하위욕구를 더욱 충족시키고자 한다는 좌절-퇴행법을 주장하였다.
③ 허즈버그(Herzberg)의 욕구충족요인이원론에서 불만요인은 개인의 불만족을 방지하는 효과를 가져오는 요인으로서, 충족되면 만족감을 갖게 되어 동기가 유발된다.
④ 맥클랜드(McCelland)의 성취동기이론에 의하면 성취욕구는 행운을 바라는 대신 우수한 결과를 얻기 위해 높은 기준을 설정하고 이를 달성하려는 욕구이다.

10

다음 중 ZBB에 대한 설명으로 가장 옳지 않은 것은?

① 과거연도의 예산지출이 참고자료로 고려되지 않는다.
② 예산의 과대추정을 억제할 수 있다.
③ 비용편익 분석과 시스템 분석을 주요 수단으로 활용한다.
④ 각 부처에서 지출규모에 대한 결정을 한다.

11

다음 〈보기〉에서 특별(광역)시세로만 짝지어진 것은?

가. 레저세	나. 담배소비세
다. 지방소비세	라. 주민세
마. 자동차세	바. 재산세
사. 지방교육세	아. 등록면허세
자. 지역자원시설세	

① 가, 나, 다　　② 라, 마, 바
③ 라, 마, 아　　④ 사, 아, 자

12

다음 중 행정학과 관련된 학자에 대한 설명으로 가장 옳지 않은 것은?

① 굿노(F. J. Goodnow)는 행정은 국가의 의지를 실천하는 것이라고 주장하였다.
② 테일러(F. W. Taylor)는 시간과 동작에 관한 연구를 통해 최선의 방법(one best way)을 추구하였다.
③ 사이먼(H. A. Simon)은 행정 원리의 보편성과 과학성을 강조하였다.
④ 귤릭(L. H. Gulick)은 POSDCoRB를 통해 능률적인 관리 활동방법을 제시하였다.

정답 및 해설

09 ③
허즈버그의 욕구충족요인이원론에 따르면 동기요인(만족요인)이 충족되어야 만족감을 갖게 되어 동기가 유발된다.

10 ③
비용편익 분석과 시스템 분석을 주요 수단으로 활용하는 것은 계획예산제도에 대한 설명이다. 시스템 분석(system analysis)이란 가능한 사업대안 중에서 최적의 사업을 선택하는 방법으로, 문제의 정확한 정의, 대안의 개발, 비용과 효과를 추정하여 의사결정자가 최선의 대안을 선택할 수 있도록 도움을 주는 접근법이다.

11 ①
+ 지방세 구분

구분	특별시·광역시세	자치구세
보통세 (9개)	취득세, 주민세, 자동차세, 레저세, 담배소비세, 지방소비세, 지방소득세	등록면허세, 재산세
목적세 (2개)	지방교육세, 지역자원시설세	–

12 ③
사이먼(H. A. Simon)은 분업의 원리, 명령통일의 원리 등의 행정 원리는 경험적 검증을 거치지 않아 과학성과 보편성을 지니지 못한 격언에 불과하다고 비판하였다.

13

조직구조에 있어 기능구조와 사업구조의 장단점에 대한 설명으로 가장 옳지 않은 것은?

① 기능구조는 중복과 낭비를 예방하고 기능 내에서 규모의 경제를 구현할 수 있다.
② 기능구조는 각 기능부서들 간의 조정과 협력이 요구되는 환경에 적응하기 곤란할 수 있다.
③ 사업구조는 의사결정의 상위 집중화로 최고관리층의 업무부담이 증가될 수 있다.
④ 사업구조는 성과책임의 소재가 분명해 성과관리 체제에 유리하다.

14

다음 중 호손실험에 대한 내용으로 가장 옳은 것은?

① 인간관계론의 이론적 틀을 마련하였다.
② 테일러의 과학적 관리법을 계승한다.
③ 개인의 생산성 향상을 위해서는 물리적 작업환경이 중요하다는 점을 발견하였다.
④ 본래 실험 의도와 다르게 작업의 과학화, 객관화, 분업화의 중요성을 발견하였다.

15

공공선택론에 대한 비판적 시각으로 가장 적절하지 않은 것은?

① 행정은 가치중립적인 것이며 정치의 영역 밖에 있다고 가정하는데, 이는 현실적합성이 매우 떨어진다.
② 시민과 기업의 참여를 통한 서비스의 공동 공급을 주장하지만, 이는 실현 불가능한 이상향에 가깝다.
③ 현실 세계가 효용극대화를 추구하고 있으며 합리적인 개인들로 구성되어 있다고 가정하는데, 이는 현실적이지 못하다.
④ 자유경쟁시장의 논리를 공공부문에 도입하고자 하는데, 그 논리 자체가 현상유지와 균형이론에 집착하는 것이며 시장실패라는 고유한 한계 또한 가지고 있다.

16

신공공서비스론(NPS)에 대한 설명으로 가장 옳지 않은 것은?

① 신공공서비스론은 민주주의 이론 및 비판이론, 포스트모더니즘 등을 바탕으로 탄생한 복합적 이론이다.
② 책임성 확보의 방법으로 행정인이 민주적으로 선출된 대표자에게 책임을 다하는 것을 강조한다.
③ 정책과정에 있어서 전략적으로 생각하고 민주적으로 행동해야 한다고 강조한다.
④ 관료의 역할로 방향잡기보다는 시민들로 하여금 공유된 가치를 표명하고 그것을 충족시킬 수 있도록 도와주고 봉사해야 함을 강조한다.

정답 및 해설

13 ③
의사결정의 상위 집중화로 최고관리층의 업무부담의 증가는 기능구조의 단점이다.

14 ①
본래 실험 의도는 과학적 관리법에 따라 개인의 생산성 향상을 위하여 물리적 작업환경이 중요하다는 것을 확인하기 위한 것이었으나, 감독자의 인정이나 비공식적 집단의 압력 등이 더 많은 영향을 미친다는 사실을 발견하였다. 생산성에 대해 구성원들 간의 사회적 관계의 중요성을 확인하게 되면서 인간관계론의 이론적 틀을 마련하였다.

15 ②
뉴거버넌스론에 대한 비판이다. 공공선택론에서는 정부를 공공재의 생산자라고 규정하고, 시민들은 공공재의 소비자라고 규정하였다.

16 ②
선출된 대표자에게 책임을 강조하는 것은 전통행정이론에 대한 설명이다. 신공공서비스론은 법, 공동체, 정치규범, 전문성, 시민이익 등 다면적 책임성을 강조한다.

덴하트와 덴하트가 제시한 신공공서비스론의 일곱 가지 원칙

1. 고객이 아닌 시민에게 봉사
2. 목표로서 공익
3. 기업가 정신보다 시민의식과 공공서비스 중시
4. 전략적 사고와 민주적 행동
5. 책임의 다원성(법, 공동체, 정치규범, 전문성, 시민이익 등 다면적 책임성)
6. 정부의 역할은 방향잡기보다는 봉사
7. 인간존중(공공조직은 공유된 리더십과 협력의 과정을 통해 작동)

17

조직목표의 모호성에 대한 설명 중 가장 옳지 않은 것은?

① 사명 이해 모호성(mission comprehension ambiguity)은 목표가 모호해 조직원이 어떤 조직의 사명을 이해하고 설명하고 의사소통하는 과정에서 자신의 업무가 무엇인지를 각자 다르게 이해하는 것을 의미한다.
② 지시적 모호성(directive ambiguity)은 어떤 조직의 사명이나 일반적 목표들을 그 사명을 달성하기 위한 구체적 행동지침으로 전환하는 데 발생하는 다양하고 경쟁적인 해석의 정도를 의미한다.
③ 평가적 모호성(evaluative ambiguity)은 다수의 조직목표 중 우선순위를 선정하고 평가하는 데 발생하는 경쟁적 해석의 정도를 의미한다.
④ 목표 모호성은 공공조직과 기업조직 모두에서 발견되지만 공공조직의 목표는 기업조직의 목표보다 일반적으로 더 추상적이다.

18

다음 집단의 의사결정 기법에 대한 설명 중 가장 옳은 것은?

① 델파이(Delphi)기법은 미래 예측을 위해 전문가가 아닌 일반인 다수를 활용하는 의사결정 기법이다.
② 브레인스토밍(brainstorming)은 아이디어가 많은 소수에게 여러 개 주제에 대해 아이디어를 제시하도록 해 좋은 아이디어를 발굴하는 기법이다.
③ 지명반론자기법(devil's advocate method)은 작위적으로 특정 조직원들 또는 집단을 반론을 제기하는 집단으로 지정해 반론자 역할을 부여하고 이들이 제기하는 반론과 이에 대한 제안자의 옹호 과정을 통해 의사결정을 유도하는 기법이다.
④ 명목집단기법(nominal group technique)은 관련자들이 의사결정에 직접 참여하여 대안에 대한 아이디어를 제출하도록 하고 충분한 토의를 거쳐 투표로 의사결정을 하는 기법이다.

19

다음 중 예산집행상 지출특례와 가장 거리가 먼 것은?

① 선수금　　② 과년도 지출
③ 수입대체경비　　④ 개산급

20

지방의회가 지방자치단체에 대하여 행사할 수 있는 권한으로 옳지 않은 것은?

① 예산불성립 시 예산집행
② 선결처분의 사후승인
③ 행정사무의 감사·조사
④ 청원서의 이송·보고요구

정답 및 해설

17 ③
우선순위 모호성에 대한 설명이다. 평가적 모호성은 어떤 조직의 사명을 얼마나 달성했는지 평가하는 데 발생하는 경쟁적 해석의 정도를 의미한다.

18 ③
- ① 델파이기법은 전문가들을 대상으로 구조화된 설문을 반복하여 특정 주제에 대한 합의를 도출하는 접근 방식이다.
- ② 브레인스토밍은 형식이 정해지지 않은 집단토론 상황에서 다수의 구성원들이 아이디어와 문제해결 대안들을 자유롭게 토론하는 방법이다.
- ④ 명목집단기법은 문제해결에 참여하는 개인들이 개별적으로 해결방안을 구상하고 그에 대해 제한된 집단토론만 한 다음, 표결로 의사를 결정하는 방법이다.

19 ①
- ① 선수금: 공사나 상품을 주문받고 미리 받는 금액(수입특례)이다.
- ② 과년도 지출: 지급하기로 이미 정해져 있던 경비가 채권자의 청구가 없었던 것 등의 사유로 지급되지 않았을 경우에 현년도 예산으로서 지출하는 것이다.
- ③ 수입대체경비: 각 중앙관서의 장은 용역 또는 시설을 제공하여 발생하는 수입과 관련되는 경비의 경우, 수입이 예산을 초과하거나 초과할 것이 예상되는 때에는 그 초과수입을 대통령령으로 정하는 바에 따라 그 초과수입에 직접 관련되는 경비 및 이에 수반되는 경비에 초과지출할 수 있다.
- ④ 개산급: 지출금액이 미확정인 채무에 대하여 지급의무가 확정되기 전에 개산(槪算:어림셈)으로 지급하는 것이다.

20 ①
예산불성립 시 지방자치단체의 장이 준예산을 집행할 수 있다.

01 2024. 8. 3. 경찰간부 기출문제

01

행정과 행정학에 대한 설명 중 가장 옳지 않은 것은?

① 행정학의 기원과 관련 있는 패러다임은 정치·행정이원론이다.
② 관리과학 중심의 전통행정학은 공정과 평등(fairness & equality)을 중시하는 경영학과 유사하다.
③ 1945년 2차 세계대전 이후 행정과 행정학의 범위는 확대되었다.
④ 윌슨(W. Wilson)은 「행정연구(The Study of Administration)」에서 행정과 경영의 유사성을 강조했다.

02

행정가치에 대한 설명으로 옳은 것을 모두 고른 것은?

가. 과정설에서 인식하는 공익은 사익의 종합이거나 사익 간 타협 또는 집단 간 상호작용의 산물이라고 본다.
나. 롤스(Rawls) 정의의 제1원리는 불우한 사람들의 편익을 최대화해야 한다는 것이다.
다. 합법성은 법치행정을 의미하며 공무원 행위의 정당성을 가르는 기반이다.
라. 디목(Dimock)의 사회적 효율성은 과학적 관리론에 입각한 기계적 효율관을 비판한다.

① 가, 나 ② 가, 다
③ 나, 다, 라 ④ 가, 다, 라

03

행정이론의 등장시기를 순서대로 바르게 연결한 것은?

가. 행태주의 – 사이먼(Simon)
나. 행정(조직)관리론(POSDCoRB) – 귤릭(Gulick)
다. 공공선택론 – 오스트롬(Ostrom)
라. 신공공서비스론 – 덴하트와 덴하트(Denhardt & Denhardt)
마. 정부재창조론 – 오스본과 게블러(Osborne & Gaebler)

① 가 → 나 → 다 → 라 → 마
② 가 → 나 → 다 → 마 → 라
③ 나 → 가 → 다 → 마 → 라
④ 나 → 가 → 다 → 라 → 마

04

다음 중 울프(Wolf)의 정부실패 원인을 모두 고른 것은?

가. 공공재의 존재	나. 외부효과의 발생
다. 자연독점	라. 정보 비대칭성
마. X–비효율	바. 사적 목표의 설정
사. 파생적 외부효과	아. 분배의 불공정

① 가, 다, 마, 바 ② 가, 라, 사, 아
③ 나, 다, 라, 마 ④ 마, 바, 사, 아

정답 및 해설

01 ②
관리과학 중심의 전통행정학은 능률과 절약을 중시하는 경영학과 유사하다.

02 ④
나. 롤스 정의의 제1원리는 기본적 자유의 평등의 원리이다. 제2원리는 기회균등의 원리와 차등의 원리로 구분될 수 있는데, 차등의 원리는 불평등한 배분은 그것이 사회의 최소 수혜자에게도 유리한 경우에 정당화가 가능하다는 최소극대화의 원리라고도 불린다.

03 ③
나. 행정(조직)관리론(POSDCoRB) – 귤릭(Gulick) : 1930년 대
가. 행태주의 – 사이먼(Simon) : 1940년 대
다. 공공선택론 – 오스트롬(Ostrom) : 1970년 대
마. 정부재창조론 – 오스본과 게블러(Osborne & Gaebler) : 1992년
라. 신공공서비스론 – 덴하트와 덴하트(Denhardt & Denhardt) : 2000년

04 ④
• 가, 나, 다, 라 : 시장실패의 원인
• 마, 바, 사, 아 : 정부실패의 원인

05

행정통제 중 외부통제에 해당하지 않는 것은?

① 입법부에 의한 통제
② 사법부에 의한 통제
③ 감사원에 의한 통제
④ 언론에 의한 통제

06

윌슨(J. Q. Wilson)의 규제정치모형에 대한 설명 중 가장 옳지 않은 것은?

① 고객정치에서는 응집력이 강한 소수의 편익 수혜자 논리가 적용될 가능성이 높다.
② 작업안전을 둘러싼 노동계와 경제계 간 갈등은 기업가정치에 해당하는 예이다.
③ 이익집단정치는 규제로부터 예상되는 비용과 편익이 모두 소수의 동질적 집단에 귀속된다.
④ 대중정치는 감지된 비용과 편익이 모두 넓게 분산되며 대표적 예로는 낙태에 대한 규제를 들 수 있다.

07

균형성과표(Balanced Score Card : BSC)에 대한 설명 중 가장 옳지 않은 것은?

① 1990년대 초에 카플란과 노턴(Kaplan & Norton)이 개발한 성과평가 시스템이다.
② 고객 관점은 고객이 조직을 어떻게 평가하는가에 초점을 맞춘 것으로 성과지표로는 고객만족도, 민원불만 등을 들 수 있다.
③ 내부(프로세스) 관점은 인적자원 개발과 발전에 관한 내용들을 포함하는데 성과지표로는 직무만족, 지식관리, 조직문화 쇄신 등이 대표적이다.
④ 재무 관점은 주어진 예산에서 자원을 효율적으로 배분하는 것을 중요시하는데, 성과지표로는 재정 조기집행률, 예산 현액대비 불용률, 부채규모 등이 있다.

정답 및 해설

05 ③

감사원은 내부통제에 해당한다.

제도화＼행정부	외부	내부
공식	입법부 사법부	청와대, 감사원의 직무감찰, 국민권익위원회, 정부업무평가, 중앙행정부처에 의한 통제, 계층제 및 인사관리제도, 명령체계, 교차기능조직
비공식	시민단체(환경운동연합의 정부정책에 대한 반대 등), 정당, 이익집단 및 언론에 의한 통제(언론의 공무원 부패 보도 등)	직업윤리에 의한 통제, 동료집단의 평판

06 ②

작업안전을 강화하면 편익은 노동계에 집중되고, 비용은 경제계에 집중되므로 이들 간의 갈등은 이익집단정치에 해당한다.

구분		편익	
		분산	집중
비용	분산	대중정치	고객정치
	집중	기업가정치	이익집단정치

07 ③

③은 학습과 성장 관점에 대한 설명이다. 내부(프로세스) 관점은 정부부문에서 정책결정과정, 정책집행과정, 재화와 서비스의 전달과정 등을 포괄하는 개념으로 구성원의 역량, 학습동아리 수, 내부 제안 건수, 직무만족도 등이 지표이다.

08

정부 규모(예산)팽창이론에 대해 바르게 설명한 것만 고른 것은?

> 가. 와그너(Wagner) 법칙: 1인당 국민소득이 증가할 때 국민경제에서 차지하는 공공부문의 크기가 상대적으로 증대
> 나. 보몰(Baumol) 효과: 공공부문의 낮은 생산성이 사회 전체의 경쟁력을 저하시키는 현상
> 다. 파킨슨(Parkinson) 법칙: 관료들이 자신과 자신부서의 효용(권력)을 극대화하기 위해 필요 이상의 예산을 추구
> 라. 전위효과 및 대체효과: 전쟁 등 위기상황 발생 시 공공지출이 상향 조정되며 위기상황 해소 후에는 민간지출이 공공지출을 대체하는 현상

① 가, 나　　② 가, 라
③ 나, 다　　④ 다, 라

09

예산의 원칙과 내용을 바르게 설명한 것만 고른 것은?

> 가. 예산 완전성의 원칙: 예산의 효율적 통제와 효과적 관리를 위해 예산이 하나만 존재해야 한다.
> 나. 예산 단일의 원칙: 정부의 모든 재정적 거래와 활동 내용이 예산에 포함되어야 한다.
> 다. 예산 사전의결의 원칙: 모든 예산은 집행이 이루어지기 전에 입법부의 의결을 거쳐야 한다.
> 라. 예산 한정성의 원칙: 국회가 의결한 예산사업의 목적 외 지출은 금지되며 지출 규모 역시 당초 계획한 수준을 넘어설 수 없다.

① 가, 나　　② 가, 다
③ 나, 라　　④ 다, 라

10

정부예산 종류에 대한 설명으로 가장 옳지 않은 것은?

① 기금은 특정수입과 지출의 연계가 강하다는 점에서 특별회계와 유사하나 계획변경 및 집행절차에 탄력성이 결여된다는 점에서 차이가 있다.
② 특별회계는 예산단일의 원칙과 예산통일의 원칙에 대한 예외사항이다.
③ 일반회계는 기본적인 정부활동과 관련된 주요 재정사업을 모두 포괄하는 회계로서 국가의 일반적 활동을 위한 예산이다.
④ 특별회계는 특정사업을 안정적으로 추진할 수 있다는 장점이 있으나 재정 칸막이 현상을 초래할 수 있다는 단점도 있다.

11

우리나라 예산과정을 순서대로 바르게 연결한 것은?

> 가. 예산안편성 지침 통보
> 나. 중기사업계획서 제출
> 다. 예산요구서 작성 및 제출
> 라. 예산안 편성(국무회의 심의 및 대통령 승인)
> 마. 상임위원회 예비심사
> 바. 예산안 국회제출
> 사. 예산결산특별위원회 종합심사
> 아. 본회의 심의·확정

① 가 → 나 → 다 → 라 → 바 → 마 → 사 → 아
② 나 → 가 → 다 → 라 → 바 → 마 → 사 → 아
③ 가 → 다 → 나 → 라 → 바 → 마 → 사 → 아
④ 나 → 가 → 다 → 라 → 바 → 사 → 마 → 아

정답 및 해설

08 ①
다. 니스카넨의 예산극대화 가설에 대한 설명이다. 파킨슨의 법칙은 공무원의 수가 해야 할 업무의 경중이나 그 유무에 관계없이 일정비율로 증가하는 현상이다.
라. 피콕과 와이즈만의 전위효과는 전쟁 등 위기상황 발생 시 공공지출이 상향 조정되며 위기상황 해소 후에는 공공지출이 민간지출을 대체하는 현상이다.

09 ④
가. 예산 단일의 원칙에 대한 설명이다.
나. 예산 완전성의 원칙에 대한 설명이다.

10 ①
기금이 예산(일반회계, 특별회계)에 비하여 계획변경 및 집행절차에 탄력성이 높다.

11 ②
중기사업계획서 제출(1. 31. 까지) → 예산안편성 지침 통보(3. 31. 까지) → 예산요구서 작성 및 제출(5. 31. 까지) → 예산안 편성 → 예산안 국회제출(회계연도 개시 120일 전까지) → 상임위원회 예비심사 → 예산결산특별위원회 종합심사 → 본회의 심의·확정(회계연도 개시 30일 전까지)

12

우리나라 재정관리제도에 대한 설명 중 가장 옳지 않은 것은?

① 국가재정운용계획은 정부가 매년 당해 회계연도부터 10회계연도 이상의 기간에 대해 수립하는 재정운용계획이다.
② 예산총액배분 자율편성제도는 국가재정운용계획에 근거해 부처별 지출한도를 먼저 정하고, 각 부처가 지출한도 범위 내에서 자율적으로 예산을 편성하는 방식이다.
③ 성인지 예산제도는 예산이 여성과 남성에게 미치는 영향을 분석해 예산편성에 반영·집행하는 제도로 「국가재정법」에 명시되어 있다.
④ 예비타당성조사는 기획재정부장관 주관으로 시행되는 사전적 타당성 검증제도로서 신규투자 우선순위결정, 예산낭비 방지, 재정운영의 효율성 제고를 목적으로 한다.

13

다음의 특징을 지니는 예산제도는?

- 예산항목에 대한 개별 부서의 지출 통제
- 회계적 책임성 제고
- 구입한 재화나 자원에 의한 지출 분류
- 지출을 둘러싼 행정권 남용의 최소화

① 품목별 예산제도 ② 성과주의 예산제도
③ 계획 예산제도 ④ 영기준 예산제도

14

다음의 지방세 중 도세에 해당하지 않는 것은?

① 취득세 ② 등록면허세
③ 지방소비세 ④ 담배소비세

15

민츠버그(Mintzberg)가 제시한 조직구조 유형에 대한 설명으로 가장 옳지 않은 것은?

① 단순구조(simple structure)에서는 전략부문에서 행사하는 힘이 강력하다.
② 전문적 관료제(professional bureaucracy)는 기술구조가 조직의 핵심적인 부문이다.
③ 기계적 관료제(machine bureaucracy)의 핵심 조정 기제는 작업 과정의 표준화이다.
④ 애드호크라시(adhocracy)는 동태적이고 복잡한 환경에서 유리한 조직구조 유형이다.

16

연합모형(coalition model)의 특징에 대한 설명으로 가장 옳지 않은 것은?

① 갈등의 준해결
② 문제 중심의 탐색
③ 표준운영절차(SOP) 중시
④ 불확실성의 선호

정답 및 해설

12 ①
국가재정운용계획은 정부가 매년 당해 회계연도부터 <u>5회계연도</u> 이상의 기간에 대해 수립하는 재정운용계획이다.

13 ①
품목별 예산제도에 대한 설명으로, 지출항목(대상)에 따라 자세히 표기되는 투입중심 예산제도이다. 재정민주주의 구현에 유리한 통제 지향적이고, 예산심의 및 회계책임을 묻는 데 용이하다. 정부가 수행하는 사업과 그 효과에 대한 명확한 정보를 제공하지 못한다.

14 ④
담배소비세는 시·군세에 해당한다.

구분	도세	시·군세
특별시·광역시세	취득세, 레저세, 지방소비세,	주민세, 자동차세, 담배소비세, 지방소득세
자치구세	등록면허세	재산세

15 ②
전문적 관료제는 핵심운영층이 조직의 핵심적인 부문이다. 기술구조는 기계적 관료제의 핵심적인 부문이다.

16 ④
연합모형(회사모형)의 특징

1. 조직은 서로 다른 목표를 지닌 하위조직들이 느슨하게 연결된 연합체
2. 갈등의 준해결: 서로 나쁘지 않을 정도로의 수준에서 타협
3. 문제 중심의 탐색: 특별히 관심을 끄는 부분에 대해서만 고려
4. 표준운영절차(SOP)의 활용: 가장 효율적이라고 판단되는 정책결정절차와 방식을 마련
5. 조직의 학습: 시간의 흐름에 따라 결정수준이 개선
6. <u>불확실성의 회피</u>: 환경에 단기적으로 대응하거나, 불확실한 환경을 회피

17

동기부여이론에 대한 설명으로 가장 옳은 것은?

① 맥클리랜드(McClelland)는 성취동기이론에서 불만족을 주는 위생요인과 만족을 주는 동기요인을 서로 다른 차원으로 구분하였다.
② 매슬로우(Maslow)는 욕구계층이론에서 가장 하위 단계의 욕구로서 안전 욕구를 제시하였다.
③ 애덤스(Adams)의 공정성이론에 따르면 개인은 불공정성을 해소하는 행동으로 조직을 떠날 수 있다.
④ 브룸(Vroom)의 기대이론에 따르면 상위단계의 욕구가 충족되지 않으면 하위 단계 욕구로 퇴행할 수 있다.

18

리더십에 대한 설명으로 가장 옳은 것은?

① 피들러(Fiedler)의 상황적합형 리더십 이론에 따르면 상황적 유리성(favorableness)이 매우 높거나 매우 낮은 경우 과업지향적 리더십이 효과적이다.
② 하우스(House)의 경로-목표 모형에 따르면 높은 구조주도 행동과 높은 배려 행동을 동시에 보이는 리더십이 효과적이다.
③ 변혁적(transformational) 리더는 상황적 보상과 예외에 의한 관리를 통해 부하의 바람직한 행동을 유도한다.
④ 서번트(servant) 리더는 부하의 성장을 지원하기 위해 이상적 영향력, 영감적 동기부여, 지적자극, 개별적 배려를 발휘한다.

19

집단적 의사결정 기법에 대한 설명으로 가장 옳은 것은?

① 지명반론자기법은 대안에 대한 아이디어를 서면으로 제출한 후 토의를 거쳐 투표로 대안을 선정한다.
② 브레인스토밍이 진행되는 동안에는 상대방의 아이디어를 비판하거나 평가해서는 안된다.
③ 명목집단기법은 전문가들의 의견을 반복된 설문을 통해 취합하는 방식으로 문제해결이 이루어진다.
④ 델파이기법은 의사결정에 참여한 집단을 둘로 나누고 의무적으로 서로 상반된 의견을 제시하는 토론과정을 거쳐 대안을 선정한다.

20

조직이론에 대한 설명으로 가장 옳지 않은 것은?

① 구조적 상황이론은 모든 상황에 적합한 유일·최선의 조직설계와 관리 방법은 없다고 전제한다.
② 거래비용이론은 조직이 생겨나고 일정한 구조를 가지게 되는 이유를 조직경제학적으로 설명하는 접근방법이다.
③ 자원의존이론은 조직을 외부환경에 의해서 조직구조가 결정되는 피동적 존재로 보는 환경결정론적 입장을 취한다.
④ 조직군생태론에 따르면 조직군에서 일어나는 변화의 과정은 변이, 선택, 보존이라는 세 단계로 설명될 수 있다.

정답 및 해설

17 ③
① 허즈버그의 욕구충족요인이원론에 대한 설명이다. 맥클리랜드의 성취동기이론은 사회문화적으로 학습된 욕구들을 성취욕구, 권력욕구, 친교욕구로 분류하고, 성취욕구가 높을수록 생산성이 높아진다고 보았다.
② 매슬로우는 가장 하위 단계의 욕구로서 생리적 욕구를 제시하였다. (생리적 욕구 → 안전 욕구 → 사회적 욕구 → 존재감의 욕구 → 자아실현 욕구)
④ 앨더퍼의 ERG이론에 대한 설명이다.

18 ①
② 오하이오 주립대학의 오하이오 그룹으로 불리는 연구자들에 의한 행태론적 연구에 대한 설명이다.

> • 구조주도(initiating structure): 리더와 추종자의 관계 및 조직의 구조와 과정을 엄격하게 형성하려는 행태
> • 배려(consideration): 리더와 추종사 사이에 우정, 상호신뢰, 존경심 등을 형성하려는 행태

③ 거래적 리더십에 대한 설명이다.
④ 변혁적 리더십에 대한 설명이다. 서번트 리더십은 자기 자신보다는 다른 사람에게 초점을 두고, 부하들이 잠재력을 발휘할 수 있도록 봉사하는 리더십이다.

19 ②
① 명목집단기법에 대한 설명이다. 지명반론자기법은 작위적으로 특정 조직원들 또는 집단을 반론을 제기하는 집단으로 지정해 반론자 역할을 부여하고 이들이 제기하는 반론과 이에 대한 제안자의 옹호 과정을 통해 의사결정을 유도하는 방법이다.
③ 델파이기법에 대한 설명이다.
④ 변증법적 토론에 대한 설명이다.

20 ③
자원의존이론은 조직이 주도적·능동적으로 환경에 대처하며 그 환경을 조직에 유리하도록 관리한다고 보았다. 즉 환경에 대하여 임의론적 입장을 취한다.

21

공직분류에 대한 설명으로 가장 옳은 것은?

① 직렬이란 직무의 종류·곤란성과 책임도가 상당히 유사한 직위의 군을 말한다.
② 직류란 직무의 종류가 유사하고 그 책임과 곤란성의 정도가 서로 다른 직급의 군을 말한다.
③ 직급이란 같은 직렬 내에서 담당 분야가 같은 직무의 군을 말한다.
④ 직군이란 직무의 성질이 유사한 직렬의 군을 말한다.

22

공무원의 인사이동에 대한 설명으로 가장 옳지 않은 것은?

① 겸임은 직위 및 직무 내용이 유사하고 담당 직무 수행에 지장이 없다고 인정되는 경우에 한 사람의 공무원에게 둘 이상의 직위를 부여하는 것이다.
② 전직은 동일한 직렬과 직급 내에서 직위만 바꾸는 것을 의미한다.
③ 파견은 국가적 사업의 수행을 위하여 공무원의 소속을 바꾸지 않고 일시적으로 다른 국가기관이나 국가기관 이외의 기관 및 단체에서 근무하게 하는 것을 의미한다.
④ 승진은 일반적으로 직무의 곤란도와 책임의 증대를 의미하며, 보통 보수의 증액을 수반한다.

23

공무원 분류에 대한 설명으로 가장 옳은 것은?

① 별정직 공무원은 특정직 공무원의 한 유형이다.
② 경력직 공무원은 일반직 공무원과 특수경력직 공무원으로 구분된다.
③ 군인과 군무원은 별정직 공무원에 해당한다.
④ 법관과 외무공무원은 특정직 공무원에 해당한다.

24

근무성적평정 과정상의 오류에 대한 설명으로 가장 옳지 않은 것은?

① 상동적 오류(stereotyping error)는 나이, 성별, 출신학교, 종교 등과 같은 평정대상자의 개인적 특성에 대하여 평정자가 평소에 지닌 선입견에 의해 발생할 수 있다.
② 체계적 오류(systematic error)는 어떤 평정자가 다른 평정자들보다 항상 후한 점수 또는 박한 점수를 일관되게 부여함으로써 나타나는 오류이다.
③ 연쇄효과(halo effect)는 평정 시점에 가까운 최근의 근무성적이 평정에 영향을 미치는 현상이다.
④ 집중화 경향(central tendency)은 평정자가 평정대상자들에게 중간이나 평균치 정도의 점수를 주는 심리적 경향이다.

정답 및 해설

21 ④
① 직급에 대한 설명이다.
② 직렬에 대한 설명이다.
③ 직류에 대한 설명이다.

22 ②
② 전보에 대한 설명이다. 전직은 직렬을 달리하는 임명을 말한다.

23 ④
① 별정직 공무원은 특수경력직 공무원의 한 유형이다.
② 경력직 공무원은 일반직 공무원과 특정직 공무원으로 구분된다.
③ 군인과 군무원은 특정직 공무원에 해당한다.

24 ③
시간적 오류 중 근접효과에 대한 설명이다. 연쇄효과는 평정자가 가장 중요시하는 하나의 평정요소에 대한 평가 결과가 다른 평정요소에도 영향을 미치는 오류이다.

25

직업공무원제에 대한 설명으로 가장 옳지 않은 것은?

① 공직에 대한 폭넓은 시각과 안목을 가진 일반행정가 양성에 불리하다.
② 신분보장 강화로 인해 공무원들이 무사안일에 빠져 행정의 비능률성을 초래할 수 있다.
③ 공직자로서의 봉사정신과 직업윤리적 가치관을 공고히 할 수 있다.
④ 공무원의 장기근속을 유도하여 행정의 안정성과 계속성을 확보할 수 있다.

26

고위공무원단 제도에 대한 설명으로 가장 옳지 않은것은?

① 성과에 대한 책임성을 강조한다.
② 고위직의 개방을 확대하고 경쟁을 촉진한다.
③ 역량평가를 통해 고위공무원의 능력과 자질을 검증한다.
④ 연공서열 중심의 인사관리를 강조한다.

27

공무원의 직위해제에 대한 설명으로 가장 옳지 않은 것은?

① 직위해제란 임용권자가 해당 공무원의 신분은 보존시키되 직위를 부여하지 않는 임용 행위를 말한다.
② 임용권자는 파면 · 해임 · 강등 또는 정직에 해당하는 징계 의결이 요구 중인 자에 대해서 직위해제를 할 수 있다.
③ 직무수행 능력이 부족하거나 근무성적이 극히 나쁜 자는 직위해제의 대상에 해당되지 않는다.
④ 직위해제 사유가 소멸되면 임용권자는 지체 없이 직위를 부여하여야 한다.

28

신지방분권화의 등장 배경에 대한 설명으로 가장 옳지 않은 것은?

① 중앙집권적 국정운영은 전국적 · 총량적 성과를 달성하였으나 지역 간의 불균형 발전을 초래하였다.
② 교통 · 통신 수단의 발달은 이동의 시 · 공간을 단축시킴과 동시에 주민의 생활 권역을 넓혔다.
③ 대량생산 · 대량소비 · 대중매체들에 의해 개인의 개성과 지역사회의 특수성 등 사회 각 부문의 고유한 가치가 거대화와 표준화에 밀려 상실되었다.
④ 세계화의 물결이 세계 각국의 지역사회로까지 확산하면서 국내 지방도시와 외국의 지방도시가 네트워크로 상호 연결되어 교류 · 협력 · 경쟁의 시대가 되었다.

정답 및 해설

25 ①
직업공무원제는 공직에 대한 폭넓은 시각과 안목을 가진 일반행정가 양성에 유리하다.

26 ④
고위공무원단 제도는 성과 중심의 인사관리를 강조한다.

27 ③
직위해제(국가공무원법 제73조의3) : 직무수행 능력이 부족하거나 근무성적이 극히 나쁜 자, 파면 · 해임 · 강등 또는 정직에 해당하는 징계 의결이 요구 중인 자, 형사 사건으로 기소된 자, 고위공무원단에 속하는 일반직공무원으로서 적격심사를 요구받은 자 등에 대해서 직위를 부여하지 아니할 수 있다. 직위해제 사유가 소멸되면 임용권자는 지체 없이 직위를 부여하여야 한다.

28 ②
신중앙집권화에 대한 설명이다.

29

주민자치와 단체자치 특징의 차이에 대한 설명으로 가장 옳지 않은 것은?

① 주민자치는 정치적 의미이고, 단체자치는 법률적 의미이다.
② 주민자치에서는 고유권설을 인정하는 데 비해, 단체자치는 수탁권설의 견해를 인정한다.
③ 주민자치는 민주주의 원리이고, 단체자치는 지방분권의 원리이다.
④ 주민자치는 지역의 문제를 지역 주민이 자신의 책임 아래 처리하는 대륙형 모델이고, 단체자치는 국가로부터 상대적으로 독립한 지방정부가 사무를 처리하는 영국형 모델이다.

30

기관대립형에 대한 설명으로 가장 옳은 것은?

① 의원내각제와 유사한 구조이며, 지방의회만 주민직선으로 선출한다.
② 지방의회와 주민들의 의견이 상반되는 경우 이를 중재하거나 견제와 균형의 원리에 따라 권력의 편중과 남용을 방지할 수 있다.
③ 의결기관과 집행기관 간의 불필요한 갈등을 줄일 수 있으며, 다수의 위원이 의결과 집행에 관여하게 되어 민주적이고 신중한 행정에 유리하다.
④ 선거로 선출된 의원은 각자의 정치적 기반과 색채가 강하여 행정의 총괄조정이 어렵다.

31

지방의회와 지방자치단체장의 권한에 대한 설명으로 가장 옳지 않은 것은?

① 지방의회는 조례제정 및 개폐권을 갖고, 지방자치단체장은 자치단체의 대표 및 사무 총괄권을 갖는다.
② 지방의회는 규칙제정권을 갖고, 지방자치단체장은 사무관리집행권을 갖는다.
③ 지방의회는 행정사무 감사권을 갖고, 지방자치단체장은 지방의회에 대한 발안권을 갖는다.
④ 지방의회는 예산 의결권과 결산 승인권을 갖고, 지방자치단체장은 선결처분권을 갖는다.

32

특별지방행정기관과 지방자치단체의 차이에 대한 설명으로 가장 옳지 않은 것은?

① 특별지방행정기관은 국가사무를 관장하는 반면, 지방자치단체는 자치사무와 국가로부터 위임된 사무를 관장한다.
② 「지방자치분권 및 지역균형발전에 관한 특별법」에 따르면 특별지방행정기관이 수행하는 사무 중 지방자치단체가 수행하는 것이 더 효율적인 사무는 지방자치단체가 담당하도록 하여야 한다.
③ 특별지방행정기관과 지방자치단체는 관할구역이 완전히 일치하거나 상당 부분이 중첩되는 경우가 많이 존재하지만, 유사한 관할지역 내의 주민을 공통의 고객으로 삼지는 않는다.
④ 특별지방행정기관의 업무상 책임소재는 국가 또는 중앙정부에 있으나, 지방자치단체는 스스로 책임을 부담하되 사안에 따라 지방의회 또는 자치단체장에게 책임이 있다.

정답 및 해설

29 ④
주민자치는 지역의 문제를 지역 주민이 자신의 책임 아래 처리하는 <u>영국형</u> 모델이고, 단체자치는 국가로부터 상대적으로 독립한 지방정부가 사무를 처리하는 <u>대륙형</u> 모델이다.

30 ②
①, ③, ④는 기관통합형에 대한 설명이다.

31 ②
지방의회는 조례제정권을 갖고, 지방자치단체장이 규칙제정권을 갖는다.

32 ③
특별지방행정기관과 지방자치단체는 관할구역이 완전히 일치하거나 상당 부분이 중첩되는 경우가 많이 존재하고, 유사한 관할지역 내의 주민을 <u>공통의 고객으로 삼는다</u>.

33

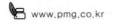

정책 네트워크 모형 중 정책공동체(policy community) 모형의 내용을 모두 고른 것은?

> 가. 특정 정책과 관련해 이해관계를 같이하는 집단과 개인들로 구성된다.
> 나. 공익을 저해하고 배타성이 강한 철의 삼각만으로 정책 과정을 바라볼 때 정책 결정에 영향을 미치는 상당히 개방적인 참여자들의 네트워크를 놓치기 쉽다.
> 다. 폐쇄적 경계를 강조하며 배타성이 매우 강해 다른 이익집단을 철저히 배제하는 특징을 갖는다.
> 라. 정책 결정이 주요 참여자 간의 합의와 협력으로 일어난다고 간주하면서 이들 사이의 갈등 관계까지 고려하는 특징이 있다.

① 가, 나 ② 나, 다
③ 가, 라 ④ 나, 라

34

무의사결정(non-decision making)에 대한 설명으로 가장 옳지 않은 것은?

① 바흐라흐(Bachrach)와 바라츠(Baratz)가 「권력의 두 얼굴(two faces of power)」에서 제안하였다.
② 지배계급인 엘리트들이 그들의 이익에 도전해오는 주장을 의도적으로 기각 내지는 방치하는 신엘리트 이론이다.
③ 중립적 행동을 반영하며, 집행과정에서는 무의사결정이 일어나지 않는다.
④ 무의사결정의 수단과 방법으로 폭력이나 테러 행위도 사용된다.

35

정책참여자 간 관계모형에서 다원주의와 조합주의에 대한 설명으로 가장 옳지 않은 것은?

① 다원주의는 이익집단 간 상호경쟁을 추구하고, 조합주의는 국가통제를 수용하는 대가로 해당 범위 내에서 이익대표권을 독점하지 않는다.
② 다원주의는 개별집단의 이익을 추구하고, 조합주의는 사회적 책임과 조화의 가치를 추구한다.
③ 다원주의에서 정부의 역할은 중립적 심판관이며, 조합주의는 정부의 역할을 인정하고 이익집단과의 상호협력을 중시한다.
④ 다원주의는 이익집단 간 타협을 강조하고, 조합주의는 국가와 이익집단 간의 제도화된 협력을 추구한다.

36

비용 · 편익분석(cost-benefit analysis)에 대한 설명으로 가장 옳지 않은 것은?

① 할인율이 높거나 할인 기간이 길어지면 현재의 가치가 작아진다.
② 발생 가능한 비용 · 편익을 화폐단위로 추정한다.
③ 비용 · 편익분석은 단일정책이나 프로그램의 비용과 편익을 산출해 내는 데 효과적이다.
④ 비용 · 편익분석은 정책에 대한 개개인의 만족 수준을 비교하기에 적절한 방법이다.

정답 및 해설

33 ③
나. 이슈네트워크에 대한 설명이다.
다. 철의 삼각에 대한 설명이다.

34 ③
무의사결정은 엘리트들이 자신들에게 유리한 행동(중립적 행동 ×)이며, 정책집행과정에도 일어난다.

35 ①
다원주의는 이익집단 간 상호경쟁을 추구하고, 조합주의는 국가통제를 수용하는 대가로 해당 범위 내에서 이익대표권을 <u>독점한다.</u>

36 ④
비용 · 편익분석은 단일정책 또는 정책 간 경제성을 비교 · 평가하기에 적절한 방법이다.

37

내적 타당성 저해 요인에 대한 설명으로 가장 옳지 않은 것은?

① 실험집단 구성 후 시간의 경과에 따라 실험집단 특성이 자연스럽게 변한다.
② 연구자의 측정기준이나 측정도구가 변한다.
③ 실험집단 구성원이 실험대상이라는 사실을 인식함으로써 평소와 다른 심리적 행동을 보인다.
④ 연구기간 중 실험집단의 일부가 탈락해 남아 있는 최종 실험집단 구성원이 최초와 다른 특성을 가진다.

38

정책집행 연구의 접근법에 대한 설명으로 가장 옳지 않은 것은?

① 하향적 접근방법(top-down approach)은 집행참여자들의 상호작용이 중요하다.
② 상향적 접근방법(bottom-up approach)은 목표가 분명하지 않아 모호성을 띠기 쉽다.
③ 하향적 접근방법(top-down approach)은 집행의 성공 여건은 정책결정자의 리더십이다.
④ 상향적 접근방법(bottom-up approach)은 문제 상황의 대응성을 위한 정책 결정과 집행의 통합이 중요하다.

39

정책변동 이론 중 정책지지(옹호)연합 모형의 내용을 모두 고른 것은?

가. 다양한 활동 행위자를 포함한 정책 하위 체제에 중점을 둔다. 나. 정책변동과 그 안에서 작용하는 정책 지향적 학습을 이해하기 위해서는 적어도 10년 이상의 시계가 필요하다. 다. 정책을 어떻게 실현할 것인가에 관한 가치 우선순위 및 인과관계의 과정을 설명할 수 있다. 라. 규범적 핵심 신념, 정책 핵심 신념, 부차적 신념의 세 겹 구조로 설명할 수 있다.

① 가　　② 가, 나
③ 가, 나, 다　　④ 가, 나, 다, 라

40

정책의제 설정 과정 모형에서 주도집단별 분류 중 동원형에 대한 설명으로 가장 옳지 않은 것은?

① 사회문제, 정부의제, 공중의제 순으로 전개된다.
② 권력집중형 국가, 불평등사회, 시간이 급박한 경우, 국민이 사전에 알면 곤란한 경우 사용한다.
③ 정책의 성공적 집행을 위해 필요한 일반 국민에게서 정책에 대한 옹호와 지지를 얻어낸다.
④ 정부부문의 힘이 강하고 민간 부문의 힘이 취약한 국가에서 주로 사용된다.

정답 및 해설

37 ③
①(성숙요인), ②(측정수단요인), ④(상실요인)에 대한 설명으로, 모두 내적 타당성을 저해하는 요인이다. ③(호손효과)은 외적 타당성을 저해하는 요인다.

38 ①
상향적 접근방법(bottom-up approach)은 집행참여자들의 상호작용이 중요하다.

39 ④
사바티어(Sabatier)는 상향식 접근방법을 분석단위로 채택, 여기에 영향을 미치는 요인을 하향식 접근방법의 여러 가지 변수를 결합한 정책지지(옹호)연합 모형을 제시하였다.

40 ②
내부접근형에 대한 설명이다.

02 2023. 7. 29. 경찰간부 기출문제

01

행정과 경영에 대한 설명으로 가장 옳지 않은 것은?

① 행정학이 태동하던 시기에는 행정과 경영의 차별성을 강조하는 공사행정 이원론의 입장이었다.
② 신자유주의에 바탕을 둔 정부개혁을 추진하는 과정에서는 '행정의 경영화'라는 용어가 보편적으로 사용된다.
③ 행정과 경영은 인적·물적 자원을 동원하고 활용하는 관리기술적인 차원에서 유사성을 지닌다.
④ 행정은 경영에 비해 법적·정치적 환경의 영향을 훨씬 강하게 받는다.

02

공익의 실체설에 대한 설명으로 가장 옳은 것은?

① 사익의 총합이거나 사익 간 타협 또는 집단 간 상호작용의 산물이라고 본다.
② 공직자의 조정자적 역할 및 행정의 중재역할을 강조한다.
③ 공익을 형성하는 대표적인 의사결정 방식으로 숙의민주주의나 공론화 방안들이 강조된다.
④ 사익과 구별되는 공익의 존재성을 인정하나 그 실체에 대해서는 다양한 견해가 있다.

03

시장실패와 정부실패에 대한 설명으로 가장 옳지 않은 것은?

① 소비자와 공급자 사이에서 나타나는 정보의 비대칭성은 시장실패를 초래한다.
② 경제활동이 의도하지 않은 혜택이나 손해를 가져다주면서도 이에 대한 대가나 비용이 수반되지 않는 외부효과는 시장실패를 초래한다.
③ 비배제성과 비경합성을 지닌 공공재의 존재는 정부실패를 초래한다.
④ 정부활동을 위한 비용은 조세를 통해 확보되기에 비용과 수입이 분리되어 정부실패를 초래한다.

04

행정학의 발달과정에 대한 설명으로 옳은 것은 모두 몇 개인가?

가. 윌슨(Wilson)은 1887년에 발표한 '행정연구'라는 논문을 통해 정치로부터 자유로운 행정 영역을 확립하려는 정치·행정 이원론을 주창했다.
나. 사이먼(Simon)은 행정학 연구에 자연과학의 연구방법을 도입할 것을 강조하면서, 사실과 가치를 구분해 사실만을 다루어야 한다고 주장했다.
다. 1960년대 신행정학에서는 행정학의 실천적 성격과 적실성을 회복하기 위해 실증주의에 기반한 관리지향적인 행정학을 요구했다.
라. 사회학적 제도주의에서는 제도가 '결과성의 논리'가 아닌 '적절성의 논리'에 따라 변하는 것으로 본다.
마. 1980년대 신공공관리론은 '큰 정부'를 강조하는 기조 속에서 규제를 강화하고 복지정책을 확대할 것을 요구했다.

① 1개 ② 2개
③ 3개 ④ 4개

정답 및 해설

01 ①
행정학이 태동하던 시기에는 행정과 정치의 차별성을 강조하는 정치·행정 이원론의 입장이었다.

02 ④
- ① 공익 과정설에 대한 설명이다. 공익 실체설은 공익을 정의 또는 공동선과 같은 절대가치로 사익을 초월하여 선험적·규범적인 것으로 존재하는 것으로 본다.
- ② 공익 실체설은 관료의 독자적·적극적 역할을 강조한다.
- ③ 공익 과정설에 대한 설명이다. 공익 과정설은 공익을 사회의 다양한 집단 간에 상호 이익을 타협하고 조정하여 얻어진 결과물로 보았다.

03 ③
비배제성과 비경합성을 지닌 공공재의 존재는 시장실패를 초래한다.

04 ③
- 옳은 내용: 가, 나, 라
- 다: 1960년대 신행정학에서는 행정학의 실천적 성격과 적실성을 회복하기 위해 가치평가적인 정책연구를 지향한다.
- 마: 1980년대 신공공관리론은 '작은 정부'를 강조하는 기조 속에서 규제를 완화, 정부 지출 삭감, 민영화를 촉진하였다.

05

행정책임에 대한 설명으로 가장 옳지 않은 것은?

① 행정책임은 공무원이 도덕적·법률적 규범에 따라 행동해야 하는 의무를 말한다.
② 행정책임은 도덕적 책임과 법적 책임으로 구분할 수 있다.
③ 법적책임은 도덕적 책임과 달리 국민여론이나 개인의 양심적 비판으로 끝날 수 있다.
④ 행정책임에 대해 파이너(Finer)는 외재적·객관적 책임을, 프리드리히(Friedrich)는 내재적·주관적 책임을 강조한다.

06

가외성 요소 중 등전위성(동등잠재성 : equipotentiality)에 대한 설명으로 가장 옳은 것은?

① 행정기능이 한 기관에 배타적으로 주어지지 않고 여러기관에 혼합적으로 분산되어 있는 상태를 말한다.
② 동일한 기능을 여러 기관이 독립적으로 수행·관리하는 것을 말한다.
③ 하나의 기능이 주된 담당 기관에 의해 제대로 작동하지 않을 때, 보조기관이 이를 대행하는 것을 말한다.
④ 한 기관이 다른 기관과 비교해 권한과 자원을 동등하게 배분받는 것을 말한다.

07

신공공관리론과 신공공서비스론에 대한 설명으로 가장 옳은 것은?

① 신공공관리론은 공익을 개인 이익의 총합으로 보는 반면, 신공공서비스론은 공익을 담론에 기반을 둔 공유가치로 본다.
② 신공공관리론은 정부의 방향잡기 역할을 강조하는 반면, 신공공서비스론은 정의된 목표에 초점을 둔 노젓기 역할을 중시한다.
③ 신공공관리론은 조직내외적으로 리더십을 공유하는 협력적 구조를 중시하는 반면, 신공공서비스론은 정부기능이 민간에게 많이 이양되고 주요 통제권이 분권화된 조직형태를 선호한다.
④ 신공공관리론은 책임성 확보 방안으로 복잡성과 다차원에 주목하는 반면, 신공공서비스론은 민주적으로 선출된 정치지도자에 대한 책임을 중시한다.

정답 및 해설

05 ③
법적 책임은 의회가 제정한 법률에 의한 통제로서, 공무원이 법적으로 규정된 업무를 이행하지 않을 경우 비판뿐만 아니라 징계 등 제재를 받게 된다.

06 ③
- ① 중첩성(overlapping)에 대한 설명이다.
- ② 반복성(duplication)에 대한 설명이다.
- ④ 가외성과 관련이 없는 내용이다.

※ 가외성이란 불확실한 상황에서의 오류 발생 가능성을 최소화하고 체제의 신뢰성을 높이기 위해 강조되는 행정가치이다. 신뢰성 및 창조성 제고, 적응성 증진 등의 효용이 있지만, 비용상의 문제와 조직 내 갈등 유발 등의 한계가 있다.

07 ①
- ② 신공공서비스론은 정부의 봉사 역할을 강조한다.
- ③ 신공공서비스론은 조직내외적으로 리더십을 공유하는 협력적 구조를 중시하는 반면, 신공공관리론은 정부기능이 민간에게 많이 이양되고 주요 통제권이 분권화된 조직형태를 선호한다.
- ④ 신공공서비스론은 책임성 확보 방안으로 복잡성과 다차원에 주목하는 반면, 전통행정이론은 민주적으로 선출된 정치지도자에 대한 책임을 중시한다.

구분	전통행정이론	신공공관리론	신공공서비스론
공익	정치적으로 정의되고, 법률로 표현	개인 이익의 총합	공유 가치에 대한 담론의 결과
공무원의 반응대상	고객 및 유권자	고객	시민
정부의 역할	노젓기	방향잡기	봉사
정책 목표 달성 기제	정부기구를 통한 프로그램 관리	민간기관 및 비영리기구 활용	공공기관, 민간기관, 비영리기구 연합
책임성 확보 방안	위계적 (행정인은 민주적으로 선출된 정치지도자에게 책임)	시장지향적 (시민에게 바람직한 결과 창출)	다면적 (법, 공동체, 전문성, 시민이익 등)
행정재량	제한된 재량만 허용	기업가적 목표 달성을 위해 폭넓은 재량 허용	재량이 필요하지만 제약과 책임 수반
기대하는 조직구조	관료적 조직	조직 내 주요 통제권이 유보된 분권화된 조직	리더십을 공유하는 협동적 조직구조

08

정책유형에 대한 설명으로 연결이 옳은 것은?

> 가. 항공사에 항공노선 취항을 허가하면서 서비스에 대한 여러 가지 규정을 지키도록 하는 것
> 나. 누진세를 통해 고소득층으로부터 많은 조세를 징수하여 저소득층에게 사회보장지출을 제공하는 것
> 다. 문화재 복원사업, 국경일 제정 등을 통해 정부 정통성에 대한 인식을 제고하고, 정부정책에 대한 순응을 확보하여 정책활동을 원활하게 하기 위한 것

	가	나	다
①	경쟁적 규제정책	재분배정책	상징정책
②	보호적 규제정책	배분정책	추출정책
③	경쟁적 규제정책	재분배정책	추출정책
④	보호적 규제정책	재분배정책	상징정책

09

정책의제설정의 유형에 대한 설명으로 가장 옳은 것은?

① 외부주도형 의제설정은 정책결정자에게 접근이 용이한 극소수의 외부집단과 정책 담당자들이 정책의제를 설정하는 것이다.
② 동원형 의제설정은 정부 외부의 다양한 행위자들에 의해 특정 사회문제가 정부개입을 통해 해결해야 할 문제로 받아들여지는 것이다.
③ 내부접근형 의제설정은 일당제 국가에서 최고 통치자나 고위 정책결정자가 주도적으로 정책의제를 형성하는 것이다.
④ 동원형의 경우 정부의제를 다양한 활동을 통해 공중의제화하지만, 내부접근형에서는 정부가 공중의제화하는 것을 꺼린다.

10

앨리슨(Allison)의 정치모형(Model Ⅲ)에 대한 설명으로 옳은 것은 모두 몇 개인가?

> 가. 정부의 정책목표와 구성원 개인의 목표가 일치하는 것으로 가정한다.
> 나. 느슨하게 연계된 하위 조직체들이 표준운영절차(SOP)에 따라 의사결정을 한다.
> 다. 각자의 재량권과 이해관계를 가진 독립적인 개인들이 조정과 타협을 통해 정책을 결정한다.
> 라. 정책결정은 준해결의 상태에 그치며 제한된 합리성에 의해 제약을 받는다.
> 마. 정책결정 주체 간 목표의 공유도는 매우 낮고 정책결정의 일관성도 매우 약하다는 특징을 가진다.

① 1개 ② 2개
③ 3개 ④ 4개

11

립스키(Lipsky)의 일선관료에 대한 설명으로 가장 옳지 않은 것은?

① 교사, 일선경찰관 등 일반 국민과 직접 접촉하는 공무원들이다.
② 재량권을 많이 행사하기 때문에 실질적인 정책결정자로 이해된다.
③ 업무환경은 불충분한 자원과 명확하고 일관된 역할 기대를 특징으로 한다.
④ 단순화와 정형화라는 적응 메커니즘을 개발하여 업무를 처리한다.

정답 및 해설

08 ①
- 경쟁적 규제정책: 다수의 경쟁자 중 특정 개인이나 집단에게 서비스의 제공권을 부여하고 이들의 활동을 규제하는 정책을 말한다.
- 보호적 규제정책: 소수자나 사회적 약자, 일반대중을 보호하기 위하여 개인이나 집단의 권리행사나 행동의 자유를 제한하는 정책이다.
- 재분배정책: 상대적으로 많이 가진 계층 또는 집단으로부터 적게 가진 계층 또는 집단으로 재산·소득·권리 등의 일부를 이전시키는 정책이다.
- 배분정책: 시민에게 권리나 이익, 또는 재화나 서비스를 배분하는 정책이다.
- 상징정책: 국민에게 정부의 정통성에 대한 인식을 좋게하거나 다른 정책에 대한 순응을 확보하기 위한 정책이다.
- 추출정책: 일반 국민에게 인적·물적 자원을 부담시키는 정책이다.

09 ④
- ① 내부접근형에 대한 설명이다.
- ② 외부주도형에 대한 설명이다.
- ③ 동원형에 대한 설명이다.

10 ②
- 옳은 내용: 다, 마
- 가: Model Ⅰ에 대한 설명이다.
- 나, 라: Model Ⅱ에 대한 설명이다.

11 ③
업무환경은 불충분한 자원, 권위에 대한 위협과 도전, 모호하게 대립되는 기대를 특징으로 한다.

12

정책분석 및 평가방법에 대한 설명으로 가장 옳은 것은?

① 비용효과분석에서는 모든 비용과 편익을 화폐가치로 환산하지만 비용편익분석은 화폐가치로 측정이 어려운 경우에도 활용된다.
② 총괄평가는 정책집행 과정에서 발생하는 문제점의 발견 및 수정・개선을 도모하기 위한 것으로 바람직한 정책집행 전략과 방법을 모색하는 것이 목적이다.
③ 정량적 또는 양적방법은 전문가의 전문적 판단에 의존하는 것으로 브레인스토밍, 정책델파이가 이에 해당한다.
④ 준실험은 무작위 배정을 통해 실험집단과 통제집단의 동질성을 확보하기 어려울 때 사용하는 설계방법이다.

13

호그우드(Hogwood)와 피터스(Peters)의 정책변동에 대한 설명으로 가장 옳은 것은?

① 정책혁신은 기존의 조직과 예산을 활용하여 새로운 정책을 형성・결정하는 것이다.
② 선형승계는 정책목표를 변경시키지 않는 범위 내에서 정책내용을 새로운 것으로 바꾸는 것이다.
③ 정책종결은 정책문제가 소멸되거나 정책목표 달성이 불가능할 경우 정책 자체를 완전히 폐지하고 다른 정책으로 대체하는 것이다.
④ 부분종결은 정책의 일부를 유지하면서 다른 일부를 폐지하는 것으로 정책혁신과 종결이 배합된 경우로 볼 수 있다.

14

직위분류제에 대한 설명으로 가장 옳지 않은 것은?

① 직렬은 직무의 종류가 유사하고 그 책임과 곤란성의 정도가 서로 다른 직급의 군이다.
② 동일직무에 대한 동일보수를 지급함으로써 직무급 체계 확립에 유용하다.
③ 전보나 전직의 범위가 매우 넓게 설정되어 있어 인적자원의 전문성 향상에 기여한다.
④ 직무분석에 입각한 합리적 인사운영을 가능하게 하여 직무중심의 인사행정을 수행하는 데 용이하다.

15

대표관료제에 대한 설명으로 가장 옳지 않은 것은?

① 적극적 대표성은 사회 전체의 인구통계학적 특성을 반영해 정부관료제를 구성하는 것이다.
② 할당제의 강요와 역차별을 초래할 수 있다.
③ 정부관료제 내에 민주성과 형평성의 가치를 내재화시킬 수 있다.
④ 실천하는 과정에서 실적주의 이념과 충돌할 수 있다.

정답 및 해설

12 ④
- ① 비용편익분석은 화폐가치로 측정이 어려운 경우는 활용되기 어렵다. 특히 편익을 화폐가치로 측정하기 어려운 경우 비용효과분석이 활용되기도 한다.
- ② 형성평가에 대한 설명이다. 총괄평가는 정책이 종료된 후에 그 정책이 당초 의도했던 효과를 가져왔는지 여부를 판단하는 활동이다.
- ③ 주관적 또는 질적방법에 대한 설명이다.

13 ②
- ① 정책혁신은 관련 정책이나 활동이 없었고 이를 담당하는 조직이나 예산도 없는 상태에서, 기존 정책수단에 없는 새로운 정책을 만드는 것이다.
- ③ 정책종결은 정책문제가 소멸되거나 정책목표 달성이 불가능할 경우 정책 자체를 완전히 폐지하고 이를 대체할 다른 정책을 마련하지 않는 것을 말한다.
- ④ 부분종결은 정책의 일부를 유지하면서 다른 일부를 폐지하는 것으로 정책유지와 종결이 배합된 경우로 볼 수 있다.

14 ③
전보나 전직의 범위가 매우 좁게 설정되어 있어 인적자원의 전문성 향상에 기여한다.

15 ①
소극적 대표성은 사회 전체의 인구통계학적 특성을 반영해 정부관료제를 구성하는 것이다. 적극적 대표성은 관료들은 누구나 자신의 사회적 배경의 가치나 이익을 정책과정에 반영시키려고 노력한다는 것이다.

16

근무성적평정 방법에 대한 설명으로 옳은 것은 모두 몇 개인가?

> 가. 도표식 평정척도법은 평정요소와 등급의 추상성이 높아 평정자의 자의적 해석에 의한 평가가 이루어지기 쉽다.
> 나. 강제배분법은 피평정자들의 성적이 정규분포를 이루도록 하는 데 목적이 있다.
> 다. 행태기준 평정척도법은 특정 행태가 관찰되는 행태유형의 빈도수를 중심으로 평가하는 방법이다.
> 라. 중요사건기록법은 피평정자의 태도와 직무수행 개선 등 행태변화를 도모하는 데 유용하다.

① 1개　② 2개
③ 3개　④ 4개

17

「국가공무원법」상 공무원 인사규정에 대한 설명으로 가장 옳은 것은?

① 강임은 직제 또는 정원의 변경이나 예산의 감소 등으로 직위가 폐직되거나 하위의 직위로 변경되어 과원이 된 경우 또는 본인이 동의한 경우 가능하다.
② 강등은 1계급 아래로 직급을 내리고 공무원 신분은 보유하나 1개월간 직무에 종사하지 못하며 그 기간 중 보수는 전액을 감한다.
③ 감봉은 1개월 이상 3개월 이하의 기간 동안 보수의 3분의 2를 감한다.
④ 정직은 1개월 이상 3개월 이하의 기간으로 하고, 그 기간 중 공무원의 신분은 보유하나 직무에 종사하지 못하며 보수의 3분의 1을 감한다.

18

공무원 교육훈련 방법에 대한 설명으로 가장 옳지 않은 것은?

① 인턴십(internship)은 피훈련자에게 조직의 전반적인 구조, 문화, 과정에 대한 이해와 함께 간단한 업무를 경험할 수 있는 기회를 부여한다.
② 실무지도(coaching)는 일상적으로 직무를 수행하면서 선임자나 상사가 신규직원이나 후임자를 지도한다.
③ 사례연구(case study)는 실제 조직에서 경험한 사례 혹은 가상의 시나리오에 대한 연구를 통해 문제해결능력 배양을 도모한다.
④ 액션러닝(action learning)은 피훈련자에게 특정 역할이 주어지고, 그 역할에 따른 책임과 대처능력을 피훈련자가 연기함으로써 학습한다.

19

우리나라 공무원에 대한 설명으로 가장 옳지 않은 것은?

① 경력직 공무원은 실적과 자격에 따라 임용되며 그 신분이 보장된다.
② 전문경력관은 정무직 공무원 중 특수 업무 분야에 종사하는 공무원이다.
③ 시간선택제채용공무원은 주당 15시간 이상 35시간 이하의 범위에서 근무한다.
④ 일반임기제공무원은 직제 등 법령에 규정된 경력직 공무원의 정원에 해당하는 직위에 임용된다.

정답 및 해설

16 ③
- 옳은 내용: 가, 나, 라
- 다: 행태관찰척도법에 대한 설명이다. 행태기준 평정척도법은 선정된 주요 과업 분야에 대해서 가장 이상적인 과업수행 행태에서부터 가장 바람직하지 못한 과업수행 행태까지를 몇 개의 등급으로 구분하고, 등급마다 중요 행태를 명확하게 기술하고 점수를 할당하는 방법으로 도표식 평정척도법에 중요사건기록법을 가미하였다.

17 ①
- ② 강등은 1계급 아래로 직급을 내리고 공무원 신분은 보유하나 3개월간 직무에 종사하지 못하며 그 기간 중 보수는 전액을 감한다.
- ③ 감봉은 1개월 이상 3개월 이하의 기간 동안 보수의 3분의 1을 감한다.
- ④ 정직은 1개월 이상 3개월 이하의 기간으로 하고, 그 기간 중 공무원의 신분은 보유하나 직무에 종사하지 못하며 전액을 감한다.

18 ④
역할연기(role playing)에 대한 설명이다. 액션러닝(action learning)은 소규모로 구성된 그룹이 실질적인 업무현장의 문제를 해결해 내고 그 과정에서 성찰을 통해 학습하도록 하는 행동학습(learning by doing) 교육훈련으로서, 주로 관리자훈련에 사용하며 미국 GE, 삼성 등 국내 대기업도 도입하였다.

19 ②
전문경력관은 일반직 공무원 중 특수 업무 분야에 종사하는 공무원이다.

20

쓰레기통 모형에서 조직화된 무정부 상태(organized anarchy)의 특성에 해당하지 않는 것은?

① 불명확한 기술(unclear technology)
② 문제성 있는 선호(problematic preferences)
③ 유동적 참여자(fluid participants)
④ 선택기회(choice opportunity)

21

동기부여이론에 대한 설명으로 가장 옳지 않은 것은?

① 허즈버그(Herzberg)의 2요인 이론에 의하면 동기요인이 존재하지 않는다고 하더라도 이것이 불만족을 일으키지 않는다.
② 맥클리랜드(McClelland)의 성취동기이론에 의하면 세가지 욕구 중에서 조직의 생산성에 가장 중요한 영향을 미칠 수 있는 욕구는 권력욕구이다.
③ 로크(Locke)의 목표설정이론에 의하면 목표설정이론은 구체적이고 어려운 목표의 설정과 목표성취도에 대한 환류를 강조한다.
④ 브룸(Vroom)의 기대이론은 자신이 어떤 특정 수준의 성과를 달성하면 보상이 주어질 것이라 믿는 정도를 수단성(instrumentality)이라 한다.

22

퀸(Quinn)의 경쟁가치모형에 대한 설명으로 가장 옳지 않은 것은?

① 내부지향-외부지향 차원과 통제-안정 차원을 기준으로 조직문화를 구분하였다.
② 과업지향문화(합리문화)에서 조직의 업무구조는 통제를 강조하고 조직은 외부를 지향한다.
③ 관계지향문화(집단문화)는 인적자원의 중요성과 개발을 강조한다.
④ 혁신지향문화(발전문화)는 구성원들의 도전과 창의성을 강조한다.

23

토마스(Thomas)의 갈등해결 전략에 대한 설명으로 가장 옳지 않은 것은?

① 경쟁(competing)은 신속하고 결단력이 필요한 경우 효과적이다.
② 회피(avoiding)는 자신이 원하는 것을 포기하고 상대방이 원하는 것이 충족되는 경우를 말한다.
③ 협동(collaborating)은 갈등 쌍방의 관심사가 각자에게 너무 중요하여 절충할 수 없을 때 효과적이다.
④ 타협(compromising)은 자신과 상대방이 다 같이 양보하여 서로의 관심사를 부분적으로 충족하는 방식이다.

정답 및 해설

20 ④
- 불명확한 기술 : 목표와 수단 사이에 존재하는 인과관계가 명확하지 않아 조직은 시행착오를 거침으로써 이를 파악한다.
- 문제성 있는 선호 : 정책결정에 참여하는 자들 간에 무엇을 선택하는 것이 바람직한 지에 대한 합의가 없다.
- 수시적 참여자 : 동일한 개인이 시간의 변화에 따라 어떤 경우에는 결정에 참여했다가 어떤 경우에는 참여하지 않는다.

21 ②
맥클리랜드(McClelland)의 성취동기이론에 의하면 사회문화적으로 학습된 욕구들을 성취욕구, 권력욕구, 친교욕구로 분류하였다. 성취욕구는 행운을 바라는 대신 우수한 결과를 얻기 위해 높은 기준을 설정하고 이를 달성하려는 욕구로, 맥클리랜드는 성취욕구가 높을수록 생산성이 높아진다고 주장하였다.

22 ①
통제-유동성 차원을 기준으로 조직문화를 구분하였다.

초점 \ 구조	안정성(통제)	유연성(유동성)
내부	내부과정모형 • 목표 : 안정성과 균형 • 수단 : 정보관리와 의사소통 • 위계지향문화(위계문화)	인간관계모형 • 목표 : 인적자원 개발 • 수단 : 응집성, 사기 및 훈련 • 관계지향문화(집단문화)
외부	합리적 목표모형 • 목표 : 생산성과 능률성, 수익성 • 수단 : 계획과 목표 설정 • 과업지향문화(합리문화)	개방체제모형 • 목표 : 성장과 자원확보 • 수단 : 외부평가 • 혁신지향문화(발전문화) ※ 창업단계에 적합

23 ②
순응(accommodation)에 대한 설명이다.

토마스(Thomas)의 갈등해소 방안

구분	내용
회피	자신의 이익이나 상대방의 이익 모두에 무관심
경쟁	상대방의 이익을 희생해 자신의 이익을 추구
순응	자신의 이익을 희생하면서 상대방의 이익을 만족
협동	자신과 상대방의 이익을 모두 만족
타협	자신과 상대방의 이익을 중간 정도 만족

24

리더십이론에 대한 설명으로 옳은 것은 모두 몇 개인가?

> 가. 블레이크(Blake)와 머튼(Mouton)의 관리격자 모형에 따르면 인간에 대한 관심과 생산(과업)에 대한 관심이 높은 단합형(team management) 리더십이 가장 효과적이다.
> 나. 피들러(Fiedler)의 상황적응적 리더십이론에 따르면 상황적 유리성(favorableness)이 매우 낮은 경우에는 과업지향형 리더십이 인관관계지향형 리더십보다 효과적이다.
> 다. 허시(Hersey)와 블랜차드(Blanchard)의 상황적리더십이론에 따르면 부하의 성숙도(maturity)가 매우 높은 상황에는 지시형 리더십이 가장 효과적이다.
> 라. 하우스(House)의 경로-목표이론에 따르면 리더는 부하가 원하는 보상을 획득할 수 있는 경로를 명확하게 함으로써 부하의 성과를 향상시킬 수 있다고 전제한다.

① 1개 ② 2개
③ 3개 ④ 4개

25

조직구조의 일반적인 특성에 대한 설명으로 가장 옳지 않은 것은?

① 공간적 분화는 조직의 종적인 분화로서 책임과 권한의 계층적 분화를 말한다.
② 공식화의 정도가 높을수록 업무는 표준화되고 조직구성원들의 재량권은 줄어든다.
③ 조직이 수행하는 업무의 세분화 정도가 높을수록 수평적 분화의 정도가 높은 조직이라 할 수 있다.
④ 의사결정 권한이 조직의 상층부에 집중되어 있을수록 집권성이 높은 조직이라 할 수 있다.

26

거래비용 이론에 대한 설명으로 가장 옳지 않은 것은?

① 거대한 위계적 조직이 발생하는 이유를 설명하는 데 유용하다.
② 거래에 수반되는 불확실성이 낮고, 거래 대상의 자산전속성(asset specificity)이 낮을수록 거래비용이 커진다.
③ 시장에서의 거래비용이 내부조직화 비용보다 작으면 거래를 외부화시키는 것이 효율적이다.
④ 기회주의는 거래비용을 발생시키는 요인 중 인간적 요인에 해당한다.

27

조직이론에 대한 설명으로 가장 옳지 않은 것은?

① 자원의존이론은 외부환경에 의해서 조직구조가 결정된다는 환경결정론적 입장을 취하고 있다.
② 과학적 관리론은 생산량 최적화를 위한 유일최선의 작업방법이 있다고 가정한다.
③ 조직군 생태론은 조직의 생성과 사멸의 원인을 환경에 대한 조직의 적합도에서 찾는다.
④ 인간관계론은 개인의 행태나 직무수행에 영향을 미치는 비공식 집단의 중요성을 강조하였다.

28

주민참여예산제도에 대한 설명으로 가장 옳지 않은 것은?

① 지방자치단체의 예산편성 과정에 주민이 참여하는 제도이다.
② 참여예산제는 결과적 측면보다는 과정적 측면의 이념을 지향한다.
③ 「지방재정법」에 당연규정이 아닌 임의규정으로 근거조항이 마련되어 있다.
④ 주민참여예산기구의 구성·운영과 그 밖에 필요한 사항은 해당 지방자치단체의 조례로 정한다.

정답 및 해설

24 ③
- 옳은 내용: 가, 나, 라
- 다: 부하의 성숙도(maturity)가 매우 높은 상황에는 위임형 리더십이 가장 효과적이다.
  - 성숙도가 낮을 때: 지시, 성숙도가 높을 때: 위임
  - 성숙도가 보통일 때: 설득, 참여

25 ①
수직적 분화는 조직의 종적인 분화로서 책임과 권한의 계층적 분화를 말한다. 공간적(장소적) 분화는 조직의 구성원과 물리적인 시설이 지역적으로 분산되어 있는 정도를 의미한다.

26 ②
거래에 수반되는 불확실성이 낮고, 거래 대상의 자산전속성(asset specificity)이 낮을수록 거래비용이 낮아진다.

27 ①
자원의존이론은 임의론적 입장을 취하고 있다.

자원의존이론의 전제

> - 조직은 자원을 획득하는 데 그 환경에 의존한다.
> - 조직과 환경과의 관계에서 조직의 전략적 선택을 중시한다.
> - 조직은 능동적으로 환경에 영향을 미치려고 한다.

28 ③
주민참여예산제도는 당연규정이다.
※ 지방재정법 제39조(지방예산 편성 등 예산과정의 주민 참여) 제1조: 지방자치단체의 장은 대통령령으로 정하는 바에 따라 지방예산 편성 등 예산과정(「지방자치법」 제47조에 따른 지방의회의 의결사항은 제외한다. 이하 이 조에서 같다)에 주민이 참여할 수 있는 제도(이하 이 조에서 "주민참여예산제도"라 한다)를 마련하여 시행하여야 한다.

29

우리나라 예산과 법률을 비교한 설명으로 가장 옳지 않은 것은?

① 대통령은 국회가 의결한 법률안에 대해 재의요구권을 갖지만, 국회가 의결한 예산에 대해서는 재의 요구를 할 수 없다.
② 법률안과 달리 예산안은 정부만이 편성하여 제출할 수 있다.
③ 국회는 발의·제출된 법률안을 수정·보완할 수 있지만, 제출된 예산안을 정부의 동의 없이 증액할 수는 없다.
④ 의결된 법률과 예산이 대외적인 효력을 인정받기 위해서는 법률안과 예산안 모두 공포 절차를 거쳐야 한다.

30

다음 중 예산집행의 신축성을 보장하기 위한 제도에 대한 설명으로 가장 옳지 않은 것은?

① 예산의 이용과 전용은 예산집행의 신축성 확보를 위한 것으로 예산 한정성 원칙의 예외사항이다.
② 국고채무부담행위는 국가가 다음 연도에 부담해야 할 채무부담을 인정하는 것으로 실제 지출 권한까지 부여한 것이다.
③ 예비비는 정부가 예측할 수 없는 예산 외의 지출 또는 예산초과지출을 충당하기 위한 것으로 일반회계 예산총액의 100분의 1 이내의 금액을 세입세출예산에 계상할 수 있다.
④ 정부조직 등에 관한 법령의 개정으로 인해 중앙관서의 직무와 권한에 변동이 있을 때 그 중앙관서의 장의 요구에 따라 그 예산을 이체할 수 있다.

31

점증주의 예산이론에 대한 설명으로 가장 옳지 않은 것은?

① 인간의 능력 부족과 환경의 불확실성에 기초한 제한된 합리성을 전제한다.
② 예산은 여러 기관과 단계를 거쳐 결정되는데, 이 과정에서 이해당사자들의 협상과 적응의 상호 조절 과정을 거친다고 주장한다.
③ 정치환경이 가변적이고 사회적 불안정이 지속되는 국가의 예산결정을 설명하기 위한 이론으로는 적합하지 않다.
④ 기존 사업에 대한 당위적 예산 배분을 제어할 수 있다는 점에서 유용하다.

32

제출시기에 따른 예산에 대한 설명으로 가장 옳지 않은 것은?

① 본예산은 다음 연도의 예산을 미리 추정하여 편성한 것으로, 행정부가 입법부에 제출한 시점의 예산을 의미한다.
② 정부가 예산안을 국회에 제출한 이후 부득이한 사유로 인해 그 내용의 일부를 변경하고자 하는 때에는 수정예산안을 국회에 다시 제출할 수 있다.
③ 이미 확정된 예산을 변경할 필요가 있는 경우, 행정부는 추가경정예산을 편성해 국회에 제출할 수 있다.
④ 정부는 추가경정예산안이 국회에서 확정되기 전에 이를 미리 배정하거나 집행할 수 있다.

정답 및 해설

29 ④
예산안은 별도의 공포 절차 없이 국회에서 심의·확정한다.

30 ②
국고채무부담행위는 국가가 다음 연도에 부담해야 할 채무부담을 인정하는 것으로 실제 지출 권한까지 부여하는 것은 아니다. 즉, 실제 지출 권한은 예산으로 성립하여야 한다. 반면에 계속비는 지출 권한이 부여된다.

31 ④
점증주의는 기존 사업에 대한 당위적 예산 배분을 제어하기 어렵다.

32 ④
정부는 추가경정예산안이 국회에서 확정되기 전에 이를 미리 배정하거나 집행할 수 없다.

33

우리나라의 예산제도상 특징에 대한 설명으로 가장 옳지 않은 것은?

① 조세의 종목과 세율을 법률로 정하도록 하는 조세법률주의를 채택하고 있다.
② 「국가재정법」에 명시된 예산안 의결 시한과 「헌법」상 예산불성립의 시점은 동일하다.
③ 정부는 감사원의 세출예산요구액을 감액하고자 할 때에는 국무회의에서 감사원장의 의견을 들어야 한다.
④ 우리나라의 예산은 행정부가 제출하고 국회가 심의·의결하지만, 미국과 달리 예산법률주의를 채택하고 있지는 않다.

34

계획예산제도(PPBS)와 영기준 예산제도(ZBB)에 대한 설명으로 가장 옳지 않은 것은?

① PPBS는 점증주의적 예산편성 방식을 반영해 계획과 예산을 통합적 개념으로 이해하려는 예산제도이다.
② ZBB는 모든 사업에 대한 근본적인 재평가를 통해 예산을 편성함으로써 예산의 효율성을 도모한다.
③ PPBS는 수립된 계획에 대한 상황 변화적 대응이 적시에 이루어지지 못할 경우 예산 배분의 합리성이 저해될 수 있다.
④ ZBB는 PPBS에 비해 분권적·상향적 의사결정 방식을 취한다.

35

티부(Tiebout)모형의 가정으로 가장 옳지 않은 것은?

① 규모의 경제효과가 존재하며, 주민들은 지방정부 간 공공재 생산에 소요되는 단위당 비용 차이를 완전히 알고 있다.
② 지방정부의 공공서비스로 인한 외부효과가 존재하지 않는다.
③ 고용기회와 관련된 제약조건은 거주지 의사결정에 왜곡을 초래할 수 있으므로 고려하지 않아야 한다.
④ 개인은 자신의 선호에 따라 다른 지역으로 자유롭게 이주할 수 있다.

36

사회자본(social capital)에 대한 설명으로 옳은 것은 모두 몇 개인가?

> 가. 신뢰, 공동체의식, 호혜성, 사회적 연계망 등을 주요 구성요소로 한다.
> 나. 구성원 사이의 신뢰를 바탕으로 거래비용을 감소시킬 수 있으며, 공동이익을 위한 상호 조정과 협력을 촉진할 수 있다.
> 다. 상호 호혜적 행동을 통해 집단 내 사회자본 수준을 단기간에 증대시킬 수 있다.
> 라. 집단결속으로 인해 다른 집단과의 관계에 있어서 부정적 효과를 나타낼 수도 있다.

① 1개 ② 2개
③ 3개 ④ 4개

정답 및 해설

33 ②
「국가재정법」에 예산안 의결 시한이 명시되어 있지 않고, 「헌법」상 예산불성립의 시점은 '새로운 회계연도가 개시될 때'(즉 1월 1일)라고 명시되어 있다.

34 ①
PPBS는 <u>총체주의적</u> 예산편성 방식을 반영해 계획과 예산을 통합적 개념으로 이해하려는 예산제도이다.

35 ①
티부모형의 가정

> 1. 주민들은 언제나 자유롭게 다른 지역으로 이동할 수 있다.
> 2. 주민들은 완전한 정보를 알고 있다.
> 3. 충분히 많은 이질적인 지방정부가 존재한다.
> 4. 지방공공서비스는 외부효과가 존재하지 않는다.
> 5. 주민은 배당수입을 통해 생활한다.
> 6. 지방정부재의 재원은 국가의 지원 없이 주민들의 재산세로 충당한다.
> 7. <u>규모의 경제는 존재하지 않는다.</u>
> 8. 각 지방정부별 인구의 최적규모를 추구한다.
> 9. 각 지방정부별 고정적 생산요소가 존재한다.

36 ③
- 옳은 내용: 가, 나, 라
- 다: 사회자본 수준을 단기간에 <u>증대시키기 어렵다.</u>

37

지방재정조정제도에 대한 설명으로 가장 옳지 않은 것은?

① 국가와 지방자치단체 간의 수직적 재정불균형을 시정하려는 목적이 있다.
② 지방교부세와 국고보조금은 지방자치단체의 자체수입이 아닌 중앙정부로부터 지원되는 의존재원이라는 공통점이 있다.
③ 보통교부세는 사용 목적과 용도가 정해져 있지 않은 일반재원의 성격을 가진다.
④ 지방교부세 대비 국고보조금의 비중 증가는 지방재정의 자율성을 강화한다.

38

「지방자치법」상 특별지방자치단체에 대한 설명으로 옳은 것을 모두 고른 것은?

가. 2개 이상의 지방자치단체가 공동으로 특정한 목적을 위하여 광역적으로 사무를 처리할 필요가 있을 때에는 특별지방자치단체를 설치할 수 있다.
나. 특별지방자치단체를 구성하는 지방의회의원은 특별지방자치단체의 의회 의원을 겸할 수 없다.
다. 특별지방자치단체의 장은 규약으로 정하는 바에 따라 특별지방자치단체의 의회에서 선출한다.

① 가, 나　　② 가, 다
③ 나, 다　　④ 가, 나, 다

39

기관위임사무에 대한 설명으로 가장 옳지 않은 것은?

① 법령에 의해 해당 지방자치단체에 위임된 사무로서 전국적 이해관계를 가지는 통일적 사무들이다.
② 기관위임사무에 드는 소요 경비는 원칙적으로 국가가 부담해야 한다.
③ 지방의회는 국회와 상급 자치단체가 직접 감사하기로 한 기관위임사무 외에는 감사 가능하다.
④ 단체위임사무에 비해 기관위임사무에 대한 상급기관의 감독은 더 광범위하다.

40

아른스타인(Arnstein)의 주민참여 8단계론에 대한 설명으로 가장 옳지 않은 것은?

① 주민참여 결과로 나타나는 영향력의 크기에 따라 주민참여를 8단계로 제시한다.
② 주민참여의 형태를 비참여, 형식적 참여, 실질적 참여의 3가지 범주로 구분한다.
③ 정보제공단계(informing)는 지방정부가 지역주민에게 정보를 일방적으로 제공하는 단계로서, 계도단계(manipulation) 및 교정단계(therapy)와 더불어 비참여의 범주에 속한다.
④ 주민통제단계(citizen control)는 주민이 지방정부의 진정한 주인으로 모든 결정을 주도하는 단계로서, 현실에 존재하기 어렵다.

정답 및 해설

37 ④
국고보조금으로 인하여 지방자치단체의 행정이 중앙정부의 관리감독하에 놓이게 됨으로써 지방자치단체의 자유로운 활동이 저해된다.

38 ②
- 지방자치법 제204조(의회의 조직 등)
  - 제1항: 특별지방자치단체의 의회는 규약으로 정하는 바에 따라 구성 지방자치단체의 의회 의원으로 구성한다.
  - 제2항: 제1항의 지방의회의원은 특별지방자치단체의 의회 의원을 겸할 수 있다.

39 ①
법령에 의해 해당 지방자치단체의 장에게 위임된 사무로서 전국적 이해관계를 가지는 통일적 사무들이다.

40 ③
정보제공단계는 형식적 참여에 해당한다.

아른슈타인이 분류한 주민참여

1. 비참여: 조작(Manipulation) < 임시치료(교정, Therapy)
2. 형식적 참여: 정보제공(Informing) < 상담(Consultation) < 회유(유화, Placation)
3. 주민권력적 참여: 대등협력(Partnership) < 권한위임(Delegated power) < 자주관리(Citizen control)

03 2022. 7. 30. 경찰간부 기출문제

01

행정에 대한 설명으로 가장 옳은 것은?

① 행정은 넓은 의미로 공공단체, 기업체, 민간단체를 포함한 모든 조직에서 보편적으로 나타나는 활동이다.
② 공·사행정이원론에서는 행정과 경영의 유사점과 함께 효율적 관리를 강조한다.
③ 윌슨(Wilson)은 「행정연구(The Study of Administration, 1887)」에서 정치와 행정의 통합을 주장한다.
④ 정치·행정이원론은 행정에 내포되어 있는 정치적인 기능을 강조한다.

02

행정가치에 대한 설명으로 가장 옳은 것은?

① 공익에 대해 과정설에서는 사익을 초월한 별도의 공익이 존재하며, 집단 간 상호작용을 통해 도출된다고 인식한다.
② 롤스(Rawls)에 따르면 무지의 베일에 가려진 원초적 상태에서 합리적 인간은 최대극소화(minimax) 원리에 따라 의사결정을 한다.
③ 사회적 능률성(social efficiency)은 디목(Dimock)이 제시한 개념으로 인간관계론의 등장과 함께 강조된다.
④ 효과성(effectiveness)은 투입 대비 산출의 비율을 의미하는 것으로 조직 내부적 관계가 강조된다.

03

행정학 관련 학자에 대한 설명으로 가장 옳지 않은 것은?

① 굿노(Goodnow)는 정치는 국가의지의 표현이며, 행정은 이를 실천하는 것으로 정치와 행정의 차이를 명확히 구별했다.
② 테일러(Taylor)는 시간과 동작에 관한 연구를 통해 최고관리자의 기능으로 POSDCoRB를 제시했다.
③ 애플비(Appleby)는 정치와 행정의 관계는 연속·순환적이어서 양자를 구별하는 것이 부적절하다고 주장했다.
④ 메이요(Mayo)는 호손실험을 통해 생산성 향상에 비공식적 집단이 중요하다는 것을 발견했다.

04

시장실패와 그에 대한 대응으로 가장 옳지 않은 것은?

① 비배제성과 비경합성을 지닌 공공재로 인해 무임승차 현상이 발생할 수 있고, 이에 대응하기 위해 공적 공급이 필요하다.
② 외부불경제의 경우 정부의 개입 없이 과소공급되므로 정부는 보조금을 비롯한 공적 유도가 필요하다.
③ 정보의 비대칭성은 도덕적 해이를 유발할 수 있고, 이에 대응하기 위해 공적 유도나 정부규제가 필요하다.
④ 규모의 경제가 적용될 때 자연독점이 발생할 수 있고, 이에 대응하기 위해 공적 공급이나 정부규제가 필요하다.

정답 및 해설

01 ①
- ② 공·사행정일원론에서는 행정과 경영의 유사점과 함께 효율적 관리를 강조한다.
- ③ 윌슨(Wilson)은 「행정연구(The Study of Administration, 1887)」에서 행정은 비즈니스 영역으로, 정치와 행정의 분리를 주장하였다.
- ④ 정치·행정일원론은 행정에 내포되어 있는 정치적인 기능을 강조한다.

02 ③
- ① 공익에 대해 실체설에서는 사익을 초월한 별도의 공익이 존재한다고 본다.
- ② 롤스(Rawls)에 따르면 무지의 베일에 가려진 원초적 상태에서 합리적 인간은 최소극대화(maximin) 원리에 따라 의사결정을 한다.
- ④ 능률성(efficiency)은 투입 대비 산출의 비율을 의미하는 것으로 조직 내부적 관계가 강조된다. 효과성(effectiveness)은 목표달성도를 의미한다.

03 ②
테일러(Taylor)는 시간과 동작에 관한 연구를 하였지만, 최고관리자의 기능으로 POSDCoRB를 제시한 것은 귤릭(Gulick)이다.

04 ②
외부경제의 경우 정부의 개입 없이 과소공급되므로 정부는 보조금을 비롯한 공적 유도가 필요하다. 외부불경제의 경우 정부의 규제가 필요하다.

05

정책과정 참여자 중 비공식적 참여자만 모두 나열한 것은?

① 정당, 이익집단, 언론, 전문가집단
② 국회, 정당, 전문가집단, 지방정부
③ 정당, 이익집단, 전문가집단, 사법부
④ 대통령, 이익집단, 언론, 전문가집단

06

정부규제에 대한 설명으로 옳은 것은 모두 몇 개인가?

가. 윌슨(Wilson)은 규제로 인한 비용은 분산되고 편익은 집중되는 상황을 이익집단정치로 분류하고, 여기에서 포획현상이 강하게 나타난다고 하였다.
나. 포지티브 규제는 '원칙 금지', '예외 허용'의 형태로 명시적으로 허용하는 것 외에는 모든 것을 금지하는 방식이다.
다. 관리규제는 정부가 특정한 사회문제 해결에 대한 목표 달성 수준을 정하고, 피규제자에게 이를 달성할 수단과 방법에 대해 자율성을 부여하는 방식이다.
라. 우리나라에서는 정부의 규제정책을 심의·조정하고 규제의 심사·정비 등에 관한 사항을 종합적으로 추진하기 위해 대통령 소속으로 규제개혁위원회를 두고 있다.
마. 「행정규제기본법」에 따르면 규제의 존속기한을 규제목적을 달성하기 위해 필요한 최소한의 기간 내에서 설정하도록 하고 있으며, 그 기간은 원칙적으로 3년을 초과할 수 없다.

① 1개　② 2개
③ 3개　④ 4개

07

공공선택이론의 주요 내용으로 가장 옳은 것은?

① 뷰캐넌과 털럭(Buchanan & Tullock)은 참여자 수가 많을수록 외부비용이 증가함에 따라 총비용도 증가하므로 적정 참여자 수를 강조한다.
② 티부(Tiebout)는 '발에 의한 투표'가 공공재 공급과정에서 중앙정부의 독점적 역할을 강화시킨다고 주장한다.
③ 니스카넨(Niskanen)은 관료가 총편익과 총비용의 차이인 순편익이 최대가 되는 수준에서 공공서비스를 공급한다고 주장한다.
④ 던리비(Dunleavy)는 예산의 성격과 기관유형 등에 따라 고위관료들이 예산극대화 행동에 소극적일 수 있다고 주장한다.

08

신공공관리론과 뉴거버넌스에 대한 설명으로 가장 옳은 것은?

① 신공공관리는 정부를 노젓기의 중심에 놓는 반면, 뉴거버넌스는 정부와 시장, 시민사회의 평등관계를 강조한다.
② 신공공관리는 경쟁과 선택을 중시하는 반면, 뉴거버넌스는 네트워크나 협력을 강조한다.
③ 신공공관리는 과정에 초점을 맞추는 반면, 뉴거버넌스는 결과에 초점을 둔다.
④ 신공공관리는 관료를 조정자로 보는 반면, 뉴거버넌스는 관료를 공공기업가로 본다.

정답 및 해설

05 ①
- 공식적 참여자 : 지방정부, 사법부, 대통령, 국회
- 비공식적 참여자 : 정당, 이익집단, 언론, 전문가집단

06 ②
- 옳은 것은 나, 라 2개이다.
- 가. 윌슨(Wilson)은 규제로 인한 비용은 분산되고 편익은 집중되는 상황을 고객정치로 분류하였다. 이익집단정치는 비용과 편익이 둘 다 집중되는 상황이다.
- 다. 성과규제는 정부가 특정한 사회문제 해결에 대한 목표 달성 수준을 정하고, 피규제자에게 이를 달성할 수단과 방법에 대해 자율성을 부여하는 방식이다.
- 마. 「행정규제기본법」에 따르면 규제의 존속기한을 규제목적을 달성하기 위해 필요한 최소한의 기간 내에서 설정하도록 하고 있으며, 그 기간은 원칙적으로 5년을 초과할 수 없다.

07 ④
- ① 뷰캐넌과 털럭(Buchanan & Tullock)은 참여자 수가 많을수록 내부비용이 증가함에 따라 총비용이 증가하고, 참여자 수가 너무 적을 경우 외부비용이 증가하므로 적정 참여자 수를 강조한다.
- ② 티부(Tiebout)는 '발에 의한 투표'가 공공재 공급과정에서 지방정부의 역할을 강화시킨다고 주장한다.
- ③ 니스카넨(Niskanen)은 관료가 총편익과 총비용이 동일한 순편익이 '0'이 되는 수준에서 공공서비스를 공급한다고 주장한다.

08 ②
- ① 신공공관리론과 뉴거버넌스론에서 정부의 역할은 방향잡기이다.
- ③ 신공공관리는 결과에 초점을 맞추는 반면, 뉴거버넌스는 과정에 초점을 둔다.
- ④ 신공공관리는 관료를 공공기업가로 보는 반면, 뉴거버넌스는 관료를 조정자로 본다.

09

정책유형에 대한 설명으로 옳은 것을 모두 고른 것은?

가. 로위(Lowi)의 분배정책에서는 포크배럴(pork-barrel)이나 로그롤링(log-rolling) 현상이 나타난다.
나. 리플리와 플랭클린(Ripley & Franklin)의 보호적 규제정책은 분배정책과 규제정책의 성격을 동시에 지니고 있고, 진입규제가 이에 해당한다.
다. 알몬드와 파웰(Almond & Powell)의 상징정책은 정치체제에 대한 정당성과 신뢰성을 위한 정책으로 조세, 징병 등이 이에 해당한다.
라. 리플리와 플랭클린(Ripley & Franklin)의 재분배정책은 정책집행을 위한 안정적 절차화 가능성이 낮고 집행을 둘러싼 이데올로기 논쟁 강도는 높다.

① 가, 나　　② 가, 다
③ 가, 라　　④ 나, 다

10

미래예측기법에 대한 설명으로 연결이 옳은 것은?

가. 관련 사건의 발생 여부에 기초하여 미래 특정 사건의 발생 가능성에 대한 판단을 이끌어내는 분석기법
나. 즉흥적이고 자유로운 분위기에서 창의적 의견이나 독창적 아이디어를 만들어내는 집단토의기법
다. 전문적 지식과 경험을 가진 익명성이 보장된 사람들을 대상으로 반복적인 설문조사 과정을 통해 의견조정과 합의를 유도하는 기법

	가	나	다
①	델파이	브레인스토밍	교차영향분석
②	교차영향분석	브레인스토밍	델파이
③	브레인스토밍	델파이	교차영향분석
④	교차영향분석	델파이	브레인스토밍

11

정책결정모형에 대한 설명으로 옳은 것은 모두 몇 개인가?

가. 만족모형에서 정책담당자는 제한된 합리성으로 인해 모든 대안을 탐색하지 않고 몇 개의 대안만을 무작위적이고 순차적으로 탐색한다.
나. 혼합주사모형은 합리모형과 점증모형의 두 요소를 절충한 것으로 근본적 정책결정은 점증모형을, 부분적 정책결정은 합리모형을 따른다.
다. 쓰레기통모형은 조직화된 무질서 상태에서의 정책결정을 설명하며 정책결정 요소들이 우연히 만나 결정이 이루어진다고 본다.
라. 앨리슨(Allison)의 관료정치모형은 조직 하위 계층에 적용가능성이 높고, 앨리슨의 세 가지 모형은 실제 정책결정을 설명하는데 모두 부분적으로 적용될 수 있다.
마. 정책딜레마모형은 갈등집단들의 내부응집력이 약하고 집단 간 권력이 불균형적일 때 딜레마가 증폭된다고 본다.

① 1개　　② 2개
③ 3개　　④ 4개

정답 및 해설

09 ③
- 나. 리플리와 플랭클린(Ripley & Franklin)의 경쟁적 규제정책은 분배정책과 규제정책의 성격을 동시에 지니고 있고, 진입규제가 이에 해당한다. 보호적 규제정책은 소수자나 사회적 약자, 일반대중을 보호하기 위하여 개인이나 집단의 권리행사나 행동의 자유를 제한하는 정책으로, 대부분의 규제정책은 보호적 규제정책에 해당한다.
- 다. 알몬드와 파웰(Almond & Powell)의 상징정책은 정치체제에 대한 정당성과 신뢰성을 위한 정책으로 한글의 날 공휴일 지정, 광화문 복원, 월드컵 개최 등이 대표적인 예이다. 조세, 징병 등은 추출정책에 해당한다.

10 ②

11 ②
- 옳은 것은 가, 다 2개이다.
- 나. 혼합주사모형은 합리모형과 점증모형의 두 요소를 절충한 것으로 근본적 정책결정은 합리모형을, 부분적 정책결정은 점증모형을 따른다.
- 라. 앨리슨(Allison)의 관료정치모형은 조직 상위 계층에 적용가능성이 높고, 앨리슨의 세 가지 모형은 실제 정책결정을 설명하는데 모두 부분적으로 적용될 수 있다.
- 마. 정책딜레마모형은 갈등집단들의 내부응집력이 강하고 집단 간 권력이 동등할 때 딜레마가 증폭된다고 본다.

12

나카무라와 스몰우드(Nakamura & Smallwood)가 분류한 정책집행 유형 중 '재량적 실험가형'에 대한 설명으로 가장 옳은 것은?

① 전문성과 기술 등의 능력과 기업가 정신을 발휘하여 정책결정자의 권력을 장악하고 정책과정을 지배한다.
② 정책목표와 수단에 대해 정책결정자와 합의가 이루어지지 않은 상황에서 정책집행과정을 통해 정책목표와 수단에 대해 결정자와 협상한다.
③ 정책결정자가 구체적인 목표를 설정하지 못하는 상황에서 정책목표를 구체화하고 필요한 정책 수단을 선택하는 등 광범위하고도 구체적인 책임하에 정책을 집행한다.
④ 정책결정자가 정책목표와 대체적 방침을 정한 상황에서 목표의 집행에 필요한 폭넓은 재량권을 위임받아 정책을 집행한다.

13

정책평가의 타당성과 신뢰성에 대한 설명으로 가장 옳은 것은?

① 구성타당성은 실험에 있어서 인과적 추론의 정확성을 말하며 성숙효과가 있을 때 저해된다.
② 외적타당성은 실험결과의 일반화 수준으로 표본의 대표성이 높을 때 저해된다.
③ 내적타당성을 저해하는 모방효과는 실험 직전 극단적인 점수를 얻은 사람이 실험 진행과정에서 원래 성향으로 돌아가는 현상을 말한다.
④ 신뢰성은 동일한 측정도구를 반복 사용할 때 동일한 결과를 얻을 가능성으로 타당성의 필요조건이지만 충분조건은 아니다.

14

조직몰입에 대한 설명으로 가장 옳지 않은 것은?

① 조직몰입은 조직구성원이 소속조직 및 소속조직의 목표와 일체화되어 그 조직의 구성원으로 남기를 원하는 태도의 수준을 말한다.
② 태도적 조직몰입은 조직구성원이 조직의 목적과 가치를 동일화하여 내재화할 때 발생된다.
③ 행위적 조직몰입은 조직구성원이 도덕적인 또는 윤리적인 이유로 조직에 남는 행동을 의무로 생각하는 태도이다.
④ 타산적 조직몰입은 조직구성원이 조직으로부터 보상과 비용의 이해타산에 따라 조직에 몰입하게 되는 태도이다.

15

조직진단을 위한 환경분석 방법으로 가장 옳지 않은 것은?

① 스왓(SWOT) 분석
② 페스트(PEST) 분석
③ 스테퍼(STEPPER) 분석
④ 비용편익(B/C) 분석

정답 및 해설

12 ③
- ① 관료적 기업가형에 대한 설명이다.
- ② 협상형에 대한 설명이다.
- ④ 지시적 위임형에 대한 설명이다.

13 ④
- ① 내적타당성은 실험에 있어서 인과적 추론의 정확성을 말하며 성숙효과가 있을 때 저해된다. 구성타당성은 처리, 결과, 모집단 및 상황들에 대한 이론적 구성요소들이 성공적으로 조작된 정도를 말한다.
- ② 외적타당성은 실험결과의 일반화 수준으로 표본의 대표성이 낮을 때 저해된다.
- ③ 내적타당성을 저해하는 회귀효과는 실험 직전 극단적인 점수를 얻은 사람이 실험 진행과정에서 원래 성향으로 돌아가는 현상을 말한다. 모방효과는 통제집단의 구성원이 실험집단의 구성원과 접촉하면서 그들의 행동을 모방하는 현상을 말한다.

14 ③
- 조직몰입은 감정적 몰입(조직에 대한 감정적 애착)·연속적 몰입(조직 이탈시 발생하는 비용으로 인한 몰입)·규범적 몰입으로 구분(Mayer & Allen)되기도 하고, 타산적 몰입·행위적 몰입·태도적 몰입(Reichers)으로 구분되기도 한다.
- 규범적 조직몰입은 조직구성원이 도덕적인 또는 윤리적인 이유로 조직에 남는 행동을 의무로 생각하는 태도이다. 행위적 조직몰입은 조직에 투자된 매몰비용에 의한 구속적 상태의 몰입이다.

15 ④
- ④ 비용편익분석은 정책대안을 평가하기 위한 방법이다.
- ① SWOT 분석은 조직 내적 특성과 외부 환경의 조합에 따른 맞춤형 대응전략 수립을 위한 분석기법이다.
- ② 페스트(PEST) 분석은 정치, 경제, 사회, 기술(Political, Economic, Social and Technological analysis) 측면의 거시환경 분석기법이다.
- ③ 스테퍼(STEPPER) 분석은 미래예측을 위한 사회(Social), 기술(Technology), 환경(Environment), 정치(Politic), 인구(Population), 경제(Economy), 자원(Resource)에 대한 분석기법이다.

16

네트워크조직에 대한 설명으로 가장 옳지 않은 것은?

① 제품 및 서비스의 품질관리와 안정적 공급 확보가 용이하다.
② 정보통신기술을 활용해 시간·공간 제약이 완화된다.
③ 참여 주체의 기회주의 행위를 방지하기 위한 감시비용이 증가한다.
④ 조직 경계가 모호해 정체성이 약하고 응집력이 있는 조직문화를 가지기 어렵다.

17

책임운영기관제도에 대한 설명으로 가장 옳지 않은 것은?

① 「책임운영기관의 설치·운영에 관한 법률」에 근거해 1999년에 시범사업이 시행되었다.
② 책임운영기관에 대한 종합평가는 매년 기획재정부 장관이 평가단을 구성하여 지원한다.
③ 소속책임운영기관과 중앙책임운영기관으로 구분되며 중앙책임운영기관으로는 특허청이 유일하다.
④ 소속책임운영기관장의 임기는 5년의 범위에서 소속중앙행정기관의 장이 정하되, 최소한 2년 이상으로 하여야 하며 신분은 공무원이다.

18

셍게(Senge)가 제시한 학습조직의 구성 요소가 아닌 것은?

① 집단적 사고(collective thinking)
② 개인적 숙련(personal mastery)
③ 공유비전(shared vision)
④ 사고모형(mental model)

19

강화이론에 대한 설명으로 가장 적절하지 않은 것은?

① 스키너(Skinner)의 자극-반응의 심리학에서 발전된 동기부여 이론이다.
② 적극적 강화란 자극에 따른 반응 행동에 관해 제공되는 보상이나 기타 바람직한 결과를 말한다.
③ 회피는 바람직한 행동을 하게 될 경우 바람직하지 않은 결과를 제거하는 것이다.
④ 연속적 강화란 바람직한 행위에 대해 미리 계획된 일정한 간격으로 강화 요인을 제공하는 것을 말한다.

20

총체적 품질관리(TQM)에 대한 설명으로 가장 옳지 않은 것은?

① 신공공관리에 지대한 영향을 주었다.
② 목표관리제(MBO)의 목표설정은 외향적이나 총체적 품질관리의 목표설정은 내향적이다.
③ 품질 향상을 통한 고객만족을 최종 목표로 하기 때문에 공무원들의 행태를 고객 중심적으로 전환할 수 있다.
④ 업무수행 노력의 초점이 개인적 노력에 집단적 노력으로 옮아간다.

정답 및 해설

16 ①
네트워크 조직은 조정과 통제가 어려워 제품 및 서비스의 품질관리와 안정적 공급 확보가 어렵다.

17 ②
- ② 책임운영기관에 대한 종합평가는 매년 행정안전부장관이 평가단을 구성하여 지원한다.
  ※ 책임운영기관법 제51조(책임운영기관의 종합평가) 제2항 : 행정안전부장관은 대통령령으로 정하는 바에 따라 별도의 평가단을 구성하거나 지정하여 평가업무를 지원할 수 있다.
- ① 책임운영기관의 설치·운영에 관한 법률은 1999년 시행되었으나, 10개 책임운영기관에 대한 시범운영은 2000년 1월 1일부터 운영되었다(①도 복수정답 가능성 있음).

18 ①
집단적 사고가 아니라 집단적 학습이 옳은 표현이다.
➕ 셍게(senge)가 제시한 학습조직의 성립에 필요한 다섯 가지 수련

1. 개인적 숙련(personal mastery)
2. 사고모형(mental model)
3. 공유비전(shared vision)
4. 집단적 학습(collective learning)
5. 시스템 중심의 사고(systems thinking)

19 ④
고정간격 강화란 바람직한 행위에 대해 미리 계획된 일정한 간격으로 강화 요인을 제공하는 것을 말한다. 연속적 강화란 행동이 일어날 때마다 강화 요인을 제공하는 것을 말한다.

20 ②
목표관리제(MBO)의 목표설정은 내향적이나, 총체적 품질관리의 목표설정은 외향적이다.

21

공무원직장협의회 설립에 대한 설명으로 가장 옳지 않은 것은?

① 기관장이 4급 이상 공무원 및 이에 상당하는 공무원인 기관단위의 설립을 원칙으로 한다.
② 국가기관뿐만 아니라 지방자치단체 및 하부기관에 설립할 수 있다.
③ 기관단위로 설립하는 것을 원칙으로 하지만 하나의 기관에 복수의 협의회 설립이 가능하다.
④ 두 개 이상 기관단위에 걸쳐 하나의 협의회를 설립하거나, 협의회 간 연합협의회를 설립할 수 없다.

22

중앙인사행정기관에 대한 설명으로 가장 옳지 않은 것은?

① 2014년 세월호 침몰사고를 계기로 안전행정부의 인사기능을 분리하여 인사혁신처가 신설되었다.
② 인사혁신처는 비독립단독형 기관으로 입법부·행정부·사법부의 인사업무를 총괄한다.
③ 준사법 기능은 중앙징계위원회와 소청심사위원회에서 수행한다.
④ 국무총리 소속이며 처장은 인사청문회 대상이 아니다.

23

실적제에 대한 설명으로 가장 옳지 않은 것은?

① 공무원의 정치적 중립성을 포함한다.
② 미국에서는 1883년 펜들턴법(Pendleton Act)을 계기로 실적제가 확립되었다.
③ 공무원 인력의 탄력적 운용이 가능하다.
④ 공무원은 공개경쟁시험을 통해 능력과 자격에 따라 채용된다.

24

직무평가방법에 대한 설명으로 가장 옳지 않은 것은?

① 서열법은 직위의 등급 수를 미리 정하고 등급기준표를 활용한다.
② 점수법은 직무의 평가요소별 가중치를 부여하고 각 직무에 대하여 요소별로 점수를 매기는 방법이다.
③ 요소비교법은 대표 직위(key position)를 선정하여 대표 직위의 평가요소별 서열을 정하는 방법이다.
④ 분류법은 등급별로 책임도, 곤란성, 필요한 지식과 기술에 관한 기준을 고려하여 직무를 해당 등급에 배치하는 방법이다.

정답 및 해설

21 ③, ④(기존정답 : ③)

- ③ 공무원직장협의회의 설립·운영에 관한 법률 제2조 제2항 : 협의회는 기관 단위로 설립하되, 하나의 기관에는 하나의 협의회만을 설립할 수 있다.
- ④ 공무원직장협의회의 설립·운영에 관한 법률 제2조의2 제1항 : 협의회는 국가기관 또는 지방자치단체 내에 설립된 협의회를 대표하는 하나의 연합협의회를 설립할 수 있다.

※ 2022. 10. 27.부터 시행된 공무원직장협의회의 설립·운영에 관한 법률에 따라 연합협의회도 설립할 수 있다.

22 ②

국가공무원법 제6조에 따라 인사혁신처장, 국회사무총장, 법원행정처장, 헌법재판소사무처장, 중앙선거관리위원회사무총장이 우리나라의 중앙인사관장기관이다. 따라서 입법부, 사법부의 인사업무는 별도의 중앙인사관장기관이 관장한다.

23 ③

실적제는 능력, 자격, 기술 등 실적을 통해서 임용하는 방식으로, 공무원 인력의 탄력적 운용과는 직접적인 관련이 없다.

24 ①

분류법은 직위의 등급 수를 미리 정하고 등급기준표를 활용한다. 서열법은 직무기술서의 정보를 검토한 후 직무 상호 간에 직무 전체의 중요도를 종합적으로 비교하는 방법이다.

25

근무성적평정 오류에 대한 설명으로 가장 옳지 않은 것은?

① 중심화 경향(central tendency)은 평정자가 피평정자들에게 대부분 중간 수준의 점수를 주는 심리적 경향을 일컫는다.
② 후광 효과(halo effect)는 피평정자의 두드러진 특성이 다른 세부 특성을 평가하는 데에도 영향을 미치는 현상을 말한다.
③ 관대화 경향(leniency tendency)은 평정결과의 분포가 우수한 쪽으로 집중되는 경향을 말한다.
④ 초두 효과(primacy effect)는 피평정자의 근무성적평정기간에 가장 근접한 기간의 업무수행 실적일수록 평정에 더 크게 반영하는 오류를 말한다.

26

공무원 성과급제도에 대한 설명으로 가장 옳지 않은 것은?

① 국가공무원 6급(상당) 이하 및 모든 임기제 공무원은 성과상여금제 적용 대상이다.
② 국가공무원 5급(상당) 이상과 국립대학교 교원은 성과급적 연봉제 적용 대상이다.
③ 대통령과 국무총리는 고정급적 연봉제 적용 대상이다.
④ 고위공무원단은 직무성과급적 연봉제 적용 대상이다.

27

현행 공무원연금제도에 대한 설명으로 옳은 것만으로 모두 묶인 것은?

> 가. 법령에 특별한 사유가 없는 한 재직기간 20년 이상 공무원의 경우에만 65세가 되는 때부터 퇴직연금 수급이 가능하다.
> 나. 기여율은 기준소득월액의 9%이다.
> 다. 고액연금 수급 방지를 위한 기준소득월액 상한은 전체 공무원 기준소득월액 평균액의 180%이다.
> 라. 기금제와 기여제를 채택하고 있다.
> 마. 유족연금 적용률은 60%이다.
> 바. 연금지급률은 재직기간 1년당 평균기준소득월액의 1.9%이다.

① 가, 다, 마 ② 나, 라, 마
③ 나, 라, 바 ④ 다, 라, 마

28

예산과정에 대한 설명으로 가장 옳지 않은 것은?

① 예산과정은 어느 한 시점(t)을 놓고 보면 t+1년의 예산을 편성하고, t년의 예산을 집행하고, t-1년의 예산을 결산하는 것이다.
② 예산결산특별위원회의 종합심사가 완료된 예산안은 국회 본회의에 상정되어 정책질의와 찬반투표를 거쳐 회계연도 개시 30일 전에 의결해야 한다.
③ 국회에서 예산안이 통과되어 각 부처에 이미 배정된 예산이라 할지라도 경기과열, 임금인상, 세입부족 등의 상황에서는 예산지출을 지연시킬 수 있다.
④ 국회는 회계기록의 회계검사와 결산보고서의 심의·의결을 통해 행정부의 예산집행이 예산안에 반영된 입법부의 의도를 충실히 따랐는지를 확인한다.

정답 및 해설

25 ④
근접 효과(recency effect)는 피평정자의 근무성적평정기간에 가장 근접한 기간의 업무수행 실적일수록 평정에 더 크게 반영하는 오류를 말한다. 초두 효과[첫머리 효과(primacy effect)]는 근무평가대상기간 초기의 업적에 영향을 크게 받는 것을 말한다.

26 ①
임기제 공무원 등은 연봉제 적용을 받는다.

27 ②
- 가: 법령에 특별한 사유가 없는 한 재직기간 10년 이상 공무원의 경우에만 65세* 가 되는 때부터 퇴직연금 수급이 가능하다.
  * 2033년까지 60 → 65세로 단계적으로 상향
- 다: 고액연금 수급 방지를 위한 기준소득월액 상한은 전체 공무원 기준소득월액 평균액의 160%이다.
- 바: 연금지급액: 평균기준소득월액(재직기간 전체 평균) × 재직기간 × 1.7%*
  * 2035년까지 1.9% → 1.7%로 단계적으로 인하

28 ④
회계기록의 회계검사는 감사원이 담당한다.

29

예산원칙과 그 예외 간의 연결이 가장 옳지 않은 것은?

① 단일성의 원칙 – 기금
② 사전의결의 원칙 – 특별회계
③ 한정성의 원칙 – 이월
④ 완전성의 원칙 – 수입대체경비

30

예산제도에 대한 설명으로 가장 옳지 않은 것은?

① 품목별 예산제도(Line Item Budgeting)는 예산지출에 대한 통제와 담당 공무원의 책임성을 확보하는 데 유리하다.
② 성과주의 예산제도(Performance Budgeting)는 사업성과가 좋은지 나쁜지의 결과에 초점을 두며 예산을 들여 사업과 활동별로 무엇을 하는지에 대한 정보는 알기 어렵다.
③ 계획예산제도(Planning Programming Budgeting)는 의사결정이 지나치게 집권화되고 전문화되어 외부통제가 어렵다.
④ 영기준 예산제도(Zero Based Budgeting)는 예산편성 과정에서 중간관리층을 포함한 구성원의 참여 및 이들의 상향적 의사소통 통로가 확대된다.

31

성인지 예산제도에 대한 설명으로 가장 옳지 않은 것은?

① 남성과 여성에게 미칠 영향을 미리 분석하여 예산을 검토한다.
② 성인지 예산서에는 양성평등 기대효과, 성과목표, 성별 수혜분석 등을 포함하여야 한다.
③ 중앙부처 및 지방자치단체는 성인지 예산서와 결산서를 작성할 의무가 있다.
④ 예산사업을 대상으로 하며 기금사업은 해당되지 않는다.

32

예산결정모형에 대한 설명으로 가장 옳지 않은 것은?

① 총체주의는 기존의 예산을 토대로 수정하여, 현실적으로 적용 가능한 예산결정을 추구한다.
② 점증주의는 각 이해집단 간 정치적 상호작용을 통한 최적의 예산결정을 모색한다.
③ 단절균형모형 관점에서 예산결정의 참여자들은 점증적인 예산결정 행태를 보이다가, 특정 사건이나 상황이 발생하면 자신들의 예산결정 패턴을 급격히 변화시킨다.
④ 다중합리성모형 관점에서 예산과정은 하나의 관점에서 일관성 있게 전개되기보다는 예산과정의 다양한 단계별 특성들이 복합적으로 작용한 결과로서 실제 예산배분이 결정된다.

정답 및 해설

29 ②
특별회계도 국회의 의결을 미리 받아야 한다. 즉 사전의결의 원칙에 대한 예외에 해당하지 않는다.

30 ②
성과주의 예산제도(Performance Budgeting)는 사업의 성과보다는 산출물에 초점을 두며, 예산을 들여 사업과 활동별로 무엇을 하는지에 대한 정보를 알기 쉽다.

31 ④
- 예산사업뿐만 아니라 기금사업도 포함된다.
- 국가재정법
  - 제68조의2(성인지 기금운용계획서의 작성) 제1항 : 정부는 기금이 여성과 남성에게 미칠 영향을 미리 분석한 보고서(이하 "성인지 기금운용계획서"라 한다)를 작성하여야 한다.
  - 제73조의2(성인지 기금결산서의 작성) 제1항 : 정부는 여성과 남성이 동등하게 기금의 수혜를 받고 기금이 성차별을 개선하는 방향으로 집행되었는지를 평가하는 보고서(이하 "성인지 기금결산서"라 한다)를 작성하여야 한다.

32 ①
점증주의는 기존의 예산을 토대로 수정하여, 현실적으로 적용 가능한 예산결정을 추구한다. 총체주의는 합리적 분석을 통해 비효율적 예산배분을 지양하는 이상적인 예산결정을 추구한다.

33

정부회계제도에 대한 설명으로 가장 옳지 않은 것은?

① 복식부기에서 자산의 증가, 부채의 감소, 비용의 발생은 차변에 기입해야 한다.
② 현금주의는 비용과 수익을 알 수 없어서 경영성과 파악이 어렵다.
③ 발생주의 회계방식은 자의적인 회계처리가 불가능하여 통제에 유리하다.
④ 현금주의는 교량, 박물관, 체육관 등 가시적 치적 쌓기에 관심이 있는 정치인들이 선호하는 회계제도이다.

34

총액배분 · 자율편성제도에 대한 설명으로 옳은 것만을 모두 묶은 것은?

> 가. 중기적 재정운영보다는 개별 사업 위주의 단년도 예산편성에 적합하다.
> 나. 각 부처는 소관 정책의 우선순위에 따라 지출 한도 내에서 사업의 재원을 자율적으로 배분한다.
> 다. 재정 운용의 집권과 분권의 조화를 추구하는 하향적 예산편성 방식이다.
> 라. 한도액의 설정으로 각 부처의 과도한 예산요구 관행을 줄일 수 있다.
> 마. 지출 한도가 사전에 제시됨에 따라 부처의 전문성을 활용하여 사업별 예산 규모를 결정할 수 있어 책임성과 권한이 강화된다.

① 가, 나, 다　　② 나, 다, 라
③ 가, 나, 라, 마　　④ 나, 다, 라, 마

35

다음 중 (가)와 (나) 안에 들어갈 지방자치단체 사무배분 원칙으로 올바르게 짝지어진 것은?

> •(가) – 모든 사무는 기본적으로 지방정부가 담당하고 중앙정부는 지방정부가 처리하기 곤란한 사무를 처리해야 한다.
> •(나) – 지방정부가 배분받은 사무는 되도록 지방정부가 자기 책임 아래 독자적으로 처리할 수 있게 해야 한다.

	(가)	(나)
①	보충성의 원칙	포괄성의 원칙
②	불경합의 원칙	효율성의 원칙
③	현지성의 원칙	불경합의 원칙
④	효율성의 원칙	보충성의 원칙

36

지방자치단체의 계층구조에 대한 설명으로 가장 옳지 않은 것은?

① 단층제는 중층제보다 행정책임소재를 명확하게 할 수 있다.
② 중층제는 지역 특수성에 맞는 신속한 행정을 도모할 수 있다.
③ 단층제는 중앙정부의 권한과 역할을 강화하는 배경이 될 수 있다.
④ 세종특별자치시와 제주특별자치도는 단층제로 운영되고 있다.

정답 및 해설

33 ③
발생주의 회계방식은 자산평가, 감가상각 등을 반영하면서 자의적인 회계처리가 불가피하다.

34 ④
가: 총액배분 · 자율편성제도는 예산운영에 관한 장기적인 전망과 계획이 필요하고, 중앙예산기관과 정부부처 사이의 정보의 비대칭성을 완화하려는 목적을 가지고 있다.

35 ①
• 불경합의 원칙: 국가와 지방자치단체 간 또는 지방자치단체 상호 간의 사무를 주민의 편익증진, 집행의 효과 등을 고려하여 서로 중복되지 아니하도록 배분하여야 한다.
• 효율성의 원칙: 외부효과 문제의 해결 등 사무에 따라서 기초지방정부보다 광역지방정부나 중앙정부가 담당하는 것이 더 효율적일 수 있다.
• 현지성의 원칙: 보충성의 원칙의 일부라고도 볼 수 있는데, 주민의 복리 및 생활편의와 직접 관련된 권한 내지 사무는 기초지방정부에 배분한다는 원칙이다.

36 ②
단층제는 지역 특수성에 맞는 신속한 행정을 도모할 수 있다.

37

자치경찰제에 대한 설명으로 옳은 것을 모두 묶은 것은?

가. 제주도 자치경찰단장은 자치경찰위원회가 임명하고 도지사의 지휘·감독을 받는다.
나. 공공안녕에 대한 위험의 예방과 대응을 위한 정보의 수집작성 및 배포는 자치경찰사무에 해당한다.
다. 지역 간 치안 격차의 발생 가능성이 존재한다.
라. 시·도자치경찰위원회는 합의제 행정기관으로서 그 권한에 속하는 업무를 독립적으로 수행한다.

① 가, 나　　② 나, 다
③ 다, 라　　④ 가, 다, 라

38

지방자치단체의 기관구성에 대한 설명으로 옳지 않은 것은?

① 기관통합형은 주민이 선출한 의원들이 행정을 담당하기 때문에 행정에 주민의 의사를 보다 정확하게 반영할 수 있다.
② 기관분리형은 견제와 균형의 원리가 적용되어 권력 남용을 방지할 수 있다.
③ 우리나라는 기본적으로 기관통합형이며 중앙통제형 강시장-약의회의 구도를 취하고 있다.
④ 우리나라는 따로 법률로 정하는 바에 따라 주민투표를 거쳐 지방자치단체의 기관구성 형태를 달리할 수 있다.

39

지방의회에 대한 설명으로 가장 옳지 않은 것은?

① 지방자치단체의 사무에 대한 행정사무 감사권 및 조사권을 갖는다.
② 지방의회에서 부결된 의안은 회기 중에 다시 발의하거나 제출할 수 없다.
③ 의회 의원의 자격상실 결정은 재적의원 과반수 출석과 출석의원 3분의 2 이상 찬성이 필요하다.
④ 지방의회의 사무직원의 수는 지방의회가 조례로 정하고, 사무직원은 지방의회의 의장이 임명한다.

40

주민참여제도에 대한 설명으로 옳은 것만을 모두 묶은 것은?

가. 주민은 지방자치단체의 조례를 개정하거나 폐지할 것을 청구할 수 있다.
나. 주민투표에 부쳐진 사항은 주민투표권자 총수의 4분의 1 이상의 투표와 유효투표수 과반수의 득표로 확정된다.
다. 주민의 감사청구는 사무처리가 있었던 날이나 끝난 날부터 3년이 지나면 제기할 수 없다.
라. 주민은 그 지방자치단체의 장을 포함한 모든 지방의회의원을 소환할 권리를 가진다.

① 가, 나　　② 가, 다
③ 가, 나, 다　　④ 가, 다, 라

정답 및 해설

37 ③

- 가: 제주도 자치경찰단장은 도지사가 임명하고 자치경찰위원회의 지휘·감독을 받는다.
  ※ 제주특별법 제89조(자치경찰단장의 임명) 제1항: 자치경찰단장은 도지사가 임명하며, 자치경찰위원회의 지휘·감독을 받는다.
- 나: 공공안녕에 대한 위험의 예방과 대응을 위한 정보의 수집작성 및 배포는 국가경찰사무에 해당한다.
  ※ 경찰법 제3조(경찰의 임무): 경찰의 임무는 다음 각 호와 같다. 5. 공공안녕에 대한 위험의 예방과 대응을 위한 정보의 수집·작성 및 배포

38 ③

우리나라는 기본적으로 기관대립형이며 중앙통제형 강시장-약의회의 구도를 취하고 있다.

39 ③

지방자치법 제92조(자격상실 의결) 제1항: 제91조 제1항의 심사 대상인 지방의회의원에 대한 자격상실 의결은 재적의원 3분의 2 이상의 찬성이 있어야 한다.

40 ③

라: 지방의회의원 중 비례대표의원은 주민소환투표의 청구대상에서 제외된다.

2021. 10. 16. 경찰간부 기출문제

01

관료제에 대한 설명으로 가장 적절하지 않은 것은?

① 관료에게는 일정한 자격 또는 능력에 따라 규정된 기능을 수행하는 전문성이 요구된다.
② 베버(M. Weber)의 이념형 관료제는 성과급 제도와 부합한다.
③ 직무의 집행은 서류나 문서에 의거해서 수행되는 문서주의의 특징을 가진다.
④ 성문화된 법령이 조직 내 권위의 원천이 된다.

02

조직구조에 대한 설명으로 가장 적절하지 않은 것은?

① 기계적 구조를 가진 조직은 유기적 구조를 가진 조직에 비해 엄격한 계층제의 특징을 가진다.
② 매트릭스 구조에서는 조직구성원들을 기능부서와 사업부서가 공동으로 활용할 수 있다.
③ 네트워크 구조를 가진 조직은 상호 독립적인 조직들이 수직적・수평적으로 연결되어 업무를 수행한다.
④ 사업구조를 가진 조직은 제품별・산출물별로 구성된 자기완결적 사업부서를 가지며, 이들 사이의 업무조정은 매우 쉽다.

03

리더십에 대한 설명으로 가장 적절하지 않은 것은?

① 리더십은 상황, 행태, 자질 등 다양한 요소를 바탕으로 설명할 수 있다.
② 변혁적(transformational) 리더십은 조직에서 변화를 주도하고 관리하는 리더십으로 카리스마적 리더십과 중첩되는 측면이 있다.
③ 피들러(F. Fiedler)의 상황조건론은 리더에게 유리한 리더십 상황(단순하고 명확한 과업구조, 강한 직위 권력 등)에서 인간관계 중심형 리더십이 효과적이라 주장한다.
④ 리더십은 조직의 공식적 구조와 설계의 불완전성을 보완해줄 수 있다.

04

조직 발전(organization development)에 대한 설명으로 가장 적절한 것은?

① 조직 전체의 변화를 추구하는 계획적이고 의도적인 개입 방법이다.
② 과정지향적이며 아래로부터의 자율적이고 자발적인 접근 방법이다.
③ 조직 내・외부의 컨설턴트가 참여할 여지가 적다.
④ 조직 발전은 조직의 구조나 형태를 바꾸는 것을 최우선 목표로 한다.

정답 및 해설

01 ②
관료제에서 관료는 계급과 근무연한에 따라 정해진 금전적 보상을 받는다.

02 ④
사업부서 내의 조정은 용이하지만, 사업부서 간 조정이 곤란할 수 있다.

03 ③
가장 유리하거나 가장 불리한 조건(상황)에서는 과업 중심적 리더십이 효과적이고, 중간 정도 상황에서는 인간관계 중심적 리더십이 효과적이다.

04 ①
- ② 조직 발전은 과정지향적(문제해결을 지향하는 합동적 과정 중시 등)이지만, 컨설턴트와 관리자 및 조직구성원 3당사자 간의 참여와 책임분담 및 협동을 통해서 진행된다.
- ③ 조직 내・외부의 컨설턴트를 참여시켜 개혁추진자를 맡게 한다.
- ④ 조직 발전은 조직의 목표와 개인의 성장 욕구를 결부시킴으로써 조직개혁을 성취하려는 과정이다.

05

동기부여이론에 관한 설명 중 가장 적절한 것은?

① 매슬로우(A. H. Maslow)의 욕구단계이론은 인간의 욕구를 다섯 가지로 구분하고 하위욕구를 완전히 충족해야 상위욕구를 추구하게 된다고 주장한다.
② 맥그리거(D. McGregor)의 X이론은 근로자들의 자율행동과 자기규제를 중시한다.
③ 아담스(J. S. Adams)의 형평성(공정성)이론은 개인이 지각하는 산출-투입비율이 타인의 산출-투입비율과 대등하면 동기가 유발되지 않는다고 주장한다.
④ 브룸(V. H. Vroom)의 V.I.E. 기대이론은 기대감, 수단성, 유의성과 함께 만족감을 동기부여의 주요요인으로 본다.

06

대표관료제(representative bureaucracy)에 대한 설명으로 가장 적절하지 않은 것은?

① 관료제의 인적 구성측면을 강조하며 관료제의 대표성과 대응성을 강화하기 위한 제도이다.
② 우리나라의 양성평등채용목표제는 대표관료제의 발상을 반영한 대표적인 제도이다.
③ 관료집단으로 하여금 민주적인 방법으로 행동하도록 하기 위한 방안으로 도입되었다.
④ 능력에 따른 채용을 엄정하게 적용하여 행정의 전문성과 생산성을 높이는 것을 목표로 한다.

07

직위분류제에 대한 설명으로 가장 적절하지 않은 것은?

① 직위분류제는 직무의 종류・책임도・곤란도를 고려한 인사행정을 수행한다.
② 직위분류제 하에서는 동일 직렬에서의 장기간 근무가 가능하여 전문가 양성에 도움이 된다.
③ 직무 간 인사이동이 용이하여 직무관련 부패가 발생할 가능성이 낮다.
④ 동일 직무에 대한 동일보수제공을 원칙으로 한다.

08

페리(J. L. Perry)가 주창하는 공공봉사동기이론(public service motivation)에 대한 설명으로 가장 적절하지 않은 것은?

① 공사부문 간 업무성격이 다르듯이 공공부문의 조직원들은 사부문의 조직원들과 동기구조 자체가 다르다고 주장한다.
② 공공봉사동기가 높은 사람은 물질적・외재적 동기보다 사명감과 이타심 같은 공공에 대한 봉사를 더 중요하게 여길 것으로 가정한다.
③ 공공봉사동기이론은 높은 공공봉사동기를 가지고 있는 것과 공무원이 되고자 하는 동기 사이에는 아무 상관이 없는 것으로 결론내린다.
④ 공공봉사동기이론에 따르면 공공봉사동기가 높은 사람은 공익실현과 사회적 형평을 추구할 것으로 기대된다.

정답 및 해설

05 ③
- ① 하위욕구가 '어느 정도 충족 or 충족'(완전히 충족 ×)되면 다음 단계 욕구가 발로된다.
- ② 맥그리거(D. McGregor)의 Y이론은 근로자들의 자율행동과 자기규제를 중시한다.
- ④ 보상의 공정성에 대한 개인의 만족감을 주요변수로 삼아 기대이론을 보완한 것은 성과・만족이론[포터 & 롤러(Porter & Lawler)]이다.

06 ④
실적주의에 대한 설명이다.

07 ③
직위분류제는 조직 내 인력 배치의 신축성이 부족하다. 즉, 직무 간 인사이동이 어렵다.

08 ③
공공봉사동기가 높은 사람을 공직에 충원해야 한다는 주장의 근거가 될 수 있다.

09

계급제에 관한 설명으로 가장 적절하지 않은 것은?

① 개별 공무원의 자격과 능력을 기준으로 계급을 설정하고 이에 따라 공직을 분류하는 제도이다.
② 여러 부처의 같은 계급 공무원 사이의 횡적 교류와 협력이 원활하다.
③ 보수와 업무부담 간 형평성을 높이기에 가장 적절한 제도이다.
④ 계급에 따른 조직 내 상하관계와 차등대우가 상대적으로 명확하게 제시된다.

10

우리나라 예산 및 법률에 대한 설명으로 가장 적절하지 않은 것은?

① 대통령은 국회가 의결한 법률안에 대해 거부권이 있지만, 국회에서 의결된 예산에 대해서는 거부권을 행사할 수 없다.
② 예산은 정부만이 제안권을 갖고 있고, 국회는 제안권을 갖고 있지 않다.
③ 국회는 정부의 동의 없이 정부가 제출한 지출예산 각항의 금액을 증가시키거나 새 비목을 설치할 수 있다.
④ 예산을 심의할 때 국회는 정부가 제출한 예산안의 범위 내에서 삭감할 수 있다.

11

예산결정이론과 제도에 대한 설명으로 가장 적절하지 않은 것은?

① 계획예산(PPBS)과 영기준예산(ZBB)은 자원의 합리적 배분을 중시하는 대표적인 예산결정제도이다.
② 점증주의 예산은 다수의 참여자들이 복잡하게 연결되어 있는 예산배분 상황에서 상호작용을 통한 합의를 바탕으로 예산을 결정하게 될 때 나타난다.
③ 예산 결정의 합리성을 높이기 위해 비용편익분석, 체제분석 등의 분석기법이 사용된다.
④ 점증주의에 기반한 단절균형 예산이론(punctuated equilibrium theory)은 급격한 단절적인 예산변화를 예측할 수 있다는 장점이 있다.

12

다음 중 국가공무원법에 규정된 공무원의 의무가 아닌 것은?

① 이해충돌 방지 의무 ② 청렴의 의무
③ 친절 공정의 의무 ④ 복종의 의무

13

총액배분자율편성예산제도에 대한 설명으로 가장 적절하지 않은 것은?

① 정부 각 기관에 예산 자율권을 부여하는 예산관리모형이다.
② 부처의 사업별 재원배분에 대해 보다 세밀한 관리·통제가 가능하다.
③ 전략적 계획의 발전을 촉진하고 재정의 경기조절 기능을 강화할 수 있다.
④ 의사결정의 주된 흐름은 하향적이다.

정답 및 해설

09 ③
직위분류제에 대한 설명이다. 계급제는 담당하는 업무의 종류와 관계없이 계급에 따라 보수가 지급된다.

10 ③
대한민국헌법 제57조: 국회는 정부의 동의 없이 정부가 제출한 지출예산 각항의 금액을 증가시키거나 새 비목을 설치할 수 없다.

11 ④
단절균형 예산이론(punctuated equilibrium theory)은 균형상태에서 급격한 변화가 발생한 후 다시 균형상태를 유지한다는 예산결정이론으로, 예산변화를 예측하기보다는 사후적인 분석이다.

12 ①
이해충돌 방지 의무는 공직자윤리법에 규정되어 있다.

13 ②
총액배분자율편성예산제도는 각 부처별 예산의 총액 한도 내에서 부처의 사업별 재원배분의 자율성을 부여하기 위한 제도이다.

14

우리나라의 국세 중 직접세에 해당하는 것으로만 묶은 것은?

가. 소득세	나. 종합부동산세
다. 법인세	라. 부가가치세
마. 주세	바. 자동차세

① 가, 나, 다　　② 나, 마, 바
③ 가, 다, 바　　④ 나, 다, 마

15

과학적 관리론과 인간관계론에 관한 설명 중 가장 적절한 것은?

① 과학적 관리론은 과학적 분석을 통해 다양한 사람들이 각자의 특성에 꼭 맞는 자기만의 최선의 방식을 발견하도록 돕는다.
② 인간관계론은 조직의 성과제고를 궁극적인 목표로 하며 조직 내 인간관계의 중요성을 강조한다.
③ 호손실험(Hawthorne experiment)은 과학적 관리방법의 실증적 근거가 되었다.
④ 과학적 관리론이 바라보는 인간은 맥그리거(D. McGregor)의 Y이론이 제시하는 인간형과 일맥상통한다.

16

정부(government)의 통치에서 거버넌스(governance)로 변화하는 것의 중요성을 강조하는 입장에 대한 설명으로 가장 적절하지 않은 것은?

① 정부 혼자서는 해결할 수 없는 복잡한 사회적 난제(wicked problem)가 늘어나고 있다고 주장한다.
② 거버넌스의 확대는 다양한 사회 세력들의 참여를 증대시킨다고 주장한다.
③ 거버넌스체제에서의 정부는 정부가 가지는 고유한 권한과 역할을 포기해야 한다고 주장한다.
④ 거버넌스에 기반한 서비스 연계망은 분절화로 인해 집행 통제가 어렵다는 비판을 받는다.

17

정책의제설정모형에 대한 설명으로 가장 적절한 것은?

① 동형화 모형은 강압·모방·규범 등을 통해 정부 간 정책 전이가 일어나면서 정책의제설정에 영향을 끼친다고 주장한다.
② 체제의제는 정책담당자가 공식적으로 논의하기로 결정한 정책문제를 의미한다.
③ 외부주도형 정책의제설정은 주로 정부 내 최고통치자나 고위정책결정자가 주도적으로 정부의제를 만드는 것을 의미한다.
④ 정부의 힘이 강하고 민간부문의 힘이 취약한 권위적인 계층주의 사회에서는 내부접근형 정책의제설정이 나타나기 쉽다.

정답 및 해설

14 ①
- 직접세 : 소득세, 법인세, 상속세, 증여세, 종합부동산세
- 간접세 : 부가가치세, 개별소비세, 주세, 인지세, 증권거래세
- 자동차세는 지방세에 해당한다.

15 ②
- ① 과학적 관리론을 대표하는 테일러는 업무수행에 관한 유일 최선의 방법을 찾기 위해 동작연구와 시간연구를 사용하였다.
- ③ 호손실험(Hawthorne experiment)은 생산성에 있어 구성원 간 사회적 관계의 중요성을 확인하였다.
- ④ 과학적 관리론이 바라보는 인간은 맥그리거(D. McGregor)의 X이론이 제시하는 인간형과 일맥상통한다.

16 ③
거버넌스 관점에서 정부는 조정자, 방향잡기, 산출에 대한 통제, 부문 간 협력 등의 역할을 수행한다.

17 ①
- ② 체제의제 및 공중의제는 일반대중의 관심과 주의를 받고 있으며 정부가 개입하여 문제를 해결하여야 한다고 인정되지만, 정부가 문제 해결을 고려하기로 공식적으로 밝히지 않은 것이다.
- ③, ④ 동원형에 대한 설명이다.

18

우리나라 정부예산과목의 분류체계에 대한 설명으로 가장 적절하지 않은 것은?

① 예산과목 중에서 장・관・항은 입법과목이며, 세항・목은 행정과목이다.
② 예산과목의 구분과 설정은 기획재정부장관이 정한다.
③ 소관은 누가 예산을 사용하는가에 대한 분류로 환경부, 국방부 등을 들 수 있다.
④ 세입예산과 세출예산 모두 장・관・항・세항・목으로 구분한다.

19

정책 유형의 분류에 대한 설명으로 가장 적절하지 않은 것은?

① 분배정책에서 일반적으로 각종 개발사업과 관련된 법안이나 정책 교부금을 둘러싸고 의원들이 그 혜택을 나누어 가지려고 노력하는 현상이 나타난다.
② 규제정책은 분배정책에 비해 피규제자(피해자)와 수혜자가 명확하게 구분된다.
③ 분배정책이란 부나 권리의 편중을 해소하기 위하여 정부가 가진 자와 못 가진 자의 분포를 인위적으로 변화시키려고 하는 정책이다.
④ 누진세의 실시, 임대주택건설, 영세민 취로사업 등은 재분배정책에 해당한다.

20

정책네트워크론에 대한 설명으로 가장 적절하지 않은 것은?

① 정책네트워크에는 참여자들의 상호작용을 규정하는 공식적 규칙이 존재하지 않는다.
② 사회학에서 많이 사용되고 있는 사회 연결망의 분석방법을 응용한다.
③ 정책네트워크의 참여자는 정부뿐만 아니라 민간부문까지 포함된다.
④ 행위자들 간의 연계는 의사소통과 전문지식, 신뢰, 그리고 여타자원을 교환하는 통로로 작용한다.

21

정책분석에 대한 설명으로 가장 적절하지 않은 것은?

① 정책분석은 정책문제를 해결하기 위해 정책 목표를 설정한 뒤 정책 목표를 성취하기 위한 구체적인 대안을 탐색하고 모색하는 과정을 의미한다.
② 정책델파이분석은 주요정책이슈의 잠정적인 해결책에 대하여 있을 수 있는 강력한 반대의견을 창출한 후 토론을 거쳐 최종보고서를 작성하는 기법이다.
③ 던(W. N. Dunn)은 정책대안의 결과를 예측하는 양적 방법으로 연장적 예측과 이론적 예측방법을 제시하였다.
④ 정책분석은 합리적인 대안 도출을 위한 활동으로 정치적 요인을 고려하지 않는다.

정답 및 해설

18 ④
세입예산은 관・항・목으로 구분하고, 세출예산은 장・관・항・세항・목으로 구분한다.

19 ③
재분배정책에 관한 설명이다. 분배정책은 시민에게 권리나 이익, 또는 재화나 서비스를 배분하는 정책을 의미한다.

20 ①
정책네트워크모형에서 국가는 정책네트워크를 형성하고 네트워크 내의 상호작용을 규율하는 제도를 만드는 역할을 수행한다.

21 ④
정책분석은 정책대안이 가져올 정치・경제・사회적 영향력을 분석한다.

22

살라몬(L. M. Salamon)의 정책수단유형에 대한 설명으로 가장 적절하지 않은 것은?

① 공공정보는 정부가 민간에게 공적정보를 제공하는 직접 수단이다.
② 바우처는 정부가 직접 서비스를 지급하기 어려울 경우 서비스 생산자에게 지원금을 지원하는 제도이다.
③ 공기업은 정부의 소유 또는 통제하에 재화와 서비스를 제공하는 직접 수단이다.
④ 경제적 규제는 가격, 산출, 기업의 진입 · 퇴출 등 민간의 경제활동을 통제하는 직접 수단이다.

23

정부업무평가 기본법에 의한 정부업무평가제도에 대한 설명으로 가장 적절하지 않은 것은?

① 지방자치단체의 장은 정부업무평가시행계획에 기초하여 소관 정책 등의 성과를 높일 수 있도록 자체평가계획을 매년 수립하여야 한다.
② 행정안전부 장관은 정부업무평가위원회의 위원이다.
③ 정부업무평가의 실시와 평가기반의 구축을 체계적 · 효율적으로 추진하기 위하여 대통령 소속 하에 정부업무평가위원회를 둔다.
④ 공공기관에 대한 평가는 공공기관 외부의 기관이 실시하여야 한다.

24

조례와 규칙에 대한 설명 중 가장 적절하지 않은 것은?

① 지방의회는 자치단체의 내부구조, 운영, 사무처리 등을 규정하는 조례를 제정할 수 있다.
② 자치단체의 장은 법령이나 조례가 위임한 범위에서 그 권한에 속하는 사무에 관하여 규칙을 제정할 수 있다.
③ 지방자치단체 조례를 위반한 행위에 대하여 조례로써 1천만원 이하의 과태료를 정할 수 있다.
④ 지방의회는 조례를 통하여 지방세의 종목과 세율을 자체적으로 결정할 수 있다.

25

지방재정에 대한 설명 중 가장 적절하지 않은 것은?

① 지방재정은 중앙재정에 비해 지역주민의 복지 및 후생에 직접 관계가 있는 지출의 비중이 크다.
② 지방재정은 중앙재정에 비해 외부효과로 인해 자원배분의 비효율이 발생할 가능성이 높다.
③ 지방재정은 중앙재정에 비해 수익자부담주의(응익주의)에 입각한 재정운영이 쉽다.
④ 지방재정은 중앙재정에 비해 자원배분 기능, 소득재분배 기능, 지역경제 안정화 기능 등 더 포괄적인 기능을 수행한다.

정답 및 해설

22 ②
보조금에 대한 설명이다. 바우처는 공공서비스의 생산을 민간부분에 위탁하면서, 시민들에게 구입부담을 완화시키기 위해 금전적 가치가 있는 쿠폰(coupon)을 제공하는 제도이다.

23 ③
정부업무평가의 실시와 평가기반의 구축을 체계적 · 효율적으로 추진하기 위하여 국무총리 소속하에 정부업무평가위원회를 둔다.

24 ②, ④(기존정답 : ④)
- 지방자치법 제29조 : 지방자치단체의 장은 법령 또는 조례의 범위에서 그 권한에 속하는 사무에 관하여 규칙을 제정할 수 있다.
  ※ 2022. 1월 지방자치법이 개정사항이 시행되면서 규칙의 제정범위가 넓어졌다.
- 지방세의 종목과 세율은 법률로 정한다. 다만, 등록면허세 등 일부 지방세목에 대해서는 지방세법에 따라 일정한 범위에서 조례로 세율을 정할 수 있다.

25 ④
중앙재정은 지방재정에 비해 자원배분 기능, 소득재분배 기능, 경제 안정화 기능 등 더 포괄적인 기능을 수행한다.

26

공공기관의 운영에 관한 법률에 대한 설명으로 가장 적절하지 않은 것은?

① 공공기관의 운영에 관하여 공기업·준정부기관의 지정, 지정해제 등에 관한 사항을 심의·의결하기 위하여 기획재정부장관 소속 하에 공공기관운영위원회를 둔다.
② 직원 정원이 500명 미만인 공기업의 장은 임원추천위원회가 복수로 추천하여 운영위원회의 심의·의결을 거친 사람 중에서 국무총리가 임명한다.
③ 공기업은 시장형과 준시장형으로, 준정부기관은 기금관리형과 위탁집행형으로 구분된다.
④ 정부는 공공기관의 책임경영체제를 확립하기 위하여 공공기관의 자율적 운영을 보장하여야 한다.

27

우리나라의 참여예산제도에 대한 설명으로 가장 적절하지 않은 것은?

① 지방재정법에 근거하여 예산과정에 주민이 참여할 수 있도록 시행되는 제도이다.
② 현재 모든 지방자치단체들은 참여예산제도를 운영해야 할 의무를 가진다.
③ 시민들의 참여로 예산과정의 효율성은 높일 수 있지만, 적법성(legitimacy)을 저해할 것으로 우려된다.
④ 주민참여예산을 통해 예산과정의 투명성이 높아질 것으로 기대된다.

28

다음 중 큰 정부와 작은 정부에 대한 설명으로 가장 적절하지 않은 것은?

① 신자유주의가 등장하면서 큰 정부에서 작은 정부로의 전환이 이루어졌다.
② 신공공관리론에서는 작은 정부를 적극적으로 옹호한다.
③ 큰 정부를 지지하는 케인즈 경제학은 공급 중시 거시경제 정책을 강조한다.
④ 작은 정부를 추구하는 신자유주의는 규제 완화와 민영화 등을 강조한다.

29

외부효과에 대한 설명으로 가장 적절하지 않은 것은?

① 외부효과에 따른 자원의 비효율성을 해소하기 위해서는 사회적 비용 혹은 사회적 편익의 내부화를 해야 한다.
② 코오즈(R. Coase) 정리에서는 부정적 외부효과의 해결을 위해 정부의 규제정책을 강조한다.
③ 개인이나 기업이 소비 또는 생산활동을 함에 있어서 일으키는 공해는 외부불경제의 사례에 해당한다.
④ 긍정적 외부효과(외부경제)가 존재하는 시장의 경우, 사회적으로 바람직한 수준보다 과소공급이 이루어진다.

정답 및 해설

26 ②
정원이 500명 미만인 공기업의 장은 임원추천위원회가 복수로 추천하여 운영위원회의 심의·의결을 거친 사람 중에서 주무기관의 장이 임명한다.

27 ③
시민들의 참여로 예산과정의 민주성은 높일 수 있지만, 효율성을 저해할 것으로 우려된다.

28 ③
큰 정부를 지지하는 케인즈 경제학은 수요 중시 거시경제 정책을 강조한다.

29 ②
코오즈(R. Coase) 정리에서는 부정적 외부효과의 해결을 위해 소유권을 명확하게 하는 것을 강조한다. 소유권이 명확하다면 정부의 개입 없이 민간이 스스로 외부효과를 해결할 수 있다고 보았다.

30

윌슨(J. Wilson)의 규제정치이론에 관한 설명으로 가장 적절하지 않은 것은?

① '고객 정치' 상황에서는 불특정 다수의 논리가 투영될 가능성이 높다.
② 식품에 대한 위생규제, 산업안전규제, 환경오염규제는 '기업가적 정치' 상황에 해당한다.
③ 비용과 편익이 분산되는 경우보다 비용과 편익이 집중되는 경우에 정치 활동이 활발해진다.
④ 규제의 편익과 비용이 모두 이질적인 불특정 다수에게 분산되는 것은 '대중적 정치' 상황에 해당한다.

31

행정규제기본법에서 규정하고 있는 내용으로 가장 적절하지 않은 것은?

① 중앙행정기관의 장은 규제를 신설·강화·완화하려면 규제영향분석을 하고 규제영향분석서를 작성하여야 한다.
② 규제는 법률에 근거하여야 한다.
③ 정부의 규제정책을 심의·조정하고 규제의 심사·정비 등에 관한 사항을 종합적으로 추진하기 위하여 대통령 소속으로 규제개혁위원회를 둔다.
④ 중앙행정기관의 장은 소관 규제의 명칭·내용·근거 등을 규제개혁위원회에 등록하여야 한다.

32

정부실패에 대한 설명으로 가장 적절하지 않은 것은?

① 지대추구이론에서는 정부의 시장개입이 클수록 로비와 같은 지대추구행위가 증가하여, 사회적 손실도 증가한다고 주장한다.
② X-비효율성이란, 관료제 안에서 공익보다는 개인과 조직의 이익을 우선하는 현상을 의미한다.
③ 비용과 편익의 분리(괴리)는 정부실패의 원인에 해당한다.
④ X-비효율성에 의한 정부실패가 발생한 경우의 대응방안으로서는 민영화, 정부 보조 삭감, 규제 완화 등이 있다.

33

스티글러(G. Stigler)의 정부규제이론에 대한 설명으로 가장 적절하지 않은 것은?

① 공공선택이론적 시각을 반영한 정부규제이론이다.
② 정부규제의 수요자는 피규제산업으로 대표되는 이익집단이다.
③ 관료는 공익을 대변하는 대다수 국민을 위해 필요한 규제를 실시한다.
④ 정치가는 합리적인 행위자이므로 자신의 효용 극대화를 추구한다.

34

리그스(F. Riggs)의 프리즘적 모형(prismatic model)에 대한 설명으로 가장 적절하지 않은 것은?

① 비생태론적 접근방법에 기반을 둔다.
② 프리즘적 사회의 특성으로서는 고도의 이질성, 형식주의 등이 있다.
③ 프리즘적 사회는 농업사회에서 산업사회로 넘어가는 과도기적 사회를 말한다.
④ 프리즘적 사회에서 지배적인 행정모형은 사랑방 모형이다.

정답 및 해설

30 ①
'고객 정치' 상황에서는 응집력이 강한 소수의 수혜자 논리가 투입될 수 있다.

31 ①
규제영향분석은 규제를 강화하거나 신설(완화 ×)하고자 할 때 사용하는 체계적인 의사결정도구이다.

32 ②
관료제 안에서 공익보다는 개인과 조직의 이익을 우선하는 현상은 사적 목표의 설정에 대한 설명이다. X-비효율성이란, 정부의 독점적 지위로 인해 발생하는 비효율이다.

33 ③
스티글러의 정부규제이론에 따르면 피규제자는 자신의 이익을 위해 규제기관에 로비를 할 수밖에 없고, 관료는 피규제자에 포획되어 피규제자의 입장에 동조하게 된다.

34 ①
프리즘적 모형은 생태론적 접근방법에 기반을 둔다.

35

공공선택론적 접근방법에 대한 설명으로 적절하지 않은 것만을 묶은 것은?

가. 개인의 행동을 기본적 분석단위로 함.
나. 비시장적 의사결정에 대한 경제학적 연구
다. 개인은 합리적이고 이기적인 존재
라. 공공문제 해결을 위한 정부의 역할을 중시
마. 공공부문의 시장경제화를 처방
바. 전통적인 관료제는 시민의 요구에 민감하게 반응하는 제도적 장치

① 가, 라　② 나, 마
③ 다, 라　④ 라, 바

36

신제도주의에 대한 설명으로 가장 적절하지 않은 것은?

① 역사적 제도주의는 제도의 경로의존성을 강조한다.
② 신제도주의에서는 법률, 규칙 등을 제도로 간주하지만, 비공식적인 제도나 규범은 제도로 간주하지 않는다.
③ 사회학적 제도주의에서는 개인은 자신의 의도에 따라 제도를 만들거나 변형시킬 수 없다고 본다.
④ 합리적 선택 제도주의는 제도를 개인의 전략과 행동 그리고 이들 간의 상호작용을 규제하고 또 지속적인 규칙성을 유도하는 틀로 이해하지만, 그 제도는 개개인이 의도적으로 선택한 결과로 본다.

37

신공공관리론의 주장으로 가장 적절하지 않은 것은?

① 시장메커니즘을 정부에 적용하고자 한다.
② 정책기능과 집행기능의 통합에 의한 책임행정체제를 확립해야 한다.
③ 시민을 고객으로 인식해 고객 만족의 극대화를 추구한다.
④ 민영화나 민간위탁, 정부 보조금 삭감 등을 통한 작은 정부를 강조한다.

38

다원주의론에 대한 설명으로 가장 적절하지 않은 것은?

① 이익집단 간의 영향력의 차이는 주로 정부의 정책과정에 대한 상이한 접근기회에 기인한다고 본다.
② 이익집단 간에 상호 경쟁적이지만, 기본적으로 게임의 규칙을 준수해야 하는 데 합의를 하고 있다고 본다.
③ 신다원주의론에서는 사회에 존재하는 이익집단들 간에 이익의 균형과 조정이 민주주의의 핵심적인 동력으로 작용한다고 본다.
④ 이익집단들이나 일반 대중이 정책의제설정에 상당한 영향을 행사한다고 본다.

정답 및 해설

35 ④
- 라. 공공선택론에서는 독점적으로 공공서비스를 제공하는 정부는 정부실패를 야기한다고 보았다.
- 바. 공공서비스를 독점적으로 공급하는 전통적인 정부관료제는 시민의 요구에 민감하게 반응할 수 없는 제도적 장치라고 비판하였다.

36 ②
신제도주의에서는 비공식적인 제도나 규범도 제도로 규정한다.

37 ②
신공공관리론은 정치행정이원론 관점에서, 행정의 관리적인 측면을 강조(정책기능 ×)하여 기업경영의 논리와 기법을 정부에 도입・접목하고자 하였다.

38 ①
다원주의론에서 각종 이익집단은 정책과정에서 동등한 정도의 접근기회를 가지고, 영향력의 차이는 구성원의 수, 재정력, 응집성 등 이익집단 내부의 요인에 기인한다.

39

조합주의에 대한 설명으로 가장 적절하지 않은 것은?

① 우리나라의 경제사회노동위원회(구 노사정위원회)는 조합주의에 따른 정책조정방식이다.

② 정책과정에서 국가의 역할은 소극적이라고 본다.

③ 정부는 사회적 공동선을 달성하기 위해 중요 이익집단과 우호적 협력관계를 유지한다.

④ 국가조합주의는 국가가 민간부문의 집단들에 대하여 강력한 주도권을 행사한다고 보는 모형이다.

40

데이터기반 행정에 대한 설명으로 가장 적절하지 않은 것은?

① 공공기관이 데이터를 수집・저장・가공・분석・표현하는 등의 방법으로 정책수립 및 의사결정에 활용하는 것을 말한다.

② 데이터기반행정 활성화에 관한 법률이 정의하는 데이터는 기계에 의한 판독이 가능한 형태로 존재하는 정형 또는 비정형의 정보를 의미한다.

③ 미국의 증거기반정책(evidence-based policy)과 유사한 개념이다.

④ 데이터기반 행정은 행정의 정치성과 민주성을 높이는 것을 최우선 목표로 한다.

정답 및 해설

39 ②

조합주의는 정책과정에서 국가의 적극적 역할을 강조한다.

40 ④

데이터기반행정 활성화에 관한 법률 제1조(목적) : 이 법은 데이터를 기반으로 한 행정의 활성화에 필요한 사항을 정함으로써 객관적이고 과학적인 행정을 통하여 공공기관의 책임성, 대응성 및 신뢰성을 높이고 국민의 삶의 질을 향상시키는 것을 목적으로 한다.

05 2020. 10. 17. 경찰간부 기출문제

01

행정이론과 학자 및 그 특성이 옳게 연결된 것은?

① 행정행태론 – 마리니(Marini), 정치행정일원론, 민주성 강조
② 행정관리론 – 어윅(Urwick), 정치행정이원론, 형평성 강조
③ 비교행정론 – 리그스(Riggs), 정치행정일원론, 합법성 강조
④ 신공공관리론 – 오스본(Osborne), 정치행정이원론, 성과 강조

02

다음 학자에 대한 설명으로 옳지 않은 것은?

① 굿노(F. Goodnow)는 행정은 국가의지의 표현이라고 주장하였다.
② 윌슨(W. Wilson)은 정치와 행정의 분리를 주장하였다.
③ 사이먼(H. Simon)은 고전적 조직원리들을 검증되지 않은 속담이나 격언에 불과하다고 비판하였다.
④ 테일러(F. Taylor)는 시간과 동작에 관한 연구를 통해 효율적 관리를 위한 최선의 방법을 찾고자 하였다.

03

과학적 관리법(scientific management)의 기본 전제와 가장 관련이 없는 것은?

① 과학적 분석에 따라 유일무이한 최선의 방안을 찾을 수 있다.
② 생산성 향상의 혜택은 노동자와 사용자 모두에게 돌아간다.
③ 인간은 내재적 보상에 의해 동기가 유발된다.
④ 조직의 목표는 명확하다.

04

다음 중 고전적 인간관계론에서 자주 언급되는 호손실험(Hawthorne experiments)에 관한 설명으로 옳지 않은 것은?

① 생산성 향상에 비공식적 집단이 중요한 영향을 미친다는 것을 발견하였다.
② 생산성 향상은 작업환경의 변화보다도 근로자들이 특별한 존재로 인식되었기 때문에 일어났다.
③ 작업환경의 변화에 근로자들이 조직적으로 대응하는 문화가 존재한다는 것을 발견하였다.
④ 이 실험은 애초에 생산성 향상보다는 근로자들에 대한 인간적 대우가 중요하다는 것을 증명하기 위해서 설계되었다.

정답 및 해설

01 ④
- ① 행정행태론의 주요학자는 사이먼(Simon)이며 정치행정새이원론의 입장에서 합리성을 강조하였다.
- ② 행정관리론의 주요학자는 윌슨(W. Wilson)과 어윅(Urwick)이며 정치행정이원론의 입장이고, 절약과 능률을 강조하였다.
- ③ 비교행정론을 대표하는 학자는 리그스(Riggs)이며, 정치행정일원론인지 정치행정이원론인지 여부가 분명하지 않고, 환경에 대한 행정의 종속성을 강조하였다.

02 ①
굿노(Goodnow)에 따르면 정치는 국가의 의지를 표명하고 정책을 구현, 행정은 이를 실천하는 것이라고 하였다.

03 ③
과학적 관리론의 기본전제: 유일·최선의 방법의 발견, 생산성 향상은 노·사 모두를 이롭게 함, 경제적 유인에 의한 동기유발, 명확한 목표·반복적 업무

04 ④
호손실험은 애초에 조명의 변화 등과 같은 물리적인 환경의 변화가 생산성에 영향을 미치는지 관찰하려고 했지만, 생산성 향상에 구성원 간의 사회적 관계가 중요하다는 결과가 나온 실험이다.

05

사회학적 신제도론에 관한 설명으로 옳은 것은?

① 조직 내 제도의 변화는 효율성을 증진하기 위한 것으로 본다.

② 합리적 조직행태를 설명하는 데 적합하다.

③ 제도를 법규에만 한정하는 개념으로 정의한다.

④ 조직은 제도적 환경의 요구에 순응함으로써 정당성을 확보한다고 주장한다.

06

퍼트남(R. Putnam)이 제시한 사회자본론과 관련하여 옳지 않은 것은?

① 이탈리아 지방정부의 제도적 성과와 관련하여 남부의 성공하지 못한 지역과 북부의 성공적인 지역을 비교 연구한 결과이다.

② 사회자본의 구성요소로 신뢰, 사회적 네트워크, 지역 금융이 있다.

③ 사회자본은 스스로 창출되면서도 오랜 기간에 걸쳐 구축되고 나면 짧은 기간 내에 쉽게 사라지지 않는 성격을 지닌다.

④ 사회자본이란 참여자들이 공동목적을 추구하기 위해 효율적으로 일을 함께 할 수 있도록 만드는 조건을 의미한다.

07

정책수단의 한 형태인 바우처(voucher)제도에 대한 설명 중 옳지 않은 것은?

① 공공서비스의 민영화를 위한 방식의 하나로 사용되고 있다.

② 수요자와 공급자 간의 결탁 또는 바우처 전매 등으로 정책효과가 제대로 발생하지 않을 수 있다.

③ 소수의 공급자가 있는 경우에 유용하게 활용될 수 있다.

④ 저소득층에게 식품, 교육 등의 복지제공을 위해 종종 사용된다.

08

다음은 정부를 논의할 때 거론되는 다양한 설명들이다. 옳지 않은 것은?

① 정부가 개인이나 기업에게 제한된 공공재화를 배분하거나 경제행위를 할 수 있는 인·허가 권한을 내주는 상황에서 형성된 배타적 이익을 지대(rent)라고 한다.

② 파킨슨 법칙(Parkinson's Law)에서는 공무원의 규모는 업무량에 상관없이 증가한다고 주장된다.

③ 신자유주의는 고전적 자유주의와 달리 정치, 경제, 사회 모든 분야에서 개인의 자유를 공익을 위해 제한하자는 사상이다.

④ 공유재의 비극이라는 주장에서는 효용극대화를 추구하는 합리적 인간에 대한 가정을 전제로 한다.

정답 및 해설

05 ④
- ① 경제적 효율성이 아니라, 사회적 정당성 때문에 새로운 제도적 관행이 채택된다.
- ② 합리적 조직행태를 설명하는 데 적합한 것은 합리적 선택 제도주의이다.
- ③ 제도의 개념을 넓게 해석하여 전통, 관습, 문화를 포괄한다.

06 ②
퍼트남(R. Putnam)은 사회적 자본에 있어 신뢰, 네트워크, 규범을 강조하였고, 지역 금융은 포함되지 않는다.

07 ③
바우처는 다수의 공급자가 있는 경우에 선택의 폭이 넓어져 유용하게 활용될 수 있다.

08 ③
신자유주의는 정부의 시장개입을 최소화하려는 기조로서 신공공관리적 행정개혁의 인식론적 기초로 작용하였다.

09

고용노동부의 인증을 받고 활동하고 있는 사회적 기업에 대한 설명으로 옳은 것은?

① 사회적 기업은 취약계층에 대한 일자리 창출과 사회서비스 수요에 대한 공급확대 정책으로 시작되었다.
② 비영리단체 형태의 조직만이 사회적 기업으로 인증받을 수 있다.
③ 무급근로자로만 구성된 비영리단체라도 사회적 기업으로 인증 받을 수 있다.
④ 고용노동부는 매년 사회적 기업의 활동실태를 조사하고 고용정책심의회에 통보하여야 한다.

10

정책집행에 대한 하향식 접근법의 내용으로 옳지 않은 것은?

① 엘모어(Elmore)는 하향식 접근법을 후향식 접근(backward mapping)이라고 표현하였다.
② 정책이 집행되는 동안 목표의 우선순위가 변하지 않아야 한다.
③ 정책결정의 내용은 타당한 인과이론에 근거하여야 한다.
④ 정책결정과 집행은 독자적인 영역으로 서로 구분된다.

11

조직 내 사회적 압력으로 인하여 비판적인 사고가 억제되고 판단능력이 저하되어 결국, 잘못된 의사결정에 도달되는 현상은 다음 중 어느 것인가?

① 공유재의 비극 ② 집단사고
③ 님비(NIMBY)현상 ④ 포획현상

12

다음 중 비용편익분석(cost-benefit analysis)에 대한 설명으로 옳지 않은 것은?

① 총비용에 비해 총편익이 큰 정책이 바람직한 정책이라고 가정한다.
② 미래에 발생할 비용과 편익을 화폐적 단위로 표시하고 계량적인 환산을 한다.
③ 적절한 할인율을 설정하기가 쉽지 않다.
④ 투자한 비용에 비해 효과가 장기적으로 발생한다면, 할인율이 높을수록 순현재가치가 크게 평가되어 경제적 타당성이 높게 나타난다.

정답 및 해설

09 ①

- 사회적기업 육성법 제8조(사회적 기업의 인증 요건 및 인증 절차) 제1항: 사회적 기업으로 인증받으려는 자는 다음 각 호의 요건을 모두 갖추어야 한다.
  1. 「민법」에 따른 법인·조합, 「상법」에 따른 회사·합자조합, 특별법에 따라 설립된 법인 또는 비영리민간단체 등 대통령령으로 정하는 조직 형태를 갖출 것
  2. 유급근로자를 고용하여 재화와 서비스의 생산·판매 등 영업활동을 할 것
- 사회적기업 육성법 제6조(실태조사): 고용노동부장관은 사회적 기업의 활동실태를 5년마다 조사하고, 그 결과를 고용정책심의회에 통보하여야 한다.

10 ①

엘모어(Elmore)의 하향식 접근법은 전방향적 접근(forward mapping), 상향식 접근법은 후방향적 접근(backward mapping)에 해당한다.

11 ②

- ① 공유재의 비극: 주인이 없는 공동의 방목장에서는 더 많은 소를 끌고 나오는 것이 이득이나, 방목장은 그 결과 황폐화된다.
- ③ 님비현상: 부정적 이미지의 시설들이 자기 지역에 들어오는 것을 반대하는 현상이다.
- ④ 포획현상: 피규제기관의 로비활동 또는 규제기관과 피규제기관 간의 인사교류 등으로 인해 규제기관이 피규제기관의 입장에 동조하는 현상이다.

12 ④

투자한 비용에 비해 효과가 장기적으로 발생한다면, 할인율이 높으면 순현재가치는 낮게 평가되어 경제적 타당성이 낮게 나타난다.

13

다음은 로위(T. Lowi)의 분류에 따른 정책유형에 관한 예이다. 옳지 않은 것은?

① 분배정책 : 고속도로 건설
② 재분배정책 : 저소득층의 소득안정 정책
③ 규제정책 : 식품위생에 관한 정책
④ 구성정책 : 코로나 사태에 따른 자영업자 금융 지원 정책

14

다음은 정책결정모형에 관한 설명이다. 옳은 지문은 몇 개인가?

가. 사이먼(Simon)에 따르면, 인간의 합리성은 제한적이지만 정책결정자는 최선의 대안을 추구한다.
나. 윌다프스키(Wildavsky)에 따르면, 예산 결정은 과거의 지출 수준을 토대로 점증적으로 결정될 가능성이 크다.
다. 쓰레기통모형(Garbage can model)에 따르면, 조직의 의사결정은 고도로 불확실한 상황에서 이루어진다.
라. 드로(Dror)의 최적모형에 따르면, 영감, 직관, 통찰력과 같은 초합리적 요소는 합리적 분석을 위해 배제되어야 한다.
마. 사이버네틱스(Cybernetics) 의사결정에 따르면, 의사결정의 질은 사전에 설정된 표준운영절차가 얼마나 정교한지에 의해 결정된다.

① 2개 ② 3개
③ 4개 ④ 5개

15

우리나라는 1997년 IMF 경제위기 이후 노사문제를 해결하기 위하여 노사정위원회를 구성하였다. 이러한 노사정위원회는 어떤 정책조정방식이론을 따른 것인가?

① 엘리트론 ② 다원주의론
③ 조합주의론 ④ 계급이론

16

허즈버그(F. Herzberg)가 주장하는 위생요인의 예로 옳지 않은 것은?

① 근무환경 ② 임금
③ 동료 간의 관계 ④ 책임감

정답 및 해설

13 ④
분배정책의 예이다. 구성정책의 예에는 선거구 조정, 정부의 새로운 조직이나 기구의 설립(여성가족부 신설 등), 공직자의 보수, 공무원·군인연금 등이 있다.

로위의 정책유형 분류

강제력 적용대상 / 강제력 행사방법	개별적 행위	행위의 환경
간접적	분배정책 (사회간접시설, 주택자금의 대출 등)	구성정책 (정부기관신설, 선거구 조정 등)
직접적	규제정책 (부실기업 구조조정, 최저임금제 등)	재분배정책 (근로장려금, 누진세 등)

14 ②
- 옳은 것은 나, 다, 마 3개이다.
- 가 : 사이먼의 만족모형에서 가정하는 의사결정자는 합리성을 제약(제한된 합리성)받는 행정인으로, 만족할 만한 대안의 선택에 그친다.
- 라 : 드로의 최적모형에 따르면 경제적 합리성과 정책결정자의 직관·판단·통찰 등(초합리성)도 정책결정의 중요한 요인이다.

15 ③
노사정위원회는 조합주의와 관련이 있다. 조합주의는 정책결정에서 정부의 보다 적극적인 역할을 인정하고 이익집단과의 상호협력을 중시하며 관료의 적극적 역할을 옹호하는 입장이다.

16 ④
- ④ 책임감은 만족을 느끼게 하는 심리적 요인으로서 직무 그 자체인 동기요인(만족요인)이다. 동기요인(만족요인)은 성취와 인정, 승진, 책임감, 개인적 성장과 발전 등이 예이다.
- ①, ②, ③ 위생요인(불만요인)은 직무의 환경에 관한 것으로 직무에 불만족을 느끼게 하거나 혹은 예방하는 데 작용하는 요인이다. 임금, 원만한 대인관계 등이 예이다.

17

민츠버그(H. Mintzberg)가 제시한 조직구조의 기본 부문들에 대한 설명으로 옳지 않은 것은?

① 전략부문(strategic apex)은 조직에 관한 전반적 책임을 지는 부분이다.
② 핵심운영부문(operating core)은 생산업무에 직접 종사하는 기능을 담당한다.
③ 중간부문(middle line)은 업무의 표준화를 추구한다.
④ 기술구조부문(technostructure)은 작업의 설계와 변경을 담당하는 전문가들이 있는 곳이다.

18

베버(M. Weber)가 제시한 이념형(ideal type) 관료제의 특성으로 옳지 않은 것은?

① 문서주의 ② 전문성
③ 카리스마적 권위 ④ 상명하복

19

조직구조설계 유형에 관한 기술로 옳은 것은?

① 팀제 구조는 책임 및 권한의 소재가 분명하다는 장점을 지닌다.
② 기능구조는 규모의 경제라는 장점을 지닌다.
③ 사업구조는 환경변화에 대한 탄력적 대응력이 기능구조에 비해 떨어진다.
④ 매트릭스 구조의 장점으로 신속한 의사결정이 있다.

20

리더십 이론에 대한 내용으로 옳지 않은 것은?

① 피들러(Fiedler)의 상황론이 제시하는 상황변수에는 리더와 부하와의 관계, 리더의 공식적 권한, 과업구조의 특성이 있다.
② 변혁적 리더십은, 거래적 리더십과 같이 보상을 기반으로 추종자들을 통제하기 보다는, 평등·자유·정의 등 고차원의 비전을 제시함으로써 추종자들의 의식을 더 높은 단계로 끌어올리려 한다.
③ 행태이론은 모든 상황에 효과적인 리더의 행태가 존재한다고 가정한다.
④ 블레이크와 모튼(Blake and Mouton)의 관리망(managerial grid) 연구에서는 과업형이 가장 효과적인 리더십 행태로 나타났다.

정답 및 해설

17 ③

중간부문(middle line)은 산출표준화를 추구한다.

민츠버그(H. Mintzberg)의 조직유형론

구분	단순 구조	기계적 관료제	전문적 관료제	사업부제	애드 호크라시
강조된 조직 구성 부분	최고 관리층 (전략 부문)	기술 구조	핵심 운영층 (operating core)	중간 계선 (middle line)	지원 참모 (support staff)
조정 방법	직접 감독	작업 과정의 표준화	작업 기술의 표준화	산출 표준화	상호 조절
구조	집권화 되고 유기적인 조직	높은 분화·전문화 조직	수평·수직적 분권화된 조직	제한된 수직적 분권화 조직	선택적 분권화 조직
환경	단순하고 동태적인 환경	단순하고 안정적인 환경	복잡하고 안정적인 환경	단순하고 안정적인 환경	복잡하고 동태적인 환경

18 ③

베버는 조직이 정당성으로 삼는 기준으로 권위의 유형을 전통적 권위, 카리스마적 권위, 법적·합리적 권위로 나누었는데 근대적 관료제는 법적·합리적 권위에 기초를 두고 있다고 주장했다. 베버는 능률성을 극대화할 수 있는 조직을 이념형 관료제라고 설정하여, 전근대적 봉건적 조직 원리와 구별하였다.

19 ②

- ① 팀제는 수평적 구조의 핵심 단위로 유기적 구조에 해당한다. 핵심업무를 중심으로 팀원 간 책임을 공유하기 때문에 책임과 권한의 소재가 불분명하다.
- ③ 사업구조의 각 부서는 자기완결적 단위로, 기능 간 조정이 용이하여 변화하는 환경에 신속하게 대응이 가능하다.
- ④ 매트릭스 구조는 기능부서와 사업부서로 나눠진 이원적 조직구조로 부서 간의 갈등이 발생할 수 있고, 갈등을 해결하기 위한 시간과 노력의 낭비가 발생하는 단점이 있다.

20 ④

블레이크(R. Blake)와 머튼(J. Mouton)의 관리격자(managerial grid) 모형에 따르면 무기력형, 컨트리클럽형, 과업형, 중도형, 단합형이라는 기본적인 리더십 유형이 도출되는데, 단합(team)형 리더십이 가장 이상적이라고 주장하였다.

21

책임운영기관에 대한 설명으로 옳지 않은 것은?

① 1999년 제정된 책임운영기관의 설치 · 운영에 관한 법률에 근거하여 운영되고 있다.
② 인사와 예산에서 자율성은 확대되고 운영성과에 대해서는 책임이 부여되는 정부기관이다.
③ 책임운영기관 제도설계의 이론적 기반은 신공공관리론이다.
④ 책임운영기관의 기관장은 공개모집을 통해 정년이 보장되는 정규직 공무원으로 채용된다.

22

대통령 직속 행정위원회에 해당하는 것은?

① 공정거래위원회
② 국민권익위원회
③ 방송통신위원회
④ 금융위원회

23

정보공개청구 제도에 관한 내용으로 옳지 않은 것은?

① 행정기관이 보유하고 있는 정보를 시민의 청구에 따라 공개하는 제도이다.
② 예산 사용에 관한 정보는 이 제도를 통해 청구할 수 없다.
③ 공공기관의 정보공개에 관한 법률에 근거하여 정보공개를 청구할 수 있다.
④ 중앙과 지방을 불문하고 공공기관에 대해 정보공개를 청구할 수 있다.

24

다음은 정부에 대한 이론 중 주인-대리인 모델에 관한 설명이다. 괄호 안에 들어갈 용어로 옳게 짝지어진 것은?

> 주인이 책임성을 확보하지 못하는 것은 주인이 대리인보다 정보가 부족하기 때문이다. 이를 (A)이라 한다. 그런 유리한 입장을 이용해 대리인의 (B)가 발생하게 된다. 이 모형을 정부에 적용하면 우선 국민이 주인이고 선출직인 국회의원과 대통령이 대리인이다.

① A – 정보의 비효율성, B – 도덕적 해이
② A – 정보의 비효율성, B – 무임승차
③ A – 정보의 비대칭성, B – 도덕적 해이
④ A – 정보의 비대칭성, B – 무임승차

25

다음 중 감사원의 임무 및 기능에 대한 설명으로 가장 옳지 않은 것은?

① 감사원이 국가결산보고서의 위법 또는 부당한 내용을 발견하면 이를 무효로 하거나 취소할 수 있다.
② 국가 또는 지방자치단체가 자본금의 50% 이상을 출자한 법인의 회계에 대해서 회계검사를 할 수 있다.
③ 직무감찰 대상은 공무원, 지방공무원, 한국은행 임원, 준공무원 등이다.
④ 감사원의 감사를 받는 자의 직무에 관한 처분, 그 밖의 행위에 관하여 이해관계를 가진 자는 감사원에 심사청구를 할 수 있다.

정답 및 해설

21 ④
소속중앙행정기관의 장은 공개모집 절차에 따라 행정이나 경영에 관한 지식 · 능력 또는 관련 분야의 경험이 풍부한 사람 중에서 임기제 공무원으로 임용한다.

22 ③
방송통신위원회는 대통령 소속 행정위원회이다. 공정거래위원회, 국민권익위원회, 금융위원회는 국무총리 소속 행정위원회이다.

23 ②
공공기관의 정보공개에 관한 법률 제9조(비공개 대상 정보) : 다음 각 호의 어느 하나에 해당하는 정보는 공개하지 아니할 수 있다.
1. 다른 법률 또는 법률에서 위임한 명령에 따라 비밀이나 비공개 사항으로 규정된 정보
2. 국가안전보장 · 국방 · 통일 · 외교관계 등
3. 공개될 경우 국민의 생명 · 신체 및 재산의 보호에 현저한 지장을 초래할 우려가 있다고 인정되는 정보
4. 진행 중인 재판에 관련된 정보와 범죄의 예방, 수사, 공소의 제기 및 유지, 형의 집행, 교정(矯正), 보안처분에 관한 사항 등
5. 감사 · 감독 · 검사 · 시험 · 규제 · 입찰계약 · 기술개발 · 인사관리에 관한 사항이나 의사결정과정 또는 내부검토과정에 있는 사항 등

24 ③
주인-대리인 이론은 주인과 대리인 사이의 정보 비대칭으로 인해 발생하는 문제로, 기준 미달인 대리인을 선택(역선택)하거나, 대리인 본인의 이해관계로 주인의 이해관계에 반하는 행동(도덕적 해이)이 발생하는 것을 말한다.

25 ①
감사원은 감사원법 제31조 ~ 제35조에 의해 변상책임의 판정, 징계 · 시정 · 개선 요구, 권고, 고발 등의 감사 결과의 처리를 할 수 있을 뿐 직접적으로 무효로 하거나 취소할 수 없다.

26

다음은 직위분류제와 관련된 용어의 설명이다. 옳지 않은 것은?

① 직렬: 직무의 종류가 유사하고 그 책임과 곤란성의 정도가 서로 다른 직급의 군
② 직급: 직무의 종류, 곤란성과 책임도가 상당히 유사한 직위의 군
③ 직위: 1인의 공무원에게 부여할 수 있는 책무와 책임
④ 직군: 동일한 직렬 내에서 담당 분야가 같은 직무의 군

27

대표관료제에 대한 기술로 옳은 것은?

① 관료들이 그들의 출신, 배경집단이 아닌 사회 전체를 대표하는 공익에 봉사할 것이라는 가정에 기반하고 있다.
② 대표관료제를 실현하기 위해 실적주의 원칙이 적용된다.
③ 전문성과 능률성이 떨어질 수 있다는 단점이 있다.
④ 대표관료제는 역차별과는 무관하다.

28

조직생활에서 단정한 옷차림의 예의 바른 사람을 두고 선량하여 범죄를 저지를 가능성이 없다고 판단하는 예와 같이, 부분적인 특질을 전체적 수준으로 확대 해석하는 지각적 오류를 범할 가능성이 있다. 이러한 오류를 지칭하는 용어는?

① 선택적 인지(selective perception)
② 후광효과(halo effect)
③ 자기 예언적 실현(self-fulfilling prophecy)
④ 투사(projection)

29

다음은 공무원 인사제도에 대한 설명이다. 옳은 지문은 몇 개인가?

> 가. 실적주의는 공직 임용기회 균등으로 평등이념 실현에 기여할 수 있다.
> 나. 실적주의는 공무원의 정치적 중립을 요구하지는 않으나, 직업공무원제는 공무원의 정치적 중립이 중요하다.
> 다. 엽관주의는 선거를 통해 행정부를 통제한다는 긍정적인 기능이 있다.

① 0개 ② 1개
③ 2개 ④ 3개

30

다음은 공무원 보수에 대한 설명이다. 옳지 않은 것은?

① 실적급은 공무원의 직무수행능력을 측정하여 그 능력이 우수할수록 보수를 우대하는 보수체계이다.
② 직무급은 직무의 난이도와 책임의 정도에 따른 직무의 가치를 보수와 연결시킨 것이다.
③ 연공급은 근속연수, 경력 등 속인적인 요소의 차이에 따라 보수의 격차를 두는 보수체계이다.
④ 생활급은 공무원과 그 가족의 기본적인 생활 내지 생계유지에 필요한 경비를 중심으로 보수를 결정하는 것이다.

정답 및 해설

26 ④
직류에 대한 설명이다. 직군(group)은 직무의 성격이 유사한 직렬의 군으로 행정직군, 기술직군 등이 있다.

27 ③
- ① 대표관료제 관료들이 사회 전체를 대표하는 공익보다는 출신 집단의 가치와 이익을 대변하리라는 기대에 기반하고 있다.
- ②, ④ 대표관료제는 현대 인사행정의 기본원칙인 실적제를 훼손할 뿐만 아니라, 역차별 발생우려와 이로 인한 사회분열 가능성이 있다.

28 ②
- ② 후광효과(연쇄효과)는 평정자가 가장 중요시하는 하나의 평정요소에 대한 평가 결과가 다른 평정요소에도 영향을 미치는 오류이다.
- ① 선택적 인지는 부분적인 정보만을 받아들여 판단을 내리는 것을 말한다.
- ③ 자기예언적 실현은 예언한 대로 행동하고 판단하게 되는 현상을 말한다.
- ④ 투사에 의한 착오는 자신의 감정이나 특성을 다른 사람에게 투사하는데서 오는 착오를 말한다.

29 ③
- 옳은 것은 가, 다 2개이다.
- 나: 실적주의는 정치적 중립이 주요 구성요소이나 직업공무원제에서는 반드시 그렇지는 않다.

30 ①
직능급에 대한 설명이다. 직능급이 직무수행능력에 따른 보수체계라면, 실적급(성과급)은 근무실적에 따른 보수체계이다.

31

계획예산제도(PPBS)에 관한 설명으로 옳지 않은 것은?

① 상향식 예산편성으로 하위 구성원의 참여가 보장된다.
② 비용편익분석 등 계량적 분석기법이 사용된다.
③ 의회와 관계기관으로부터 협조를 받지 못해 실패한 제도로 평가된다.
④ 목표와 계획에 따른 사업의 효율적 집행에 초점을 맞춘다.

32

다음은 예산제도에 관한 설명이다. 옳지 않은 것은?

① 우리나라 예산은 장, 관, 항, 세항, 목 등의 예산과목으로 분류되는데 이 중에서 관 이상을 입법과목이라 한다.
② 계속비는 공사나 제조 및 연구개발사업과 같이 장기간에 걸쳐 사업이 지속되어야 효과가 나타나는 경우 회계연도를 탄력적으로 적용할 필요가 있을 때 허용된다.
③ 범죄수사 등 특수활동에 소요되는 경비, 여비, 경제정책상 조기집행을 필요로 하는 공공사업비 등은 회계연도가 개시되기 이전에 예산을 배정할 수 있도록 허용하는 경우도 있다.
④ 국고채무부담행위는 외국인 고용이나 건물 임차 또는 국공채 발행과 같이 다년도에 걸쳐 국고 부담을 야기하는 채무를 체결할 수 있는 권한을 국회로부터 부여받는 것이다.

33

다음 중 예산에 대한 설명으로 옳지 않은 것은?

① 기금은 국가의 특정목적사업을 위해 출연금, 부담금 등을 주요 재원으로 한다.
② 기금은 특정수입과 지출의 연계를 배제한다.
③ 일반회계예산의 집행절차는 합법성에 입각하여 엄격하게 통제하는 경향이 있다.
④ 일반회계예산은 공권력에 의한 조세수입과 무상급부를 원칙으로 한다.

34

성과주의 예산제도에 대한 설명이다. 옳지 않은 것은?

① 중간목표가 아니라 사업이나 서비스의 최종 소비자인 국민을 중심으로 성과를 접근하기 때문에 국민의 요구에 대한 대응성을 높일 수 있다.
② 예산 집행의 자율권을 부여함으로써 사업집행이나 서비스 전달의 구체적인 수단을 탄력적으로 동원할 수 있다.
③ 사업선정의 기준과 과정을 제시하지 않고 있어 기관 간 비교가 곤란하고 그 결과 국가 전체 차원에서 자원 배분의 효율성을 확보하기가 곤란하다.
④ 성과측정을 위해 계량화가 가능한 지표 중심으로 평가가 이루어지기 때문에 전략목표 및 성과목표와의 정합성이 떨어지는 지표가 포함될 가능성이 없다.

35

다음 괄호 안에 들어갈 용어로 옳은 것은?

> 정부는 예산이 성립된 후에 생긴 사유로 이미 성립된 예산에 변경을 가할 필요가 있을 때에는 (　　)을 편성하여 국회에 제출할 수 있다.

① 수정예산　　② 준예산
③ 가예산　　④ 추가경정예산

정답 및 해설

31 ①
기획(계획)예산제도(PPBS)는 하향식 접근이 원칙으로, 의사결정이 지나치게 집권화되어 있는 특징을 가지고 있다.

32 ①
장·관·항이 입법과목이고, 세항·목이 행정과목이다.

33 ②
기금은 출연금, 부담금 등 다양한 재원으로 융자 사업 등을 수행하기 위해 법률로써 설치하는 것으로 특정수입과 지출이 연계되어 있다.

34 ④
(신)성과주의 예산제도는 성과측정을 위해 계량화가 가능한 지표 중심으로 평가가 이루어지기 때문에 전략목표 및 성과목표와의 정합성이 떨어지는 지표가 포함될 가능성이 있다.

35 ④
- ① 수정예산: 정부는 예산안을 국회에 제출한 후 부득이한 사유로 인하여 그 내용의 일부를 수정하고자 하는 때에는 국무회의의 심의를 거쳐 대통령의 승인을 얻은 수정예산안을 국회에 제출할 수 있다.
- ② 준예산: 새로운 회계연도가 개시될 때까지 예산안이 의결되지 못한 때에는 정부는 국회에서 예산안이 의결될 때까지 전년도 예산에 준하여 집행할 수 있다.
- ③ 가예산: 국회가 부득이한 사유로 회계연도 개시 전까지 예산을 의결하지 못한 경우 회계연도 시작 후 1개월 동안 잠정적으로 편성하는 예산을 말한다.

36

듀브닉과 롬젝(Dubnick and Romzek)의 행정책임성 유형 중 외부지향적이고 통제의 강도가 높은 책임성은?

① 정치적 책임성 ② 법적 책임성
③ 전문가적 책임성 ④ 관료적 책임

37

미국 클린턴(B. Clinton) 행정부의 국정성과평가팀(National Performance Review)이 추구한 행정개혁에 대한 내용으로 옳지 않은 것은?

① 고객우선주의 ② 문서주의의 지양
③ 권한위임 ④ 내부관리에 대한 통제 강화

38

제도적 책임성(Accountability)과 자율적 책임성(Responsibility)에 대한 설명으로 가장 옳지 않은 것은?

① 자율적 책임성은 정부가 행정활동으로 국민에게 손해를 끼칠 경우 그에 대해 책임을 추궁한다.
② 자율적 책임성은 직업윤리와 책임감에 기반한 능동적인 책임성을 의미한다.
③ 제도적 책임성은 법규와 규정에 따른 적절한 절차를 강조한다.
④ 제도적 책임성은 수동적인 행정책임을 의미한다.

39

특별지방행정기관 제도에 대한 설명으로 옳은 것은?

① 특별지방행정기관의 설치로 지역 주민들을 위한 공공서비스의 책임 행정이 약해진다.
② 특별지방행정기관의 관할 범위가 넓을수록 이용자인 국민의 편의가 증진된다.
③ 특별지방행정기관과 지방자치단체 간 기능의 보완으로 효율성을 제고할 수 있다는 장점이 있다.
④ 특별지방행정기관은 지방자치단체에서 별도로 설치한 일선집행기관이다.

40

다음 지방세 중에서 목적세에 해당하는 것은?

① 취득세 ② 지방교육세
③ 재산세 ④ 레저세

정답 및 해설

36 ②

외부지향적이고 통제의 강도가 높은 책임성은 법적 책임성이다.

두브닉(Dubnick)과 롬젝(Romzek)의 행정책임

구분		통제의 원천	
		내부	외부
통제의 강도	높음	계층적 책임	법적 책임
	낮음	전문가적 책임	정치적 책임

37 ④

클린턴 행정부 시절 신공공관리론에 입각한 혁신을 단행하여 고객지향적 행정, 복잡한 절차의 간소화, 권한위임 등을 통해 기업가형 내지 기업형 정부로의 변화를 추진하였다.

38 ①

제도적 책임성에 대한 설명이다.

39 ①

- ② 관할 범위가 넓을수록 현지성 확보가 어렵고, 국민의 편의는 감소한다.
- ③ 행정의 중복성으로 인해 비효율을 초래할 수 있다.
- ④ 국가의 사무를 집행하기 위해 중앙정부에서 설치한 일선행정기관이다.

40 ②

- ② 지방세 중 목적세에는 지방교육세, 지역자원시설세가 있다.
- ①, ③, ④ 취득세, 재산세, 레저세는 보통세에 해당한다.

06 2019. 10. 5. 경찰간부 기출문제

01

공공서비스를 소비의 배제성과 경합성을 기준으로 구분하면 다음 표와 같이 4가지 유형으로 구분할 수 있다. 각 영역에 해당하는 공공서비스의 유형에 대한 설명으로 가장 옳지 않은 것은?

특성		경합성 여부	
		비경합성	경합성
배제성 여부	비배제성	가	나
	배제성	다	라

① 가 – 시장에서 공급할 경우 무임승차 문제나 과다공급 또는 과소공급에 의한 시장실패가 발생한다.

② 나 – '공유재의 비극'을 초래하는 서비스로서 공급비용 부담 규칙과 무분별한 사용에 대한 규제 장치가 요구된다.

③ 다 – 기본적인 수요조차 충족하기 어려운 저소득층이나 사회적 약자를 위해 부분적인 정부개입이 필요하다.

④ 라 – 일반적으로 시장에 의한 서비스 공급이 활성화될 수 있어 공공부문의 개입이 최소화되는 영역이다.

02

사회적 자본(social capital)에 대한 설명으로 가장 옳지 않은 것은?

① 부르디외(P. Bourdieu)는 서로 알고 지내는 사이에 지속적으로 존재하는 관계의 네트워크를 통하여 얻을 수 있는 실제적이고 잠재적인 자원의 합계로 정의하였다.

② 사회적 자본은 조정과 협동을 용이하게 만들어 거래비용 감소의 긍정적 효과를 발생시킨다.

③ 사회적 자본은 구성원 사이의 상호 신뢰를 바탕으로 공동체를 위한 대가 없는 봉사를 말한다.

④ 사회적 자본은 집단결속력으로 인해 다른 집단과의 관계에 있어서 부정적 효과를 나타낼 수도 있다.

정답 및 해설

01 ③

특성		경합성 여부	
		비경합성	경합성
배제성 여부	비배제성	공공재	공유재
	배제성	요금재	시장재

기본적인 수요조차 충족하기 어려운 저소득층이나 사회적 약자를 위해 부분적인 정부개입이 필요한 것은 (라) 시장재이다.

02 ③

사회적 자본은 구성원 사이의 상호 신뢰에 바탕을 두지만, 공동체를 위한 대가 없는 봉사보다는 서로의 이익을 추구하는 '호혜주의'를 특징으로 한다.

03

윌슨(Wilson)은 규제정치를 아래 표와 같이 4가지 유형으로 구분했다. (㉠)~(㉣)에 들어갈 유형에 대한 설명으로 옳은 것은 모두 몇 개인가?

특성		규제의 편익	
		집중	분산
규제비용	집중	(㉠)	(㉡)
	분산	(㉢)	(㉣)

> 가. (㉠)은 쌍방이 막강한 정치조직적 힘을 바탕으로 첨예하게 대립되는 경우로서 규제기관이 어느 한쪽에 장악될 가능성이 약하다.
> 나. (㉠)에 해당하는 사례로는 수입 규제, 농산물 최저가격 규제가 해당된다.
> 다. (㉡)은 의제채택이 가장 어려우며 극적인 사건이나 재난, 위기 발생이나 운동가의 활동에 의하여 규제가 채택된다.
> 라. (㉡)에 해당하는 사례로는 음란물 규제, 낙태 규제, 차별 규제가 해당된다.
> 마. (㉢)은 조직화된 소수가 포획 등 강력한 로비활동으로 다수를 압도·이용하는 미시적 절연이 발생한다.
> 바. (㉣)의 상황에서는 쌍방 모두 집단행동의 딜레마에 빠지게 되어 규제의 필요성이 공익단체에 의해 먼저 제기된다.

① 1개　　② 2개
③ 3개　　④ 4개

04

공공재의 적정 공급규모에 관한 논의 중 과다공급설에 해당하는 것은?

① Musgrave의 조세저항
② Downs의 합리적 무지
③ 보몰병(Baumol's Disease)
④ Galbraith의 의존효과

05

다음 중 행태론적 접근방법에 대한 설명으로 가장 옳은 것은?

① 규범적·실질적이고 질적인 연구를 강조한다.
② 행태의 규칙성 및 인과성을 경험적으로 입증하고 설명할 수 있다고 보며 가치와 사실을 통합하고 가치중립성을 지향한다.
③ 정치와 행정현상에서 개별 국가의 특수성을 중시하였다.
④ 집단의 고유한 특성을 인정하지 않는 방법론적 개체주의의 입장을 취한다.

정답 및 해설

03 ④

- 옳은 것은 가, 다, 마, 바 4개이다.

특성		규제의 편익	
		집중	분산
규제비용	집중	이익집단정치	기업가정치
	분산	고객정치	대중정치

- 나. 수입 규제, 농산물에 대한 최저가격제는 (㉢) 고객정치에 해당한다.
- 라. 음란물 규제, 낙태 규제, 차별 규제(사회적 차별에 대한 규제)는 (㉣) 대중정치에 해당한다.

04 ③

- ③ 보몰병(보몰효과)은 정부규모팽창과 관련된 이론으로, 공공부문 서비스의 노동집약적 성격으로 인해 민간부문에 비해 생산성 증가가 느리고 생산성이 낮은 공공부문의 팽창이 사회 전체의 경쟁력을 저하시킨다는 내용이다.
- ①, ②, ④ 정부규모축소와 관련된 이론이다.

05 ④

- ① 객관적·실증적이고 양적인 연구를 강조한다.
- ② 가치와 사실을 구분하고 가치중립성을 지향한다.
- ③ 이론과 법칙을 정립하는 데 초점을 두었기 때문에 개별 국가의 특수성을 간과하였다.

06

행정학의 접근방법 중 신제도주의에 대한 설명으로 옳지 않은 것은 모두 몇 개인가?

가. 제도를 연구의 중심개념으로 사용하고 합리적 행동모형에 회의적이라는 점에서 구제도주의와 차이점이 있다.
나. 접근방법의 범위가 넓고 경계는 느슨한 경향이 있으며 그 안에는 개별적 특성이 서로 다른 이론들이 들어 있다.
다. 역사적 신제도주의에서 개인의 선호는 내생적으로, 즉 정치체제가 개인의 선호를 형성하고 제약한다.
라. 사회학적 신제도주의에서 제도는 개인들 간의 선택적 균형에 기반한 제도적 동형화 과정의 결과물로 본다.
마. 사회학적 신제도주의에서의 접근법은 방법론적 전체주의와 연역적 접근법이 사용된다.

① 1개 ② 2개
③ 3개 ④ 4개

07

신공공서비스론(NPS)에 대한 설명 중 옳은 것으로 짝지어진 것은?

가. 덴하르트(J. Denhardt & R. Denhardt)의 신공공서비스론은 신공공관리론(NPM)에 대한 비판적 시각에서 등장하였다.
나. 정부는 시장의 힘을 활용하는데 있어 방향잡기의 역할을 해야한다고 본다.
다. 이론적 토대는 민주주의 이론, 실증주의, 해석학, 비판이론 등 복합적이다.
라. 공익은 공유하고 있는 가치에 대해 대화와 담론을 통해 얻은 결과물이 아닌 개인 이익의 단순한 합산으로 보고 있다.
마. 민주적 시민정신이나 공익과 같은 가치들을 구현하는데 필요한 구체적 처방을 제시하지 못한다는 비판을 받는다.

① 가, 나, 다, 마 ② 나, 다, 라
③ 가, 다, 마 ④ 다, 라, 마

08

롤스(Rawls)의 정의론에 대한 설명 중 옳은 것은 모두 몇 개인가?

가. 자유와 평등의 조화를 추구하는 중도적 입장보다는 자유방임주의에 의거한 전통적 자유주의 입장을 취하고 있다.
나. 이념적·가설적 상황으로서 원초적 상태를 설정하였고 사회계약론의 입장에서 정의의 원리를 도출한다.
다. 정의의 두 가지 기본원리 중 제1원리는 기본적 자유의 평등원리이며, 제2원리는 차등조정의 원리이다. 제2원리 내에서 충돌이 생길 때에는 차등의 원리가 기회균등의 원리에 우선한다.
라. 기회균등의 원리는 결과의 공평을 중시하며 차등의 원리는 기회의 공평을 중시한다.

① 1개 ② 2개
③ 3개 ④ 4개

09

행정에 있어서 가외성(redundancy)에 대한 설명으로 가장 옳지 않은 것은?

① 가외성은 환경에 대한 조직의 적응성을 높여준다.
② 란다우(M. Landau)는 권력분립 및 연방주의를 가외성의 현상으로 보았다.
③ 환경의 불확실성이 커질수록 가외성의 필요성은 증가한다.
④ 불확실성에 대한 적극적 대처방안이다.

정답 및 해설

06 ③
- 옳지 않은 것은 가, 라, 마 3개이다.
- 가 : 제도를 연구의 중심개념으로 사용한다는 점에서 구제도주의와 공통점을 가진다.
- 라 : 사회학적 신제도주의는 방법론적 전체주의(개인들 간의 선택적 균형 ×) 관점이다.
- 마 : 사회학적 신제도주의에서의 접근법은 방법론적 전체주의와 귀납적 접근법을 사용한다.

07 ③
- 나 : 신공공서비스론에서 정부의 역할은 봉사이다.
- 라 : 신공공서비스론에서 공익은 공동의 가치에 대한 담론의 결과로 본다.

08 ①
- 옳은 것은 나 1개이다.
- 가 : 자유와 평등의 조화를 추구한다.
- 다 : 제1원리가 제2원리에 우선하며, 제2원리 내에서 충돌이 생길 때에는 '기회균등의 원리'가 '차등의 원리'에 우선한다.
- 라 : 기회균등의 원리는 직무와 직위는 모든 사람들에게 공정하게 개방되어야 한다는 것으로 기회의 공평을 중시하고, 차등의 원리는 사회의 모든 가치는 평등하게 배분되어야 한다는 것으로 결과의 공평을 중시한다.

09 ④
가외성은 불확실한 상황에서의 오류 발생 가능성을 최소화하고 체제의 신뢰성을 높이기 위해 강조되는 행정가치로, 불확실성을 주어진 것으로 보는 소극적 대처방안이다.

10

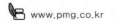

로위(Lowi)의 정책유형 중 다음과 같은 특징이 있는 정책유형은?

> • 모든 국민을 대상으로 하므로 대외적 가치배분에는 직접 영향을 주지 않지만 대내적으로는 게임의 법칙이 일어난다.
> • 선거구 조정, 정부조직이나 기구 신설, 공직자 보수 등에 관한 정책이 포함된다.

① 구성정책　② 분배정책
③ 규제정책　④ 재분배정책

11

정책네트워크이론(모형)에 대한 설명으로 가장 옳지 않은 것은?

① 정책과정에 대한 국가 중심 접근방법과 사회 중심 접근방법이라는 이분법적 논리를 극복하지 못하고 있다.
② 정책공동체의 경우 모든 참여자가 자원을 가지며 참여자 사이의 관계는 교환관계이다.
③ 헤클로(Heclo)는 하위정부모형을 비판적으로 검토하면서 정책이슈를 중심으로 유동적이며 개방적인 참여자들 간의 상호작용 현상을 묘사하기 위한 대안적 모형을 제안하였다.
④ 하위정부는 모든 정책분야에 걸쳐서 가능한 것이 아니라 대통령의 관심이 덜하거나 영향력이 비교적 적은 분배정책 분야에서 주로 형성되고 있다.

12

정책의제설정모형에 대한 설명으로 가장 옳은 것은?

① 동원형은 공중의제화 과정을 거치기 때문에 행정부의 영향력이 작고 민간부문이 발전된 선진국에서 많이 나타나는 모형이다.
② 올림픽이나 월드컵 유치 등 국민들이 적극적인 관심을 보인 사례는 외부집단이 주도한 외부주도형이다.
③ 포자모형은 정책문제가 제기되어 정의되는 환경보다는 정책문제 자체의 성격이 갖는 중요성에 주목한다.
④ 동형화모형은 정부 간 정책전이(policy transfer)가 모방, 규범, 강압을 통해 이뤄진다고 본다.

13

행정에서 불확실성에의 대처방안에 대한 설명 중 가장 옳지 않은 것은?

① '적극적 대처방안'은 불확실한 것을 확실하게 하려는 방안을 말한다.
② '소극적 대처방안'은 불확실한 것을 주어진 것으로 보고 이에 대처하는 방안을 말한다.
③ '적극적 대처방안'으로는 모형이나 이론의 개발, 정책 델파이, 정보의 충분한 획득 등이 해당되며, '소극적 대처방안'으로는 분기점분석, 민감도분석 등이 해당된다.
④ 최악의 불확실성을 가정하고 대안을 모색하는 것은 악조건가중분석으로 소극적 대처방안에 해당한다.

정답 및 해설

10 ①
• ① 보기는 로위의 정책유형 중 구성정책에 대한 설명으로, 구성정책은 헌정수행에 필요한 운영 규칙과 관련된 정책을 의미한다.
• ② 분배정책은 시민에게 권리나 이익, 또는 재화와 서비스를 배분하는 정책이다.
• ③ 규제정책은 특정 개인이나 집단에 대한 선택의 자유를 제한하는 정책이다.
• ④ 재분배정책은 상대적으로 많이 가진 계층(집단)으로부터 적게 가진 계층(집단)으로 재산・소득・권리 등을 이전시키는 정책이다.

11 ①
정책네트워크모형은 정책과정에 정부와 민간부문을 모두 포함하였다는 점에서 국가 중심의 접근방법과 사회 중심의 접근방법이라는 이분법적 논리를 극복하였다.

12 ④
• ① 동원모형은 정부의 힘이 강하고 민간부문의 힘이 취약한 후진국에서 많이 나타난다.
• ② 올림픽이나 월드컵 유치 등은 동원모형의 사례이다.
• ③ 포자모형은 정책문제가 제기되어 정의되는 환경의 중요성에 주목한다.

13 ④
악조건가중분석이 아닌 보수적 결정에 대한 설명이다. 악조건가중분석은 우수한 정책대안에 대해서는 최악의 상태가 발생하리라고 가정하고 나머지 대안들은 최선의 상태가 발생하리라는 가정하에서 분석하는 것으로, 이 가정하에서 여전히 우수한 정책대안이 나머지 대안들보다 우수하다면 그 대안을 채택할 수 있다.

14

정책결정모형에 대한 설명 중 옳은 것은 모두 몇 개인가?

가. 합리모형은 의사결정자들이 사회적으로 추구하는 가치와 그 것들의 우선순위를 보여주는 일련의 목표들을 설정할 능력이 있다고 가정한다.
나. 만족모형은 모든 대안을 탐색한 후 만족할 만한 결과를 도출하는 것이다.
다. 비가분적 정책(indivisible policies)에 대해서는 점증주의 정책결정모형을 적용하기 용이하다.
라. 혼합주사모형은 근본적 결정과 세부적 결정으로 나누어 근본적 결정의 경우 점증모형을, 세부적 결정의 경우 합리모형의 의사결정방식을 따른다.
마. 드로(Dror)가 제시한 최적모형에서 메타정책결정 단계(meta-policy making stage)에 해당하는 것은 정책결정 전략의 결정, 자원의 조사 · 처리 및 개발, 정책집행을 위한 동기부여 등이 있다.

① 1개 ② 2개
③ 3개 ④ 4개

15

집단적 정책결정모형에 대한 설명 중 가장 옳은 것은?

① 회사모형은 문제 중심적 탐색, 갈등의 완전한 해결, 표준 운영절차 중시 등을 특징으로 한다.
② 쓰레기통모형은 위계적인 조직구조의 의사결정과정에 적용이 용이하다.
③ 킹던(Kingdon)의 '흐름창(Policy Window) 모형'은 정책 창문이 한 번 열리면 문제에 대한 대안이 도출될 때까지 상당한 기간 열려있는 상태로 유지된다고 본다.
④ 정책딜레마 상황에서 정책결정자는 정책결정의 회피와 지연, 정책문제의 재규정, 상충되는 정책대안의 동시선택 등의 대응행동을 보일 수 있다.

16

나카무라와 스몰우드(Nakamura & Smallwood)가 분류한 정책집행의 유형 중 '협상형'에 대한 설명으로 가장 옳은 것은?

① 정책결정과 정책집행은 엄격하게 분리되며 정책집행자는 정책결정자가 결정한 정책을 충실히 집행한다.
② 정책집행자는 자신의 정책목표달성에 필요한 능력을 보유하고 있으며 자신의 정책목표달성에 필요한 수단들을 확보하기 위해 정책결정자와 협상한다.
③ 정책결정자는 명백한 목표를 설정하고, 정책집행자는 이러한 목표에 대해 동의한다.
④ 정책결정자와 정책집행자는 정책목표나 수단에 대하여 반드시 의견이 일치하지는 않는다.

정답 및 해설

14 ①
- 옳은 것은 가 1개이다.
- 나 : 만족모형은 만족할 만하고 괜찮은 해결책을 얻기 위해 무작위적이고 순차적으로 몇 개의 대안만을 탐색한다.
- 다 : 점증모형은 정책이 세부적으로 나누어지지 않는다면, 일부만 수정 보완이 어렵기 때문에 비가분적(indivisible) 정책결정에 적용하기 어렵다.
- 라 : 혼합주사모형은 근본적인 결정의 경우 합리모형을, 세부적인 결정의 경우 점증모형의 의사결정방식을 따른다.
- 마 : 드로는 메타정책결정단계, 정책결정단계, 후정책결정단계로 구분하였고, 메타정책결정은 정책결정 전략의 결정, 자원의 조사 · 처리 및 개발 등을 포함하고, 정책집행을 위한 동기부여는 후정책결정단계에 포함된다.

15 ④
- ① 회사모형은 갈등의 완전한 해결이 아닌 갈등의 준해결을 특징으로 한다.
- ② 쓰레기통모형은 조직화된 무정부상태(혼란상태 또는 불확실성과 혼란이 심한 상태로 정상적인 권위구조와 결정규칙이 작동하지 않는 경우)에서 조직이 어떠한 의사결정 행태를 나타내는가를 설명하는 모형이다.
- ③ 킹던의 정책 창 이론에서 정책 창문은 여러 가지 여건이 성숙될 때 열리고 그 기간은 짧다.

16 ④
- ① 고전적 기술자형에 대한 설명이다.
- ② 관료적 기업가형에 대한 설명이다.
- ③ 지시적 위임형 또는 고전적 기술자형에 대한 설명이다.

17

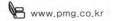

다음 중 정책평가의 내적 타당도 저해요인은 모두 몇 개인가?

가. 상실요소(experimental mortality)
나. 역사적 요소(history)
다. 성숙효과(maturation)
라. 호손효과(Hawthorne effect)
마. 오염효과(pollution)
바. 실험조작과 측정의 상호작용
사. 회귀인공요소(regression artifact)
아. 측정도구의 변화(instrumentation)
자. 표본의 대표성 부족
차. 측정(검사)요소(testing)

① 5개 ② 6개
③ 7개 ④ 8개

18

동기부여이론 중 내용이론만으로 짝지어진 것은?

① Maslow의 욕구계층이론 – Adams의 공정성이론
② Herzberg의 욕구충족요인이원론 – Vroom의 기대이론
③ Skinner의 강화이론 – Porter&Lawler의 업적만족이론
④ Likert의 관리체제이론 – Hackman&Oldham의 직무특성이론

19

동기이론의 하나인 '강화이론(학습이론)'에 대한 설명 중 가장 옳지 않은 것은?

① 고정간격 강화는 부하의 행동이 발생하는 빈도에 따라 일정한 간격으로 강화 요인을 제공하는 것이다.
② 팀의 주요사업에 기여도가 약한 사람에게는 팀에 주어지는 성과 포인트를 배정하지 않음으로써 성실한 참여를 유도하는 방법은 스키너(Skinner)의 강화유형 중 '소거'에 해당한다.
③ 조직의 강화일정 중 초기단계의 학습에서 바람직한 행동의 빈도를 늘리는데 효과적인 방법은 '연속적 강화'이다.
④ 변동비율 강화는 불규칙적 빈도 또는 비율의 성과에 따라 강화 요인을 제공하는 것이다.

20

조직 내의 갈등관리에 대한 설명으로 가장 옳은 것은?

① 갈등관의 행태론적 입장에서는 모든 갈등이 조직성과에 부정적 영향을 미치므로 제거되어야 한다고 본다.
② 로빈스(Robbins)는 갈등관리를 전통주의자, 행태주의자, 상호작용주의자의 관점으로 구분하여 접근한다.
③ 토마스(Thomas)의 갈등관리방안 유형 중 자신과 상대방의 이익의 중간정도를 만족시키려는 경우는 협동전략이다.
④ 업무의 상호의존성이 높을수록 갈등이 증가할 소지가 작다.

정답 및 해설

17 ③
- 내적 타당성 저해요인 – 가, 나, 다, 마, 사, 아, 차
- 외적 타당성 저해요인 – 라, 바, 자

18 정답없음
- ① Maslow의 욕구계층이론(내용이론) – Adams의 공정성이론(과정이론)
- ② Herzberg의 욕구충족요인이원론(내용이론) – Vroom의 기대이론(과정이론)
- ③ Skinner의 강화이론(과정이론) – Porter&Lawler의 업적만족이론(과정이론)
- ④ Likert의 관리체제이론(내용이론) – Hackman&Oldham의 직무특성이론(내용이론 또는 과정이론)

※ 직무특성이론을 과정이론으로 보고 정답없음으로 처리

19 ①
- 고정비율 강화에 대한 설명이다. 고정간격 강화는 규칙적인 시간간격으로 강화 요인을 제공하는 것(예를 들어 매월 20일에 봉급을 주는 것)을 말한다.
- 소거(중단, extinction)는 계속되어 오던 유인기제 제공을 중단하는 것을 의미한다. 소거는 행동과 이를 강화하였던 유인기제의 해제이므로, 강화되었던 행동이 점차 사라지게 된다.

20 ②
- ① 행태론적 입장에서 갈등은 필연적 현상으로 완전한 제거가 불가능하고, 때론 순기능적 측면이 있다고 본다. 모든 갈등이 조직성과에 부정적 영향을 미치므로 제거되어야 한다고 보는 것은 전통주의자 관점이다.
- ③ 협동전략이 아닌, 타협전략에 대한 설명이다. 협동전략은 자신과 상대방의 이익을 모두 만족시키는 방안이다.
- ④ 업무의 상호의존성이 높을수록 갈등이 증가할 소지가 크다.

21

리더십에 관한 설명 중 가장 옳지 않은 것은?

① 행태론은 리더와 부하집단 사이의 관계에 초점을 맞춘다.
② 상황론의 예로 피들러(F. Fiedler)의 상황적응모형(이론), 하우스(R. J. House)의 경로-목표모형(이론) 등을 들 수 있다.
③ 통합이 강조되고 고도의 다양성과 적응성이 요구되는 탈관료제적 조직에서는 거래적 리더십보다 변혁적 리더십이 효과적일 가능성이 높다.
④ 상황론은 리더십이 상황의 변화를 가져온다는 것을 전제한다.

22

네트워크 조직의 특성에 관한 설명으로 옳은 것을 모두 고른 것은?

가. 네트워크 조직은 조직의 자체 기능은 핵심역량 위주로 합리화하고, 여타 기능은 외부기관들과의 계약관계를 통해 수행하는 방식이다.
나. 조직의 유연성과 자율성 강화를 통해 환경 변화에 신속히 대응하고 창의력을 발휘할 수 있다.
다. 잦은 대면과 회의를 통해 과업조정이 이루어져야 하기 때문에 신속한 결정이 곤란하다.
라. 유동적이고 모호한 조직경계에 따라 조직의 정체성이 약해 응집력 있는 조직문화를 가지기 어렵다는 단점이 있다.
마. 기능부서의 기술적 전문성과 사업부서의 신속한 대응성이 동시에 요구되면서 등장한 조직형태이다.

① 가, 나, 다 ② 나, 다, 라
③ 가, 나, 라 ④ 나, 다, 마

23

다음 중 공공기관의 운영에 관한 법률상 공공기관에 대한 설명으로 옳지 않은 것을 모두 고른 것은?

가. 우리나라의 공공기관 중 준정부기관은 기금관리형과 위탁집행형으로 구분할 수 있다.
나. 공공기관의 운영에 관한 법률의 적용을 받는 공기업의 상임이사(상임감사위원 제외)에 대한 원칙적인 임명권자는 기획재정부장관이다.
다. 기획재정부장관은 매년 직원 정원 100인 이상의 공공기관 중에서 공기업과 준정부기관을 지정한다.
라. 한국방송공사는 공공기관의 운영에 관한 법률상 준시장형 공기업으로 분류할 수 있다.
마. 기획재정부장관은 지방자치단체가 설립하고 그 운영에 관여하는 기관을 공공기관으로 지정할 수 없다.

① 가, 나 ② 다, 라
③ 나, 다, 마 ④ 나, 다, 라

24

거시조직이론 분류 중 임의론에 해당하는 것은?

① 구조적 상황론
② 조직군 생태학이론
③ 전략적 선택이론
④ 조직경제학(대리인이론 및 거래비용이론)

정답 및 해설

21 ④
상황론은 상황요인에 따라서 리더십이 영향을 받는다는 관점이다.

22 ③
- 다 : 네트워크조직은 대면보다는 정보통신기술을 활용한 비대면 회의등을 통해 과업조정이 이루어진다.
- 마 : 매트릭스 조직에 대한 설명이다.

23 ④
- 나 : 공기업의 상임이사는 공기업의 장이 임명한다. 다만, 감사위원회의 감사위원이 되는 상임이사는 대통령 또는 기획재정부장관이 임명한다.
- 다 : 기획재정부장관은 직원 정원이 300인 이상 & 총수입액이 200억원 이상 & 자산규모가 30억원 이상의 공공기관 중에서 공기업과 준정부기관을 지정한다.
- 라 : 「방송법」에 따른 한국방송공사와 「한국교육방송공사법」에 따른 한국교육방송공사는 공공기관으로 지정할 수 없다.

24 ③
- ③ 전략적 선택이론은 조직구조의 변화가 외부환경 변수보다는 조직내 정책결정자의 상황판단과 전략에 의해 결정된다는 관점으로 임의론에 해당한다.
- ①, ②, ④ 구조적 상황론, 조직군 생태학이론, 조직경제학(대리인이론 및 거래비용이론)은 결정론에 해당한다.

25

총체적 품질관리(TQM)에 관한 설명으로 가장 옳지 않은 것은?

① 품질관리가 서비스 생산 및 공급이 이루어지는 과정의 매 단계에서 이루어진다.
② TQM은 상하 간의 참여적 관리를 의미하며 목표설정에서 책임의 확정, 실적 평가에 이르기까지 상관과 부하의 합의로 이루어진다.
③ 공공서비스의 품질 향상을 통한 고객만족을 목표로 하기 때문에 공무원들의 행태를 고객 중심적으로 전환할 수 있다.
④ 모든 조직구성원들은 한편으로 공급자이면서 다른 한편으로는 고객인 이중적 역할을 수행하는 것으로 본다.

26

대표관료제에 대한 설명으로 가장 옳지 않은 것은?

① 대표관료제는 실적주의의 폐단과 직업공무원제의 한계를 극복하고 사회적 약자를 보호하기 위하여 등장했다.
② 대표관료제라는 용어를 처음 사용한 사람은 킹슬리(Kingsley)이며 크랜츠(Kranz)는 비례대표로까지 그 개념을 확대하였다.
③ 대표관료제의 한계로 국민주권의 원리 위반, 역할론적 대표성 확보의 어려움, 내부통제 약화, 임용의 역차별과 갈등의 우려를 들 수 있다.
④ 임명직 관료집단이 민주적 방법으로 행동하도록 하기 위한 방안으로 도입되었다.

27

고위공무원단제도에 대한 설명으로 가장 옳지 않은 것은?

① 고위공무원단은 계급제가 아닌 직무등급제를 기반으로 운영된다.
② 행정부 전체에 걸쳐 국장급 이상의 공무원으로 구성되며 지방자치단체의 국가고위직은 포함되지 않는다.
③ 미국의 고위공무원단제도에는 엽관주의적 요소가 혼재되어 있다.
④ 원칙적으로 직무성과급적 연봉제를 적용한다.

28

계급제와 직위분류제에 관한 설명으로 가장 옳은 것은?

① 계급제는 공무원의 신분보장과 직업공무원제 확립에 유리하며, 직위분류제는 인력 활용의 융통성을 높여준다.
② 계급제는 외부환경 변화에 대한 대응력이 직위분류제에 비해 상대적으로 강하다.
③ 계급제는 인사권자에게 보다 많은 재량권과 융통성을 주어 리더십을 강화시켜 준다.
④ 직위분류제에서는 계급 간의 수직적 이동이 곤란하다.

정답 및 해설

25 ②
목표관리(MBO)에 대한 설명이다.

26 ③
대표관료제는 대표성을 지닌 관료집단 사이의 견제와 균형을 통해 관료제 내부통제를 강화시킨다.

27 ②
고위공무원단제도의 대상으로는 일반직 공무원뿐만 아니라 외무직 공무원 및 국가공무원으로 보하는 지방자치단체 및 지방교육행정기관의 국가고위직 공무원(부단체장, 부교육감 등)도 포함된다.

28 ③
- ① 직위분류제는 신축성이 부족하여 인적자원 활용에 제약이 크다.
- ② 계급제는 폐쇄 체계로 운영되고 신분보장이 되는 만큼 외부환경 변화에 대응력이 약하다.
- ④ 계급제에 대한 설명이다.

29

우리나라 고위공직자의 인사청문제도에 대한 설명 중 옳은 내용을 모두 고른 것은?

가. 인사청문특별위원회 위원장은 인사청문경과를 국회 본회의에 보고한 후, 대통령에게 인사청문경과보고서를 송부한다.
나. 국회는 임명동의안이 제출된 날로부터 20일 이내에 인사청문을 마쳐야 한다.
다. 소관상임위원회 인사청문에서 상임위원회가 경과보고서를 채택하지 않는 경우에, 대통령이 후보자를 임명하는 것은 실정법으로 금지된다.
라. 대법원장 · 헌법재판소장 · 국무총리 · 감사원장 및 대법관은 인사청문특별위원회에서 인사청문이 이루어진다.

① 가, 나, 라　　② 가, 다
③ 나, 다　　④ 나, 라

30

근무성적평정의 유형 및 오류에 대한 설명으로 가장 옳지 않은 것은?

① 평정자가 모든 피평가자들에게 대부분 중간범위 점수를 주는 심리적 경향은 집중화 경향(central tendency)이다.
② 근접오류를 방지하기 위한 방법으로 강제배분법을 들 수 있다.
③ 근본적 귀속의 착오(fundamental attribution error)는 타인의 실패를 평가할 때에는 개인적 요인을 과대평가하고 타인의 성공을 평가할 때에는 상황적 요인을 과대평가하는 경향을 말한다.
④ 평정자마다 척도에 사용되는 용어에 대한 지각과 이해가 상이할 경우 평정상의 오류가 범해질 수 있으며, 이러한 문제는 특히 도표식평정척도법에서 많이 나타난다.

31

공무원 부패의 원인에 대한 접근방법을 설명한 것 중 가장 옳지 않은 것은?

① 거버넌스적 접근 – 부패란 정부주도의 독점적 통치구조에서 비롯된 것으로 정부와 시민 간의 동등한 참여나 상호보완적 감시에 의한 협력적 네트워크에 의하여 해결될 수 있다고 본다.
② 체제론적 접근 – 법과 제도상의 결함이나 운영의 미숙 등이 부패의 원인으로 작용한다고 본다.
③ 사회문화적 접근 – 특정한 지배적 관습이나 경험적 습성과 같은 것이 부패를 조장한다고 보며 부패를 사회문화적 환경의 종속변수로 본다.
④ 도덕적 접근 – 부패는 개인의 비도덕성과 같은 윤리의식의 부재 때문에 발생한다고 본다.

32

예산원칙에 대한 설명으로 가장 옳지 않은 것은?

① 입법부 우위의 예산원칙은 행정이 소극적 성격을 가졌던 상황에서 효과적이다.
② 관리지향적 예산원칙은 예산과 기획의 밀접한 관계를 중요시하였다.
③ Neumark의 예산원칙은 예산을 통제수단으로 파악하였다.
④ 사전의결(절차성)의 원칙, 공개성의 원칙, 명확성(명료성)의 원칙, 보고의 원칙은 전통적 예산원칙에 해당한다.

정답 및 해설

29 ④
- 가: 인사청문회법 제11조 제2항: 의장은 공직후보자에 대한 인사청문경과가 본회의에 보고되면 지체없이 인사청문경과보고서를 대통령 · 대통령당선인 또는 대법원장에게 송부하여야 한다.
- 다: 소관상임위원회 인사청문에서 상임위원회가 경과보고서를 채택하지 않더라도 대통령이 후보자를 임명할 수 있다.

30 ②
근접오류는 최근 실적을 중심으로 평가하는 오류이다. 이러한 오류를 예방하는 방법에는 중요사건기록법을 완화방법으로 고려할 수 있다.

31 ②
제도적 접근방법에 대한 설명이다. 체제론적 접근방법은 부패발생원인을 관료 개인의 속성, 제도, 사회문화적 환경 등의 여러 요인이 복합적으로 작용한 결과라고 본다.

32 ④
보고의 원칙은 현대적 예산원칙에 해당한다.

33

다음에서 설명하고 있는 예산제도는?

- 예산이란 경기 순환기를 중심으로 균형이 이루어지면 된다는 논리이다.
- 세출규모의 변동을 장기적 관점에서 조정하는 데 기여한다.
- 경제적 불황기 내지 공황기에 적자예산을 편성하여 유효수요와 고용을 증대시킴으로써 불황을 극복하는 유용한 수단이 될 수 있다.

① 자본예산 ② 잠정예산
③ 조세지출예산 ④ 지출통제예산

34

영기준예산(ZBB)에 대한 설명 중 가장 옳지 않은 것은?

① 과거연도의 예산지출이 참고자료로 고려되지 않는다.
② 국방비, 공무원의 보수, 교육비와 같은 경직성 경비가 많으면 영기준 예산제도의 효용이 제약된다.
③ 영기준 예산제도는 미국 카터 행정부에서 채택되었던 것으로, 전년도 예산의 답습이 아니라 백지 상태에서 현행 사업을 재검토하고자 한 것이다.
④ 영기준예산은 기획의 책임이 집권화되어 있다.

35

다음 중 (가), (나) 안에 들어갈 예산집행의 신축성 유지방안으로 올바르게 짝지어진 것은?

(가) – 용역 또는 시설을 제공하여 발생하는 수입과 관련된 경비로서 수입이 예산을 초과할 때에 그 초과수입에 직접 관련되는 경비 및 이에 수반되는 초과경비를 의미한다.
(나) – 정부조직 등에 관한 법령의 제정 또는 폐지로 인하여 그 직무와 권한에 변동이 있을 때에 책임소관이 변경되는 것을 의미한다.

	(가)	(나)
①	수입대체경비	예산의 이체
②	수입대체경비	예산의 이월
③	예비비	예산의 이체
④	예비비	예산의 이월

36

신성과주의예산(New Performance Budgeting)의 특징으로 가장 옳지 않은 것은?

① 성과관리를 위해 발생주의 회계제도를 사용한다.
② 과거의 성과주의예산과 비교하여 프로그램 구조와 회계제도에 미치는 영향이 훨씬 광범위하고 포괄적이다.
③ 성과계획 수립, 예산편성 및 집행, 성과 측정・평가의 기본 구조를 가지고 있다.
④ 모든 조직에 공통적으로 적용할 수 있는 표준적 성과측정 지표를 개발하기 어렵다는 점은 신성과주의예산제도의 단점으로 지적된다.

정답 및 해설

33 ①
- ② 잠정예산은 예산 불성립시 예산집행과 관련된 제도로 미국, 영국 등에서 채택하고 있다.
- ③ 조세지출예산은 세제 지원을 통해 제공한 혜택을 예산지출로 인정하는 제도이다.
- ④ 지출통제예산은 예산 총액만 통제하고 구체적인 항목별 지출에 대해서는 집행부에 재량을 주는 것으로 성과지향적 예산제도의 한 유형이다.

34 ④
영기준 예산제도에서는 예산과정에 관리자 및 실무자의 참여를 촉진하고 각 부처에서 지출규모에 대한 결정을 하는 등 기획의 책임이 분권화되어 있다. 기획과 책임이 집권화되어 있는 것은 기획예산제도(PPBS)에 대한 설명이다.

35 ①
- 예비비는 예측할 수 없는 예산 외의 지출 또는 예산초과지출에 충당하기 위하여 일반회계 예산 총액의 100분의 1 이내의 금액을 세입세출예산에 계상하는 것을 말한다.
- 예산의 이월은 예산을 당해 회계연도에 집행하지 않고 다음 연도에 넘겨 차기 회계연도에 사용하는 것을 말한다.

36 ②
과거의 성과주의 예산개혁을 통해 회계, 관리, 프로그램 활동 간의 밀접한 관계가 필요하다는 점이 강조되었다. 반면에, 신성과주의예산은 지출에 대한 '결과'를 강조하였다.

37

주민참여예산제도에 대한 설명으로 옳은 것을 모두 고른 것은?

가. 주민참여예산제도는 실질적 참여가 이루어지는 것을 전제로 하기 때문에 Arnstein의 주민권력단계에 속한다고 할 수 있다.
나. 주민참여예산제도는 결과적 측면보다는 과정적 측면의 이념을 지향한다.
다. 주민참여예산제도는 주로 예산심의 과정에 주민들을 참여시켜 재정민주주의를 구현하기 위한 제도이다.
라. 우리나라의 주민참여예산제도는 지방자치법에 근거하여 모든 지방자치단체가 의무적으로 시행하고 있다.
마. 우리나라의 경우 지방자치단체의 장은 주민참여예산제도를 통하여 수렴한 주민의 의견서를 지방의회에 제출하는 예산안에 첨부하여야 한다.

① 가, 나, 다, 라, 마　　② 나, 다, 마
③ 가, 나, 라, 마　　④ 가, 나, 마

38

옴부즈만 제도에 관한 설명으로 가장 옳지 않은 것은?

① 1809년 스웨덴에서 처음으로 채택되어 실시된 제도이다.
② 옴부즈만은 행정기관의 결정에 대해 직접 취소・변경할 수 있는 권한을 갖지 않는다.
③ 옴부즈만은 시민의 요구나 신청에 의하여 조사를 개시하는 것이 일반적이지만 직권으로 조사를 개시하는 경우도 있다.
④ 우리나라의 경우 국무총리 직속의 국가인권위원회가 옴부즈만 기관에 해당한다.

39

다음 중 우리나라의 중앙정부와 지방자치단체 간의 관계에 대한 설명으로 가장 옳은 것은?

① 지방자치분권 및 지방행정체제 개편을 추진하기 위하여 국무총리 소속으로 자치분권위원회를 둔다.
② 보충성의 원칙에 따라 중앙정부가 처리하기 곤란한 사무는 지방자치단체가 보충적으로 처리해야 한다.
③ 지방자치법은 원칙적으로 사무배분방식에 있어서 포괄적 예시주의를 취하고 있다.
④ 중앙정부와 지방정부 간 갈등을 해결하기 위하여 설치된 행정협의조정위원회의 결정은 강제력을 지닌다.

40

우리나라의 주민참여제도 중 가장 나중에 도입된 것은?

① 주민투표제　　② 주민소환제
③ 주민소송제　　④ 조례제정개폐청구제

정답 및 해설

37 ④
- 다 : 주민참여예산제도는 주로 <u>예산편성</u> 과정에 주민들을 참여시켜 재정민주주의를 구현하기 위한 제도이다.
- 라 : 우리나라의 주민참여예산제도는 <u>지방재정법</u>에 근거하여 모든 지방자치단체가 의무적으로 시행하고 있다.

38 ④
우리나라의 경우 국무총리 소속의 <u>국민권익위원회</u>가 옴부즈만 기관에 해당한다.

39 ③
- ① 지방자치분권 및 지역균형발전에 관한 특별법 제62조(지방시대위원회의 설치 및 존속기한) 제1항 : 지방자치분권 및 지역균형발전을 추진하기 위하여 대통령 소속으로 지방시대위원회를 둔다.
- ② 보충성의 원칙은 지방자치단체가 처리하기 곤란한 사무는 중앙정부가 보충적으로 처리해야 한다는 원칙이다.
- ④ 행정협의조정위원회의 결정은 강제력은 없다.

40 ②
조례제정개폐청구제(1999년) – 주민투표제(2004년) – 주민소송제(2005년) – 주민소환제(2006년)

2018. 9. 15. 경찰간부 기출문제

01

다음 중 제3섹터(중간조직)의 형성배경에 대한 설명으로 가장 옳지 않은 것은?

① 계약실패이론은 서비스의 성격상 영리기업의 서비스 양과 질을 정확하게 파악하지 못할 때 비영리성을 띤 준(비)정부조직의 서비스를 더 신뢰하게 된다는 이론이다.
② 관청형성모형은 정책위주의 참모조직을 집행위주의 계선조직으로 개편하려는 의도가 작용하여 준정부조직이 형성하게 된다는 이론이다.
③ 공공재이론은 시장에서 공급되지 못한 수요를 충족시키기 위하여 중간조직이 발생했다는 이론이다.
④ 소비자통제이론은 소비자인 시민이 국가권력을 감시하고 통제하기 위한 수단으로 발생하였다는 이론이다.

02

경영과 구분되는 행정이 가지는 속성에 대한 설명으로 가장 옳지 않은 것은?

① 행정은 독점성 측면에서 경쟁자가 없다고 볼 수 있다.
② 행정은 본질적으로 정치적 공권력을 배경으로 수행된다.
③ 행정은 목표달성을 위한 효율적 자원 활용을 위한 관리성을 갖는다.
④ 행정은 공익추구라는 목적을 이루기 위한 수단적 성격을 갖는다.

03

다음 중 시장실패에 대한 원인별 정부의 대응방식이 잘못 연결된 것은?

① 자연적 독점 – 공적유도, 공적규제
② 정보의 비대칭성 – 공적유도, 공적규제
③ 외부효과 발생 – 공적유도, 공적규제
④ 불완전 경쟁 – 공적규제

정답 및 해설

01 ②
던리비(Dunleavy)의 관청형성모형에 따르면 합리적 고위관료들은 책임과 통제가 따르는 집행 분야는 준정부조직 등으로 떼어내고, 권력의 핵심인 참모 기능만 가지려고 한다. 따라서 집행위주의 계선조직을 정책위주의 참모조직으로 개편하려는 의도가 작용하여 준정부조직이 형성하게 된다.

02 ③
목표달성을 위한 효율적 자원 활용을 위한 관리성은 행정과 경영의 공통점이다.

03 ①
자연독점은 고속도로 건설 등 대규모 투자가 필요한 분야에 규모의 경제가 발생하여 생기는 독점 현상으로, 공적공급과 정부규제방식으로 대응하여야 한다.

시장실패 원인별 대응

원인 \ 정부대응	공적공급(행정조직)	공적유도(보조금)	정부규제(권위)
공공재의 존재	○		
외부효과의 발생		○	○
자연독점	○		○
불완전경쟁			○
정보의 비대칭		○	○

04

시장에서 부정적 외부효과가 발생해도 소유권을 명확히 한다면 시장실패가 발생하지 않는다는 이론은?

① 파레토 최적　　② 코즈의 정리
③ 파킨스 법칙　　④ 니스카넨의 가설

05

규제정책에 대한 설명으로 가장 옳지 않은 것은?

① 수단규제는 정부의 규제 정도와 피규제자의 순응 정도를 파악하는데 용이하다.
② 성과규제에서는 사회경제적으로 바람직한 최적의 성과 수준을 찾는 것이 어렵다.
③ 관리규제는 성과규제를 적용하기 어려울 때 적합하다.
④ 수단규제에서는 관리규제에 비해 유연한 규제설계가 가능해질 수 있다.

06

다음 중 공익에 관한 설명으로 가장 옳지 않은 것은?

① 신행정론의 등장으로 행정의 규범적 성격과 가치지향성을 강조하게 되어 공익이 강조되었다.
② 실체설은 공익이 사익과 상충되는 경우 사익은 당연히 희생되어야 한다는 전체주의적 입장이다.
③ 과정설은 공익은 선험적인 것이 아니라 특수이익이 민주적 조정과정을 통해 조정되는 입장으로 파악한다.
④ 민주화의 과정에서 발생하는 집단이기주의를 극복하기 위해서는 과정설의 입장을 반영할 필요가 있다.

07

공무원 개인의 가치와 태도를 토대로 하여 공직사회 전체의 부패 정도를 설명할 때 발생되는 오류는?

① 분할의 오류　　② 표본추출 오류
③ 합성의 오류　　④ 통계적 회귀 오류

정답 및 해설

04 ②
- ① 파레토 최적이란 자원의 최적배분이 실현되어 어느 한 사람에게도 손실을 끼치지 않고는 다른 사람들을 더 좋게 만들 수 없는 상황을 말한다.
- ③ 파킨슨의 법칙은 업무량과는 상관없이 기구와 인력을 팽창시키려는 현상을 말한다.
- ④ 니스카넨의 예산극대화가설은 관료들이 권력의 극대화를 위해 자기 부서의 예산극대화를 추구하는 현상을 말한다.

05 ④
관리규제(과정규제)가 수단규제(투입규제)에 비해 유연한 규제설계가 가능하다.

06 ④
집단이기주의를 극복하기 위해서는 공익은 사익을 초월하여 선험적 · 규범적인 것으로 보는 실체설의 입장을 반영할 필요가 있다.

07 ③
- 합성의 오류(환원주의 오류) : 부분의 합을 전체에 적용할 때 발생하는 오류이다.
- 분할의 오류(생태적 오류) : 전체의 특성을 가지고 부분에 적용할 때 발생하는 오류이다.
- 표본추출 오류 : 표본으로 선택된 집단의 대표성이 약할 경우 발생하는 오류이다.
- 통계적 회귀 오류 : 극단적인 상태에서 평균으로 돌아가려는 경향에도 불구하고, 인과관계가 있는 것으로 판단하는 오류이다.

08

오스본(Osborne)과 게블러(Gaebler)의 「정부재창조론」에서 제시된 기업가적 정부의 운영원리에 대한 설명으로 가장 옳지 않은 것은?

① 기업가적 정부는 예산지출 위주의 정부운영 방식에서 탈피하여 수익창출을 중시한다.
② 기업가적 정부는 리더십을 발휘하여 직접적인 서비스 공급자로서 역할을 수행한다.
③ 기업가적 정부는 법규나 규정에 의한 관리보다는 목표와 임무를 중심으로 조직을 운영하고 결과를 중시한다.
④ 기업가적 정부는 권한 분산과 하부 위임을 통해 참여적 의사결정을 중시한다.

09

현상학과 관련된 설명 중 옳은 것으로만 짝지어진 것은?

가. 인본주의	나. 가치와 사실의 구분
다. 상호주관성 중시	라. 순수과학적 연구
마. 철학적 연구방법	바. 새정치행정이원론
사. 반실증주의	아. 능동적・사회적 자아
자. 표출된 행위(behavior)	

① 가, 다, 라, 사　　② 가, 다, 마, 바
③ 다, 마, 사, 아　　④ 다, 마, 사, 자

10

다음 중 정책과 정책유형이 바르게 짝지어진 것은?

가. 최저임금제	나. 항공노선 배정
다. 신공항건설	라. 실업수당

	가	나	다	라
①	경쟁적 규제정책	분배정책	재분배정책	보호적 규제정책
②	재분배정책	구성정책	분배정책	보호적 규제정책
③	보호적 규제정책	경쟁적 규제정책	분배정책	재분배정책
④	보호적 규제정책	분배정책	구성정책	재분배정책

정답 및 해설

08 ②

기업가적 정부는 직접적인 서비스 공급자가 아닌, 방향 잡아주기 역할을 한다.

정부재창조론에서 오스본과 개블러가 제시한 기업가적 정부운영의 10대 원리

1. 촉진적 정부(방향잡기)
2. 지역사회가 주도하는 정부(서비스 제공보다 권한부여)
3. 경쟁적 정부
4. 사명 지향적 정부
5. 성과 지향적 정부
6. 고객 지향적 정부
7. 기업가적 정신을 가진 정부
8. 미래에 대비하는 정부
9. 분권적 정부(권한의 분산과 하부위임을 통해 참여적 의사결정 촉진)
10. 시장 지향적 정부

09 ③

현상학은 사회현상 또는 사회적 실제란 자연현상처럼 사람과 동떨어진 객체로 존재하는 것이 아니라, 사람들의 상호 주관적인 경험으로 이루어진다는 것으로 본다. 사회과학 연구의 본질적 문제에 대해 실증주의와 행태주의적 연구방법에 반대한다. 현상학과 관련된 용어에는 인본주의, 상호주관성 중시, 철학적 연구방법, 반실증주의, 능동적・사회적 자아 등이 있다.

10 ③

- 가: 최저임금제는 소수자나 사회적 약자, 일반대중을 보호하기 위하여 개인이나 집단의 권리행사나 행동의 자유를 제한하는 보호적 규제정책에 해당한다.
- 나: 항공노선 배정은 다수의 경쟁자 중 특정 개인이나 집단에게 서비스의 제공권을 부여하고 이들의 활동을 규제하는 경쟁적 규제정책에 해당한다.
- 다: 신공항건설은 시민에게 권리나 이익 또는 재화나 서비스를 배분하는 분배정책에 해당한다.
- 라: 실업수당은 상대적으로 많이 가진 계층 또는 집단으로부터 적게 가진 계층 또는 집단으로 재산・소득・권리 등의 일부를 이전시키는 재분배정책에 해당한다.

11

Porter와 Lawler의 성과(업적)－만족이론에 관한 다음 설명 중 옳은 것으로만 짝지어진 것은?

> 가. 직무성과는 내재적·외재적 보상을 가져오며, 이 관계는 불완전하게 연결될 가능성이 있다.
> 나. 내재적·외재적 보상이 있더라도 그것이 불공평하다고 지각되면 개인에게 만족을 줄 수 없다.
> 다. 외재적 보상은 조직의 통제 하에 있는 보상으로 보수·승진 등을 예로 들 수 있다.
> 라. 내재적 보상은 직무성과에 대해 개인이 스스로 얻는 보상으로 근무환경·안전 등이 포함된다.
> 마. 개인이 기대하는 보상의 양은 만족에 영향을 주지 않으며, 개인이 실제로 받는 보상의 양만 만족에 영향을 미친다.

① 가, 나, 다　② 가, 다, 마
③ 가, 나, 라　④ 다, 라, 마

12

정책평가에 대한 설명으로 가장 옳은 것은?

① 구성적 타당성은 정책효과의 측정을 위해 충분히 정밀한 연구설계가 이루어진 정도를 말한다.
② 성숙효과는 실험기간 중 실험집단의 특성이 변화함으로써 결과에 영향을 미치는 것을 의미하며, 외적 타당성 저하요인이다.
③ 호돈효과는 조건이 양호한 집단을 대상으로 정책수단을 실시한 후 그 결과를 일반화하는 것으로 외적 타당성 저하요인이다.
④ 「정부업무평가 기본법」상 특정평가는 국무총리가 국정을 통합적으로 관리하기 위하여 필요한 정책을 평가하는 것이다.

13

비용편익분석과 비용효과분석에 대한 설명 중 가장 옳지 않은 것은?

① 비용효과분석에서 효과는 물건이나 용역의 단위 또는 측정 가능한 효과로 나타내어 진다.
② 비용편익분석은 경제적 합리성을 강조하지만 비용효과분석은 기술적 합리성을 강조한다.
③ 비용효과분석은 총효과가 총비용을 초과하는지의 여부에 대한 직접적 증거는 제시하지 못한다.
④ 비용효과분석은 측정대상이 이질적이어도 효과성만으로 비교 분석이 가능하다.

14

아래에 제시된 정책결정모형인 쓰레기통모형에 대한 설명 중 옳은 것으로 짝지어진 것은?

> 가. ‘불명확한 기술’이란 정책 행위자들이 정책문제에 대하여 모호하게 정의하는 것을 의미한다.
> 나. ‘문제성 있는 선호’란 정책 행위자들의 선호가 서로 다르다는 것을 의미한다.
> 다. ‘유동적 참여’란 정책 참여자들이 정책 과정에 있어 부분적으로 참여하는 것을 의미한다.
> 라. 정책결정에 필요한 요소로 문제의 흐름, 해결책의 흐름, 선택기회의 흐름, 참여자의 흐름이 있으며, 이 흐름들이 상호 연관되어 결합될 때 정책결정이 이루어진다.

① 가, 나　② 나, 다
③ 다, 라　④ 가, 라

정답 및 해설

11 ①
- 라: 내재적 보상은 직무 자체에 대해 느끼는 성취감 등이 있다. 보수, 승진, 안전 등은 외재적 보상에 해당한다.
- 마: 성과·만족이론은 보상의 공정성에 대한 개인의 지각이 만족에 영향을 미치므로 기대하는 보상의 양도 만족에 영향을 준다.

12 ④
- ① 통계적 결론의 타당성에 대한 설명이다. 구성적 타당성은 처리, 결과, 모집단 및 상황들에 대한 이론적 구성요소들이 성공적으로 조작된 정도를 말한다.
- ② 성숙(maturation)효과는 내적 타당성 저해요인이다.
- ③ 크리밍(Creaming)효과에 대한 설명이다. 호손(Hawthorne)효과는 실험대상자들이 실험의 대상으로 자신들이 관찰되고 있다는 사실을 알게 되어 평소와는 다른 행동을 함으로써 발생하는 효과이다.

13 ④
비용효과분석은 측정대상이 동질적인 사업의 평가에 주로 이용되고 있다.

14 ②
- 가: 쓰레기통모형에서 기술이란 목표와 이를 달성하기 위한 수단 사이에 존재하는 인과관계를 의미하고, 불명확한 기술이란 목표를 달성하기 위한 구체적인 수단을 모르는 것을 의미한다.
- 라: 문제, 해결책, 참여자, 선택기회 네 요소가 독자적으로 흘러 다니다가 어떤 계기로 교차해 만날 때 결정이 이루어진다.

15

드로(Dror)의 최적모형에서 설명하는 상위정책결정단계와 관련이 없는 요소는?

① 정책을 집행하기 위한 동기부여
② 자원의 조사, 처리 및 개발
③ 정책 결정 체제의 설계, 평가 및 재설계
④ 문제, 가치 및 자원의 배분

16

정책딜레마 상황에 대한 설명으로 가장 옳지 않은 것은?

① 대안들이 상충되고 각각 기회손실이 비슷한 경우에 발생한다.
② 갈등 집단들의 내부 응집력이 강할 때 딜레마가 증폭된다.
③ 갈등 당사자들이 정책결정의 회피나 지연을 조장한다.
④ 정책문제의 재규정은 딜레마 상황에 대한 적극적 대응방식이다.

17

립스키(M. Lipsky)의 일선관료제 이론에 대한 설명으로 가장 옳지 않은 것은?

① 일선관료들은 서비스 제공에 있어 상당한 재량권을 보유한다.
② 자원은 만성적으로 부족하며 서비스 수요는 증가하는 경향이 있다.
③ 객관적 성과평가의 기준이 명확하여 목표달성을 지향하는 성과의 측정이 용이하다.
④ 일선관료는 집행에 필요한 자원이 부족할 경우 대체로 부분적이고 간헐적으로 정책을 집행한다.

18

아래에 제시된 조직구조 특성 중 유기적 구조의 특성은 모두 몇 개인가?

가. 분업적 과제	나. 성과측정이 용이
다. 넓은 직무 범위	라. 표준운영절차
마. 권위의 정당성 확보	바. 예측가능성

① 1개 ② 2개
③ 3개 ④ 4개

정답 및 해설

15 ①
정책을 집행하기 위한 동기부여는 후정책결정단계의 요소에 해당한다. 드로의 최적모형은 정책결정과정을 초(상위 또는 메타)정책결정단계, 정책결정단계, 후정책결정단계로 구분한다.

16 ③
정책결정의 회피나 지연은 갈등 당사자들이 아니라 딜레마상황에서 정책결정자의 대응이다.

17 ③
립스키의 일선관료제는 분명한 정책목표의 가능성을 부인하고 집행문제에 초점을 맞춘다. 정책목표가 분명하지 못하므로 객관적 성과평가 기준을 확립하기 어렵다.

18 ①
유기적 구조의 특성은 다 1개이다.

기계적 구조와 유기적 구조 비교

구분	기계적 구조	유기적 구조
장점	예측가능성	적응성
조직특성	• 좁은 직무범위 • 표준운영절차 • 분명한 책임관계 • 계층제 • 공식적 · 몰인간적 대면관계	• 넓은 직무범위 • 적은 규칙 · 절차 • 모호한 책임관계 • 분화된 채널 • 비공식적 · 인간적 대면관계
상황조건	• 명확한 조직목표와 과제 • 분업적 과제 • 단순한 과제 • 성과측정이 가능 • 금전적 동기부여 • 권위의 정당성 확보	• 모호한 조직목표와 과제 • 분업이 어려운 과제 • 복합적 과제 • 성과측정이 어려움. • 복합적 동기부여 • 도전받는 권위

19

대프트(Daft)의 조직유형 중 사업구조에 대한 설명으로 가장 옳은 것은?

① 유사한 기능을 수행하는 구성원들의 분업을 통해 지식과 기술을 통합적으로 활용하므로 부서와 구성원들의 전문성을 제고할 수 있다.

② 특정 산출물별로 운영되므로 고객만족도를 제고하고 성과에 대한 책임소재를 분명하게 하여 성과관리에 유리하다.

③ 조직구성원들에게 자율관리, 의사결정권과 책임을 위임함으로써 사기와 직무동기 부여에 기여한다.

④ 특정기능별로 최고의 품질과 최저비용의 자원들을 활용할 수 있으면서 매우 간소화된 조직구조를 유지할 수 있다.

20

아지리스의 동기부여이론에 대한 설명으로 가장 옳은 것은?

① 머슬로의 5단계 욕구계층설을 수정해 인간의 욕구를 존재, 관계, 성장의 3단계로 나눈다.

② 인간의 욕구를 불만과 만족이라는 상호 독립적인 이원적 구조로 파악하면서, 만족의 반대를 만족이 없는 상태로, 불만족의 반대를 만족이 아니라 불만족이 없는 상태로 규정한다.

③ 동기가 개인이 사회문화와 상호작용하는 과정에서 취득되고 학습을 통해 개발될 수 있다는 것을 전제로, 개인의 욕구 중 사회문화적으로 학습된 욕구들을 성취욕구, 권력욕구, 친교 욕구로 분류했다.

④ 공식조직이 개인의 행태에 미치는 영향 연구를 통해 인간은 미성숙상태에서 성숙상태로 발전하는 과정에서 성격변화를 경험한다는 점을 주장했다.

21

직위분류제의 용어에 대한 설명 중 옳은 것은 모두 몇 개인가?

> 가. 직위(position) − 한 사람의 공무원에게 부여할 수 있는 직무와 책임
> 나. 직렬(series) − 직무의 종류는 물론 직무수행의 곤란도와 책임도가 모두 유사한 직위의 집단
> 다. 직군(group) − 직무의 종류는 다르지만 직무수행의 곤란도와 책임도가 유사한 직무들을 묶은 것
> 라. 직류(sub-series) − 동일한 직렬 내에서의 담당분야가 유사한 직무의 군

① 1개　② 2개
③ 3개　④ 4개

22

책임운영기관에 대한 설명으로 가장 옳지 않은 것은?

① 정부가 직접 생산하되 수단은 민간의 시장요소를 도입한 것이다.

② 신공공관리론 원리에 의해 등장한 새로운 형태의 민영화 수단이다.

③ 담당하는 정책에 대해 구체적인 목표를 설정한다.

④ 일반행정기관과 비교할 때 예산과 인사관리의 재량권이 있다.

정답 및 해설

19 ②
① 기능구조, ③ 수평구조, ④ 네트워크 구조에 대한 설명이다.

20 ④
- ① 앨더퍼(Alderfer)의 ERG이론에 대한 설명이다.
- ② 허즈버그(Herzberg)의 욕구충족이원론에 대한 설명이다.
- ③ 맥클리랜드(McClelland)의 성취동기이론에 대한 설명이다.

21 ②
- 옳은 것은 가, 라 2개이다.
- 나: 직급에 대한 설명이다. 직렬은 직무의 종류는 유사하나, 곤란도·책임도가 서로 다른 직급의 군이다.
- 다: 등급에 관한 설명이다. 직군은 직무의 성격이 유사한 직렬의 군이다.

22 ②
책임운영기관이란 정부가 수행하는 사무 중 공공성을 유지하면서도 경쟁 원리에 따라 운영하는 것이 바람직하거나 전문성이 있어 성과관리를 강화할 필요가 있는 사무에 대하여 책임운영기관의 장에게 행정 및 재정상의 자율성을 부여하고 그 운영 성과에 대하여 책임을 지도록 하는 행정기관이다. 책임운영기관은 민영화가 아니라 정부기관(특허청 등)으로, 구성원 역시 공무원이다.

23

거시조직이론에 대한 설명 중 옳은 것으로 짝지어진 것은?

가. 구조적 상황론에 따르면 환경의 영향에 대한 조직관리자의 역할이 수동적이다.
나. 자원의존이론에 따르면 조직은 주도적・능동적으로 환경에 대처하며 그 환경을 조직에 유리하도록 관리하려는 존재이다.
다. 대리인이론에 따르면 정보의 비대칭으로 인해 도덕적 해이와 역선택이 발생할 수 있다.
라. 거래비용이론에 따르면 시장의 자발적인 교환행위에서 발생하는 거래비용이 관료제의 조정비용보다 클 경우 거래를 외부화하는 것이 효율적이다.
마. 전략적 선택이론에 따르면 조직구조의 변화가 외부환경변수보다는 조직 내 정책결정자의 상황판단과 전략에 의해 결정된다고 본다.

① 가, 나, 다, 라　② 가, 나, 다, 마
③ 가, 다, 라, 마　④ 나, 다, 라, 마

24

정책의제 설정에 대한 설명 중 가장 옳지 않은 것은?

① 일반적으로 정책의제는 정치성, 주관성, 동태성을 지닌다.
② 정책효과가 있는데 없다고 판단하는 경우를 2종오류라 한다.
③ 정부 내 정책결정자들이 주도하여 정책의제화를 하는 경우를 허쉬만은 '강요된 정책문제'라 하였다.
④ 일반대중이 정부가 해결방안을 강구해야 한다고 공감하는 문제를 체제의제라 한다.

25

아래의 표에서 제시된 공공서비스의 성과지표와 산출방법이 올바르게 연결된 것은?

성과지표	경찰부서의 산출방법
투입	조사활동에 투입된 경찰 및 차량 규모
과정	A
산출	B
결과	C
영향	D

가. 범죄율 감소　나. 범인 체포 건수
다. 담당 사건 수　라. 지역사회 안전성

① A - 다, B - 가, C - 라, D - 나
② A - 다, B - 라, C - 나, D - 가
③ A - 다, B - 나, C - 라, D - 가
④ A - 다, B - 나, C - 가, D - 라

정답 및 해설

23 ②
라: 거래비용이론에 따르면 조직이란 거래비용을 감소하기 위한 장치이다. 시장의 자발적인 교환행위에서 발생하는 거래비용이 관료제의 조정비용보다 큰 경우 거래를 내부화하는 것이 효율적이다.

24 ③
허쉬만(Hirshman)이 '강요된 정책문제'라고 한 것은 민간집단에 의해 이슈가 제기되어 공중의제화한 이후 정책결정자의 관심을 끌게 되면 정부의제로 전환되는 '외부주도형'이다. 정부 내 정책결정자들이 주도하여 정책의제화를 하는 경우는 '내부접근형'에 대한 설명이다.

25 ④
- 투입: 생산에 필요한 인력, 예산 등의 자원을 투입하는 단계
- 과정: 투입에서 산출로 전환되는 단계 - 다
- 산출: 투입으로부터 직접 발생되는 결과물 - 나
- 성과: 서비스 생산으로부터 달성하려고 했던 목표 - 가
- 영향: 성과로부터 사회전반에 미치는 효과 - 라

26

공무원의 근무성적평정에 관한 설명 중 옳은 것은 모두 몇 개인가?

가. 근무성적평정 요소에는 직무수행실적과 개인의 능력 외에 태도도 포함할 수 있다.
나. 목표관리제 평정법은 목표달성도를 측정하여 개인의 실적을 평가하는 것으로, 개인 간 비교에 용이하다.
다. 도표식 평정척도법은 과학적 직무분석에 기초하여 평정의 결과가 점수로 환산된다.
라. 평정오류 중 집중화 경향을 방지하기 위한 방법으로 강제배분법이 활용될 수 있다.
마. 우리나라는 이중평정제를 실시하고 있으며, 다면평정결과를 근무성적평정에 반영하고 있다.
바. 공정한 평가를 위해 평가자와 피평가자의 사전협의는 금지된다.

① 1개　② 2개
③ 3개　④ 4개

27

예산의 원칙 중 '한 회계연도의 모든 수입을 세입으로 하고 모든 지출을 세출로 하며, 세입과 세출은 모두 예산에 편입해야 한다.'를 의미하는 원칙은?

① 예산 통일의 원칙　② 예산 총계주의 원칙
③ 예산 단일성의 원칙　④ 예산 한정성의 원칙

28

직업공무원제에 대한 설명으로 가장 옳지 않은 것은?

① 직업공무원제는 실적주의의 확립을 필요조건으로 한다.
② 직업공무원제는 직위분류제와 폐쇄형 임용체계를 중요시한다.
③ 직업공무원제는 행정의 지속성, 안정성을 유지하는데 기여한다.
④ 직업공무원제는 인재 채용시 학력과 연령을 제한한다.

29

중앙인사기관에 대한 설명으로 가장 옳지 않은 것은?

① 독립합의형(위원회형) 중앙인사기관의 장점은 의사결정의 신속화에 있다.
② 한국의 중앙인사기관인 인사혁신처는 비독립단독형(부처조직형)이다.
③ 비독립단독형(부처조직형) 중앙인사기관의 장점은 책임소재의 명확화에 있다.
④ 독립합의형(위원회형) 중앙인사기관을 통해 타 기관과의 밀착을 방지하고 원만한 관계를 설정할 수 있다.

정답 및 해설

26 ②
- 옳은 것은 가, 라 2개이다.
- 나 : 목표관리제 평정법은 개인별 성과목표가 상이하게 설정되는 만큼 개인 간 비교가 어렵다.
- 다 : 도표식 평정척도법은 평가자의 직관과 선험을 바탕으로 평가요소가 결정되고, 평정요소와 등급의 추상성이 높아 평정자의 자의적 해석에 의한 평가가 이루어지기 쉽다.
- 마 : 우리나라는 다면평정결과를 승진·전보·성과급 지급 등에는 참고자료로만 활용하고 있다.
- 바 : 평가자는 근무성적평정이 공정하고 타당하게 실시될 수 있도록 하기 위하여 근무성적평정 대상 공무원과 성과면담을 실시하여야 한다.

27 ②
- ① 통일성의 원칙 : 모든 수입은 국고에 편입되고 여기에서부터 지출되어야 한다(특정수입과 특정지출의 금지).
- ③ 단일성의 원칙 : 국가의 예산은 하나로 존재해야 한다.
- ④ 한정성(한계성)의 원칙 : 예산은 주어진 목적·규모·시간(기간)에 따라 집행해야 한다.

28 ②
직업공무원제는 계급제, 폐쇄형 임용, 일반행정가주의를 지향하는 인사제도이다.

29 ①
합의형은 복수 위원들 간의 합의에 의한 결정방식으로 단독형에 비해서 의사결정의 신속함이 떨어진다.

30

직무평가기법에 관한 내용 중 옳지 않은 것으로 짝지어진 것은?

> 가. 분류법은 직무 전체를 종합적으로 판단하되, 등급기준표와 의 비교를 통해 등급을 결정한다.
> 나. 요소비교법은 대표적인 기준직무(key job)와 평가직무를 비교하는 비계량적 평가법이다.
> 다. 서열법은 직무를 총괄적으로 평가하여 서열을 결정하는 비계량적 평가법이다.
> 라. 분류법과 점수법은 직무와 등급기준표를 활용한다는 점에서 동일하지만, 분류법은 계량적, 점수법은 비계량적 평가를 시행한다는 차이가 있다.

① 가, 나　　② 가, 다
③ 다, 라　　④ 나, 라

31

공직 윤리 및 행동규범에 관한 설명 중 가장 옳은 것은?

① 국가공무원법은 공무원의 부패행위 신고의무를 부과하고 있다.
② 부패방지 및 국민권익위원회의 설치와 운영에 관한 법률은 공직부패 방지를 위해 퇴직공직자의 취업제한을 규정하고 있다.
③ 퇴직공직자 취업제한제도는 적용대상 공직자의 퇴직 후 5년간 그가 퇴직 이전에 3년간 속해 있던 소속부서나 기관과 밀접한 업무관련성이 있는 기관으로의 취업을 제한한다.
④ 공직자윤리법에 따르면 재산공개대상자 등 및 그 이해관계인이 보유하고 있는 주식의 직무관련성을 심사·결정하기 위하여 인사혁신처에 주식백지신탁 심사위원회를 둔다.

32

지방자치단체의 계층구조에 대한 설명으로 가장 옳지 않은 것은?

① 중층제에서는 단층제에서보다 기초자치단체와 중앙정부의 의사소통이 원활하지 못할 수 있다.
② 중층제는 국가의 감독기능 유지를 어렵게 한다.
③ 단층제는 중층제보다 중복행정으로 인한 행정지연의 낭비를 줄일 수 있다.
④ 단층제는 중앙집권화의 우려가 크다.

33

예산의 형태에 대한 설명 중 가장 옳지 않은 것은?

① 본예산이란 행정부가 편성하여 정기국회에 제출하고 국회의 심의와 의결을 거쳐 성립되는 예산을 의미한다.
② 추가경정예산이란 예산안이 국회의 의결을 거쳐 성립된 후 추가 또는 변경을 가하는 예산이다.
③ 우리나라는 1960년부터 준예산제도를 채택하고 있으며 지출항목은 한정적이다.
④ 잠정예산은 회계연도 개시 전까지 예산이 의결되지 못하는 경우를 대비해 의회가 미리 1개월분 예산만 의결해 정부로 하여금 집행할 수 있도록 하는 예산을 의미한다.

정답 및 해설

30 ④
- 나: 요소비교법은 대표가 될 만한 직무들을 선정하여 기준직무(key job)로 정해놓고 각 요소별로 평가할 직무와 기준직무를 비교해가며 점수를 부여하는 방식으로 계량적 평가법이다.
- 라: 계량적인 방법에는 점수법과 요소비교법이 있고, 비계량적인 방법에는 서열법과 분류법이 있다.

31 ④
- ① 공무원의 부패행위 신고의무는 부패방지 및 국민권익위원회의 설치와 운영에 관한 법률 제56조에서 규정하고 있다.
- ② 퇴직공직자의 취업제한은 공직자윤리법 제17조에서 규정하고 있다.
- ③ 퇴직공직자의 취업제한: 취업심사대상자(2급 이상 공무원 등)는 퇴직일로부터 3년간, 퇴직 전 5년 동안 소속하였던 부서 또는 기관의 업무와 취업심사대상기관 간에 밀접한 관련성이 없어야 한다.

32 ②
중층제는 광역지방자치단체에 감독기능을 위임하여 감독기능을 유지할 수 있게 한다.

33 ④
가예산에 대한 설명이다.

구분	기간	국회의결	지출항목	채택국가
준예산	기간 명시 없음	불필요	한정적	우리나라, 독일
가예산	1개월	필요	전반적	우리나라 1960년 이전, 프랑스
잠정예산	몇 개월	필요	전반적	미국, 일본, 영국, 캐나다

34

총액배분 · 자율편성 예산제도(Top-down 예산제도)에 대한 설명으로 가장 옳지 않은 것은?

① 상향적 예산편성과 달리 각 부처 내 예산담당기관의 예산조정과 삭감기능이 약화된다.
② 예산 총액이 먼저 결정된 후 분야별 예산의 배분이 결정된다.
③ 예산 운영에 관한 장기적인 전망과 계획이 필요하다.
④ 자금관리의 분권화를 강조하지만 의사결정의 주된 흐름은 하향적이다.

35

정부회계에 대한 설명으로 가장 옳지 않은 것은?

① 복식부기는 대차평균의 원리에 의해 자기검증기능을 갖는다.
② 현금주의는 자의적인 회계처리가 불가능하여 통제가 용이하다.
③ 복식부기에서 자산의 감소는 대변에 위치한다.
④ 발생주의는 무상거래를 비용으로 인식한다.

36

다음의 예산집행의 목표를 구현하는 수단 중 신축성 확보방안은 모두 몇 개인가?

가. 예산의 재배정	나. 총액계상예산
다. 예산의 전용	라. 계속비
마. 총사업비 관리	바. 예비타당성 조사

① 1개 ② 2개
③ 3개 ④ 4개

37

주민참여예산제도에 대한 설명으로 가장 옳지 않은 것은?

① 주민참여예산제도를 세계 최초로 실시한 도시는 브라질의 포르투 알레그레(Porto Alegre)시이다.
② 우리나라에서 주민참여예산제도는 광주광역시 북구에서 처음으로 시작되었다.
③ 우리나라에서 주민참여예산제도의 시행 여부는 지방자치단체의 의무사항이다.
④ 우리나라에서 주민참여예산제도는 주민들이 예산심의 과정에 참여한다.

정답 및 해설

34 ①
총액배분자율편성예산제도는 각 부처가 국가재정운영계획에 의해 설정된 예산상한선 내에서 자율적으로 예산을 편성하는 제도로, 각 부처는 예산 총액 한도 내에서 자율성과 책임을 갖게 된다. 이로 인해 각 부처 내 예산담당기관의 예산조정 및 삭감기능이 강화된다.

35 ④
발생주의는 현금의 수불과는 관계없이 경제적 자원에 변동을 주는 사건이 발생된 시점에 거래를 인식하는 방식이다. 현금주의에서는 무상거래를 인식하지 않지만, 발생주의에서는 무상거래를 이중거래로 인식한다.

36 ③
- 신축성 확보방안은 나, 다, 라 3개이다.
- 신축성을 확보하기 위한 방안에는 총액계상예산, 이용과 전용, 계속비, 추가경정예산, 예산의 이체, 이월, 예비비, 국고채무부담행위, 수입대체경비가 있다.

37 ④
주민참여예산제도는 주로 예산편성 과정에 주민이 참여할 수 있는 제도이다.
※ 지방재정법 제39조(지방예산 편성 등 예산과정의 주민 참여)

38

특별지방행정기관에 대한 설명으로 가장 옳지 않은 것은?

① 특별지방행정기관은 국가사무를 집행하고자 중앙부처가 설치하는 일선기관이다.
② 특별지방행정기관은 관할지역 주민들의 직접적인 통제와 참여가 용이하기 때문에 책임행정을 실현할 수 있다.
③ 특별지방행정기관은 국가사무의 효율적이고 광역적 수행을 용이하게 한다.
④ 특별지방행정기관은 중앙부처의 감독을 용이하게 하는 반면, 부처이기주의를 초래하는 요인이 되기도 한다.

39

행정통제 중 내부통제에 해당하는 것은 모두 몇 개인가?

가. 사법부에 의한 통제
나. 교차 기능조직에 의한 통제
다. 시민에 의한 통제
라. 공무원으로서의 직업윤리
마. 국민권익위원회에 의한 통제
바. 옴부즈만에 의한 통제

① 1개　② 2개
③ 3개　④ 4개

40

우리나라의 지방자치제도에 대한 설명으로 가장 옳은 것은?

① 우리나라 주민참여제도는 '주민조례개폐청구제 → 주민투표제 → 주민소환제 → 주민소송제'순으로 법제화되었다.
② 주민투표의 효력에 대해 이의가 있는 경우 투표결과가 공표된 날부터 20일 이내에 소청을 제기할 수 있다.
③ 주민소환은 지방자치단체의 장 및 비례대표 시·도의원을 대상으로 하며, 임기개시일로부터 1년 이내에는 청구할 수 없다.
④ 주민소송은 주민의 감사청구를 전심절차로 하며, 다수 주민의 연서를 필요로 하지 않는다.

정답 및 해설

38 ②
특별지방행정기관은 주민들의 직접 참여와 통제가 어려워 책임행정을 저해한다.

39 ③
내부통제에 해당하는 것은 나, 라, 마 3개이다.

길버트의 행정통제 유형

구분	외부	내부
공식	• 입법부(국정조사, 의회 옴부즈만 등) • 사법부	• 청와대 • 감사원 • 정부업무평가 • 국민권익위원회 • 중앙행정부처에 의한 통제 • 계층제 및 인사관리제도 • 명령체계 • 교차 기능조직
비공식	• 시민단체 • 정당 • 이익집단 및 언론에 의한 통제	• 직업윤리에 의한 통제 • 동료집단의 평판

※ 바: 옴부즈만을 의회에서 임명한 옴부즈만으로 보고 출제한 것으로 보인다.

40 ④
• ① 조례제정개폐청구제(1999년) – 주민투표제(2004년) – 주민소송제(2005년) – 주민소환제(2006년) 순으로 법제화되었다.
• ② 주민투표의 효력에 대해 이의가 있는 경우 투표결과가 공표된 날부터 14일 이내에 소청할 수 있다.
• ③ 주민소환의 대상에서 비례대표 지방의회의원은 제외된다.

08 2017. 9. 23. 경찰간부 기출문제

01

다음 중 연결이 가장 옳은 것은?

① 신행정론 – 정치행정일원론 – 사회적 형평성 강조
② 발전행정론 – 정치행정이원론 – 정책 효율성 강조
③ 신공공관리론 – 정치행정일원론 – 공공가치 강조
④ 행정행태론 – 정치행정이원론 – 정책 효과성 강조

02

윌슨(J. Wilson)의 규제정치이론에 관한 다음 설명 중 가장 옳지 않은 것은?

① '고객의 정치' 상황에서는 조직화된 소수 수혜자 집단의 논리가 투입될 가능성이 높다.
② '다수의 정치(대중의 정치)'는 비용과 편익이 모두 이질적인 불특정 다수에게 분산되는 경우로 음란물 규제가 이에 해당한다.
③ '기업가적 정치'는 규제의 수혜자들이 잘 조직화되어 있으며, 환경오염규제가 이에 해당한다.
④ '이익집단 정치'는 감지된 비용(costs)과 편익(benefits)이 모두 소수의 동질적 집단에게 집중되어 있는 규제정치를 말한다.

03

정부실패에 관한 다음 설명 중 가장 옳은 것은?

① 권력의 편재에 대한 방안으로 정부 보조 삭감, 규제 완화 등이 있다.
② 정부실패는 관료나 정치인들의 개인적 요인 때문에 발생하며, 정부라는 공공조직에 내재하는 구조적 요인 때문에 발생하는 것은 아니다.
③ 정부실패가 발생할 경우 이를 교정하기 위한 정부의 대응 방식은 공적 공급, 보조금 등 금전적 수단을 통해 유인구조를 바꾸는 공적 유도 그리고 법적 권위에 기초한 정부 규제 등이 있다.
④ X-비효율에 대한 방안에는 민영화, 정부 보조 삭감, 규제 완화 등이 있다.

정답 및 해설

01 ①

- ② 발전행정론은 행정 우위의 정치행정일원론적 입장이며 효과성을 강조한다.
- ③ 신공공관리론은 정치행정이원론 관점이며 효율성을 강조한다.
- ④ 행정행태론은 정치행정이원론적 관점이고 과학적인 연구를 중시하고 합리성을 강조한다.

02 ③

기업가정치는 편익은 분산되고 비용은 집중되어 있어, 비용을 부담하는 집단이 잘 조직화되어 있다.

윌슨(J. Q. Willson)의 규제정치

구분		편익	
		분산	집중
감지된 비용	분산	대중정치	고객정치
	집중	기업가정치	이익집단정치

03 ④

정부실패는 정부라는 공공조직에 내재하는 구조적 요인(독점) 때문에 발생할 수 있다.

원인 \ 대응	민영화	정부보조 삭감	규제 완화
사적 목표의 설정(내부성)	○		
X-비효율성	○	○	○
파생적 외부효과		○	○
권력의 편재	○		○

04

조직효과성을 평가하는 경합가치모형(Quinn & Rohrbaugh)에 관한 다음 설명 중 가장 옳지 않은 것은?

① 경합가치모형은 인간관계모형, 개방체제모형, 내부과정모형, 합리목표모형으로 구성된다.
② 경합가치모형은 조직에 참여하는 내 · 외부 이해관계자의 요구를 어떻게 만족시키느냐가 주요 관건이다.
③ 창업 단계에 있는 조직은 경합가치모형 중 개방체제모형이 적합하다.
④ 경합가치모형은 조직이 성장 발전함에 따라 조직의 성과 평가 기준들이 변화할 수 있다.

05

Peters가 제시하고 있는 전통적 관료제에 대한 대안적 정부모형에 관한 다음 설명 중 가장 옳지 않은 것은?

① 시장모형(market government)은 민간부문이 공공부문보다 본질적으로 성과측면에서 우위에 있다고 전제한다.
② 참여모형(participative government)은 고위 관료와 시민들의 책임있는 정책 참여를 강조한다.
③ 유연모형(flexible government)은 전통적 관료조직의 경직성이 불러오는 문제점을 지적하며, 임시조직 활용의 필요성을 주창한다.
④ 저통제 모형(deregulated government)은 공직사회 내부통제 완화를 통해 공직자의 잠재력과 창의성이 고양되면 관료제는 역동적으로 기능할 것으로 가정한다.

정답 및 해설

04 ②
조직의 효과성 평가모형에는 목표모형, 체제모형, 이해관계자모형, 경쟁가치모형 등이 있는데 선지 ②는 이해관계자모형에 대한 설명이다.

퀸과 로보그의 경쟁가치모형(Competing Values Approach)

초점 \ 구조	안정성(통제)	유연성(유동성)
내부	내부과정모형 • 목표 : 안정성과 균형 • 수단: 정보관리와 의사소통 • 위계지향문화(위계문화)	인간관계모형 • 목표 : 인적자원 개발 • 수단: 응집성, 사기 및 훈련 • 관계지향문화(집단문화)
외부	합리적 목표모형 • 목표 : 생산성과 능률성, 수익성 • 수단 : 계획과 목표 설정 • 과업지향문화(합리문화)	개방체제모형 • 목표 : 성장과 자원확보 • 수단 : 외부평가 • 혁신지향문화(발전문화) ※ 창업단계에 적합

05 ②
참여적 정부모형은 관료제의 계층제를 문제라고 지적하고 하급 구성원과 시민들의 정책 참여를 강조한다.

구분	전통적 정부	피터스의 정부개혁모형			
		시장적 정부모형	참여적 정부모형	신축적 정부모형	탈규제적 정부모형
문제 진단 기준	전근대적인 권위	독점적 공급	계층제	영속성	내부규제
구조 개혁 방안	계층제	분권화	평면조직	가상조직	–
관리 개혁 방안	직업 공무원제, 절차적 통제	성과급, 민간부분의 기법 도입	총품질 관리 및 팀제 도입	가변적 인사관리	관리 재량권 확대
정책 결정 개혁 방안	정치 · 행정 구분	내부시장, 시장적 유인	협의, 협상	실험	기업가적 정부
평가 기준	안정성, 평등	저비용	참여	저비용, 조정	창의성 · 행동주의

06

행정학의 주요 이론에 관한 다음 설명 중 가장 옳지 않은 것은?

① 행태론은 사회현상도 자연과학과 마찬가지로 엄밀한 과학적 연구가 가능하다고 본다.
② 행정생태론은 환경적 요인을 따로 고려한다는 점에서 과학적 관리론과 유사성을 갖는다.
③ 인간관계론은 외부환경의 영향을 고려하지 않는 폐쇄적 조직론이다.
④ 신행정학에서는 1968년에 개최된 미노부르크(Minnowbrook) 회의를 신행정학의 출발점으로 보고 있다.

07

공공선택론에 관한 다음 설명 중 옳지 않은 것으로 짝지은 것은?

> 가. 경제학적 방법을 응용하여 정치 현상을 연구하는 접근 방법이며 방법론적 개인주의에 입각하고 있다.
> 나. 행정은 가치중립적인 것이고 효율적인 집행을 담당하기 때문에 정치의 영역 밖에 있으며, 행정기능에 관한 한 모든 정부는 구조적으로 유사성을 지닌다고 본다.
> 다. 니스카넨(Niskanen)은 예산극대화모형에서 관료는 한계편익곡선과 한계비용곡선이 교차하는 점에서 공공서비스를 공급하려 한다고 본다.
> 라. 애로우(K. J. Arrow)는 불가능성의 정리에서 바람직한 집합적 의사결정 방법의 기본조건으로 어느 누구도 집합적인 선택의 과정에 대해서 결정적인 영향력을 행사해서는 안 된다고 주장한다.

① 가, 나　　② 나, 다
③ 나, 라　　④ 다, 라

08

신공공관리론(NPM)과 뉴거버넌스에 관한 다음 설명 중 가장 옳은 것은?

① 신공공관리론(NPM)과 뉴거버넌스는 모두 방향잡기(steering) 역할을 중시하며, 신공공관리론(NPM)에서는 기업을 방향잡기의 중심에, 뉴거버넌스에서는 정부를 방향잡기의 중심에 놓는다.
② 신공공관리론(NPM)은 작은 정부를 중시하면서 행정과 경영을 동일시하지만, 뉴거버넌스는 큰 정부를 중시하면서 행정과 경영을 분리시킨다.
③ 신공공관리론(NPM)에서는 부문 간 협력에, 뉴거버넌스에서는 부문 간 경쟁에 역점을 둔다.
④ 두 이론 모두 정부실패를 이념적 토대로 설정하여 그 대응책을 마련하고자 하며, 투입보다는 산출에 대한 통제를 강조한다.

09

신공공서비스이론(NPS)에 관한 다음 설명 중 옳은 것으로 짝지은 것은?

> 가. 전략적 사고와 민주적 행동을 강조하였으며, 이론적 토대는 민주주의 이론, 실증주의, 해석학, 비판이론 등 복합적이다.
> 나. 공익을 공유가치에 대한 담론의 결과로 보고 법, 공동체, 정치규범, 전문성, 시민이익 존중 등 다면적 책임성을 강조한다.
> 다. 공공서비스의 이상을 인간에게 가장 높은 가치와 초점을 부여하는 것으로 설정하여 조직은 인간을 존경하는 가운데 협동과 공유된 리더십으로 운영할 때만이 성공할 수 있다고 본다.
> 라. 책임성 확보의 방법으로 행정인이 민주적으로 선출된 대표자에게 책임을 다하는 것을 강조한다.
> 마. 공무원의 반응대상을 시민보다 고객에 두고 있고, 정부의 역할을 공유된 가치창출을 위한 봉사활동으로 보는 점에서 뉴거버넌스 이론과 유사하다.

① 가, 나, 다　　② 가, 나, 라
③ 가, 나, 마　　④ 나, 다, 라

정답 및 해설

06 ②
행정생태론은 환경적 요인은 따로 고려하지만 과학적 관리론은 외부환경과의 관계보다는 조직 내부의 능률적 관리에 초점을 두고 있다.

07 ②
- 나 : 윌슨의 정치·행정이원론 관점에 대한 설명이다.
- 다 : 니스카넨의 예산극대화모형에서 관료는 자신이 소속된 기관의 예산극대화를 추구하여 총편익과 총비용이 교차하는 점에서 공공서비스를 공급하려 한다.

08 ④
- ① 신공공관리론과 뉴거버넌스 모두 정부의 역할로 방향잡기를 중시한다.
- ②, ③ 뉴거버넌스에서는 정부의 적극적 역할(큰 정부)을 중시하기보다는 정부·시장·시민사회 간의 신뢰·협력을 바탕으로 네트워크를 형성하여 공적인 문제를 해결하고자 한다.

09 ①
- 라 : 민주적으로 선출된 대표자에게 책임을 다하는 것은 전통행정이론에 대한 설명이다. 신공공서비스론에서는 관료들의 다면적(법, 공동체, 정치규범, 전문성) 책임을 강조한다.
- 마 : 신공공서비스론에서는 고객이 아닌 시민에게 봉사해야 한다.

10

현대적 정책학의 등장에 관한 다음 설명 중 옳은 것을 모두 고른 것은?

가. 현대적 정책학은 1951년에 발표된 Lasswell의 '정책지향(Policy Orientation)'이라는 논문에서 시작되었다.
나. Lasswell은 정책학의 특성으로 문제지향성, 맥락성, 범학문성, 규범지향성 등을 들고 있다.
다. Lasswell의 주장은 1950년대 당시에 미국정치학계를 휩쓸던 행태주의에 밀려 1960년대 말에 와서야 비로소 재출발하게 되었다.
라. 행태주의(Behavioralism)에 대한 비판으로 시작된 후기행태주의(Post Behavioralism)는 과학적 방법을 지양하고 가치판단과 관련한 사회 · 정치 문제 해결을 위한 정책지향을 도모하게 되었다.

① 나, 다　　② 가, 나, 다
③ 가, 다, 라　　④ 가, 나, 다, 라

11

다음 설명 중 옳은 것은 몇 개인가?

가. 정책의제설정은 다양한 사회문제 중 특정한 문제가 정부의 정책에 의해 해결되기 위해 하나의 의제로 채택되는 과정이다.
나. 정책의제 설명모형 중 동원형은 의도적이고 일방적으로 국민을 무시하는 정부에서 나타날 수 있는 유형이다.
다. 올림픽이나 월드컵 유치 등 국민들이 적극적인 관심을 보인 사례는 외부집단이 주도한 외부주도형에 속한다.
라. 정책의제설정 과정에는 주도집단, 정책체제, 환경 등의 변수들이 중요하게 작용한다.
마. 사이몬(H. simon)의 의사결정론은 왜 특정의 문제가 정책문제로 채택되고 다른 문제는 제외되는가에 대한 설명에는 한계가 있다.

① 1개　　② 2개
③ 3개　　④ 4개

12

무의사결정(non-decision making)에 관한 다음 설명 중 가장 옳지 않은 것은?

① 무의사결정은 사회문제에 대한 정책과정이 진행되지 못하게 막는 행동으로 기득권 세력의 특권이나 이익 그리고 가치관이나 신념에 대한 잠재적 또는 현재적 도전을 좌절시키려는 것을 의미한다.
② 무의사결정은 고전적 다원주의를 비판하여 등장한 이론으로 신엘리트이론이라 불리며, 정치권력이 두 얼굴을 가지고 있다고 주장한다.
③ 무의사결정을 추진하는 수단이나 방법으로 정치체제의 규범, 규칙, 절차 자체를 수정 · 보완하여 정책요구를 봉쇄하는 방법은 사용되지만, 폭력이나 테러행위는 사용되지 않는다.
④ 무의사결정은 변화를 주장하는 사람으로부터 기존에 누리는 혜택을 박탈하거나 새로운 혜택을 제시하여 매수한다.

13

비용편익분석(cost-benefit analysis)에 관한 다음 설명 중 가장 옳지 않은 것은?

① 공공투자사업에 따른 모든 비용과 편익을 현재가치로 산정한 화폐단위로 환산하여 비교 · 평가하는 기법으로 동종 사업뿐만 아니라 이종 사업 간에도 정책 우선 순위를 비교할 수 있다.
② 적용되는 할인율이 낮을수록 미래 금액의 현재가치는 높아지게 되며, 비용편익비(B/C ratio)가 1보다 큰 사업은 경제적으로 타당성이 있다고 볼 수 있다.
③ 장기적인 안목에서 사업의 바람직한 정도를 평가할 수 있는 방법이며, 형평성과 대응성을 정확하게 대변할 수 있는 수치를 제공한다.
④ 기회비용에 의해 모든 가치가 평가되어야 한다는 가정 하에서 이루어진다.

정답 및 해설

10 ②
라: 후기행태주의는 행태주의의 한계를 지적하면서 가치문제, 문제지향성, 처방적 연구를 강조하였다. 하지만, 과학적 연구방법을 무시하거나 포기한 것은 아니다.

11 ③
- 옳은 것은 가, 라, 마 3개이다.
- 나: 내부접근형에 대한 설명이다.
- 다: 올림픽이나 월드컵 유치는 동원형 사례에 해당한다.

12 ③
무의사결정을 위해 지배적인 가치, 신념, 미신 등을 내세우는 방법, 변화를 주장하는 사람으로부터 기존에 누리는 혜택을 박탈하거나 새로운 혜택을 제시하여 매수하는 방법, 폭력이나 테러행위도 사용된다.

13 ③
비용편익분석이란 정책대안이 가져오는 모든 비용과 편익을 현재가치로 산정한 화폐단위로 환산하여 비교 · 평가하는 기법으로, 장기적인 안목에서 사업의 바람직한 정도를 평가할 수 있는 방법이다. 하지만 능률성을 평가하는 방법으로, 형평성 등은 대변할 수 없다.

14

조직이 공유된 목표가 없는 상황에서 결정을 내리거나 조직의 일부 구성원만이 현안에 대해 관심을 가지고 결정과정에 참여하는 경우에 적용될 수 있는 정책결정모형은?

① 쓰레기통모형
② 최적모형
③ 점증모형
④ 만족모형

15

Allison의 의사결정모형에 관한 다음 설명 중 가장 옳지 않은 것은?

① 집단적 의사결정을 국가의 정책결정에 적용하기 위해 합리적 행위자 모형, 조직과정모형, 관료정치모형으로 분류하였다.
② 합리적 행위자 모형에서는 정부의 전략적 목표가 중시되며 구성원의 응집성이 높다.
③ 조직과정모형에서 정부는 느슨하게 연결된 조직체들의 집합이다.
④ 관료정치모형은 조직 하위계층에의 적용가능성이 높고, 조직과정모형은 조직 상위계층에의 적용가능성이 높다.

16

하향적 접근방법(Top-down Approach)에 관한 다음 설명 중 가장 옳지 않은 것은?

① 정책은 성과를 측정할 수 있는 명확히 정의된 목표를 가지고 있으며, 정책은 단독법령 또는 다른 권위있는 정책의 진술로 표현된다.
② 정책집행의 객관적인 평가가 가능하지만, 다원화된 사회에서는 하향적 접근이 불가능한 경우가 많다.
③ 단계주의적 모형이며, 집행영향요인의 발견과 이를 기반으로 한 집행이론의 구축을 연구목표로 삼는다.
④ 유능하고 헌신적인 관료가 정책집행을 담당하며, 정책집행 현장을 연구하면서 공식적 정책목표 외에도 의도하지 않았던 효과를 분석할 수 있다.

17

준실험과 진실험에 관한 다음 설명 중 옳지 않은 것으로 짝지은 것은?

> 가. 진실험이 준실험보다 내적 타당성 면에서는 우수하나, 준실험이 실행가능성 면에서는 진실험보다 우수하다.
> 나. 진실험설계의 주요 형태 중 하나인 단일집단 사전사후측정 설계는 동일한 정책대상집단에 대한 사전측정과 사후측정을 통해 정책효과를 추정하는 방식이다.
> 다. 준실험에서 외적 타당도의 문제 가운데 가장 전형적인 것이 크리밍 효과(Creaming effect)이다.
> 라. 준실험은 자연과학 실험과 같이 대상자들을 격리시켜 실험하기 때문에 호손효과(Hawthorne effect)를 강화시킨다.

① 가, 나　　② 나, 다
③ 나, 라　　④ 다, 라

정답 및 해설

14 ①
쓰레기통모형은 조직구성원들의 응집성이 아주 약한 혼란상태에서 이루어지는 의사결정에 대한 모형으로 대학조직 등에서 흔히 볼 수 있다. 문제성 있는 선호, 불명확한 기술, 수시적 참여자(결정과정에 참여하는 구성원이 변함)가 합리성을 제약하는 조건이다.

15 ④
관료정치모형은 조직 상위계층에의 적용가능성이 높고, 조직과정모형은 조직 하위계층에의 적용가능성이 높다.

16 ④
정책집행의 하향적 접근방법의 대표적인 학자인 사바티어와 마즈매니언은 유능하고 헌신적인 관료가 정책집행을 담당하여야 한다고 하였다. 하지만 정책집행 현장을 연구하면서 공식적 정책목표 외에도 의도하지 않았던 효과를 분석할 수 있다는 것은 상향적 접근방법에 대한 설명이다.

17 ③
- 나: 단일집단 사전사후측정 설계는 비실험에 해당한다.
- 라: 자연과학 실험과 같이 대상자들을 격리시켜 실험하기 때문에 호손효과를 강화시키는 것은 진실험이다.

진실험 · 준실험 · 비실험 비교

구분	실험 & 통제집단	내적 타당성	외적 타당성	실행 가능성
진실험	동질 (무작위)	높음.	낮음.	낮음.
준실험	동질성 ×	중간	중간	중간
비실험	비교집단 ×	낮음.	높음.	높음.

18

나카무라와 스몰우드(Nakamura & Smallwood)가 분류한 정책집행의 유형 중 '관료적 기업가(bureaucratic entrepreneur)형'에 관한 다음 설명 중 가장 옳은 것은?

① 정책집행자는 정책결정에 필요한 정보를 산출하고 통제함으로써 정책과정을 지배하며 정책결정자는 정책집행자에게 광범위한 재량권을 부여한다.
② 정책결정자가 정책목표를 구체적으로 설정하지만, 정책집행자도 정책목표달성에 필요한 행정적 권한을 보유한다.
③ 정책집행자는 자신의 정책목표달성에 필요한 능력을 보유하고 있으며 자신의 정책목표달성에 필요한 수단들을 확보하기 위해 정책결정자와 협상한다.
④ 정책결정과 정책집행은 엄격하게 분리되며 정책집행자는 정책결정자가 결정한 정책을 충실히 집행한다.

19

동기이론 중 아담스(J. S. Adams)의 공정성이론(equity theory)에 관한 다음 설명 중 가장 옳지 않는 것은?

① 투입의 변화로 자신의 생산을 감소시키거나 시간을 줄여서 타인의 비율과 균형을 맞추기 위해 노력한다.
② 산출을 변화시키는 방법으로 직무보상을 개선하기 위해 노력하는데 봉급인상이나 더 나은 직책을 요구한다.
③ 목표를 변경하는 방법으로 자신의 목표를 상향 또는 하향 조정하는데 자신이 설정한 목표량을 조절하여 준거인과의 비슷한 수준을 유지한다는 것이다.
④ 준거인물을 교체하는 방법으로 자신의 비교대상을 보다 현실성 있는 인물로 교체함으로써 불공정을 시정하고자 한다.

20

탈관료제모형에 관한 다음 설명 중 옳은 것은 몇 개인가?

> 가. 매트릭스 조직은 잦은 대면과 회의를 통해 과업조정이 이루어지기 때문에 신속한 결정이 가능하다.
> 나. 네트워크 조직은 업무처리의 신속성과 유연성을 확보하는 데 유리하며, 응집력 있는 조직문화를 만드는 데 유리하다.
> 다. 계서제 없는 조직은 소집단의 연합체 형성, 책임과 권한에 따른 보수의 차등화, 집단 내 또는 집단 간 협동적 과정을 통한 의사결정, 모호하고 유동적인 집단과 조직의 경계 등을 특징으로 한다.
> 라. 견인이론(Pull Theory)은 기능의 동질성과 일의 흐름을 중시하며, 권한의 흐름을 하향적·일방적인 것이 아니라 상호적인 것으로 생각한다.
> 마. 정보화 사회에서는 삼엽조직이나 공동화조직이 확대되고 기획 및 조정기능의 위임과 위탁을 통해 업무가 간소화되기도 한다.

① 없음　② 1개
③ 2개　④ 3개

21

리더십(leadership)에 관한 다음 설명 중 옳은 것은 몇 개인가?

> 가. 서번트(servant) 리더십은 부하직원들을 상급자처럼 떠받들어 주면서 리더를 따르게 하는 리더십의 일종이다.
> 나. 카리스마적(charismatic) 리더십은 리더가 특출한 성격과 능력으로 추종자들의 강한 헌신과 리더의 일체화를 이끌어낸다.
> 다. 거래적(transactional) 리더십은 보수적·현상유지적이라는 평가를 받기도 한다.
> 라. 변혁적(transformational) 리더십은 리더가 부하로 하여금 형식적 관례와 사고를 다시 생각하게 함으로써 새로운 관념을 촉발시킨다.

① 1개　② 2개
③ 3개　④ 4개

정답 및 해설

18 ③
- ① 재량적 실험형에 대한 설명이다.
- ② 지시적 위임형에 대한 설명이다.
- ④ 고전적 기술자형에 대한 설명이다.

19 ③
아담스의 공정성이론은 자신의 투입 대비 산출비율을 준거인물과 비교하여 불공정한 상태에서 공정한 상태에 이르도록 동기가 부여된다는 이론이다. 따라서 목표량과는 관련이 없다.

20 ①
- 가: 매트릭스 조직은 기능부서와 사업부서 간 할거주의로 인하여 과업조정이나 신속한 의사결정에 어려움을 겪을 수 있다.
- 나: 네트워크 조직은 업무처리의 신속성과 유연성을 확보하는 데 유리하지만 응집력 있는 조직문화를 만드는 데 불리하다.
- 다: 책임과 권한에 따른 보수의 차등화는 계서제(계층제)에 관한 내용이다.
- 라: 견인이론은 조직 내 자유로운 업무분위기 선호, 직무수행과 욕구충족의 조화, 조직의 분화보다는 통합을 강조한다. 기능의 동질성 중시는 견인이론과는 관계 없는 내용이다.
- 마: 기획 및 조정기능은 조직의 핵심기능으로 위임이나 위탁 대상이 아니다.

21 ④
가, 나, 다, 라 모두 옳은 내용이다.

22

막스 베버(M. Weber)가 제시한 관료제에 관한 다음 설명 중 가장 옳지 않은 것은?

① 관료제에서의 직무수행은 문서에 의거하여 이루어지며, 그 결과는 문서로 기록·보존된다.
② 개개 직위의 관할 범위는 법규에 의해서 규정되고 인간적 감정을 고려한 공식적 문서 위주의 업무처리 절차에 따른다.
③ 관료제의 병리현상으로 과잉동조에 따른 목표대치, 할거주의, 훈련된 무능 등을 들 수 있다.
④ 조직이 바탕으로 삼는 권한의 유형을 전통적 권한, 카리스마적 권한, 법적 합리적 권한으로 나누었다.

23

다음 중 거시조직이론에 관한 다음 설명 중 가장 옳지 않은 것은?

① 구조적 상황이론(상황적응론)에서는 조직이 처해 있는 상황이 다르면 효과적인 조직설계 및 관리방법도 달라져야 한다고 주장한다.
② 전략적 선택이론, 자원의존이론, 공동체 생태학 이론은 임의론적 관점을 채택하고 있다.
③ 조직군생태이론에서는 조직변화는 종단적 분석에 의해서만 검증 가능하다고 전제한다.
④ 자원의존이론은 조직이 생존과 발전에 필요한 자원을 환경에 의존하기 때문에 조직을 환경과의 관계에서 피동적 존재로 본다.

24

목표관리제(MBO), 조직발전(OD), 총체적 품질관리(TQM), 리엔지니어링(RE)에 관한 다음 설명 중 가장 옳지 않은 것은?

① 목표관리제(MBO)는 역할모호성 및 역할갈등을 감소시키고 일과 사람의 조화수준을 높인다.
② 조직발전(OD)은 외부의 전문가들이 참여하는 하향적 관리 방식으로 문제해결역량을 개선하려는 지속적이고 장기적인 노력이다.
③ 총체적 품질관리(TQM)는 기능적 조직에 적합하며 개인의 성과평가를 위한 도구로 도입되었다.
④ 리엔지니어링(RE)은 프로세스의 변화뿐만 아니라 조직구조나 문화 등 다양한 측면에서 변화가 요구된다.

25

다음 중 균형성과관리(BSC)에 관한 다음 설명 중 가장 옳은 것은?

① 거시적·장기적 측면의 조직문화 형성보다는 순익과 같은 미시적·단기적 목표와 계획 및 전략에 초점을 둔다.
② 의사소통의 도구로 조직구성원들에게 조직의 전략 목표를 달성하기 위해 필요한 성과가 무엇인지 알려준다.
③ 정부실패와 시장실패 등의 위기를 극복하기 위하여 비재무적 지표보다는 재무적 지표관리의 중요성을 강조한다.
④ 재무적 관점의 성과지표는 전통적인 선행지표로서 매출, 자본 수익률, 예산 대비 차이 등이 있다.

정답 및 해설

22 ②
막스 베버의 관료제에서는 인간적 감정을 고려하는 것이 아니라, 몰인격성(impersonality)이 특징이다.

23 ④
자원의존이론에서 조직은 자원을 획득하는 데 있어 그 환경에 의존하지만, 주도적·능동적으로 환경에 대처하며 그 환경을 조직에 유리하도록 관리한다.

24 ③
총체적 품질관리는 고객 중심적 서비스 품질을 향상시키기 위하여 도입되었다.

25 ②
- ①, ③ 균형성과표의 특징으로는 통합적인 균형을 중요시하는데 여기에는 단기적 목표와 장기적 목표의 통합적 균형, 재무적 관점과 비재무적 관점의 통합적 균형, 조직내부와 외부의 통합적 균형, 과정과 결과의 통합적 균형 등이 포함된다.
- ④ 지표 중 재무적 관점은 대표적인 후행지표로 민간부문에서 특히 중시한다.

26

엽관제와 실적제에 관한 다음 비교 중 가장 옳지 않은 것은?

	구분	엽관제	실적제
①	제도발달의 배경	19C 초 잭슨 대통령의 취임	1883년 펜들턴법의 제정
②	기본적 가치	인사행정의 민주성 · 형평성	인사행정의 민주성 · 형평성
③	수단적 가치	정치적 · 정당적 대응성	능률성과 공무원 권익보호
④	기여	정부관료제의 민주화	정부관료제의 대표성 증진

27

계급제의 단점에 관한 다음 설명 중 옳은 것은 몇 개인가?

> 가. 인적자원의 비탄력적 운용
> 나. 전문행정가 부족
> 다. 직업공무원제의 확립 저해
> 라. 행정의 책임성과 대응성 저하
> 마. 부서 간 협력의 곤란
> 바. 보수와 업무부담의 형평성 결여
> 사. 인적자원관리에 있어 편의적 기준 개입

① 3개 ② 4개
③ 5개 ④ 6개

28

공무원선발시험의 타당성과 신뢰성에 관한 다음 설명 중 가장 옳은 것은?

① 현직 공무원을 대상으로 시험을 실시한 결과 근무실적이 좋은 재직자가 시험성적도 좋았다면 그 시험은 예측적 타당성을 갖추었다고 할 수 있다.
② 지원자의 능력이라는 추상적인 개념을 공직적격성 테스트라는 측정도구가 적절하게 측정했는가를 의미하는 것이 구성타당성의 문제이다.
③ 내용타당성을 확보하기 위해서는 전문가의 판단에만 의존하지 않고 계량분석기법인 행태과학적 조사를 통한 검증절차를 거쳐야 한다.
④ 측정도구인 선발시험의 신뢰성이 높으면 그 시험은 반드시 타당한 도구라고 할 수 있다.

29

근무성적평정의 방법과 그 단점에 관한 다음 설명 중 가장 옳지 않은 것은?

① 서열법은 특정집단 내의 전체적인 서열을 알려줄 수 있으나, 다른 집단과 비교할 수 있는 객관적 자료는 제시하지 못한다.
② 사실기록법은 공무원이 달성한 작업량을 측정하기 어려운 업무에 대해서는 적용하기가 곤란하다.
③ 강제선택법은 평정자가 미리 정해진 비율에 따라 평정대상자를 각 등급에 분포시키고, 그 다음에 역으로 등급에 해당하는 점수를 부여하는 역산식 평정을 할 가능성이 높다.
④ 체크리스트평정법은 평정요소에 관한 평정항목을 만들기가 힘들 뿐만 아니라 질문 항목이 많을 경우 평정자가 곤란을 겪게 된다.

정답 및 해설

26 ④
엽관제는 민주정치의 발달과 행정의 민주화에 공헌하였고, 실적제는 공직취임의 기회 균등을 보장하지만 사회적 약자의 공직 진출을 제약할 수 있다는 점에서 정부관료제의 대표성을 저하시킬 우려가 있다.

27 ②
- 옳은 것은 나, 라, 바, 사 4개이다.
- 가: 계급제는 순환보직을 통해 인적자원을 탄력적으로 운영할 수 있다.
- 다: 계급제는 신분보장을 통한 직업공무원제 확립에 기여한다.
- 마: 계급제는 구성원들이 순환보직을 통해 다양한 부서에서 근무하면서 조직 전반의 업무에 대해 이해가 높아지므로 부서 간 협력이 잘 이루어진다.

28 ②
- ① 현직 공무원을 대상으로 시험을 실시한 결과 근무실적이 좋은 재직자가 시험성적도 좋은 경우 동시적 타당성을 갖추었다고 할 수 있다.
- ③ 내용타당성은 직무에 정통한 전문가 집단이 시험의 구체적 내용이나 항목이 직무의 성공적 임무수행에 얼마나 적합한지를 판단하여 검증하는 것이다.
- ④ 선발시험의 신뢰성은 타당성을 확보하기 위한 필요조건에 해당한다.

29 ③
강제배분법의 단점에 대한 설명이다. 강제선택법은 2개 또는 4 ~ 5개 항목으로 구성된 각 기술 항목의 조 가운데서 피평정자의 특성에 가까운 것을 강제적으로 선택하게 하는 방법이다. 강제선택법의 단점은 평정기술 항목을 만들기 어렵고, 평정자도 각 항목이 어떻게 계산되는지 모르며, 피평정자와 전혀 관련이 없거나 모두 관계가 있다고 생각할 때도 반드시 선택해야 한다는 것이다.

30

근무성적의 평정오류에 관한 다음 설명 중 옳은 것으로 짝지은 것은?

가. 집중화 경향은 평정척도상 상·하위 등급에 집중하여 평가하는 것을 말한다.
나. 연쇄효과는 중요항목의 평가결과가 나머지 항목의 평가에 영향을 미치는 것을 말한다.
다. 근접효과는 평정시점에 가까운 실적일수록 더 크게 반영하여 평가한다.
라. 관대화 경향은 평정대상자와의 불편한 인간관계를 피하려는 동기로부터 유발된다.
마. 엄격화 경향은 실제수준보다 높은 평가결과가 도출되는 것을 말한다.

① 가, 나, 다　② 나, 다, 라
③ 나, 다, 라, 마　④ 가, 나, 다, 라, 마

31

공무원 보수에 관한 다음 설명 중 가장 옳지 않은 것은?

① 보수는 직무의 곤란성과 책임의 정도에 맞도록 계급별·직위별 또는 직무등급별로 정한다.
② 생활급은 생계비를 기준으로 하는 보수로서 공무원과 그 가족의 기본적인 생활을 보장하기 위한 것이다.
③ 연공급(근속급)은 근속연수와 같은 인적 요소를 기준으로 하는 보수이고, 직능급은 직무의 난이도와 책임에 따라 결정되는 보수이다.
④ 계급제의 경우 직책에 따라 보수액을 결정하는 것이 아니라 능력, 자격에 따라 보수를 결정한다.

32

예산원칙에 대한 다음 설명 중 가장 옳은 것은?

① 정부가 특정수입과 특정지출을 직접 연계해서는 안된다는 한계성 원칙의 예외로는 예비비, 계속비가 있다.
② 특별회계는 단일성의 원칙에 대한 예외이고, 목적세는 공개성의 원칙에 대한 예외이다.
③ 예산한정성의 원칙 중 예산 목적 외 사용금지인 질적 한정의 원칙은 엄격히 지켜지고 있다.
④ 준예산제도는 사전의결의 원칙에 대한 예외이고, 예산의 이용은 한계성의 원칙에 대한 예외이다.

33

조세지출예산제도에 관한 다음 설명 중 가장 옳지 않은 것은?

① 각종 사회경제적 목적을 달성하기 위해 정부가 세금을 줄여 주거나 받지 않는 등의 재정지원을 예산지출로 인정하는 제도이다.
② 조세감면, 비과세, 소득공제, 세액공제, 우대세율 적용 또는 과세이연 등을 포함한다.
③ 조세지출예산서는 직전연도실적과 당해연도 조세지출 금액을 표기하고 있어 다음 연도의 계획적인 조세지출을 위한 재정 정보는 제공하지 못하는 한계를 갖는다.
④ 조세지출 항목이 행정부의 재량에 의해 신설 또는 폐지되고 의회의 주기적 심사대상이 되지 못할 경우 조세지출예산제도의 의미는 상실될 수 있다.

정답 및 해설

30 ②
- 가: 집중화 경향은 평정자가 모든 피평정자에게 대부분 중간 수준의 점수를 주는 것을 말한다.
- 마: 엄격화 경향은 평가결과의 분포가 낮은 쪽에 집중되는 것을 말한다.

31 ③
직능급은 직무수행능력에 따른 보수이다. 직무의 난이도와 책임에 따라 결정되는 보수는 직무급이다.

32 ④
- ① 특정수입과 특정지출을 직접 연계해서는 안된다는 것은 통일성의 원칙이며 그 예외로는 특별회계, 기금, 목적세, 수입대체경비 등이 있다.
- ② 목적세는 통일성의 원칙의 예외이다.
- ③ 국가재정법에 따라 예산의 이용·전용이 가능하므로 예산의 목적 외 사용이 허용된다.

33 ③
조세지출예산서에는 다음 연도의 계획적인 조세지출을 위한 재정정보를 포함하고 있다.
※ 조세특례제한법 제142조의2(조세지출예산서의 작성) 제1항: … 조세특례에 따른 재정지원의 직전연도 실적과 해당 연도 및 다음 연도의 추정금액을 기능별·세목별로 분석한 보고서를 작성하여야 한다.

34

점증주의 예산결정이론의 특성에 관한 다음 설명 중 옳은 것은 몇 개인가?

> 가. 계획예산제도(PPBS)와 영기준예산(ZBB)은 점증주의 접근을 적용한 대표적 사례이다.
> 나. 행정개혁의 시기에서는 소극적인 측면에서 저항 혹은 관료병리로 평가될 수 있다.
> 다. 정책과정상의 갈등을 완화하고 해결하는 데 필요한 정치적 합리성을 갖는다.
> 라. 관계의 규칙성, 외부적 요인의 영향 결여, 예산통일의 원칙의 예외, 좁은 역할 범위를 지닌 참여자 간의 협상 등이 예산의 점증주의를 유발하는 요인이다.
> 마. 점증주의 예산방식은 예산의 배정이 불안정하며 예산투쟁이 격화될 수 있다.

① 1개 ② 2개
③ 3개 ④ 4개

35

성과주의 예산제도에 관한 다음 설명 중 가장 옳지 않은 것은?

① 사업 또는 활동별로 예산이 편성되기 때문에 정부가 무슨 사업을 추진하는지 국민들이 쉽게 이해할 수 있다.
② 단위당 X단위원가에 수행되는 Y개의 업무량으로 표현됨으로써 관리의 능률성을 높인다.
③ 정부의 지출대상이나 지출금액이 명확하여 회계책임과 예산 통제를 용이하게 할 수 있다.
④ 구체적으로 완성한 이후의 모습을 보여줌으로써 재원과 사업을 직접적으로 연계시키는 예산제도이다.

36

길버트(Gilbert)는 행정통제를 외부통제와 내부통제, 공식적 통제와 비공식적 통제로 구분하였다. 다음 중 내부통제에 해당하지 않는 것은?

① 옴부즈만 ② 교차기능 조직
③ 대표관료제 ④ 행정 윤리

정답 및 해설

34 ②
- 옳은 것은 나, 다 2개이다.
- 가: 계획예산제도(PPBS)와 영기준예산(ZBB)은 대표적인 합리주의(총체주의) 예산제도이다.
- 라: 점증주의의 유발요인에는 관계의 규칙성, 외부적 요인의 영향 결여, 좁은 역할 범위를 지닌 참여자 간의 협상 등이 있다(예산통일의 원칙 예외 ×).
- 마: 점증주의 예산방식은 정치적 타협과 상호 조절을 통해 최적의 예산을 추구하고 이해관계의 갈등을 조정한다.

35 ③
품목별 예산제도에 대한 설명이다.

36 ①
옴부즈만은 외부통제에 해당한다.

구분	외부	내부
공식	• 입법부 (국정조사, 의회 옴부즈만 등) • 사법부	• 청와대 • 감사원 • 정부업무평가 • 국민권익위원회 • 중앙행정부처에 의한 통제 • 계층제 및 인사관리제도 • 명령체계 • 교차 기능조직
비공식	• 시민단체 • 정당 • 이익집단 및 언론에 의한 통제	• 직업윤리에 의한 통제 • 동료집단의 평판

37

행정개혁에 관한 다음 설명 중 옳은 것은 몇 개인가?

가. 행정개혁은 조직관리의 기술적인 속성과 함께 권력투쟁, 타협, 설득이 병행되는 사회심리적 과정을 포함한다.
나. 사업(산출)중심적 접근방법은 행정활동의 목표를 개선하고 서비스의 양과 질을 개선하려는 접근방법으로 분권화의 확대, 권한의 재조정, 명령계통의 수정 등에 관심을 갖는다.
다. 구조적 접근방법은 조직발전(OD)이나 총체적 품질관리(TQM) 등의 기법을 사용한다.
라. 관리・기술적 접근법에는 행정전산망 등 장비・수단의 개선, 행정조직의 계층 간의 의사전달체제의 개선이 있다.

① 1개 ② 2개
③ 3개 ④ 4개

38

지방행정의 개념에 관한 다음 설명 중 가장 옳지 않은 것은?

① 넓은 의미의 지방행정의 개념은 관치행정, 위임행정, 자치행정 모두를 포함하고, 가장 좁은 의미의 지방행정은 자치행정만을 의미한다.
② 지방정부는 지방행정에 한정하지 않고 지방의 정치・정책기능까지 포함하는 개념이다.
③ 우리나라에서 실시하는 지방행정은 좁은 의미의 지방행정으로 자치행정과 위임행정을 포함한다.
④ 영국에서 실시하는 지방행정은 지방자치의 효율성 추구를 위해 자치행정과 위임행정을 포함한다.

39

지방자치단체의 기관구성에 관한 다음 설명 중 옳지 않은 것은 몇 개인가?

가. 기관통합형에서는 임기 동안 지방자치행정에 대한 효율성과 책임성을 확보할 수 있다.
나. 기관통합형은 주민 직선으로 지방의회를 구성하고 의회 의장이 단체장을 겸하는 방식이다.
다. 기관분리형(기관대립형)은 의결기관과 집행기관 간의 견제와 균형의 원리에 의해 권력의 남용을 방지하고 비판감시 기능을 할 수 있다.
라. 기관분리형(기관대립형)은 기관통합형에 비해 집행기관 구성에서 주민의 대표성을 확보할 수 있으나 행정의 전문성이 결여될 수 있다.

① 없음 ② 1개
③ 2개 ④ 3개

40

주민참여에 관한 다음 설명 중 가장 옳지 않은 것은?

① 우리나라 주민참여제도의 법제화 순서는 조례제정・개폐청구제도 → 주민투표제도 → 주민소송제도 → 주민소환제도이다.
② 행정과 시민 간의 거리감을 감소시키고 행정의 전문화를 향상시킨다.
③ 정책의 정당성 및 정책순응을 확보할 수 있고, 시민의 역량과 자질이 증대된다.
④ 대의정치의 결함을 보완하여 행정의 민주화를 고양시킨다.

정답 및 해설

37 ①
- 옳은 것은 가 1개이다.
- 나 : 분권화의 확대, 권한의 재조정, 명령계통 수정 등에 관심을 갖는 것은 구조적 접근방법이다.
- 다 : 조직발전(OD)은 행태적 접근방법, 총체적 품질관리(TQM)는 사업중심적 접근방법과 관련된다.
- 라 : 관리・기술적 접근법은 의사전달, 의사결정, 정보관리 및 이와 결부된 기술을 개혁대상으로 삼는다. 행정조직의 계층 간의 의사전달체제의 개선은 구조적 접근방법에 해당한다.

38 ④
지방자치가 발달한 영・미에서 실시하는 지방행정은 자치행정만을 의미한다.

39 ②
- 옳지 않은 것은 라 1개이다.
- 라 : 기관통합형은 기관분리형(기관대립형)에 비해 집행기관 구성에서 주민의 대표성을 확보할 수 있으나 행정의 전문성이 결여될 수 있다.

40 ②
주민참여는 행정적 비용의 증가, 비효율성, 참여자의 비전문성 등이 문제될 수 있다.

09 2016. 10. 8. 경찰간부 기출문제

01

공공서비스에 관한 설명으로 옳지 않은 것은?

① 집합재는 비경합성과 비배제성의 특징 때문에 과소공급과 과다공급의 쟁점을 야기시키므로 원칙적으로 공공부문에서 공급해야 한다.
② 공유재는 정당한 대가를 지불하지 않는 사람들의 이용을 배제하기 어렵다는 문제가 있다.
③ 국방의 경우는 경합성은 있지만 배제가 불가능한 서비스로서 대표적인 공유재에 해당한다.
④ 의료, 교육 등의 가치재는 경합적이므로 시장을 통한 배급도 가능하지만 정부가 개입할 수도 있다.

02

포스트모더니즘 행정이론에 관한 설명으로 옳지 않은 것은?

① 포스트모더니즘의 세계관은 상대주의적이며 다원주의적이고 개방주의적인 경향을 지닌다.
② D. Farmer가 언급한 타자성(alterity)이란 타인을 인식적 객체로 받아들이는 것을 말한다.
③ 포스트모더니즘은 행정이론의 한계와 모순을 잘 인식하게 하고, 담론을 통한 발전 가능성을 모색하는 촉매역할을 할 수 있다는 장점이 있다.
④ 포스트모더니즘에 따르면 진리의 기준은 맥락 의존적이다.

03

Wilson의 규제정치모형에 관한 설명 중 옳은 것으로만 짝지어진 것은?

가. 규제의 편익과 비용이 모두 이질적인 불특정 다수에게 분산되는 것은 다수의 정치(대중적 정치) 모형에 해당한다.
나. 규제의 편익은 다수에게 분산되어 작게 느껴지고 비용은 소수에게 집중되어 크게 느껴지는 것은 기업가의 정치(운동가적 정치) 모형에 해당한다.
다. 기업가의 정치(운동가적 정치) 모형에서는 규제의 수혜자들이 잘 조직화되어 있다.
라. 환경오염 규제는 이익집단 정치 모형에 속하는 사례라고 할 수 있다.

① 가, 다　　② 가, 나
③ 다, 라　　④ 나, 라

정답 및 해설

01 ③
국방은 비경합성과 비배제성의 특성을 가지고 있는 공공재의 대표적인 예이다.

구분	경합	비경합
배제	시장재 (private goods)	요금재 (toll goods)
비배제	공유재 (common pool resources)	공공재(집합재) (public goods)

02 ②
파머가 언급한 타자성은 나 아닌 다른 사람을 인식의 객체가 아닌 도덕적인 타자로 인정하는 것을 의미한다.

03 ②
• 다: 기업가의 정치 모형에서는 편익은 분산되어, 규제의 수혜자들이 잘 조직화되기 어렵다.
• 라: 환경오염 규제는 기업가의 정치 모형에 속하는 사례이다. 이익집단 정치 모형에 속하는 사례에는 의사와 약사, 의사와 한의사의 갈등이 있다.

윌슨의 규제정치

구분		편익	
		분산	집중
감지된 비용	분산	대중정치	고객정치
	집중	기업가정치	이익집단정치

04

신행정론에 관한 사항으로 옳은 것으로만 짝지어진 것은?

가. 계층적 조직의 강조
나. 사회적 형평성의 구현
다. 합리성의 중시
라. 실증주의에의 관심
마. 신공공관리론에 대한 비판
바. 정책지향적 행정론
사. Frank Marini

① 가, 나, 다 ② 나, 라, 마
③ 나, 바, 사 ④ 나, 마, 사

05

신제도주의 행정학에 관한 설명으로 옳지 않은 것은?

① 역사적 신제도주의는 장기간의 역사적 과정과 경로의존성을 중시한다.
② 역사적 신제도주의에서 개인의 선호는 내생적으로, 즉 정치 체제가 개인의 선호를 형성하고 제약한다.
③ 사회학적 신제도주의는 사회적 동형화를 중시한다.
④ 사회학적 신제도주의에서의 접근법은 방법론적 전체주의와 연역적 접근법이 사용된다.

06

공공선택론의 접근방법에 관한 설명으로 옳은 것은?

① 정부 · 시민사회 · 시장 간 신뢰와 파트너십을 전제하고 이를 중시한다.
② 행정현상을 하나의 유기체로 보아 행정을 둘러싸고 있는 다른 환경적 제요소와의 관련성 속에서 행정상태를 연구하려는 개방체제적 접근법이다.
③ 정당이나 국가, 사회전체적 선호를 연구대상으로 하는 유기체적 접근법보다는 개인의 선호나 개인들을 연구대상으로 한다.
④ 인간행동의 의미와 동기, 즉 의도가 결부된 '의미있는 행동'과 '타인과의 사회적 상호작용'을 연구해야 한다고 주장하였다.

07

Diesing이 말하는 합리성의 유형에 관한 설명으로 옳지 않은 것은?

① 기술적 합리성이란 경쟁상태에 있는 목표를 어떻게 비교하고 선택할 것인가의 합리성을 의미한다.
② 법적 합리성이란 대안의 합법성을 나타내는 것으로서, 보편성과 공식적 질서를 통해 예측가능성을 높이는 합리성을 의미한다.
③ Diesing은 정치적 합리성을 의사결정구조의 합리성과 동일시하고, 정책결정에 있어 가장 비중이 크다고 보았다.
④ 사회적 합리성이란 사회구성원 간의 조정과 조화된 통합성을 의미하며, 이는 Diesing의 합리성 유형 중 목표 · 수단 분석 등으로 설명되지 않는 가장 비합리적인 유형에 해당한다.

정답 및 해설

04 ③
- 가 : 신행정론은 탈관료제적(계층적 ×) 조직을 강조하였다.
- 다 : 신행정론은 합리성보다는 사회적 형평성을 강조하였다.
- 라 : 실증주의에 관심을 가지는 것은 행태주의이다. 신행정론은 행태주의에 반대하는 입장이다.
- 마 : 신공공관리론(1980년대)은 신행정론(1970년대) 이후에 등장한 이론이다.

05 ④
사회학적 신제도주의에서는 방법론적 전체주의와 귀납적 접근방법을 사용한다.

06 ③
- ① 거버넌스론적 접근방법에 대한 설명이다.
- ② 체제론적 접근방법에 대한 설명이다.
- ④ 현상학적 접근방법에 대한 설명이다.

07 ①
경제적 합리성에 대한 설명이다. 기술적 합리성은 일정한 수단이 목표를 얼마만큼 잘 달성시키는가, 즉 목표와 수단 사이에 존재하는 인과관계의 적절성을 의미한다.

08

신공공관리론(NPM)과 신공공서비스론(NPS)을 비교하여 정리한 것으로 옳지 않은 것은?

〈비교기준〉	〈신공공관리론(NPM)〉	〈신공공서비스론(NPS)〉
① 이론 및 인식론적 토대	신고전학파 경제이론, 성과관리론	민주주의 이론, 실증주의, 해석학, 비판이론, 포스트 모더니즘 등 복합적
② 합리성과 인간행태 모형	기술적 · 경제적 합리성 경제인 또는 사익에 기초한 의사결정자	전략적 합리성 정치 · 경제 · 조직적 합리성에 대한 다원적 검증
③ 공익의 개념	공유 가치에 대한 담론의 결과	개인 이익의 총합 (집합체)
④ 공무원의 반응 대상	고객(customer)	시민(citizen)

09

행정환경 변화에 따라 보다 적실성 있는 행정이론을 형성하기 위해 다양한 새로운 이론들이 시도되고 있는 바, 이에 관한 설명으로 옳지 않은 것은?

① 정부기관과 시민을 연결하는 협력을 증진시킴으로써 정부의 효과성을 높일 수 있다고 보는 것이 사회자본이론이다.
② 시차이론은 우리나라에서 정책집행이나 정부개혁과정이 성공을 거두지 못하는 이유를 파악하려는 데서 시작된 접근법이다.
③ 시차이론은 구성요소들 간의 내적 정합성 확보 측면은 고려하지 않으나, 충분한 성숙시간은 필요하다고 본다.
④ 사회자본이론은 신뢰관계 형성이 협동과 타협, 조정의 전제라고 본다.

10

정책의 유형에 관하여는 여러 가지 분류법이 있다. 다음 각 분류에 관한 설명으로 옳지 않은 것은?

① Lowi는 정책유형을 구성정책, 분배정책, 규제정책, 재분배정책으로 분류하였다.
② Lowi의 분배정책은 비용부담 집단의 반발이 제한적이기 때문에 수혜 집단의 혜택이 쟁점화되지 않은 채 안정적 절차확립이 용이하다.
③ 조세, 징병 등은 Almond & Powell의 정책유형 분류 중 추출정책에 해당한다.
④ Ripley & Franklin의 정책유형 중 재분배정책은 안정적 정책 집행을 위한 루틴화의 가능성이 높아져 집행을 둘러싼 이데올로기의 논쟁 강도 또한 높다.

11

정책문제의 구조화기법에 관한 설명으로 옳지 않은 것은?

① 계층분석이란 문제에 대한 간접적이고 불확실한 원인에서 직접적이고 확실한 원인을 차례차례 계층적으로 확인해 나가는 기법이다.
② 분류분석이란 정책문제의 존속기간 및 형성과정을 파악하기 위해 사용하는 방법으로, 대표적으로 포화표본추출 기법이 사용된다.
③ 유추분석이란 유사문제에 대한 비교와 유추를 통해 특정 문제를 명확하게 정의하는 기법이다.
④ 경계분석이란 문제의 경계를 설정함으로써 문제의 위치 및 범위 등을 명확히 하여 문제의 주요국면을 간과하는 일이 없도록 하기 위한 기법이다.

정답 및 해설

08 ③
신공공관리론은 공익을 사익의 총합으로 보고, 신공공서비스론은 공익을 공동의 가치에 대한 담론의 결과로 본다.

09 ③
시차이론은 구성요소들 간 내적 정합성 확보 측면을 고려하고, 충분한 성숙시간도 필요하다고 본다.

10 ④
재분배정책은 이념적 논쟁과 소득계층 간 갈등이 첨예하게 대립되어 표준운영절차(SOP)나 일상적 절차의 확립이 어렵다.

11 ②
경계분석에 대한 설명이다. 분류분석은 문제 상황을 정의하기 위해 당면문제를 그 구성요소들로 분해하는 기법으로 논리적 추론을 통해 추상적인 정책문제를 구체적인 요소들로 구분하는 것이다.

12

정책공동체(policy community)와 이슈네트워크(issue network)에 관한 다음 비교 중 옳지 않은 것은?

〈구분〉	〈정책공동체〉	〈이슈네트워크〉
① 참여자의 범위	폐쇄적 광범위	개방적
② 참여자의 권한·자원	모든 사람이 자원·권한을 가진 교환적 관계	일부만 권한·자원을 소유한 배타적 관계
③ 행위자간 관계	의존적·협력적·정합게임 (positive-sum game)	경쟁적·갈등적·영합게임 (negative-sum game)
④ 정책산출	정책산출 예측곤란	의도한 정책산출 예측가능

13

정책결정과정 및 정책결정의 권력모형에 관한 다음의 설명 중 옳은 것은 모두 몇 개인가?

가. Hunter의 명성접근법은 지역사회의 권력구조를 실증적으로 연구한 것으로, 사회적 명성이 있는 소수자들이 결정한 정책을 일반대중이 수용한다는 입장이다.
나. 이슈네트워크 모형에서는 국가와 이익집단을 포함한 다양한 행위자 간의 상호작용이 이슈를 통하여 매우 안정적이고 협력적으로 이루어진다.
다. 공공이익집단론은 공익을 주장하는 집단의 이익이 우선시된다는 것을 핵심개념으로 하며, 이는 엘리트이론에 대한 반발로 제기된 이론이다.
라. 신다원주의는 정부의 능동적·전문적 지위로 인한 정경유착의 가능성을 인정하고, 이를 방지하기 위해 정부기구의 집중화를 피한다.

① 1개　② 2개
③ 3개　④ 4개

14

정책결정모형에 관한 설명으로 옳지 않은 것은?

① A. W. Etzioni의 혼합탐사모형은 세부적 결정단계에서 대안의 범위는 제한적(소수의 대안만)으로 고려하고, 대안의 결과는 한정적(중요한 결과만)으로 검토한다.
② 점증주의적 정책결정모형은 합리주의적 정책결정모형의 현실적 한계를 비판하면서 등장한 모형으로서, 다원적 정치체제의 정책결정에 대한 설명력이 우수하다.
③ 쓰레기통모형에서는 문제, 해결책, 선택기회, 참여자의 네 가지 요소가 독자적으로 작용하다가 어떠한 계기로 교차해 만나게 될 때 정책결정이 이루어진다고 설명한다.
④ H. A. Simon은 현실적 제약 조건을 고려하여 제한된 합리성을 추구하는 정책결정모형을 제시하였다.

15

정책집행모형에 관한 설명으로 옳지 않은 것은?

① Berman은 체제관리모형, 관료적 과정모형, 조직발전모형, 갈등협상모형 등 정책집행의 거시적 환경에 대한 4가지 연계 모형을 제시하였다.
② Elmore는 초기에 상향적 접근법을 주장하다가, 이후 통합모형을 제시하였다.
③ Sabatier의 통합모형은 정책의 변동을 중시하는 정책학습 모형의 성격이 강하게 나타난다.
④ Pressman & Wildavsky의 공동행동의 복잡성 모형에서는 정부사업의 집행이 참여자와 의사결정점의 수가 늘어나면서 집행하기 어려운 복잡한 과정으로 변한다는 점을 설명하였다.

정답 및 해설

12 ④
정책공동체는 의도한 정책산출 예측이 가능하나, 이슈네트워크는 정책산출 예측이 곤란하다.

13 ①
- 옳은 것은 가 1개이다.
- 나: 이슈네트워크 모형은 국가와 이익단체를 포함한 다양한 행위자 간의 상호작용으로 인하여 불안정하고 유동적이며, 일시적이고 느슨한 형태의 집합체이다.
- 다: 공공이익집단론은 공익을 주장하는 집단의 이익이 우선시된다는 것을 핵심개념으로, 이익집단들의 요구가 국민들의 진정한 요구라고 주장하는 이익집단론에 대한 반발로 제기되었다.
- 라: 신다원주의는 정부의 능동적·전문적 지위로 인한 정경유착의 가능성을 인정하고, 이를 방지하기 위해 정부기구의 분권화를 강조한다.

14 ①
혼합탐사모형은 세부적 결정단계에서 대안의 범위는 제한적으로 고려하고, 대안의 결과는 모든 결과를 세밀하게 분석한다.

구분	고려한 대안	예측한 대안의 결과
근본적 결정	중요한 대안을 포괄적으로 모두 고려 (포괄적 합리모형)	중요한 결과만 개괄적 예측
세부적 결정	근본적 결정의 범위 안에서 소수의 대안만 고려	결과의 세밀한 분석 (포괄적 합리모형)

15 ①
엘모어의 정책집행과정모형에 대한 설명이다. 버먼은 집행 현장(일선관료 행태를 고찰)을 강조하는 적응적 집행을 주장하였다.

16

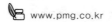

아래 제시된 정책집행 수단 중 혼합적 수단에 해당하는 것은 모두 몇 개인가?

㉠ 서비스의 직접 공급	㉡ 공기업 운영
㉢ 민간위탁	㉣ 지급보증
㉤ 보험	㉥ 조세감면
㉦ 국고보조금	㉧ 제재검사 및 허가

① 3개 ② 4개
③ 5개 ④ 6개

17

정책평가의 타당도를 저해하는 요인으로는 내적 타당도 저해요인과 외적 타당도 저해요인으로 나뉜다. 다음 보기1–3의 각 하위개념과 그 정의 및 이를 포괄하는 상위개념이 요소별로 옳게 짝지어진 것은?

보기1
㉮ 역사적 요소 ㉯ 회귀–인공요소
㉰ 다수적 처리에 의한 간섭

보기2
가. 실험기간 동안 일어난 역사적 사건으로 인한 오류
나. 연구기간 중 집단으로부터 이탈 등 두 집단 구성상 변화에 의한 오류
다. 실험 직전 단 한번 측정한 극단치에 의해 개인들을 선발하면, 다음 측정에서는 그들의 평균치가 덜 극단적인 방향으로 이동하게 되는 오류
라. 두 집단 간 동질성은 있으나, 사회적 대표성이 없어 일반화가 곤란하게 되는 오류
마. 반복된 실험조작에 익숙해짐으로써 발생하게 되는 오류

보기3
ⓐ 내적 타당도 저해요인 ⓑ 외적 타당도 저해요인

① ㉮ – 다 – ⓐ ② ㉯ – 마 – ⓐ
③ ㉰ – 라 – ⓑ ④ ㉯ – 다 – ⓐ

정답 및 해설

16 ③

• 보기의 정책도구들은 살라몬이 제시한 정책수단으로 하울렛과 라메쉬의 분류기준과 비교했을 때, 직접적 수단(direct tools)으로 분류되는 ㉠, ㉡, ㉧은 강제적 수단, 간접적 수단(indirect tools)으로 분류되는 ㉢, ㉣, ㉤, ㉥, ㉦은 혼합적 수단에 해당한다.
• 하울렛과 라메쉬(M. Howlett and M. Ramesh)는 정책수단을 정부의 개입(involvement) 정도에 따라 3가지로 분류하였다.
  – 강제적(Compulsory): 직접공급(Direct Provision), 공기업(Public Enterprises), 규제(Regulation)
  – 혼합적(Mixed): 조세와 사용자 부담금(Tax and User Charges), 재산권 경매(Auction of Property Rights), 보조금(Subsidies), 정보와 권고(Information and Exhorration)
  – 자발적(Voluntary): 시장(Private Markets), 자발적 조직(Voluntary Organizations), 가족과 공동체(Family and Community)

17 ④

• 역사적 요소(㉮)는 실험기간 동안 일어난 역사적 사건으로 인한 오류(가)로 내적 타당성 저해요인(ⓐ)이다.
• 회귀–인공요소(㉯)는 실험 직전 단 한번 측정한 극단치에 의해 개인들을 선발하면, 다음 측정에서는 그들의 평균치가 덜 극단적인 방향으로 이동하게 되는 오류(다)로 내적 타당성 저해요인(ⓐ)이다.
• 다수적 처리에 의한 간섭(㉰)은 반복된 실험조작에 익숙해짐으로써 발생하게 되는 오류(마)로 외적 타당성 저해요인(ⓑ)이다.
• 나: 상실요인(내적 타당성 저해요인)
• 라: 표본의 대표성 문제(외적 타당성 저해요인)

18

관료제의 병폐(역기능)에 관한 설명으로 옳은 것은?

① 훈련된 무능이란 관료들이 편협한 안목으로 인해 전체이익보다는 특수이익에 집착하게 만드는 병폐를 의미한다.
② Merton은 관료제의 역기능 모형에서 권한위임과 전문화가 동조과잉을 초래하여 할거주의를 야기시키는 원인이 된다고 보았다.
③ 상관의 계서적 권한과 부하의 전문적 권력이 이원화됨에 따라 발생하는 병폐를 인격의 상실 또는 인간적 발전의 저해라고 한다.
④ Blau & Thompson은 관료제 조직 내 인격적 관계의 상실로 인한 조직구성원의 심리적 불안감이 현상유지적 행태를 초래하고, 이로 인해 관료제는 동조과잉이나 변동에의 저항 등 역기능을 나타낸다고 본다.

19

V. H. Vroom의 기대이론에 관한 설명으로 옳지 않은 것은?

① 일정한 노력을 기울이면 근무 성과를 가져올 수 있으리라는 가능성에 대한 인간의 주관적인 확률과 관련된 믿음을 기대감(Expectancy)이라고 한다.
② 다른 사람과 비교하여 공정하게 대우를 받고 있다는 믿음을 공정성(Equity)이라고 한다.
③ 개인이 지각하기에 어떤 특정한 수준의 성과를 달성하면 바람직한 보상이 주어지리라고 믿는 정도를 수단성(Instrumentality)이라고 한다.
④ 어느 개인이 원하는 특정한 보상에 대한 선호의 강도를 유의성(Valence)이라고 한다.

20

변혁적 리더십에 관한 설명이다. 옳은 것을 모두 고른 것은?

가. 리더는 부하로부터 존경심을 이끌어내는 카리스마를 가져야 한다.
나. 자신감과 영감을 불어넣으며, 조직에 대한 팀 스피리트(team spirit)를 고무시킨다.
다. 기존의 가정이나 인식에서 벗어나 혁신적이고 창조적인 관점에서 문제를 재구성하고 해결책을 구하도록 자극하고 변화를 유도한다.
라. 리더가 부하에게 특별한 관심을 보이고 각 부하의 특정한 요구를 이해해 줌으로써 부하에 대해 개인적으로 존중한다는 것을 전달한다.

① 나, 다, 라　② 가, 나, 다
③ 가, 다, 라　④ 가, 나, 다, 라

21

Williamson이 주장하는 거래비용이론의 내용으로 옳지 않은 것은?

① 거시조직이론의 분류상 결정론에 해당하므로, 조직의 행동은 환경에 대한 종속변수라고 본다.
② 거래비용의 외부화를 통한 비용의 최소화를 꾀하는 이론이다.
③ 내부조정비용이 거래비용보다 작을 때 조직통폐합이나 내부조직화가 효과적이다.
④ Williamson은 거래비용이론에서 계층제가 시장보다 효율적이라고 주장하는 근거 중 하나를 계층제가 적응적 · 연속적 의사결정을 용이하게 하여 인간의 제한된 합리성을 완화시키기 때문이라고 본다.

정답 및 해설

18 ④
- ① 할거주의에 대한 설명이다. 훈련된 무능이란 조직구성원은 한 가지의 지식 또는 기술에 관하여 훈련받고 기존규칙을 준수하도록 길들여지기 때문에 변동된 조건하에서는 대응이 어려워지는 것을 의미한다.
- ② 셀즈닉(Selznick)모형에 관한 설명이다. 머튼(Merton)모형은 최고관리자의 지나친 통제가 관료들의 경직성을 초래한다고 하였다.
- ③ 상관의 계서적 권한과 부하의 전문적 권력이 이원화됨에 따른 병폐는 이로 인해 조직 내에서 갈등이 발생하게 되어 조직구성원들의 불만이 증가하는 것을 의미한다. 인간적 발전의 저해는 집권적이고 권위주의적인 통제와 규칙우선주의 등이 구성원의 성장과 성숙을 방해하는 것을 의미한다.

19 ②
아담스의 공정성(형평 : Equity)이론의 내용이다.

20 ④
보기 내용은 변혁적 리더십의 특징인 카리스마, 영감, 지적 자극, 개별적 배려에 대한 설명으로 가, 나, 다, 라 모두 옳은 내용이다.

21 ②
거래비용이론은 거래비용의 절감을 위해 외부화 전략뿐만 아니라 내부화 전략도 가능하다. 시장의 자발적인 교환행위에서 발생하는 거래비용이 관료제의 조정비용보다 큰 경우 거래를 내부화하는 것이 효율적이라고 주장한다.

22

균형성과관리(BSC)에 관한 설명으로 옳지 않은 것은?

① 하버드 대학교의 Kaplan & Norton 교수는 그동안의 성과 평가가 재무적 관점에만 치우쳐져 있다는 점을 지적하면서, 여기에 비재무적 관점을 포함할 것을 주장하였다.
② BSC를 공공부문에 적용할 때 재무적 관점이란 국민이 요구하는 수준의 공공서비스를 제공할 수 있는 재정자원을 확보해야 한다는 측면을 포함한다.
③ BSC의 지표 중 재무적 관점은 민간부문에서 특히 중시하는 것으로, 대표적인 후행지표이다.
④ BSC의 지표 중 학습과 성장 관점은 다른 지표들을 통해 달성하고자 하는 최종적인 목표로서 가장 상부구조에 해당한다.

23

조직의 갈등과 갈등관리에 관한 설명으로 옳지 않은 것은?

① 수평적 갈등은 목표의 분업구조, 과업의 상호의존성, 자원의 제한 등이 중요한 원인으로 작용한다.
② 조직의 상황에 따라 갈등을 용인하고, 나아가 갈등을 조성 또는 조장하는 것은 조직 갈등관리 전략 중의 하나이다.
③ Thomas의 갈등해소 전략 중 타협형 갈등관리는 갈등 당사자 간의 관계를 좋은 상태로 유지하면서 상호 간의 이익을 추구하는 상생(win-win) 전략이다.
④ 갈등의 주체 간 목표의 차이로 인해 발생되는 갈등은 상위의 목표를 제시하거나 계층제 또는 권위에 의해 갈등을 해결하는 것이 효과적이다.

24

후기관료제 모형 중 매트릭스 조직에 관한 설명으로 옳지 않은 것은?

① 매트릭스 조직은 기능구조와 사업구조를 화학적으로 결합한 이중구조적 조직이다.
② 조직구성원들은 다양한 경험을 통해 넓은 안목과 시야의 습득이 가능하다.
③ 구성원 간의 역할갈등, 역할모호성, 과업조정의 어려움 등이 발생할 우려가 있다.
④ 매트릭스 조직이 유용하기 위해서는 기술적 전문성이 높고 산출의 변동도 빈번해야 한다는 이원적 요구가 강력하거나, 조직이 사용하는 기술이 일상적일 것이라는 상황적 조건이 요구된다.

25

공무원 인사제도에 관한 설명 중 옳은 것으로만 짝지어진 것은?

> 가. 대표관료제는 관료들이 출신집단의 가치와 이익을 대변하리라는 기대에 기반을 둔다.
> 나. 직업공무원제도는 대체로 실적주의를 전제로 하며, 전문가주의를 지향한다.
> 다. 계급제는 직위분류제보다 인력활용의 융통성과 효율성이 높아 탄력적 인사관리가 가능하다.
> 라. 엽관제는 미국에서 인종대표성을 통하여 대도시의 다양한 인종집단에 대한 정치적 사회화에 도움을 준 것으로 평가된다.

① 가, 나　　② 나, 다
③ 가, 다　　④ 다, 라

정답 및 해설

22 ④
BSC의 지표 중 학습과 성장 관점은 다른 세 관점이 추구하는 성과목표를 달성하는데 기본 토대를 형성하는 것으로 4가지 관점 중에서 가장 하부구조에 해당한다.

23 ③
협동전략에 대한 내용이다. 타협전략은 자신과 상대방의 이익을 중간 정도 만족시키는 방안을 말한다.

토마스(Thomas)의 갈등해소 방안

구분	내용
회피	자신의 이익이나 상대방의 이익 모두에 무관심한 방안
경쟁	상대방의 이익을 희생해 자신의 이익을 추구하는 방안
순응	자신의 이익을 희생하면서 상대방의 이익을 만족시키는 방안
협동	자신과 상대방의 이익을 모두 만족시키는 방안
타협	자신과 상대방의 이익을 중간 정도 만족시키는 방안

24 ④
매트릭스 조직은 조직이 사용하는 기술이 복잡하고 비일상적일 것이라는 상황적 조건이 요구된다.

25 ③
- 나: 직업공무원제는 대체로 실적주의를 전제로 하며, 계급제, 폐쇄형 공무원제, 일반행정가주의를 지향하는 전통적 관료제의 구성 원리와 부합되는 인사제도이다.
- 라: 대표관료제에 관한 설명이다. 엽관제는 정당에 대한 충성도와 공헌도를 관직임용의 기준으로 삼는 제도이다.

26

직무평가의 방법에 관한 설명으로 옳지 않은 것은?

① 요소비교법은 가장 늦게 고안된 객관적이고 정확한 방법으로, 점수법의 임의성을 극복하고자 개발된 비계량적 방법이다.
② 점수법과 분류법은 절대평가 방식으로 평가한다.
③ 서열법은 점수법과 달리 직무를 구성요소별로 나누지 않고, 전체적·종합적으로 평가하는 방법이다.
④ 점수법은 신뢰도와 타당도가 높아 일반적으로 가장 많이 활용되는 방법이다.

27

선발시험의 효용성 기준에 관한 설명으로 옳지 않은 것은?

① 시험문제가 지나치게 어려워 대부분 수험생들의 성적이 거의 60점 이하로 분포되어 우수한 사람과 열등한 사람을 구별하기가 어려웠다면 내용타당성이 낮다고 말할 수 있다.
② 같은 시험을 같은 집단에 시간간격을 두고 두 번 실시하여 성적을 비교한 결과 비슷한 분포를 이루는 것으로 나타났다면 시험의 신뢰도가 높다고 본다.
③ 시험문제가 주관식(서술형)이었는데, 채점위원 A교수의 채점결과 평균점수와 다른 시험위원 B교수의 채점결과 평균점수가 상당한 차이를 보였다면 시험의 객관도가 낮다고 여겨진다.
④ 우수한 성적을 받고 합격한 사람들이 실제 임용 후에도 일을 잘 하는 것으로 조사되었다면 시험의 기준타당성이 높다고 본다.

28

경력개발의 원칙에 관한 설명으로 옳지 않은 것은?

① 적재적소의 원칙이 준수되기 위해서는 조직 내에 있는 직무의 자격·능력요건과 공무원의 적성·능력구조에 대한 정보를 충분히 파악할 필요가 있다.
② 승진(보직)경로의 원칙은 조직 내의 모든 직위를 수 개의 전문 분야와 공통 분야로 구분하고, 특정 공무원의 경력·전공 등을 종합적으로 고려하여 전문 분야를 지정하여야 한다는 것을 의미한다.
③ 경력개발은 외부충원을 통해 조직에 필요한 인재를 지속적으로 적시에 확보할 수 있는 인재양성의 원칙을 준수해야 한다.
④ 경력개발은 직급이 아닌 직무 중심의 경력계획을 세우고, 직무에서 요구되는 필요 역량의 개발에 중점을 두어야 한다.

29

장·차관 등 기관 책임자와 실·국장, 과장 간에 업무수행과 관련된 성과목표 및 지표 등의 내용을 사전에 협약토록 하고, 이를 토대로 하여 승진, 보상 등 인사관리에 반영하는 제도를 무엇이라고 하는가?

① 직무성과계약제　　② BSC
③ BTL　　④ 성과연봉제

정답 및 해설

26 ①
요소비교법은 가장 늦게 고안된 객관적이고 정확한 방법으로, 점수법의 임의성을 극복하고자 개발된 계량적 방법이다.

27 ①
난이도에 대한 설명으로, 난이도는 쉬운 문제와 어려운 문제의 혼합비율의 적정도를 의미한다. 내용타당성은 직무수행에 필요한 능력요소와 시험문제의 부합 정도를 나타내는 것이다.

28 ③
공무원 경력개발 시 준수해야 할 기본사항 중 하나인 인재양성의 원칙은 조직 내부에서 필요한 인재를 양성하는 것이다.

29 ①
- 직무성과계약제에 관한 설명이다. 직무성과계약제는 주로 개인의 성과평가제도로 조직 전반의 성과관리를 중심으로 하는 균형성과지표(BSC, Balanced Score Card)와 구분되고 하향식으로 계약이 체결된다.
- BTL(Build-Transfer-Lease): 민간투자사업자가 사회기반시설 준공과 동시에 해당 시설 소유권을 정부로 이전하고, 정부는 해당 시설을 임차 사용하여 약정기간 동안 임대료를 민간에게 지급하는 방식이다.
- 성과연봉제: 업무실적에 따른 평가등급별로 연봉을 차등 지급한다.

30

「국가공무원법」상 공무원의 징계에 관한 설명으로 옳지 않은 것은?

① 감봉은 1개월 이상 3개월 이하의 기간 동안 보수의 3분의 1을 감하는 처분을 말한다.
② 정직은 1개월 이상 3개월 이하의 기간 동안 공무원의 신분은 보유하나 직무수행이 정지되고, 그 기간 중 보수의 3분의 2를 감하는 처분을 말한다.
③ 강등은 1계급 아래로 직급을 내리고, 공무원 신분은 보유하나 3개월간 직무에 종사하지 못하며, 그 기간 중 보수의 전액을 감하는 처분을 말한다.
④ 강등·정직은 18개월, 감봉은 12개월, 견책은 6개월간 승급이 정지된다.

31

공공지출관리의 재정건전성을 위한 세 가지 규범에 관한 설명으로 옳지 않은 것은?

① 총량적 재정규율이란 예산총액에 대한 효과적인 통제를 의미하는 것으로, 거시적 예산결정을 토대로 자원배분을 이루려는 개념이다.
② 배분적 효율성은 각 재정부문 간 재원배분을 통한 재정지출의 총체적 효율성을 도모하는 개념으로, 예산지출의 편익이 큰 분야에 예산액을 집중할 때 배분적 효율성이 높아질 수 있다.
③ 배분적 효율성이 부문 내의 배분을 중시하는 효율성이라면, 운영상 효율성은 부문 간의 효율성을 말한다.
④ 운영상 효율성을 높이기 위해서는 투입에 대한 산출의 비율을 높여야 한다.

32

총액배분자율편성예산제도에 관한 설명으로 옳지 않은 것은?

① 국가재원의 전략적 배분을 위한 협의과정에서 갈등의 조정이 쉽지 않다.
② 한도액의 설정으로 각 부처의 무분별한 예산 과다요구 등의 관행을 줄일 수 있다.
③ 정책조정기능은 강화되고, 각 부처의 재량권이 확대되므로 예산편성은 상향적 흐름을 지닌다.
④ 각 부처의 이기적·방어적 정보제공이 국무회의의 판단을 그르칠 수 있다는 단점이 있다.

33

발생주의 회계방식을 정부에 도입하려고 할 때 예상할 수 있는 긍정적 효과로 볼 수 없는 것은?

① 행정의 성과평가에 필요한 재무정보를 획득하는 데 유리하다.
② 산출에 대한 원가 산정이 가능하기 때문에 분권화된 조직의 자율과 책임을 구현할 수 있다.
③ 자기검정 기능으로 회계오류를 방지할 수 있다.
④ 자의적인 회계처리가 불가능하여 통제가 용이하다.

정답 및 해설

30 ②
국가공무원법 제80조(징계의 효력) 제3항: 정직은 1개월 이상 3개월 이하의 기간으로 하고, 정직 처분을 받은 자는 그 기간 중 공무원의 신분은 보유하나 직무에 종사하지 못하며 <u>보수는 전액을 감한다</u>.

31 ③
운영상 효율성이 부문 내의 배분을 중시하는 효율성이라면, 배분적 효율성은 부문 간의 효율성을 말한다.

32 ③
총액배분자율편성예산제도는 자금관리의 분권화를 강조하지만, 재정당국이 하향적으로 지출한도를 설정한다.

33 ④
현금주의 회계방식에 대한 설명이다. 발생주의 회계방식은 자산평가, 감가상각 등을 반영하면서 자의적인 회계처리가 생길 우려가 있다.

34

Allen Schick 교수에 의할 때, 사업의 투입물보다 사업의 수행방식과 성과에 초점을 두는 예산정향은?

① 통제지향 예산 ② 관리지향 예산
③ 감축지향 예산 ④ 기획지향 예산

35

행정책임 유형에 관한 Friedrich의 현대적 입장을 바르게 설명한 것은?

① 상급자와 부하 등 계층구조에 대한 책임
② 국민정서에 응답하는 자발적 책임
③ 법률이나 규칙에 대한 책임
④ 의회에 대한 책임

36

행정통제력을 향상시키기 위한 방안으로 가장 바람직하지 않은 것은?

① 행정정보공개제도의 활성화
② 내부고발인 보호제도의 확충
③ 외부기관에 의한 감사 활성화
④ 정책과정에서 시민참여의 기회 확대

37

지식정보화사회의 조직구조 중 정규직원을 소규모로 유지하면서도 산출의 극대화를 도모하는 조직에 해당하는 것은?

① 후기기업가 조직 ② 삼엽조직(클로버형 조직)
③ 공동조직 ④ 혼동조직

38

지방자치단체의 조례에 관한 설명으로 가장 옳은 것은?

① 지방자치단체의 장은 법령의 범위 내에서 조례를 제정할 수 있다.
② 지방의회에서 의결된 조례안은 3일 이내에 지방자치단체의 장에게 이송되어야 한다.
③ 지방자치단체의 장은 재의결된 조례가 법령에 위반된다고 판단되면 7일 이내에 대법원에 제소할 수 있다.
④ 지방자치단체의 장은 재의결된 조례를 이송받은 후 5일 이내 공포하지 않을 경우 의장이 공포한다.

정답 및 해설

34 ②
쉬크(Schick)는 예산의 행정관리적 기능으로 통제, 관리, 계획(기획) 기능을 강조하였다. 사업의 투입물보다 사업의 수행방식과 성과에 초점을 둔 예산방식은 성과주의 예산제도(관리지향)이다.

35 ②
프레드리히는 현대적 입장의 행정책임으로서 공무원들의 직업윤리나 전문 기술적·과학적 기준에 따라야 할 기능적 책임, 국민의 요구에 따르는 정치적 책임을 강조하였다.

36 ③
입법국가 시절에는 외부통제에 중점을 두었으나, 행정국가로 이행하면서 행정의 전문화로 외부통제보다 내부통제가 더 중시되고 있다.

37 ②
삼엽조직(클로버형 조직)은 소규모 전문적 근로자, 계약직 근로자, 신축적 근로자로 구성된 조직으로, 정규직원을 소규모로 유지하면서도 산출의 극대화를 도모하는 조직이다.

38 ④
- ① 지방자치단체의 장은 법령이나 조례가 범위에서 그 권한에 속하는 사무에 관하여 <u>규칙을 제정할 수 있다</u>.
- ② 조례안이 지방의회에서 의결되면 의장은 <u>의결된 날부터 5일 이내에</u> 그 지방자치단체의 장에게 이를 이송하여야 한다.
- ③ 지방자치단체의 장은 재의결된 사항이 법령에 위반된다고 판단되면 <u>재의결된 날부터 20일 이내에 대법원에 소를 제기할 수 있다</u>.

39

우리나라 주민소환제도에 관한 설명으로 옳은 것은?

① 주민소환의 대상자는 지방자치단체의 장 및 지방의회의원이지만 비례대표 지방의회의원은 제외된다.
② 주민소환투표를 실시한 후 2년 미만인 경우에는 주민소환을 실시할 수 없다.
③ 주민소환투표결과의 확정은 주민소환투표권자 총수의 3분의 1 이상의 투표와 유효투표 총수 3분의 1 이상의 찬성을 요한다.
④ 소환투표의 효력에 이의가 있는 경우 투표결과가 공표된 날부터 30일 이내 관할 선거관리위원회 위원장을 피소청인으로 하여 소청 제기가 가능하다.

40

우리나라 주민참여제도의 법제화가 시간순으로 올바르게 나열된 것은?

가. 주민투표제도	나. 주민소환제도
다. 주민감사청구제도	라. 주민소송제도

① 가 − 나 − 다 − 라 ② 다 − 가 − 라 − 나
③ 나 − 라 − 가 − 다 ④ 다 − 라 − 가 − 나

정답 및 해설

39 ①
- ② 선출직 지방공직자에 대한 주민소환투표를 실시한 날부터 1년 이내인 때에는 주민소환을 실시할 수 없다.
- ③ 주민소환투표결과의 확정은 주민소환투표권자 총수의 3분의 1 이상의 투표와 유효투표 총수 과반수의 찬성을 요한다.
- ④ 주민소환투표결과가 공표된 날부터 14일 이내에 소청 제기가 가능하다.

40 ②
주민감사청구제도(1999년) − 주민투표제도(2004년) − 주민소송제도(2005년) − 주민소환제도(2006년) 순으로 법제화되었다.

2015. 12. 19. 경찰간부 기출문제

01

행정과 경영에 관한 다음 설명 중 가장 옳지 않은 것은?

① 행정은 사익이 아닌 공익을 우선적으로 추구한다.
② 행정과 경영은 모두 관료제적 성격을 가진다는 점에서 유사하다.
③ 행정은 고객에 대한 서비스 공급이 평등하나 경영은 고객에 따라 서비스 정도가 다르다.
④ 오늘날 전 세계적인 정부개혁으로 인해 행정과 경영 간의 차이점이 더욱 뚜렷해지고 있다.

02

민영화의 유형에 관한 설명으로 가장 옳지 않은 것은?

① 자원봉사자 방식은 서비스 생산과 관련된 현금지출에 대해서만 보상받고 직접적인 보수는 받지 않는 방식이다.
② 면허제는 공공서비스가 기술적으로 복잡하여 예측하기 어렵고 서비스 목표달성의 방법을 정확히 알 수 없는 경우 주로 이용하는 방식이다.
③ 자조활동이란 공공서비스의 수혜자와 제공자가 같은 집단에 소속되어 서로 돕는 방식이다.
④ 민영화의 계약방식(contracting-out)은 일반적으로 경쟁입찰을 통해 서비스의 생산주체가 결정되므로 정부 재정부담을 경감시킬 수가 있다.

03

다음은 행정학의 접근방법에 대한 내용들이다. 가장 옳지 않은 것은?

① 체제론은 행정현상을 분석하기 위해 다양한 관련 변수 중에서 환경을 포함해 거시적으로 접근한다.
② 생태론은 선진국의 행정현상을 설명하는 데 크게 기여했으며, 행정의 보편적 이론보다는 중범위 이론의 구축에 자극을 줘 행정학의 과학화에 기여했다.
③ 공공선택론에서는 정부를 공공재의 생산자라고 규정하며, 시민들은 공공재의 소비자라고 규정한다.
④ 행태주의는 심리학적 행동주의와는 달리 특정 질문에 따른 반응을 통해 파악해 볼 수 있는 태도, 의견, 개성 등도 행태에 포함시키고 있다.

04

다음 중 과학적 관리론에 대한 설명으로 옳지 않은 것은?

① 과학적 분석을 통해 업무수행에 적용할 '유일 최선의 방법'을 발견할 수 있다고 보았다.
② 조직 내의 인간은 경제적 유인에 의해 동기가 유발되는 타산적 존재라고 보았다.
③ F. Taylor는 이러한 접근방법을 주장한 대표적 학자이다.
④ 호손 공장의 연구(Hawthorne Studies)가 이러한 접근방법의 실증적 근거가 되었다.

정답 및 해설

01 ④
오늘날 전 세계적인 정부개혁으로 인해 행정과 경영 간의 유사점이 강조되고 있다.

02 ②
보조금 방식에 대한 설명이다. 면허제는 민간조직에게 일정한 구역 내에서 공공서비스를 제공하는 권리를 인정하는 방식으로, 이용자가 서비스제공자에게 서비스비용을 지불한다.

03 ②
생태론은 가우스와 리그스 등이 발전시킨 이론으로 행정의 보편적 이론보다는 중범위 이론의 구축에 자극을 주고, 행정학의 과학화와 <u>후진국</u>의 행정현상을 설명하는 데 기여하였다.

04 ④
호손의 실험은 당초에 과학적 관리이론을 바탕으로 작업장의 조명, 휴식시간 등 작업환경과 보상방법의 변화가 근로자의 동기유발과 생산성에 미친 영향을 분석하기 위하여 설계하였으나, 감독자의 인정이나 비공식 집단이 더 많은 영향을 미친다는 사실을 발견하여 인간관계론의 이론적 틀을 마련하였다.

05

행태주의 연구방법에 대한 설명으로 가장 옳지 않은 것은?

① 행정현상 중 가치판단적인 요소의 존재를 인정하지 않았다.
② 현상과 현상 사이에 존재하는 인과관계 법칙을 규명하는 것이 연구의 목적이 된다.
③ 법칙 발견을 위해 인과관계에 대한 가설을 설정하고 이를 검증하여야 하는데, 설정되는 가설은 이미 확립된 기존의 이론으로부터 연역적으로 도출되어야 한다.
④ 가설검증을 위해 현상들을 경험적으로 관찰하여야 하고, 관찰할 수 없는 현상은 연구대상에서 제외한다.

06

공공선택론에 대한 설명으로 가장 옳지 않은 것은?

① 비시장적 의사결정, 즉 정치적 문제에 대한 경제학적인 연구이다.
② 개인은 기본적으로 이기적이며, 합리적인 행위자라고 가정한다.
③ 분석의 기본단위를 개인에게 두는 방법론적 개체주의를 취한다.
④ 공공재 공급의 능률성 향상을 위해 정부실패의 원인이 되는 관료제의 중첩적 관할권 문제를 해결할 것을 제안하였다.

07

'기업가 정신'과 '기업경영 원리'를 행정에 도입함으로써 정부의 효율성과 효과성을 높여나갈 수 있음을 강조한 오스본(D. Osborne)과 게블러(T. Gaebler)의 '정부재창조 원리'에 대한 설명으로 옳지 않은 것은?

① 촉진적 정부: 노젓기보다 방향 잡아주기
② 지역사회가 주도하는 정부: 권한 부여보다 서비스 제공
③ 경쟁적 정부: 서비스 제공에 경쟁 도입
④ 고객지향적 정부: 관료제가 아닌 고객 요구의 충족

08

다음 중 신공공서비스론에 대한 설명으로 옳지 않은 것은?

① 담론이론은 신공공서비스론의 지적 기반이 된다.
② 정부의 역할은 방향잡기보다는 봉사에 있다고 본다.
③ 공무원들은 시민이 아니라 고객에 대하여 봉사하여야 한다고 본다.
④ 전략적 사고와 민주적 행동을 강조하였다.

정답 및 해설

05 ①
행태주의는 연구에서 가치와 사실을 구분하여 가치에 대한 부분은 배제하고 사실에 대한 과학적 연구에 초점을 두었다. 가치중립적이나 가치판단적인 요소의 존재는 인정하였다.

06 ④
관료제의 중첩적 관할은 경쟁을 통한 능률적인 공공서비스의 생산과 공급을 가능하게 하는 수단이다.

07 ②
기업가적 정부 운영의 10대 원리(오스본과 개블러, 정부재창조론)

1. 촉진적 정부: 노젓기 보다는 방향잡기
2. 지역사회가 주도하는 정부: 서비스 제공보다 권한 부여
3. 경쟁적 정부: 서비스 제공에 경쟁 도입
4. 사명 지향적 정부: 규칙 중심의 조직개혁
5. 성과 지향적 정부: 투입이 아닌 성과와 연계한 예산 배분
6. 고객 지향적 정부: 관료제가 아닌 고객 요구의 충족
7. 기업가적 정부: 지출보다는 수익 창출
8. 미래에 대비하는 정부: 사고 수습보다는 사고 예방
9. 분권적 정부: 위계조직에서 참여와 네트워크
10. 시장 지향적 정부: 시장기구를 통한 변환 촉진

08 ③
신공공서비스론은 시민에게 봉사하는 정부의 역할을 강조하며 공무원들은 고객이 아닌 시민에게 봉사하여야 한다고 주장한다.

09

현대 행정학의 대표적 패러다임인 신공공관리론과 뉴거버넌스론에 대한 비교 중 잘못된 것은?

	기준	신공공관리론	뉴거버넌스론
①	인식론적 기초	신자유주의	공동체주의
②	관리기구	시장	네트워크
③	관료의 역할	조정자	공공기업가
④	작동원리	경쟁	협력체계

10

로위(Lowi)의 정책유형에 따른 내용으로 가장 옳지 않은 것은?

① 배분정책: 국·공립학교를 통한 교육서비스 제공, 사회간접 자본 확충

② 규제정책: 독과점규제, 공해배출업소 단속

③ 재분배정책: 기업에 대한 보조금 지원, 누진소득세

④ 구성정책: 선거구 조정, 정부조직 설립

11

정책의제 설정과정 모형에 관한 설명으로 가장 옳지 않은 것은?

① 외부주도모형: 민간집단에 의해 이슈가 제기되어 공중의제화한 이후 정책결정자의 관심을 끌게 되면 정부의제로 전환된다.

② 동원모형: 정책결정자가 주도하여 정책의제를 미리 결정한 후 이것을 일반대중에게 이해, 설득하는 활동을 한다.

③ 내부접근형: 최고 통치자나 고위정책결정자에 의해 정부의제가 채택되고, 정책집행을 원활하게 하기 위해 공중의 제화를 시도한다.

④ 굳히기형: 대중의 지지가 높은 정책문제에 대하여 정부가 그 과정을 주도하여 해결을 시도한다.

12

정책결정모형 중 사이먼(Simon)의 만족모형에 관한 설명으로 가장 옳지 않은 것은?

① 합리모형에서 가정하는 의사결정자는 경제인이고, 만족모형에서 가정하는 의사결정자는 합리성의 제약을 받는 행정인이다.

② 경제인은 목표달성의 극대화를 도모하여 모든 가능한 대안 중 최선의 대안을 선택하지만, 행정인은 만족할 만한 대안의 선택에 그친다.

③ 경제인은 불확실성이나 불충분한 정보 등으로 대안의 결과를 예측하지 못하나, 행정인은 동태적 상황을 고려하여 대안의 결과예측을 시도한다.

④ 실제의 의사결정자는 모든 대안을 탐색하지 않고 몇 개의 대안만을 탐색하며, 대안의 탐색은 무작위적이고 순차적으로 이루어진다.

정답 및 해설

09 ③

관료의 역할을 신공공관리론에서는 공공기업가로 보고, 뉴거버넌스론에서는 조정자로 본다.

신공공관리론 vs 뉴거버넌스론

구분		신공공관리론	뉴거버넌스론
차이점	인식론적 기초	신자유주의	공동체주의
	관료의 역할	공공기업가	조정자
	관리가치	결과	신뢰
	조직	조직내부	조직 간 문제
	작동원리	경쟁	협력
	관리기구	시장	네트워크

10 ③

기업에 대한 보조금 지원은 분배정책에 해당한다.

11 ③

동원모형에 대한 설명이다. 내부접근형은 정책담당자들에 의해 자발적으로 정책의제화가 진행되는 유형으로, 의도적이고 일방적으로 국민을 무시하는 정부에서 나타날 수 있다. 사회문제가 정부의제로 채택된 후 공중의제화를 거치지 않는다.

12 ③

반대로 설명되어 있다. 합리모형의 경제인은 주어진 상황하에서 목표의 달성을 극대화할 수 있는 최선의 대안을 찾아낼 수 있다고 본다. 만족모형의 행정인은 인지능력의 한계, 결정상황의 불확실성 및 시간의 제약 때문에 만족할 만한 대안의 선택에 그친다고 본다.

13

엘리트이론의 내용으로 가장 옳지 않은 것은?

① Michels는 사회조직을 지배하는 가설로 '과두지배의 철칙'을 주장하였다.
② Mosca는 엘리트 통제의 핵심이 소수집단의 조직화 능력에 있다고 본다.
③ Pareto는 엘리트계층의 구성원이 사회적 유동성에 의해 바뀔 수도 있다고 본다.
④ Mills는 현대 미국사회의 권력은 계급, 개인의 능력에서 나온다고 주장하였다.

14

달(Dahl)이 주장하는 다원주의사회의 특성으로 옳지 않은 것은?

① 동일한 엘리트가 모든 정책영역에서 지배적인 영향을 행사하는 것은 아니다.
② 엘리트는 대중의 요구에 민감하게 움직인다.
③ 엘리트들 간의 정치적 경쟁으로 대중의 선호가 정책에 반영된다.
④ 정책문제의 선정과정은 특정세력의 의도에 따라서 작위적인 과정을 거쳐서 결정된다.

15

관련자들이 의사결정에 참여하지 않은 채 서면으로 대안에 대한 아이디어를 제출하도록 하고, 모든 아이디어가 제시된 이후 토의를 거쳐 투표로 의사결정을 하는 집단의사결정기법은?

① 델파이기법(delphi method)
② 브레인스토밍(brainstorming)
③ 지명반론자기법(devil's advocate method)
④ 명목집단기법(normal group technique)

16

앨리슨(Allison)이 제시한 세 가지 모형 중 관료정치모형에 관한 설명으로 가장 옳지 않은 것은?

① 국가정책을 결정하는 주체는 부처들의 연합체가 아니라 참여자들 개개인이다.
② 정책은 참여자들 간의 타협과 흥정에 의한 정치적 결과이다.
③ 참여자 개개인은 자신이 지닌 정치적 자원을 이용하여 목표달성을 위해 노력한다.
④ 의사결정에 참여하는 구성원들 간의 높은 목표 공유도가 형성되어 있다.

정답 및 해설

13 ④
밀즈의 지위접근법은 현대 미국사회의 권력은 기업체, 군, 정치 세 영역에서의 주요지위에 있다고 본다.

14 ④
다원주의이론에서 권력은 다수에게 분산되어 있고, 정책은 많은 이익집단의 경쟁과 타협의 산물이라고 본다.

15 ④
- ① 델파이기법은 전문가들을 대상으로 구조화된 설문을 반복하여 특정 주제에 대한 합의를 도출하는 접근 방식이다.
- ② 브레인스토밍은 형식이 정해지지 않은 집단토론 상황에서 구성원들이 아이디어와 문제 해결 대안들을 자유롭게 토론하는 방법이다.
- ③ 지명반론자기법은 작위적으로 특정 조직원들 또는 집단을 반론을 제기하는 집단으로 지정해 반론자 역할을 부여하고, 이들이 제기하는 반론과 이에 대한 제안자의 옹호 과정을 통해 의사결정을 유도하는 방법이다.

16 ④
정부의 전략적 목표가 중시되며 구성원의 응집성이 높은 모형은 합리모형(모형 1)이다. 관료정치모형(모형 3)에서 정책결정의 행위주체는 독자성이 강한 다수 행위자들(참여자들 개개인)의 집합이다.

17

정책집행에 대한 상향적 접근방법은 집행과정에서 일선집행 권자가 가장 큰 영향력을 행사한다. 다음 중 상향적 접근방법의 장점으로 가장 옳지 않은 것은?

① 실제적인 정책집행과정을 상세히 기술하여 정책집행과정의 인과관계를 잘 설명할 수 있다.
② 공식적인 정책목표의 달성에 초점을 맞추지 않고 집행현장을 있는 그대로 파악하기 때문에 프로그램의 의도하지 않은 효과까지 분석할 수 있다.
③ 집행현장에서 여러 정책들이 동시에 추진되어 어느 하나의 정책도 지배적이지 못한 채 다양한 공적 또는 사적인 정책 프로그램이 교차하는 집행영역을 보다 잘 다룰 수 없다.
④ 광범위한 행위자들이 추구하는 전략에 초점을 맞추기 때문에 시간의 경과에 따른 전략적 상호작용이 어떻게 형성되고 변화하는지 알 수 있다.

18

허즈버그(Herzberg)의 욕구충족요인이원론에서 동기요인으로 옳지 않은 것은?

① 성취와 인정　　② 승진
③ 임금　　④ 책임감

19

동기부여의 과정이론에 대한 다음 설명 중 가장 옳지 않은 것은?

① 애덤스(J. Stacy Adams)의 공정성이론(equity theory)은 개인이 자신의 직무에 대한 공헌도(투입)와 보상(산출)을 준거인물과 비교하여 불공정성을 느끼는 경우 이를 해소하는 방향으로 동기가 부여된다고 본다.
② 포터(Lyman W. Porter)와 롤러(Edward E. Lawler)는 인간의 동기 유발 요인으로 내재적 보상과 외재적 보상으로 나누었을 때, 내재적 보상이란 경제적 이익 및 승진 등과 같은 개인의 환경과 관련된 것을 지칭했다.
③ 포터(Lyman W. Porter)와 롤러(Edward E. Lawler)는 조직 내 구성원은 노력에 대한 보상의 유의성이 높다고 느낄수록, 그리고 노력이 바람직한 보상을 가져올 것이라는 기대감이 높을수록 더 많은 노력을 한다고 가정했다.
④ 브룸(Victor H. Vroom)은 조직구성원의 동기는 기대(expectancy), 수단성(instrumentality), 유의성 또는 유인가(valence) 등 세 가지 요소의 값이 각각 최대값이 되면 최대의 동기부여가 되고, 각 요소 중에 하나라도 0이 되면 전체 값이 0이 되어 동기부여가 되지 않는다고 했다.

20

공식적 의사전달과 비공식적 의사전달의 장점에 대한 비교 중 가장 옳지 않은 것은?

	공식적 의사전달	비공식적 의사전달
①	책임소재가 명확	관리자에 대한 조언 기능
②	상관의 권위 유지	공식적 의사전달 보완
③	신속한 전달	정책결정에 활용이 용이
④	의사소통이 객관적	배후사정을 소상히 전달

정답 및 해설

17 ③
하향적 접근방법에 대한 비판과 관련된 설명이다. 하향식 접근방법은 하나의 정책에 초점을 맞추어 집행되는 과정을 연구하지만, 현실에는 집행현장에서 여러 가지 정책이 동시에 집행되고 있다. 따라서 여러 정책들이 동시에 추진되어 어느 하나의 정책도 지배적이지 못한 채 다양한 공적 또는 사적인 정책 프로그램이 교차하는 집행영역을 보다 잘 다룰 수 없다. 상향적 접근방법은 하향적 접근방법에 비해 다양한 공적 또는 사적인 정책 프로그램이 교차하는 집행영역을 보다 잘 다룰 수 있다.

18 ③
동기요인(만족요인)은 만족을 느끼게 하는 심리적 요인으로서 직무 그 자체를 의미한다. 성취와 인정, 승진, 책임감, 개인적 성장과 발전 등이 예이다. 임금, 원만한 대인관계 등은 위생요인(불만요인)에 해당한다.

19 ②
포터 & 롤러의 성과·만족이론에서 내재적 보상이란 직무 자체에 대해 느끼는 성취감 등을 의미한다. 경제적 이익(보수), 승진 등은 외재적 보상에 속한다.

20 ③

공식적 의사전달	비공식적 의사전달
• 책임소재가 명확 • 상관의 권위 유지 • 정책결정에 활용이 용이 • 의사소통이 객관적 • 조정과 통제 용이 • 문서 명령과 예규의 제정 등은 상의하달에 의한 의사전달 방식	• 관리자에 대한 조언 기능 • 수직적 계층제에서 상관의 권위를 손상시킬 수 있음. • 신속한 전달 • 배후사정을 소상히 전달 • 긴장과 소외감을 극복하고 개인적 욕구를 충족 • 조정과 통제가 어려움. • 공식적 의사전달 보완

21

유기적 구조와 기계적 구조의 차이점을 설명한 것 중 가장 옳지 않은 것은?

① 유기적 구조의 공식화 정도는 낮으나, 기계적 구조에서의 공식화는 높은 편이다.
② 유기적 구조에서는 분명한 책임관계, 기계적 구조에서는 모호한 책임관계를 특성으로 한다.
③ 유기적 구조에서는 비공식적·인간적 대면관계, 기계적 구조에서는 공식적·몰인간적 대면관계를 특성으로 한다.
④ 유기적 구조에서는 넓은 직무범위, 기계적 구조에서는 좁은 직무범위를 특성으로 한다.

22

자원의존이론에 대한 설명 중 옳지 않은 것은?

① 조직과 환경과의 관계에서 조직의 전략적 선택을 중요시한다.
② 조직은 자원을 획득하는 데 그 환경에 의존한다고 본다.
③ 조직의 존속, 발전, 소멸의 이유를 환경에 대한 조직적합도에서 찾았다.
④ 조직은 능동적으로 환경에 영향을 미치려고 한다고 전제한다.

23

정부가 수행하는 사무 중 공공성(公共性)을 유지하면서도 경쟁원리에 따라 운영하는 것이 바람직하거나 전문성이 있어 성과관리를 강화할 필요가 있는 사무에 대하여 책임운영기관을 설치하여 운영하고 있다. 이에 대한 설명 중 옳지 않은 것은?

① 기관 운영에 필요한 재정수입의 전부를 자체적으로 확보할 수 있는 사무에 대해서 책임운영기관을 설치·운영할 수 있다.
② 기관 운영에 필요한 재정수입의 일부를 자체적으로 확보할 수 있는 사무에 대해서 책임운영기관을 설치·운영할 수 있다.
③ 책임운영기관의 조직에 관하여는 정부조직법을 우선하여 적용한다.
④ 행정자치부장관은 기획재정부 및 해당 중앙행정기관의 장과 협의하여 책임운영기관을 설치하거나 해제할 수 있다.

24

대리인 이론(agent theory)에 따르면 정부 공무원은 주인인 국민을 대신해서 업무를 수행하는 공복(公僕)이라고 한다. 다음 대리인 이론의 설명 중 가장 옳은 것은?

① 대리인 이론은 주인인 국민과 대리인인 공무원 사이에 정보는 균형을 이루고 있다고 가정한다.
② 대리인 이론에서는 대리인 문제(agent problem)를 완화하기 위하여 엄격한 평가에 바탕을 둔 인센티브 제도를 강조한다.
③ 대리인 이론은 조직 내 인간을 동기부여적 이타주의(motivational altruism)로 가정한다.
④ 역선택(adverse selection)을 통하여 대리인 문제를 치유할 수 있다고 주장한다.

정답 및 해설

21 ②

유기적 구조에서는 모호한 책임관계, 기계적 구조에서는 분명한 책임관계를 특성으로 한다.

구분	기계적 구조	유기적 구조
조직 특성	• 좁은 직무범위 • 표준운영절차 • 분명한 책임관계 • 계층제 • 공식적·몰인간적 대면관계	• 넓은 직무범위 • 적은 규칙·절차 • 모호한 책임관계 • 분화된 채널 • 비공식적·인간적 대면관계

22 ③

조직이 생겨나고 없어지는 원인을 환경적 적합도에서 찾는 것은 환경결정론적 관점이다. 자원의존이론은 환경임의론적 관점이다.

23 ③

책임운영기관의 조직·인사·예산·회계 등에 관한 특례인 책임운영기관의 설치 및 운영에 관한 법률이 우선 적용된다.
※ 행정자치부는 행정안전부로 조직개편되었다.

24 ②

• ① 대리인 이론은 주인과 대리인 사이의 정보의 비대칭으로 인해 발생하는 문제이다.
• ③ 대리인 이론에서 인간(대리인)은 이기적이고 기회주의적 행동을 한다고 가정한다.
• ④ 역선택(기준 미달인 대리인을 선택하는 현상)은 대리인 이론에서 발생하는 문제 중 하나이다.

25

인 · 허가와 관련된 업무를 처리할 때 이른바 '급행료'를 지불하거나 혹은 은행에서 자금을 대출받을 때 '커미션'을 지불하는 것을 당연시 하는 것과 같은 유형의 부패는?

① 백색 부패 ② 비거래형 부패
③ 제도화된 부패 ④ 일탈형 부패

26

다음 설명 중 가장 옳은 것은?

① 직위분류제는 동일 노동 동일 보수의 원칙을 적용할 수 있다.
② 계급제는 동태적 환경에 잘 적응하거나, 장기 행정계획의 수립에 기여할 수 없다.
③ 계급제에서는 적재적소 배치가 어렵다.
④ 직위분류제는 행정책임과 예산 행정의 능률 확보가 어렵다.

27

국가공무원법 제6조의 규정에 의할 때, 다음 중 중앙인사관장기관이 아닌 것은?

① 국회사무총장 ② 법원행정처장
③ 감사원사무총장 ④ 인사혁신처장

28

다음 중 특수경력직 공무원에 해당하는 것은 모두 몇 개인가?

가. 서울특별시 선거관리위원회 상임위원
나. 국정원 차장
다. 헌법재판소 헌법연구관
라. 국회 수석전문위원

① 1개 ② 2개
③ 3개 ④ 4개

정답 및 해설

25 ③
- ① 백색 부패 : 선의의 부패로, 금융위기가 심각함에도 불구하고 국민들의 동요나 기업의 활동이 위축되는 것을 막기 위해 공직자가 거짓말을 하는 행위 등이 해당한다.
- ② 비거래형 부패 : 거래 당사자가 없이 공금 횡령, 개인적 이익 편취, 회계 부정 등이 공무원에 의해 일방적으로 발생하는 유형이다.
- ④ 일탈형 부패 : 무허가 업소를 단속하던 단속원이 정상적인 단속활동을 수행하다가 금품을 제공하는 특정 업소에 대해서 단속을 하지 않는 행위 등을 의미한다.

26 ①
- ② 계급제는 장기 행정계획의 수립에 기여할 수 있다.
- ③ 계급제는 해당 직무에 적임자의 임용이 보장되지는 않지만, 인력 활용의 융통성이 높은 만큼 배치전환을 통해 적재적소 배치가 가능하다.
- ④ 직위분류제는 직무와 그 직무수행에 수반되는 책임을 기준으로 분류하기 때문에 행정책임의 확보가 가능하고, 직무급 결정에 타당한 자료 제공이 가능하므로 예산 행정의 능률 확보가 용이하다고 볼 수 있다.

27 ③
중앙인사관장기관(국가공무원법 제6조)은 인사혁신처장, 국회사무총장, 법원행정처장, 헌법재판소사무처장, 중앙선거관리위원회사무총장이다.

28 ②
- 국정원 차장은 특수경력직 공무원(정무직 공무원), 국회 수석전문위원은 특수경력직 공무원(별정직 공무원)이다.
- 서울특별시 선거관리위원회 상임위원은 경력직 공무원(일반직 공무원), 헌법재판소 헌법연구관은 경력직 공무원(특정직 공무원)이다.

29

직위분류제에 대한 설명 중 옳지 않은 것은?

가. 직위분류제 하에서 직급이란 한 사람의 직원에게 부여할 수 있는 직무와 책임을 의미한다.
나. 직위분류제란 각 직위에 내포된 직무의 종류와 곤란도·책임도를 기준으로 하여 직류·직렬·직군별과 직급·등급별로 공직을 분류하는 제도이다.
다. 직무의 종류·난이도와 책임도가 상당히 비슷한 것끼리 한데 모아놓은 것을 직위라고 한다.
라. 직무의 종류는 다르지만 직무의 곤란도·책임도나 자격요건이 유사하여 동일한 보수를 줄 수 있는 모든 직위의 집단을 등급이라 한다.

① 가, 나　　② 가, 다
③ 나, 다　　④ 다, 라

30

고위공무원단에 대한 설명으로 가장 옳지 않은 것은?

① 우리나라에서 고위공무원단은 중앙행정기관 실·국장급 공무원들로 구성되며 일반직, 별정직, 외무공무원 등이 적용 대상이다.
② 미국의 고위공무원단제도에는 엽관주의적 요소가 포함되어 있다.
③ 미국의 고위공무원단은 카터 행정부의 공무원제도개혁법에 의거하여 탄생된 SES(Senior Executive Service)가 시초이다.
④ 우리나라의 경우 김대중 정부 출범 이후인 1998년에 고위공무원단제도를 처음 도입·시행하였다.

31

'X달러를 B사업 대신 A사업에 배분하는 근거가 무엇이냐?'는 V. O. Key(1940)의 문제제기에 V. B. Lewis(1952)가 제시한 대안적 예산제도로 볼 수 없는 것은?

① 기회비용에 입각한 상대적 가치
② 상이한 목표 간 비교평가를 위한 증분분석
③ 집단 간 게임규칙에 의한 상호 관계
④ 공동 목표에 대한 상대적 효과성

32

비용편익분석에 관한 아래 설명 중 옳지 않은 것은?

① 비용과 편익을 화폐단위로 평가하되 미래가치를 현재가치로 평가한다.
② 순현재가치법에서는 순현재가치(NPV)>0일 때 경제적 타당성이 있다고 판단한다.
③ 동종 사업뿐만 아니라 이종 사업 간에도 정책우선순위를 비교할 수 있다.
④ 내부수익률 IRR(Internal Rate of Return)이 시중금리보다 낮아야 투자할 가치가 있는 사업이다.

정답 및 해설

29 ②
• 가: 직위에 대한 설명이다.
• 다: 직급에 대한 설명이다.

30 ④
우리나라는 노무현 정부 시기인 2006년(2006년 7월 고위공무원단 인사규정 시행) 고위공무원단제도를 처음 도입·시행하였다.

31 ③
루이스는 예산배분결정에 기회비용에 입각한 상대적 가치(지출로부터 발생하는 편익이 적어도 그 지출의 기회비용은 되어야 함), 상이한 목표 간 비교평가를 위한 증분분석(한계효용은 체감하기 때문에 한계효용이 동일할 수 있도록 예산배분이 이루어져야 함), 공동 목표에 대한 상대적 효과성이라는 경제학적 접근법을 적용하였다.

32 ④
내부수익률은 순현재가치를 0으로 만드는 할인율로, 시중금리보다 높아야 투자할 가치가 있는 사업이라고 평가한다.

33

재정을 배분하는 기준은 경제적 측면과 정치적 측면이 있다. 다음 중 재정배분에 대한 설명으로 가장 옳은 것은?

① 점증주의는 경제적 합리성을 강조하는 이론이다.
② 총체주의는 형평성에 의한 재정배분을 중시한다.
③ 파레토의 최적은 경제적 효율성보다는 형평성에 의해 달성된다.
④ 점증주의는 정치적 협상과 타협, 단편적 결정 등을 통해 효율성보다는 형평성을 고려한다.

34

다음 중 국가재정법에서 정하는 결산에 관한 설명으로 옳지 않은 것은?

① 정부는 성인지 결산서를 작성하여야 한다.
② 각 중앙관서의 장은 회계연도마다 작성한 중앙관서결산보고서를 다음 연도 2월 말일까지 행정자치부장관에게 제출하여야 한다.
③ 기획재정부장관은 대통령의 승인을 받은 국가결산보고서를 다음 연도 4월 10일까지 감사원에 제출하여야 한다.
④ 정부는 감사원의 검사를 거친 국가결산보고서를 다음 연도 5월 31일까지 국회에 제출하여야 한다.

35

행정통제에 관한 설명 중 옳은 것을 모두 고른 것은?

> 가. 사법부에 의한 행정통제는 주로 사후적이다.
> 나. 감사원에 의한 통제는 내부통제이다.
> 다. 옴부즈만 제도는 기존의 행정결정을 무효·취소시킬 수 없다.
> 라. 전통적인 행정통제방법으로 가장 중요시되는 것은 입법부에 의한 내부통제이다.

① 가, 나, 다　　② 가, 라
③ 나, 다　　④ 가, 나, 라

36

다음 중 공무원에게 요구되는 행정윤리와 관련된 법령에 대한 설명으로 가장 옳지 않은 것은?

① 「국가공무원법」은 공무원의 복무에 관한 내용을 포함하고 있다.
② 「부패방지 및 국민권익위원회의 설치와 운영에 관한 법」은 국민감사청구제를 규정하고 있다.
③ 「공직자윤리법」은 내부고발자 보호제도를 규정하고 있다.
④ 「공무원 행동강령」은 공무원 청렴유지와 관련된 구체적인 행동기준을 제시하고 있다.

정답 및 해설

33 ④
- ① 점증주의는 예산결정은 예산배분을 둘러싼 이해당사자들의 갈등을 완화하고 해결한다는 의미의 정치적 합리성을 강조한다.
- ② 총체주의(합리주의)는 경제적 합리성을 강조한다.
- ③ 파레토의 최적은 형평성보다는 경제적 효율성에 의해 달성된다.

34 ②
각 중앙관서의 장은 「국가회계법」에서 정하는 바에 따라 회계연도마다 작성한 결산보고서를 다음 연도 2월 말일까지 기획재정부장관에게 제출하여야 한다.
※ 행정자치부는 행정안전부로 조직개편되었다.

35 ①
라: 전통적인 행정통제방법으로 가장 중요시되는 것은 입법부에 의한 외부통제이다.

구분	외부	내부
공식	• 입법부 • 사법부	• 청와대 • 감사원 • 정부업무평가 • 국민권익위원회 • 중앙행정부처에 의한 통제 • 계층제 및 인사관리제도 • 명령체계 • 교차 기능조직
비공식	• 시민단체 • 정당 • 이익집단 및 언론에 의한 통제	• 직업윤리에 의한 통제 • 동료집단의 평판

36 ③
내부고발자 보호제도는 부패방지 및 국민권익위원회의 설치와 운영에 관한 법률에 규정되어 있다.
※ 부패방지 및 국민권익위원회의 설치와 운영에 관한 법률 제62조(불이익조치 등의 금지) 제1항: 누구든지 신고자에게 신고나 이와 관련한 진술, 자료 제출 등을 한 이유로 불이익조치를 하여서는 아니 된다.

37

전자정부의 역기능 중 하나인 정보격차를 해소하기 위한 정책이 아닌 것은?

① 시각장애인의 정보접근성 향상을 위한 인프라 구축
② 계층별 특성을 고려한 맞춤형 정보화 교육 실시
③ 온라인 정보화 교육시스템 운영
④ 공공 아이핀(i-PIN)의 보급확대

38

지방자치단체의 기관구성에 관한 설명으로 가장 옳지 않은 것은?

① 우리나라는 권력분립주의 원칙에 입각한 기관대립형을 채택하고 있다.
② 기관대립형은 대의기관에 의한 민주정치와 책임행정의 구현에 적합하다.
③ 기관통합형은 견제와 균형의 상실로 권력남용의 우려가 있다.
④ 기관통합형은 의결기관과 집행기관이 단일기관으로 되어 있어 행정의 안정성과 능률성을 기대할 수 있다.

39

우리나라의 주민투표제에 대한 설명 중 옳지 않은 것은?

① 지방의회는 주민투표의 청구권자가 될 수 없다.
② 주민투표사무는 관할 선거관리위원회가 담당한다.
③ 지방자치단체의 예산이나 지방세에 관한 사항은 주민투표의 대상에서 제외된다.
④ 국가정책의 수립에 관하여 주민의 의견을 듣기 위하여 필요한 경우에도 가능하다.

40

우리나라의 주민소환제에 대한 설명 중 옳은 것은?

① 소환투표의 대상은 자치단체장, 선출직 국회의원 및 지방의회의원 등이다.
② 주민소환투표권자의 과반수 투표와 유효투표 과반수 찬성으로 소환이 확정된다.
③ 19세 이상의 외국인 영주권자는 해당 조례에서 정하는 바에 따라 투표권을 지닌다.
④ 주민소환이 확정되면 주민소환투표대상자는 그 결과가 공표된 시점부터 그 직을 상실한다.

정답 및 해설

37 ④
공공 아이핀(i-PIN)은 주민등록번호를 대신하여 본인임을 증명하는 방법이다. 개인의 정보보호를 위한 서비스로 정보격차를 해소하기 위한 정책과는 거리가 멀다.

38 ②
대의기관에 의한 민주정치와 책임행정의 구현에 적합한 것은 기관통합형이다.

39 ①
주민투표법 제9조(주민투표의 실시요건) 제1항 : 지방자치단체의 장은 주민 또는 지방의회의 청구에 의하거나 직권에 의하여 주민투표를 실시할 수 있다.

40 ④
- ① 주민소환제의 대상은 지방자치단체의 장 및 지방의회의원, 교육감이다.
- ② 주민소환은 주민소환투표권자 총수의 3분의 1 이상의 투표와 유효투표 총수 과반수의 찬성으로 소환이 확정된다.
- ③ 18세 이상의 외국인으로서 「출입국관리법」 제10조의 규정에 따른 영주의 체류자격 취득일 후 3년이 경과한 자 중 같은 법 제34조의 규정에 따라 당해 지방자치단체 관할구역의 외국인등록대장에 등재된 자는 주민소환투표권이 있다.

MEMO

MEMO

김재준

주요 약력

- 행정고시 55회 합격
- 행정안전부 수습사무관
- 대통령소속 지방자치발전위원회 근무
  (현 지방시대위원회)
- 울산광역시 기획조정실 등 근무
- University of Missouri(美) 행정학 석사
- 한국개발연구원(KDI) 국제정책대학원 석사
- 중앙대학교 학사

주요 저서

- 김재준 단권화 행정학
- 김재준 행정학 기출문제집
- 김재준 행정학 키워드 요약집

행정학 관련 강의 및 Q&A

- 네이버 카페 : 김재준 행정학(https://cafe.naver.com/gonggampublicadmin)
- YouTube : 김재준 행정학TV

김재준
행정학 ✧✦ 기출문제집

초판 인쇄 | 2024. 11. 11. **초판 발행** | 2024. 11. 15. **편저** | 김재준
발행인 | 박 용 **발행처** | (주)박문각출판 **등록** | 2015년 4월 29일 제2019-000137호
주소 | 06654 서울시 서초구 효령로 283 서경 B/D 4층 **팩스** | (02)584-2927
전화 | 교재 문의 (02)6466-7202

저자와의
협의하에
인지생략

이 책의 무단 전재 또는 복제 행위를 금합니다.

정가 27,000원 ISBN 979-11-7262-291-6
ISBN 979-11-6987-835-7(세트)